A LITURGIA DA IGREJA

Dados Internacionais de Catalogação na Publicação (CIP)
(Câmara Brasileira do Livro, SP, Brasil)

López Martín, Julián
  A liturgia da Igreja : teologia, história, espiritualidade e pastoral / Julián López Martín ; tradução de Gentil Avelino Titton. – Petrópolis, RJ : Vozes, 2022.

  Título original: La liturgia de la Iglesia
  ISBN 978-65-5713-420-7

  1. Liturgia 2. Liturgia – Igreja Católica I. Título.

21-96120   CDD-264.02

Índices para catálogo sistemático:
1. Liturgia : Igreja Católica   264.02

Cibele Maria Dias – Bibliotecária – CRB-8/9427

JULIÁN LÓPEZ MARTÍN

A LITURGIA DA IGREJA

Teologia, história, espiritualidade e pastoral

Tradução de Gentil Avelino Titton

Petrópolis

© Julián López Martín
© Biblioteca de Autores Cristianos, 2017.
Añastro, 1. 28033 Madrid
www.bac-editorial.com

Tradução realizada a partir do original em espanhol intitulado *La liturgia de la Iglesia – Teología, historia, espiritualidad y pastoral.*

Direitos de publicação em língua portuguesa – Brasil:
2022, Editora Vozes Ltda.
Rua Frei Luís, 100
25689-900 Petrópolis, RJ
www.vozes.com.br
Brasil

Todos os direitos reservados. Nenhuma parte desta obra poderá ser reproduzida ou transmitida por qualquer forma e/ou quaisquer meios (eletrônico ou mecânico, incluindo fotocópia e gravação) ou arquivada em qualquer sistema ou banco de dados sem permissão escrita da editora.

CONSELHO EDITORIAL

Diretor
Gilberto Gonçalves Garcia

Editores
Aline dos Santos Carneiro
Edrian Josué Pasini
Marilac Loraine Oleniki
Welder Lancieri Marchini

Conselheiros
Francisco Morás
Ludovico Garmus
Teobaldo Heidemann
Volney J. Berkenbrock

Secretário executivo
Leonardo A.R.T. dos Santos

Editoração: Maria da Conceição B. de Sousa
Diagramação: Raquel Nascimento
Revisão gráfica: Fernando Sergio Olivetti da Rocha / Nilton Braz da Rocha
Capa: SGDesign
Ilustração de capa: Alimentando a multidão, Sant'Apollinare Nuovo, Ravenna. Autor desconhecido.

ISBN 978-65-5713-420-7 (Brasil)
ISBN 978-84-220-1400-3 (Espanha)

Este livro foi composto e impresso pela Editora Vozes Ltda.

Sumário

Apresentação da segunda edição, 19

Introdução, 21

Bibliografia geral, 27

Siglas e abreviaturas, 41

Capítulo I – Ciência litúrgica e formação litúrgica (capítulo preliminar), 49
   I – Objeto da ciência litúrgica, 50
   II – Resenha histórica da ciência litúrgica, 51
      1 Antecedentes, 51
      2 Os inícios e o primeiro desenvolvimento, 52
      3 As fases modernas e as tendências dominantes, 53
   III – Metodologia da ciência litúrgica, 57
      1 Os conteúdos, 58
      2 O método, 59
   IV – A contribuição de outras ciências, 61
   V – A formação litúrgica, 62
      1 Noção, 63
      2 Características, 63
      3 Objetivos, 64
   VI – A formação litúrgica dos pastores, 65

Parte I – O mistério na história

Capítulo II – A liturgia na economia da salvação, 69
   I – De Cristo, doador do Espírito, à liturgia da Igreja, 70
      1 Cristo ressuscitado, fonte da salvação, 71
      2 A Igreja, sacramento de Cristo, 71
      3 Páscoa-Pentecostes permanentes, 72
   II – A economia da salvação, 73
      1 As etapas da história da salvação, 73
      2 A liturgia, síntese da história salvífica, 75

III – A liturgia, obra do Pai, do Filho e do Espírito Santo, 76
   1 A presença e a obra do Pai, 76
   2 A presença e a obra do Filho Jesus Cristo, 77
   3 A presença e a obra do Espírito Santo, 78
IV – A liturgia, salvação na história, 80
   1 O mistério pascal, "ephapax" da salvação, 80
   2 Do acontecimento à sua celebração, 81
   3 O memorial, 82

Capítulo III – A plenitude do culto verdadeiro, 84

I – O culto, 85
   1 Noção, 85
   2 Do culto "natural" ao culto "revelado", 86
II – A liturgia, 91
   1 A palavra "liturgia", 91
   2 Definição de liturgia antes do Vaticano II, 93
   3 O conceito de liturgia do Vaticano II, 95
III – "Litúrgico" e "não litúrgico", 97
   1 Ações litúrgicas e exercícios piedosos, 97
   2 Devoção e devoções, 99
   3 A liturgia e a piedade popular, 100

Capítulo IV – A liturgia na história, 102

I – As origens (séc. I-IV), 103
   1 As primeiras realizações, 104
   2 Espiritualização do culto, 105
II – O grande desenvolvimento local (séc. IV-VI), 106
   1 Crescimento em liberdade, 106
   2 A liturgia romana clássica, 108
III – O predomínio franco-germânico (séc. VI-XI), 109
   1 Reformas e processo de hibridização, 109
   2 Fisionomia essencial da liturgia romana, 110
IV – A decadência na Baixa Idade Média (séc. XI-XIV), 111
   1 A liturgia "de acordo com o uso da Cúria romana", 112
   2 A espiritualidade, 113
V – A uniformidade litúrgica (séc. XV-XIX), 114
   1 Universalização da liturgia romana, 114
   2 Tentativas de renovação, 116
VI – O Movimento litúrgico, 117
VII – O Concílio Vaticano II e a reforma litúrgica pós-conciliar, 120
   1 A constituição sobre a sagrada liturgia, 120
   2 A reforma litúrgica pós-conciliar, 121

Capítulo V – Ritos e famílias litúrgicas, 129
    I – Rito litúrgico particular e Igreja local, 130
    II – As famílias litúrgicas orientais, 131
        1 Liturgia siro-antioquena e jacobita, 133
        2 Liturgia maronita, 133
        3 Liturgia assírio-caldeia ou nestoriana, 134
        4 Liturgia siro-malabar, 135
        5 Liturgia bizantina, 135
        6 Liturgia armênia, 136
        7 Liturgia copta, 137
        8 Liturgia etíope, 138
    III – As famílias litúrgicas ocidentais, 139
        1 Liturgia africana, 139
        2 Liturgia romana clássica, 140
        3 Liturgia ambrosiana, 141
        4 Liturgia hispano-moçárabe, 141
        5 Liturgia galicana, 144
        6 Liturgia celta, 145
    IV – Liturgia e ecumenismo, 145

Parte II – A celebração do mistério

Capítulo VI – A celebração, 149
    I – A palavra "celebração", 150
        1 Etimologia e uso primitivo, 150
        2 No latim cristão, 151
        3 Nos livros litúrgicos, 152
    II – Abordagens do conceito de celebração, 153
        1 A partir da antropologia, 153
        2 A partir da teologia da liturgia, 155
    III – Definição e aspectos da celebração, 157
    IV – O mistério de Cristo no centro de toda celebração, 159

Capítulo VII – A Palavra de Deus na celebração, 161
    I – A Sagrada Escritura na liturgia, 162
        1 Fundamento, 163
        2 Significado, 164
    II – A Palavra de Deus na história da salvação, 165
    III – A Igreja sob a Palavra de Deus, 166
    IV – A liturgia da Palavra, 167
        1 A liturgia, lugar da Palavra, 167

    2 Estrutura da liturgia da Palavra, 168
    3 Primazia do Evangelho, 169
  V – O Lecionário da Palavra de Deus, 170
    1 Sinal da Palavra, 170
    2 O Lecionário da missa na história, 171
    3 Organização do Lecionário da missa, 172

Capítulo VIII – A assembleia celebrante, 174
  I – A Igreja, sujeito da ação litúrgica, 175
    1 A Igreja, "corpo sacerdotal" de Cristo, 176
    2 A liturgia, "da Igreja" e "para a Igreja", 177
  II – A assembleia celebrante, 178
    1 A assembleia, sinal sagrado, 179
    2 Dimensões da assembleia como sinal, 180
    3 Assembleia litúrgica e Igreja local, 180
  III – Antinomias da assembleia litúrgica, 181
  IV – A participação litúrgica, 182
    1 A palavra "participação", 182
    2 O conceito, 183
    3 Exigências, 185
    4 Ministérios litúrgicos e participação, 186

Capítulo IX – O canto e a música na celebração, 188
  I – O canto na Bíblia e na liturgia, 189
    1 Espiritualidade bíblica, 189
    2 Testemunhos da história, 190
  II – A música litúrgica, 192
  III – Funções do canto e da música na liturgia, 194
    1 Características, 194
    2 Papel do canto e da música na celebração, 196
  IV – Situações rituais e funcionalidade litúrgica, 197
    1 O ritmo, 197
    2 A aclamação, 198
    3 Meditação, 198
    4 Proclamação lírica, 199
  V – Pastoral do canto e da música na liturgia, 199

Capítulo X – A oração litúrgica, 202
  I – A oração litúrgica, 203
    1 Fundamento bíblico, 203
    2 Primeiros testemunhos, 204

II – Marcas da oração litúrgica, 205
   1 Dimensão trinitária, 205
   2 Dimensão cristológica, 205
   3 Dimensão eclesial, 206
   4 Dimensão antropológica, 207
III – Sacramentalidade da oração litúrgica, 207
   1 Atitudes internas, 207
   2 Dimensão corporal, 208
   3 Eficácia, 209
IV – A eucologia e os grandes gêneros da oração litúrgica, 210
   1 Eucologia maior, 210
   2 Eucologia menor, 212
   3 A tradução dos textos eucológicos, 213

Capítulo XI – A comunicação e a linguagem litúrgica, 216
   I – A comunicação como fato social, 217
      1 Noções, 217
      2 Tipos de comunicação, 219
      3 Processo de comunicação, 220
   II – Funções da comunicação na liturgia, 222
   III – Códigos de comunicação usados na celebração litúrgica, 223
      1 Comunicação sonora, 223
      2 Comunicação visual, 225
      3 Comunicação mediante outros sentidos, 226
   IV – A linguagem litúrgica, 226
      1 Distinção entre linguagem e língua, 227
      2 Chaves e características da linguagem litúrgica, 228

Capítulo XII – O simbolismo litúrgico, 230
   I – Noções básicas, 231
      1 O sinal, 231
      2 O símbolo, 232
   II – Origem do símbolo, 233
      1 Do ponto de vista psicológico, 233
      2 Do ponto de vista religioso, 234
   III – O simbolismo, da Bíblia à liturgia, 234
      1 O simbolismo bíblico, 234
      2 O simbolismo na liturgia, 236
      3 Dimensões do sinal litúrgico, 237
   IV – Sinais e símbolos na liturgia, 237
   V – O rito, 239

VI – Características dos ritos cristãos, 240
VII – O gesto e a expressão corporal, 241

Capítulo XIII – O tempo da celebração, 243

I – O tempo, 244
 1 O tempo cósmico, 244
 2 O tempo sagrado, 245
 3 O tempo histórico-salvífico, 246
 4 O tempo litúrgico, 247

II – A festa, 247
 1 Noção, 248
 2 Estrutura humano-religiosa, 248
 3 Marcas específicas da festa cristã, 249

III – Os ritmos da celebração, 250
 1 O ritmo anual, 250
 2 O ritmo diário, 251
 3 O ritmo semanal, 251

IV – O calendário litúrgico, 252

Capítulo XIV – O lugar da celebração, 254

I – O espaço celebrativo, 256
 1 O espaço sagrado, 256
 2 O templo na Bíblia, 256
 3 O espaço litúrgico, 257

II – O lugar da celebração na história, 258
 1 Configuração geral, 258
 2 Contribuições posteriores, 259

III – A arte a serviço da liturgia, 260
 1 Estética, 261
 2 Idoneidade, 262

IV – Os lugares da celebração, 263

V – Insígnias, vestes e objetos litúrgicos, 265

VI – As imagens, 265

Parte III – Os sinais do mistério

Capítulo XV – A eucaristia, 271

I – Da "Ceia do Senhor" à "eucaristia" (séc. I-III), 272
 1 Testemunhos do Novo Testamento, 273
 2 Testemunhos dos séculos II-III, 274

II – A missa da basílica (séc. IV-VII), 275
   1 A liturgia divina no Oriente, 276
   2 A missa nas liturgias ocidentais, 277

III – Evolução posterior (séc. VIII-XX), 278
   1 A missa "dramática" e devocional, 279
   2 A missa "das rubricas", 279
   3 A reforma do "Ordo missae", 280

IV – O atual rito da missa/"Ordo missae", 281
   1 Os ritos iniciais, 282
   2 A liturgia da Palavra, 282
   3 A liturgia do sacrifício, 283
   4 Os ritos de conclusão, 284
   5 O Missal romano, 284

V – A concelebração, 287

VI – O culto eucarístico, 288

VII – A pastoral da eucaristia, 289

Capítulo XVI – Os sacramentos, 291

   I – Os sacramentos enquanto celebrações, 292
      1 Celebrações da Igreja, 292
      2 Elementos dinâmicos, 294

   II – Os "Rituais dos sacramentos", 296

   III – Os Rituais da iniciação cristã, 297
      1 Síntese histórica da iniciação cristã, 298
      2 Estrutura atual da iniciação cristã, 299

   IV – O Ritual da penitência, 301
      1 A liturgia penitencial na história, 302
      2 O "Ritual da penitência" de 1973, 304

   V – O Ritual da unção dos enfermos e sua assistência pastoral, 305
      1 Os sacramentos dos enfermos na história, 306
      2 O Ritual da unção, 306

   VI – O Pontifical das ordenações, 307
      1 Os ritos de ordenação na história, 308
      2 As ordenações depois do Vaticano II, 309

   VII – O Ritual do matrimônio, 311
      1 História litúrgica do sacramento do matrimônio, 311
      2 O Ritual do matrimônio depois do Vaticano II, 313

Capítulo XVII – Os sacramentais, 315

   I – Sacramentais constitutivos relacionados com as pessoas, 316
      1 A instituição de ministérios, 316

  2 A consagração das virgens, 317
  3 A bênção do abade e da abadessa, 318
  4 A profissão religiosa, 319
 II – Sacramentais constitutivos relacionados com as coisas, 319
  1 A dedicação da igreja e do altar, 320
  2 A bênção da água batismal, 321
  3 A bênção dos óleos e a confecção do crisma, 321
 III – Bênçãos invocativas, 322
 IV – Os exorcismos, 323
 V – As exéquias, 324
  1 Significado da liturgia exequial, 325
  2 Conteúdo do "Ritual de exéquias", 326

Parte IV – A santificação do tempo

Seção I – O ano litúrgico

Capítulo XVIII – O ano litúrgico, 331
 I – Natureza do ano litúrgico, 332
  1 O nome, 332
  2 O conceito, 333
 II – Formação do ano litúrgico, 334
  1 Da antiga à nova Páscoa, 335
  2 Desenvolvimento posterior, 337
 III – Teologia do ano litúrgico, 338
  1 Presença do Senhor em seus mistérios, 338
  2 Imitação sacramental de Cristo, 339
 IV – A Palavra de Deus e o ano litúrgico, 341
 V – A eucaristia e o ano litúrgico, 341
 VI – Valor pastoral do ano litúrgico, 342

Capítulo XIX – O domingo, 344
 I – Origem apostólica do domingo, 345
  1 Testemunhos bíblicos, 345
  2 Primeiros testemunhos não bíblicos, 346
 II – Originalidade cristã do domingo, 348
 III – Os nomes do domingo, 349
  1 Em relação a Cristo, 350
  2 Em relação à Igreja, 352
  3 Em relação ao homem, 353

IV – A celebração do domingo, 354

Capítulo XX – O Tríduo pascal e a Cinquentena, 357
    I – Estrutura do Tríduo e da Cinquentena pascal, 358
        1 O Tríduo, 358
        2 A Cinquentena, 359
    II – Os dados da história, 360
        1 Vicissitudes do Tríduo pascal, 360
        2 Evolução da Cinquentena, 361
    III – Teologia e espiritualidade, 363
        1 O "santo Tríduo pascal", 363
        2 A oitava pascal, 367
        3 Os domingos da Páscoa, 368
        4 A "Ascensão do Senhor" e o "Domingo de Pentecostes", 369
        5 Os dias de semana do tempo pascal, 370

Capítulo XXI – A Quaresma, 371
    I – Estrutura da Quaresma, 372
    II – Os dados da história, 373
    III – Teologia e espiritualidade, 374
        1 A "quarta-feira do início da Quaresma", 375
        2 Os domingos da Quaresma, 375
        3 Os dias de semana da Quaresma, 378
        4 Os dias feriais da Semana Santa, 378

Capítulo XXII – Advento, Natal e Epifania, 380
    I – Estrutura do ciclo natalino, 381
    II – Os dados da história, 382
        1 Natal e Epifania, 382
        2 O advento, 385
    III – Teologia e espiritualidade, 386
        1 O "Natal do Senhor" e sua oitava, 386
        2 A "Epifania do Senhor", 388
        3 Os domingos depois do Natal e a festa do Batismo do Senhor, 388
        4 Os dias da oitava e os dias de semana de Natal-Epifania, 390
        5 Os domingos do Advento, 390
        6 Os dias de semana do Advento, 392

Capítulo XXIII – Tempo comum. Solenidades e festas do Senhor, 394
    I – Estrutura do tempo "comum", 395
    II – Os dados da história, 396

III – Teologia e espiritualidade do tempo "comum", 397
   1 Paradigma do ano litúrgico, 398
   2 Importância do Lecionário da missa, 399
   3 O valor do "cotidiano", 401

IV – Celebrações móveis do Senhor, 402
   1 Solenidade da Santíssima Trindade, 402
   2 Solenidade do Corpo e do Sangue de Cristo, 403
   3 Solenidade do Sagrado Coração de Jesus, 404
   4 Solenidade de Jesus Cristo, Rei do Universo, 405
   5 Festa de Jesus Cristo, sumo e eterno sacerdote, 406

V – Celebrações do Senhor em dias fixos, 406
   1 Festa da Apresentação do Senhor, 406
   2 Solenidade da Anunciação do Senhor, 407
   3 Festa da Transfiguração do Senhor, 408
   4 Festa da Exaltação da Santa Cruz, 408
   5 Aniversário da Dedicação da Basílica do Latrão, 409
   6 *Feria mayor* de petição e de ação de graças, 410

Capítulo XXIV – A memória da Santíssima Virgem Maria e dos santos, 411

I – Os dados da história, 412
   1 O culto à Santíssima Virgem Maria, 413
   2 A veneração dos santos, 416
   3 A nova edição do Martirológio Romano, 419

II – Celebrações da Santíssima Virgem, 420
   1 Solenidade da Imaculada Conceição de Maria, 420
   2 Solenidade da Assunção da Virgem Maria, 420
   3 Festa da Visitação da Virgem Maria, 421
   4 Festa da Natividade da Santíssima Virgem Maria, 421
   5 Festa de Nossa Senhora do Pilar, 422

III – Celebrações dos santos, dos anjos e dos defuntos, 422
   1 Solenidade de São José, 422
   2 Solenidade do Nascimento de São João Batista, 423
   3 Solenidade dos santos apóstolos Pedro e Paulo, 424
   4 Solenidade de São Tiago, Padroeiro da Espanha, 424
   5 Solenidade de Todos os Santos, 425
   6 Festa dos santos arcanjos Miguel, Gabriel e Rafael, 426
   7 Comemoração de Todos os Fiéis Defuntos, 426

Seção II – A Liturgia das Horas

Capítulo XXV – História e teologia do Ofício divino, 429
   I – Do "Breviário" à "Liturgia das Horas", 430

II – Antecedentes da oração das horas, 431
      1 A oração judaica na época do Novo Testamento, 431
      2 A oração de Jesus, 432
      3 A oração na Igreja primitiva, 433
   III – A Liturgia das Horas na história, 434
      1 As primeiras tentativas de organização (séc. I-V), 434
      2 Do ofício completo e solene ao ofício privado (séc. VI-XV), 435
      3 Tentativas de renovação (séc. XVI-XX), 436
   IV – Teologia e espiritualidade da Liturgia das Horas, 437
      1 Oração ao Pai, por Jesus Cristo, no Espírito Santo, 437
      2 Oração em nome da Igreja, 438
      3 Santificação do tempo e da existência, 439
      4 Valor pastoral, 440
      5 Dimensão escatológica, 441

Capítulo XXVI – As Horas do Ofício divino, 442
   I – O Ofício divino como celebração, 443
      1 Componentes, 443
      2 Superação de algumas antinomias, 444
   II – As laudes e as vésperas, 446
      1 Simbolismo, 446
      2 As laudes como oração da manhã, 446
      3 As vésperas como oração do final do dia, 448
      4 Estrutura da celebração, 449
   III – O ofício das leituras e a vigília, 451
      1 Significado, 451
      2 Estrutura da celebração, 453
      3 As vigílias, 454
   IV – A Hora média e as Completas, 454

Capítulo XXVII – Elementos da Liturgia das Horas, 456
   I – Os salmos e os cânticos, 457
      1 Oração de Cristo e da Igreja, 457
      2 Sentido cristológico, 458
      3 Orar com os salmos, 459
      4 Organização atual da salmodia, 460
   II – As leituras bíblicas e seus responsórios, 464
      1 Lecionário bíblico do "ofício das leituras", 464
      2 As leituras breves, 465
      3 Os responsórios, 465

III – As leituras patrísticas e hagiográficas, 466
   1 Lecionário patrístico, 466
   2 Lecionário hagiográfico, 467
IV – Os hinos, 468
V – As preces e orações, 468

Parte V – A vivência do mistério

Capítulo XXVIII – Evangelização, catequese e expressão litúrgica da fé, 473
   I – Evangelização e liturgia, 474
      1 Perfis de uma problemática, 474
      2 Unidade entre evangelização e liturgia, 475
   II – Catequese e liturgia, 476
      1 Relações entre catequese e liturgia, 476
      2 Leis da catequese litúrgica, 478
   III – A liturgia, expressão da fé, 479
      1 A liturgia e a confissão da fé, 479
      2 A liturgia expressa a fé, 480
      3 A liturgia "locus theologicus" e a teologia litúrgica, 481
   IV – A liturgia, mistagogia da fé, 482
      1 A mistagogia não é uma "pedagogia", 482
      2 Dimensão mistagógica da celebração, 483

Capítulo XXIX – Espiritualidade litúrgica, oração e exercícios piedosos, 485
   I – A espiritualidade litúrgica, 486
      1 Espiritualidade da Igreja, 487
      2 Caraterísticas, 488
   II – Espiritualidade litúrgica e oração pessoal, 488
      1 Piedade litúrgica e piedade privada, 489
      2 Necessidade da oração pessoal, 489
   III – A liturgia, escola de oração, 491
      1 Função mistagógica e oração, 492
      2 Meios para introduzir na oração, 492
   IV – Os exercícios piedosos, 493
      1 Legitimidade, 494
      2 Conveniência, 494
      3 Renovação, 495

Capítulo XXX – A pastoral litúrgica, 497
   I – A pastoral litúrgica no conjunto da pastoral da Igreja, 498
      1 Tripla "função", 498

    2 Unidade e relações mútuas, 499
II – Natureza e características da pastoral litúrgica, 500
    1 O conceito, 500
    2 As características, 501
III – Os agentes e os organismos da pastoral litúrgica, 502
    1 As pessoas, 502
    2 As instituições e os organismos, 503
    3 A equipe de animação litúrgica, 505
IV – O âmbito específico da pastoral litúrgica, 505
    1 A pastoral dos sacramentos e sacramentais, 505
    2 A pastoral dos tempos litúrgicos, 507
    3 A pastoral dos exercícios piedosos do povo cristão, 507
V – O direito litúrgico a serviço da pastoral litúrgica, 508
    1 Noção, 508
    2 Autoridade litúrgica, 509
    3 O espírito do atual direito canônico, 510

Apêndice – Vocabulário litúrgico, 511

Anexo – Elenco de obras pós-conciliares de liturgia publicadas originalmente no Brasil, 553

Apresentação da segunda edição

Desde que, no final de 1994, apareceu a primeira edição de *A liturgia da Igreja*, na coleção "Sapientia Fidei" (Série de Manuais de Teologia, 6) da BAC, foram numerosos os sacerdotes e alunos dos seminários que estudaram a liturgia com a ajuda deste livro. Dou graças a Deus por ter podido contribuir para a formação dos ministros da Igreja num aspecto tão vital para sua vida e ministério. Desde então, apenas uma vez pude atualizar o volume, embora acariciasse o desejo de continuar a atualizá-lo, ao comprovar que se sucediam as reimpressões. Era o que pedia o melhor serviço aos professores e estudantes e o que era exigido pela publicação de novos livros litúrgicos, como o *Martirológio romano*, o *Ritual de exorcismos*, a terceira edição típica do *Missale Romanum*, numerosos documentos dos pontífices João Paulo II e Bento XVI e da Congregação para o Culto Divino. Por outro lado, apareceram numerosas obras e incontáveis artigos nas revistas especializadas de teologia e de liturgia.

Mas, além disso, nestes últimos anos ocorreram dois acontecimentos que tiveram grande repercussão no campo da ciência litúrgica. Refiro-me às comemorações, em 2003, do centenário do *Motu proprio Tra le sollecitudini* de São Pio X, de 22-11-1903, e do Quadragésimo Aniversário da promulgação da Constituição litúrgica *Sacrosanctum Concilium* do Vaticano II, de 4-12-1963. Ambos os fatos constituíram, naquele momento, verdadeiros acontecimentos da vida da Igreja, de maneira que sua comemoração deu origem a numerosas sessões de estudo, conferências, publicações etc. O novo século e milênio havia sido inaugurado com o convite do Servo de Deus João Paulo II: "Há de se pôr o máximo empenho na liturgia, 'a meta para a qual se encaminha a ação da Igreja e a fonte donde promana toda a sua força' (SC 10). No século XX, sobretudo depois do Concílio, a comunidade cristã cresceu muito no modo de celebrar os sacramentos, sobretudo a eucaristia"*.

Seu sucessor, o Papa Bento XVI, muito conhecido por sua extraordinária preparação intelectual e com publicações no campo litúrgico – é conhecida sua obra *O espírito da liturgia. Uma introdução* (original alemão de 2000) –, ao mesmo tempo que sublinha a validade da obra litúrgica conciliar, está convidando a um modo de celebrar sem rupturas com a tradição eclesial e orientado para uma participação mais plena e substancial, partindo de uma maior consciência do mistério e da atitude de adoração.

Esta nova edição, além de atualizar e ampliar a bibliografia com as publicações litúrgicas principalmente na área das línguas românicas, posteriores a 1996, incorpora, com a concisão própria de um manual, alguns temas novos. Concretamente, temas relacionados com os livros litúrgicos acima mencionados, com o *Diretório geral para a Catequese* (1997), com *Diretório sobre piedade popular e liturgia* (2001), com a liturgia em relação aos Santos Padres, com o ecumenismo no campo litúrgico, com a *ars celebrandi* e outros temas da exortação apostólica pós-sinodal *Sacramentum Caritatis* (2007), com as retransmissões televisivas de celebrações, com o *Motu proprio Misericordia Dei* (2002) e com o *Motu proprio Summorum Pontificum* (2007) etc. Levei em consideração também os documentos pontifícios e da Congregação para o Culto Divino publicados nos últimos anos, a celebração das Assembleias gerais ordinárias XI e XII do Sínodo dos Bispos de 2005 e 2008 respectivamente, a nova numeração da *Instrução geral do Missal romano* (ed. de 2002) e as principais novidades da reimpressão do *Missale Romanum* (2008). Confio que esta edição, que sem dúvida pode ainda ser melhorada, seja recebida tão positivamente como as anteriores.

---

* S.S. João Paulo II, Carta apostólica *Novo millennio ineunte* ao concluir o Grande Jubileu do ano 2000: *AAS* 93 (2001) 266-309, n. 35; cf. n. 30-40.

Introdução

Desde o momento em que os responsáveis pela série de manuais de teologia *Sapientia Fidei* me solicitaram e eu aceitei o honroso encargo de escrever o volume dedicado à *Liturgia da Igreja*, minha preocupação principal foi oferecer uma síntese completa, clara e precisa do saber litúrgico atual, naquilo que é comum e básico nas celebrações da Igreja. Os leitores poderão avaliar se consegui atingir meu objetivo. Mas, em todo caso, este volume foi escrito com o desejo de não desmerecer o conjunto de um projeto editorial assumido pela prestigiosa biblioteca de autores cristãos, que retoma sua reconhecida tradição de manuais teológicos para a Espanha e a América espanhola.

O estudo da liturgia interessa hoje, felizmente, a todos os membros do povo de Deus, conscientes da necessidade de possuir uma formação ampla e atualizada em todos os temas que afetam a fé e a vida e missão da Igreja. Concluída há muito tempo a etapa da reforma litúrgica, desejada e esboçada pelo Concílio Vaticano II, e estando ainda pendente uma tarefa de assimilação profunda dos livros litúrgicos promulgados a partir de 1970, os pastores, os religiosos e os fiéis leigos mais sensíveis ao que constitui a "primeira e necessária fonte, da qual os fiéis haurem o espírito verdadeiramente cristão" (SC 14), vêm reclamando celebrações litúrgicas mais consistentes, mais de acordo com o sentido do mistério e mais densas espiritualmente.

A intuição e, em muitos casos, o interesse explícito de pastores e fiéis coincidem com as orientações que o Magistério pontifício e episcopal vem assinalando em vista de uma boa formação bíblica e litúrgica, como meio para aprofundar-se no sentido dos ritos e dos textos litúrgicos, a fim de fomentar a dignidade e a beleza das celebrações e dos lugares de culto e, em suma, conseguir uma "participação consciente, interna e externa, plena e frutuosa" na liturgia, a que o povo cristão tem direito (cf. SC 14, 19 etc.).

Bastaria citar a Carta apostólica *Vicesimus Quintus Annus* do Santo Padre João Paulo II, por ocasião do XXV aniversário da Constituição *Sacrosanctum Concilium* sobre a sagrada liturgia, de 4-12-1988[1], e a Exortação apostólica pós-sinodal *Pastores Dabo Vobis* sobre a formação dos sacerdotes na situação atual, de 25-3-1992[2]. A Instrução *De institutione liturgica in Seminariis*, da Congregação para a Educação Católica, de 3-6-1979[3]. O *Diretório para o ministério e a vida dos presbíteros*, da Congregação para o Clero, de 31-1-1994[4]. E a Exortação coletiva *A pastoral litúrgica na Espanha a XX anos da SC*, da Conferência Episcopal Espanhola, de 25-11-1983[5], e as numerosas cartas, notas, diretórios e outras ações realizadas ou impulsionadas pela Comissão Episcopal de Liturgia da Espanha já há vários triênios, destinadas à formação dos responsáveis pela vida litúrgica das paróquias e das comunidades.

A liturgia é uma disciplina teológica que está presente, como matéria principal, nas faculdades teológicas, seminários, casas de formação dos religiosos e centros de preparação do laicato. O numeroso grupo de estudiosos e professores de liturgia da Espanha, formados nos Institutos Superiores de Liturgia de Roma, Paris, Trier e Barcelona e agrupados em parte na *Associação Espanhola de Professores de Liturgia*, fundada em 1977, deu origem a uma notável produção de livros, revistas e outras publicações. Esta contribuição, com peso específico próprio no campo da teologia, se une às monografias, estudos, coleções, dicionários e obras coletivas de tema litúrgico, que se multiplicaram nos últimos anos na Europa e em alguns países da América.

O momento atual do saber litúrgico permite formar uma imagem global e harmônica da liturgia, acessível a todos, e abordar uma obra sistemática

---

1. Em *AAS* 81 (1989) 897-918.
2. Em *AAS* 84 (1992) 657-804; trad. port. Petrópolis, Vozes, DP n. 246 e São Paulo, Paulinas VP 128.
3. Em TPV.
4. LEV 1994 (nova edição 2013).
5. Em *PastL* 133/134 (1983) 3-13, espec. n. 8.

que exponha as principais questões históricas, teológicas, antropológicas e pastorais da celebração do mistério cristão. Neste sentido, o presente volume pretende reunir, antes de tudo, a contribuição doutrinal do Concílio Vaticano II referente à natureza da liturgia e à sua importância na vida religiosa da Igreja e as grandes linhas da reforma litúrgica pós-conciliar. Esta contribuição se viu confirmada e enriquecida em não poucos aspectos pelo *Catecismo da Igreja Católica*, promulgado no final de 1992, que dedica a segunda parte à exposição da doutrina católica sobre a liturgia e os sacramentos[6].

Com efeito, o Catecismo veio atualizar e oferecer uma nova síntese orgânica dos *altiora principia* da reforma litúrgica[7], cujo conhecimento é indispensável para conseguir uma formação da vida espiritual baseada nos sacramentos e na oração da Igreja e para levar a cabo uma tarefa evangelizadora e de edificação da comunidade eclesial, tendo como fonte e como ápice a liturgia (cf. SC 10, 42 e 105).

Neste sentido a orientação de toda esta obra é decididamente teológica, mas sem esquecer os aspectos restantes a partir dos quais se deve abordar o fato litúrgico cristão: histórico, espiritual, pastoral e jurídico (cf. SC 16; OT 16). Por outro lado, o estudo da liturgia deve não só iluminar o conhecimento da celebração do mistério em todas as suas dimensões, mas precisa também contribuir para o desenvolvimento da vida interior e para a prática pastoral relacionada com a santificação dos homens e com o culto a Deus (cf. SC 7).

O presente volume está dividido em cinco partes, após um capítulo preliminar, dedicado à situação da ciência litúrgica e aos objetivos da formação litúrgica. A Parte I, *O mistério na história*, trata de situar o estudo da liturgia

---

6. Cf. os estudos publicados em *PastL* 214 (1993); *Ph* 194 (1993); e os de AROCENA, F.M. "El P. Jean Corbon y el Catecismo de la Iglesia católica": *Ph* 245 (2001) 415-424; GERVAIS, P., em *NRT* 115 (1993) 496-515; FARNÉS, P. In: GONZÁLEZ, O. & Martínez, J.A. (eds.). *El Catecismo postconciliar. Contexto y contenidos*. Madri 1993,132-151; LÓPEZ GONZÁLEZ, P., em *Scripta Theologica* 25 (1993) 627-662; LÓPEZ MARTÍN, J., em *TCat* 43/44 (1992) 391-413; LLABRÉS, P., em *Communicació* 75 (1993) 27-48; MARLÉ, R., em *Études* 6 (1992) 689-695; PIAZZI, D., em *RivPL* 32/2 (1994) 51-57; e TRIACCA, A.M., em *Not* 318/319 (1993) 34-47.

7. Foram definidos assim por João XXIII em 1960, em *AAS* 52 (1960) 954, e consistem nos "princípios fundamentais" expostos na Constituição conciliar sobre sagrada liturgia e a respeito dos quais João Paulo II fala da "necessidade de ter constantemente presentes tais princípios e de os aprofundar", em *Vicesimus Quintus Annus* n 5 (DP 227).

na perspectiva da economia da salvação, como plenitude do culto verdadeiro (cap. III), ou seja, no curso da revelação bíblica (cap. II), e ao longo das etapas da história da Igreja (caps. IV e V). O ponto de partida da reflexão teológica sobre o fato litúrgico cristão é a ressurreição de Jesus Cristo com a doação do Espírito Santo, origem da liturgia como mistério e motivo central e contínuo da liturgia como ação e como vida.

A Parte II, *A celebração do mistério*, analisa a ação expressiva, representativa e atualizadora do mistério salvífico, em si mesma (cap. VI) e em cada um dos componentes essenciais da celebração: a Palavra divina (cap. VII), a assembleia ou sujeito integral (cap. VIII), a resposta do canto e da oração litúrgica (caps. IX e X), a comunicação e a linguagem no interior da celebração (cap. XI), os sinais, os símbolos e o rito (cap. XII), o tempo de celebrar (cap. XIII) e o espaço celebrativo com os objetos que o preenchem (cap. XIV). O capítulo mais inovador talvez seja o dedicado à comunicação e à linguagem litúrgica, um verdadeiro desafio para a liturgia atual.

A primeira parte e a segunda, junto com a quinta, constituem o que alguns autores chamam de *liturgia fundamental*, ou leis gerais de toda ação litúrgica. Neste sentido, as partes seguintes vêm a ser a *liturgia especial* ou a exposição das celebrações litúrgicas concretamente.

Com efeito, a Parte III, *Os sinais do mistério*, discorre de maneira muito breve sobre o aspecto celebrativo da eucaristia (cap. XV) e sobre os sacramentos (cap. XVI) e sacramentais (cap. XVII), para não invadir o campo de outros manuais desta mesma coleção. Num estudo sistemático da liturgia não podem faltar a eucaristia e os sacramentos, em torno dos quais gira toda a vida litúrgica (cf. SC 6).

A Parte IV, *A santificação do tempo* ou o mistério no tempo, trata da presença e da celebração do mistério salvífico na existência dos homens, tanto nos *tempos determinados* que formam o *ano litúrgico*, como na celebração das *horas* do Ofício divino. Por este motivo, esta parte compreende duas seções. A primeira é dedicada ao *ano do Senhor* ou *ano litúrgico* (cap. XVIII), ao domingo (cap. XIX), aos tempos litúrgicos (caps. XX-XXIII) e à celebração da memória da Santíssima Virgem e dos Santos (cap. XXIV). A segunda seção expõe a teologia e a história do Ofício divino (cap. XXV), o sentido e a estrutura de cada hora (cap. XXVI) e os elemento que as integram (cap. XXVII).

A Parte V e última, *A vivência do mistério*, faz parte da liturgia fundamental, como foi assinalado, já que toca aspectos complementares da situação da liturgia na vida da Igreja, como as relações com a evangelização e a fé (cap. XXVIII), a espiritualidade litúrgica e os atos de piedade pessoal ou comunitária (cap. XXIX) e a ação pastoral litúrgica (cap. XXX).

A exposição se completa com um apêndice, que oferece um *vocabulário litúrgico* de caráter básico, com os termos próprios da liturgia em geral e do rito romano em concreto. Nele são explicadas muitas palavras técnicas que aparecem no volume e são recuperadas outras, quase esquecidas. Este vocabulário constitui também uma contribuição à cultura religiosa e litúrgica, que atualiza inclusive o significado de numerosas palavras que ainda continuam sendo usadas, mas com matizes novos incorporados pela reforma litúrgica promovida pelo Concílio Vaticano II.

A limitação de espaço, inevitável numa obra com características de manual, obrigou também a tratar todos os temas com a maior concisão e brevidade possível, mesmo com o risco de deixar muitos pontos reduzidos a enunciados. Não entanto, procurei abordar todos os conteúdos de forma essencial, cuidando também que a divisão de artigos no interior de cada capítulo e a distribuição de aspectos permitam ao leitor e ao estudante ter uma ideia bem estruturada e coerente de toda a matéria.

Para completar o estudo apresentamos uma bibliografia básica no começo de cada capítulo e uma bibliografia mais particularizada nas notas de rodapé. Tanto numa bibliografia como na outra preferimos os títulos ao alcance do leitor espanhol, incluindo os de outras línguas quando faltam os primeiros, ou quando se trata de estudos muito importantes. No começo do volume encontra-se uma bibliografia de caráter geral, com as principais fontes e obras auxiliares da ciência litúrgica e com uma relação de obras sistemáticas, manuais, dicionários de tema litúrgico e introduções mais ou menos amplas à liturgia, de ontem e de hoje. Espero que as referências bibliográficas, muito reduzidas se levarmos em conta a produção existente nos últimos decênios no campo litúrgico, mas suficientes para os objetivos assinalados, sejam úteis para os que quiserem ampliar seus conhecimentos em determinados temas de seu interesse.

Ao redigir este volume levei em consideração publicações minhas anteriores, mas me debrucei também sobre as diversas obras sistemáticas dedicadas à liturgia por colegas e autores consagrados, aos quais me considero devedor. Sou também devedor aos alunos dos diferentes centros teológicos nos quais ensinei, especialmente a Faculdade de Teologia da Universidade Pontifícia de Salamanca. Tanto a uns, os professores e os cultivadores do saber litúrgico, quanto aos outros, os alunos e os responsáveis atuais e futuros pela liturgia da Igreja, desejo que o conhecimento e a vivência das celebrações litúrgicas lhes sejam altamente proveitosos em todos os sentidos.

Bibliografia geral[1]

1 Documentação litúrgica pós-conciliar

KACKZINSKI. R. *Enchiridion documentorum instaurationis liturgicae.* I *(1963-1973).* Casale M. 1976; II *(1973-1983).* Roma 1988; III *(1984-1993).* Roma 1997.

PARDO, A. *Enchiridion. Documentación litúrgica posconciliar.* Barcelona 1992.

_____. *Documentación litúrgica. Nuevo Enquiridion. De san Pío X (1903) a Benedicto XVI.* Burgos 2006.

2 Fontes litúrgicas, coleções de textos

ANDRIEU, M. *Les ordines romani du Moyen-Âge,* I-IV. Lovaina 1931-1961.

_____. *Le Pontifical Romain ao Moyen-Âge,* I-IV. Cidade do Vaticano 1938-1941.

ASSEMANI, J.A. (ed.). *Codex liturgicus Ecclesiae universae,* I-XIII. Roma 1749-1776, ʳ1902.

Caeremoniale Episcoporum (TPV, ed. típica 1984); versão brasileira: *Cerimonial dos Bispos/Cerimonial da Igreja.* São Paulo 1988.

---

1. São numerosas as publicações que incluem boletins bibliográficos de liturgia, mais ou menos periódicos. Entre outras vejam-se: *ALW, EL, ETL, Ph, QL, RScPhTh* e *RL.* Além disso pode-se consultar a *Bibliographia Internationalis Spiritualitatis* (Roma 1966ss.); o *Catalogus (1964-1987),* do Institut Bibliographique de Liturgie da Abadia de Mont-César (Bélgica); e JOHNSON, M. *Bibliographia Liturgica.* Roma, BELS 63; 1992; THOMPSON, B. *A Bibliography of Christian Worship.* (Metuchen NY/Londres 1982; ZITNIK, M. *Sacramenta. Bibliographia Internationalis,* 6 vols. Roma 1992-2002.

COPPIETERS'T, B. *Corpus orationum*, 14 vols. CCL 160 (1-14) 1992-2004.

DESHUSSES, J. (ed.). *Le sacramentaire Grégorien. Ses principales formes d'après les plus anciens manuscrits. Edition comparative*, I-III. Friburgo, Spicilegium Friburgense 16, 24, 28, 1971-1982.

HÄNGGI, A. & PAHL, I. *Prex eucharistica. Textus e variis liturgiis antiquioribus selecti*. Friburgo, Spicilegium Friburgense 12, 1968.

_____. *Officium Divinum... Liturgia Horarum iuxta Ritum Romanum*, I-IV. TPV, ed. típica 1971-1972; 2ª ed. típica 1986-1988; ed. oficial brasileira *Ofício divino... Liturgia das Horas segundo o rito romano*, 4 vols. Vozes/Paulinas/Paulus/Ave-Maria 1995.

LODI, E. *Enchiridion euchologicum fontium liturgicorum*. Roma, Bels 15, 1979.

MARTÈNE, E. *De antiquis Ecclesiae ritibus*, I-IV. Londres/Rouen 1690-1706, Hildesheim ʳ1967-1969.

MARTÍN PINDADO, V. & SÁNCHEZ CARO, J.M. *La gran oración eucarística. Textos de ayer y de hoy*. Madri 1969.

Martyrologium Romanum... TPV, ed. típica 2001; 2ª ed. típica 2004; trad. port. *Martirológio Romano*. São Paulo.

Missale Hispano-Mozarabicum, 2 vols. Conferência Episcopal Espanhola – Arcebispado de Toledo, 1991ss.

Missale Hispano-Mozarabicum. Liber Commicus, I. Conferência Episcopal Espanhola – Arcebispado de Toledo, 1991.

Missale Romanum... TPV, ed. típica 1962 (¹1570).

Missale Romanum... TPV, ed. típica 1970; 2ª ed. típica 1975; 3ª ed. típica 2002; 3ª ed. típica corrigida 2008; ed. bras.: *Missal romano*. São Paulo, ⁶1992.

MOELLER, E. (ed.). *Corpus benedictionum pontificalium*, 4 vols. CCL 162-162 A-C; 1979-1983.

_____. *Corpus praefationum*, 5 vols. Turnhout/Paris, CCL 161 A-D, 1980-1981.

MOHLBERG. L.C. (ed.). *Sacramentarium Veronense (Cod. Bibl. Cap. Veron. LXXXV [80])*. Roma, REDFM 1, 1956, ʳ1978.

_____. *Liber sacramentorum Romanae Aecclesiae ordinis anni circuli (Cod. Vat. Reg. lat. 316/Paris, Bibl. Nat. 7193) Sacramentarium Gelasianum*. Roma, REDFM 4; 1960, ʳ1968.

SODI, M. & FLORES, J.J. (eds.). *Rituale Romanum. Editio princeps (1614)*. Cidade do Vaticano, MLCT 5, 2004.

SODI, M. & FUSCO, R. (eds.). *Martyrologium Romanum. Editio princeps (1584)*. Cidade do Vaticano, MLCT 6, 2005.

SODI, M. & TRIACCA, A.M. (eds.). *Pontificale Romanum. Editio princeps (1595-1596)*. Cidade do Vaticano, MLCT 1, 1977.

_____. *Missale Romanum. Editio princeps (1570)*. Cidade do Vaticano, MLCT 2, 1988.

_____. *Breviarium Romanum. Editio princeps (1568)*. Cidade do Vaticano, MLCT 3, 1999.

_____. *Caeremoniale Episcoporum. Editio princeps (1600)*. Cidade do Vaticano, MLCT 4, 2000.

VOGEL, C. & ELZE, R. *Le Pontifical romano-germanique du Xème siècle*, I-II. Cidade do Vaticano 1963-1972.

3 Auxiliares

BLAISE, A. *Vocabulaire latin des principaux thèmes liturgiques*. Turnhout 1966.

_____. *Lexicon latinitatis Medii Aevi, praesertim ad res ecclesiasticas investigandas pertinens*. Turnhout 1975.

BOURQUE, E. *Étude sur les sacramentaires romains*, I-III. Cidade do Vaticano 1949-1960.

BRUYLANTS, P. *Les oraisons du Missel Romain. Texte et histoire*, I-II. Lovaina 1952.

CABROL, F. *Los libros litúrgicos de la liturgia latina. CuaderPh* 187. Barcelona 2009.

CHAVASSE, A. *Le sacramentaire gélasien*. Paris 1957.

_____. "Le sacramentaire gélasien du VIIIe s. Ses deux principales formes". *EL* 73 (1959) 249-298.

CUVA, A. "I nuovi libri liturgici. Rassegna documentaria". *Not* 228/229 (1985) 394-408.

DELL'ORO, F. "Recenti edizioni critiche di fonti liturgiche". In: BROVELLI, R. (ed.). *Liturgia delle ore. Tempo e rito*. Roma, BELS 75, 1994, 193-303.

DESHUSSES, J. "Les sacramentaires, état actuel de la recherche". *ALW* 24 (1982) 19-46.

DESHUSSES, J. & DARRAGON, B. *Concordances et tableaux des grands sacramentaires*, 6 vols. Friburgo/Suíça 1982-1983.

DIAMOND, W. (ed.). *Dictionary of Liturgical Latin*. Milwaukee 1961.

JOHNSON, M. *Bibliographia liturgica*. Roma, BELS 63, 1992.

JOHNSON, M. & WARD, A. "Fontes liturgici. The Sources of the Roman Missal (1975)". *Not* 240-242 (1986) 441-748; 252-254 (1987) 409-1009.

LODI, E. *Liturgia della Chiesa. Guida allo studio della liturgia nelle sue fonti antiche e recenti*. Bolonha 1981.

MARTIMORT, A.G. *Les ordines, les ordinaires et les cérémoniaux. Typologie des sources du Moyen Âge occidental*. Turnhout 1991.

PALAZZO, E. *Histoire des livres liturgiques. Le Moyen Âge, des origines au XIIIe siècle*. Paris 1993.

SCHNITKER, T.A. & SLABY, W.A. *Concordantia verbalia Missalis Romani. Partes euchologicae*. Münster i.W. 1983.

SODI. M. & TONIOLO, A. *Concordantia et Indices Missalis Romani. Editio typica tertia*, Cidade do Vaticano, MSIL 23, 2002.

VOGEL, C. *Introduction aux sources de l'histoire du culte chrétien au Moyen Âge*. Espoleto 1966.

4 Obras gerais, manuais, tratados, dicionários e enciclopédias

AA.VV. *Manual de Liturgia. La celebración del Misterio pascual. Fundamentos teológicos y constitutivos de la celebración litúrgica*, 2 vols. Santa Fe de Bogotá, Celam, 2000.

ABAD, J.A. & GARRIDO BONAÑO, M. *Introducción a la liturgia de la Iglesia*. Madri 1988.

_____. *La celebración del misterio cristiano*. Pamplona 1996.

ADAM A. *Corso di liturgia*. Bréscia 1988.

ALDAZÁBAL, J. *Vocabulario básico de liturgia*. Barcelona 1994.

ASSOCIAÇÃO PROFESSORES DE LITURGIA (ed.). *Celebrare il mistero di Cristo. Manuale di liturgia*, I. Roma, Bels 73, 1993.

_____. *La celebrazione dei sacramenti. Manuale di liturgia*, II. Roma, BELS 88, 1996.

AUGÉ, M. *Liturgia. Historia, celebración, teología, espiritualidad*. Barcelona 1995; trad. port.: *Liturgia: história, celebração, teologia e espiritualidade*. São Paulo 1996.

AZCÁRATE, A. *La flor de la liturgia renovada. Manual de cultura y espiritualidad litúrgica*. Buenos Aires 1976.

BASURKO, X. *Historia de la Liturgia*. Barcelona, BL 28, 2006.

BERGER, R. *Piccolo dizionario di liturgia*. Casale M. 1990.

BOROBIO, D. (ed.). *La celebración en la Iglesia*, I-III. Salamanca 1985-1990 (ed. bras.: *A celebração na Igreja*. São Paulo, 1993).

BRAUN, J. *Diccionario manual de liturgia*. Madri 1927.

CALLEWAERT, C.A. *Liturgicae institutiones*. Bruges 1919-1937.

CANALS, J.M. & CÁNOVAS, I.T. (eds.). *La liturgia en los inicios del tercer milenio. A los XL años de la "Sacrosanctum Concilium"*. Baracaldo 2004.

CASTELLANO, J. et al. *Liturgia (Etica della religiosità)*. Bréscia, Corso di Morale 5, 1986.

CATTANEO, E. *Il culto cristiano in Occidente. Note storiche*. Roma, BELS 13, 1978, ²1984.

CHUPUNGCO, A.J. (ed.). *Scientia liturgica. Manuale di Liturgia*, 5 vols. Casale M. 1998-1999.

COLOMBO, G. *I santi segni*, 5 vols. Leumann/Turim 1988ss.

CONTE, N. *Benedetto Dio che ci ha benedetti in Cristo. Introduzione alla liturgia*. Palermo 1992.

COSTA, E. *Liturgia*. Casale M., Enciclopedia di Pastorale 3, 1988.

CRICHTON, J.D. *Christian Celebration. The Mass, the Sacraments, the Prayer of the Church*. Londres 1988.

DAVIES, J.G. (ed.). *A New Dictionary of Liturgy and Worship*. Londres 1986.

DELLA TORRE, L. *Celebrare il Signore. Corso di liturgia*. Roma 1989.

EISENHÖFER, L. *Compendio de liturgia católica*. Barcelona 1940, ʳ1963.

FINK, E. *The New Dictionary of Sacramental Worship*. Collegeville 1990.

FLORISTÁN, C. *Diccionario abreviado de liturgia*. Estella 2001.

GARRIDO BONAÑO, M. *Curso de Liturgia Romana*. Madri 1961.

GELINEAU, J. et al. *Nelle vostre assemblee. Teologia pastorale delle celebrazioni liturgiche*, 2 vols. Bréscia 1975-1976; trad. port.: *Em vossas assembleias*, 2 vols. São Paulo 1973-1975.

_____. *Assemblea santa. Manuale di liturgia pastorale*. Bolonha 1991.

GOMÁ Y TOMÁS, I. *El valor educativo de la liturgia católica*, 2 vols. Barcelona ³1945.

JONES, Ch.; WAINWRIGHT, G. & YARNOLD, E. (eds.). *The Study of Liturgy*. Londres 1975, ²1980.

KILMARTIN, E.J. *Christian Liturgy: Theology and Practice*, I: *Systematic Theology of Liturgy*. Kansas City 1988.

KLAUSER, Th. *Breve historia de la liturgia occidental*. Barcelona 1968.

LANG, J.P. *Dictionary of the Liturgy*. Nova York 1989.

LEBON, J. *Para vivir la liturgia*. Estella 1987; trad. port.: *Para viver a liturgia*. São Paulo 1993.

LE GALL, R. (ed.). *La liturgie, célébration de l'Alliance*, 3 vols. Chambray--les-Tours 1980-1982.

_____. *Dictionnaire de Liturgie*. Paris 1982.

_____. *La liturgie de l'Église. Mystère, signes et figures*. Chambray-les--Tours 1990.

LODI, E. *Liturgia della Chiesa. Guida allo sudio della liturgia nelle sue fonti antiche e recenti*. Bolonha 1981.

LÓPEZ MARTÍN, J. *Liturgia fundamental*, 2 vols. "Plan de Formación Litúrgica" do IITD. Madri 1985, ²1988.

_____. *La santificación del tiempo*, 2 vols. "Plan de Formación Litúrgica" do IITD. Madri 1984, ²1990.

_____. *La liturgia en la vida de la Iglesia*. Madri 1987.

_____. *En el Espíritu y la verdad. Introducción a la liturgia*, 2 vols. Salamanca 1993-1994; trad. port.: *No espírito e na verdade*, 2 vols. Petrópolis 1996.

MARSILI, S. († 1983); SCICOLONE, I. & CHUPUNGCO, A.J. (eds.). *Anamnesis. Introduzione storico-teologica alla liturgia*, 7 vols. Casale M.--Gênova 1974-1990; ed. bras.: *Anamnesis*, 6 vols. São Paulo 1986-1993.

_____. *Los signos del misterio de Cristo. Teología litúrgica de los sacramentos*. Bilbao 1993.

MARTIMORT, A.G. (ed.). *La Iglesia en oración. Introducción a la liturgia*. Barcelona 1987 (nova ed. atualizada e ampliada); trad. port.: *A Igreja em oração*, 4 vols. Petrópolis 1988ss.

MEYER, H.B. (ed.). *Gottesdienst der Kirche. Handbuch der Liturgiewissenschaft*, I-VIII. Regensburg 1983ss.

MISTRORIGO, A. *Dizionario liturgico pastorale*. Pádua 1977.

NEUNHEUSER, B. *Storia della liturgia attraverso le epoche culturali*. Roma, BELS 11, 1983.

PRADO, G. *Curso fácil de liturgia*. Madri 1941.

REINER, L.-M. (ed.). *Exsultet. Enciclopedia pratica della liturgia*. Bréscia 2002.

RIGHETTI, M. *La historia de la liturgia*, 2 vols. Madri 1955-1956.

ROSSO, St. *Un popolo di sacerdoti. Saggio di liturgia fondamentale*. Roma 1999, ²2007.

SALAVILLE, S. *Liturgies orientales*. Paris 1938.

SANSON, V. *Per Gesù Cristo nostro Signore. Corso di liturgia fondamentale*. Bolonha 1998.

SARTORE, D.; TRIACCA, A.M. & CANALS, J.M. (eds.). *Nuevo Diccionario de Liturgia*. Madri 1987; trad. port.: *Dicionário de Liturgia*. São Paulo 1992.

_____. SARTORE, D.; TRIACCA, A.M. & CIBIEN, C. (eds.). *Liturgia*. Cinisello Balsamo, Dizionari San Paolo 2, 2001.

SCHMIDT, H.A. *Introductio in Liturgiam Occidentalem*. Roma 1960.

VRIJLANDT, M.A. *Liturgiek*. Delst 1987.

5 Introduções à liturgia. Iniciação litúrgica

ALESSIO, L. *Una liturgia para vivir*. Buenos Aires 1978.

_____. *L'uomo, essere orante*. Milão 1980.

ALLMEN, J.J. von. *El culto cristiano. Su esencia y su celebración*. Salamanca 1968.

_____. *Célébrer le salut. Doctrine et pratique du culte chrétien*. Genebra/Paris 1984.

ANDRONIKOF, C. *El sentido de la liturgia. La relación entre Dios y el hombre.* Valência 1992.

ARANDA, A. *Manantial y cumbre. Iniciación litúrgica,* México 1992.

ARRIGHI, G. et al. *Introduzione agli studi liturgici.* Roma 1962.

ASSOCIAÇÃO PROFESSORES E CULTORES DE LITURGIA. *Celebrare in Spirito e verità.* Roma 1992.

AUBRY, A. *Ha pasado el tiempo de la liturgia?* Madri 1971.

BEAUDUIN, L. *La piété de l'Église. Principes et faits.* Lovaina 1914.

BERNAL, J.M. *Una liturgia viva para una Iglesia renovada.* Madri 1971.

_____. *Celebrar, un reto apasionante.* Salamanca 2000.

BONACCORSO, G. *Introduzione allo studio della liturgia.* Pádua 1990.

_____. *Celebrare la salvezza. Lineamenti di liturgia.* Pádua 1996.

BIFFI, I. *Liturgia,* I: *Riflessioni teologiche e pastorali.* Roma 1982.

BOROBIO, D. *Cultura, fe, sacramento.* Barcelona, BL 17, 2002.

BOUYER, L. *Piedad litúrgica.* Cuernavaca 1957.

_____. *El rito y el hombre. Sacralidad natural y liturgia.* Barcelona 1967.

BUX, N. *La liturgia degli orientali.* Bari, Quaderni di Odigos 96, 1996.

CASEL, O. *El misterio del culto cristiano.* San Sebastián 1953.

_____. *Le mystère de la liturgie. Choix de textes.* Paris 1990.

CASSINGENA, F. *La belleza de la liturgia.* Salamanca 2008.

CASTRO, C. *El sentido religioso de la liturgia.* Madri 1964.

CHAUVET, L.-M. *Símbolo y sacramento. Dimensión constitutiva de la existencia cristiana.* Barcelona 1991.

COLOMBO, G. *Introduzione allo studio della liturgia.* Leumann/Turim 1989.

CORBON, J. *Liturgie de source.* Paris 1980; trad. port.: *Liturgia de fonte.* São Paulo 1981.

_____. *Liturgia y oración*. Madri 2004.

DALMAIS, I.H. *Initiation à la liturgie*. Paris 1958.

DE CLERCK, P. *L'intelligenza della liturgia*. Cidade do Vaticano 1999.

DI STEFANO, A. *Liturgia. Introduzione*. Casale M. 1991.

DIX, G. *The shape of the liturgy*. Westminster 1945, ʳ1981.

DONGHI, A. *A lode della sua gloria. Il mistero della liturgia*. Milão 1988.

DORADO, G.G. *La liturgia hoy*. Madri 1987.

FERNÁNDEZ, P. *Introducción a la ciencia litúrgica*. Salamanca 1992.

_____. *Introducción a la liturgia. Conocer y celebrar*. Salamanca 2005.

FILTHAUT, Th. *La formación litúrgica*. Barcelona 1965.

FLORES, J.J. *Introducción a la teología litúrgica*. Barcelona, BL 20, 2003; trad. port.: *Introdução à teologia litúrgica*. São Paulo 2006.

GÁNDARA, M.J. *Introducción a la liturgia*. Molina de Segura 1992.

GASPARI, S. *La Chiesa celebra il Signore. "Una liturgia per l'uomo"*. Roma 1994.

GELINEAU, J. *Liturgia para mañana*. Santander 1977; trad. port.: *O amanhã da liturgia*. São Paulo 1977.

GITTON, M. *Iniziazione alla liturgia romana*. Magnano 2008.

GUARDINI, R. *El espíritu de la liturgia*. Barcelona 1962; trad. port.: *O espírito da liturgia*. São Paulo ²2017.

GUTIÉRREZ, J.L. *Belleza y misterio. La liturgia, vida de la Iglesia*. Pamplona 2006.

_____. *Liturgia. Manual de iniciación*. Madri 2006.

GUTIÉRREZ, J.L.; AROCENA, F.M. & BLANCO, P. (eds.). *La liturgia en la vida de la Iglesia. Culto y celebración*. Pamplona 2007.

GUZZETTI, G.B. *Cristianesimo, culto e liturgia*. Milão 1988.

HAMMAN, A. *Liturgia y apostolado*. Barcelona 1967; trad. port.: *Liturgia e apostolado*. Petrópolis 1968.

HILDEBRAND, D. von. *Liturgia y personalidad*. Madri 1966.

IVORRA, A. *Compendio de Liturgia Fundamental. Lex orandi – lex credendi*. Valência, Compendios de temas teológicos 28, 2007.

JEAN NESMY, Cl. *Práctica de la liturgia*. Barcelona 1968.

JUNGMANN, J.A. *El culto divino de la Iglesia*. San Sebastián 1959.

_____. *Las leyes de la liturgia*. San Sebastián 1960.

KEATING, Th. *El misterio de Cristo. La liturgia como una experiencia espiritual*. Bilbao 2007.

LECLERCQ, J. *Liturgia y paradojas cristianas*. Bilbao 1966.

LLOPIS, J. *Itinerari litúrgico*. Barcelona 1968.

LUBIENSKA DE LENVAL, H. *La educación del sentido litúrgico*. Madri 1967.

MAGRASSI, M. *Vivere la liturgia*. Noci 1978.

_____. *La liturgia evento, celebrazione, storia*. Casale M. 1979.

MALDONADO, L. *Iniciación litúrgica*. Madri 1981.

MARSILI, S. *Mistero di Cristo e liturgia nello Spirito*. Cidade do Vaticano 1986.

MATEOS, J. *Cristianos en fiesta*. Madri 1972.

PASCUAL AGUILAR, J.A. *Liturgia y vida cristiana*. Madri 1962.

PEDRO HERNÁNDEZ, A. de. *Misterio y fiesta. Introducción general a la liturgia*. Valência 1975.

PRECHT, Ch. *Acción de Dios, fiesta del pueblo. Fiesta de Dios, acción del pueblo*. Santiago do Chile 1981.

RATZINGER, J. *La fiesta de la fe*. Bilbao 1999.

_____. *Un canto nuevo para el Señor. La fe en Jesucristo y la liturgia hoy*. Salamanca 1999.

_____. *El espíritu de la liturgia. Una introducción*. Madri 2001; trad. port.: *Introdução ao espírito da liturgia*. São Paulo 2013.

RODRÍGUEZ, P. *Introducción a la liturgia. Conocer y celebrar*. Salamanca-Madri 2005.

SABERSCHINSKY, A. *La liturgia, fede celebrata. Introduzione allo studio della liturgia*. Bréscia 2008.

SARTORE, D. & DE ERIBE, L.F. *Invitación a la liturgia*. Bilbao 2001.

TAFT, R.T. *A partire della liturgia. Perchè è la liturgia che fa la Chiesa*. Roma 2004.

TENA, P. *Celebrar el misterio*. Barcelona, BL 24, 2004.

TRIMELONI, L. *Compendio di liturgia pratica*. Milão 2007.

VAGAGGINI, C. *El sentido teológico de la liturgia*. Madri, BAC 181, 1959; trad. port.: *O sentido teológico da liturgia*. São Paulo 2007.

VALENZIANO, C. *L'anello della sposa. La celebrazione dell'Eucaristia*. Magnano 1993.

VANDENBROUCKE, E. *Iniciación litúrgica*. Burgos 1965.

VERHEUL, A. *Introducción a la liturgia. Para una teología del culto*. Barcelona 1967.

WINTERSWYL, L.A. *Liturgia para seglares*. Madri 1963.

6 Revistas de liturgia em língua espanhola e portuguesa[2]

Actualidad Litúrgica. Cidade do México (México).

Amén. San Antonio/Tx (EUA).

Boletim de Música Litúrgica. Porto (Portugal).

Boletim de Pastoral Litúrgica. Aveiro (Portugal).

Celebrar. Quito (Equador).

Clam. Montevidéu (Uruguai).

Cuadernos Phase. Barcelona (Espanha).

---

2. Esta seção e as seguintes reúnem e ampliam a informação publicada em *Not* 286 (1990) 250-287; 293 (1991) 716-721. Para outras áreas linguísticas cf. a revista citada.

Dossiers del Centro de Pastoral Litúrgica. Barcelona (Espanha).

Liturgia y Canción. Portland (EUA).

Liturgia y Espiritualidad (antes *Oración de las Horas*). Barcelona (Espanha).

Liturgia e Vida. Rio de Janeiro (Brasil).

Nova Revista de Música Sacra. Braga (Portugal).

Ora et Labora. Mosteiro de Singeverga-Negrelos (Portugal).

Pastoral Litúrgica. Documentación – Información. Madri (Espanha).

Phase. Barcelona (Espanha).

Revista Litúrgica Argentina. Abadia de São Bento-Buenos Aires (Argentina).

Servicio. Santiago do Chile (Chile).

7 Institutos de liturgia da Espanha e da América Espanhola

Faculdade de Teologia "São Dâmaso" – Biênio de Liturgia. Madri (Espanha).

Instituto de Estudos Visigóticos-Moçárabes de Santo Eugênio. Toledo (Espanha).

Instituto de Liturgia Hispânica. San Antonio/Tx (EUA).

Instituto de Liturgia "Santo Isidoro". Sevilha (Espanha).

Instituto Superior de Liturgia – Faculdade de Teologia. Barcelona (Espanha).

Instituto Teológico Pastoral do Celam – Seção de Liturgia. Medellín (Colômbia).

8 Associações de liturgia na Espanha e na América Espanhola

Associação dos liturgistas do Brasil (Brasil).

Associação Espanhola de Professores de Liturgia (Espanha).

Sociedade Argentina de Liturgia (Argentina).

Sociedade de Professores de Liturgia (México).

Sociedade Catalã de Estudos Litúrgicos (Espanha).

Siglas e abreviaturas

1 Revistas, dicionários e coleções

AAS – *Acta Apostolicae Sedis*. Roma 1909ss.

ALW – *Archiv für Liturgiewissenschaft*. Regensburg/Ratisbona 1950ss. Antes, *Jahrbuch für Liturgiewissenschaft*. Münster 1921-1941.

AsSeñ – *Asambleas del Señor*, tradução de *AssSeign* I série. Madri 1964ss.

AssSeign – *Assemblées du Seigneur* I série, Paris 1964ss; II série, Paris 1970ss.

BAC – Biblioteca de Autores Cristianos. Madri.

BELS – Bibliotheca "Ephemerides Liturgicae". Subsidia. Roma 1975ss.

BL – Biblioteca Litúrgica. Centro de Pastoral Litúrgica, Barcelona 1994ss.

Cath – JACQUEMET, G. (ed.). *Catholicisme*, 1ss. Paris 1948ss.

CIC – *Catecismo da Igreja Católica* (Novíssima edição de acordo com o texto oficial em latim), [4]2017.

CCL – *Corpus Christianorum. Series Latina*, 1ss. Turnhout/Paris 1953ss.

CB – *Cerimonial dos Bispos* (ed. típica 1984).

CFP – FLORISTÁN, C. (ed.). *Conceptos fundamentales de Pastoral*. Madri 1983.

CFT – FRIES, H. (ed.). *Conceptos fundamentales de Teología*, 4 vols. Madri 1966, [2]1979.

CDC – *Código de Direito Canônico. Edição bilíngue*. Trad. da CNBB, 12ª ed. revista e ampliada com a Legislação complementar da CNBB.

CiTom – *La Ciencia Tomista*. Salamanca 1910ss.

CivCat – *La Civiltà Cattolica*. Roma 1850ss.

CoeLit – Coeditores Litúrgicos.

Conc – *Concilium* (1965ss).

CSEL – *Corpus Scriptorum Ecclesiasticorum Latinorum*. Viena 1866ss.

CuaderPh – *Cuadernos Phase*. Barcelona 1988ss.

DACL – CABROL, F.; LECLERCQ, H. & MARROU, H. (eds.). *Dictionnaire d'Archéologie Chrétienne et de Liturgie*, 15 vols. Paris 1907-1953.

DCTC – BENITO, A. (ed.). *Diccionario de ciencias y técnicas de la comunicación*. Madri 1991.

DE – ANCILLI, E. (ed.). *Diccionario de espiritualidad*, 3 vols. Barcelona 1983-1984.

DETM – ROSSI, L. (ed.). *Diccionario enciclopédico de Teología Moral*. Madri 1974.

DHEE – ALDEA, Q.; MARÍN MARTÍNEZ, T. & VIVES, J. (eds.). *Diccionario de Historia eclesiástica de España*, 5 vols. Madri 1972-1987.

Dossiers CPL – *Dossiers* del Centro de Pastoral Litúrgica. Barcelona 1978ss.

DPAC – DI BERARDINO, A. (ed.). *Diccionario patrístico y de la antigüedad cristiana*, 2 vols. Salamanca 1991-1992.

DPE – PEDROSA. V.M; SASTRE, J. & BERZOSA, R. (eds.). *Diccionario de Pastoral y Evangelización*. Burgos 2000.

DS – DENZINGER, H. & SCHÖNMETZER, A. (eds.). *Enchiridion Symbolorum*. Barcelona 1967.

DSp – VILLER, M. (ed.). *Dictionnaire de Spiritualité, Ascétique et Mystique*, 1ss. Paris 1937ss.

DTC – VACANT, A.; MANGENOT, E. & AMANN, É. (eds.). *Dictionnaire de Théologie Catholique*, 16 vols. Paris 1899ss.

DTDC – SILANES, N. & PIKAZA, X. (eds.). *Diccionario Teológico del Dios cristiano*. Salamanca 1992.

DTI – PACOMIO, L. (ed.). *Diccionario teológico interdisciplinar*, 3 vols. Salamanca 1982-1983.

DTNT – COENEN, L. (ed.). *Diccionario teológico del Nuevo Testamento*, 4 vols. Salamanca 1980-1984.

DTVC – APARICIO, A. & CANALS, J.M. (eds.). *Diccionario teológico de la vida consagrada*. Madri 1989.

Ecc – *Ecclesia*. Madri 1941ss.

EcclOr – *Ecclesia Orans*. Roma 1984ss.

EL – *Ephemerides Liturgicae*. Roma 1887ss.

EstT – *Estudios Trinitarios*. Salamanca 1967ss.

ETL – *Ephemerides Theologicae Lovanienses*. Lovaina/Bruges 1924ss.

LEV – Libreria Editrice Vaticana.

LJ – *Liturgisches Jahrbuch*. Münster 1951ss.

LMD – *La Maison Dieu*. Paris 1945ss.

LOS – *L'Orient Syrien*. Paris 1956ss.

LQF – *Liturgiewissenschaftliche Quellen und Forschungen*. Münster 1928ss.

LThK – HÖFER, J. & RAHNER, K. (eds.). *Lexikon für Theologie und Kirche*, 10 vols. Friburgo B. 1957-1965.

MLCT – *Monumenta liturgica Concilii Tridentini*. Cidade do Vaticano 1997ss.

MS – FEINER, J. & LÖHRER, M. (eds.). *Mysterium Salutis. Manual de Teología como historia de la salvación*, 5 vols. Madri 1969-1984.

MSIL – *Monumenta Studia Instrumenta Liturgica*. Cidade do Vaticano 2000ss.

NDE – FLORES, St. de (ed.). *Nuevo Diccionario de Espiritualidad*. Madri 1983.

NDL – SARTORE, D.; TRIACCA, A.M. & CANALS, J.M. (eds.). *Nuevo Diccionario de Liturgia*. Madri 1987.

NDM – FLORES, St. de (ed.). *Nuevo Diccionario de Mariología*. Madri 1985.

NDT – BARBAGLIO, G. (ed.). *Nuevo Diccionario de Teología*, 2 vols. Madri 1982.

Not – *Notitiae*. Roma 1965ss.

NRT – *Nouvelle Revue Théologique*. Tournai/Paris 1879ss.

NVet – *Nova et Vetera*. Zamora 1976ss.

OrH – *Oración de las Horas*. Barcelona 1970ss; desde 1994 intitula-se *Liturgia y Espiritualidad*.

PAF – *Parola per l'Assemblea Festiva*. Bréscia 1970ss.; trad. de *AssSeign*, II série.

PastL – *Pastoral Litúrgica*. Madri 1966ss.

PG – *Patrologiae Cursus completus. Series Graeca*, 162 vols. (ed. J.-P. MIGNE). Paris 1857-1912.

Ph – *Phase*. Barcelona 1961ss.

PL – *Patrologiae Cursus completus. Series Latina*, 221 vols. (ed. J.-P. MIGNE). Paris 1844-1865.

PLit – *Paroisse et Liturgie*. Bruges 1919s.

POC – *Proche Orient Chrétien*. Jerusalém 1951ss.

QL – *Questions Liturgiques (et Paroissiales)*. Lovaina 1921ss.

RBén – *Revue Bénédictine*. Maredsous 1844ss.

REDC – *Revista Española de Derecho Canónico*. Salamanca 1944ss.

REDFM – *Rerum Ecclesiasticarum Documenta, Series maior. Fontes*. Roma 1955ss.

RET – *Revista Española de Teología*. Madri 1940ss.

RevEsp – *Revista de Espiritualidad*. Madri 1941ss.

RevSR – *Revue des Sciences Religieuses*. Estrasburgo 1921ss.

RivPL – *Rivista di Pastorale Liturgica*. Bréscia 1963ss.

RL – *Rivista Liturgica*. Finalpia 1914ss, NS 1964ss.

RScPhTh – *Revue des Sciences Philosophiques et Théologiques*. Paris 1907ss.

SacrEr – *Sacris Erudiri*. Steenbrugge/Bruges 1948ss.

Sales – *Salesianum*. Turim 1939ss.

Salm – *Salmanticensis*. Salamanca 1954ss.

ScCat – *La Scuola Cattolica*. Milão 1873ss.

SM – RAHNER, K (ed.). *Sacramentum Mundi. Enciclopedia teológica*, 6 vols. Barcelona 1972-1976.

StLeg – *Studium Legionense*. León 1960ss.

TCat – *Teología y Catequesis*. Madri 1982ss.

TPV – Typis Polyglottis Vaticanis

TWNT – KITTEL, G. & FRIEDRICH, G. (ed.). *Theologisches Wörterbuch zum Neuen Testament*, 9 vols. Stuttgart 1933ss.

2 Obras mais citadas

Anamnesis 1-7: MARSILI, S.; SCICOLONE, I. & CHUPUNGCO, A.J. (eds.). *Anamnesis. Introduzione storico-teologica alla liturgia*, 7 vols. Casale M./Gênova 1974-1990.

1) *La liturgia, momento nella storia della salvezza.*

2) *La liturgia, panorama storico generale.*

3/1) *La liturgia, i sacramenti: teologia e storia della celebrazione.*

3/2) *La liturgia, Eucaristia: teologia e storia della celebrazione.*

4) *Le liturgie orientali.*

5) *Liturgia delle ore.*

6) *L'anno liturgico. Storia, teologia e celebrazione.*

7) *I sacramentali e le benedizioni.*

Ed. port.: *Anamnesis*, 6 vols. São Paulo 1986-1983.

1) *A liturgia. Momento histórico da salvação.*

2) *Panorama histórico geral da liturgia.*

3) *A eucaristia. Teologia e história da celebração.*

4) *Os sacramentos. Teologia e história da celebração.*

5) *O ano litúrgico. História e teologia da salvação.*

6) *Os sacramentais e as bênçãos.*

BOROBIO 1-3: BOROBIO, D. (ed.). *La celebración en la Iglesia*, 3 vols. Salamanca 1985-1990.

1) *Liturgia y sacramentología fundamental.*

2) *Sacramentos.*

3) *Ritmos y tiempos de la celebración.*

Ed. bras.: *A celebração na Igreja*, 3 vols. São Paulo 1993.

CHUPUNGCO 1-5: CHUPUNGCO, A.J. (ed.). *Scientia liturgica. Manuale di Liturgia*, 5 vols. Casale Monferrato 1998-1999.

1) *Introduzione alla liturgia.*

2) *Liturgia fondamentale.*

3) *L'Eucaristia.*

4) *Sacramenti e sacramentali.*

5) *Tempo e spazio liturgico.*

DELLA TORRE 1-2: DELLA TORRE, L. et al. *Nelle vostre assemblee. Teologia pastorale delle celebrazioni liturgiche*, 2 vols. Bréscia 1975-1976.

GUERRERO 1-2: GUERRERO, F. (ed.). *El Magisterio Pontificio contemporáneo*, 2 vols. Madri, BAC, 1991-1992.

1) *Sagrada Escritura. Dogma. Moral. Sagrada liturgia. Espiritualidad.*

2) *Evangelización. Familia. Educación. Orden sociopolítico.*

KUNZLER: KUNZLER, M. *La liturgia de la Iglesia*. Valência, Manuales de Teología Católica 10, 1999.

LÓPEZ MARTÍN 1-2: LÓPEZ MARTÍN, J. *En el Espíritu y la verdad*, 2 vols. Salamanca 1993-1994.

1) *Introducción teológica a la liturgia* (2ª ed. ampliada).
2) *Introducción antropológica a la liturgia.*

Ed. bras.: *No espírito e na verdade*, 2 vols. Petrópolis 1996.
1) *Introdução teológica à liturgia.*
2) *Introdução antropológica à liturgia.*

MARTIMORT, A.G. (ed.). *La Iglesia en oración. Introducción a la liturgia.* Barcelona 1987, 2ª ed. atualizada e ampliada: 1967; trad. port.: *A Igreja em oração. Introdução à liturgia*, vols. I-IV. Petrópolis 1988-1993.

RIGHETTI 1-2: RIGHETTI, M. *La historia de la liturgia*, 2 vols. Madri, BAC, 1955-1956.
1) *Introducción general. El año litúrgico. El Breviario.*
2) *La Eucaristía. Los sacramentos. Los sacramentales. Índices.*

ROSSO, St. *Un popolo di sacerdoti. Saggio di liturgia fondamentale.* Roma 1999.

3 Outras siglas e abreviaturas

AA.VV. – Vários autores.

a.c. – Artigo citado (recentemente ou na Bibliografia geral).

Ant – Antífona.

Col – Coleta.

Dom – Domingo.

Ed. – Edição/editor.

ELM – *Elenco das leituras da missa* (Introdução às edições do Lecionário, a partir da 2ª ed. típica de 1981).

IFLS – *Instrução sobre a Formação Litúrgica nos Seminários* (ed. típica 1979).

IGLH – *Instrução geral sobre a Liturgia das Horas* (ed. típica 1971).

IGMR – *Instrução geral sobre o Missal romano* (Introdução de acordo com a 3ª ed. típica do *Missale Romanum*, 2002).

Laud – Laudes.

NUALC – *Normas Universais sobre o Ano Litúrgico e o Calendário* (ed. típica 1969).

o.c. – Obra citada (recentemente ou na Bibliografia geral).

Or – Oração.

RBC – *Ritual do batismo de crianças* (ed. típica 1969).

RC – *Ritual da confirmação* (ed. típica de 1971).

RDIA – *Ritual da dedicação da igreja e do altar* (ed. típica 1977).

RICA – *Ritual da iniciação cristã de adultos* (ed. típica 1972).

RO – *Ritual das ordenações* (ed. típicas 1968, 1990).

Vésp – Vésperas.

Capítulo I
Ciência litúrgica e formação litúrgica
(capítulo preliminar)

> *Nos seminários e casas religiosas de estudos a disciplina da Sagrada Liturgia esteja entre as matérias necessárias e mais importantes; nas faculdades teológicas, porém, entre as principais* (SC 16).

Bibliografia

AA.VV. *Liturgia: itinerari di ricerca. Scienza liturgica e discipline teologiche in dialogo* (BELS 91, 1997); AA.VV. *La formazione liturgica* (BELS 137, 2006); AA. VV. *Liturgia e scienze. Itinerari di ricerca* (BELS 121, 2002); ARRIGHI, G. et al. *Introduzione agli studi liturgici* (Roma 1962); BARTSCH, E. "Ciencia Litúrgica". In: NEUNHÄUSLER, E. & GÖSSMANN, E. (eds.). *Qué es teología?* (Salamanca 1969) 379-429; BONACCORSO, G. *Introduzione allo studio della liturgia* (Pádua 1990); BROVELLI, F. (ed.). *Il mistero celebrato. Per una metodologia dello studio della liturgia* (Roma 1989); CANALS, J.M. "Liturgia y metodología", em BOROBIO 1, 33-47; COLOMBO, G. *Introduzione allo studio della liturgia* (Leumann/Turim 1988); CHUPUNGCO 2, 179-229; FERNÁNDEZ, P. *Introducción a la ciencia litúrgica* (Salamanca 1992); JUNGMANN. J.A. "Ciencia litúrgica", em SM IV, 347-353; LENGELING, E.J. "Liturgia-Ciencia litúrgica". In: EICHER, P. (ed.). *Diccionario de conceptos teológicos* I (Barcelona 1989) 637-659; LÓPEZ MARTÍN 2, 405-444; PRETOT, P. "Former à la liturgie et former par la liturgie": *LMD* 253 (2008) 31-50; RENNINGS, H. "Fins e funções da ciência litúrgica": *Conc* 42 (1969) 104-119; RIGHETTI 1, 69-100; SABERSCHINSKY, A. *La liturgia, fede celebrata. Introduzione allo studio della liturgia*. Bréscia 2008; SARTORE, D. *"Flores vernantes..." Trenta anni di studi e ricerche in liturgia* (MSIL 19, 2002); TAGLIAFERRI, R. "Il progetto di una scienza liturgica". In: AA.VV. *Celebrare il mistero di Cristo* I (BELS 73, 1993) 45-120.

A liturgia cristã é uma realidade muito rica e polivalente, que pode ser analisada sob numerosos aspectos. É inegável que se trata de uma realidade unida à fé e à expressão pessoal e social dos membros da Igreja. A liturgia se move no plano da revelação bíblica, da qual é continuação enquanto obra da Santíssima Trindade por meio dos gestos e das palavras das celebrações litúrgicas. Mas a liturgia, enquanto resposta dos homens à ação de Deus, é também um fato de caráter social e religioso, resultado da intervenção humana.

Por outro lado, a liturgia não é algo fossilizado ou pertencente a povos e culturas do passado, embora conte com um importante componente de tradição e de história, mas um acontecimento vivo e dinâmico de grande valor para a missão da Igreja, que cumpre aqui uma de suas funções principais. Isto faz com que a ciência que tem como objeto a liturgia procure abarcar todos os aspectos do fato litúrgico e de maneira particular aqueles que se referem à sua dimensão teológica e à realização atual dentro da economia sacramental.

Ora, o caráter dinâmico e vital da liturgia condiciona também a finalidade imediata da ciência litúrgica. Esta não é um conjunto de conhecimentos abstratos desconectados do acontecer da comunidade cristã. Se ela se ocupa com o fato litúrgico em sua integridade é porque aspira, entre outros fins, a influir positivamente na realização da liturgia e, através dela, na vida cristã. Neste sentido, uma das finalidades da ciência litúrgica é estar a serviço da formação litúrgica de todos os membros do povo de Deus, pastores e fiéis. A formação litúrgica, por sua vez, é uma das condições indispensáveis para a renovação e a vivência profunda da liturgia.

Este capítulo preliminar se ocupa, em primeiro lugar, com o objeto da ciência litúrgica, com sua história e metodologia e com o lugar que ela ocupa entre as outras disciplinas teológicas. No final trata também da formação litúrgica.

I – Objeto da ciência litúrgica

Por ciência litúrgica se entende o corpo de conhecimentos ordenados e sistemáticos sobre a liturgia em toda a sua amplitude. Ora, do conceito que se tenha de liturgia dependem em grande medida os conteúdos que são atribuídos à ciência litúrgica e, sobretudo, o aspecto sob o qual eles são estudados e expostos. O conceito de liturgia é essencialmente teológico, mas abrange também a dimensão expressiva e simbólica – a saber, antropológica – da celebração. Por conseguinte, ela se concentra tanto no acontecimento salvífico (liturgia como mistério) quanto na dimensão formal da ritualidade cristã (liturgia como ação), sem esquecer sua finalidade em favor dos homens (liturgia como vida).

A ciência litúrgica, sob todos estes aspectos, figura entre as disciplinas teológicas principais nas faculdades de teologia e nos seminários[1].

II – Resenha histórica da ciência litúrgica

A ciência litúrgica moderna começa no século XVI com os primeiros estudos dedicados à liturgia. Mas isso não quer dizer que até esse momento não existia reflexão teológica sobre a liturgia.

1 Antecedentes

Com efeito, já no Novo Testamento podemos ver os primeiros indícios de uma noção dos sacramentos cristãos na perspectiva da história da salvação e levando em consideração a própria celebração. Como exemplos poderíamos citar 1Cor 10,1-11; Rm 6,4-10; Ef 5,22-33; 1Pd 2,1-2; Jo 3,3-5 etc. Por sua vez, as primeiras disposições eclesiásticas da liturgia (*Didaqué*, *Traditio Apostolica de Hipólito*, *Constitutiones Apostolorum*, *Testamentum Domini* etc.) não se limitam a apresentar normas, mas justificam a maneira de proceder, aludindo ao significado dos ritos e à sua importância e dignidade. O mesmo acontece com as intervenções do bispo de Roma e de outros bispos para solucionar problemas litúrgicos concretos – por exemplo, a carta de Inocêncio I a Decêncio de Gúbio (416), a do papa Vigílio a Profuturo de Braga (538) etc. Os Santos Padres compuseram as catequeses mistagógicas

---

1. Cf. SC 16; OT 16; S. C. PARA A EDUCAÇÃO CATÓLICA. *Ratio fundamentalis institutionis sacerdotalis*, de 6-1-1970 (adaptada em 1985), n. 79: *AAS* 62 (1970) 370; ID. *Ordinationes ad Const. Apost. "Sapientia Christiana" rite exsequendam*, de 29-4-1979, n. 51: *AAS* 71 (1979) 513.

e deixaram em suas homilias e tratados elementos suficientes para uma autêntica teologia da liturgia.

Durante a Idade Média notou-se a necessidade de explicar os ritos litúrgicos ao povo, mas isto foi feito, pelo menos no Ocidente, abusando da alegoria – Amalário de Metz († 850) –, com consequências negativas para a teologia, para a própria liturgia e para a espiritualidade. A reforma protestante foi um aviso, mas os esforços do catolicismo humanista para oferecer as bases objetivas da liturgia foram insuficientes.

2 Os inícios e o primeiro desenvolvimento

Apesar disso, é nesse momento que começa uma verdadeira ciência litúrgica, desejosa de conhecer as fontes da liturgia e a história dos ritos. A invenção da imprensa contribuiu de maneira decisiva para a edição, no período que vai do século XVI ao século XVIII, das primeiras fontes litúrgicas impressas dos ritos orientais (coleções de Goar, Renaudot, Assemani etc.) e dos ocidentais (Menardo, Mabillon, Martène, Bianchini, Tommasi, Muratori, Lesley etc.). Aparecem também os primeiros tratados sistemáticos de liturgia, ligados aos nomes de Pamelius, Hittorp, Lebrun, Morin, Bona, o papa Bento XIV etc.[2] No entanto, a espiritualidade barroca trilhou caminhos bem diferentes dos caminhos descobertos nas fontes litúrgicas. Nessa época foram mínimas as tentativas de aproximar a liturgia da massa dos fiéis.

No século do Iluminismo, a ciência litúrgica conheceu um notável progresso no nível de estudos e publicações, mas as aspirações científicas pretendiam apenas uma mudança a favor da doutrinação moral do povo através da estética e da suntuosidade. Não se procurou penetrar no mistério da liturgia. Por outro lado, a tentativa mais séria de uma reforma profunda da vida litúrgica – o Sínodo de Pistoia – se viu envolvida em alguns erros doutrinais.

O século XIX, dentro do espírito do romantismo, conheceu os inícios do Movimento litúrgico juntamente com a restauração da vida monástica

---

2. Cf. As referências a estes autores em RIGHETTI 1, 81ss.

por P. Guéranger em Solesmes (França). Ligados a este mosteiro estão os grandes investigadores da história da liturgia Cagin, Cabrol, Férotin – editor dos livros da liturgia hispano-moçárabe –, Leclercq etc. Depois aparecem outros centros de irradiação litúrgica, como as abadias de Beuron e Maria Laach (Alemanha), Maredsous e Mont César (Bélgica), Silos e Montserrat (Espanha) e o Alkuin Club e a Henry Bradshaw Society na Inglaterra, Na Itália chegam a um ponto alto os estudos de arqueologia cristã (De Rossi) e de história (Duchesneau), enquanto na Espanha iniciam seu trabalho de divulgação os padres Prado, Alameda, Subianas, Suñol, o futuro cardeal Gomá, sobretudo depois do I Congresso litúrgico de Montserrat de 1915.

3 As fases modernas e as tendências dominantes

Já no século XX podermos distinguir três fases sucessivas no desenvolvimento da ciência litúrgica, cada uma presidida por uma tendência epistemológica predominante. Todas têm em comum o abandono de um tratamento meramente externo ou cerimonial da liturgia.

1) *Linha histórica e filológica*. Os pioneiros da análise científica da liturgia moviam-se no âmbito da história da liturgia, cujo método aperfeiçoaram. Sua etapa foi uma etapa claramente imprescindível. Ao mesmo tempo a obra dos investigadores e divulgadores da história da liturgia manifestou a necessidade de uma reforma profunda, ao mesmo tempo que fornecia os elementos para levá-la a cabo. Destes estudos se beneficiaram tanto as reformas litúrgicas parciais levadas a cabo por Pio XII na década de 1950 quanto a reforma geral impulsionada pelo Concílio Vaticano II.

Mas a tarefa consistiu também em avaliar as expressões rituais particulares da liturgia, como se vinha fazendo no âmbito da história das religiões. Surgiu assim o método das liturgias comparadas[3], que, ao evidenciar o parentesco de algumas liturgias com outras e oferecer o verdadeiro perfil da universalidade dos ritos, facilitou o caminho para a análise teológica.

---

3. BAUMSTARK, A. *Liturgie comparée* (Chévetogne/Paris 1940).

Como obras representativas do que foi esta primeira etapa da ciência litúrgica podemos citar o *Dictionnaire d'Archéologie chrétienne e de liturgie*, a *Historia de la Liturgia* de M. Righetti e *El sacrificio da la Misa* de J.A Jungmann[4]. Os estudos de história da liturgia prosseguiram com o novo empenho de analisar as diferentes etapas em relação com os movimentos culturais, a fim de realçar a espiritualidade resultante da síntese entre o espírito litúrgico e o gênio cultural dos povos. As obras mais representativas desta tendência trazem a assinatura de Th. Klauser, de B. Neunheuser e de E. Cattaneo.

Por sua vez, a investigação filológica sobre o latim cristão e o latim litúrgico e a edição crítica das fontes da liturgia[5] abriram o caminho para uma compreensão mais completa e justa do vocabulário litúrgico, ao mesmo tempo que permitiram dispor de textos criticamente seguros de fórmulas sacramentais, orações e hinos litúrgicos.

2) *Linha teológica.* Os resultados da história da liturgia e da filologia apresentavam não só uma adequada interpretação dos dados históricos e literários relativos aos ritos litúrgicos, mas também a questão fundamental sobre a essência da liturgia cristã. Com efeito, já em 1956, no Congresso Internacional de Liturgia Pastoral de Assis, o Pe. Jungmann († 1975) se perguntava donde surgiu a multiplicidade de formas da liturgia e, consequentemente, qual o critério fundamental que a autoridade eclesiástica precisaria aplicar na hora de levar a cabo uma reforma da liturgia[6]. No fundo, existe não só o problema hermenêutico da leitura dos dados históricos do passado, mas também a grande pergunta sobre a passagem do significado histórico

---

4. Estas obras e as dos autores mencionados nesta seção aparecem *supra*, entre as mais citadas e na bibliografia geral.

5. Cf. as séries de coleções, antologias de textos e obras auxiliares citadas na bibliografia geral.

6. Cf. JUNGMANN, J.A. "La pastoral clave de la historia de la liturgia". In: JUNTA NACIONAL DE APOSTOLADO LITÚRGICO. *Renovación de la liturgia pastoral en el pontificado de S.S Pío XII. Crónica y discursos del I Congreso Internacional de Liturgia Pastoral (Asís-Roma 1956)* (Toledo 1957) p. 47-62.

dos ritos para a verdade permanente de sua essência e de sua inserção na realização atual do plano salvífico de Deus na vida da Igreja.

Dom Beauduin († 1960), inspirador e incentivador da dimensão pastoral da liturgia, já se interessou pelo aspecto teológico. Mas o primeiro avanço notável neste terreno ocorreu com os trabalhos de Odo Casel († 1948). Sua doutrina dos mistérios contribuiu para renovar de maneira decisiva a teologia dos sacramentos, ao mesmo tempo que manifestava a natureza da liturgia[7]. Posteriormente C. Vagaggini, de forma explícita, tratou também de superar a fase histórica da ciência litúrgica, preocupando-se "em aprofundar-se na liturgia à luz da última síntese do pensamento, que só pode ser dada pela teologia sintética geral, chamada hoje dogmática"[8]. No entanto, a verdadeira virada na orientação da ciência litúrgica ocorreu no Concílio Vaticano II, quando este estabeleceu que a liturgia "seja tratada tanto sob o aspecto teológico e histórico quanto espiritual, pastoral e jurídico" (SC 16), insistindo que os mistérios da salvação sejam ensinados – na teologia dogmática – de maneira que o alunos "aprendam a reconhecê-los sempre presentes e operantes nos atos litúrgicos" (OT 16).

Depois do Concílio desenvolveu-se uma verdadeira e própria teologia litúrgica em conexão com a teologia bíblica, como reflexão teológica sobre o próprio acontecimento da celebração enquanto presença e atuação de Cristo (e da Igreja) na perspectiva da história da salvação e da *economia sacramental* da liturgia[9]. A *sacramentalidade* é o modo essencial da revelação divina, realizada "através de acontecimentos e palavras" (DV 2), que atingiu em Cristo seu momento culminante e que continua sua atualização na vida da

---

7. Cf. FILTHAUT, Th. *Teología de los misterios. Exposición de la controversia* (Bilbao 1963); FLORES, J.J. *Introducción a la teología litúrgica* (BL 20, 2003) 121-156 (Bibl.); NEUNHEUSER, B. "Odo Casel. A 25 anni della sua morte": *RL* 60 (1973) 228-236.

8. VAGAGGINI, C. *El sentido teológico de la liturgia. Ensayo de liturgia teológica general* (BAC, Madri 1959) 6; cf. FLORES, J.J., o.c., 157-178.

9. "O dom do Espírito inaugura um tempo novo na 'revelação do mistério': o tempo da Igreja, durante o qual Cristo se manifesta, torna presente e comunica, pela liturgia de sua Igreja, sua obra de salvação, 'até que ele venha' (1Cor 11,26). Durante este tempo da Igreja, Cristo vive e age em sua Igreja [...] pelos sacramentos. A isto que a tradição comum do Oriente e do Ocidente chama de 'economia sacramental'" (CIC 1076; cf. 1066).

Igreja por meio da liturgia[10]. Nesta linha teológica, mas com uma atenção maior aos elementos bíblicos e mistagógicos da liturgia, na perspectiva da grande tradição comum ao Oriente e ao Ocidente, deve-se situar T. Federici († 2002)[11]. No campo ecumênico cabe realçar a contribuição de J.J. von Allmen, próxima aos enfoques do Vaticano II, e concretamente J. Corbon no campo das liturgias orientais.

3) *Linha pastoral e antropológica*. A preocupação pastoral se tornou manifesta desde o momento em que o papa São Pio X propôs "a participação ativa (dos fiéis) nos sacrossantos mistérios e na oração pública e solene da Igreja" como "fonte primária e indispensável" do espírito cristão[12]. Esta preocupação passou para os estudos litúrgicos e os congressos e semanas de liturgia e se cristalizou nos centros de pastoral litúrgica e nas revistas dedicadas a esta especialidade. Entre os primeiros incentivadores desta nova tendência da ciência litúrgica encontram-se L. Beauduin († 1960) e R. Guardini († 1968). A tendência tomou forma no que se chamou também "apostolado litúrgico", alcançando sua culminância no Congresso Internacional de Liturgia de Assis em 1956[13], quase às vésperas do Vaticano II. A obra mais representativa da tendência pastoral, para a qual convergem também as contribuições históricas e teológicas anteriores, é *A Igreja em oração* de A.G. Martimort.

Nos anos posteriores ao Concílio esta tendência se intensificou e se orientou para uma compreensão mais antropológica da liturgia. Nesta linha se situam: *Em vossas assembleias* de J. Gelineau e as publicações do Institu-

---

10. As obras que representam esta orientação são *Anamnesis* 1-7, dirigida inicialmente pelo P.S. Marsili († 1983; cf. FLORES, J.J., o.c., 179-194) e *Scienza liturgica* 1-5, nas quais colaboraram os professores do P. Instituto Litúrgico Santo Anselmo de Roma: cf. a bibliografia geral.

11. Entre sua rica bibliografia (cf. em *RL* 89 [2002] 801-806) sobressai a obra póstuma *Cristo Signore risorto amato e celebrato. La scuola di preghiera cuore della Chiesa locale* (Bolonha 2005); cf. FALCONE, A. *Tommaso L. Federici*, ibid., 576-583.

12. *Motu proprio Tra le sollecitudini*, de 22-11-1903: *AAS* 36 (1903-1904) 329-339.

13. Cf. *supra* n. 6.

to de Liturgia pastoral de Pádua (Itália). Um enfoque semelhante é representado pela obra de L.M. Chauvet, centrada na linguagem simbólica.

4) *Rumo a uma síntese?* A ciência litúrgica se move hoje entre duas orientações de fundo: a predominantemente teológica, que parte dos pressupostos dados pela revelação divina e manifestados pela tradição eclesial, ou seja, a liturgia como ação de Cristo e da Igreja que continua a obra da salvação por meio de gestos, palavras e símbolos, e a predominantemente antropológica, que quer partir da ritualidade tal como é estudada pelas ciências humanas e na qual se realiza o acontecimento salvífico.

No entanto, as obras de divulgação litúrgica que vêm sendo publicadas há vários anos se esforçam para integrar harmonicamente todos os aspectos a fim de facilitar uma síntese, talvez por não ser possível privilegiar uma única dimensão de um fato tão complexo como a liturgia cristã. Nesta perspectiva se encontram os manuais de liturgia dos professores de liturgia da Alemanha, da Espanha e da Itália[14]. Uma notável contribuição para a reflexão teológica e pastoral sobre a liturgia na vida Igreja, ampliada pela elevação de seu autor ao Supremo Pontificado, é a contribuição representada pelos escritos do cardeal Joseph Ratzinger, Sua Santidade Bento XVI, especialmente pela obra *Introdução ao espírito da liturgia*[15].

III – Metodologia da ciência litúrgica

A ciência litúrgica desenvolve seu objeto seguindo um método próprio. Por conseguinte, ela tem certos conteúdos, uma metodologia e um processo científico para o qual também outras ciências trazem sua contribuição.

---

14. Dirigidas, respectivamente, por H.B. Meyer, D. Borobio e Associação de Professores de Liturgia: cf. a bibliografia geral.
15. RATZINGER, J. Card. *Introdução ao espírito da liturgia*, com introdução de O. González de Cardedal; o original em alemão foi publicado em 2000 (ed. bras.: São Paulo 2013). O autor remete explicitamente à obra de GUARDINI, R. *O espírito da liturgia*, publicado em 1918 (trad. port. F.A. Ribeiro. Editora Lumen Christi 1942). No dia 22 de outubro de 2008 foi apresentado o primeiro volume das *Opera Omnia* do cardeal J. Ratzinger, na Sala de Imprensa da Santa Sé. Um volume será dedicado a escritos litúrgicos.

1 Os conteúdos

A riqueza da ciência litúrgica a impede de limitar-se somente a um dos campos que ela pode abarcar. Ela se dedica tanto ao estudo da liturgia do passado como à análise da celebração no presente. Mas levando sempre em conta os aspectos fundamentais da noção de liturgia, assinalados acima.

1) *Liturgia fundamental*. Com esta denominação alude-se às questões que se referem a todo o conjunto da liturgia. A primeira de todas é o próprio conceito de liturgia, a fim de descrever sua natureza e propriedades e analisar sua função na vida da Igreja e sua importância para o desenvolvimento da personalidade cristã. A liturgia como momento da economia da salvação e ação de Cristo e da Igreja na mediação dos sinais é objeto também da teologia sacramental fundamental, de maneira que cabe um tratamento conjunto de liturgia e sacramentos numa única disciplina. No entanto, a ciência litúrgica se fixa especialmente na maneira como o mistério da salvação se expressa e se realiza na sacramentalidade e nos outros elementos significativos e estéticos da celebração.

No estudo da celebração, a ciência litúrgica analisa a relação entre o acontecimento que motiva a celebração e o rito. Nesta perspectiva se inserem o papel da Palavra de Deus proclamada e celebrada e a importância da Sagrada Escritura para a liturgia. A ciência litúrgica se detém igualmente na assembleia celebrante e em seus ministros, na ação celebrativa, nos símbolos e nos gestos, no canto e na música, no tempo e no lugar da celebração etc.

Outras questões que também afetam a totalidade do fato litúrgico são as relações entre a fé, a teologia e a liturgia, e entre liturgia, evangelização e catequese; e a espiritualidade litúrgica, a piedade popular e a pastoral litúrgica.

Campos próprios dentro da ciência litúrgica são também a história da liturgia e de suas fontes, a análise dos ritos e das famílias litúrgicas do Oriente e do Ocidente, os livros litúrgicos e o direito litúrgico.

2) *Liturgia especial*. Chama-se assim o estudo histórico, teológico e pastoral – na perspectiva da celebração – de cada uma das ações litúrgicas específicas: a eucaristia, os outros sacramentos, os sacramentais, a Liturgia das Horas e os tempos festivos. Entre estes últimos encontram-se o domingo, o ano litúrgico com suas divisões, as solenidades, as festas, as memórias e os dias feriais. Embora os sacramentos sejam objeto também da teologia dogmática, da moral e do direito canônico, o próprio da ciência litúrgica neste campo consiste em expor o significado dos sinais sacramentais tal como se encontram nos livros litúrgicos e em outras fontes da liturgia. Cabe à ciência litúrgica investigar a história dos ritos sacramentais e sua situação atual, refletir teologicamente sobre os elementos da celebração e propor o resultado desta reflexão – verdadeira teologia litúrgica –, sem esquecer a dimensão participativa e espiritual para os fiéis e as condições para uma adaptação justa e responsável.

2 O método

O Concílio Vaticano II recomendou o ensino da liturgia sob os aspectos teológico, histórico, espiritual, pastoral e jurídico e convidou os professores das restantes disciplinas teológicas a levar em consideração a conexão de cada uma com a liturgia (cf. SC 16; OT 16). A pluralidade de aspectos obriga a combinar as plataformas de abordagem com o estudo do fato litúrgico. A história da ciência litúrgica pôs em evidência três modelos sucessivos. Por isso se pode falar de *três vias de acesso* ao objeto de seu estudo: a *via histórico-etiológica*, a *via teológica* e a *via antropológica*.

1) Com a *via histórico-etiológica* se tem acesso à origem e à evolução dos sinais e dos atos litúrgicos, distinguindo o que é substancial e o que é acessório, o que é fruto da vontade institucional de Cristo e da Igreja e o que é resultado de uma simbiose entre a fé cristã e o gênio cultural dos povos, o que é tradição e o que são tradições etc.

As fontes para o estudo deste aspecto da ciência litúrgica são a Sagrada Escritura em primeiro lugar, os documentos patrísticos, conciliares, eclesiásticos e os propriamente litúrgicos, a arqueologia sacra etc. Cada tipo de fonte requer o tratamento adequado. Mas, em todo caso, a ciência litúrgica esquadrinha o processo genético e evolutivo dos ritos de forma diacrônica, etapa por etapa, ou de forma sincrônica, examinando o conjunto das manifestações a fim de estabelecer as leis da evolução ou comparando as manifestações a fim de determinar a universalidade ou a particularidade de um fenômeno.

2) A *via teológica* leva a ciência litúrgica a analisar a liturgia interpretando-a a partir da revelação cristã. Esta via, especulativo-hermenêutica, aproxima a ciência litúrgica da teologia sistemática e, em particular, da teologia sacramental. No entanto, por não ser a única via de abordagem à liturgia e tomar como objeto de análise teológica os dados que emergem da história e da celebração em ato – oferecidos pelas outras duas vias –, ela evita o risco de transformar-se numa pura especulação, afastada da experiência viva do povo de Deus.

Neste sentido a reflexão teológica sobre a liturgia dá a devida importância aos *ordines* ou rituais da eucaristia e dos sacramentos e sacramentais e aos outros livros litúrgicos.

3) A *via antropológica* consiste em levar em consideração as chaves antropológico-culturais, psicológicas e linguísticas de uma celebração para captar sua capacidade religiosa, expressiva e comunicativa. A ciência litúrgica utiliza as contribuições de numerosas ciências humanas: a antropologia cultural e a etnologia, a fenomenologia da religião, a psicologia e a sociologia, a semiologia e a linguística, e a estética. Os resultados de todo este conjunto de contribuições permitem conhecer a morfologia dos ritos e sua incidência na formação dos crentes e das comunidades, a necessidade de uma adequação entre as formas litúrgicas e os protagonistas e beneficiários das celebrações, as condições para uma adequada ação pastoral.

No entanto, a ciência litúrgica integra os resultados das ciências antropológicas em sua própria visão do homem que celebra, ou seja, na perspectiva própria da liturgia, recebida da Bíblia e avaliada na tradição patrística e litúrgica. Neste sentido, o homem que celebra a liturgia é o homem criado à imagem de Deus, caído no pecado e redimido por Jesus Cristo, que se realiza como pessoa e como membro do corpo de Cristo através dos sinais sacramentais que santificam sua existência[16].

IV – A contribuição de outras ciências

Já mencionamos alguns ramos do saber que se ocupam com aspectos do fato litúrgico cristão. Ora, as ciências não diretamente litúrgicas, quando tratam da liturgia, o fazem a partir de sua própria perspectiva e com uma preocupação nem sempre coincidente com a preocupação desta. Não obstante, sua contribuição resulta imprescindível e deve ser aproveitada.

Com efeito, a ciência litúrgica se serve da *história* e de outras ciências auxiliares para avaliar, em cada época histórica, a relação entre a vida eclesial e a celebração litúrgica e entre os ritos e a cultura de um povo. A ciência litúrgica deve ao *direito* os critérios para julgar os valores de unidade e de diversidade nas formas celebrativas e para encontrar o equilíbrio entre o universal e o particular. Embora durante muito tempo o *rubrum* (a letra vermelha ou rubricas) tenha prevalecido sobre o *nigrum* (o texto litúrgico), o aspecto jurídico da liturgia tem também o seu valor como garantia da eclesialidade das celebrações (cf. SC 22; 26 etc.). No campo das *ciências humanas* os resultados foram positivos quando procuraram compreender o fato litúrgico em profundidade, e não só por fora, e quando a liturgia, sem perder sua identidade de ciência teológica, soube integrar os dados antropológicos no conjunto de sua própria reflexão[17].

Por último, a *teologia* não é uma ciência auxiliar da liturgia, mas sua verdadeira matriz. Com efeito, a teologia, enquanto reflexão sobre o fato litúrgico na perspectiva da revelação e com o apoio na tradição viva da Igreja – verdadeiro lugar hermenêutico da Palavra divina –, transforma a

---

16. Cf. LÓPEZ MARTÍN, J. "Situación, perspectiva y objeto de la antropología litúrgica": *Salm* 39 (1992) 349-377. Em todo este campo sobressaem os trabalhos de VALENZIANO, C. "Prospettiva culturale-antropologica sulla liturgia", em CHUPUNGCO 2, 195-230 (Bibl.); VALENZIANO, C. *Liturgia e antropologia* (Bolonha 1998); GRILLO, A. & VALENZIANO, C. *L'uomo della liturgia* (Assis 2007).
17. Cf. LÓPEZ MARTÍN 2, 23-60 (Bibl.).

ciência litúrgica na sede da autoconsciência da Igreja sobre uma de suas funções constitutivas como sacramento de Cristo no meio do mundo. A teologia oferece à ciência litúrgica seus métodos positivo e especulativo não só para definir a natureza e a missão da liturgia, mas também para enuclear a expressão da fé que se encontra nos ritos e nos textos, não visando a formulação dogmática, mas o culto[18]. Mas, por outro lado, a liturgia contribui para desenvolver a dimensão *litúrgica* da teologia[19].

Em particular, a *teologia bíblica* permite à ciência litúrgica situar a celebração na corrente dos fatos da história da salvação. Mas, junto com a teologia bíblica, se situa a *teologia patrística* para ajudar a interpretar os ritos e as formas sacramentais no contexto doutrinal, catequético e mistagógico no qual os Santos Padres explicaram e celebraram a liturgia.

V – A formação litúrgica

A ciência litúrgica está a serviço da formação litúrgica, como foi assinalado antes. Esta formação é indispensável para uma vivência profunda da liturgia. Sua conveniência foi recordada primeiro pelos documentos conciliares (cf. SC 15-19; 115; 129; OT 4; 8; 16; 19; PO 4-5; 13; 14; 18 etc.) e depois pelo Magistério pontifício. Nesse sentido, "a tarefa que se apresenta mais urgente é a da formação bíblica e litúrgica dos pastores e dos fiéis. [...] Trata-se de uma obra de grande amplitude, que deve começar nos seminários e nas casas de formação e continuar ao longo de toda a vida sacerdotal. Esta mesma formação, adaptada à própria condição, é indispensável também para os leigos, tanto mais que estes, em muitas regiões, são chamados a assumir responsabilidades cada vez mais relevantes na comunidade"[20].

---

18. Cf. MARSILI, S. "Teología litúrgica", em NDL 1948-1967 (Bibl.); e *RL* 80/3 (1993).
19. Cf. TRIACCA, A. "Le sens théologique de la liturgie et/ou le sens liturgique de la théologie. Esquisse por une synthèse". In: ID. & PISTOIA, A. (eds.). *La liturgie, son sens, son esprit, sa méthode (Liturgie et théologie)* (BELS 27, 1982) 321-338.
20. JOÃO PAULO II. Carta apostólica *Vicesimus Quintus annus*, de 4-12-1988 (LEV 1989) n. 15; cf. SC 15-19; 115; 129; OT 4; 8; 16; 19; PO 4-5; 13; 14; 18 etc. Cf. tb.: S.S. BENTO XVI. Exort. apost. *Sacramentum caritatis*, de 22-2-2007 (LEV 2007) n. 41, 64 e 67.

1 Noção

Formação, educação, instrução, iniciação litúrgica, na liturgia e para a liturgia, são os termos mais usuais para designar algo mais do que o mero conhecimento teórico da liturgia. A formação litúrgica é tanto o processo ativo desta formação quanto o resultado do processo, ou seja, o estado e o nível da formação alcançada. Em todo caso, a formação litúrgica nunca é entendida apenas como um conjunto de conhecimentos sobre a liturgia, mas afeta também a espiritualidade dos crentes e sua participação na vida litúrgica da Igreja.

Neste sentido, a formação litúrgica pode ser definida como um aspecto essencial da formação cristã integral, situada entre a educação na fé e a formação moral, e que tem como finalidade introduzir os membros da Igreja na participação consciente, ativa e frutuosa na liturgia visando uma vida cristã mais plena (cf. GE 2; SC 14; 19; 48).

2 Características

A formação litúrgica deve ser *unitária*, atendendo tanto ao sujeito que se forma na liturgia quanto ao próprio objeto desta formação. Quanto ao sujeito, a formação deve visar a totalidade da pessoa e sua vida. Cada crente é chamado a encontrar-se com Deus em Jesus Cristo na ação litúrgica e a edificar o corpo da Igreja. Quanto ao objeto, a formação litúrgica deve concentrar-se no mistério de Cristo também de maneira global, mesmo quando deve deter-se em algum de seus aspectos, de acordo com a forma gradual que a liturgia tem de apresentá-lo[21].

A formação deve ser *adaptada aos destinatários*, ou seja, "segundo a idade, condição, gênero de vida e grau de cultura religiosa" dos fiéis (SC 19). A formação litúrgica deve estar presente em todo o processo da educação na fé e da vida cristã.

---

21. PETRAZZINI, M. "Formación litúrgica", em NDL 883-903, aqui 884-885; TENA, P. "La formación litúrgica como responsabilidad pastoral": *Ph* 127 (1982) 21-39; e *CuaderPh* 21 (1990); *Ph* 146 (1985); *RL* 68/5 (1981).

A formação litúrgica é *mistagógica*, ou seja, orientada pela própria ação litúrgica para a introdução cada vez mais profunda e vital no mistério que se celebra. Trata-se da nota específica da formação litúrgica, já que obedece à experiência da Igreja na iniciação cristã[22].

3 Objetivos

A formação litúrgica com as características descritas deve levar em consideração três objetivos:

1) *Objetivo global*, que consiste na orientação de toda a formação para a vida dos crentes, de maneira que cada um possa desenvolver sua própria capacidade e assuma um determinado comportamento nas celebrações litúrgicas de acordo com sua vocação cristã. A formação litúrgica deve visar a educação integral dos filhos de Deus, mas precisa cuidar especialmente da dimensão espiritual ou vida no Espírito, sem esquecer a dimensão social e coletiva do sentimento religioso, diante da necessidade de orientar as manifestações da piedade popular (cf. SC 12-13).

2) *Objetivo eclesial*, levando em consideração que a grande mediadora para a realização da vida cristã é a Igreja. A liturgia é ação essencialmente eclesial (cf. SC 26). Neste sentido, a formação litúrgica precisa fomentar a consciência eclesial e de pertença a uma comunidade local que se torna assembleia de culto na celebração (cf. LG 26; SC 41-42).

3) *Objetivo sacramental*, exigido pela própria natureza da liturgia enquanto acontecimento salvífico que se realiza num regime de sinais. Portanto, deve atender à dimensão corporal, expressiva, comunicativa, simbólica e estética da liturgia. Os que tomam parte nela precisam conhecer o significado dos sinais e dos gestos e o próprio sentido da ação ritual como meio da intervenção de Deus na vida dos crentes e como expressão da resposta humana a essa intervenção.

---

22. Da mistagogia tratar-se-á no capítulo XXVIII.

VI – A formação litúrgica dos pastores

A necessidade de preparação dos pastores no campo litúrgico provém da tarefa que lhes cabe como educadores da participação dos fiéis na liturgia (cf. PO 5). Para realizar esta tarefa, eles próprios precisam estar "profundamente imbuídos do espírito e da força da liturgia" (SC 14). O Concílio Vaticano II recomendou vivamente que se desse aos alunos dos seminários e das casas de formação dos religiosos uma "formação litúrgica da vida espiritual, com competente orientação para que possam entender as cerimônias sacras e nelas participar de todo o coração" (SC 17; cf. OT 4; 8; 16).

Estas diretrizes se concretizaram em vários documentos, como a *Ratio Fundamentalis Institutionis sacerdotalis* de 1970[23] e a *Instrução sobre a formação litúrgica nos seminários* de 1979[24]. A *Instrução* se concentra em três aspectos muito concretos: a) a iniciação pessoal na liturgia, comum a todos os fiéis, de forma que a espiritualidade dos futuros presbíteros se nutra verdadeiramente na *fonte primeira e indispensável* da vida cristã (cf. SC 14); b) o estudo da liturgia do ponto de vista acadêmico, para chegar a um conhecimento o mais completo possível de todos os aspectos da liturgia; e c) a iniciação prática na pastoral litúrgica, que compreende não só certos conhecimentos teóricos, mas também a preparação e a intervenção nas celebrações. Estes três aspectos estão presentes nas duas partes do documento, dedicadas, respectivamente, à *vida litúrgica no seminário* e ao *ensino da liturgia*. Como *apêndice* figura um *índice de temas que conviria tratar no ensino da liturgia nos seminários*.

Significativamente, a *Instrução* atribui a maior importância às celebrações litúrgicas no seminário ou casa de formação, que "deve ser um modelo pelos ritos, pelo tom espiritual e pastoral e pela fidelidade devida tanto às prescrições e aos textos dos livros litúrgicos quanto às normas emanadas da Santa Sé e das Conferências Episcopais" (n. 16). Nesta perspectiva integradora da vivência das celebrações litúrgicas, deve-se enquadrar o próprio en-

---
23. Cf. *supra* n. 1.
24. S. C. PARA A EDUCAÇÃO CATÓLICA. *De institutione liturgica in Seminariis* (TPV 1979) (ed. bras.: Formação litúrgica nos seminários. Paulinas, São Paulo, 1981).

sino da liturgia. Da mesma forma, este ensino deve levar em consideração a iniciação prática ao ministério litúrgico (n. 59). No que se refere à Espanha, é preciso mencionar também o *Plano de formação sacerdotal para os Seminários Maiores: A formação para o ministério presbiteral*, aprovado em 24-4-1986 pela XLIV Assembleia Plenária da Conferência Episcopal Espanhola junto com o *Plano de estudos do Seminário Maior*[25].

Na Exortação apostólica pós-sinodal *Pastores dabo vobis*, de 25-3-1992, o papa João Paulo II escreveu: "Para a formação espiritual de todo e qualquer cristão, e especialmente do sacerdote, é inteiramente necessária a educação litúrgica, no pleno sentido de uma inserção vital no mistério pascal de Jesus Cristo morto e ressuscitado, presente e operante nos sacramentos da Igreja"[26].

---

25. Em EDICE (Madri 1986); e em COM. EP. DE SEMINÁRIOS (CONF. EP. ESPANHOLA). *La formación sacerdotal. Enchiridion* (Madri 1999) 1043-1160.

26. JOÃO PAULO II. Exort. apost. *Pastores dabo vobis*, de 25-3-1992, n. 48. Sobre a formação litúrgica dos presbíteros, cf. GONZÁLEZ, R. "La vida y la formación litúrgica de los candidatos al sacerdocio": *Seminarios* 39 (1993) 431-449; LÓPEZ MARTÍN, J. "El carácter mistagógico de la formación litúrgica de los futuros presbíteros. Ante el Sínodo de 1990": *Salm* 37 (1990) 5-32; ID. "La formación litúrgica del presbítero. Notas bibliográficas": *Ph* 179 (1990) 417-443; PALUDO, F. "La dimensión litúrgica en los seminarios": *Ph* 239 (2000) 391-415; SARTORE, D. "Formación litúrgica de los futuros presbíteros", em NDL 903-912; e *Ph* 176 (1990).

Parte I
O mistério na história

Capítulo II
A liturgia na economia da salvação

Deus, que quer salvar e fazer chegar ao conhecimento da verdade todos os homens (1Tm 2,4), havendo outrora falado muitas vezes e de muitos modos aos pais pelos profetas (Hb 1,1), quando veio a plenitude dos tempos, enviou seu Filho, Verbo feito carne (SC 5).

Bibliografia

AA.VV. "La presencia del Señor en la comunidad cultual". In: *Actas Congreso Internacional de Teología del Vaticano II* (Barcelona 1972) 281-351; AMIET, R. "Introduction au mystère pascal": *LMD* 217 (1999) 119-151; ASSOC. ESP. PROF. DE LITURGIA (ed.). *El misterio pascual en la liturgia* (Baracaldo 2002); ID. (ed.). *La presencia de Cristo en la liturgia* (Baracaldo 2004); BALTHASAR, H.U von. "El misterio pascual", em MS III/2, 143-335; CASEL, O. *El misterio del culto cristiano* (San Sebastián 1953) e em *CuaderPh* 129 (2002); CHUPUNGCO 2, 17-45; CONTE, N. *Benedetto Dio che ci ha benedetti in Cristo. Liturgia generale e fondamentale* (Leumann/Turim) 109-137; CORBON, J. *Liturgia fundamental. Misterio, celebración, vida* (Madri 2001); CULLMANN, O. *La historia de la salvación* (Barcelona 1967); CUVA, A. "Jesucristo", em NDL 1071-1093; ID. "La liturgia celebrazione del mistero pasquale": *Sales* 56 (1994) 285-312; KUNZLER 73-135; LÓPEZ MARTÍN 1, 91-200; OÑATIBIA, I. *La presencia de la obra redentora en el misterio del culto cristiano* (Vitória 1954) e em *CuaderPh* 172 (2007); PISTOIA, A. "Historia de la salvación", em NDL 998-1015; SODI, M. "Liturgia: pienezza e momento della storia della salvezza". In: DELL'ORO, F. (ed.). *Mysterion. Miscellanea S. Marsili* (Leumann/Turim 1981) 111-152; ROSSO 20-22, 271-312; SEGUI, G. "La liturgia obra de la Santísima Trininad. Planteo desde la teología latinoamericana": *Ph* 237/238 (2000) 291-311; SORCI, P. "Misterio pascual", em NDL 1342-

1365; TRIACCA, A.M. & PISTOIA, A. (eds.). *Le Christ dans la liturgie* (BELS 20, 1981); ID. (eds.). *L'économie du salut dans la liturgie* (BELS 25, 1982); e *CuaderPh* 5 (1988); *LMD* 210 (1997); 232 (2002); 240 (2004); *PastL* 234-235 (1996); 240-241 (1997); 246-247 (1998); 251-253 (1999); *Ph* 223 (1998); 229 (1999); *RL* 82/1-2 (1995).

Quando o Concílio Vaticano II quis referir-se à liturgia, não o fez seguindo uma perspectiva escolástica, mas recorreu à linguagem bíblica e patrística. De maneira semelhante, os livros litúrgicos promulgados no decurso da aplicação da reforma da liturgia, para apresentar os diferentes sinais sacramentais, também utilizam a teologia bíblica e litúrgica. O *Catecismo da Igreja Católica*, publicado em 1992 (texto latino oficial 1999), emprega o mesmo procedimento quando trata da liturgia em geral e de cada um dos sacramentos na economia da salvação (CIC 1076ss.; 1210ss.).

A compreensão da liturgia é mais completa e coerente quando a situamos na perspectiva que lhe é conatural, ou seja, dentro da economia salvífica projetada e revelada pelo Pai, cumprida pelo Filho e Senhor nosso Jesus Cristo, e levada a cabo pelo Espírito Santo na etapa da Igreja, que transcorre desde Pentecostes até o retorno glorioso de Cristo. Mas o centro desta economia é ocupado pelo Mistério pascal de Jesus Cristo, que por sua vez constitui o núcleo de toda celebração litúrgica. Neste mistério se realizou a salvação que a Igreja anuncia e atualiza na eucaristia e nos sacramentos e sacramentais, que ela celebra ao longo do ano litúrgico, cujo centro é o Tríduo pascal de Jesus Cristo morto, sepultado e ressuscitado (cf. SC 102; CIC 1163-1165)[1].

I – De Cristo, doador do Espírito, à liturgia da Igreja

A Igreja existe e vive como efeito da presença nela do poder da ressureição do Senhor. O Espírito Santo recorda tudo o que Cristo realizou e revela o significado salvífico do Mistério pascal, mas também torna presente e operante este mistério e introduz nele todos os homens. A ressurreição de Cristo com a doação do Espírito está, portanto, na origem da liturgia da Igre-

---

1. Sobre a festa da Páscoa se trata nos caps. XVIII e XX.

ja e é o motivo central de cada uma das suas celebrações, especialmente da eucaristia (cf. 1Cor 11,26).

1 Cristo ressuscitado, fonte da salvação

Com efeito, na ressurreição a humanidade de Cristo, "instrumento de nossa salvação" (SC 5), se transformou para todos os homens em fonte viva e inesgotável do Espírito Santo (cf. Jo 7,37-38; 19,34; Is 12,3). Os sinais da liturgia são agora o novo âmbito externo e histórico da manifestação visível do Filho encarnado do Pai: "O que havia de visível em nosso Redentor passou para seus sacramentos"[2].

Trata-se da doutrina da presença de Cristo na ação litúrgica, que confere a esta toda a sua eficácia salvífica (cf. SC 7), à qual aludiremos mais adiante. A partir desta doutrina se pode falar de Cristo como sacramento do encontro com Deus e dos sacramentos como atos de salvação pessoal de Cristo que se faz presente num ato simbólico eclesial. Em suma, não existe outro acontecimento salvífico, outro nome no qual possamos alcançar a salvação (cf. At 4,12; Rm 10,13) nem "outro sacramento senão Cristo"[3].

2 A Igreja, sacramento de Cristo

A glorificação foi também o momento em que "do lado de Cristo dormindo na cruz nasceu o admirável sacramento de toda a Igreja" (SC 5). Com efeito, Cristo ressuscitado "enviou aos discípulos o seu vivificante Espírito, e por ele constituiu seu Corpo, que é a Igreja, como sacramento universal da salvação" (LG 48; cf. 1). A Igreja nasceu como corpo de Cristo (cf. 1Cor 12,12-27 etc.) e como esposa do Verbo encarnado (cf. Ef 5,25-32; Ap 19,7 etc.), portadora do Espírito do Senhor, "que, sendo um só e o mesmo na Cabeça e nos membros, de tal forma vivifica, unifica e move todo o corpo que seu ofício pôde se comparado pelos Santos Padres com

---

2. SÃO LEÃO. *Hom.* 74,2. Uma frase análoga de Santo Ambrósio: "Tu te mostraste face a face, ó Cristo; eu te encontro em teus sacramentos", em *Apol. prof. David* 12,58: PL 14, 875.
3. SANTO AGOSTINHO. *Ep.* 187,34: PL 38, 845.

a função que exerce o princípio da vida ou a alma no corpo humano" (LG 7; cf. 4). O Espírito vai edificando a Igreja e a faz crescer até a medida de Cristo (cf. Ef 4,4-16).

A Igreja é agora o primeiro sinal sacramental por meio do qual se faz presente com visibilidade histórica o dom da salvação (cf. SC 7). Através dela Cristo continua atuando no mundo e tornando realidade o acesso dos homens a Deus. A condição sacramental da Igreja se manifesta não só em sua atuação cotidiana diante do mundo (cf. GS 40), mas de maneira especial através dos sacramentos e de outros sinais. Em todos eles a Igreja se autorrealiza como "sinal e instrumento" da presença da salvação (cf. LG 1). Toda a Igreja é âmbito externo desta realidade em seus carismas, funções e ministérios, mas sobretudo naqueles sinais que constituem a própria fonte donde dimana sua força e cuja eficácia salvífica não é superada por nenhuma outra ação eclesial (cf. SC 7; 10; PO 5). Por isso a principal manifestação da Igreja ocorre na assembleia litúrgica (cf. SC 41; LG 26).

3 Páscoa-Pentecostes permanentes

"No próprio dia de Pentecostes, pela efusão do Espírito Santo, a Igreja se manifestou ao mundo" (cf. SC 6; LG 2). O dom do Espírito inaugura um tempo novo na "dispensação do Mistério": o tempo da Igreja, durante o qual Cristo manifesta, torna presente e comunica sua obra de salvação mediante a liturgia de sua Igreja "até que ele venha" (1Cor 11,26). Durante este tempo da Igreja, Cristo já vive e atua em sua Igreja e com ela, de uma maneira nova, a maneira própria deste tempo novo. Ele atua pelos sacramentos; é isto que a tradição comum do Oriente e do Ocidente chama de "economia sacramental"; esta consiste na comunicação (ou "dispensação") dos frutos do mistério pascal de Cristo na celebração da liturgia "sacramental" da Igreja (CIC 1076; cf. 739; 1152).

Em toda celebração se produz uma epifania do Espírito, invocado pela oração da Igreja associada à oração de Cristo (cf. Jo 14,16) e enviado novamente pelo Pai para realizar a santificação dos homens. "Foi enviado o Espírito Santo no dia de Pentecostes a fim de santificar perenemente a Igreja"

(LG 4). É isto que a Igreja vive e celebra eficazmente cada vez que se reúne em assembleia litúrgica. Se *sempre é Páscoa*, porque todo dom e graça vêm do Pai em virtude da morte e ressurreição de Cristo com a doação do Espírito Santo, *sempre é também Pentecostes*, porque o Espírito "doador de vida" é comunicado permanentemente à Igreja e aos fiéis na liturgia (cf. Jo 20,19-23; Mt 18,19-20).

II – A economia da salvação

A liturgia, com tudo o que a precede (a conversão e a fé) e com tudo o que a segue (a vida moral) é o modo atual de entrar na corrente histórica da salvação como realização do desígnio do Pai em favor dos homens[4]. A *economia da salvação*, revelada na Sagrada Liturgia como *economia do mistério* (cf. Ef 3,9), tem sua continuação na *economia sacramental* (cf. CIC 1076; 1092). Isto faz com que se distingam momentos ou tempos sucessivos na realização histórica do desígnio salvífico do Pai (cf. SC 5-6; LG 2-4).

1 As etapas da história da salvação

A salvação é uma realidade que foi primeiro *mistério* escondido no Pai, anunciado depois pelos profetas, cumprido em Cristo e dado a conhecer pela pregação apostólica (cf. Rm 16,25-27; Ef 3,3-12; 1Tm 3,16).

1) *O anúncio e a preparação*. É o tempo da gradual revelação do amor do Pai para com todos os homens e da eleição destes em Cristo (cf. Rm 8,29-30). A salvação foi se tornando presente e se manifestou, no que chamamos de "Antigo Testamento", numa série de pessoas, acontecimentos, instituições, realidades e sinais que prefiguravam a plenitude que seria alcançada em Cristo (cf. 1Pd 1,10-12). "Esta obra da redenção humana e da perfeita

---

4. Cf. DANIÉLOU, J. *Historia de la salvación y liturgia* (Salamanca 1965); DARLAP, A. "Teología fundamental de la historia de la salvación", em MS I, 47-204; AA.VV. "El concepto de historia de la salvación". In: *Actas Congreso*, o.c., 463-572; PASQUALE, G. *La teologia della storia della salvezza nel secolo XX* (Bolonha 2002); VAGAGGINI, C. "Historia de la salvación", em NDT I, 642-665 etc.

glorificação de Deus (foi preparada) pelas maravilhas divinas operadas no povo do Antigo Testamento" (SC 5). Dentro da unidade inseparável dos dois Testamentos (cf. DV 16-17), a pregação apostólica, os Santos Padres e a liturgia utilizaram a *tipologia* para destacar a novidade de Cristo e dos sacramentos da Igreja a partir das figuras (tipos) que os anunciavam[5].

2) *A plenitude e o cumprimento.* É o tempo em que o anúncio (a Palavra) se torna realidade (carne) para os que creem e chegam a ser filhos de Deus (cf. Jo 1,12-14). O Novo Testamento se refere à "plenitude dos tempos" (cf. Gl 4,4) como epifania da salvação (cf. 2Tm 1,9-10; Tt 2,11; 3,4-7) e presença definitiva do *Emmanuel* ou "Deus conosco" (Mt 1,23; Is 7,14). Cristo é, com efeito, o depositário desta nova situação que se manifesta em suas palavras e nos sinais que ele realiza: "As palavras e as ações de Jesus, durante sua vida oculta e durante seu ministério público, já eram salvíficas. Antecipavam o poder de seu mistério pascal" (CIC 1115).

O último sinal que Cristo realizou, culminação de todos os atos de entrega ao Pai e de serviço aos homens, foi sua paixão e morte na qual entregou seu Espírito à Igreja (cf. Jo 19,30.34; 1Jo 5,6-8): "Esta obra da redenção humana e da perfeita glorificação de Deus [...] completou-a Cristo Senhor, principalmente pelo mistério pascal de sua paixão, ressurreição dos mortos e gloriosa ascensão" (SC 5; cf. LG 3). Mas, na véspera de padecer, Jesus instituiu o memorial de sua morte e ressurreição e o confiou à Igreja para que o realize até sua volta (cf. SC 47; 1Cor 11,23-26).

3) *A atualização e a permanência.* Na morte do Senhor, com a entrega do Espírito e o nascimento da Igreja, ocorre a passagem para a terceira etapa da realização da economia salvífica. Inicia-se o "tempo da Igreja" ou "tempo do Espírito Santo", ao mesmo tempo continuação e resultado do tempo de Cristo. A presença da salvação no meio dos homens, proclamada solenemente pelo próprio Jesus na sinagoga de Nazaré (cf. Lc 4,14-22), não

---

5. Cf. os exemplos propostos em CIC 1094, 1217-1222 e 1541-1543.

cessa, mas se produz e se manifesta de outro modo. Com efeito, de acordo com o desígnio divino, a obra da redenção há de chegar a todos os homens mediante a fé no Evangelho e a incorporação pessoal no mistério de Cristo nos sacramentos.

É precisamente esta a missão da Igreja: "Portanto, assim como Cristo foi enviado pelo Pai, assim também ele enviou os Apóstolos, cheios do Espírito Santo, não só para pregarem o Evangelho a toda criatura, anunciarem que o Filho de Deus, pela sua morte e ressurreição, nos libertou do poder de satanás e da morte e nos transferiu para o reino do Pai, mas ainda para levarem a efeito o que anunciavam: a obra da salvação através do sacrifício e dos sacramentos, sobre os quais gira toda a vida litúrgica" (SC 6; cf. LG 4: AG 4-5).

2 A liturgia, síntese da história salvífica

Ocorre, portanto, uma nova maneira de introduzir os homens na corrente da salvação. "Cristo age agora pelos sacramentos, instituídos por ele para comunicar sua graça" (CIC 1084; cf. 1115-1116). "Nos sacramentos Cristo continua a nos 'tocar' para nos curar" (CIC 1504).

O que ocorre na última etapa da história da salvação é que "na liturgia terrena, antegozando, participamos da liturgia celeste, que se celebra na cidade santa de Jerusalém, para a qual, peregrinos, nos encaminhamos" (SC 8; cf. LG 50)[6]. Deste modo, fundindo o passado, o presente e o futuro, a liturgia aparece como momento-síntese de toda a história salvífica e configura o tempo da Igreja como a etapa última e definitiva da salvação[7].

---

6. Cf. tb. CIC 1137-1139.
7. Cf. MARSILI, S. "A teologia da liturgia no Vaticano II", em *Anamnesis* 1, 103-128; ID. "Sacramentalità della salvezza": *RL* 95 (2008) 509-524; e CONTE, N. *Benedetto Dio che ci ha benedetti in Cristo*, o.c., 107-137; SODI, M. "La liturgia en la economía de la salvación. La perenne dialéctica entre *mysterium*, *actio* y *vita* y sus implicaciones teórico-prácticas". In: GUTIÉRREZ MARTÍN, J.L. et al. (eds.). *La liturgia en la vida de la Iglesia* (Pamplona 2007) 47-63; SOLER, J.M. "La liturgia actualiza la historia de la salvación": *PastL* 274 (2003) 193-210.

III – A liturgia, obra do Pai, do Filho e do Espírito Santo

A liturgia, na história da salvação, é sempre dom divino para a Igreja e obra de toda a Santíssima Trindade na existência dos homens. Diante do culto religioso, expressão do desejo do homem de aproximar-se de Deus, a liturgia cristã faz parte da automanifestação do Pai e de seu amor infinito para com o homem, por Jesus Cristo no Espírito Santo. A dimensão trinitária da liturgia constitui o princípio teológico fundamental de sua natureza e a primeira lei de toda celebração.

A liturgia expressa a realidade dinâmica usando a fórmula paulina de 2Cor 13,13 nas saudações e no começo da oração eucarística: "A graça (*charis*) do Senhor Jesus Cristo, o amor (*agape*) de Deus e a comunhão (*koinônia*) do Espírito Santo estejam com todos vós". A mesma coisa diz o famoso axioma patrístico: "Todo dom vem do Pai, pelo Filho e Senhor nosso Jesus Cristo, na unidade do Espírito Santo, e no mesmo Espírito, por Jesus Cristo, retorna novamente ao Pai"[8].

1 A presença e a obra do Pai

Na liturgia Deus é sempre "o Pai de nosso Senhor Jesus Cristo que nos abençoou com toda sorte de bênçãos espirituais em Cristo" (Ef 1,3; 2Cor 1,3), de maneira que a oração litúrgica é dirigida sempre a ele, como estabeleceram os antigos concílios norte-africanos[9]. Mas o Pai é também a meta de todo louvor e de toda ação de graças. Neste sentido a liturgia é expressão da "teologia", de acordo com o uso patrístico e litúrgico deste termo, ou seja,

---

8. Cf. VAGAGGINI, C. *El sentido teológico de la liturgia* (BAC, Madri 1959) 184-233; cf. AROCENA, F.M. "Trinidad y liturgia (1990-2005)": *EstT* 40 (2006) 609-628; OÑATIBIA, I. "*Opus nostrae redemptionis*. Liturgia y Trinidad". In: CANALS, J.M. & TOMÁS, I. (eds.). *La liturgia en los inicios del tercer milenio* (Baracaldo 2004) 49-78.

9. *Ut nemo in precibus vel Patrem pro Filio, vel Filium pro Patre nominet; et cum altari assistitur, semper ad Patrem dirigatur oratio*: Cân. 21 do Concílio de Hipona, cân. 23 do Concílio de Cartago. In: MANSI (ed.). *Sacrorum Conciliorum nova et amplissima collectio*, III (Florença 1795ss.) 884 e 922; cf. NEUNHEUSER, B. "Der Canon 21 des Konzils von Hippo 393. Seine Bedeutung und Nachwirkung": *Augustinianum* 25 (1985) 105-119; também ALDAZÁBAL, J. "El Dios a quien oramos en nuestra liturgia": *Ph* 230 (1999) 101-126; LACONI, M. "La preghiera al Padre. Dati biblici": *RL* 82 (1995) 63-79; MENEGHETTI, A. "L'apertura al Padre nella preghiera liturgica": ibid., 80-95.

ela é a confissão das maravilhas operadas por Deus Pai na história salvífica e, por conseguinte, na liturgia e na vida dos homens. "Na liturgia da Igreja, Deus Pai é bendito e adorado como fonte de todas as bênçãos da criação e da salvação" (CIC 1110; cf. 1079-1083).

A liturgia possui um caráter teocêntrico, de maneira que não só a dimensão antropológica (o homem criado à imagem de Deus e estabelecido em sua dignidade por Jesus Cristo), mas também a dimensão cósmica (os céus e a terra e todas as criaturas) estão orientadas para reconhecer a absoluta soberania do Pai e seu infinito amor ao homem e a toda a criação (cf. Jo 3,16; 1Jo 4,9; Rm 8,15-39). Finalmente, tudo será recapitulado em Cristo e apresentado como uma oblação ao Pai (cf. 1Cor 8,6; 15,28; Ef 1,10).

2 A presença e a obra do Filho Jesus Cristo

A manifestação divina trinitária na liturgia chega à sua culminância na referência à obra do Filho e Senhor nosso Jesus Cristo. O símbolo da fé, a oração eucarística e as grandes fórmulas eucológicas desenvolvem amplamente a "cristologia", ou seja, a presença entre os seres humanos de Cristo, revelador do Pai e doador do Espírito que nos torna filhos de Deus. A oração litúrgica, portanto, expressa a centralidade do mistério de Cristo na liturgia e faz memória de toda a sua obra redentora[10].

Mas Cristo, "sentado à direita do Pai" (cf. Mc 16,19), é o Mediador único entre Deus e os homens (cf. 1Tm 2,5; Hb 12,24), o Sumo Sacerdote do santuário celeste (cf. Hb 8,1-2 etc.), o intercessor permanente (cf. Rm 8,34; 1Jo 2,1; Hb 7,25). São Paulo exortava a comunidade cristã a cantar a Deus e a dar-lhe graças "em nome do Senhor Jesus Cristo" e "por meio dele" (Cl 3,16-17; cf. Ef 5,19-20). "Cristo ora por nós, ora em nós e é invocado por nós"[11].

Como Senhor e cabeça da Igreja, Cristo permanece junto a ela e se faz presente principalmente nos atos litúrgicos de diversas maneiras a fim de

---

10. Cf. LANNE, E. "La relazione dell'anafora eucaristica alla confessione di fede": *Sacra Doctrina* 47 (1967) 383-396.
11. SANTO AGOSTINHO. *In Ps.* 85,1: CCL 39, 1176.

levar a cabo a obra da salvação (cf. SC 7). A presença de Cristo na liturgia é uma presença dinâmica e eficaz, que transforma os atos litúrgicos em acontecimentos de salvação. Na eucaristia esta presença é, além disso, substancial: "Esta presença se chama *real*, não por exclusão, como se as outras não fossem *reais*, mas por antonomásia"[12]. Os modos ou graus da presença do Senhor na liturgia confirmam que esta é, antes de tudo, ação de Cristo, o qual associa ao exercício de seu sacerdócio todos os fiéis em virtude do batismo (cf. SC 14; LG 10-11)[13].

O âmbito externo desta presença é a Igreja, como foi dito antes. Mas o "âmbito" interno é o Espírito Santo[14], o dom que o Pai entregou ao Filho na ressurreição e que este derramou sobre a Igreja (cf. At 2,32.33), para que more nela e no coração dos fiéis como num templo (cf. Ef 2,18-22; 1Cor 3,16-17; 2Cor 6,16). O Espírito Santo acompanha sempre a Igreja na ação litúrgica para que ela invoque seu Senhor (cf. Ap 22,17.20).

3 A presença e a obra do Espírito Santo

O Espírito Santo é o dom da Páscoa do Senhor, o "dom de Deus" (Jo 4,10; At 11,15), prometido para os tempos messiânicos (cf. Is 32,15; 44,3;

---

12. PAULO VI. Encíclica *Mysterium Fidei*, de 3-9-1965, n. 39.
13. Cf. CASEL, O. *El misterio del culto cristiano* (San Sebastián 1953); e em *CuaderPh* 129 (2002); OÑATIBIA, I. *La presencia de la obra redentora en el misterio del culto* (Vitoria 1054); e em *CuaderPh* 172 (2007). Sobre os diversos modos da presença do Senhor na liturgia cf. AS. ESP. DE PROFESORES DE LITURGIA. *La presencia de Cristo en la liturgia* (Bilbao 2004); BERNAL, J.M. "La presencia de Cristo en la liturgia": *Not* 216/217 (1984) 455-490; BOROBIO, D. "Cristo celebrado en la liturgia y los sacramentos": *Ph* 276 (2006) 571-590; BURKI, B. "Le Christ dans la liturgie, d'après l'article 7 de la SC": *QL* 64 (1983) 196-212; CASTELLANO, J. "Presencia y acción de Cristo en la liturgia": *Ph* 222 (1997) 455-477; COMITÊ LITÚRGICO DO GRANDE JUBILEO. "Encontrar a Jesucristo en la liturgia": ibid. 217 (1997) 7-20; CUVA, A. *La presenza di Cristo nella liturgia* (Roma 1973); GALOT, J. "La cristologia nella SC": *Not* 203 (1983) 305-319; GARCÍA A. "La presencia de Cristo en las celebraciones litúrgicas". In: CANALS, J.M & TOMÁS, I. (eds.). *La liturgia...*, o.c., 79-140; HAES, P. de. "Les présences du Christ Seigneur. Différents modes d'actualisation dans la liturgie": *Lumen Vitae* 20 (1965) 259-274; PARRÉ, P. "Présence réelle et modes de présence du Christ": *QL* 69 (1988) 163-184; SAYÉS, J.A. *La presencia real de Cristo en la Eucaristía* (BAC, Madri 1976); SCHILLEBEECKX, *Cristo sacramento do encontro com Deus* (Petrópolis 1967).
14. Cf. RAHNER, K. "La presencia del Señor en la comunidad cultual. Síntesis teológica". In: *Actas Congreso*, o.c. 341-351, aqui 343-344.

Ez 36,26-27; Jl 3,1-2; Zc 12,10), que o Mediador único do culto verdadeiro entregou à Igreja para que esta, por sua vez, realize sua missão (cf. Jo 20,21-23). Sob a guia e o impulso do Espírito, a Igreja ora (cf. Rm 8,26-27), canta e celebra o Pai (cf. Ef 5,18-20; Cl 3,16-17), confessa Jesus como Senhor (cf. 1Cor 12,3b; Fl 2,11) e o invoca à espera de seu retorno (cf. 1Cor 11,26; 16,12; Ap 22,17.20)[15].

Neste sentido, a liturgia é doação contínua do Espírito Santo para realizar a comunhão na vida divina e iniciar o retorno de todos os dons àquele que é sua fonte e sua meta. Por isso, toda ação litúrgica acontece "na unidade do Espírito Santo", não só como "adoração a Deus no Espírito e na verdade" (cf. Jo 4,23-24), mas também como expressão da comunhão da Igreja, que brota do Mistério trinitário e é realizada pela presença e pela atuação do mesmo Espírito. Por este motivo toda oração litúrgica é sempre oração da Igreja "congregada pelo Espírito Santo" (cf. IGLH 8).

O Espírito habilita os crentes para receber a Palavra divina e acolhê-la em seus corações. Pela ação do Espírito, que sempre acompanha a Palavra (cf. Sl 33,6) e vai recordando (*anamnêsis*) e guiando para a verdade plena (cf. Jo 14,15-17.26 etc.), "a Palavra de Deus se converte no fundamento da ação litúrgica e em norma e ajuda de toda a vida" (cf. ELM 9). Por isso, a ação ritual que se segue à liturgia da Palavra se apoia no pedido ao Pai, por meio de Jesus Cristo, da presença transformadora do Espírito Santo sobre os elementos sacramentais e sobre os fiéis (*epiklêsis*).

Em resumo, o Espírito Santo, com sua ação invisível, faz com que os atos sacramentais da Igreja realizem o que significam, levando a obra de Cristo à sua plenitude de acordo com o desígnio eterno do Pai.

---

15. Cf. CIC 1091-1093 e 1099-1109. Sobre o Espírito Santo na liturgia cf. LÓPEZ MARTÍN, J. "Bibliografía pneumatológica fundamental": *Ph* 149/150 (1985) 457-467; MAGNOLI, Cl. "Quarant'anni di letteratura liturgica attorno al tema pneumatologico (Note e rassegne)": *ScCat* 117 (1989) 77-103; AROCENA, F. "La pneumatología litúrgica del Catecismo y de J. Corbon": *Ph* 271 (2006) 27-54; CASTELLANO, J. "El Espíritu Santo y la liturgia. Riquezas pneumatológicas del Catecismo": *Ph* 248 (2002) 137-149; OÑATIBIA, I. "El *Catecismo de la Iglesia Católica* en comparación con la *Sacrosanctum Concilium*": ibid. 194 (1993) 153-169; PAGANO, P.M. *Espíritu Santo, epíclesis, Iglesia* (Salamanca 1988); TRIACCA, A.M. "Il dono dello Spirito Santo nella celebrazione liturgica": *RL* 82 (1995) 125-142; AA.VV. "*Per opera dello Spirito Santo". Lo Spirito Santo nella liturgia* (Roma 1999); e *CuaderPh* 34 e 90 (1992-1998) etc.

IV – A liturgia, salvação na história

A segunda etapa da história da salvação implicou o momento em que esta alcançou seu mais alto grau como epifania da presença divina no tempo, o ponto central para o qual confluem todas as intervenções divinas que prepararam a vinda de Jesus e donde provêm os novos sinais portadores da salvação. Toda a história da salvação está recapitulada em Cristo (cf. Ef 1,10).

A encarnação significa que Deus se uniu para sempre à história humana e que a salvação, embora em sua realidade plena seja meta-histórica e escatológica, há de realizar-se no tempo. Cristo no tempo é o grande sinal de que o Reino de Deus chegou definitivamente (cf. Mc 1,15; Lc 4,21). De Cristo brota a luz que ilumina e dá sentido a toda a história humana em relação com a economia da salvação. Ele é o Senhor da história, o *Pantocrator* (cf. Ap 1,8; Hb 13,8).

1 O mistério pascal, "ephapax" da salvação

Com efeito, a história humana, contemplada à luz da fé, aparece semeada de acontecimentos que, ocorridos uma vez, implicaram uma intervenção divina decisiva para o futuro. Estes momentos se chamam, na linguagem bíblica, *kairoi* – tempos oportunos e favoráveis – e correspondem à economia divina da salvação[16]. Ora, os *kairoi* estabelecem uma linha de continuidade ao longo de toda a história, de maneira que seu caráter salvífico está presente em todos os momentos da história da salvação, ainda que cada um tenha sua própria incidência. Surge então uma característica de todos os *kairoi*, a de serem irrepetíveis, *ephapax* – de uma vez por todas.

Mas entre todos os *kairoi* salvíficos há um que está no centro e é o paradigma de todos os outros. É o *kairos* de Jesus Cristo e de seu mistério pascal, plenitude da história salvífica. Este *kairos* é também *ephapax* (cf. Rm 6,10; Hb 7,27; 9,1; 9,28; 10,2; 1Pd 3,18).

---

16. Cf. HAHN, A.-Ch. "Tiempo (*kairos*)", em DTNT IV, 267-272.

2 Do acontecimento à sua celebração

Ora, se os *kairoi* são irrepetíveis e desta lei não escapa nem sequer o mistério pascal de Jesus Cristo, de que maneira a salvação cumprida em Cristo pode ser oferecida e aplicada a cada geração e a cada ser humano que veio ao mundo depois dele? A pergunta poderia ser formulada também assim: como o homem acessa a corrente salvífica da história, uma vez que esta alcançou sua plenitude *ephapax*, de uma vez por todas?

O Espírito Santo, realizador do acontecimento de Cristo (cf. Mt 1,18; Lc 1,35) e do mistério pascal (cf. Hb 9,14), é também o que realiza nos homens a adoção filial pela qual nos tornamos filhos de Deus (cf. Rm 8,15; Gl 4,5-7). Os homens são salvos ao serem introduzidos na corrente do amor divino que os torna filhos de Deus e herdeiros com Cristo. É esta a missão da Igreja na terceira etapa da história da salvação descrita acima.

Pela ação do Espírito Santo, o anúncio do Evangelho, o batismo e os outros sacramentos, sobretudo a eucaristia, se transformam em *kairoi* da vida de cada ser humano que ouve, crê, se converte, é batizado e recebe o perdão dos pecados e o dom do Espírito e persevera no ensinamento dos Apóstolos, na eucaristia, na comunhão e na oração (cf. At 2,38.41-42).

Ao *ephapax*, característica dos *kairoi* bíblicos, sucede agora o *hosakis* – cada vez que, quantas vezes – das ações salvíficas da Igreja, em particular dos atos litúrgicos. Com efeito, esta nova categoria cronológica está vinculada antes de tudo ao *kairos* definitivo e escatológico de Jesus Cristo: "Porque cada vez que (*hosakis*) comeis deste pão e bebeis do cálice, anunciais a morte do Senhor até que ele volte" (1Cor 11,26)[17]. A morte do Senhor e sua ressurreição com a doação do Espírito Santo, ocorrida de uma vez por todas, se torna atual para os que aceitam a proclamação do Evangelho e realizam os gestos e palavras com os quais Jesus mandou perpetuar sua oblação até a sua vinda, ou seja, o rito memorial entregue pelo Senhor à sua Igreja (cf. SC 47).

---

17. "Todas as vezes que celebramos este sacrifício, torna-se presente a nossa redenção": Sobre as oferendas do dom. II do Tempo Comum. Sobre este texto cf. PINELL, J. "I testi liturgici, voci di autorità, nella costituzione SC": *Not* 151 (1970) 77-108, espec. 87-99.

"A liturgia cristã não somente recorda os acontecimentos que nos salvaram, como também os atualiza, os torna presentes. O mistério pascal de Cristo é celebrado, não é repetido; o que se repete são as celebrações. Em cada uma delas sobrevém a efusão do Espírito Santo que atualiza o único mistério"[18].

3 O memorial

Tudo o que foi dito acerca da atualização do acontecimento não seria possível sem um elemento que estabelece uma profunda relação entre o *kairos* histórico-salvífico, ocorrido uma só vez (*ephapax*), e sua celebração todas as vezes que esta for realizada (*hosakis*). Este elemento é o *memorial*, uma realidade que já estava presente na Antiga Aliança e foi escolhida por Jesus na instituição da eucaristia. Com efeito, ali está o mandato: "Fazei isto em memória (*anamnêsis*) de mim" (1Cor 11,24-25).

O memorial, em seu conceito pleno, é uma *comemoração* real e objetiva, não meramente subjetiva ou ideal, uma *re-presentação* e atualização real sob os sinais sacramentais escolhidos pelo Senhor para pôr o homem em contato com o acontecimento ocorrido de uma vez por todas na cruz, ou seja, a redenção humana. Portanto, é um modo de *presença*, real e não meramente virtual, daquilo que aconteceu historicamente e agora nos é comunicado de uma maneira eficaz[19]. Os fundamentos do memorial precisam ser buscados nas passagens do Antigo Testamento que fazem referência à Páscoa (cf. Ex 12) e à instituição de outras festas de Israel (cf. Lv 23; Est 9,28 etc.). O memorial é uma ação sagrada, um rito e, inclusive, um dia festivo, no qual o povo se volta para seu Deus *recordando* estas obras, mas sobretudo no qual Deus "se lembra" à sua maneira de seu povo, renovando e reiterando as obras salvíficas.

---

18. CIC 1104; cf. 1103 e 1084-1085.
19. Cf. OÑATIBIA, I. "Recuperación del concepto de 'memorial' por la teología eucarística contemporánea": *Ph* 70 (1972) 335-345; VELASCO, J.A. "El concepto de memorial objetivo en el decreto tridentino sobre el Sacrificio de la Misa": *RET* 54 (1994) 5-48.

Naturalmente, esta expressão "Deus lembrar-se de seu povo" é um antropomorfismo, mas revela e manifesta uma ação divina, ou seja, uma nova presença ou intervenção eficaz na vida de seu povo. Da parte do homem, a recordação das obras realizadas por Deus significa a resposta da fé e a aceitação agradecida do coração.

O memorial aparece sempre na Bíblia como um *sinal* que reúne em si o passado e o presente (função rememorativa e atualizadora) e garante a esperança no futuro (função profética). Através do memorial, Deus e sua salvação se tornam novamente presentes aqui e agora, para nós. A liturgia cristã tem no *memorial* o grande sinal da presença do Senhor e da atualização dos mistérios de Cristo por obra do Espírito Santo (cf. CIC 1103). Com efeito, "quando a Igreja celebra a eucaristia, rememora a páscoa de Cristo; e esta se torna presente: o sacrifício que Cristo ofereceu, uma vez por todas, na cruz, torna-se sempre atual (cf. Hb 7,25-27): 'Todas as vezes que se celebra no altar o sacrifício da cruz, pelo qual Cristo nossa Páscoa foi imolado (1Cor 5,7), efetua-se a obra de nossa redenção' (LG 3)" (CIC 1364). A parte central da oração eucarística se chama precisamente *anamnêsis* para expressar que se cumpre o mandato institucional de Jesus e se torna presente e operante seu mistério pascal[20].

---

20. Cf. CASEL, O. *Faites ceci en mémoire de moi* ((Paris 1962): GESTEIRA, M. "Memorial eucarístico: rememoración y presencia de Cristo": *EstT* 24 (1990) 37-105; GOÑI, J.A. "La anámnesis judía y la cristiana": *Ph* 284 (2008) 167-170; LÓPEZ MARTÍN, J. "La liturgia, memoria y celebración del misterio de Cristo": *PLit* 234/235 (1997) 58-72; RAMIS, M. *Los misterios de pasión como objeto de la anámnesis en los textos de la misa del Rito Hispánico* (Roma 1980); ROSSO, St. *"Memores Domine Christi filii tui.* La memoria liturgica di Cristo al Padre": *RL* 82 (1995) 96-124; THURIAN, M. *La Eucaristía, memorial del Señor* (Salamanca 1967); TRAPIANI, V. *Memoriale di salvezza. L'anamnesi eucaristica nelle anafore d'Oriente e d'Occidente* (MSIL 41, 2006) (Bibl.) etc.

Capítulo III
A plenitude do culto verdadeiro

Em Cristo ocorreu a perfeita satisfação de nossa reconciliação e nos foi comunicada a plenitude do culto divino (SC 5).

Bibliografia

ALDAZÁBAL, J. "La identidad de la liturgia cristiana según el N.T.": *Ph* 133 (1983) 29-48; BALDANZA, G. *Paolo e il culto* (BELS 147, 2009); BERGAMINI, A. "Culto", em NDL 501-511; BOROBIA, C. *La liturgia en la teología de Santo Tomás Aquino* (Toledo 2009); DI SIMONE, L. *Liturgia secondo Gesù. Originalità e specificità del culto cristiano* (Florença 2003); GARCÍA, A. "El sentido 'litúrgico' de la liturgia": *Ph* 287/288 (2008) 427-467; KUNZLER 37-71; LENGELING, E.J. "Culto", em CFT I, 353-373; LÓPEZ MARTÍN 1, 23-89; LYONNET, St. "La naturaleza del culto en el N.T." In: CONGAR, Y.M.-J. et al. *La liturgia después del Vaticano II* (Madri 1969) 439-477; LLABRÉS, P. "Lo litúrgico y lo no litúrgico": *Ph* 62 (1971) 167-184; MARSILI, S. "Liturgia", em NDL 1144-1163; NEUNHEUSER, B. "La liturgia della Chiesa come culto del corpo di Cristo". In: DELL'ORO, F. (ed.). *Mysterion. Miscellanea S. Marsili* (Leumann/Turim 1981) 25-49; PECKLERS, K.F. *Liturgia: la dimensione storica e teologica del culto cristiano e le sfide del domani* (Bréscia 2007); RODRÍGUEZ, P. "El culto cristiano". In: GUTIÉRREZ, J.L. et al. *La liturgia en la vida de la Iglesia. Culto y celebración* (Pamplona 2007) 29-46; ROSSO 67-140; SCHMIDT, H. *Introductio in liturgiam occidentalem* (Roma 1960) 33-87; VERHEUL, A. *Introducción a la liturgia. Para una teología del culto* (Barcelona 1967); VILANOVA, E. "Un culto 'en Espíritu y verdad'": *Ph* 149/150 (1985) 343-363; e *CuaderPh* 145 (2004); *LMD* 208 (1996); *RL* 85/1 (1998); *RL* 96/1 (2009).

Este capítulo pretende avançar na reflexão e no estudo sobre a natureza da liturgia, dentro da perspectiva da economia da salvação. O uso de uma linguagem bíblica e positiva para falar da liturgia e de sua importância na vida da Igreja permitiu recuperar uma visão da celebração do mistério cristão que se fora perdendo a partir da Idade Média, em favor de uma teologia intelectualizada e distante da celebração litúrgica.

Nesta recuperação entrou em crise um conceito genérico de culto, que não parecia coincidir com a noção que se descobria no Novo Testamento e na patrística. Neste sentido, o Concílio Vaticano II, inspirando-se numa antiga oração litúrgica, afirmou que em Cristo "nos foi comunicada a plenitude do culto divino" (SC 5).

I – O culto

A palavra "culto" não tem gozado de muita simpatia quando é contraposta a outros aspectos da missão da Igreja. A secularização como fenômeno cultural de nosso tempo pôs em dúvida a fundamentação religiosa do culto cristão, reduzindo o papel da liturgia apenas ao nível da incidência no plano do compromisso temporal ou da libertação humana[1]. No entanto, é certo que na Sagrada Escritura se fazem fortes críticas ao culto meramente formal. Por isso é preciso verificar o sentido desta palavra aplicada ao fato litúrgico cristão.

1 Noção

A palavra culto (do latim, *cultus, colere*: honrar, venerar) é certamente por demais genérica, mesmo no âmbito da linguagem religiosa. O culto é a expressão concreta da virtude da religião, enquanto manifestação da relação fundamental que une o homem a Deus[2]. Estes aspectos, embora sejam

---

1. Cf. COX, H. *La ciudad secular* (Barcelona 1968); FERNÁNDEZ, P. "Qué es la liturgia en nuestra cultura secular": *CiTom* 98 (1971) 377-414; MALDONADO, L. *Secularización de la liturgia* (Madri 1970); PANIKKAR, R. *Culto y secularización* (Madri 1979); SODI, M. "Secularización", em NDL 1892-1908; VANZAN, P. "Secularización", em DTI IV, 271-293.
2. Cf. CHATILLON, J. "Devotio", em DSp III, 702-716; LÓPEZ MARTÍN, J. "Adoración", em DTDC 5-11.

comuns a todas as religiões, possuem conotações específicas no âmbito da revelação cristã, de maneira que não podem ser ignorados. Com efeito, o culto compreende atos internos e externos nos quais se realiza a citada relação. Esta nasce do conhecimento da condição criatural do homem em relação a Deus, situa o homem numa posição distinta de Deus e o impulsiona a reconhecer sua dependência mediante atos de adoração, de oferecimento ou de pedido de ajuda, suscetíveis de ser analisados pela ciência da religião[3].

Entre os elementos fundamentais do culto se encontram a atitude de submissão (*subiectio*), a adoração (*latria*), a tendência para Deus (*devotio*), a dedicação ou entrega a ele (*pietas*) no serviço religioso (*officium*) e as reações emocionais diante do "tremendo" e "fascinante" do elemento sagrado ou numinoso do mistério[4].

2 Do culto "natural" ao culto "revelado"

Na perspectiva da revelação bíblica, que atinge sua culminância em Jesus Cristo, a originalidade do culto revelado não consiste tanto nas formas cultuais quanto no próprio conteúdo do culto. Mais ainda, o culto revelado, ao aceitar formas e modos de expressão de outras religiões, incorpora a experiência e assume os resultados conseguidos pela humanidade em seu caminho de busca do transcendente. Neste sentido, cabe ver, nas religiões históricas da humanidade, uma etapa prévia ao culto revelado, ou seja, uma dinâmica progressiva que atinge sua culminância em Cristo.

---

3. Cf. ELIADE, M. *Historia de las creencias y de las ideas religiosas*, 4 vols. (Madri 1978-1984); LEEUW, G. van der. *Fenomenología de la religión* (México DF/Buenos Aires 1964); MARTÍN VELASCO, J. *Introducción a la fenomenología de la religión* (Madri 1970); SAHAGÚN, J. de. *Interpretación del hecho religioso* (Salamanca 1982); WAAL, A. de. *Introducción a la antropología religiosa* (Estella 1975); WIDENGREN, G. *Fenomenología de la religión* (Madri 1976) etc.

4. AUDET, J.P. "Le sacré e le profane. Leur situation en christianisme": *NRT* 79 (1957) 33-61; CASTELLI, E. (ed.). *Le sacré. Études et recherches* (Paris 1974); CONGAR, Y.M.-J. "Situación de lo sagrado en régimen cristiano". In: ID. et al. *La liturgia después del Vaticano II*, o.c., 479-507; ELIADE, M. *Lo sagrado y lo profano* (Madri 1981); HAMELINE, J.-Y. "Du sacré, ou d'une expression et son emploi": *LMD* 233 (2003) 7-42; LÓPEZ MARTÍN 2, 37-41; RIES, J. *Lo sagrado en la historia de la humanidad* (Madri 1989).

1) *O culto nas religiões*. Nesta perspectiva o Concílio Vaticano II convidou a descobrir nas religiões não cristãs os "lampejos daquela Verdade que ilumina todos os homens" (NA 2). Estas religiões, através da experiência de Deus (cf. GS 7), orientam os homens que não conheceram Cristo e se esforçam para viver honestamente de acordo com os preceitos e doutrinas aos quais também chega a luz verdadeira (cf. Jo 1,9)[5]. O conhecimento das formas de culto nas religiões é muito útil para penetrar no substrato antropológico da liturgia cristã, sem esquecer a originalidade de uma revelação que afeta primária e diretamente o objeto do culto e só de maneira secundária as formas externas.

2) *O culto no Antigo Testamento*. O começo de um culto característico de Israel e centrado na adoração do Deus único deve ser situado em torno do Êxodo[6]. Com efeito, o culto aparece ligado à revelação mosaica e fez parte do dinamismo religioso da libertação do Egito (cf. Ex 3,12.18 etc.). A entrada no deserto foi motivada também pela necessidade de afastar-se das divindades pagãs a fim de encontrar-se com o Senhor. Depois veio o assentamento na terra prometida e a organização do culto caracterizado pela proibição das imagens e de certos sacrifícios, até chegar à edificação de um santuário que fez de Jerusalém o centro religioso de Israel. Mas a história desse povo está cheia de retrocessos e caídas por causa do influxo dos povos vizinhos.

De tempos em tempos o Senhor purificava seu povo. O exílio na Babilônia significou uma grande crise, de maneira que, depois do retorno, ocor-

---

5. Cf. COM. TEOLÓGICA INTERNACIONAL. "El cristianismo y las religiones no cristianas". In: POZO, C. (ed.). *Comisión Teológica Internacional. Documentos 1969-1996* (BAC, Madri 1998) 557-604; LOTZ, J.B. "El cristianismo y las religiones no cristianas en su relación con la experiencia religiosa". In: LATOURELLE, R. *Vaticano II: Balance y perspectivas veinticinco años después (1962-1987)* (Salamanca 1989) 905-919; ROSSANO, P. "Religiones no cristianas", em NDL 1714-1721.

6. Cf. CHARY, Th. *Les prophètes et le culte à partir de l'éxil* (Tournai 1955); EICHRODT, W. *Teología del Antiguo Testamento* (Madri 1975) 89-161; KRAUS, H.J. "Gottesdienst im Alten Testament und im Neuen Bund": *Evangelische Theologie* 25 (1965) 171-206; RAD, G. von. *Teología del Antiguo Testamento*, I (Salamanca 1972) 295-531; ROSSO 80-116 (Bibl.) e os dicionários bíblicos; BALDANZA, G. "Il linguaggio cultuale nella Lettera ai Romani": *EL* 99 (2005) 265-287; FONTBONA, J. "Acción cúltica y apostólica en san Pablo": *Ph* 289 (2009) 7-22; ROSSO, S. "Il culto spirituale": *RL* 96/1 (2009) 76-96 etc.

reu um processo de centralização do culto em Jerusalém. No culto do Antigo Testamento se destacam algumas características que preparam a chegada da plenitude do culto cristão:

a) A *dimensão comunitária* do culto se manifestou, antes de tudo, na simbiose entre o social, o político e o religioso. O povo tinha consciência de pertencer ao Senhor e de ser depositário de uma aliança (cf. Ex 19,5-6; Dt 6,4-9; Sl 33,12). As festas, os ritos e todos os atos de culto estavam orientados para expressar o reconhecimento da soberania de Deus e o propósito do povo de viver em sua presença. Isto fazia com que as festas, embora mantendo formas de culto naturalista, fossem interpretadas em sentido histórico-salvífico, como *memoriais* das intervenções de Deus em favor de seu povo. O exemplo mais significativo é a festa da Páscoa, cujo rito compreendia inclusive atos anteriores ao assentamento dos filhos de Jacó no Egito, mas que se transformou em paradigma de tudo quanto o Senhor fez em favor de seu povo[7].

b) A *dimensão interior* não significava a exclusão dos ritos (por exemplo, as oblações e sacrifícios), nem a impossibilidade de que pudessem ser expressão de um culto espiritual. No entanto, a necessidade da pureza interior e da fidelidade à aliança é uma constante em toda a Escritura. Os profetas recordavam continuamente esta exigência incontestável do culto (cf. 1Sm 15,22; Os 6,6; Mq 6,8; Jr 7,22-23).

O sacrifício não era rejeitado em si mesmo, mas devia estar acompanhado da oferenda de um espírito generoso e justo (cf. Eclo 35,1-10), ou seja, de um coração convertido ao Senhor (cf. Sl 40; 51). Depois do exílio se acentuou a espiritualização da vida religiosa (cf. Dn 3,29-41). O culto que Deus quer afeta também a justiça e a solidariedade com os pobres e oprimidos (cf. Dt 10,12-13; Is 29,13; 59,6-11; Am 5,21-24).

---

7. Sobre as festas de Israel pode-se consultar: CHARLIER, J.P. *Jesús en medio de su pueblo*, III: *Calendario litúrgico y ritmo de vida* (Bilbao 1993); GARCÍA MORENO, A. "Las fiestas en el IV Evangelio": *NVet* 31 (1991) 3-25; 32 (1991) 167-197; HAAG, H. *De la antigua a la nueva Pascua. Historia y teología de la fiesta pascual* (Salamanca 1980); MAERTENS, Th. *Fiesta en honor de Yahvé* (Madri 1964); DE VAUX, R. *Instituciones del Antiguo Testamento* (Barcelona ³1985), além dos dicionários bíblicos.

c) A *dimensão escatológica* estava intimamente ligada à dimensão comemorativa. Todos os acontecimentos do passado eram a demonstração de que o Senhor cumpria sempre suas promessas; e o fato de recordá-los nas festas ou nos ritos constituía uma prova de sucessivos cumprimentos. A leitura da Escritura e a narração dos fatos salvíficos (cf. Sl 78; 80; 105; 106 etc.) fortaleciam a esperança no Deus libertador (cf. Ex 3,7-10; 20,1), num novo Êxodo (cf. Is 43,16-21; 48,20-21) e numa nova Lei, escrita no coração dos homens (cf. Jr 31,31-34; Ez 36,17-32).

3) *O culto no Novo Testamento.* Os aspectos do culto do Antigo Testamento, assinalados acima, têm continuidade real no Novo[8]. Neste sentido foi decisiva a atitude de Jesus diante das instituições cultuais de seu povo (cf. Mt 5,17) e a interpretação de sua vida à luz das Escrituras pela comunidade dos discípulos (cf. Lc 24,27.44-45). A Igreja nascente estava convencida de que Jesus havia levado à plenitude o culto de Israel com base na doação do Espírito Santo (cf. Rm 8,14-17). No entanto, esta certeza não ocorreu sem dificuldades, como prova o fato de que, no início, os discípulos de Jesus continuaram frequentando o templo e observando as prescrições religiosas judaicas (cf. At 2,46; 3,1 etc.).

a) O *fundamento* do culto e de todas as suas expressões é agora a própria pessoa de Jesus, "templo" do culto verdadeiro (cf. Jo 2,19-22). A pregação apostólica anunciou a boa notícia da salvação cumprida nele (cf. At 1,4; 2,33.38-39; Gl 3,14). Os dons de Deus estão ligados à fé e à conversão do coração e se traduzem numa conduta de vida à imitação da santidade divina: "Sede perfeitos, como vosso Pai celestial é perfeito" (Mt 5,48; cf. 1Pd 1,15-16). Ora, estes dons são fruto do sacrifício pascal de Jesus Cristo, que subs-

---

8. Cf. ALDAZÁBAL, J. "Liturgia". In: *Vocabulario básico de liturgia* (BL 3, 1994) 215-217; CANTALAMESSA. R. *La Pascua de nuestra salvación. Las tradiciones pascuales de la Biblia y de la Iglesia primitiva* (Madri 2006); GARCÍA, J.M. "El culto en Jesús y en la Iglesia primitiva". In: AA.VV. *Espiritualidad litúrgica* (Madri 1986) 21-46; GONNEAUD, D. "Dans le sacerdoce d'Israel, le ministère de Jésus": *NRT* 120 (1999) 18-31; GRELOT, P. *La liturgie dans le N.T.* (Paris 1991); HESS, K. "Servicio (*latreuô, leitourgeô*)", em DTNT IV, 216-219 (Bibl.); STENZEL, A. "El servicio divino de la comunidad reunida en Cristo. Culto y liturgia", em MS IV/2, 26-59; TALLEY, Th.J. *Le origini dell'anno liturgico* (Bréscia 1991) etc.

tituiu os sacrifícios incapazes de santificar (cf. Hb 9,13). O batismo (cf. Mc 16,16; Rm 6,4-10), a eucaristia (cf. 1Cor 11,23-26; At 2,42.46 e os demais sacramentos contêm o poder de salvação deste sacrifício.

b) O culto novo continua sendo *comunitário* e *social*, mas de maneira que o povo convocado como "sacerdócio real e nação santa" (cf. Pd 2,2-9; Ap 1,6; 5,10) é agora uma fraternidade no Espírito (cf. At 2,42-45; 4,32-35 etc.). As comunidades são chamadas *igrejas* (cf. At 5,11; cf. Dn 4,10), *igrejas de Deus* (At 20,28; 1Cor 1,2) e *de Cristo* (Rm 16,16), que invocam o nome de Jesus (cf. 1Cor 1,2) e se reúnem em assembleia (cf. 1Cor 11,18.20; 14,28).

c) O culto novo é agora, com maior razão, *interno e espiritual*, porque se desenvolve nos crentes sob a ação do Espírito Santo e é, antes de tudo, culto "no Espírito Santo e na verdade". O diálogo de Jesus com a samaritana (cf. Jo 4,7-26) condensa o ensinamento do Novo Testamento sobre o culto. A pergunta sobre o lugar de culto (v. 20) foi respondida por Jesus indicando o modo como o próprio Deus quer ser adorado (v. 21). A resposta de Jesus alude explicitamente à *hora* em que vai acontecer a novidade do culto, a hora da glorificação várias vezes anunciada (cf. Jo 2,4 etc.), quando ele próprio se transforma no templo definitivo (cf. Jo 2,21-22; Ap 21,22). A expressão "no Espírito e na verdade" (*en penumati kai alêtheia*, v. 23-24), de acordo com a interpretação mais coerente com a tradição patrística e litúrgica, alude ao Espírito Santo, que torna possível adorar Deus Pai, e à verdade que é Jesus, revelador do Pai e doador do Espírito (cf. Jo 14,16.26; 15,26; 16,13)[9].

Em resumo, o culto cristão se define pelos atos internos e externos nos quais o homem crente e a comunidade expressam sua vinculação existencial com Cristo e são transformados pela ação do Espírito para tornar a própria vida – na fé e no amor – o culto espiritual agradável ao Pai[10]. A crítica feita

---

9. Cf. POTTERIE, I. de la. "Adorer le Père dans l'Esprit et la vérité (Jn 4,23-24)". In: *La vérité dans Saint-Jean*, II (Roma 1977) 673-706; e BRAUN, F.M. "Le culte en esprit e en vérité". In: *Jean le théologien*, III/2 (Paris 1972) 249-271; LÓPEZ MARTÍN 1, 44-55; VILANOVA, E. "Un culto 'en espíritu y verdad'": *Ph* 149/150 (1985) 343-364.
10. Cf. o verbete "Culto" em *Cath* 3, 359-368; em DETM 158-171; em DTI II, 208-223; em LThK VI, 659-667; em NDT I, 285-298; em SM II, 92-97 etc.; e MAZZA, E. "L'interpretazione

pela secularização ao culto se dilui na vinculação deste com a santidade original de Cristo, o Verbo encarnado, e com a Igreja, sacramento de Cristo.

II – A liturgia

"Liturgia" é a palavra mais usada na atualidade para referir-se à função santificadora da Igreja. No entanto, a palavra "liturgia" tem uma pré-história e conheceu uma interessante evolução em seu uso e significado.

1 A palavra "liturgia"

Antes de estudar o conceito é preciso conhecer a etimologia e os sentidos que foram dados a este termo[11].

1) *Etimologia e uso no mundo grego.* O termo "liturgia' provém do grego clássico, *leitourgia* (da raiz *lêit* [*lêos-laos*]: povo, popular; e *ergon*: obra), da mesma forma que seus correlativos *leitourgein* e *leitourgos*, e era usado em sentido absoluto, sem necessidade de especificar o objeto, para indicar a origem ou o destino popular de uma ação ou de uma iniciativa, independentemente da maneira como esta era assumida. Com o tempo serviço popular perdeu seu caráter livre para transformar-se num serviço oneroso em favor da sociedade. "Liturgia" veio a designar um serviço público. Quando este serviço afetava o âmbito religioso, "liturgia" se referia ao culto oficial aos deuses. Em todos os casos, a palavra tinha um valor técnico.

2) *Uso na Bíblia.* O verbo *leitourgeô* e o substantivo *leitourgia* se encontram 100 e 400 vezes, respectivamente, na versão dos LXX, para designar o serviço dos sacerdotes e levitas no templo. A utilização de *leitourgeô-lei-*

---

del culto nella Chiesa antica". In: ASSOC. PROF. DE LITURGIA (ed.). *Celebrare il misyero di Cristo*, I (Roma 1993) 229-279; SODI, M. "*Cultus-colere* nei documenti del Vaticano II", em DELL'ORO, F. (ed.), o.c., 49-63.

11. Cf. HESS, K. "Servicio (*latreuô, leitourgeô*)", a.c.; RODRÍGUEZ, F. "El término 'liturgia', su etimología y su uso": *CiTom* 97 (1970) 147-163; ROMEO, A. "Il termine *leitourgia* nella grecità biblica". In: AA.VV. *Miscellanea L. C. Mohlberg*, II (Roma 1949) 467-519; STRATMANN, H. "Leitourgeô", em TWNT IV, 221-239 e na edição italiana *Grande Lessico del Nuovo Testamento*, VI (Bréscia 1970).

tourgia, traduzindo algumas vezes *shêrêt* (cf. Nm 16,9) e outras vezes *abhâd* e *abhôdâh*, designa quase sempre o serviço cultual ao Deus verdadeiro, realizado no santuário pelos descendentes de Aarão e de Levi. Para o culto privado e para o culto de todo o povo os LXX utilizam as palavras *latreia* e *doulia* (adoração e honra). Nos textos gregos somente *leitourgia* tem o mesmo sentido cultual levítico (cf. Sb 18,21; Eclo 4,14; 7,29-30; 24,10 etc.).

Esta terminologia já supõe uma interpretação, distinguindo entre o serviço dos levitas e o culto que todo o povo devia prestar ao Senhor (cf. Ex 19,5; Dt 10,12). No entanto, a função cultual pertencia a todo o povo de Israel, embora fosse exercida de forma oficial e pública pelos sacerdotes e levitas.

No grego bíblico do Novo Testamento, *leitourgia* não aparece nunca como sinônimo de culto cristão, salvo na discutida passagem de At 13,2.

A palavra liturgia é utilizada com os seguintes sentidos no Novo Testamento:

a) Em sentido civil de *serviço público oneroso*, como no grego clássico (cf. Rm 13,6; 15,27; Fl 2,25.30; 2Cor 9,12; Hb 1,7.14).

b) Em sentido técnico do *culto sacerdotal e levítico* do Antigo Testamento (cf. Lc 1,23; Hb 8,2.6; 9,21; 10,11). A *Carta aos Hebreus* aplica a Cristo, e somente a ele, esta terminologia para acentuar o valor do sacerdócio da Nova Aliança.

c) Em sentido de *culto espiritual*: São Paulo usa a palavra *leitourgia* para referir-se tanto ao ministério da evangelização quanto ao obséquio da fé dos que creram através de sua pregação (cf. Rm 15,16; Fl 2,17).

d) Em sentido de *culto comunitário cristão*: "Enquanto estavam celebrando o culto do Senhor (*leitourgountôn*) e jejuando, disse o Espírito Santo..." (cf. At 13,2). É o único texto do Novo Testamento em que a palavra "liturgia" pode ser tomada em sentido ritual ou celebrativo. A comunidade estava reunida orando e a oração desembocou no envio missionário de Paulo e de Barnabé mediante o gesto da imposição das mãos (cf. At 6,6).

Esta reserva no uso da palavra "liturgia" pelo Novo Testamento obedece à sua vinculação ao sacerdócio levítico, o qual perdeu sua razão de ser na nova aliança.

3) *Evolução posterior.* Nos primeiros escritores cristãos, de origem judeu-cristã, a palavra liturgia foi usada novamente no sentido do Antigo Testamento, mas já aplicada ao culto da Nova Aliança (cf. *Didaqué* 15,1[12]; 1Clem 40,2.5[13]).

Depois a palavra "liturgia" teve uma utilização muito desigual. Nas Igrejas orientais de língua grega *leitourgia* designa a celebração eucarística. Na Igreja latina a palavra "liturgia" foi ignorada, ao contrário do que ocorreu com outros termos religiosos de origem grega que foram latinizados. Em lugar de liturgia foram usadas expressões como *munus, officium, ministerium, opus* etc. Não obstante, Santo Agostinho a empregou para referir-se ao ministério cultual, identificando-a com *latreia: ministerium vel servitium religionis, quae graece liturgia vel latria dicitur*[14].

A partir do século XVI a palavra "liturgia" aparece nos títulos de alguns livros dedicados à história e à explicação dos ritos da Igreja. Mas, junto com este significado, o termo "liturgia" se tornou sinônimo de ritual e de cerimônia. Na linguagem eclesiástica a palavra liturgia começou a aparecer em meados do século XIX, quando o Movimento litúrgico a tornou de uso corrente.

2 *Definição de liturgia antes do Vaticano II*

No entanto, não foi fácil definir o conceito de liturgia. Neste sentido a constituição *Sacrosanctum Concilium* representou um marco histórico.

---

12. *Didaqué* (Petrópolis, ²2019) 44.
13. RUIZ BUENO, D. (ed.). *Padres Apostólicos* (BAC, Madri 1967) 214-215.
14. SANTO AGOSTINHO. *Enarr. in Ps* 135: PL 39, 1757.

1) *As primeiras tentativas de definição*. As definições propostas desde o início do Movimento litúrgico foram de três categorias, a saber, estéticas, jurídicas e teológicas[15].

a) *Definições estéticas*: de acordo com estas definições, a liturgia é "a forma exterior e sensível do culto", ou seja, o conjunto de cerimônias e de ritos. O objeto formal da liturgia era procurado nos aspectos externos e estéticos do sentimento religioso. A liturgia era a manifestação sensível e decorativa das verdades da fé. No entanto, esta definição é incompleta e insuficiente do ponto de vista da natureza da liturgia. Por isso a encíclica *Mediator Dei*, do papa Pio XII, a rechaçou de maneira explícita[16].

b) Nas *definições jurídicas*, a liturgia era apresentada como o "culto público da Igreja enquanto regulado por sua autoridade". Mas nesta definição identificava-se a liturgia com o direito litúrgico e com as rubricas que regulam o exercício do culto. A *Mediator Dei* a considerou também insuficiente. Na realidade a confusão procedia de uma visão igualmente incompleta da Igreja, contemplada como sociedade perfeita obrigada a prestar culto público a Deus.

c) As *definições teológicas* coincidiam em assinalar a liturgia como o "culto da Igreja", mas limitavam o caráter eclesial do culto à ação dos ministros ordenados[17]. No entanto, algumas definições, partindo também da mesma ideia, procuraram chegar ao núcleo da liturgia cristã, ou seja, "ao mistério de Cristo e da Igreja em sua expressão cultual"[18]. A liturgia é um mistério ou ação ritual que torna presente e operante a obra redentora de Cristo nos símbolos cultuais da Igreja[19].

---

15. Cf. as definições reunidas por SCHMIDT, H., o.c., 48-60.
16. Em GUERRERO 1, 630-680 (= MD e número), aqui MD 38.
17. "La liturgia es la obra sacerdotal de la Jerarquía visible". In: BEAUDUIN, L. "Essai de manuel fondamental de liturgie": *QL* 3 (1912-1913) 56-58.
18. Cf. CASEL, O. *El misterio del culto cristiano* (San Sebastián 1953) 83 e 105ss; e em *CuaderPh* 129 (2002).
19. Cf. OÑATIBIA. I. *La presencia de la obra redentora en el misterio del culto* (Vitoria 1953); e em *CuaderPh* 172 (2007).

Nesta perspectiva se produz a seguinte definição: "A liturgia é o conjunto de sinais sensíveis, eficazes, da santificação e do culto da Igreja"[20]. Sua influência pode ser observada no próprio texto da constituição litúrgica conciliar (cf. SC 7).

2) *Definição da encíclica "Mediator Dei"*. Entre as definições da liturgia anteriores ao Concílio Vaticano II, ocupa um lugar relevante a que é apresentada pela encíclica *Mediator Dei*. O fundamento da liturgia é o sacerdócio de Cristo (cf. MD 4), de modo que a Igreja, fiel ao mandato recebido de seu fundador, continua na terra seu ofício sacerdotal (cf. MD 5). Nesta perspectiva, a encíclica define assim a liturgia: "A sagrada liturgia é o culto público que o nosso Redentor rende ao Pai como cabeça da Igreja, e é o culto que a sociedade dos fiéis tributa à sua cabeça e, por meio dela, ao Pai eterno. É, numa palavra, o culto integral do Corpo místico de Jesus Cristo, ou seja, da cabeça e de seus membros" (MD 29; cf. 32). A noção pode ser observada também em SC 7.

Ao mesmo tempo, a encíclica situou Cristo no centro da adoração e do culto da Igreja. Afirma-se expressamente a presença de Cristo em toda a ação litúrgica (MD 26-28). No entanto, não se chegou a abordar a relação entre esta presença e a história da salvação, nem entre os mistérios do Senhor e sua celebração ritual, embora este último aspecto apareça insinuado quando se fala do ano litúrgico (Cf. MD 205).

3 O conceito de liturgia do Vaticano II

Os documentos conciliares, especialmente a constituição *Sacrosanctum Concilium*, falam da liturgia como um elemento essencial da vida da Igreja, que determina a situação presente do Povo de Deus: "Com razão, pois, a Liturgia é tida como o exercício do múnus sacerdotal de Jesus Cristo, no qual, mediante sinais sensíveis, é significada e, de modo peculiar a cada si-

---

20. VAGAGGINI, C. *El sentido teológico de la liturgia* (BAC, Madri 1959) 32. A definição é uma síntese de outra mais ampla, ibid., 30.

nal, realizada a santificação do homem; e é exercido o culto público integral pelo Corpo Místico de Cristo, Cabeça e membros. Disto se segue que toda a celebração litúrgica, como obra de Cristo sacerdote, e de seu Corpo que é a Igreja, é uma ação sagrada por excelência, cuja eficácia, no mesmo título e grau, não é igualada por nenhuma outra ação da Igreja" (SC 7).

A liturgia é, por conseguinte, o exercício do sacerdócio de Jesus Cristo ao qual a Igreja está associada, culto ao Pai e santificação do homem, ação sagrada num regime de sinais, no qual as coisas sensíveis – os gestos, a palavra, os símbolos, os elementos naturais, os objetos, o lugar e o tempo etc. – significam e realizam nossa santificação do homem e o culto verdadeiro a Deus (SC 24; 33; 59; 60; 122). Esta noção estritamente teológica da liturgia, sem esquecer os aspectos antropológicos, a apresenta em íntima dependência do mistério do Verbo encarnado e da Igreja (cf. SC 2; 5; 6; LG 1; 7; 8 etc.). A encarnação, enquanto presença eficaz do divino na história, se prolonga nos gestos e palavras (cf. DV 2; 13) da liturgia, que recebem seu significado da Sagrada Escritura (cf. SC 24) e são prolongamento da humanidade do Filho de Deus na terra [21].

O Concílio quis destacar, por um lado, a dimensão litúrgica da redenção efetuada por Cristo em sua morte e ressurreição e, por outro, a modalidade sacramental ou simbólico-litúrgica na qual deve ser levada cabo a "obra da salvação".

Assim, portanto, na noção de liturgia apresentada pelo Vaticano II, destacam-se os seguintes aspectos: a) a liturgia é obra do Cristo total, de Cristo primariamente, e da Igreja por associação; b) a liturgia tem como finalidade a santificação dos homens e o culto ao Pai, de modo que o sacerdócio de Cristo se realiza nos dois aspectos; c) a liturgia pertence a todo o povo de Deus que, em virtude do batismo, é sacerdócio real com o direito e o de-

---

21. Cf. CIC 1070, 1103 etc. Sobre a liturgia no *Catecismo da Igreja Católica* cf. *CuaderPh* 73 (1996); *Ph* 194 (1993); *RL* 81/6 (1994); GERVAIS, P. "La célébration du mystère chrétien": *NRT* 115 (1993) 496-515; LÓPEZ MARTÍN, J. "La celebración del misterio cristiano. La II parte del *Catecismo de la Iglesia Católica*": *TCat* 43/44 (1992) 391-413; ID. "Liturgia y sacramentos en el *Catecismo de la Iglesia Católica*": *PLit* 214 (1993) 25-34; TRIACCA, A.M. "Sfondo 'liturgico-vitale' del Catechismo della Chiesa Cattolica": *Not* 318/319 (1993) 34-47.

ver de participar nas ações litúrgicas; d) a liturgia, enquanto constituída por "gestos e palavras" que significam e realizam eficazmente a salvação, é ela própria um acontecimento no qual se manifesta a Igreja, sacramento do Verbo encarnado; e) a liturgia configura e determina o tempo da Igreja do ponto de vista escatológico; f) por tudo isso, a liturgia é "fonte e cume da vida da Igreja" (cf. SC 10; LG 11)[22].

Em síntese, a liturgia pode ser definida como a função santificadora e cultual da Igreja, esposa e corpo sacerdotal do Verbo encarnado, para continuar no tempo a obra de Cristo por meio dos sinais que o tornam presente até sua vinda[23].

III – "Litúrgico" e "não litúrgico"

Para uma compreensão mais clara da liturgia é conveniente também especificar a diferença entre as *ações litúrgicas* e o que se conhece como "exercícios piedosos" ou "práticas piedosas e sagradas"[24].

1 Ações litúrgicas e exercícios piedosos

A distinção entre *ações litúrgicas* e exercícios piedosos está refletida na Constituição sobre a sagrada liturgia do Concílio Vaticano II, que menciona estes exercícios no contexto dos princípios gerais da reforma litúrgica (SC 13), depois de afirmar que "a liturgia não esgota toda a ação da

---

22. Cf. FLORES, J.J. *Introducción a la teología litúrgica* (BL 20, 2003) 195-253 e 303-313; MARSILI, S. "A teologia da liturgia no Vaticano II" e "A liturgia culto da Igreja", em *Anamnesis* 1, 103-128 e 129-165.

23. Para ampliar este conceito cf. CIC 1069-1072 e consulte-se o verbete "Liturgia" em *Cath* 7, 862-902; CFP 580-594; DE II, 489-507; DETM 591-599; DPAC I, 1279-1280; DSp IX, 873-884; DTDC 813-829; DTI I, 62-83; GAROFALO, S. (ed.). *Dizionario del Concilio Vaticano II* (Roma 1979) 1294-1342; LThK VI, 1083; SM IV, 324-353; e AA.VV. "Dossier: Liturgia, chi sei? Testimonianze a presente e futura memoria": *RL* 85 (1998) 13-109; BEAUDUIN, L. "La liturgie: définition, hiérarchie, tradition": *QL* 80 (1999) 123-144; LE GALL, R. "Por une conception intégrale de la liturgie": *QL* 65 (1984) 181-202; e *CuaderPh* 29 (1991); 73 (1996).

24. CDC c. 839 § 2. Sobre esta questão cf. BOUYER, L. *La vie de la liturgie* (Paris 1956) 299-314; LECLERCQ, J. *Études de pastorale liturgique* (Paris 1944) 149-173; LLABRÉS, P. "Lo litúrgico y lo no litúrgico": *Ph* 62 (1971) 167-184; MARSILI, S. "Liturgia e não-liturgia", em *Anamnesis* 1, 167-190; SCHMIDT, H., o.c., 88-98 e 118-129.

Igreja" (SC 9) e que "a vida espiritual não se restringe unicamente à participação da Sagrada Liturgia" (SC 12). Com efeito, "são ações litúrgicas aqueles atos sagrados que, por instituição de Jesus Cristo ou da Igreja e em seu nome, são realizados por pessoas legitimamente designadas para este fim, em conformidade com os livros litúrgicos aprovados pela Santa Sé, para dar a Deus, aos santos e aos beatos o culto que lhes é devido; as outras ações sagradas que se realizam numa igreja ou fora dela, com ou sem sacerdote que as presencie ou as dirija, se chamam 'exercícios piedosos'"[25].

Ora, esta distinção não é claramente jurídica. A diferença obedece também a fatores teológicos. O primeiro fator é a relação da liturgia com o mistério da Igreja. De acordo com isto, "litúrgico" é o que pertence a todo o corpo eclesial e o manifesta (SC 26). Por isso são ações litúrgicas unicamente as celebrações que expressam o mistério de Cristo e a natureza sacramental da Igreja, Esposa do Verbo encarnado (cf. SC 2; 7; 41; SC 26). Todo o resto são atos de piedade, comunitários ou individuais[26].

Um segundo fator é constituído pela eficácia objetiva dos atos de culto. Ações litúrgicas e exercícios piedosos se referem aos mesmos acontecimentos salvíficos. Mas nem todas as formas de piedade são evocação e atuação destes acontecimentos no plano dos sinais. Os exercícios piedosos evocam o mistério de Cristo unicamente de maneira contemplativa e afetiva, ou seja, subjetiva e psicológica, enquanto as ações litúrgicas o fazem atualizando sobretudo a presença do acontecimento por meio do rito[27]. A eficácia dos atos litúrgicos depende da vontade institucional de Cristo e da Igreja e de que sejam cumpridas efetivamente as condições necessárias para sua validade. A eficácia dos exercícios piedosos está condicionada às atitudes pessoais dos que deles participam.

---

25. S. C. RITUUM, *Instructio de musica sacra et sacra liturgia*, de 3-9-1958: *AAS* 50 (1958) 630-663 (ed. bras.: *Instrução sobre a música sacra e a sagrada liturgia*. In: AA.VV. *Documentos sobre a música litúrgica [1903-2003]*. São Paulo 2005, 13-14).

26. A respeito das "práticas religiosas das Igrejas particulares" (SC 13), que poderiam ser consideradas ações litúrgicas, cf. a opinião favorável de MARSILI, S., a.c., 154-156.

27. Cf. a diferença entre o Rosário e a liturgia na Exort. apost. *Marialis cultus*, 48: *AAS* 66 (1974) 157 (ed. bras.: Doc. Pont. 186, Petrópolis 1974).

Por isso não existe dificuldade alguma em aceitar este dualismo cultual como tampouco em aplicar o princípio assinalado pelo Concílio Vaticano II, segundo o qual os *exercícios piedosos* "devem ser organizados de tal maneira que condigam com a sagrada liturgia, dela de alguma forma derivem, para ela encaminhem o povo, pois que ela, por sua natureza, em muito os supera" (SC 13)[28].

2 Devoção e devoções

A noção de *exercícios piedosos* coincide com o que se entende também por *devoções*. "Devoções é uma denominação coletiva de todos os exercícios de oração e práticas religiosas que, embora não tenham sido incorporados à liturgia, alcançaram certa expressão social e organizativa"[29]. Pois bem, tanto os atos litúrgicos quanto as devoções precisam estar informados por uma devoção autêntica.

Com efeito, a devoção (em latim *devotio*, palavra próxima de *pietas*) é, de acordo com a definição de Santo Tomás recolhida expressamente na encíclica *Mediator Dei* de Pio XII, "um ato da vontade daquele que se oferece a si mesmo a Deus para servi-lo" (MD 46). Neste sentido, a devoção, como atitude interna básica, torna mais frutuosa a participação na liturgia[30].

---

28. Cf. a este respeito: CONGR. PARA O CULTO DIVINO E A DISCIPLINA DOS SACRAMENTOS. *Diretório sobre piedade popular e liturgia*, de 17-12-2001 (ed. bras.: Paulinas, São Paulo 2003).

29. VERHEUL, A., o.c., 215; cf. BERTAUD, E. & RAYEZ, A. "Dévotions", em DSp III, 747-778; CATTANEO, E. *Il culto cristiano in Occidente. Note storiche* (Roma 1978) 416-471 e 518-538; EVÉNOU, J. "Liturgie et dévotions": *Not* 246 (1987) 31-51; GÓMEZ GUILLÉN, A. "Liturgia y ejercicios piadosos". In: COM. EP. DE LITURGIA. *Piedad popular. Jornadas Nacionales de Liturgia Madrid 2002* (Madri 2003) 117-176; GONZÁLEZ, R. "Liturgia y ejercicios piadosos": *Ph* 161 (1987) 359-374; HAMMAN, A. "Devoción, devociones", DPAC I, 584-586; LÓPEZ MARTÍN 2, 445-490 (Bibl.); ID. "Devociones y liturgia", em NDL 562-582; NEUNHEUSER, B. "Liturgia e pietà popolare": *Not* 260 (1988) 210-217; TRIBUT, J. "Les dévotions: importance subjective, appréciations critiques": *LMD* 218 (1999) 145-199; VAGAGGINI, C. *El sentido teológico de la liturgia* (BAC, Madri 1959) 131-132 e 753-765; e *LMD* 218 (1999).

30. Cf. a respeito: BENTO XVI. Exort. apost. pós-sinodal *Sacramentum caritatis*, de 22-2-2007, n. 52, 55, 64-65.

3 A liturgia e a piedade popular

O Concílio Vaticano II deixou muito clara a distinção entre a liturgia e os exercícios piedosos (cf. SC 13). Apesar disso, nos anos da aplicação da reforma litúrgica, em muitas partes, se desvalorizou ou se menosprezou tudo aquilo que mais tarde se convencionou chamar de "religiosidade popular" ou "cristianismo popular", realidade que Paulo VI julgou melhor que se chamasse "piedade popular"[31]. A lenta, mas firme, recuperação destas expressões da fé, junto com sua capacidade evangelizadora, especialmente na América Latina (Puebla, Medellín, Santo Domingo), culminou na publicação do já citado *Diretório sobre piedade popular e liturgia: Princípios e orientações* em 17-12-2001, dedicado a orientar as relações entre a liturgia e a piedade popular[32]. Também o *Catecismo da Igreja Católica* havia levado em consideração a importância das *formas de piedade dos fiéis e da religiosidade popular* junto com a liturgia sacramental (CIC 1674-1679).

Concretamente, o Diretório analisa a terminologia relativa à piedade popular, entendendo por esta "as diversas manifestações religiosas, de caráter privado ou comunitário, que, no âmbito da fé cristã, se expressam antes de tudo, não segundo as formas da sagrada liturgia, mas por empréstimo de aspectos particulares pertencentes ao gênio de um povo ou grupo étnico e, portanto, à sua cultura" (n. 9). Depois passa em revista a história das relações entre a liturgia e a piedade popular, a fim de propor uma série de princípios teológicos para a renovação desta. Por último, dedica toda a ampla segunda parte a fornecer orientações concretas para harmonizar as diversas expressões da piedade popular relacionadas com o Senhor, a Santíssima Virgem, os santos, os defuntos e os santuários[33].

---

31. PAULO VI. Exort. apost. *Evangelii Nuntiandi*, 48 (ed. bras.: Vozes, Petrópolis ⁶1984 e Paulinas, São Paulo 1977).

32. O Diretório, na nota 2 da Introdução, cita documentos do Celam e da Comissão Episcopal de Liturgia da Espanha.

33. Sobre o Diretório e seu conceito de piedade popular cf.: ÁLVAREZ, R. "Directorio de piedad popular y liturgia". In: COM. EP. DE LITURGIA. *Piedad popular y liturgia*, o.c., 11-29; GONZÁLEZ COUGIL, R. "Relación entre piedad popular y liturgia a partir del Directorio de la Congregación para el Culto": *Ph* 256 (2003) 295-306; ID. *Piedad popular y liturgia*, em *Dossiers* CPL 105 (2005); ID. "La pneumatología en la piedad popular": *Ph* 276 (2006) 591-611; LÓPEZ

MARTÍN, J. "El *Directorio sobre la piedad popular y la liturgia*. Introducción a su lectura'. In: RAMOS, J.A. *La religiosidad popular. Riqueza, discernimiento y retos* (Salamanca 2004) 177-196; MAGGIONI, C. "*Directorio sobre la piedad popular y la liturgia*. Itinerarios de lectura": *CuaderPh* 134 (2003) 3-31; ROUILLARD, P. "Le Directoire sur la piété populaire et la liturgie": *LMD* 236 (2003) 69-89; SODI, M. et al. *Pietà popolare e liturgia. Teologia, spiritualità, catechesi, cultura* (MSIL 35, 2004); também *Not* 434 (2002) 466-489; *Ph* 256 (2003); *RL* 89/6 (2002) etc.

Capítulo IV
A liturgia na história

A liturgia consta de uma parte imutável, divinamente instituída, e de partes suscetíveis de mudança. Estas, com o correr dos tempos, podem ou mesmo devem variar (SC 21).

Bibliografia

ANGENENDT, A. *Liturgia e storia. Lo "sviluppo organico" in questione* (Assis 2001); BASURKO, X. *Historia de la Liturgia* (BL 28, 2006); ANGENENDT, A.; GOENAGA, J.A. "La vida litúrgico-sacramental de la Iglesia en su evolución histórica", em BOROBIO 1, 49-203; BRADSHAW, P. *La liturgie chrétienne en ses origines. Sources et méthodes* (Paris 1995); BROVELLI, F. "L'evoluzione storica della prassi liturgica". In: ASSOC. PROF. DE LITURGIA. *Celebrare il mistero di Cristo* I (BELS 73, 1993) 155-228; CATTANEO, E. *Il culto cristiano in Occidente. Note storiche* (BELS 13, 1978); CONTE, N. *Benedetto Dio che ci ha benedetti in Cristo* (Leumann/Turim 1999) 20-106; CHUPUNGCO 1, 107-213; GY, P.-M. *La liturgie dans l'histoire* (Paris 1990); KLAUSER, Th. *Breve historia de la liturgia occidental* (Barcelona 1968); MARSILI, S. et al. "Panorama histórico geral da liturgia", em *Anamnesis* 2; MARTIMORT 51-112; METZGER, M. *Storia della liturgia. Le grandi tappe* (Cinisello Balsamo 1996); NEUNHEUSER, B. *Storia della liturgia attraverso le epoche culturali* (BELS 11, 1983); ID. "Historia de la liturgia", em NDL 966-998; RIGHETTI, M. *Manuale di Storia liturgica*, 4 vols. (Milão ³1964-1969, trad. espanhola da 2ª ed. italiana: *Historia de la liturgia*, 2 vols. (BAC, Madri 1955-1956); ROSSO 141-264; WEGMAN, H.A.J. *Geschichte der Liturgie im Westen und Osten* (Regensburg 1979); e *CuaderPh* 155 e 156 (2005).

A liturgia não nasceu organizada e completa, mas foi se formando e configurando lentamente. A liturgia recebe dos homens sua mutabilidade e sua diferenciação na história e na geografia, ainda que permaneça fiel não só ao seu conteúdo profundo, mas também a algumas estruturas rituais determinadas pela tradição (SC 21). As variações e as mudanças são a demonstração da vitalidade interna da liturgia e de sua capacidade de encarnar-se em cada momento histórico e até mesmo em cada espaço sociocultural[1].

Neste capítulo são expostas as grandes linhas da evolução histórica da liturgia e o espírito que presidiu cada etapa fundamental. A exposição contém os fatos mais relevantes (1) e a característica que distingue cada etapa (2).

I – As origens (séc. I-IV)

Correspondem, obviamente, aos inícios do cristianismo no ambiente judaico e à primeira expansão no mundo greco-romano[2].

---

1. Cf. CONG. PARA O CULTO DIVINO. *"Varietates legitimae" – A liturgia romana e a inculturação. IV Instrução para uma correta aplicação da Constituição conciliar sobre a liturgia* (LEV, 1994), em *AAS* 87 (1995) 288-314, n. 4, 16, 17, 28 etc. Sobre este documento cf. *LMD* 208 (1996) 79-97; *Not* 338 (1994) 461-464; 340 (1994) 608-625; 345 (1995) 161-181; *OrH* 25/26 (1004) 195-198; *QL* 77/1-2 (1997); *PastL* 221 (1994); *Ph* 206 (1995); *RL* 82/4 (1995) etc. Sobre a relação da liturgia com a cultura cf. BASURKO, X. "Símbolo, culto y cultura": *Ph* 160 (1987) 271-294; BOROBIO, D. *Cultura, fe, sacramento* (BL 17, 2002); CIBAKA, A. "La inculturación de la liturgia y el futuro de las Iglesias negro-africanas". In: GUTIÉRREZ. J.L. et al. *La liturgia en la vida de la Iglesia* (Pamplona 2007) 291-317; CHUPUNGCO 2, 195-230 e 345-386; DI SANTE, C. "Cultura y liturgia", em NDL 518-530; DIX, G. *The Shape of Liturgy* (Westminster 1945, ᶳ1981); JUNGMANN, J.A. "Liturgia (Naturaleza e historia)", em SM IV, 324-347; KUNZLER 149-155; MARTÍNEZ, G. "Cult and Culture: The Structure of the Evolution of Worship": *Worship* 64 (1990) 406-433; SCHEER, A. "O papel da cultura na evolução da liturgia": *Conc* 142 (1979) 159-170; VALENZIANO, C. "Imagem, cultura e liturgia": *Conc* 152 (1980) 256-264; e *CuaderPh* 35 (1992) etc.

2. Cf. CIC 1096; cf. BOUYER, L. "Dalla liturgia ebraica alla liturgia cristiana": *Communio* 64 (1982) 69-83; BRADSHAW, P. *La liturgie chrétienne en ses origines...*, o.c.; CHEVALIER, M.-A. "Le culte dans le christianisme primitif": *Positions luthériennes* 42 (1994) 2-31; HAHN, F. *Il servizio liturgico nel cristianesimo primitivo* (Bréscia 1972); MARSILI, S. "Continuidade hebraica e novidade cristã", em *Anamnesis* 2, 9-46; MANNS, F. "Liturgia ebraica e liturgia cristiana a confronto": *EL* 116 (2002) 404-418; RODRÍGUEZ DEL CUETO, C. "Nacimiento del culto cristiano en el ambiente judío": *StLeg* 16 (1975) 191-208; SCHWEIZER, E. & DÍEZ MACHO, A. *La Iglesia primitiva. Medio ambiente, organización y culto* (Salamanca 1974); VIELHAUER, Ph. *Historia de la literatura cristiana primitiva* (Salamanca 1991); AA.VV. *Influences juives sur le culte chrétien* (Lovaina 1981).

1 As primeiras realizações

A *atitude de Jesus* diante das instituições litúrgicas de seu povo está sem dúvida na origem da conduta religiosa da comunidade apostólica. Esta atitude, que pode ser resumida nas palavras "Não vim destruir [...], mas completar" (cf. Mt 5,17), levou a comunidade a frequentar a sinagoga, a considerar o templo como casa de oração, a observar a oração nos momentos consagrados do dia e a manter uma grande independência em relação ao sábado e aos ritos de purificação e outras práticas religiosas. Durante algum tempo, os primeiros cristãos frequentaram também o templo e observaram a lei, embora tivessem suas próprias celebrações, entre as quais sobressaíam o batismo e a *fração do pão* "pelas casas" (cf. At 2,41-42.46). Desencadeada a perseguição aos helenistas, ocorreu a crise e a dispersão.

A *língua litúrgica* era o grego comum, e nela eram transmitidas as tradições litúrgicas (cf. 1Cor 11,23), os ministérios e o *dia do Senhor*. Usava-se a versão dos LXX na pregação e na liturgia, de acordo com o modelo da sinagoga, mas em chave cristã. A oração eucarística já adquire sua forma própria. Ocorre também uma nova simbiose litúrgico-cultural entre as comunidades cristãs e o mundo greco-romano. Os séculos II e III conhecem os inícios do catecumenato como processo de iniciação, a configuração da celebração do domingo e dos ritos batismais e da eucaristia[3], a Páscoa anual dominical e a cinquentena festiva, o início do culto aos mártires em seu *dies natalis*. A oração, realizada de início de acordo com o modelo judaico e o exemplo de Jesus, leva em consideração também a divisão greco-romana das horas do dia e das vigílias noturnas. Fixa-se o vocabulário litúrgico e se inicia a cristianização do latim. A *domus ecclesiae* como lugar de celebração se amplia e se adapta a uma comunidade cada vez mais numerosa e ocorrem as primeiras amostras da arte cristã nas pinturas e na simbologia funerária.

No primeiro terço do século III foi escrita em Roma a *Traditio Apostolica* de Hipólito[4] e na Síria a *Didascalia dos Apóstolos*, base das *Constitu-*

---

3. Cf. SÃO JUSTINO. *Apol. I*, 61 e 65-67: RUIZ BUENO, D. (ed.). Padres apologistas griegos (BAC, Madri 1954) 250-151 e 256-259.
4. Cf. *Tradição apostólica de Hipólito* (Petrópolis 1919).

tiones Apostolorum, surgidas um século mais tarde[5]. A estes testemunhos é preciso acrescentar algumas obras de Tertuliano e de São Cipriano, testemunhas da vida litúrgica no norte da África[6].

2 Espiritualização do culto

À tradição litúrgica primitiva seguiu-se uma transformação no interior das comunidades apostólicas, que foi vinculante em muitos aspectos. A primeira etapa da liturgia cristã se caracteriza sobretudo por uma grande liberdade na apropriação e criação das formas cultuais e também na adoção de expressões que resultavam mais compreensíveis para os convertidos procedentes da gentilidade.

A improvisação na oração foi também uma constante, embora dentro de esquemas fixos[7]. A preocupação com a ortodoxia nas fórmulas litúrgicas é patente na *Traditio Apostolica* de Hipólito[8]. Por outro lado, embora os testemunhos mais explícitos da liturgia nos primeiros séculos se refiram principalmente a regiões muito concretas – Roma e norte da África –, acredita-se com boas razões que existia uma unidade substancial nas estruturas formais dos ritos e na organização global da liturgia. Sem dúvida, a figura do bispo como cabeça da Igreja local desempenhou um papel decisivo na manutenção da tradição litúrgica[9].

O culto se espiritualizou ainda mais, dependendo do Novo Testamento, no começo diante do legalismo judaico e depois diante do ritualismo pagão. A liturgia soube evitar também o perigo do gnosticismo com sua rejeição do

---

5. FUNK, F.X. (ed.). *Didascalia et Constitutiones Apostolorum*, I (Paderborn 1905).
6. Cf. SAXER, V. *Vie liturgique et quotidienne à Cartage vers le milieu du III siècle* (Cidade do Vaticano 1969).
7. Cf. BOUYER, L. "L'improvisation liturgique dans l'Église ancienne": *LMD* 111 (1972) 7-19; FARNÉS, P. "Improvisación creativa en la antigüedad": *Conc* 182 (1983) 200-212.
8. N. 10 em *Tradição apostólica...*, o.c., 29.
9. Assim se deduz do famosíssimo Epitáfio de Abércio, bispo de Hierápolis (Ásia Menor), que no final do século II visitou Roma, a Síria e a Mesopotâmia, encontrando em todos os lugares a mesma fé e o mesmo alimento eucarístico oferecido pela Igreja: cf. SOLANO, J. *Textos eucarísticos primitivos*, I (BAC, Madri 1952) 79-84; cf. MARSILI, S. "Unidade e diversidade nas liturgias das origens", em *Anamnesis* 2, 42-46.

material e do corpóreo. A liturgia foi um fator de equilíbrio entre a oferenda interior e os elementos tomados da criação para efetuá-la[10].

II – O grande desenvolvimento local (séc. IV-VI)

O edito de Milão do ano 313, promulgado pelo imperador Constantino, produziu uma situação nova na liturgia. Esta etapa vai do século IV ao VI, desde Constantino até São Gregório Magno, e foi certamente uma época de crescimento para a Igreja em todos os âmbitos. É a idade de ouro da Patrística e da literatura eclesiástica. Com efeito, o testemunho dos Santos Padres e de outros autores cristãos, como fonte específica e documental da liturgia e como parte da tradição cristã, é inegável. Eles não só explicaram os ritos e se referiram aos mistérios do Senhor no ano litúrgico em suas catequeses, homilias e tratados, mas muitos deles, como pastores, velaram também pela vida litúrgica dos fiéis e configuraram decisivamente a própria liturgia em íntima conexão com a Bíblia e em sintonia com o depósito da fé[11]. Contudo, esta época foi também cheia de problemas, especialmente teológicos e pastorais, dos quais se ocuparam os primeiros concílios ecumênicos.

1 Crescimento em liberdade

A *paz constantiniana* trouxe a possibilidade de celebrar uma liturgia mais solene e vistosa em edifícios adequados. O domingo foi declarado dia festivo. O ano litúrgico foi estruturado em festas e períodos seguindo o ciclo

---

10. Cf. JUNGMANN, J.A. *La liturgie des premiers siècles* (Paris 1962) 171-188; KRETSCHMAR, G. "La liturgie ancienne dans les recherches historiques actuelles": *LMD* 149 (1982) 57-90; RORDORF, W. *Liturgie, foi et vie des premiers chrétiens. Études patistiques* (Paris 1986); ROUILLARD, Ph. "Roma (Liturgia)", em DPAC II, 1909-1911.

11. A título de exemplo cf.: ASOC. ESP. DE PROFESORES DE LITURGIA. *Liturgia y Padres de la Iglesia* (Bilbao 2000); CAPELLE, B. "Autorité de la liturgie chez les Pères": *Recherches de Théologie Ancienne et Médiévale* 29 (1954) 5-22; DANIÉLOU, J. *Sacramentos y culto según los SS. Padres* (Madri 1962); DOMÍNGUEZ BALAGUER, R. *Catequesis y liturgia en los Padres* (Salamanca 1988); GARCÍA, G. "Liturgia en las obras de San Agustín": *Ph* 265 (2005) 69-72; JOURJON, M. "Catéchèse et liturgie chez les Pères": *LMD* 140 (1979) 41-49; OÑATIBIA, I. "La catequesis litúrgica de los SS. Padres": *Ph* 118 (1980) 281-294; PELLEGRINO, M. "Padres y Liturgia", em NDL 1538-1546; VERD, G.M. "La predicación patrística española": *Estudios Eclesiásticos* 47 (1972) 227-251; AA.VV. "Liturgia", em DPAC I, 1279-1305; e *CuaderPh* 48 (1993).

anual dedicado aos mistérios do Senhor, conservando, não obstante, a unidade garantida sempre pela celebração eucarística. Nasce um verdadeiro e próprio calendário litúrgico ao qual são incorporadas as comemorações dos mártires e os aniversários da dedicação das grandes basílicas, entre as quais as primeiras erguidas em honra da Santa Mãe de Deus, depois do Concílio de Éfeso (431). Aparece a liturgia estacional, sobretudo em Roma.

A *entrada massiva de convertidos* do paganismo obrigou a reorganizar o catecumenato e a manter o rigorismo na reconciliação sacramental dos penitentes. A arte cristã assumiu as formas arquitetônicas e ornamentais da época, criando a basílica e o batistério e manifestando-se nas memórias dos mártires, nos sarcófagos e nos cemitérios. Aparecem as vestes litúrgicas e as insígnias dos bispos e dos presbíteros. Ocorreu também um grande intercâmbio de ritos e de festas entre as Igrejas, cujas causas devem ser buscadas na correspondência epistolar entre os bispos, nas peregrinações, sobretudo a Jerusalém, e na influência bizantina não só no Império do Oriente, mas também no Ocidente.

Nessa época aparecem e se consolidam as *liturgias locais* e ocorre uma *grande criatividade literária*, motivada tanto pela organização do ano litúrgico quanto pela mentalidade latina, embora não se deva descartar também a preocupação pela ortodoxia na oração[12]. A fixação escrita dos textos *eucológicos* começou em Roma com o papa São Dâmaso (366-384). As primeiras composições formaram pequenas coleções de formulários para uma festa ou para uso de uma Igreja, como os *libelli missarum* que deram lugar ao chamado *Sacramentário Veronense*[13].

No entanto, as primeiras sistematizações do livro litúrgico romano se encontram no *Sacramentário Gelasiano*, de possível procedência presbite-

---

12. Santo Agostinho lamentava a utilização de orações compostas por pessoas incompetentes: cf. *De bapt.* 6,25: PL 43, 213-214; cf. PISTOIA, A. "Creatividad litúrgica", em NDL 475-497; e *LMD* 202 (1995).
13. Cf. MOHLBERG, L.C. (ed.). *Sacramentarium Veronense* (*Cod. Bibl. Cap. Veron. LXXXV [80]*) (RDFM 1, 1956, r1978). Sobre os livros litúrgicos antigos concretamente é preciso recorrer às obras gerais sobre liturgia e aos estudos especializados. No entanto cf. GOÑI, J.A. "El buen conocimiento de las fuentes litúrgicas": *Ph* 274 (2006) 419-427; LEROY, M. "Comment construire le rapport aux livres liturgiques?": *LMD* 226 (2001) 115-121.

ral[14], e no *Sacramentário Gregoriano*, livro da liturgia papal. Um exemplar deste último foi enviado pelo papa Adriano ao imperador Carlos Magno entre 785 e 786 e dotado mais tarde de um suplemento[15].

2 A liturgia romana clássica

A época representa um momento de *expansão e enriquecimento* da liturgia. A entrada no mundo cultural romano é evidente na incorporação de um estilo elegante e retórico, sóbrio e preciso, à oração litúrgica. O vocabulário é rico em matizes que destacam os aspectos sacramental e sacrificial, especialmente na eucaristia. Esta ideia aparece também na progressiva transformação da mesa eucarística em altar.

Roma conta então com uma liturgia local perfeitamente definida. Nela a liturgia estacional apresentava uma imagem da Igreja como comunidade itinerante[16]. As vestes e o cerimonial copiado da corte sugerem a participação na liturgia celeste, presidida pelo Pantocrator. As *Igrejas locais*, embora zelosas por sua autonomia litúrgica, começam a fixar-se na liturgia romana como a expressão da Igreja que tem a primazia da Sé Apostólica[17]. Significativamente, o Movimento litúrgico moderno considerou esta época como a mais representativa da liturgia romana pura ou clássica e, depois do Vaticano II, como referência para a reforma litúrgica[18].

---

14. MOHLBERG, L.C. (ed.). *Liber sacramentorum Romanae Aeclesiae ordinis anni circuli* (Cod. Vat. Reg. lat. 316/Paris, Bibl. Nat. 7193) *Sacramentarium Gelasianum* (REDFM 4, 1960, ʳ1969); cf. CHAVASSE, A. *Le sacramentaire Gélasien: sacramentaire presbyteral en usage dans les titres romains au VIᵉ siècle* (Tournai 1958).

15. DESHUSSES, J. (ed.). *Le sacramentaire Grégorien. Ses principales formes d'après les plus anciens manuscrits. Édition comparative*, 1-3 (Friburgo 1971-1982); cf. o estudo prévio ibid., 29-79.

16. Cf. CHAVASSE, A. *La liturgie de la ville de Rome du V au VIII siècle. Une liturgie conditionnée par l'organisation de la vie "in urbe" et "extra muros"* (Roma 1993).

17. "In omnibus cupio sequi ecclesiam romanam, sed tamen et nos hominis sensum habemus; ideo quod alibi rectius servaur et nos rectius custodimus": SANTO AMBRÓSIO. *De sacramentis*, 3,5: BOTTE, B. (ed.. In: *Sourc. Chrét.* 25 bis (Paris 1961) 94; "in qua semper apostolicae cathedrae viguit principatus": SANTO AGOSTINHO. *Ep.* 43,7: CSEL 34, 9,9.

18. Cf. NEUNHEUSER, B. *Storia della liturgia...*, o.c., 994; TRIACCA, A.M. "Tra idealizzazione e realtà: liturgia romana 'pura'?": *RL* 80 (1993) 413-442.

III – O predomínio franco-germânico (séc. VI-XI)

A nova etapa abarca desde o final do pontificado do papa São Gregório Magno (590-604) até São Gregório VII (1073-1085). É o tempo do Império bizantino. No Ocidente o monacato desenvolveu um grande trabalho evangelizador. Abriram-se novos horizontes à ação missionária, especialmente em direção às Ilhas Britânicas, às regiões do Danúbio e aos países eslavos e escandinavos. É um tempo de síntese e de recopilação da cultura antiga, que tem como expoente máximo Santo Isidoro de Sevilha († 636), cujas obras se difundiram por toda a Europa medieval. A catequese litúrgica está marcada pelo alegorismo e pelas primeiras controvérsias eucarísticas. Nessa época se inicia também a expansão do islamismo, que se apodera do norte da África.

1 Reformas e processo de hibridização

Os livros litúrgicos romanos, que haviam alcançado um alto grau de organização, começaram a difundir-se por toda a cristandade, levados por monges e peregrinos ou solicitados expressamente pela corte de Aquisgrana (Aachen), que procurava a unificação não só eclesiástica, mas também política[19].

Ocorreu então um curioso fenômeno de *fusão de ritos e de textos* romanos e de procedência galicana, dando origem aos *sacramentários gelasianos* do século VIII[20], com os lecionários[21] e antifonários[22]; e aos *ordines* ou cerimoniais[23], base do *Pontifical Romano-Germânico* do século X, o primeiro

---

19. Cf. CATELLA, A. "La liturgia romana al di qua e al di là delle Alpi": *RL* 80 (1993) 443-462; JUNGMANN, J.A. *Herencia litúrgica y actualidad pastoral* (San Sebastián 1961) 15-89; RICHÉ, P. "Liturgie et culture à l'époque carolingienne": *LMD* 188 (1991) 57-72; VOGEL, C. "Les échanges liturgiques entre Rome et les pays francs jusqu'à l'époque de Charlemagne". In: *Le Chiese nei regni dell'Europa occidentale* (Spoletto 1960) 185-295; AA.VV. *Culto cristiano, politica imperiale carolingia* (Todi 1979).

20. Entre os principais livros desta família encontram-se o *Sacramentário de Gellone* (CCL 159 e 159/A); o *Sacramentário de Angoulême* (CCL 159/C); o *Sacramentário de Saint Gall* (LQF 1-2); o *Sacramentário de Rheinau* (Friburgo 1970); e o *Sacramentário Triplex* (LQF 49, 1968).

21. Deles se falará no capítulo VII.

22. Cf. HERBERT, R.-J. *Antiphonale Missarum sextuplex* (Bruxelas 1953, ʳ1967).

23. Cf. ANDRIEU, M. *Les ordines romani du Moyen-Âge*, 4 vols. (Lovaina 1931-1961).

dos pontificais medievais[24]. Um capítulo importante da produção literária litúrgica é o dos hinos[25]. O batismo de crianças se generalizou progressivamente e a penitência começou a ser celebrada de forma privada[26]. A celebração eucarística se encheu de "apologias"[27]. Enquanto isso, em Roma, a liturgia se manteve quase em suspenso. Os únicos sintomas de criatividade provêm da influência oriental, como a introdução de festas marianas. Entre os séculos IX e X, curiosamente, retornaram a Roma os livros litúrgicos que haviam saído dela, mas já adulterados.

Durante este tempo, a *arte cristã* na Europa evoluiu lentamente, passando dos modelos romano e bizantino para as formas românicas primitivas, introduzindo elementos novos como, por exemplo, inserção das torres em plano cruciforme, transeptos e pilastras. A pintura, a escultura, os mosaicos e as miniaturas para ilustrar os livros da Sagrada Escritura e os livros litúrgicos são também uma síntese entre a herança paleocristã trazida de Roma e a inspiração franco-germânica. As tendências oriundas da capela imperial de Aquisgrana procuravam a interioridade e a espiritualidade dentro do realismo[28]. Durante esta época ocorreram no Oriente as lutas iconoclastas e a celebração do Concílio de Niceia II (787)[29].

2 Fisionomia essencial da liturgia romana

A etapa que abrange os séculos VI a XI é considerada um período de fixação e compilação, embora algumas liturgias estivessem ainda em plena atividade criadora, como a liturgia hispânica. Mas não se pode dizer que

---

24. Cf. VOGEL, C. & ELZE, R. *Le Pontifical romano-germanique du Xème siècle*, 2 vols. (Cidade do Vaticano 1963-1972).
25. Cf. DREVES. G.M. & BLUME, C. *Analecta hymnica Medii Aevi*, 5 vols. (Leipzig 1886-1922, ʳ1961).
26. Cf. FLÓREZ, G. *Penitencia y unción de enfermos* (BAC, Madri 1993) 121-143.
27. Delas se falará no cap. XV.
28. Cf. a opinião de NEUNHEUSER, B. *Storia della liturgia...*, o.c., 985; e HEITZ, C. *Recherches sur les rapports entre architecture et liturgie à l'époque carolingienne* (Paris 1963); PERNOUD, R. e & DAVY, M. *Sources et clefs de l'art romain* (Paris 1973).
29. Deste concílio se falará no cap. XIV.

fosse uma época estéril; foi uma época de profunda transformação da liturgia romana ao entrar em contato com o espírito franco-germânico. A emigração dos livros litúrgicos, com o consequente fenômeno da hibridização, contribuiu para fixar para sempre a fisionomia básica do rito romano, fazendo com que esta liturgia, que até então tinha caráter local, começasse a se transformar na forma celebrativa predominante em todo o Ocidente latino.

A contribuição dos povos germânicos, amigos da exuberância e do dramatismo, se nota não só na duplicação de textos e no aumento de ritos, inspirados no Antigo Testamento, mas também numa nova sensibilidade, carente, no entanto, do sentido do simbolismo cultivado pelos Santos Padres. O resultado foi negativo para a teologia dos sacramentos, sobretudo para a eucaristia[30]. O povo começou a afastar-se da liturgia e a dirigir-se para as devoções[31].

IV – A decadência na Baixa Idade Média (séc. XI-XIV)

A nova etapa abrange os séculos XI-XIV e está marcada pela reforma eclesiástica e a unificação em torno da liturgia romana, buscadas pelo papa São Gregório VII († 1085). Neste tempo o pontificado alcançou seu mais alto prestígio com Inocêncio III (1198-1216), cujas reformas afetaram também a liturgia[32]. A época conheceu também o apogeu e a decadência da Escolástica, o florescimento das ordens religiosas e uma exuberante vitalidade ascética e moral, apesar do deterioramento da vida do clero e dos mosteiros. A estadia dos papas em Avignon (1305-1378) e o Cisma do Ocidente (1378-1418) contribuíram também para preparar a catástrofe religiosa que iria ocorrer no começo da Idade Moderna.

---

30. Cf. CRISTIANI, M. "La controversia eucaristica nella cultura del secolo IX": *Studi Medioevali* 9 (1968) 167-233; NEUNHEUSER, B. *L'Eucharistie au Moyen-Âge et à l'époque moderne* (Paris 1966).
31. Cf. GOUGAUD, L. *Dévotions et pratiques ascétiques du Moyen-Âge* Paris (1925); VANDENBROUCKE, F. *La spiritualité du Moyen-Âge* (Paris 1961).
32. Cf. DYKMANS, M. *Le cérémonial papal de la fin du Moyen-Âge à la Renaissance*, 2 vols. (Bruxelas/Roma 1977-1981); GY, P.-M. "L'unification liturgique de l'Occident et la liturgie de la Curie Romaine": *RScPhTh* 59 (1975) 601-612; 65 (1981) 74-79.

1 A liturgia "de acordo com o uso da Cúria romana"

Em Roma, como na maior parte da Europa, usavam-se os livros franco-germânicos na liturgia. Não obstante, este fator unificador pareceu pouco ao papa Gregório VII. Mediante uma carta ao rei Afonso VI de Leão e Castela e ao rei Sancho de Aragão, recomendou o abandono da liturgia hispânica, fato que se consumou no Concílio de Burgos de 1080[33]. Por outro lado, introduziu-se o juramento de fidelidade ao papa na ordenação episcopal e a celebração das festas dos Sumos Pontífices santos em toda a Igreja.

Os livros litúrgicos abreviados para uso interno da Cúria romana, o Missal[34] e o Breviário[35], foram adotados pelos franciscanos, que os difundiram por toda a Europa[36]. Por sua vez, o *Pontifical de Guilherme Durando* († 1295), composto em Mende (França), foi copiado para numerosas Igrejas, tornando-se a base dos pontificais posteriores[37].

No final do século XII e durante todo o século XIII o *ministério da pregação* alcançou grande popularidade, mas totalmente à margem da liturgia e da própria Sagrada Escritura[38]. Por outro lado, multiplicaram-se as *missas privadas* e a comunhão se tornou cada vez menos frequente e sob uma só espécie, apesar do auge que o culto ao Santíssimo Sacramento conheceu no século XIII e que culminou na instituição da festa de *Corpus Christi*[39].

---

33. Desta liturgia se trata no capítulo seguinte.
34. Cf. AZEVEDO, E. de (ed.). *Vetus Missale Romanum monasticum lateranense* (Roma 1754); ANDRIEU, M. "*Missale Curiae Romanae* ou *Ordo missalis secundum consuetudinem Curiae* du XIIIème siècle". In; *Miscellanea EHRLE*, II (Roma 1924) 34-376. Este missal foi a base da edição *princeps* impressa em Milão em 1474, antecedente do *Missale Romanum* promulgado por São Pio V em 1570 e por Paulo VI em 1970. Deste livro se fala no cap. VIII ao tratar da eucologia e especialmente no cap. XV.
35. *Breviarium secundum consuetudinem Romanae Curiae*, aprovado por Inocêncio III.
36. Cf. DIJK, S.J.P. van & HAZELDEN, J. *The Origins of the Modern Roman Liturgy. The Liturgy of the Papal Court and the Franciscan Order in the Thirteenth Century* (Londres 1960).
37. Cf. ANDRIEU, M. *Le Pontifical Romain au Moyen-Âge*, 4 vols. (Cidade do Vaticano 1938-1941).
38. Cf. LONGÈRE, J. *La prédication médiévale* (Paris 1983).
39. Cf. DUMONT, E. *Le désir de voir l'Hostie et les origines de la dévotion au Saint Sacrement* (Paris 1926).

A *arte cristã* que domina esta época é o gótico, que não é apenas um estilo artístico, mas a expressão da nova sensibilidade religiosa. A grandiosidade das igrejas e a elevação das naves contrastam com a divisão de seu interior em capelas e a multiplicação de altares e de imagens. A imagem de Cristo crucificado é elevada ao ponto mais alto do retábulo, que, no entanto, é presidido pela imagem da Santíssima Virgem ou de um santo. A pintura e a escultura se tornam mais narrativas, representando a história sagrada e a vida de Jesus e de sua Mãe, com uma acentuação da humanidade e reproduzindo a *legenda áurea* dos santos.

2 A espiritualidade

Este período representa também para a liturgia latina o "outono da Idade Média". A restauração das tradições antigas foi na realidade a consolidação da liturgia romano-franca. A liturgia, considerada uma atividade dos clérigos em benefício dos fiéis, passivos e silenciosos, contribuiu também para configurar a sociedade tardo-medieval. Por sua vez, a revitalização monástica da liturgia resultou também contraditória. Enquanto Cluny trazia, junto com o espírito de uma reforma geral da Igreja, uma maior solenidade e riqueza expressiva, outras ordens, como a de Cister, propugnavam a austeridade, o recolhimento e o equilíbrio das antigas regras monásticas[40].

As ordens monásticas apresentaram uma visão do mistério da salvação mais próxima aos homens, centrada na humanidade do Salvador e em sua vida terrena. Foi um momento de forte intimismo, de afetividade psicológica e de crescente individualismo. A liturgia impregnava a vida do povo no nível social e religioso, mas não acontecia o mesmo com a espiritualidade, cada dia mais concentrada em aspectos secundários e nas devoções particulares. A assembleia litúrgica se havia desintegrado. Os fiéis assistiam com gosto as celebrações, mas cada vez mais afastados do presbitério, passivos e silenciosos. O esplendor do culto eucarístico não vinha acompanhado da

---

40. Cf. CANIVEZ, J.M. "Le rite cistercien": *EL* 63 (1949) 276-311; LEFEVRE, P. "La liturgie de Prémontré": *EL* 62 (1948) 195-229; TIROT, P. "Un *Ordo Missae* monastique: Cluny, Cîteaux, la Chartreuse": *EL* 95 (1981) 44-120 e 220-251.

participação sacramental e se orientava para a contemplação e a adoração da presença real, deixando em segundo plano o aspecto do sacrifício. A piedade popular preenchia quase tudo[41].

V – A uniformidade litúrgica (séc. XV-XIX)

Abrange os séculos que transcorrem do final da Idade Média até os inícios do Movimento litúrgico, já no início do século XIX. O eixo de todo o período é constituído pelo Concílio de Trento (1545-1563), convocado por causa da reforma protestante que afetou de maneira direta a vida litúrgica. Os fatos restantes que balizam esta época, desde o Humanismo e o Renascimento, até o Iluminismo e a Revolução Francesa, passando pelo descobrimento e evangelização do Novo Mundo, o nascimento dos Estados modernos e todos os avatares do século XIX, quase não incidem de maneira direta na liturgia, que permaneceu uniforme e invariável durante estes quatro séculos.

1 Universalização da liturgia romana

No século XV se havia desenvolvido a *devotio moderna*, com um forte acento individual e interiorista orientado para a meditação afetiva e a imitação de Cristo. A tendência ocorreu à margem da liturgia e até das devoções populares, que para este movimento eram suspeitas ambas de materialismo cultual, ainda que por motivos diferentes em cada caso. A liturgia se transformava em meditação[42].

A *reforma protestante*, do ponto de vista litúrgico e de acordo com os escritos de Lutero e de outros reformadores, atacou as missas privadas, a comunhão apenas sob a espécie do pão, os sufrágios pelos defuntos e sobretudo o caráter sacrificial da eucaristia. Num primeiro momento introduziram algumas mudanças na missa, entre elas o uso da língua vernácula, mas mais

---

41. Cf. BERGER, B.-D. *Le drame liturgique de Pâques du X au XIII s. Liturgie et théâtre* (Paris 1976).
42. Cf. DEBONGNIE, P. "Dévotion moderne", em *DSp* III, 727-747; HUERGA, A. "Devoción moderna", em DE I, 575-580 etc.

tarde aboliram todos os ritos, deixando a liturgia reduzida à celebração da Palavra e ao batismo e à Ceia com caráter puramente comemorativo[43].

O *Concílio de Trento* julgou necessário abordar o problema em toda a sua amplitude, incluindo também a revisão dos livros litúrgicos. Mas o plano de trabalho do próprio Concílio e seu desenvolvimento histórico fizeram com que fossem abordados somente os aspectos dogmáticos e disciplinares. No Decreto sobre o sacrifício da missa (sessão XXII, em 1562, já na etapa final) determinou-se manter o uso da língua latina na celebração, embora exortando que se explicasse aos fiéis o sentido dos ritos durante a própria liturgia (cf. DS 1749; 1759)[44]. A revisão dos livros litúrgicos foi deixada nas mãos do papa[45].

A *revisão do Missal e do Breviário* foi realizada com grande rapidez, de maneira que o papa São Pio V promulgava em 1568 o *Breviarium Romanum* e em 1570 o *Missale Romanum*, desaparecendo inúmeras missas votivas e ofícios de cunho devocionalista que se haviam infiltrado nos breviários e missais locais[46]. Em 1596 seguiram-se o *Pontificale Romanum* e, em 1600, o *Caeremoniale Episcoporum*, promulgados ambos por Clemente VIII; e, em 1614, o *Rituale Romanum* por Paulo V[47]. As constituições apostólicas de

---

43. Cf. BOUYER, L. *Eucaristia* (Barcelona 1969) 377-437; CASSESE, M. "Prassi liturgica nella Chiesa dei secoli XV-XVI e culto divino secondo Martin Lutero": *RL* 74 (1987) 563-590; DIX, G. *The Shape of the Liturgy*, o.c., 613-734; MESSNER, R. *Die Messereform Martin Luthers und die Eucharistie der Alten Kirche* (Innsbruck/Viena 1989); ROVIRA BELLOSO, J.M. "Lutero y los sacramentos": *Ph* 217 (1997) 21-41.

44. Junto com o Decreto sobre o Sacrifício da missa foi promulgado outro de caráter disciplinar: *De observandis et evitandis in celebratione missae*. O texto do decreto junto com a lista de abusos que haviam sido reunidos pode ser visto em SCHMIDT, H.A. *Introductio in liturgiam occidentalem* (Roma 1960) 371-381.

45. Cf. BUGNINI, A. "La liturgia dei sacramenti al Concilio di Trento": *EL* 59 (1945) 39-51; DUVAL, A. *Les sacrements au Concile de Trente* (Paris 1985) etc.

46. Cf. BELLAVISTA, J. "El Concilio de Trento y el Misal de San Pío V": *Ph* 212 (1996) 121-138; GONZÁLEZ NOVALÍN, J.L. "Las misas artificiosamente ordenadas en los misales y escritos renacentistas". In: AA.VV. *Actas del coloquio Interdisciplinar* (Bolonha 1976) 281-296; TONIOLO, A. "I libri liturgici della riforma tridentina": *RL* 95 (2008) 956-964.

47. O *Ritual* como livro para uso dos sacerdotes é conhecido desde o séc. XII com diversos nomes: *ordinarium, manuale, sacerdotale* etc. Na Espanha existiam diversos *manuales* de caráter local, como o *Toledano*, o *Valentino*, o *Tarraconense* etc.: cf. AA.VV. "Estudios sobre el Ritual": *Liturgia* 13 (Silos 1958) 129-279.

promulgação mostram com toda clareza a obrigatoriedade, em toda a Igreja latina, destes livros restituídos *ad pristinam sanctorum Patrum normam ac ritum*[48]. No entanto, ficavam livres de adotar as novas normas aquelas Igrejas que possuíssem formas próprias com uma antiguidade superior a duzentos anos. Este era o caso dos ritos moçárabe e ambrosiano.

Para velar pela unidade litúrgica, o papa Sisto V criou em 1588 a Sagrada Congregação dos Ritos, cuja atividade durou até 1969. São séculos de efetiva imobilidade, embora o santoral tenha crescido de forma desmedida, chegando a prevalecer sobre o domingo e os tempos litúrgicos. No século XVIII ocorreram algumas tentativas de reforma litúrgica, como o Missal e o Breviário de Paris de 1736, o Sínodo de Pistoia de 1786 e as tentativas do papa Bento XIV entre 1741 e 1747[49].

2 Tentativas de renovação

A situação de decadência litúrgica da etapa precedente se havia complicado com a atitude antilitúrgica dos reformadores. Não havia outra saída senão afirmar a legitimidade dos atos sacramentais e suprimir os abusos, em continuidade com a tradição e em sentido crítico-histórico, ou seja, eliminando acréscimos posteriores, buscando uma maior uniformidade e ajustando alguns ritos, inclusive o *Ordo Missae*, com algumas *rubricas* obrigatórias para todos. A revisão dos livros litúrgicos foi feita talvez com uma energia ainda maior do que a pretendida pelo próprio Concílio de Trento, de maneira que os séculos seguintes foram qualificados por alguns historiadores como "o período da uniformidade férrea e do rubricismo", ficando a liturgia "quase congelada" e

---

48. Const. apost. *Quo Primum* de promulgação do *Missale Romanum*, de 19-7-1570, impressa em todos os missais; cf. ALBERIGO, G. "Dalla uniformità del Concilio di Trento al pluralismo del Vaticano II": *RL* 69 (1982) 604-619; FRUTAZ, A.-P. *Sirleto e la riforma del Messale Romano di san Pio V* (Roma 1976).

49. Para estes séculos, cf. BURLINI, A. "Per una rilettura del Sinodo di Pistoia (1786)": *RL* 75 (1988) 713-720; LÓPEZ GAY, J. *La liturgia en la misión del Japón en el s. XVI* (Roma 1970); MARZOLA, I. *Pastorale liturgica del beato Innocenzo XI Sommo Pontefice dal 1676 al 1689* (Rovigo 1972); OLIVER, A. "José María Tomasi y sus ediciones litúrgicas": *Ph* 155 (1986) 403-419; VILANOVA, E. "Liturgia cristiana y liturgia de cristiandad. El conflicto de los ritos chinos": *Ph* 174 (1991) 311-320.

obrigando de certa forma os fiéis a voltar-se novamente para a piedade popular e as devoções[50]. Mas a liturgia se salvou de uma gravíssima crise.

Neste sentido, a "época do Barroco" (século XVII) significou o triunfo e a exaltação da liturgia católica pela via da emotividade, da artificialidade do cerimonial e da suntuosidade da arte[51]. As devoções populares, especialmente o culto eucarístico e as procissões, conheceram uma nova fase de esplendor. Mas faltou também uma reflexão teológica para além da reafirmação da doutrina católica e do rubricismo. Novamente a espiritualidade se debruçava sobre as práticas piedosas.

Esta dicotomia devia produzir cansaço e descontentamento. A chegada do Iluminismo ao campo litúrgico se fez notar na publicação de fontes e nos estudos de investigação histórica. As tentativas de renovação do século XVIII pretendiam uma maior simplicidade e participação comunitária. No entanto, faltava também uma adequada teologia do culto cristão, de maneira que a pastoral litúrgica ficava reduzida a uma função meramente educativa e moralizadora do povo. Mas pelo menos se percebeu a necessidade de uma ação pastoral destinada a aproximar a liturgia dos fiéis.

VI – O Movimento litúrgico

Este não costuma ser considerado uma etapa em si. No entanto, significa o ressurgimento litúrgico que culminou no Concílio Vaticano II. Com efeito, o século XIX representou para a liturgia o começo de uma renovação, ainda que marcada no início pelo romantismo. As origens deste impulso renovador devem ser buscadas na restauração monástica iniciada em Solesmes pelo abade Próspero Guéranger (1805-1875), com seus ideais de romanização da liturgia[52]. No século XX o Movimento litúrgico adotou um

---

50. Cf. KLAUSER, Th. *Breve historia...*, o.c., 93; NEUNHEUSER, B. *Storia della liturgia...*, o.c., 118-119. Cf. tb. BRADSHAW, P. "L'uniformisation de la liturgie chrétienne au IV e au XX siècle": *LMD* 204 (1995) 9-28.
51. Cf. JUNGMANN, J.A. *Herencia litúrgica*, o.c., 110-121.
52. Cf. BOTTE, B. *Le mouvement liturgique. Témoignages et souvenirs* (Paris 1973; ʳ1983); BROVELLI, F. *Ritorno alla liturgia. Saggi di studio sul movimento liturgico* (BELS 47, 1989); ID. *Liturgia: temi e autori. Saggi di sudio sul movimento liturgico* (BELS 53, 1990); GARRIDO

estilo ainda mais eclesial e pastoral, impulsionado pelo *Motu proprio Tra le sollecitudini* de São Pio X, documento que significou a aceitação dos ideais daquele Movimento pela Igreja, especialmente no canto litúrgico[53].

Na Bélgica destacou-se a atividade de L. Beauduin († 1960)[54]. Na Alemanha o Movimento se tornou mais teológico com O. Casel († 1948) e R. Guardini († 1968). Na Áustria, P. Parsch († 1954) voltou aos ideais de Beauduin. Na Itália destacou-se o cardeal I. Schuster († 1957). Na França fundou-se o Centro de Pastoral Litúrgica de Paris em 1943. Na Espanha houve um forte despertar orientado pelos mosteiros de Silos e de Montserrat[55], sobretudo em consequência do Congresso de 1915[56]. Em 1956 foi fundada a Junta Nacional de Apostolado litúrgico, substituída em 1961 pela Comissão Episcopal de Liturgia, Pastoral e Arte Sacra.

Mas o elemento mais significativo da mentalidade que presidia o Movimento litúrgico foi a fundamentação teológica da pastoral litúrgica, paralelamente ao movimento bíblico e à nova orientação eclesiológica. Ao mesmo tempo considerava-se a liturgia como a *didascalia* do povo cristão, ou seja, a mais eficaz forma de "catequese", sobretudo através das festas e dos sinais litúrgicos[57].

BONAÑO, M. *Grandes maestros y promotores del Movimiento litúrgico* (BAC, Madri 2008); GRILLO, A. *La nascita della liturgia del XX secolo* (Assis 2003); NEUNHEUSER, B. "Movimiento litúrgico", em NDL 1365-1382; ROUSSEAU, O. *Histoire du mouvement liturgique* (Paris 1945; trad. it. 1961); TROLESE, F.G.B. *La liturgia al secolo XX: un bilancio* (Pádua 2006); VILANOVA, E. "Antecedentes del movimiento litúrgico": *Ph* 226-227 (1998) 385-390; e *CuaderPh* 64 (1995); *Liturgia* 145-146 (Silos 1958); *LMD* 246 (2006).

53. Em *AAS* 36 (1903-1904) 329-339 (ed. br.: AA.VV. *Documentos sobre a música litúrgica [1903-2003]*. São Paulo 2005, 13-34); e *CuaderPh* 112 (2001); cf. MISERACHS, V. "El Mp 'Tra le sollecitudini' di S. Pio X. Historia y contenido": *Ph* 259 (2004) 9-28; SORCI, P. "Il MP 'Inter sollicitudines' e la partecipazione attiva ai sacrosanti misteri": *RL* 90/1 (2003) 11-32; AA.VV. "El siglo de la liturgia": *Ph* 287/288 (2008) 369-624.

54. Cf. LOONBEEK, R. & MORTIAU, J. *Un pionnier. Dom Lambert Beauduin (1873-1960). Liturgie et unité des chrétiens*, 2 vols. (Lovaina-a-Nova 2001).

55. Cf. FLORISTÁN, C. "Le renouveau liturgique dans le monde: Espagne": *LMD* 74 (1963) 120-124; GONZÁLEZ, J.M. "El movimiento litúrgico en España", em NDL 1383-1388.

56. Cf. FRANQUESA, A. "El Congrés de 1915 i la seva significació històrica". In: *Il Congrés Litúrgic de Montserrat*, I (Montserrat 1966) 5-36; SODI, M. "Montserrat 1915: una lezione di attualità": *RL* 75 (1988) 191-212; VALL I SERRA, M. "El congreso litúrgico de Montserrat de 1915 y su aportación pedagógico-litúrgica": *Ph* 152 (1986) 125-154.

57. A frase é de Pio XI, em BUGNINI, A. *Documenta pontificia ad instaurationem liturgicam spectantia* (Roma 1953) 70.

O Movimento litúrgico foi apoiado pelo Magistério e pelas medidas reformadoras dos papas, desde São Pio X até Pio XII[58]. São Pio X realizou uma reforma parcial no Ofício divino e no calendário; mas Pio XII, além disso, orientou doutrinalmente o Movimento litúrgico com as encíclicas *Mediator Dei* (1947)[59] e *Musicae sacrae disciplina* (1955)[60]. Parece evidente que ele desejava continuar a obra de renovação da liturgia iniciada por São Pio X. Para este fim criou em 1948 uma comissão especial, dentro da Congregação dos Ritos, que foi encarregada de preparar as sucessivas reformas efetuadas até o Concílio Vaticano II: autorização de rituais bilíngues na celebração de alguns sacramentos e vários indultos para usar as línguas modernas, introdução das missas vespertinas, modificação do jejum eucarístico e, especialmente, a restauração da vigília pascal em 1951 e da Semana Santa em 1955[61]. Em 1956 dirigiu um importante discurso ao Congresso Internacional de Liturgia de Assis, no qual pronunciou a célebre frase que qualificava o Movimento litúrgico como "uma passagem do Espírito Santo pela Igreja", ao mesmo tempo que ressaltava "o valor inestimável da liturgia para a santificação das almas e para a ação pastoral da Igreja"[62].

---

58. Cf. LECEA, J. *Pastoral litúrgica en los documentos pontificios de Pío X a Pío XII* (Barcelona 1959); LÓPEZ MARTÍN, J. "Cien años de renovación litúrgica: Desde San Pío X hasta nuestros días": *StLeg* 45 (2004) 103-147; OÑATIBIA, I. "La reforma litúrgica desde San Pío X hasta el Vaticano II". In: MORCILLO, C. (ed.). *Vaticano II: Comentarios a la Constitución sobre la sagrada liturgia* (BAC, Madri 1965) 84-98; SECR. NAC. DE LITURGIA (ed.). *Cien años de renovación litúrgica. De S. Pío X a Juan Pablo II. Jornadas Nacionales de Liturgia 2003* (Madri 2004).

59. *AAS* 39 (1947) 521-595; cf. COM. EP. DE LITURGIA (Espanha). "Memoria agradecida de los 50 años de la encíclica MD": *Ph* 223 (1998) 71-76; *PastL* 239 (1997); 306/307 (2008).

60. *AAS* 48 (1956) 5-25 (ed. bras.: Doc. Pont. 54, Petrópolis 1948).

61. Mediante os decretos *Dominicae Resurrectionis*, de 9-2-1951: *AAS* 43 (1951) 128-137; e *Maximo redemptionis*, de 16-11-1955: *AAS* 47 (1955) 838-841; cf. BRAGA, C. "Per la storia della riforma liturgica. La Commissione di Pio XII e di Giovanni XXIII": *EL* 117 (2003) 401-404; ID. *La riforma liturgica di Pio XII. Documenti*, I (BELS 128, 2003); BUGNINI, A. *La reforma de la liturgia (1948-1975)* (BAC, Madri 1999) 5-11; GIAMPIETRO, N. *Il Card. Ferdinando Antonelli e gli sviluppi della riforma liturgica dal 1948 al 1970* (Roma 1998) 29-101; GOÑI BEÁSOAIN, J.A. "La reforma del Calendario litúrgico proyectada por la Comisión piana": *Scriptorium Victoriense* 54 (2006) 129-228 e em *Ph* 275 (2006) 523-543; ID. "El Calendario Romano a los 40 años de su promulgación": *Ph* 290 (2009) 121-148. Sobre a reforma da Semana Santa se tratará no cap. XX.

62. Em *AAS* 48 (1956) 711-725. Sobre o Congresso cf. tb.: FLORES, J.J. "A los cincuenta años del Congreso de Liturgia de Asís": *Ph* 275 (2006) 555-559; MAGNANI, F. "Il I Congresso Internazionale di liturgia di Assisi (1956). Aspetti inediti": *RL* 93 (2006) 919-938; 94 (2007) 13-154;

Por último, o beato João XXIII, já convocado o Concílio Vaticano II, publicava um *Código de Rubricas* e novas edições típicas dos livros litúrgicos, ao mesmo tempo que assinalava a necessidade de que o futuro Concílio propusesse alguns princípios básicos (*altiora principia*) com vistas a uma reforma geral da liturgia[63]. Na verdade, o Movimento litúrgico, especialmente no período que vai de São Pio X até Pio XII, foi um processo espiritual, pastoral e cultural complexo de amplíssimo alcance, de certo modo culminância de todos os projetos renovadores da vida litúrgica dos séculos precedentes e preparação providencial da obra conciliar do Vaticano II.

VII – O Concílio Vaticano II e a reforma litúrgica pós-conciliar

O Concílio Vaticano II, considerado a *grande graça* recebida no século XX e bússola para a Igreja nos inícios do século XXI, foi inaugurado a 11 de outubro de 1962. Entre os objetivos da assembleia, assinalados pelo papa João XXIII, encontrava-se "cuidar de modo especial da reforma e do incremento da liturgia" (SC 1).

1 A constituição sobre a sagrada liturgia

O primeiro tema a ser estudado foi a constituição sobre a sagrada liturgia *Sacrosanctum Concilium*. O esquema entrou na aula conciliar a 22 de outubro de 1962 e foi discutido até o dia 13 de novembro. As questões mais debatidas foram a língua vernácula, a comunhão sob as duas espécies, a concelebração e a reforma do Ofício divino. Durante a segunda etapa conciliar, exatamente desde o dia 14 de outubro de 1963 até o dia 22 de novembro, completou-se o trabalho. Neste mesmo dia ocorreu a última votação. Por fim, no dia 4 de dezembro de 1963, exatamente quatrocentos anos depois do encerramento do Concílio de Trento, em presença do papa Paulo VI era

---

AA.VV. *Assisi 1956-1986: Il movimento liturgico tra riforma conciliare e attese del popolo di Dio* (Assis 1987).

63. Assim se afirma no *Motu proprio Rubricarum instructum*, de 25-7-1960, com o qual se aprovava o novo "Código de Rubricas": *AAS* 52 (1960) 594.

aprovada a Constituição por 2.147 votos a favor e só 4 contra, e em seguida era promulgada solenemente[64].

O documento consta de uma introdução, sete capítulos e um apêndice, compreendendo 130 artigos, mais os dois do apêndice[65]. A introdução assinala os objetivos do Concílio e o objetivo do documento. Os capítulos iniciam com uma breve síntese de teologia bíblica e litúrgica e em seguida propõem normas para a reforma litúrgica. O capítulo primeiro trata dos *princípios gerais* que deviam ser levados em conta, com cinco seções: natureza da liturgia (SC 5-13), necessidade de formação litúrgica (14-20), normas da reforma (21-40) e incremento da liturgia (41-42), promoção da pastoral litúrgica (43-46). Depois vêm os capítulos dedicados à eucaristia (SC 47-58), aos demais sacramentos e sacramentais (59-82), ao Ofício divino (83-101), ao ano litúrgico (102-111), à música sacra (112-121) e à arte sacra e aos objetos sagrados (122-130). O apêndice é dedicado à possível fixação da festa da Páscoa num dia determinado e à elaboração de um calendário perpétuo.

2 *A reforma litúrgica pós-conciliar*

Uma vez promulgada a constituição litúrgica do Vaticano II, Paulo VI, atendendo ao desejo da maioria dos bispos, decidiu que sua aplicação começasse o quanto antes[66]. A reforma litúrgica foi empreendida com ardor e realizada, sobretudo no começo, com um grande entusiasmo em todos os

---

64. Cf. *Acta Synodalia Sacrosancti Concilii Oecumenici Vaticani II*, 1. *Periodus prima*, Partes I-IV (TPV 1970-1971); 2. *Periodus secunda*, Partes I-VI (TPV 1972-1973); BUGNINI, A. *La reforma de la liturgia*, o.c., 27-48; GIAMPIETRO, N. *Il Card. Ferdinando Antonelli*, o.c., 103-221; GIL HELLÍN, F. *Constitutio de Sacra Liturgia Sacrosanctum Concilium Concilii Vaticani. Synopsis*, 1 (LEV 2003); MIDILI, G. "La 'SC', pietra della riforma e ponte tra passato e futuro": *EcclOr* 25 (2008) 7-32; OÑATIBIA, I. "Historia de la constitución sobre la sagrada liturgia". In: MORCILLO, C. (ed.). *Vaticano II: Comentarios...*, o.c., 98-115; SCHMIDT, H.A. *La constitución sobre la sagrada liturgia. Texto, historia y comentario* (Barcelona 1967) 63-180 e 309-340.

65. Entre os comentários em espanhol cabe citar: AS. PROF. DE LITURGIA (ed.); *La liturgia en los inicios del tercer milenio. A los XL años de la Sacrosanctum Concilium* (Bilbao 2004); BARAÚNA, G. (ed.). *A sagrada liturgia renovada pelo Concílio* (Petrópolis 1964); CONGAR, Y.P.-M. et al. *La liturgia después del Vaticano II* (Madri 1965); MORCILLO, C. (ed.). *Vaticano II: Comentarios...*, o.c. e SCHMIDT, H.A. *La constitución...*, o.c. Além disso, a obra editada pela Cong. para o Culto Divino: *Costituzione liturgica "Sacrosanctum Concilium". Studi* (LEV 1986).

66. Mediante o *Motu proprio Sacram Liturgiam*, de 25-1-1964: *AAS* 58 (1964) 133-144.

lugares, talvez sem a suficiente catequese prévia e inclusive com alguns abusos que empanaram a aplicação das disposições conciliares, afetando o vínculo profundo existente entre a renovação da liturgia e a renovação da Igreja. Não obstante, 25 anos depois da promulgação da constituição *Sacrosanctum Concilium*, o papa João Paulo II declarava: "A renovação litúrgica é o fruto mais visível de toda a obra conciliar"[67]. Quinze anos mais tarde, o mesmo pontífice reafirmava este juízo, ao mesmo tempo que convidava a verificar o caminho percorrido, sugerindo uma espécie de exame de consciência no marco da recepção do Concílio Vaticano II[68].

A reforma litúrgica, guiada por uma ampla série de documentos pontifícios e da Santa Sé[69], conheceu três fases[70]:

---

67. JOÃO PAULO II. Exort. apost. *Vicesimus quintus annus*, de 4-12-1988 (TPV) n. 12. Sobre a reforma litúrgica existe muitíssima bibliografia. Pode-se consultar: AS. ESP. DE PROFESORES DE LITURGIA (ed.). *Luces y sombras de la reforma litúrgica* (Madri 2008); ANGENENDT, A. *Liturgia e storia. Lo "sviluppo organico" in questione*, o.c., 209-239; BUGNINI, A. *La reforma de la liturgia*, o.c., 49ss.; CONGR. PARA O CULTO DIVINO. *Atti del Convegno dei Presidenti e Segretari delle Commissioni nazionali di liturgia: "Venti anni di riforma liturgica"* (Pádua 1986); GIAMPIETRO, N. *Il Card. Ferdinando Antonelli...*, o.c., 223-271; PASQUALETTI, G. "Reforma litúrgica", em NDL 1690-1714 (Bibl.); ID. (ed.). *Liturgia opera divina e umana. Studi sulla riforma liturgica offerti a S.E. Mons. A. Bugnini* (Roma 1982); SARTORE, D. "Valutazione della riforma liturgica: un bilancio dei bilanci": *RL* 61 (1982) 116-136; ZANON, G. "I 'bilanci' sulla Costituzione SC e la sua attuazione": *RL* 77 (1990) 119-128; AA.VV. *Riforma liturgica tra passato e futuro* (Casale Monferrato 1985); e *CivCat* 136/3 (Roma 1986); *LMD* 128 (1976); 162 (1985); *Ph* 137 (1983); *RL* 69/1 (1982); 77/2 (1990); *Sales* 36/1 (1974) etc. Com referência à Espanha cf.: ASAMBLEA PLENARIA DE LA C.E.E. "La pastoral litúrgica en España. A los 20 años de la SC": *Ph* 138 (1983) 517-526; AS. ESP. DE PROFESORES DE LITURGIA (ed.). *La reforma litúrgica. Una mirada hacia el futuro* (Bilbao 2001); ID. (ed.). *Luces y sombras de la reforma litúrgica* (Madri 2008); BOROBIO, D. "La recepción de la reforma litúrgica en España después del Concilio Vaticano II". In: TEJERINA, G. (ed.). *Concilio Vaticano II. Acontecimiento y recepción* (Salamanca 2006) 79-108; GONZÁLEZ LÓPEZ, M. "La renovación litúrgica en España: apuntes para una historia": *XX Siglos* 53 (2004) 62-76; e em *PastL* 146/147 (1985); 201 (1991) 27-40; *Ph* 137 (1983); 285 (2008) etc.

68. JOÃO PAULO II. Carta Apostólica *Spiritus et Sponsa*, de 4-12-2003, em *Not* 447/448 (2003) 573-582; trad. espanhola em *PastL* 278 (2004) 20-28, n. 1-2. Cf. tb. COM. EP. DE LITURGIA (Espanha). *"Fuente primera e indispensable. Declaración"*, ibid., 29-33.

69. Nas publicações oficiais e revistas de liturgia, mas especialmente em KACZYNSKI, R. *Enchiridion documentorum instaurationis liturgicae*, I: *1963-1973* (Casale M. 1976); II: *1973-1993* (1997); trad. espanhola da maioria dos documentos em PARDO, A. *Enchiridion. Documentación litúrgica postconciliar* (Barcelona 1982). Obviamente é impossível reunir aqui esta vastíssima documentação.

70. Cf. BUGNINI, A. "Situación actual de la reforma litúrgica": *Ph* 78 (1973) 495-504.

1. A primeira se caracterizou pela *passagem do latim para as línguas modernas* (1964-1967), cobrindo uma etapa na qual continuaram sendo utilizados os livros litúrgicos existentes, traduzidos e acomodados aos princípios da Constituição litúrgica conciliar. O *Consilium*, criado por Paulo VI em janeiro de 1964 ao lado da Congregação dos Ritos para aplicar a Constituição, orientou esta tarefa e publicou, entre as primeiras normas, as relativas à concelebração e à comunhão sob as duas espécies. Restaurou-se também a Oração dos fiéis e foi publicado o primeiro esboço de "leitura contínua" da Palavra de Deus na missa. Em 1967 foi restaurado o diaconato permanente, foi autorizada a tradução do Cânon Romano e foram publicadas as instruções relativas ao Mistério eucarístico e à música litúrgica. O número de línguas modernas reconhecidas oficialmente era cada vez maior[71]. Neste primeiro tempo foram detectadas também duas atitudes extremas que se radicalizaram posteriormente: a representada pelos "tradicionalistas" extremados e a representada pelos que se lançavam por própria conta a realizar experiências à margem de toda norma[72]. No entanto, a grande maioria dos pastores e do povo cristão acolhia as mudanças com espírito de obediência e alegre fervor.

2) A segunda etapa corresponde à *publicação das primeiras edições típicas dos novos livros litúrgicos* revistos "de acordo com os decretos do Concílio Vaticano II" (1968-1975), embora alguns livros tenham aparecido ainda mais tarde. Assim vieram à luz: *Preces eucharisticae et praefationes*

---

71. No final da década de1970, o número já era de 340: cf. GIBERT, J. "Le lingue nella liturgia dopo il Concilio Vaticano II": *Not* 156/158 (1979) 385-520; MAGGIONI, C. "Lingue e minoranze linguistiche nella liturgia. Criteri, procedura, applicazione": *Not* 372/374 (1997) 327-361. O tema é tratado também no cap. XI.

72. O papa Paulo VI viu-se obrigado a defender a reforma litúrgica tanto contra uns como contra os outros. Cf., por exemplo, as catequeses dos dias 19 e 26 de novembro de 1969, em *Ecc* 29 (1969) 1633-1634 e 1665-1667, e o discurso ao *Consilium* de 19-4-1967, em *AAS* 59 (1967) 418-421. Estas atitudes motivaram também a publicação de uma terceira Instrução geral para aplicar a Constituição sobre a liturgia, de 5-9-1969, em *AAS* 62 (1970) 692-704. Particularmente grave foi a atitude de Mons. Lefebvre, que culminou com a ruptura total no dia 30-6-1988: cf. as intervenções papais, em *Not* 124/125 (1976) 417-427; *AAS* 68 (1976) 369-378; 69 (1977) 373-377. No entanto, no dia 21 de janeiro de 2009 foi levantada a excomunhão aos 4 bispos ordenados em 1988: cf. Bento XVI. "Carta aos bispos da Igreja Católica...", de 10-3-2009: *Ecclesia* 3458 (2009) 446-448; cf. "Editorial": *Ph* 290 (2009) 99-106.

e *De Ordinatione Diaconi, Presbyteri et Episcopi* em 1968, *Ordo celebrandi Matrimonium, Calendarium Romanum, Ordo Missae, Ordo Baptismi Parvulorum, Ordo lectionum Missae* e *Ordo Exequiarum* em 1969, *Ordo professionis religiosae, Missale Romanum, Ordo consecrationis virginum, Lectionarium Missalis Romani, Ordo benedictionis Abbatis et Abbatissae* e *Ordo benedicendi olea et conficiendi chrisma* em 1970, *Liturgia Horarum* e *Ordo Confirmationis* em 1971, *Ordo Initiationis christianae Adultorum, Ordo Cantus Missae, Ritus pro collatione ministeriorum* e *Ordo Unctionis Infirmorum* em 1972, *Ordo Paenitentiae* e *De sacra Communione et de cultu Mysterii Eucharistici extra Missam* em 1973, *Graduale simplex* em 1974[73].

Um fator importante da entrada em vigor destes livros foi a difusão prévia dos correspondentes documentos pontifícios e das introduções que os acompanhavam, como no caso do Missal e da Liturgia das Horas. Foram publicadas, entre outras, as instruções sobre as missas para grupos especiais em 1969, sobre os calendários particulares em 1970 e o diretório para as missas com crianças em 1973. O papa Paulo VI se transformou durante este tempo, por meio de seus discursos, em catequista universal da liturgia renovada. Publicou, além disso, documentos muito decisivos como a Exortação apostólica *Marialis cultus*, de 2-2-1974[74]. O Ano Santo de 1975 foi celebrado em perfeita sintonia com a renovação litúrgica.

---

73. Cf. CUVA, A. I nuovi libri liturgici. Rassegna documentaria": *Not* 228/229 (1985) 394-408; FARNÉS, P. & SCICOLONE, I. "Libros litúrgicos", em NDL 1127-1144 (Bibl.); SODI, M. "I libri liturgici 'odierni' del rito romano": *RL* 95 (2008) 817-837. As edições oficiais nas línguas do Estado espanhol foram aparecendo sucessivamente: cf. *PastL* 105/106 (1979) 30-32; 146/147 (1985) 23-25; e em *Not* 236/237 (1986) 189-193; as edições nos países da América Espanhola: ibid., 179-231. Os projetos e estudos prévios aos livros litúrgicos são citados em MARINI, P. "Elenco degli *schemata* del *Consilium* e della Congregazione per il Culto Divino": *Not* 195/196 (1982) 453-772. Cf. tb. *RL* 95/5 (2008) 803-964.

74. Em *AAS* 66 (1974) 113-168. Sobre a contribuição do papa Paulo VI à reforma litúrgica: cf. AA.VV. *Le rôle de G.B. Montini-Paul VI dans la réforme liturgique* (Pubblicazioni dell'Istituto Paolo VI; Bréscia 1985); AA.VV. "Paolo VI e liturgia: ricordi": *Not* 265/266 (1988) 527-668; AUGÉ, M. "La obra litúrgica del papa Pablo VI". In: SECR. NAC. DE LITURGIA (ed.). *Cien años de renovación litúrgica*, o.c., 91-108; CONTI, L. "Paolo VI. Dal movimento liturgico alla riforma: una liturgia eucaristica e pasquale": *RL* 90 (2003) 713-728; LÓPEZ MARTÍN, J. "Cien años de renovación litúrgica", a.c., 127-130; PALOMBELLA, M. "Giovanni Battista Montini: la riforma liturgica e la musica". In: MANTOVANI, M. & TOSI, M. (eds.). *Paolo VI: fede, cultura, università* (Roma 2003) 253-261; SARTORE, D. "Paolo VI, il Papa della riforma liturgica": *RL* 65 (1978) 445-448; e *Liturgia y espiritualidad* 34/7-8 (2003).

Esta fase da reforma litúrgica foi, sem dúvida, muito mais eficaz do que a primeira porque se guiou por um trabalho mais sossegado e paciente. A secularização atingiu neste período sua cota mais alta, mas começou a diminuir diante do forte reaparecimento das manifestações da piedade popular, fator que levou a perceber a necessidade de integrar estas forças na renovação litúrgica. Abordou-se a problemática acerca da evangelização e dos sacramentos. Surgiu também o fenômeno ambíguo das comunidades de base, com repercussão na vida litúrgica. A fase terminava com a incerteza de uma reforma que já não era novidade e que, para muitos de seus defensores mais entusiastas, parecia ter sumido no desalento. Desaparecido o *Consilium* em 1970, a Congregação para o Culto Divino, que havia substituído a seção litúrgica da Congregação dos Ritos em 1969, se fundia em 1975 com a Congregação para a Disciplina dos Sacramentos.

3) A consideração de uma terceira etapa ou fase a partir de 1975 é válida na perspectiva da necessidade da *assimilação da reforma litúrgica pelas Igrejas locais*, adquirindo um maior protagonismo as conferências episcopais e especialmente os bispos diocesanos, uma vez que a publicação e tradução dos principais livros litúrgicos já havia chegado ao fim. Além disso, em 1975 aparecia a segunda edição típica do *Missale Romanum* – a primeira havia aparecido em 1970 –, o livro litúrgico mais emblemático de todos. O próprio João Paulo II assinalava em 1984, no vigésimo quinto aniversário da Constituição litúrgica do Vaticano II, que a reforma havia chegado ao fim com as mudanças sancionadas nos livros litúrgicos, mas ainda restava a tarefa de um permanente aprofundamento da vida litúrgica[75].

---

75. Com efeito, "a liturgia da Igreja é algo que vai muito além da reforma litúrgica. Não nos encontramos na mesma situação que se vivia em 1963; há já uma geração de sacerdotes e de fiéis que não chegaram a conhecer os livros litúrgicos anteriores à reforma; e é ela que hoje está com a responsabilidade na Igreja e na sociedade. Por conseguinte, não se pode continuar a falar de mudança, como na altura da publicação do Documento (a SC, *nota do autor*), mas sim de aprofundamento cada vez mais intenso da liturgia da Igreja, celebrada segundo os livros atuais e vivida, primeiro que tudo, como um fato de ordem espiritual": JOÃO PAULO II. Carta apostólica *Vicesimus Quintus annus*, o.c., n. 14.

No entanto, apareceram ainda alguns livros preparados no período anterior: o *Ordo dedicationis Ecclesiae et Altaris* em 1977, o *Ordo coronandi imaginem beatae Mariae Virginis* em 1981, o *Ordo cantus Officii* em 1983, o *De benedictionibu*s e o *Caeremoniale Episcoporum* em 1984 (ʳ1995), a *Collectio Missarum de B.M.V.* em 1987, publicando-se também segundas edições revisadas do *De Ordinatione Episcopi, Presbyterorum et Diaconorum* em 1989 e do *Ordo celebrandi Matrimonium* em 1990. Ainda em 2001 e 2004 vieram à luz a primeira e segunda edição típica do *Martyrologium Romanum*. Em todo caso, a publicação dos livros litúrgicos precisou sempre ser seguida pela tradução e adaptação no âmbito das Igrejas particulares dentro, obviamente, dos canais estabelecidos. Este continua sendo, sem dúvida, o desafio mais importante e mais difícil da terceira fase, porque não basta uma mera versão para as línguas modernas. Em alguns lugares, foram dados passos importantes[76]. Para canalizar esta questão difícil, a Congregação para o Culto Divino e a Disciplina dos Sacramentos publicou, no dia 25 de janeiro de 1994, uma Instrução para aplicar os artigos 37-40 da Constituição *Sacrosanctum Concilium*, apresentando os critérios básicos e o modo de proceder nesta matéria[77].

Nos anos transcorridos desde 1975 ocorreram também: a promulgação do *Código de Direito Canônico* em 1983; o indulto para usar a edição de 1962 do Missal romano chamado Missal de São Pio V, em 1984, fato que não conseguiu evitar a ruptura de Dom Lefebvre[78]; a celebração dos anos jubilares da Redenção em 1983, Mariano universal de 1987-1988 e o Grande Jubileu da Encarnação em 2000, acontecimento no qual a liturgia teve uma

---

76. Por exemplo na Índia, na Polônia, nas Filipinas, no Canadá e em alguns países da África: cf. *Conc* 182 (1982); *EphLit* 91 (1977) 350-376; *LMD* 130 (1977) 108-146; *RL* 71/2-3 (1985). O caso mais chamativo é o do denominado rito romano-zairense: cf. *Not* 247 (1987) 139-142; 264 (1988) 457-472.

77. C. *supra*, n. 1.

78. No dia 7-7-2007 o papa Bento XVI, mediante o *Motu proprio Summorum Pontificum*, ao qual juntou uma Carta aos Bispos, substituía este indulto por novas normas acerca do uso da liturgia anterior a 1970, estabelecendo uma forma ordinária e outra extraordinária de celebração do rito romano: texto em *AAS* 99 (2007) 777-781 e 795-799; trad. espanhola em *Ph* 280 (2007) 347-358; cf. *CuaderPh* 160 (2006); *Ph* 280 (2007) 267-310; *RL* 94/4 (2007) 595-614; 94/6 (2007) 947-975; 95/1 (2008) etc.

extraordinária relevância[79]; a XI Assembleia geral ordinária do Sínodo dos Bispos dedicada à eucaristia (2005), culminação do Ano eucarístico[80], e a XII sobre "A Palavra de Deus na vida e na missão da Igreja" (2008). Foram publicados também documentos importantes como o da formação litúrgica nos seminários em 1979, a carta sobre a celebração das festas pascais, o diretório das celebrações dominicais na ausência de presbítero em 1988, as Instruções *Liturgiam authenticam*, sobre as traduções litúrgicas, em 2001, e *Redemptionis sacramentum*, sobre o que se deve observar e evitar a respeito da eucaristia, em 2004. É preciso destacar também o magistério litúrgico do papa João Paulo II e de seu sucessor Bento XVI, acompanhado pelo próprio exemplo nas celebrações tanto da Sé Romana quanto nas viagens apostólicas por todo o mundo[81].

A terceira fase da reforma litúrgica é, por conseguinte, uma fase ainda em aberto, na qual a grande tarefa continua sendo a consolidação da obra litúrgica projetada pelo Concílio Vaticano II, mediante a permanente implantação dos princípios e orientações da reforma já realizada e procurando também um trabalho formativo de pastores e fiéis, empenho fundamental e decisivo. Com a reforma litúrgica do Vaticano II terminou certamente a época daquela liturgia romana que era uma adaptação franco-germânica às condições medievais, sem que por isso se deva renunciar aos valores perma-

---

79. Cf. UFFICIO DELLE CELEBRAZIONI LITURGICHE DEL S. PONTEFICE. *Magnum Iubilaeum. Trinitati canticum* (LEV, 1997); também CASTELLANO, J. "Il cammino delle celebrazioni liturgiche pontificie": *RL* 87 (2000) 85-102. Cabe dizer o mesmo das celebrações exequiais dos últimos Pontífices (cf. JOUNEL, P. "Des funérailles de Paul VI à celles de Jean-Paul I": *LMD* 135 [1978] 175-192; UFF. DELLE CELEBR. LIT. DEL S. PONTEFICE, *Sede Apostolica vacante eventi e celebrazioni* [LEV, 1997]) e da inauguração do ministério do papa Bento XVI: cf. UFF. DELLE CELEBR. LIT. DEL S. PONTEFICE, *Inizio del Ministero Petrino del Vescovo di Roma Benedetto XVI* (LEV, 1997); PIÉ, S. "El nuevo ritual del 'Inicio del ministero petrino del Obispo di Roma'": *Ph* 260 (2005) 415-423.

80. Cf. JOÃO PAULO II. Carta Apost. *Mane nobiscum Domine*, de 7-10-2004 (LEV 2004); BENTO XVI. Exort. apst. pós-sinodal *Sacramentum caritatis*, de 22-2-2007 (LEV, 2007): cf. *PastL* 298 (2007) 193-218; *Ph* 279 (2007) etc.

81. No que se refere a João Paulo II, cf. AUGÉ, M. "La obra litúrgica del papa Juan Pablo II (1978)". In: SECR. NAC. DE LITURGIA (ed.). *Cien años de renovación litúrgica*, o.c., 109-127; TENA, P. "Juan Pablo II, ejemplo de 'celebrar bien'": *Ph* 266/267 (2005) 99-102; e a Bento XVI, AROCENA, F. "Lenguaje simbólico en las primeras celebraciones pontificias de Benedicto XVI": *Ph* 268 (2005) 311-317 etc.

nentes introduzidos então e que encontraram na reforma pós-tridentina de São Pio V e de seus sucessores uma forma quase definitiva. Durante quatro séculos esta liturgia foi a norma e a fonte de toda a Igreja católica de rito latino, conservando e transmitindo as riquezas litúrgicas da tradição antiga. Deste cabedal nutriu-se o Movimento litúrgico até o Concílio Vaticano II, de maneira que esta grande assembleia, diante de uma situação totalmente diferente da situação do século XVI, foi capaz de esboçar uma reforma geral e profunda da liturgia, harmonizando fidelidade à tradição recebida e aproveitamento das investigações e dos recursos de nosso tempo (cf. SC 23). Estes foram os critérios já postos em prática nas reformas efetuadas pelo papa Pio XII: cf. *supra* nota 61. A liturgia romana atual continua unida à Igreja antiga através do pano de fundo medieval, em muitíssimos elementos ligados à liturgia de São Pio V, à da Idade Média e à de São Gregório Magno[82].

Com efeito, continua sendo válida a afirmação da primeira Instrução geral orientadora da reforma litúrgica: "É conveniente que todos se convençam de que a Constituição do Vaticano II sobre a sagrada liturgia não tem como finalidade mudar apenas os ritos e os textos litúrgicos, mas antes suscitar nos fiéis uma formação e promover uma ação pastoral que tenha como ponto culminante e fonte inspiradora a sagrada liturgia... O esforço desta ação pastoral deve tender a fazer viver o mistério pascal".

---

82. Cf. NEUNHEUSER, B. *Storia della liturgia*, o.c., 149-151; ID. "Historia de la liturgia", em NDL 994-996; e *Ph* 226/227 (1998); 270 (2005).

Capítulo V
Ritos e famílias litúrgicas

A santa Mãe Igreja considera todos os ritos legitimamente reconhecidos com igual direito e honra e, para o futuro, os quer defender e de todos os modos favorecer (SC 4).

Bibliografia

BOBRINSKOY. "Liturgies orientales", em DSp IX, 914-923; BUX, N. *La liturgia degli orientali* (Bari 1996); CASTELLANO, J. "Hacia la renovación litúrgica de las Iglesias Orientales católicas": *Ph* 226/227 (1998) 17-29; CARR, E. "Le famiglie liturgiche in Oriente", em CHUPUNGCO 1, 26-39; DALMAIS, I.H. *Las liturgias orientales* (Andorra 1961); FARRUGIA, E.G. (ed.). *Diccionario enciclopédico del Oriente cristiano* (Burgos 2007); FEDERICI, T. *Teologia liturgica orientale* (Roma 1978); GELSI, D. "Liturgias orientales", em NDL 1510-1537; GONZÁLEZ MONTES, A. (ed.). *Las Iglesias Orientales* (BAC, Madri 2000); GY, P.M. "Liturgies occidentales", em DSp IX, 899-912; HANSSENS, J.M. *Institutiones liturgicae de ritibus orientalibus*, 2 vols. (Roma 1930-1932); HERNÁNDEZ, A.S. *Iglesias de Oriente*, 2 vols. (Santander 1963); JANERAS, J. "El sentido del misterio en la liturgia oriental": *Ph* 211 (1996) 19-46; ID. "La luz de Cristo en las liturgias de Oriente": *Ph* 274 (2006) 437-448; MOLINERO, A.C. *Las otras liturgias occidentales* (Bilbao 1992); NIN, M. "Storia delle liturgie orientali", em CHUPUNGCO 1, 129-144; ID. "Libri liturgici orientali", em ibid. 243-262; ID. *Las liturgias orientales* (BL 35, 2008); PINELL, J. "Liturgias locales antiguas", em NDL 1203-1211; ID. "Storia delle liturgie occidentali non romane", em CHUPUNGCO 1, 195-213; RAES, A. *Introductio in liturgiam orientalem* (Roma 1947); RAMIS, G. "Le famiglie liturgiche in Occidente", em CHUPUNGCO 1, 40-47; ID. "Libri liturgici occidentali non romani", em ibid. 331-343; RIGHETTI 1, 111-172; TAFT, R.F. *Oltre l'Oriente e l'Occidente. Per una tradizione liturgica viva* (Roma 1999); TRIACCA, A.M. & PISTOIA, A. (eds.). *Liturgie de l'Église particulière et liturgie de l'Église universelle* (BELS 7, 1976); AA.VV. "As famílias litúrgicas", em *Anamnesis* 2, 56-142; e *CuaderPh* 69, 85, 149, 150, 151, 168, 169 (Barcelona 1996-2007).

No capítulo anterior, ao tratar da época do grande desenvolvimento local da liturgia (séculos IV ao VI), assinalava-se como fato mais significativo a consolidação das *liturgias particulares*, formando entre si *famílias litúrgicas* tanto no Oriente quanto no Ocidente. A importância deste fenômeno é tão grande que requer que lhe dediquemos um capítulo. No entanto, tratamos aqui preferentemente os ritos orientais e os ocidentais não-romanos. Mas, antes de entrar na descrição destas liturgias, é preciso analisar os conceitos de *rito litúrgico* e *família litúrgica*.

I – Rito litúrgico particular e Igreja local

Geralmente se entende por *rito litúrgico* o conjunto de usos e peculiaridades de tipo celebrativo que se observam numa liturgia particular e que a distinguem das outras. No entanto, na formação do *rito* ocorrem também outros fatores como a língua, a tradição histórica, a demarcação territorial tanto eclesiástica como civil, a visão teológica, a espiritualidade etc. De acordo com isto, *rito litúrgico* é também o modo de viver a fé cristã em sentido global, inclusive de sobreviver num ambiente hostil.

O conceito de *rito* está unido ao de *Igreja local* ou particular (cf. CD 11). Nesse sentido, o *rito* é a realização de uma Igreja local com seu bispo e seu presbitério dentro de certas coordenadas humanas, sociais, culturais e religiosas específicas. Tudo isto supõe uma determinada vivência da Palavra divina contida nas Escrituras, interpretada pelos Padres, definida por sínodos e concílios e expressa na liturgia de acordo com uma tradição eclesial autêntica[1].

---

1. "Rito é o patrimônio litúrgico, teológico, espiritual e disciplinar, que se distingue pela cultura e pelas circunstâncias da história dos povos, que se expressa no modo de viver a fé de cada Igreja *sui iuris*": *Codex Canonum Ecclesiarum Orientalium*, c. 28 § 1: *AAS* 82 (1990) 1033-1363; cf. FEDERICI, T. "O conceito de rito e de liturgia no Oriente", em *Anamnesis* 2, 122-123.

O *rito* de uma Igreja se identifica com ela e vem a ser seu centro vital, sua escola teológica, sua catequese da fé e da moral cristã, o depósito de sua memória histórica e inclusive seu principal sinal de identidade como povo ou como grupo étnico (cf. OE 1ss.).

Esta realidade ocorre sobretudo nas Igrejas orientais, nas quais o *rito* contribui decisivamente para defini-las. No Ocidente o fenômeno pode ser observado em parte nos *ritos litúrgicos* que sobreviveram à universalização da liturgia romana, como o Rito Ambrosiano e o rito hispano-moçárabe. Os outros são também testemunho de uma tradição litúrgica particular[2], mas de existência muito curta. O hoje chamado "rito zairense" não é propriamente um *rito litúrgico*, mas o rito romano com algumas adaptações de acordo com SC 40.

Mais tarde é utilizada também a expressão *família litúrgica* para referir-se ao conjunto de *ritos* que são "aparentados" entre si pela origem e pelas características comuns. O Concílio Vaticano II declarou que a Igreja "considera todos os ritos legitimamente reconhecidos com igual direito e honra e, para o futuro, os quer defender e de todos os modos favorecer" (SC 4)[3].

II – As famílias litúrgicas orientais[4]

No processo de formação das famílias litúrgicas do Oriente desempenharam um papel importante os grandes centros de irradiação missionária e litúrgica. O fenômeno da diversificação dos *ritos* ocorre praticamente desde as origens da liturgia cristã, com base na tradição procedente da Igreja mãe de Jerusalém (cf. 1Cor 11,2.16.20; 15,1 etc.), berço de todas as liturgias[5]. O segundo grande centro foi Antioquia. Dela partiram evange-

---

2. Cf. "Riti della Chiesa" (editorial): *Not* 311 (1992) 365-368.
3. Cf. OE 1ss: UR 14-17; CIC 1200-1203.
4. O papa João Paulo II destacou o grande valor das liturgias orientais em sua Carta Apost. *Orientale Lumen*, de 2-5-1995 (LEV, 1995); *PastL* 231 (1996) 19-36; *Ph* 211 (1996) 5-66.
5. Cf. COCCHINI, F. "Jerusalén (Liturgia)", em DPAC II, 1050-1051; LECLERCQ, H. "Jérusalem (La liturgie), em DACL VII, 2374-2392. Atesta-o em particular o *Diário de Egéria*: cf. ARCE, A. *Itinerario de la virgen Egeria (381-384)* (BAC, 1980); BERMEJO, E. *La proclama-*

lizadores para todo o Oriente: Ásia Menor, Armênia, Alexandria, Etiópia, Pérsia e Arábia. No entanto, o prestígio de Antioquia passou mais tarde para Constantinopla, mas sem perder a marca litúrgica antioquena. A antiga Bizâncio exerceu uma influência enorme desde o Ponto até a Trácia, a Síria, a Palestina e inclusive o Sinai e Alexandria[6], entre os séculos VI e XI, momento em que ocorreu a ruptura definitiva com Roma. A partir de Alexandria, o Evangelho chegou a todo o Egito, à Líbia, à Etiópia e ao norte da África.

Outros grandes núcleos foram Cesareia, capital da Capadócia[7], Selêucia e Ctesifonte, na Pérsia, e Armênia.

A divisão mais comum das liturgias do Oriente é a seguinte:

a) *Família antioquena ou síria*: Compreende as liturgias originárias da tradição predominantemente antioquena, embora se notem outras influências. Dentro dela se agrupam, por sua vez, quatro grandes seções: 1) As liturgias siro-ocidentais: siro-antioquena (siro-católica-antioquena e siro-malankar), jacobita e maronita; 2) As liturgias siro-orientais: assírio-caldeia ou nestoriana e malabar; 3) A liturgia bizantina: grega, eslava (russa, ucraniana, búlgara, sérvia etc.), romena, albanesa, melquita, georgiana; 4) A liturgia armênia.

b) *Família alexandrina*, com duas seções: 1) A liturgia copta; 2) A liturgia etíope.

Não é fácil definir as características de cada uma destas liturgias. No entanto, podemos enumerar seus traços principais[8].

---

ción de la Escritura en la liturgia de Jerusalén. Estudio terminológico del "Itinerarium Egeriae" (Jerusalém 1993); GARCÍA DEL VALLE, C. *Jerusalén, un siglo de oro de vida litúrgica* (Madri 1968); ID. *Jerusalén, la liturgia de la Iglesia media* (BL 14, 2001).

6. Cf. FERNÁNDEZ SANGRADOR, J.J. *Los orígenes de la comunidad cristiana de Alejandría* (Salamanca 1994).

7. Cf. JANERAS, S. "San Basilio en la historia de la liturgia": *Ph* 120 (1980) 475-492.

8. Para situá-las cf. DUÉ, A. & LABOA, J.M. *Atlas histórico del Cristianismo* (Madri 1988); LACKO, M. *Atlas hierarchicus Ecclesiarum Catholicarum Orientalium* (Roma 1972).

1 Liturgia siro-antioquena e jacobita

Pertencente à família siro-ocidental, se denomina "siro-antioquena", porque constitui o tronco principal da família, e jacobita por causa do bispo de Edessa Jacó Baradeu (Bar Addai) († 578), depois da ruptura com Constantinopla por causa do Concílio de Calcedônia (451)[9]. Sua origem remonta a um fundo talvez jerosolimitano, completado pelos desenvolvimentos subsequentes às lutas cristológicas dos séculos V e VI, à margem da influência bizantina. O rito alcançou sua forma clássica no século XII com o patriarca Miguel o Grande († 1199). Seu centro é Antioquia da Síria e sua língua inicialmente foi o grego após a ruptura; mais tarde, o siríaco ocidental; e, finalmente, o árabe. A liturgia siro-antioquena ortodoxa se fundiu com a liturgia bizantina no século XIII. A este rito pertence a Igreja siro-católica antioquena.

A liturgia da Palavra compreende seis leituras. Entre suas orações eucarísticas se destacam a *Anáfora dos Doze Apóstolos* e a *Anáfora de São Tiago* de Jerusalém. O ano litúrgico está dividido em nove períodos, começando e terminando no domingo da dedicação. As características mais salientes desta liturgia são sua riquíssima pneumatologia e a extraordinária produção poética e eucológica de seus hinos e anáforas[10].

2 Liturgia maronita

Constitui um ramo autônomo da liturgia jacobita. Sua origem se encontra nas comunidades monásticas do vale do Orontes, na Síria central, especialmente no mosteiro de Mar-Maron, santo asceta dos inícios do século V, donde vem o nome do rito[11].

---

9. Cf. PASQUATO, O. "Antioquía (liturgia)", em DPAC I, 142-144; VOICU, S.J. "Iglesia Jacobita", em DPAC II, 1139-1140.

10. Cf. HANGGI, A. & PAHL, I. *Prex eucharistica, textus e variis liturgiis antiquioribus selecti* (Friburgo 1968); MARTÍN, V. & SÁNCHEZ CARO, J.M. *La gran oración eucarística* (Madri 1969); SÁNCHEZ CARO, J.M. *Eucaristía e historia de la salvación. Estudio sobre la plegaria eucarística oriental* (BAC, 1983).

11. Cf. DIB, P. *Études sur la liturgie maronite* (Paris 1919); HAYEK, M. *Liturgie maronite, histoire et textes eucharistiques* (Paris 1964); MACOMBER, W.F. "A Theory on the Origins of

Igreja fiel a Calcedônia, mas resistente a Bizâncio, viu-se isolada pelos muçulmanos, de maneira que não teve conhecimento do III Concílio de Constantinopla contra os monoteletas (680-681), até constituir-se em patriarcado durante o século VIII, precisando refugiar-se no Líbano, em Chipre e em Alepo.

Em 1215 os maronitas se uniram a Roma. No entanto, pouco depois iniciou-se um processo de latinização, aceito para distinguir-se das comunidades monofisitas e para poder sobreviver. O processo culminou no Sínodo do Monte Líbano em 1736. Não obstante, em 1942 já começou a recuperação de sua identidade litúrgica, acelerada pelo Concílio Vaticano II. A língua litúrgica é o árabe, embora conserve textos em siríaco. Na eucaristia usa a *Anáfora de São Pedro* e uma adaptação do *Cânon Romano*.

3 Liturgia assírio-caldeia ou nestoriana

Pertence ao grupo siro-ocidental e constitui uma das liturgias mais arcaicas e sóbrias que melhor conservaram suas raízes semitas, longe da influência do helenismo e de Bizâncio[12]. Sua língua é o siríaco.

Os primeiros núcleos desta liturgia remontam ao século II, conhecendo um desenvolvimento entre os séculos III e VII, e mais tarde um período de perseguição no califado de Bagdá, sob dominação muçulmana. A primeira codificação litúrgica está ligada ao *katholikos* 'Ishô'yab III, por volta de 650, repetindo-se o fenômeno nos séculos XII e XIII. Unida a Roma desde o século XVI, a comunidade mais numerosa está no Iraque – Patriarcado de Babilônia dos Caldeus – e algumas minorias no Irã, na Síria, no Líbano, no Egito e nos Estados Unidos.

Esta liturgia possui a coleção de hinos de Bardesanes (154-222) e a de Santo Efrém. A estrutura da liturgia da Palavra compreende quatro leituras, duas delas do Antigo Testamento. Usa a anáfora aramaica dos *Apóstolos*

---

the Syrian, Maronite and Caldean Rites": *Orientalia Christiana Periodica* 39 (1973) 235-242; VOICU, S.J. "Maronitas", em DPAC II, 1372.

12. Cf. TISSERANT, E. "Nestorienne (Église)", em DTC XI, 157-323, espec. 314-323: "La liturgie"; FIEY, J.M. *Jalons pour une histoire de l'Église en Iraq* (Lovaina 1970).

Addai e Mari e as denominadas anáforas de *Teodoro de Mopsuéstia* e de *Nestório*. O ano litúrgico compreende nove tempos: Anunciação, Epifania incluindo a pré-quaresma, Quaresma, Páscoa até Pentecostes, Apóstolos, Verão e Dedicação. Na Liturgia das Horas conservam o simbolismo das três horas de oração diurnas: tarde, manhã e meio-dia.

4 Liturgia siro-malabar

A antiga Igreja da Índia, que remonta ao apóstolo São Tomé e foi evangelizada por missionários procedentes de Selêucia, conservava sua liturgia primitiva até que no século XVI entrou em contato com os portugueses[13]. Nos Sínodos de Goa (1585) e de Diamper (1599) levou-se a cabo uma mistura de ritos e de textos latinos traduzidos para o siríaco. Não obstante, conservou-se a estrutura da missa, com a anáfora dos *Apóstolos Addai e Mari*.

Em 1653 houve uma cisão que formou a Igreja conhecida como Igreja jacobita malabar, embora em 1925 e em 1930 alguns bispos tenham voltado à comunhão com Roma. Foram chamados desde então *siro-malankares*, para distingui-los de seus antigos irmãos, os *siro-malabares*. Em 1934 o papa Pio XI decidiu a restauração do antigo *rito* siro-oriental com adaptações da liturgia assírio-caldeia, traduzida para a língua do Estado de Kerala desde 1960. O Concílio Vaticano II impulsionou também a restauração deste rito[14].

5 Liturgia bizantina

Forma um grupo próprio dentro da grande família antioquena[15]. Os grandes bispos de Constantinopla Eudóxio, São João Crisóstomo e Nestório

---

13. Cf. VAN ESBROEK, M. "Malabar", em DPAC II, 1340; TISSERANT, E. "Syro-Malabare (Église)", em DTC XIV, 3089-3162, espec. 3115-3161: "Liturgie"; ID. *Eastern Christianity in India* (Londres 1957).

14. Cf. PATHIKULANGARA, V. "The Liturgical Year of the Syro-Malabar Rite": *EL* 90 (1976) 173-196.

15. Cf. GELSI, D. "Liturgia Bizantina", em DPAC II, 1301-1305; PAPROCKI, H. *Le mystère de l'Eucharistie: genèse et interprétation de la liturgie byzantine* (Paris 1993); PERI, V. *La "grande Chiesa" Bizantina* (Bréscia 1981); SCHULZ, H.-Y. *Die Byzantinische Liturgie* (Trier 1980); SOLOVIEV, M.M. *The Byzantine divine Liturgy. History and Commentary* (Washington/DC 1970).

eram sírios, como também os hinógrafos e teólogos Romano o Melodioso, Santo André de Creta e São João Damasceno. Seguem esta liturgia os Patriarcados Ecumênicos de Constantinopla, Alexandria, Jerusalém (ortodoxo grego), Moscou[16] etc. e numerosas Igrejas autocéfalas. Mas é também o *rito* de Igrejas em comunhão com Roma, como o Patriarcado dos greco-melquitas em Jerusalém, o Patriarcado de Antioquia dos Sírios em Beirute e o Patriarcado greco-melquita no Cairo. Estas Igrejas celebram sua liturgia em siríaco e em árabe, além do grego. Há fiéis católicos de rito bizantino no sul da Itália, na Ucrânia, na Romênia e em outros países da Europa.

A liturgia bizantina chegou à sua forma definitiva entre os séculos XIII-XV sob a dinastia dos Paleólogos, últimos imperadores de Bizâncio, mas pode-se reconstruir sua forma antiga graças a alguns comentários litúrgicos e aos diversos *typica* dos séculos X e XI.

Conta com numerosos livros litúrgicos. A liturgia da Palavra continha, entre os séculos IV e VII, pelo menos duas leituras antes do evangelho, uma sempre do Antigo Testamento. Usa-se a célebre *Anáfora de São João Crisóstomo*, que prevalece sobre a capadócia de *São Basílio*. A iconóstase e a veneração dos ícones definem o espírito desta liturgia. O ano litúrgico bizantino compreende um ciclo fixo e outro móvel. O primeiro começa no dia 1º de setembro e tem sua primeira grande festa no dia 8 de setembro (Natividade de Maria), terminando no dia 15 de agosto com a Dormição de Maria. O ciclo móvel, centrado na Páscoa, compreende a pré-quaresma, a Quaresma, a Semana Santa e a Cinquentena pascal[17].

6 *Liturgia armênia*

O último ramo da família antioquena é constituído pela liturgia armênia, organizada durante o século V na região montanhosa da Ásia Menor,

---

16. Cf. KUCHAREK, C. *The Byzantine-Slav Liturgy of St. John Chrysostom. Its Origin and the Evolution* (Allendale 1971).

17. Cf. ANDRONIKOF, C. *Il senso della Pasqua nella liturgia bizantina*, 2 vols. (Leumann/Turim).

ao sul do Cáucaso, de acordo com o modelo da Igreja de Jerusalém[18]. Esta liturgia recebeu influências de outras, especialmente da bizantina, apesar de ter-se negado a aceitar o Concílio de Calcedônia. No século XI, durante as Cruzadas, entrou em contato com a liturgia latina na região da Cilícia, incorporando numerosos elementos. No século XIV, com a invasão turca, a Igreja armênia voltou ao monofisitismo, até que no século XVII numerosas comunidades se uniram a Roma e hoje formam o Patriarcado da Cilícia dos Armênios, com sede em Beirute. Os armênios não católicos têm patriarcados em Constantinopla e em Jerusalém.

Entre os traços mais peculiares encontra-se o calendário, que divide o tempo em ciclos de sete semanas e reserva os domingos para as festas do Senhor e da Santíssima Virgem. As festas dos santos ocorrem em dias fixos durante a semana e as quartas-feiras e sextas-feiras são sempre dias de jejum. Outro elemento original é sua hinografia, composta entre os séculos X e XII. Usa a *Anáfora de Santo Atanásio* e o *Lecionário*, de fundo jerosolimitano, revela a mais antiga ordem de leituras conhecida, com três leituras do Antigo Testamento, mais o Apóstolo e o Evangelho.

7 Liturgia copta

Pertence à família alexandrina, embora esteja longe de manter as estruturas originais[19]. Os coptas, chamados assim depois da invasão árabe (639), são os cristãos do Egito que não aceitaram o Concílio de Calcedônia. No século VII o patriarca Benjamim (626-665) remodelou a liturgia seguindo o modelo sírio, conservando somente algumas tradições primitivas. Uma segunda remodelação foi realizada sob o patriarca Gabriel II (1131-1145) e uma terceira e definitiva, no século XV, com o patriarca Gabriel V.

---

18. Cf. BARONIAN, Z. "La liturgie de l'Église arménienne dans le cadre des liturgies des autres rites orientaux": *Orthodoxia* 27 (1975) 15-171; CONYBEARE, F.C. *Rituale Armeniorum* (Oxford 1905); DAY, P.D. *Eastern Christian Liturgies*, I. *Armenian, Copte, Ethiopian and Syrian* (Dublim 1972); VOICU, S.J. "Armenio (Rito)", em DPAC I, 219-220.

19. Cf. BURMESTER, O.H.E. *The Egyptian or Coptic Church. A Detailed Description of her Liturgical Services* (Cairo 1967); GASTOUE, A. & LECLERCQ, H. "Alexandrie (Liturgie)", em DACL I, 1182-1204; GERARD, V. *La liturgie des coptes d'Egipte* (Paris 1978); ORLANDIS, T. "Copto", em DPAC I, 493-497.

Em 1739 uma pequena porção desta Igreja junto com o bispo copta de Jerusalém se uniu a Roma. No século XIX o número de fiéis aumentou a tal ponto que o papa Leão XIII criou o Patriarcado copta-católico de Alexandria com sede na capital egípcia.

A língua litúrgica originária foi o grego e nesta língua foi escrito o *Eucológio de Serapião* (séc. IV), com sua célebre anáfora. Depois foi introduzida a antiga língua do Egito e, a partir da Idade Média, o árabe. As leituras são sempre quatro. O Ofício divino tem uma ampla salmodia. Usam a *Anáfora copta de São Basílio*, a *de São Gregório o Teólogo* (Nazianzeno) e a *de São Cirilo*. A celebração eucarística é muito sóbria e se inicia com a *liturgia do incenso* (cf. Ex 30,7-9).

O ano litúrgico copta começa no dia 29 de agosto e consta de treze meses, doze de trinta dias e um de cinco, seguindo as estações típicas do Baixo Egito, marcadas pelas inundações do Nilo. Os jejuns marcam também o ritmo do ano. Por outro lado, tem trinta e duas festas em honra da Santíssima Virgem Maria.

8 Liturgia etíope

As comunidades cristãs estabelecidas no antigo reino de Axum, ao sul do Sudão, e conhecidas desde o século IV, devem ter sido fundadas por fiéis coptas e sírios procedentes de Alexandria[20]. No entanto, a liturgia acusa influências bizantinas e de outras liturgias. Após a invasão árabe, a Igreja da Etiópia ficou isolada do resto da cristandade. No século XIII ocorreu uma restauração, introduzindo-se ritos inspirados no Antigo Testamento, como as procissões com a Arca da Aliança, a circuncisão antes do batismo e algumas festas. A igreja é de planta circular com um oratório no centro.

Durante os séculos XVII-XIX, missionários católicos pretenderam latinizar a liturgia etíope. No entanto, na Eritreia existem núcleos católicos que con-

---

20. Cf. MARCOS, D. *The Liturgy of the Ethiopian Church* (Cairo 1959); PAWLIKOWSKI, D. "The Judaic Spirit of the Ethiopian Orthodox Church: A case Study in religious Acculturation": *Journal of Religion in Africa* 4 (1972) 178-199; RANIERI, O. "Etiopía (Liturgia)", em DPAC I, 795-796.

servaram seu *rito* ancestral. O calendário é semelhante ao copta. Entre as festas do Senhor destacam-se a Epifania do Jordão, a multiplicação dos pães e a vinda de Jesus ao Egito. As festas marianas têm também diferentes categorias.

Na celebração eucarística são usadas numerosas anáforas de procedência diferente, destacando-se a *Anáfora do Senhor*, reelaboração da *Anáfora de Hipólito*, e a *Anáfora de Santo Epifânio*. Existem também anáforas marianas. Sua língua litúrgica é o ge'ez, a antiga língua do Egito.

III – As famílias litúrgicas ocidentais

No século IV iniciou-se também no Ocidente a diversificação dos *ritos litúrgicos*, mas com características próprias[21]. Com efeito, junto com o predomínio de algumas metrópoles como Roma, Milão, Aquileia, Cartago, Sevilha, Toledo, Arles etc., ocorreu o fenômeno da criatividade eucológica, surgido da cristianização do latim, ao qual se uniu a organização do ano litúrgico.

As liturgias ocidentais são classificadas da seguinte maneira, atendendo à antiguidade e às dependências mútuas: africana, romana, ambrosiana, hispânica ou hispano-moçárabe, galicana e celta. Entre as que mal e mal ultrapassaram o período das origens estão as de Aquileia e Benevento, no norte e no sul da Itália respectivamente[22], e a de Braga, em Portugal. Esta última, chamada *liturgia bracarense*, parece derivar de algum missal pertencente à congregação beneditina de Cluny no século XII[23].

1 Liturgia africana

A liturgia latina do norte da África, que se beneficiou do trabalho de São Cipriano (249-258) e de Santo Agostinho (396-430), não sobreviveu

---

21. Cf. CATTANEO, E. *Il culto cristiano in Occidente* (BELS 13, 1978) 113-183; GY, P.M. "Historia de la liturgia en Occidente hasta el Concilio de Trento", em MARTIMORT 73-90.
22. Cf. MAGGIONI, C. "Le antiche liturgie italiche non romane": *RL* 80 (1993) 463-483.
23. Cf. VAZ, A.L. "O rito bracarense. Pode se reconstruir e actualizar o antigo rito de Braga?": *Ora et Labora* 19 (1973) 249-266; ID. *O rito bracarense desde as origens ao Missal de Mateus* (Braga 1976); VAZ, A.L. *Liturgia bracarense das primitivas da Igreja* (Braga 1981).

às invasões dos vândalos e berberes que, a partir do século V, arrasaram as florescentes Igrejas norte-africanas[24].

Do ponto de vista litúrgico existia uma organização perfeita, especialmente na iniciação cristã. A disciplina penitencial era muito rigorista, por causa do problema dos *lapsi*, e o matrimônio já contava com a bênção nupcial. O ofício dispunha de coletas sálmicas. Mas de tudo isso não restaram mais do que alguns textos que sobreviveram em outras liturgias com as quais ocorreu um notável intercâmbio.

2 Liturgia romana clássica

A liturgia que tinha seu centro na cidade de Roma durante os séculos IV ao VI, antes da emigração dos livros litúrgicos romanos por toda a Europa, era ainda um *rito local*[25]. Os primeiros testemunhos são as cartas de São Justino e a *Tradição Apostólica* de Hipólito, do primeiro terço do século III, redigidas em língua grega e, portanto, anteriores ao nascimento das liturgias ocidentais de língua latina. É muito provável que o introdutor do latim na liturgia de Roma tenha sido o papa espanhol São Dâmaso (366-384). O *Cânon romano*, pelo menos em sua parte central, existia já no século IV[26].

A liturgia de Roma gozava de grande prestígio, como provam as cartas dos papas a alguns bispos sobre temas litúrgicos[27] e a obra homilética e eucológica de São Leão Magno (440-461), São Gelásio (492-496), São Vigílio (537-555) e São Gregório Magno (590-604).

---

24. Cf. CABROL, F. "Afrique (Liturgie)", em DACL I, 591-657; KILMARTIN, E.J. "Early African Legislation concerning Liturgical Prayer": *EL* 99 (1985) 105-127; MARINI, A. *La celebrazione eucaristica presieduta da san Agostino* (Bréscia 1989); SAXER, V. *Vie liturgique et quotidienne à Carthage vers le milieu du IIIe siècle* (Cidade do Vaticano 1969); ID. "África", em DPAC I, 35-37.

25. Esta etapa foi estudada na seção II do capítulo precedente.

26. A julgar pelo testemunho de Santo Ambrósio († 397). In: *De sacramentis* IV, 5,21-26; 6,26-28, ed. B. BOTTE (Paris 1961) 114-116; cf. BORELLA, P. "Evoluzione storica e struttura letteraria del Canone della Messa romana". In: *Il Canone* (Roma 1968) 95-113.

27. As cartas de Sirício a Himério de Tarragona (385), em PL 13, 1134; de Inocêncio I a Decêncio de Gúbio (416), em CABIÉ, R. (ed.). *La Lettre du pape Innocent Ier à Decentius de Gubbio* (Lovaina 1973); de São Leão (440-461) aos bispos da Sicília e aos da Campânia, em PL 54, 696 e 1209ss.; e de São Vigílio a Profuturo de Braga (538), em PL 84, 829-832.

3 Liturgia ambrosiana

A liturgia que subsiste com este nome na diocese de Milão tem certamente sua origem na tradição litúrgica própria da sé regida por Santo Ambrósio (374-397)[28]. Com efeito, ao santo bispo são atribuídos antífonas, hinos e vigílias e uma *laus cerei*.

A história da liturgia ambrosiana conhece três etapas: a das origens e do desenvolvimento (séc. IV-VII), a de consolidação (séc. VIII-IX), e a de configuração definitiva sob a influência romana e carolíngia (séc. IX). Entre suas características estão o sistema de leituras, uma eucologia própria, a estrutura do ano litúrgico, as variantes no *Cânon Romano* e alguns ritos. Um dos distintivos mais salientes é seu forte cristocentrismo antiariano, que se manifesta também no culto à Santíssima Virgem. Mas a liturgia ambrosiana atual ultrapassa amplamente o estado primitivo. Com efeito, seus livros litúrgicos foram sistematizados durante o período carolíngio, quando já não era possível o *rito* local subtrair-se à influência da liturgia romano-franca dominante (séc. IX)[29]. Depois do Concílio Vaticano II foi efetuada uma ampla reforma[30].

4 Liturgia hispano-moçárabe

Com este nome é conhecido hoje o *rito* que nasceu e se desenvolveu na península Ibérica e na Gália narbonense, ao mesmo tempo que os outros *ritos* do Ocidente[31]. Também foi chamado *hispânico* para realçar sua condi-

---

28. Cf. BORELLA, P. *Il Rito Ambrosiano* (Bréscia 1964); PAREDI, P. *Storia del Rito Ambrosiano* (Milão 1990); TRIACCA, A.M. "Ambrosiana (Liturgia)", em NDL 53-96; ID. "Ambrosiana (Liturgia)", em DPAC I, 92-94.
29. Cf. TRIACCA, A.M. "Per una migliore ambientazione delle fonti liturgiche ambrosiane sinassico-eucaristiche (Note metodologiche)". In: CUVA, A. (ed.). *"Fons vivus". Miscellanea liturgica M.S. Vismara* (Zurique 1971) 161-220; ID. "Livros litúrgicos ambrosianos", em *Anamnesis* 2, 222-240.
30. Cf. BIFFI, I. "La riforma del Messale Ambrosiano. Metodo e risultati": *Not* 126 (1977) 12-28; cf. *RL* 65/4 (1978); 70/2 (1983); *ScCat* 114/2-3 (1986).
31. Cf. AA.VV. *Estudios sobre la Liturgia Mozárabe* (Toledo 1965); AA.VV. *Liturgia y música mozárabes* (Toledo 1978); BOHAJAR, J. & FERNÁNDEZ, I. "Hispana, Liturgia", em NDL 843-966; FERRER, J.M. *Curso de liturgia hispano-mozárabe* (Toledo 1995); GROS, M. "Estado

ção latina, *visigótico* para destacar sua vinculação com os grandes Padres da Igreja espanhola e *moçárabe* como homenagem aos cristãos que mantiveram sua fé sob a dominação muçulmana.

1) *Origem*. A primitiva liturgia hispano-moçárabe é contemporânea da liturgia romana clássica. E, como esta, conheceu também as etapas do desenvolvimento eucológico e da consolidação e codificação em livros litúrgicos não contaminados. Entre os fatores que deram origem ao *rito* estão o intercâmbio da Hispânia romana com o norte da África, que produziu a incorporação à latinidade cristã[32], e a existência de uma tradição cultural peculiar, que se une em simbiose perfeita com a fé e com o testemunho dos mártires, primeiro diante do paganismo e depois diante do arianismo.

2) *Desenvolvimento e abolição*. No período de desenvolvimento, junto com os nomes de Justo de Urgel (séc. VI), São Leandro († 600), Santo Isidoro († 636), Pedro de Lérida (séc. VII), Conâncio de Palência († 638), Santo Eugênio III de Toledo († 657), Santo Ildefonso († 667) e São Juliano de Toledo († 690), São Bráulio de Saragoça († 651) e São Quírico de Barcelona († 656), deve-se recordar também a ação litúrgica dos Concílios de Toledo, destacando o III (589), no qual ocorreu a conversão de Recaredo, o IV (633) e o X (656). O resultado de todo este trabalho criativo e pastoral cristalizou-se nas compilações efetuadas por São Juliano[33].

Nesse momento já se contava com uma série de peculiaridades na celebração eucarística, nos sacramentos, no ano litúrgico, no Santoral, no ofício

---

actual de los estudios sobre Liturgia Hispánica": *Ph* 93 (1976) 227-241; PINELL, J. "Hispánica (Liturgia)", em DHEE 2, 1303-1320; ID. "Hispánica (Liturgia)", em DPAC I, 1047-1053; ID. *Liturgia Hispánica* (BL 9, 1998); RAMIS, G. "La Liturgia Hispano-Mozárabe": *PastL* 207/208 (1992) 25-37, e em *EcclOr* 11 (1994) 107-120; 13 (1996) 323-326.

32. O intercâmbio foi constante nos primeiros séculos: cf. LERENA, J. "San Agustín y la liturgia hispánica": *Augustinus* 24 (1979) 321-378.

33. Cf. PINELL, J. "La Liturgia Hispánica. Valor documental de sus textos para la historia de la teología". In: *Repertorio de Historia de las Ciencias Eclesiásticas en España*, II (Salamanca 1971) 29-68; ID. "Livros litúrgicos hispánicos", em *Anamnesis* 2, 209-222.

catedral e no ofício monástico, que diferenciavam notavelmente a liturgia hispânica das outras.

A vida da liturgia hispânica foi tranquila até surgir a heresia adocionista na Espanha. Félix de Urgel e Elipando de Toledo (séc. VIII) haviam utilizado textos litúrgicos hispânicos para apoiar suas doutrinas. Isto fez com que a suspeita de heterodoxia se estendesse a todo o rito, apesar da aprovação efetuada pelo papa João X († 928). Finalmente, em 1073 o papa Gregório VII decretou a abolição do rito, executada em 1080 pelo Concílio de Burgos para os reinos de Castela e de Leão[34]. Mas já fazia tempo que o rito hispânico estava sendo invadido pelo romano, ao mesmo tempo que se tornava mais difícil a leitura dos manuscritos visigóticos, sendo esta uma das causas de seu paulatino desaparecimento[35].

3) *Sobrevivência e restauração*. No entanto, reconquistada Toledo no ano de 1085, diante da sobrevivência da antiga liturgia entre os cristãos moçárabes, Afonso VI outorgou-lhes o privilégio de continuar usando o rito que os havia ajudado a manter sua fé nas seis paróquias então existentes. Quando, em 1495, o cardeal Cisneros assume a Sede Primacial, só se mantinha fiel à antiga liturgia a paróquia das Santas Justa e Rufina. Graças a ele foram impressos o *Missale Gothicum secundum regulam Beati Isidori, dictum Mozarabes* em 1500 e o *Breviarium Gothicum* em 1502.

Em 1982 o cardeal de Toledo Dom Marcelo González Martín, de acordo com a Santa Sé e a Conferência Episcopal Espanhola, criou uma Comissão para a revisão *ex integro* do rito hispânico de acordo com os princípios do Concílio Vaticano II (cf. SC 3-4)[36]. O primeiro fruto dos

---

34. Cf. a Carta do Papa aos reis de Leão, Castela e Aragão, em: JAFFÉ, Ph. *Regesta Pontificum Romanorum* (Leipzig 1885) n. 4840ss.; cf. PÉREZ, F. "San Gregorio XVII y la liturgia española": *Liturgia* 3 (1948) 101-113 e 323-333; REILLY, B.F. (ed.). *Santiago, Saint-Denis and Saint Peter: The Reception of the Roman Liturgy in Leon-Castile in 1080* (Nova York 1985); RUBIO, J.P. "El cambio de rito en Castilla: su iter historiográfico en los siglos XII y XIII": *Estudios Gregorianos* 2 (2006 [2007]) 101-128.
35. Cf. JANINI, J. "Liturgia Romana", em DHEE 2, 1320-1324.
36. Cf. ALDAZÁBAL, J. "Il Rito Ispanico-Mozarabico si mette di nuovo in cammino": *RL* 71 (1984) 591-596; RAMIS, G. "Pervivencia y actualidad del Rito Hispano-Mozárabe": *Not* 202

trabalhos desta Comissão foram os dois volumes do *Missale Hispano-Mozarabicum* e os dois do *Liber Commicus* ou *lecionário*, editados entre 1991 e 1994[37]. No ano de 1992, pela primeira vez na história, o sucessor de Pedro celebrava a missa de acordo com o rito hispano-moçárabe, usando o citado missal[38].

5 Liturgia galicana

Com este nome se designa a liturgia local usada no sul das Gálias e que desapareceu na segunda metade do século VIII[39]. Os poucos documentos que sobreviveram já estão romanizados, de modo que é muito difícil rastrear os elementos originais. As sedes que podem ter chegado a ser as garantias dos *ritos* locais, como Arles e Marselha, e a região da Provença, já estavam sob o domínio dos francos no século VI. Não obstante, o parentesco entre as liturgias galicana e hispânica é tão notável que, graças a esta, é possível identificar alguns elementos daquela. Entre as fontes desta liturgia estão as homilias de Fausto de Riez († 485) e de São Cesário de Arles († 542), a *Expositio brevis antiquae liturgiae gallicanae* do Pseudo-Germano de Paris (séc. VII) e alguns livros litúrgicos[40].

(1983) 282-286; RAMOS, M. "Revisión *ex integro* de la liturgia hispano-mozárabe": *EL* 99 (1985) 507-516; ID. "Actualidad del Rito Hispano-Mozárabe": *PastL* 242 (1998) 18-30; ID. "Normativa sobre la celebración en Rito Hispano": ibid., 31-39; e *CuaderPh* 128 (2002); *OrH* 25/1-2 (1994); *Ph* 175 (1990).

37. *Missale Hispano-Mozarabicum*, 2 vols. (Conf. Ep. Espanhola – Arcebispado de Toledo 1991-1994); *Liber Commicus*, 2 vols. (Conf. Ep. Espanhola – Arcebispado d Toledo 1991-1994); cf. *Not* 267 (1998) 670-727; *PastL* 207/208 (1992); *Ph* 191 (1992) 367-380; *Salm* 39/2 (1992) 269-275; FERRER, M. *Los santos del nuevo Misal Hispano-Mozárabe* (Toledo 1995).

38. *Celebrazione eucaristica presieduta dal Santo Padre Giovanni Paolo II in Rito Ispano-Mozarabico* (TPV, 1992); cf. *Not* 311 (1992) 404-410. No entanto, durante as sessões gerais do Concílio Vaticano II, que iniciavam cada dia com a celebração da eucaristia seguindo os diversos ritos orientais e ocidentais, a liturgia hispânica havia sido celebrada também na Basílica Vaticana.

39. Cf. CABROL, F. "La liturgie Gallicane". In: AIGRAIN, R. *Encyclopédie populaire des connaissances liturgiques* (Paris 1947) 793-800; PINELL, J. "Galicana (Liturgia)", em DPAC I, 910-914.

40. Cf. PINELL, J. "Livros litúrgicos galicanos", em *Anamnesis* 2, 203-209.

6 Liturgia celta

O *rito litúrgico* da Irlanda e de outras zonas das Ilhas Britânicas de origem celta mal e mal superou a fase de gestação (séc. VI), devendo dar lugar ao rito romano na época dos carolíngios (séc. IX)[41]. Nos séculos VI e VII esta Igreja era ainda demasiado jovem para deixar vestígios profundos nos quais se pudesse apreciar o gênio cultural celta. Por outro lado, a língua litúrgica, desde o princípio da evangelização, não era o gaélico, mas o latim. Entre os primeiros testemunhos de uma literatura cristã irlandesa encontra-se uma série de hinos que revelam uma tradição poética autóctone. Outras fontes litúrgicas são o *Antifonário de Bangor*, copiado no século VII, e o *Missal de Stowe*, do final do século VIII.

IV – Liturgia e ecumenismo[42]

As liturgias do Oriente e do Ocidente, das quais se ocupa este capítulo, constituem a imagem visível do que foram e são atualmente as diversas Igrejas locais, como também da maravilhosa complementaridade das expressões legítimas da tradição do "depósito da fé". Mas, rompida a unidade e a comunhão iniciais como consequência dos avatares da história, é certo que a diversidade dos ritos litúrgicos, testemunho da riqueza da celebração do único mistério de Cristo na história e na geografia do orbe cristão, convida também a levar em consideração a importância da liturgia no caminho da reconci-

---

41. Cf. GOUGAUD, L. "Celtiques (Liturgies), em DACL II, 2969-3032; PINELL, J. "Céltica (Liturgia)", em DPAC I, 397-398; WARD, A. "Le liturgie insulari": *RL* 80 (1993) 484-497; WARREN, F.E. *The Liturgy of the Celtic Church* (Woodbridge-Suffolk 1987).

42. Cf. AA.VV. *L'Église et les églises. Neuf siècles de douloureuse séparation entre l'Orient et l'Occident*, 2 vols. (Chevetogne 1954-1955); CASTELLANO, J. "Liturgia y ecumenismo en la obra de la nueva evangelización": *Ph* 188 (1992) 153-161; EVDOKIMOV, M. "Questions liturgiques en Orthodoxie": *Not* 177 (1981) 190-196; FLÓREZ, G. "El diálogo teológico interconfesional": *Pastoral Ecuménica* 16 (1989) 48-71; FONTBONA, J. "Bautismo , Eucaristía y Ministerio. Veinticinco años después": *Ph* 47 (2007) 9-40; FRANQUESA, A. "El ecumenismo en el Vaticano II y en particular en la reforma litúrgica": *Ph* 205 (1995) 11-25; ID. "Liturgia y ecumenismo": *Ph* 226 (1988) 343-354; LYONS, P. "Liturgie ed ecumenismo", em CHUPUNGCO 1, 95-106; RAMOS, M. "Reflexiones ecuménicas de teología sacramental": *Ph* 132 (1982) 505-509; TAMBURRINO, P. "Ecumenismo y liturgia", em NDL 614-635; e *CuaderPh* 2, 26 e 70 (1988-1996); *LMD* 204 (1995); 235 (2003); *Ph* 277 (2007); *RL* 68/3 (1981) etc.

liação, para conseguir a unidade que Jesus Cristo quis para sua Igreja. Com efeito, as liturgias, sobretudo quando são celebradas por Igrejas que não estão em plena comunhão entre si – pense-se, por exemplo, na liturgia bizantina, idêntica nas comunidades da Ortodoxia e nas greco-católicas –, estão exigindo o compromisso de todos os fiéis cristãos a favor do ecumenismo[43].

Primeiro o Concílio Vaticano II e depois os documentos pontifícios deixaram muito clara, do ponto de vista católico, a conexão entre liturgia e ecumenismo, reconhecendo as situações nas quais é possível não só a oração em comum, mas também a participação nos sacramentos, e assinalando ao mesmo tempo os limites nas celebrações litúrgicas[44]. Deste ponto de vista, é notável também a distinção que se faz entre as Igrejas orientais e as outras Igrejas e comunidades eclesiais, por razões eclesiológicas e sacramentais. No entanto, deve-se levar em consideração também a importância que as Igrejas da Reforma sempre deram à Palavra de Deus. Em toda ação litúrgica se confessa a fé, se atualiza a palavra salvífica e se edifica a comunidade eclesial.

Mesmo sendo diferentes as expressões sacramentais das diversas Igrejas, "o culto cristão celebra a poderosa ação de Deus em Jesus Cristo e nos leva à comunhão com ele. Seja qual for a forma que ele revista, sua realidade depende da presença de Jesus Cristo nele, na palavra lida e recitada e nos sacramentos. Jesus Cristo é o centro e, através do Espírito Santo, é quem capacita para o verdadeiro culto". O diálogo ecumênico tem na liturgia conteúdos e aspectos que podem reavivar, em não poucos casos, o debate teológico sobre pontos doutrinais controversos. Por sua vez, o estudo da liturgia não deve perder jamais o contato com as fontes, começando pela Bíblia e os Santos Padres e continuando pela própria história litúrgica.

---

43. Como se sabe, "por 'Movimento ecumênico' se entendem as atividades e iniciativas suscitadas e ordenadas em favor das várias necessidades da Igreja e oportunidades dos tempos, no sentido de favorecer a unidade dos cristãos" (UR 4).

44. Cf. SC 1; 2; 4; UR 8; etc.; PONT. CONS. PARA A PROMOÇÃO DA UNIDADE DOS CRISTÃOS. *Diretório para a aplicação dos princípios e normas sobre o ecumenismo* (LEV), cap. IV. Cf. tb.: CONF. EP. ESPANHOLA. "Servicios pastorales a Orientales no católicos" (86ª Asamblea Plenaria, 31-3-2006): *Ecclesia* 3309 (2009) 674-677.

Parte II
A celebração do mistério

Capítulo VI
A celebração

As ações litúrgicas não são ações privadas, mas celebrações da Igreja (SC 26).

Bibliografia

AA.VV. *Celebrare il mistero di Cristo* (Bolonha 1978); AA.VV. *L'arte del celebrare* (BELS 102, 1999); AA.VV. *Ars celebrandi. Guida pastorale per un'arte del celebrare* (Magnano 2008); AS. ESP. DE PROFESORES DE LITURGIA (ed.). *Ars celebrandi. El arte de celebrar el misterio de Cristo* (Madri 2008); AUGÉ, M. "Celebración", em DTVC 233-241 (Bibl.); BROVELLI, F. (ed.). *La celebrazione cristiana: dimensioni costitutive dell'azione liturgica* (Gênova 1987); COSTA, E. "Celebración-Fiesta", em DTI II, 25-38; DALMAIS, I.H. "Teología de la celebración litúrgica", em MARTIMORT 251-304; DUCHESNEAU, Cl. *La célébration dans la vie chrétienne* (Paris 1975); FLORES, J.J. "La celebración y la vida litúrgica": *Ph* 274 (2006) 399-410; "Ars celebrandi. Belleza y liturgia". In: AA.VV. *Liturgia y Eucaristía* (Diálogos de teología, 10; València 2008) 13-40; GELINEAU, J. "La celebrazione del culto cristiano". In: *Assemblea santa. Manuale di liturgia pastorale* (Bolonha 1991) 59-175; GONZÁLEZ, R. "La celebración litúrgica según el *Catecismo de la Iglesia Católica*": *Ph* 248 (2002) 151-162; LÓPEZ MARTÍN 1, 201-227; MALDONADO, L. FERNÁNDEZ, P. "La celebración litúrgica: fenomenología y teología de la celebración", em BOROBIO 1, 205-258; MATEOS, J. *Cristianos en fiesta* (Madri 1975) 252-337; ROSSO 370-384; RUFFINI. "Celebración litúrgica", em NDE 167-183; SARTORE, D. & GENERO, G. "Le dimensioni della celebrazione cristiana". In: ASS. PROF. LITURGIA. *Celebrare il mistero di Cristo* 1 (BELS 73, 1993) 339-406; SODI, M. "Celebración", em NDL 333-353; TENA, P. *Celebrar el misterio* (BL 24, 2004); VILANOVA, E. "La Iglesia celebra la fe": *Ph* 177 (1990) 211-226; VISENTIN, P. et al. *Una liturgia per l'uomo* (Pádua 1986); e *CuaderPh* 49 (1994); *Ph* 253 (2003); 262 (2004); 274 (2006); *RivPL* 183 (1994).

Inicia-se a segunda parte, dedicada à *celebração do mistério* ou à liturgia enquanto *ação*. Neste capítulo e nos seguintes estuda-se a "encenação" da liturgia, que se torna ato significativo, ritual e festivo num lugar e num tempo concretos. A celebração é uma categoria fundamental para definir a liturgia como ação representativa e atualizadora do mistério de Cristo e da história da salvação.

O Concílio Vaticano II recordou que as ações litúrgicas pertencem à Igreja e têm como sujeito todo o povo santo de Deus (cf. SC 26). O *Catecismo da Igreja Católica* também utiliza esta categoria no título da segunda parte e dedica a este conceito um capítulo[1].

I – A palavra "celebração"

A *celebração* tem importantes conotações teológicas, mas se baseia na dimensão expressiva e festiva do homem.

1 Etimologia e uso primitivo

Celebrar e *celebração* provêm do latim (*celebrare-celebratio*), assim como o adjetivo *célebre* (*celeber*), e deste ponto de vista etimológico significam o mesmo que *frequentare*, ou seja, o ato de várias pessoas se reunirem num mesmo lugar[2]. Celebrar implica sempre uma referência a um acontecimento que provoca uma lembrança ou um sentimento comum. Célebre é não só o lugar frequentado para a reunião, mas também o momento da reunião e naturalmente o fato que a motiva.

Na linguagem comum latina estas palavras tinham como objeto as festas pagãs, os jogos circenses e os espetáculos em geral, com um evidente matiz popular, comunitário e, inclusive, religioso. A palavra *celebrar* e seus derivados se tornaram carregados de acepções honoríficas, para com os deuses e para com os homens que eram venerados – por exemplo, os heróis da

---

1. *A celebração sacramental do Mistério pascal*, CIC 1135-1209.
2. Cf. FORCELLINI, A. *Lexikon totius latinitatis* (Prato 1839) 520-521; também DROSTE, B. *"Celebrare" in der römischen Liturgiesprache* (Munique 1963).

guerra ou os atletas –, aludindo também às manifestações externas da honra e da veneração (pompa, solenidade etc.).

2 No latim cristão

Estes matizes passaram para o latim cristão. No entanto, ocorreu um enriquecimento da linguagem como resultado da simbiose entre a fé e a cultura latina. *Celebrare, celebratio* etc. aparecem nas traduções latinas da Bíblia, no vocabulário dos Santos Padres latinos e nos livros litúrgicos[3].

1) *As traduções latinas da Bíblia* deixam entrever uma escolha no uso de determinados termos. Com efeito, quando o verbo *celebrare* traduz o grego *poieô* (fazer), tem um sentido exclusivamente cultual e religioso e se refere a diferentes objetos – a Páscoa e outras festas, alguns ritos etc. – como sinal de unidade na comemoração de um acontecimento (cf. Ex 12,48; 13,5; Dt 16,10-13). Quando traduz *heortazô* (festejar), alude à popularidade do festejo, à multidão que se reúne para honrar o Senhor (cf. Ex 12,14; 23,14; Lv 23,39.41; Nm 29,12; 1Cor 5,8)[4].

A tradução de *kaleô* (convocar) por *celebrare* mostra que a reunião tem sua origem no chamado divino (cf. Lv 23,24). Este uso é muito significativo porque está relacionado com a palavra *ekklêsia*, convocação do Senhor[5]. Em compensação, o verbo *sabbatizô* (guardar o sábado), traduzido por *celebrare*, alude à reiteração da convocação divina – a cada semana – para que o povo lembre as obras do Senhor (cf. Lv 23,32). Finalmente, quando *celebrare* traduz *agô* (conduzir, levar a efeito), assinala um ritual concreto – a dedicação do templo, o sábado etc. (2Mc 2,12; 6,11).

---

3. Cf. PELVI, V. "Per una teologia della 'celebrazione'. Fondamenti biblici e patristici": *Asprenas* 23 (1976) 411-424.
4. Cf. MAYER. R. "Fiesta (*eortê*)", em DTNT II, 138-193.
5. Cf. COENEN, L. "Llamada (*kaleô*)", em DTNT III, 9-15.

2) *A Patrística latina*. Os Padres latinos, além de usar *celebrare* e *celebratio* quando se referem aos cultos pagãos, acabam trasladando este vocabulário para a liturgia cristã. Tertuliano e São Cipriano foram os primeiros a fazê-lo, mas destacando o aspecto de encontro com Deus e de comunhão na caridade dos que se reúnem para celebrar[6]. Santo Ambrósio dá um conteúdo mais especificamente litúrgico a *celebrare* ao apontar como objeto o matrimônio cristão, imagem da vida trinitária e vivência da Páscoa do Senhor[7]. Cassiano une *celebrare* a *officium*, reivindicando o sentido de unidade na convocação litúrgica dos monges[8]. Santo Agostinho sugere imitar aqueles que são celebrados: Cristo, os mártires[9].

Nas homilias de São Leão Magno o verbo *celebrare* se refere sempre ao mistério pascal de Jesus Cristo, presente nas festas cristãs[10]. No entanto, é frequente também o verbo vir acompanhado de expressões alusivas às atitudes espirituais com as quais se deve celebrar – *devotione, gaudiis* etc. – e à conduta moral que deve vir depois – *dignis conversationibus* etc. Finalmente, São Cromácio de Aquileia, com o termo *celebrare* e um amplo leque de sinônimos, vê a celebração como a presença renovada de toda a história da salvação, desde os sinais do Antigo Testamento até as ações salvíficas de Cristo[11].

3 Nos livros litúrgicos

A acumulação de significados destes termos ao longo da história se torna ainda maior nos livros litúrgicos[12]. O objeto da celebração oscila entre os mistérios do Senhor – especialmente o mistério pascal – e a memória da

---

6. TERTULIANO. *Advers. Valent.* 30: CSEL 47, 206; *De oratione* 23,4: CCL 1, 272; S. CIPRIANO. *De orat. dominica* 11: PL 4, 526; *Ep.* 7,7: PL 4, 242.
7. SANTO AMBRÓSIO. *De poenit.* 2,7: PL 16, 511-512; *De Abraham* 1,5: PL 14, 437.
8. CASSIANO. *De Caenae instit.* 3: PL 49, 114.
9. SANTO AGOSTINHO. *Serm.* 325,1: PL 38, 1147; 302,1: PL 38, 1385; *De civit. Dei* 10,6: PL 41, 284 etc.
10. SÃO LEÃO. *Serm.* 63,7: PL 54, 357; cf. PASCUAL, J.A. "El misterio pascual según san León Magno": *RET* 24 (1964) 299-314; DE SOOS, M.B. *Le Mystère liturgique d'après saint Léon le Grand* (LQF 34, 1958).
11. Cf. TRETTEL, G. *Celebrare* i misteri in Cromazio d'Aquileia": *EL* 94 (1980) 27-68 e 145-175.
12. Cf. BLAISE, A. *Le vocabulaire latin des principaux thèmes liturgiques* (Turnhout 1966) etc.

Santíssima Virgem e dos santos, e as atitudes dos fiéis. No entanto, nas edições litúrgicas das diferentes línguas pode-se notar uma especial acentuação do aspecto comunitário e eclesial (cf. SC 7; 9; 26-28; 41; LG 26).

Em síntese, celebrar é fazer, realizar, tomar parte num ato social e comunitário, que se inicia com o fato de comparecer num mesmo lugar para festejar um acontecimento e honrar alguém. No âmbito religioso cristão, celebrar é, além disso, dedicar ao Senhor um tempo determinado e significativo e dedicar-se a uma atividade cultural e a uma conduta coerente de vida, com certas atitudes e com certos atos comuns àqueles que participam da celebração.

II – Abordagens do conceito de celebração

Um fenômeno tão rico e complexo como a celebração interessa igualmente à antropologia e à teologia.

1 A partir da antropologia

Para os estudiosos do comportamento humano, a celebração é um acontecimento que deve ser compreendido no âmbito da pessoa e de suas relações com os outros. Neste sentido, a celebração é um fenômeno essencialmente social e comunitário e pode ser definida como um meio de relação e de encontro. A celebração cria uma abertura e provoca uma aproximação na base de certos ideais ou de certos interesses comuns[13].

Do ponto de vista religioso, a celebração incide na vida das pessoas, polarizando seus sentimentos e convicções em torno de determinado valor transcendente ou sagrado, ao ponto de produzir uma mesma resposta expressiva de ordem cultural e religiosa. A celebração impregna com sua linguagem todos os elementos significativos – desde o lugar até os objetos, os gestos, os símbolos, o momento, o ambiente etc. – e os transforma em transmissores de uma mensagem capaz de ser lembrada e revivida quantas vezes se desejar.

---

13. Cf. FRATTALLONE, R. "La celebrazione liturgica. Premesse antropologico-liturgiche": *EL* 92 (1978) 245-260.

A celebração, deste mesmo ponto de vista, é um fator de unificação de um grupo a fim de compartilhar uma mesma experiência estética, religiosa ou política, ou adotar determinado compromisso. Os componentes da celebração atuam como catalizador moral do grupo e como fator "educativo" dos que o integram, na medida em que exista uma vontade capaz de atrair e de orientar para um fim determinado.

No entanto, apesar deste risco de utilizar a celebração para fins extrínsecos, na essência do que significa celebrar encontra-se também uma realidade não redutível a conceitos nem a normas. Neste sentido, celebrar é também agir movidos por um impulso pré-lógico e, de certa forma, irracional ou emotivo. Celebrar implica uma forte carga de espontaneidade e de surpresa, mesmo no caso da celebração reiterada ou estabelecida pelo costume ou pelas normas do grupo. A celebração quer ser algo vivo, não aprisionado por uma lógica fria e descarnada. Isto não quer dizer que deva ser anárquica e iconoclasta. Pelo contrário, a celebração é tanto mais criativa quanto mais autenticamente é realizada e vivida. O texto e a cerimônia são um meio a serviço dos fins da celebração.

Celebrar é, portanto, sinônimo de fazer festa, ou seja, jogar/brincar no sentido mais positivo deste termo. Por isso, celebrar é uma atividade livre, gratuita, desinteressada, inútil, ou seja, não utilizável para fins extrínsecos, embora cheia de sentido e orientada para pôr em movimento as energias do espírito e a capacidade de transcender o imediato e ordinário, a fim de abrir-se à beleza, à liberdade e ao bem. Celebrar é pressentimento e antecipação de eternidade[14].

---

14. Cf. CANALS, J.M. "La belleza en la liturgia" *Ph* 221 (1997) 397-407; GUARDINI, R. "La liturgia como juego". In: *El espíritu de la liturgia* (Barcelona 1962) 137-157; MAGGIANI, S. "Per una definizione del concetto di liturgia: le categorie di 'gratuità' e di 'gioco'. La proposta di R. Guardini". In: DELL'ORO, F. (ed.). *Mysterion. Miscellanea S. Marsili* (Leumann/Turim) 89-114; MARINI, P. *Liturgia e bellezza. Nobilis pulchritudo* (LEV 2005); THURIAN, M. "La liturgia è una festa": *Not* 172 (1980) 578-581; e *CuaderPh* 47 (1994); *LMD* 233 (2003); *Ph* 253 (2003); etc.

2 A partir da teologia da liturgia

Estes valores humanos da celebração se somam aos valores específicos da liturgia cristã.

1) A celebração tem uma *dimensão atualizadora* da salvação: "Característico da celebração religiosa é que a vida divina é de certo modo comunicada aos participantes. Não é um simples recordar, mas uma presença. A divindade está presente na celebração festiva, perceptível ou reconhecível através de sua eficácia. A língua grega, tão rica do ponto de vista religioso, dá a este fato o nome de *epifania* ou manifestação (em sentido cultual)"[15].

No entanto, na celebração não ocorre apenas esta mediação ou *hierofania* que põe o homem em comunicação com o mistério, mas acontece também uma presença eficaz da salvação na ação ritual, na qual intervém a oração da Igreja. Esta invoca seu Senhor para que torne eficaz a ação do ministro (*epiclese*). Não existe uma *mimese* ou imitação mágica do fazer divino, mas uma palavra invocativa ou indicativa, que aparece sempre depois da Palavra proclamada e que acompanha um gesto mínimo e significativo: o rito[16].

2) *Dimensão escatológica*. A presença da ação divina transforma a celebração em acontecimento salvífico e faz dela uma antecipação da posse plena dos dons de Deus para além dos limites deste mundo. Nesse sentido, "na liturgia terrena, antegozando, participamos da liturgia celeste, que se celebra na cidade santa de Jerusalém, para a qual, peregrinos, nos encaminhamos. Lá, Cristo está sentado à direita de Deus, ministro do santuário e do tabernáculo verdadeiro; com toda a milícia do exército celestial entoamos

---

15. CASEL, O. "La notion de jour de fête": *LMD* 1 (1945) 23-36, aqui 25-26; também ID. "Hodie": *LMD* 65 (1961) 127-132. Cf. FLORES, J.J. "El *hodie* en los escritos de Odo Casel": *PastL* 250 (1999) 58-64; LÓPEZ MARTÍN, J. "Acontecimiento y memorial en la celebración de la Iglesia": *NVet* 24 (1987) 171-1945; NEUNHEUSER, B. "La celebrazione liturgica nella prospettiva di Odo Casel": *RL* 57 (1970) 248-256.

16. Cf. FEDERICI, T. "Liturgia, creatività, interiorizzazione, attuazione": *Not* 127 (1977) 73-87; também DUPONT, V.L. "Le dynamisme de l'action liturgique. Une étude de la mystagogie de saint Maxime le Confesseur": *RevSR* 65 (1991) 363-388.

um hino de glória ao Senhor e, venerando a memória dos santos, esperamos fazer parte da sociedade deles; suspiramos pelo Salvador, Nosso Senhor Jesus Cristo, até que ele, nossa vida, se manifeste, e nós apareçamos com ele na glória" (SC 8)[17].

As liturgias orientais destacaram com maior ênfase a comunhão com a Igreja celeste que acontece na celebração, de maneira que o santuário, as vestes litúrgicas e o próprio cerimonial se apresentam como a visibilização da glória celeste. No entanto, a liturgia romana possui elementos suficientes para fazer viver este aspecto essencial na celebração[18].

3) *Dimensão comunitária e eclesial.* A celebração é ação de Cristo e do povo de Deus hierarquicamente ordenado, ou seja, ação de Cristo como cabeça e dos membros de seu corpo. Por este motivo a celebração é causa e manifestação da Igreja e precisa estar sempre ordenada para que todos tomem parte na ação comum, cada um de acordo com sua própria ordem e grau[19].

Por outro lado, não se pode esquecer a incidência da celebração litúrgica na missão e na pastoral da Igreja e, inclusive, na vida social e pública[20].

4) *O fim primário da celebração*, contudo, não consiste em ser um meio pedagógico destinado a tornar mais eficaz um ensinamento ou uma men-

---

17. Cf. LG 49-50; CIC 1137-1139.
18. Cf. ANDRONIKOF, C. *El sentido de la liturgia. La relación entre Dios y el hombre* (Valência 1992) 217-235; AUGÉ, M. "La comunidad eclesial colocada en la tensión entre el mundo actual y el mundo futuro": *Claretianum* 10 (1970) 139-162; BROVELLI, F. (ed.). *Escatologia e liturgia. Aspetti escatologici del celebrare cristiano* (BELS 45, 1988); CASTELLANO, J. "Escatología", em NDL 659-676; MAGRASSI, M. "Il clima escatologico della celebrazione primitiva": *RL* 53 (1966) 374-393; MARTÍNEZ, G. *La escatología en la liturgia romana antigua* (Madri 1976); RORDORF, W. "Liturgie et eschatologie": *EL* 94 (1980) 385-395; TRIACCA, A.M. & PISTOIA, A. (eds.). *Eschatologie et liturgie* (BELS 35, 1985).
19. Cf. LÓPEZ MARTÍN, J. "La comunidad como clave de la celebración": *Ph* 172 (1989) 287-302.
20. Cf. BOROBIO, D. *Dimensión social de la liturgia y los sacramentos* (Bilbao 1990); HAMMAN, A. *Vie liturgique et vie sociale* (Paris 1968); POU, R. "Relación vida litúrgica y acción cristiana nel mundo": *Ph* 43 (1968) 49-61; e *Conc* 62 (1971); 92 (1974); *Ph* 34 (1966); 58 (1970); 77 (1973); 181 (1991); *RL* 64/3 (1977).

sagem. Com efeito, "a celebração litúrgica é a atualização, em palavras e gestos, da salvação que Deus realiza em seu Filho Jesus Cristo pelo poder do Espírito Santo. Na celebração são evocados, para que se tornem presentes, os acontecimentos da salvação, especialmente o nascimento de Cristo, sua morte e ressurreição, sua ascensão, o envio do Espírito sobre os Apóstolos em Pentecostes. Tudo isto a fim de que o povo cristão que celebra possa participar ativamente e receber seus frutos. O verbo 'celebrar' traduz a expressão bíblica *fazer memória*"[21].

III – Definição e aspectos da celebração

Somando os fatores antropológicos e teológicos que configuram a natureza da celebração, pode-se chegar a uma definição deste fenômeno social tão complexo. A primeira coisa que é preciso ressaltar é seu caráter de ação total, ou seja, significativa e expressiva tanto no nível pessoal quanto no nível comunitário. Em segundo lugar, esta ação é a manifestação de uma presença salvadora para o homem, que comunica a salvação precisamente através de todos os elementos que intervêm na celebração. Em terceiro lugar, a celebração afeta toda a existência dos que nela tomam parte, orientando-a para uma conduta de vida e transformando-a numa oferenda agradável a Deus.

O primeiro aspecto se refere à *celebração em sua dimensão ritual*. Celebrar é atuar ritualmente, de maneira significativa, movidos por um acontecimento. Neste sentido, a celebração é a *liturgia em ação*, ou seja, o momento em que a função santificadora e cultual da Igreja se torna ato num lugar e num tempo concretos. Deste ponto de vista, a celebração compreende quatro componentes: o *acontecimento* que motiva a celebração, a comunidade que se torna *assembleia celebrante*, a *ação ritual* e o *clima festivo*, que impregna tudo[22].

---

21. COFFY, R. "La célébration, lieu de l'éducation de la foi": *LMD* 140 (1979) 25-40, aqui 30; cf. ID. *Una Iglesia que celebra y que ora* (Madri 1976); VILANOVA, E. "La Iglesia celebra la fe": *Ph* 177 (1990) 211-226.

22. Cf. LLOPIS, J. "Celebración litúrgica". In: *Gran Enciclopedia Rialp* (Madri 1971) 441-444, aqui 442.

O segundo aspecto se refere à *celebração em sua dimensão mistérica* e corresponde à *liturgia como mistério*, ou seja, como presença e atuação de Deus na vida de seu povo e na existência pessoal dos que tomam parte na celebração. Trata-se do conteúdo da celebração, a realidade oculta e, ao mesmo tempo, manifestada e comunicada na ação ritual.

O terceiro aspecto alude à *celebração em sua dimensão existencial* e não é outra coisa senão a *liturgia como vida*. Com efeito, na celebração se torna símbolo e gesto a realidade cotidiana de uma existência convertida em culto ao Pai no Espírito e na verdade, santificada precisamente na celebração. A liturgia é "fonte e ápice" da vida cristã (cf. LG 11) e da atividade da Igreja (cf. SC 10).

Portanto, a celebração pode ser definida como o momento expressivo, simbólico, ritual e sacramental no qual a liturgia se torna ato que evoca e torna presente, mediante palavras e gestos, a salvação realizada por Deus em Jesus Cristo com o poder do Espírito Santo.

A celebração, em sentido estrito, é uma ação que corresponde sobretudo à dimensão ritual, expressiva e festiva da liturgia. Como foi assinalado antes, é preciso que ocorram alguns componentes: uma situação que motiva a celebração, um sujeito celebrante, certos atos, e um marco tanto local quanto cronológico. O *Catecismo da Igreja Católica*, depois de ter exposto o que se refere à liturgia como mistério (cap. I da seção I da Parte II, dedicada à *celebração do mistério cristão*), formula assim as questões acerca das celebrações litúrgicas: "quem celebra, como celebrar, quando celebrar, onde celebrar" (CIC 1135).

Os capítulos seguintes darão resposta a todas estas perguntas.

Um aspecto prático da celebração, que incide de maneira direta nos fins desta, é o que se quis reunir em expressões como "o estilo de celebrar" e "a arte de celebrar" ou *ars celebrandi*. Com estas expressões se quer aludir não somente à realização formal do ritual litúrgico, tanto do ponto de vista da fidelidade normativa e da estética quanto do ponto de vista das atitudes internas dos que tomam parte na celebração, especialmente os ministros. Na XI Assembleia geral ordinária do Sínodo dos Bispos a *ars celebrandi* foi posta em relação com a participação ativa dos fiéis na liturgia, e assim foi proposta pela Exortação Apostólica pós-sinodal *Sacramentum caritatis*, como um *modo de celebrar* que conduza todos ao culto verdadeiro, à reverência e à adoração[23].

IV – O mistério de Cristo no centro de toda celebração

Trata-se de uma consequência do que foi dito no capítulo II acerca da liturgia na economia da salvação, aplicando-o à noção de celebração. Com efeito, a centralidade do mistério de Cristo e da história da salvação na liturgia não significa que nela não tenham cabimento outros fatos ou acontecimentos da vida dos homens ou da Igreja. Exemplos desta presença são as celebrações dos sacramentos e sacramentais que de alguma forma balizam a existência humana, os aniversários alegres ou tristes, as bênçãos dos lugares ou dos instrumentos de trabalho, de comunicação ou de transporte etc., as jornadas eclesiais e as próprias festas cristãs com sua incidência civil e cultural.

A liturgia não só acolhe estes acontecimentos na celebração, mas os utiliza para organizar alguns elementos da ação litúrgica, como as leituras, cantos, textos eucológicos, ritos, solenidade externa etc. No entanto a liturgia, ao acolher estes motivos humanos, sociais e inclusive eclesiais não diretamente litúrgicos, o faz sempre em relação com o mistério pascal de Jesus Cristo e na medida em que todos eles se beneficiam da ação salutar deste mistério ou são um testemunho de sua presença[24].

---

23. Cf. BENTO XVI. Exort. apost. pós-sinodal *Sacramentum caritatis*, de 22-2-2007 (LEV 2007) n. 38-42; cf. os comentários à parte II da Exortação em NARDIN, R. & TANGORRA, G. (eds.). *Sacramentum caritatis. Studi e commenti...* (Roma 2008) 325-486; também JOÃO PAULO II. *Carta à Congregação para o Culto*, de 3-3-2005: *Not* 463/464 (2005) 146-148. Sobre a *ars celebrandi*, além dos títulos citados no início do capítulo, cf.: BRANDOLINI, L. "Estilos celebrativos", em NDL 720-729; GENERO, G. "Condizioni per la 'veritas' della celebrazione: criteri per l'attuazione rituale". In: AA.VV. *Il mistero celebrato* (BELS 49, 1989) 229-248; LÓPEZ MARTÍN, J. "El estilo de las celebraciones litúrgicas": *PastL* 193/194 (1990) 30-40; NOÈ, V. "Dallo stile celebrativo all'anima della celebrazione": *Not* 249 (1987) 257-270; PARÉS, X. "Ars celebrandi. La mejor catequesis una buena celebración": *Ph* 274 (2006) 411-418; SCOVARNEC, M. "L'art de célébrer": *LMD* 219 (1993) 119-140; ZANON, G. "Mentalità e prassi storiche nel modo di celebrare e recepire il senso del mistero cristiano": *RL* 74 (1987) 348-365 etc.

24. Cf. LÓPEZ MARTÍN 2, 63-99; ID. "La liturgia, memoria y celebración del misterio de Cristo": *PastL* 234/235 (1997) 58-72; MALDONADO, L. "Los signos de los tiempos en el corazón

Pode-se dizer que no conjunto das celebrações litúrgicas aparece uma série de círculos cada vez mais amplos em torno do mistério da salvação, mas tendo sempre como núcleo o mistério de Cristo e da Igreja.

del culto": *Ph* 62 (1971) 211-214; SEASOLTZ, K. "Celebrações eucarísticas hoje: mistura de motivos sentidos": *Conc* 172 (1982/2) 164-175; SOTTOCORNOLA, F. "Celebrare l'unico mistero di Cristo nei molti avvenimenti della storia": *RL* 64 (1977) 333-346; TENA, P. "La celebración litúrgica, entre el acontecimiento y los acontecimientos": *Ph* 58 (1970) 371-383.

Capítulo VII
A Palavra de Deus na celebração

Na celebração litúrgica é máxima a importância da Sagrada Escritura. Pois dela são lidas as lições e explicadas na homilia e cantam-se os salmos (SC 24).

Bibliografia

AA.VV. *La Bibbia nella liturgia* (Casale Monferrato 1987; AA.VV. *La liturgie interprète de l'Écriture* 1-2 (BELS 119 e 126, 2001 e 2002); AA.VV. *La Parola di Dio tra Scrittura e rito* (BELS 122, 2002); BARGELLINI, E. et al. *Il mistero della Parola di Dio nelle celebrazioni liturgiche* (Milão 2003); BOTTE, B. et al. *La Parole dans la liturgie* (Paris 1979); BROVELLI, F. (ed.). *La Bibbia nella liturgia* (Gênova 1987); CECOLIN, R. (ed.). *Dall'esegesi all'ermeneutica attraverso la celebrazione. Bibbia e liturgia* (Pádua 1991); COM. EPISC. DE LITURGIA (ed.). *Formación bíblica y litúrgica. Ponencias de las Jornadas N. de Liturgia* (Madri 2000); CONGRESSO DE ESTRASBURGO. *Palabra de Dios y liturgia* (Salamanca 1966); COTHENET, E. *Exégèse et liturgie* (Paris 1999); DE ZAN, R. "Bibbia e liturgia", em CHUPUNGCO 1, 48-66; FEDERICI, T. *Bibbia e liturgia*, 3 vols. (Roma 1973-1975); ID. *Cristo Risorto amato e celebrato* I: *Commento al Lezionario domenicale. Cicli A, B, C.* (Palermo 2001); FOSSAS, I.M. "Biblia y liturgia": Ph 261 (2004) 237-250; DELLA TORRE 1, 195-279; LÓPEZ MARTÍN 1, 253-285; ID. "Leccionario de la Misa", em NDL 1103-1113; LYONS, P. (ed.). *Parola e sacramento* (Roma 1997); MAGRASSI, M. *Vivere la Parola* (Noci 1979); SECR. NAC. DE LITURGIA (ed.). *La Palabra de Dios, hoy* (Madri 1974); MARTIMORT, A.G. *Les lectures liturgiques et leurs livres* (Turnhout 1992); RAFFA, V. *Liturgia eucaristica. Mistagogia della Messa: dalla storia e dalla teologia alla pastorale pratica* (BELS 100, 1998) 174-176 e 258-321; RIGHETTI 1, 274-280; 2, 198-240;

ROSSO 350-369; SÍNODO DOS BISPOS. XII ASSEMBLEIA GERAL ORDINÁRIA. *A Palavra de Deus na vida e na missão da Igreja. Instrumentum laboris* (LEV 2008); TRIACCA, A.M. "Biblia y liturgia", em NDL 230-257; VAGAGGINI, C. *El sentido teológico de la liturgia* (BAC, Madri 1959) 415-464; e *Conc* 102 (1975); *CuaderPh* 33, 153, 176 (1992-2008); *Dossiers* CPL 70 (1996); *LMD* 189 e 190 (1992); *PastL* 226 (1995); 229/230 (1995-1996); *Ph* 18 (1968); 56 (1970); 151 (1986); 283 (2008); 284 (2008); *RL* 70/5 (1983); 71/1 (1984); 73/5 (1986); 88/6 (2001); 94/4 (2007). *RivPL* 29/1 (1991).

O primeiro dos componentes da celebração é o acontecimento que ocasiona a ação litúrgica, evocado pela Palavra de Deus. Com efeito, toda celebração tem um motivo que a convoca e justifica. No centro da celebração cristã, como também foi dito, encontra-se sempre o mistério pascal de Jesus Cristo. Este acontecimento central e qualquer outro aspecto da economia salvífica se transformam em objeto de uma celebração litúrgica a partir do momento em que são anunciados, proclamados e celebrados na *liturgia da Palavra*.

Este capítulo expõe a importância da leitura-proclamação da Palavra divina como fundamento do diálogo entre Deus e seu povo e um dos modos da presença de Cristo na liturgia. Estudam-se também a estrutura da liturgia da Palavra e a organização do Lecionário da Palavra de Deus[1].

I – A Sagrada Escritura na liturgia

Todas as liturgias do Oriente e do Ocidente reservaram um lugar privilegiado à Sagrada Escritura em todas as celebrações. A versão dos LXX foi o primeiro livro litúrgico da Igreja (cf. 2Tm 3,15-16).

---

1. Quando se fala da Palavra de Deus, a expressão tem alguns destes significados: o Verbo de Deus; o Filho preexistente (cf. Jo 1,1) que se encarnou (v. 14); a Promessa feita aos Pais; o conteúdo das Escrituras sob a inspiração do Espírito Santo; a proclamação destas Escrituras pela comunidade; e finalmente, o livro que contém a Palavra divina organizada para ser lida e proclamada na celebração. "A Palavra de Deus como um canto a várias vozes": XII ASS. GERAL DO SÍNODO DOS BISPOS. *Instrumentum laboris* (LEV, 2008) n. 9.

1 Fundamento

O próprio Jesus, que citava as Escrituras do Antigo Testamento, aplicando-as à sua pessoa e à sua obra, não só mandou recorrer à Bíblia para entender sua mensagem (Jo 5,39), mas, além disso, também nos deu o exemplo exercendo o ministério de leitor e de homileta na sinagoga de Nazaré (cf. Lc 4,16-21) e explicando aos discípulos de Emaús "tudo o que a ele se referia, começando por Moisés e continuando por todos os profetas" (cf. Lc 24,27), antes de realizar a "fração do pão" (cf. Lc 24,30). Com efeito, depois da ressurreição ele entregou aos discípulos o sentido último das Escrituras ao "abrir-lhes a inteligência" para que as compreendessem (cf. Lc 24,44-45)[2].

Por volta do ano 155, em Roma, São Justino deixou escrita a mais antiga descrição da eucaristia dominical. A celebração começava com a liturgia da Palavra[3]. É muito provável que, desde o início, a liturgia cristã tenha seguido a prática sinagogal de proclamar a Palavra de Deus nas reuniões de oração e em particular na eucaristia (cf. At 20,7-11). Por outro lado, é facilmente compreensível que, quando começaram a circular pelas Igrejas "as recordações dos Apóstolos", sua leitura fosse acrescentada à do Antigo Testamento. Além disso, muitas das páginas do Novo Testamento foram escritas depois de terem feito parte da transmissão oral num contexto litúrgico.

A proclamação da Palavra é um fato constante e universal na história do culto cristão, de maneira que não existe *rito litúrgico* que não tenha vários lecionários, nos quais distribuiu a leitura da Palavra de Deus de acordo com o calendário e as necessidades pastorais da respectiva Igreja[4].

---

2. Cf. GAIDE, G. "Le apparizioni del Risorto secondo il terzo Vangelo (Lc 24)": *PAF* 21 (1070) 61-86. Numerosas passagens do N.T. trazem os vestígios do uso litúrgico, cf. BÉGUERIE, Ph. "La Bible née de la liturgie": *LMD* 126 (1976) 108-116; JORNS, Kl.-P. "Liturgie, berceau de l'Écriture": *LMD* 189 (1992) 55-78.
3. Cf. o texto em *Apol. I*, 67.
4. Cf. FARNÉS, P. "Los leccionarios litúrgicos del Vaticano II. Sus diversas intensidades": *Ph* 283 (2008) 17-42; FEDERICI, T. "O Lecionário do novo Missal romano": *Conc* 102 (1975) 170-177; ID. "Estructura de la liturgia de la Palabra en los leccionarios antiguos y en el *Ordo lectionum Missae*": *Ph* 151 (1986) 55-81.

2 Significado

Tão importante é este fato que o Concílio Vaticano II não duvidou em referir-se aos lecionários da Palavra de Deus como os *tesouros bíblicos da Igreja*, dispondo que fossem abertos mais amplamente (SC 51; cf. 92). Neste sentido, o Concílio afirmou também a máxima importância da Sagrada Escritura na celebração da liturgia (cf. SC 24).

Esta abundância obedece à convicção da presença do Senhor na Palavra proclamada. Com efeito, como ensina o mesmo Concílio, "na liturgia Deus fala a seu povo. Cristo ainda anuncia o Evangelho. E o povo responde a Deus, ora com cânticos ora com orações" (SC 33). A Igreja sabe que, quando abre as Escrituras, encontra sempre nelas a Palavra divina e a ação do Espírito, "pelo qual a voz viva do Evangelho ressoa na Igreja" (DV 8; cf. 9; 21).

A Palavra lida e proclamada na liturgia é um dos modos da presença do Senhor junto à sua Igreja, sobretudo na ação litúrgica: "Presente está pela sua palavra, pois é ele mesmo que fala quando se leem as Sagradas Escrituras na Igreja" (SC 7). Com efeito, a Palavra encarnada "ressoa" em todas as Sagradas Escrituras, que foram inspiradas pelo Espírito Santo em vista de Cristo, em quem culmina a revelação divina (cf. DV 11-12; 15-16 etc.)[5].

A própria homilia, cuja missão é ser "a proclamação das maravilhas divinas na história da salvação ou no mistério de Cristo, que está sempre presente em nós e opera, sobretudo nas celebrações litúrgicas" (SC 35,2; cf. 52)[6], goza também de certa presença do Senhor, como afirma o papa Paulo

---

5. Cf. AROCENA, F. "El Espíritu en la Palabra". In: GUTIÉRREZ, J.L.; AROCENA, F. & BLANCO, P. (eds.). *La liturgia en la vida de la Iglesia* (Pamplona 2007) 241-258; CANALS, J.M. "La celebración de la Palabra": *Ph* 237/238 (2000) 235-245; FOSSAS, I.M. "Biblia y liturgia": *Ph* 261 (2004) 237-250; ID. "La Palabra celebrada entre la veneración y la confrontación": *Ph* 268 (2005) 263-277; GONZÁLEZ, R. "La proclamación litúrgica de la Escritura. Sus principios teológicos": *Ph* 284 (2008) 125-142; MARTIMORT, A.G. "Está presente en su palabra". In: *Actas del Congreso Internacional de Teología del Vaticano II* (Barcelona 1972) 311-326; PIÉ-NINOT, S. "Palabra de Dios y liturgia": *Ph* 287/288 (2008) 551-575; RODRÍGUEZ PLAZA, B. "Lineamenta del Sínodo 2008: aspectos pastorales que afectan a la liturgia de la Iglesia": *PastL* 303 (2008) 113-124; ROGUET, A.M. "La présence active du Christ dans la Parole de Dieu": *LMD* 82 (1965) 8-28; MARSILI, S. "Cristo si fa presente nella sua Parola": *RL* 70 (1983) 671-690.

6. Sobre a homilia cf. ALDAZÁBAL, J. "Predicación", em CFP 817-830; ID. *El ministerio de la homilía* (BL 26, 2006); BROVELLI, F. "L'omelia. Elementi di riflessione nel dibattito recen-

VI: " (Cristo) está presente à sua Igreja enquanto ela prega, sendo o Evangelho assim anunciado Palavra de Deus; esta pregação só se realiza em nome de Cristo [...] e com a sua autoridade e assistência..."[7].

II – A Palavra de Deus na história da salvação

Ao chegar a plenitude dos tempos (cf. Gl 4,4), "a Palavra se fez carne e habitou entre nós" (Jo 1,14). Até esse momento Deus "havia falado aos pais de muitos modos por meio dos profetas; agora nos falou na pessoa de seu Filho" (Hb 1,1-2). O próprio Pai o apresentou dizendo: "Este é meu Filho amado, escutai-o" (Mc 9,7 e par.).

O Verbo encarnado, Cristo Jesus, ensinou a seus discípulos a maneira de aproximar-se do mistério da Palavra de Deus, ou seja, dele próprio como Palavra divina subsistente, consubstancial e igual ao Pai e ao Espírito Santo. Ele convidou a ler as Escrituras para conhecê-lo e conhecer o poder de sua ressurreição (cf. Fl 3,10) e saber ir, a partir dele, em direção aos tempos da Promessa, ao Antigo Testamento (cf. Lc 24,25-27.32.44-48). Cristo é o centro das Escrituras, de modo que toda leitura, meditação, estudo ou proclamação da Palavra, principalmente a celebração litúrgica, deve girar em torno dele. A partir de Cristo se vai até o Antigo

---

te": *ScCat* 117 (1989) 287-329; CALVO GUINDA, F.J. *Homilética* (BAC, 2003); COM. EP. DE LITURGIA. *Partir el pan de la Palabra. Orientaciones sobre el ministerio de la homilía* (Madri 1983); CHENO, R. "L'homélie, action liturgique de la communauté eucharistique": *LMD* 227 (2001) 9-34; DELLA TORRE, L. "Homilía", em NDL 1015-1038; GOENAGA, J.A. "La homilía entre la evangelización y la mistagogía": *PastL* 226 (1995) 4-23; GRASSO, D. *Teología de la predicación* (Salamanca 1966); GUERRA, J.L. "Homilía y predicación": *PastL* 227 (1995) 26-43; HAENSLI, E. "Homilética", em SM III, 525-533; LARA, A. "Servir la mesa de la Palabra. La homilía en los principales documentos del Magisterio (1963-1994)": *PastL* 227 (1995) 5-25; LÓPEZ MARTÍN, J. "La homilía, al servicio de la palabra de Dios": *PastL* 303 (2008) 85-112; MALDONADO, L. *La homilía* (Madri 1993); MORENO, M.A. "Prédication", em DSp XII, 2052-2064; OLIVAR, A. *La predicación cristiana antigua* (Barcelona 1991); ROUILLARD, Ph. "Homélie", em *Cath* V, 829-833; SODI, M. & TRIACCA, A.M. (eds.). *Dizionario di Omiletica* (Leumann/Gorle 1998); SPANG, K. *El arte del buen decir: Predicación y retórica*, em *Dossiers CPL* 95 (2002); e *LMD* 82 (1965); 227 (2001); *Ph* 66 (1971); 91 (1076); *QL* 4 (1977); *RL* 57/4 (1970); 95/6 (2008) etc.

7. Encíclica *Mysterium fidei* (3-9-1965), n. 36; cf. WESTPHAL, G. "La prédication présence du Seigneur". In: BOTTE, B. et al. *La Parole*..., o.c., p. 145-154.

Testamento e se retorna a Cristo na continuidade que o Novo Testamento representa[8].

Na história da salvação, cumprimento do desígnio do Pai no tempo (cf. Ef 1,9; 3,9-11), a Palavra de Deus criou todas as coisas e deu vida a tudo quanto existe (cf. Jo 1,3; Cl 1,16-17; Gn 1,3.6 etc.; Sl 33,6). Como luz verdadeira ele entrou na história (cf. Jo 1,5; 3,19).

Os acontecimentos da vida do povo de Israel foram uma contínua manifestação da presença invisível da Sabedoria de Deus, que ia preparando a chegada dos tempos messiânicos. Só o Verbo, que estava junto a Deus (cf. Jo 1,1-2; Pr 8,22; Sb 9,9), conhecia o Pai (cf. Jo 1,18; Mt 11,27) e podia tornar os homens verdadeiros filhos de Deus se cressem em seu nome (cf. Jo 1,12-13; 3,5-6).

III – A Igreja sob a Palavra de Deus

Deus se comunicou com os homens por meio de sua Palavra. Mas a Palavra divina espera sempre uma resposta. Com efeito, a Palavra de Deus convoca o povo (cf. Ex 12; 20,1-2) e o constitui em assembleia pascal litúrgica (cf. Ex 12; At 1–2), como sacerdócio real e povo de sua pertença para anunciar a todo o mundo as obras de Deus: "Guarda silêncio e escuta, Israel. Hoje te tornaste o povo do Senhor teu Deus. Escuta a voz do Senhor teu Deus e põe em prática os mandamentos e preceitos que hoje te prescrevo" (Dt 27,9-10; cf. Sl 95,1.7-8; Hb 3,7-11).

A cada ano o povo do Antigo Testamento se reunia diante da Arca da Aliança para renovar sua adesão e fidelidade. A Arca continha as tábuas da Lei, Palavra permanente do Senhor, e o vaso com o maná, alimento de salvação para o povo (Ex 25,10-16; Dt 10,1-5).

A mesma realidade, transfigurada por Cristo, ressoa no Novo Testamento: A oferenda da Aliança nova e eterna, selada com o Sangue do Cordeiro de Deus, se realiza também na fidelidade à Palavra: "Se me amais,

---

8. Cf. FEDERICI, T. "Parola di Dio e liturgia nella costituzione SC": *Not* 161 (1079) 684-722, aqui 709-711.

guardareis os meus mandamentos" (Jo 14,15); "aquele que me ama guardará minha Palavra..." (Jo 14,23.24).

O povo de Deus é chamado a escutar continuamente a Palavra de Deus (cf. Rm 10,8-17; Jo 14,15) e a preferi-la acima de qualquer outra coisa (cf. Lc 10,38-42). Mas, além disso, o povo da Palavra se caracteriza pela missão recebida do Senhor de anunciar o Evangelho a todas as nações (cf. Mt 28,18-20), para que todos os homens venham a fazer parte da assembleia pascal dos discípulos do Senhor (cf. At 2,1-11). Todo batizado e confirmado pelo Espírito Santo é servidor da Palavra e mensageiro do Evangelho (cf. 1Cor 9,16).

A Igreja não só é o povo da Palavra de Deus, mas também sabe que precisa viver desta Palavra. Por isso, na assembleia extraordinária do Sínodo dos Bispos de 1985, ela se denominou a si mesma "Igreja sob a Palavra de Deus", que "celebra os mistérios de Cristo para a salvação do mundo"[9].

IV – A liturgia da Palavra

O Concílio Vaticano II já se apresentou efetivamente como uma assembleia que "ouviu religiosamente a palavra de Deus e a proclamou com confiança" (DV 1). Ambas as atitudes correspondem ao comportamento permanente da Igreja diante da Palavra de Deus descrita assim: "A Igreja sempre venerou as divinas Escrituras, da mesma forma como o próprio Corpo do Senhor, já que, principalmente na Sagrada Liturgia, sem cessar toma da mesa tanto da Palavra de Deus quanto do Corpo de Cristo o pão da vida e o distribui aos fiéis" (DV 21).

1 A liturgia, lugar da Palavra

Com efeito, na liturgia se observa que os destinatários da Palavra divina não são apenas os fiéis isolados, mas o povo de Deus congregado pelo Espírito

---

9. Título da *Relação final*, em *Sínodo 1985. Documentos* (Madri 1986) 3. A expressão, inspirada em DV 1, tem profundas ressonâncias, cf. GIRAUDO, C. "La liturgia della Parola come ripresentazione 'quasi-sacramentale' dell'assemblea radunata all'eterno presente di Dio che ci parla": *RL* 94 (2007) 491-511; TENA, P. "Ecclesia sub Verbo Dei": *Ph* 151 (1986) 5-8. Cf. tb.: XII ASS. GERAL DO SÍNODO DOS BISPOS. *Instrumentum laboris*, o.c., n. 17-31.

Santo, que se torna assembleia de oração, mediante a escuta da Palavra. A liturgia é lugar privilegiado onde a Palavra de Deus soa com uma eficácia particular.

A certeza que a Igreja tem da presença de Cristo na Palavra a levou a não omitir nunca a proclamação da Escritura (cf. SC 6) e a venerar com honras litúrgicas o Lecionário, como faz com o Corpo do Senhor (cf. DV 21). A parte da celebração, sobretudo da missa, na qual ocorrem as leituras bíblicas, foi denominada pelo Vaticano II *liturgia da Palavra* (SC 56), abandonando antigas expressões como *missa didática ou dos catecúmenos*. No entanto, o Concílio afirmou também que "a liturgia da Palavra e a liturgia eucarística estão tão estreitamente unidas que formam um único ato de culto" (ibid.).

A revalorização da Palavra na liturgia (cf. SC 24) significa reconhecer que a força da liturgia reside na Palavra de Deus, alimento da fé (cf. DV 23; PO 4), e na eucaristia, fonte pura e perene da vida no Espírito que conduz toda a Igreja (DV 21; SC 10; PO 5).

2 *Estrutura da liturgia da Palavra*

A Sagrada Escritura, proclamada na liturgia, expõe o desenvolvimento da economia divina cumprida no Evangelho de Jesus Cristo (DV 2; 4; 7). Na Escritura, lida e entendida em sua unidade fundamental, ou seja, tomando Cristo como centro e ponto de referência constante, se manifesta a salvação que Deus quis realizar, preparada no Antigo Testamento e realizada na encarnação e na vida, morte e ressurreição de Jesus Cristo.

O Deus que fala e atua, revelando-se com fatos e palavras (DV 2;14), continua falando aos homens para que não lhes falte nunca tanto o anúncio dos fatos, já realizados na vida e na morte de Cristo (*Evangelho*), quanto a explicação ou ilustração destes fatos na Igreja (*Apóstolo*) e a lembrança dos acontecimentos que os prepararam ou das profecias que os anunciaram (*Profeta*). Por isso, o Evangelho significa o ápice da revelação divina e da proclamação das Sagradas Escrituras (cf. DV 18)[10].

---

10. F. FEDERICI, T. "Estructura de la liturgia de la Palabra", a.c., 60ss; cf. MESSNER, R. "Liturgie de la Parole pendant la Messe: l'anamnèse du Christ mise en scène": *LMD* 243 (2005) 43-60; STREZA, L. "La Palabra de Dios en la historia de la salvación y en la liturgia": *Ph* 284 (2008) 107-124.

A leitura litúrgica da Palavra de Deus se realiza sempre da maneira como o próprio Cristo, os Apóstolos e os Santos Padres utilizaram as Escrituras, ou seja, situando em primeiro plano o mistério pascal e explicando, a partir dele, todos os fatos e palavras que plenificam a história da salvação e constituem o conteúdo das celebrações litúrgicas. Como foi dito acima, partindo de Cristo se vai ao Antigo Testamento e se volta a Cristo na continuidade representada pelo Novo (cf. DV 20). Deste modo as leituras bíblicas manifestam o desenvolvimento progressivo da história da salvação que culmina em Cristo e se prolonga nos atos litúrgicos da Igreja.

3 Primazia do Evangelho

Embora toda a Bíblia fale de Cristo (cf. Jo 5,39), são os quatro evangelhos os que contêm a narrativa *dos feitos e das palavras* realizados por ele. Estes feitos e palavras, e de modo particular o mistério pascal, constituem o centro da história da salvação. Neste sentido, Cristo glorificado, que está junto do Pai, reúne em si mesmo o passado, o presente e o futuro da história humana e ilumina com a luz da Páscoa tanto o Antigo como o Novo Testamento (cf. DV 14-20) e a celebração da Igreja no tempo do Espírito[11].

Isto supõe que os feitos e as palavras da vida histórica de Jesus, que aconteceram "para que se cumprissem as Escrituras" (Lc 24,44), precisam ser continuamente recordados e atualizados, para que os homens tenham acesso à salvação efetuada por Cristo. "A leitura do Evangelho constitui o ponto culminante desta liturgia da Palavra, para a qual as outras leituras, na ordem tradicional, isto é, passando do Antigo ao Novo Testamento, preparam a assembleia"[12]. "Os Evangelhos gozam de merecida primazia" (DV 18).

Por isso, o Evangelho *é proclamado* e o resto da Escritura simplesmente *é lido*[13]. O desenvolvimento interno da homilia deveria também respeitar

---

11. Cf. FEDERICI, T. "Estructura de la liturgia de la Palabra", a.c., 68ss.; PUIG, A. "La relación teológica entre los dos Testamentos": *Ph* 214 (1996) 281-300; VERNET, J.M. "La lectura cristiana del Antiguo Testamento": ibid., 301-312.
12. ELM 13.
13. Cf. IGMR 128-130, 134, 175.

esta prioridade do Evangelho em relação às leituras restantes. Cada episódio evangélico é o conteúdo concreto do *hoje* litúrgico da Igreja, que atualiza o mistério da salvação em cada celebração seguindo o ano litúrgico.

V – O Lecionário da Palavra de Deus

A *Sagrada Escritura* é o livro que contém a revelação divina para ser lida e proclamada na celebração. Com efeito, o próprio Deus apresentou sua palavra como *livro* para os crentes ao profeta Ezequiel (cf. Ez 3,1-11) e ao autor do Apocalipse (cf. Ap 5,1ss.). Pode-se dizer, aplicando o texto de Jo 1,14, que "a Palavra se fez *escritura* e *livro* para morar entre nós".

1 Sinal da Palavra

Este livro é, portanto, um sinal da presença de Deus que se comunica com os homens através de sua Palavra lida e proclamada. Nele está contido tudo quanto Deus quis manifestar em vista da salvação. O resto será conhecido quando ocorrer o "face a face" (cf. 1Cor 13,12), ou seja, sem a mediação dos sinais.

O respeito e o amor que a Igreja sente pela Sagrada Escritura (cf. DV 21) se manifestou nas honras litúrgicas que rodeiam a proclamação do Evangelho. O livro é levado entre luzes, incensado, beijado, colocado sobre o altar, mostrado ao povo, guardado em capas – folhas de guarda – preciosas etc. O lugar próprio deste livro é o ambão, de onde o ministro lê e proclama a Palavra. A arte reservou também belíssimas ilustrações e miniaturas para o Evangeliário, que deve ser distinto dos outros livros da Escritura[14].

Ora, o Lecionário é muito mais do que um livro, é o modo normal, habitual e próprio, segundo o qual a Igreja lê nas Escrituras a Palavra viva de Deus, seguindo os diferentes *feitos e palavras* de salvação realizados por Cristo e ordenando em torno destes feitos e palavras os outros conteúdos da

---

14. Cf. IGMR 117. Por este motivo em numerosos países, entre eles a Espanha, foram feitas edições artísticas do *Evangeliário*: cf. *Not* 310 (1992) 332-364; "El Evangeliario, signo de la presencia de Cristo" (Prenotandos al Evangeliario)": *Ph* 246 (2001) 507-514.

Bíblia. O Lecionário aparece como uma prova da interpretação e aprofundamento nas Escrituras que a Igreja fez em cada tempo e lugar, guiada sempre pela luz do Espírito Santo[15].

2 O Lecionário da missa na história

Nas origens da liturgia cristã, as comunidades não tinham outro livro litúrgico senão as Sagradas Escrituras do Antigo Testamento, nos volumes em forma de rolo ou em fragmentos de papiro costurados numa das extremidades. Supõe-se que a leitura era feita empregando o mesmo ritual da sinagoga judaica (cf. Lc 4,16-21). O encarregado entregava o volume ao leitor, que lia o texto sagrado começando no ponto onde havia sido interrompida a leitura na reunião anterior. Este procedimento é conhecido como *leitura contínua* e pode-se supor que foi seguido também na leitura dos Evangelhos e das cartas dos Apóstolos.

Mais tarde fizeram-se algumas anotações nos livros da Escritura para indicar o começo e o final de cada leitura, bem como o dia em que se devia tomar a passagem assinalada. O passo seguinte foi copiar a lista destas anotações, mas ordenadas conforme o calendário. Isto já implicou um trabalho de sistematização das leituras bíblicas. A seleção de textos e sua atribuição a determinados dias, o que hoje se denomina *leitura temática*, começaria a ser feita à medida que apareciam as festas no ano litúrgico.

Os primeiros indícios de uma ordem fixa de leituras são obtidos analisando as homilias de Santo Ambrósio de Milão (340-397), de Santo Agostinho (354-430), de São Cesário de Arles (470-543) e de outros Padres[16]. As listas de perícopes bíblicas com o começo e o final das leituras, seguindo o

---

15. Cf. o documento, de 25-4-1993, da PONT. COM. BÍBLICA. *A interpretação da Bíblia na Igreja* (LEV, 1993); XII ASS. GERAL DO SÍNODO DOS BISPOS. *Instrumentum laboris*, o.c., n.14-16 e 19-22.

16. Cf. CHAVASSE, A. "Un homiliaire liturgique romain du VI siècle": *RBén* 90 (1980) 194-232; DALMAIS, I.-H. "De la prédication partristique aux lectionnaires dans la Patristique latine": *LMD* 129 (1997) 131-138; POQUE, S. "Les structures liturgiques de l'Octave pascale à Hipponne d'après les traités de saint Augustin": *RBén* 74 (1964) 217-241; YARNOLD, E. "Biblia y liturgia", em DPAC I, 324-328.

calendário litúrgico, se chamam *capitularia lectionum* (as leituras não evangélicas); *capitularia evangeliorum* (os evangelhos) e *cotationes epistolarum et evangeliorum* (as duas séries de textos)[17].

Finalmente foram copiados os textos bíblicos em sua integridade. São os *lecionários* propriamente ditos, que aparecem a partir do século VIII e receberam os mais diversos nomes: *Comes, Apostolus, Epistolare; Evangelium excerptum, Evangeliare* e *Comes Epistulae cum Evangeliis* e *Lectionarium*. Quando, a partir do século XI, apareceram os *missais plenários*, nos quais se encontrava a totalidade dos textos necessários para a celebração eucarística, os lecionários deixaram de existir como livros independentes, embora se tenha conservado o costume de usar o Epistolário e o Evangeliário para a missa solene. A reforma litúrgica do Vaticano II separou novamente o *Lecionário* do oracional da missa e, inclusive, recomendou a edição do Evangeliário[18].

3 Organização do Lecionário da missa

O Lecionário responde à necessidade de proclamar os feitos e palavras de Cristo de acordo com os Evangelhos e de reorganizar, em torno dele, o restante das Escrituras. Portanto, não basta a Bíblia como tal. Cada Igreja particular tomou as Escrituras para meditar, proclamar e viver, de acordo com sua própria sensibilidade espiritual e histórica, o mistério de Cristo. Por isso, cada Igreja teve não apenas um mas vários lecionários ao longo de sua história e, às vezes, de maneira simultânea. O conhecimento do Lecionário é fundamental para compreender o que uma Igreja celebra e o que ela vive.

---

17. Cf. CHAVASSE, A. "Les plus anciens types du Lectionnaire e de l'Antiphonaire romain de la messe": *RBén* 62 (1952) 1-91; ID. *Les lectionnaires romains de la Messe*, 2 vols. (Friburgo 1993); GODU, G. "Épîtres" e "Évangiles", em DACL V, 245-344 e 852-923; JUNGMANN, J.A. *El sacrificio de la Misa* (BAC, 1965) 500-624; KLAUSER, Th. *Das römische Capitulare Evangeliorum*, I. *Typen* (LQF 28, 1935); NOCENT, A. "Os Lecionários", em *Anamnesis* 2, 172-177; VOGEL, C. *Introduction aux sources de l'histoire du culte chrétien au Moyen-Âge* (Spoleto 1966) 239-328.

18. Cf. *supra*, n. 14.

A reforma litúrgica (cf. SC 35 § 1; 51) deu origem ao mais abundante *Lecionário da missa* de toda a história da liturgia romana, sem contar os não menos ricos lecionários dos rituais dos sacramentos e o da *Liturgia das Horas*. O atual *Elenco das leituras da missa* entrou em vigor no dia 30 de novembro de 1969, juntamente com o *Ordo missae*[19].

Os princípios diretores da organização do *Lecionário* são os seguintes: três leituras nos domingos e festas, profecia, apóstolo e Evangelho; ciclo de três anos para o *Lecionário* dominical e festivo e de dois anos para o *Lecionário* ferial do tempo comum; independência e complementaridade do *Lecionário* ferial em relação ao dominical; possibilidade de seleção de leituras nas missas rituais, do comum dos santos, votivas, por diversas necessidades e de defuntos; manutenção do uso tradicional de alguns livros da Escritura em determinados tempos litúrgicos; maior presença do Antigo Testamento; recuperação de alguns textos evangélicos ligados ao catecumenato etc.

Uma das novidades que a reforma litúrgica do Vaticano II trouxe para o *Lecionário* da missa e dos sacramentos foi o *salmo responsorial* ou gradual. Este salmo, normalmente, deve ser cantado por um salmista, sendo que a assembleia se une por meio da resposta[20].

---

19. *Missale Romanum ex Decreto Sacrosancti Oecumenici Concilii Vaticani II instauratum, auctoritate Pauli PP. VI promulgatum. Ordo lectionum Missae* (ed. típica, TPV, 1969, ²1981); *Missale Romanum ex Decreto... Lectionarium*, 3 vols. (ed. típica, TPV, 1970). Cf. BUGNINI, A. *La reforma de la liturgia (1948-1975)* (BAC, Madri, 1999) 357-374; FONTAINE, G. "Commentarium ad 'OLM'": *EL* 83 (1969) 436-451; LESSI-ARIOSTO, M. "Aspetti rituali e pastorali dei *praenotanda* OLM": *Not* 191 (1982) 330-355; SODI, M. "I lezionari del rito romano": *RL* 95 (2008) 865-874; TRIACCA, A. "In margine alla seconda edizione del 'OLM'": *Not* 190 (1982) 243-280; WIÉNER, C. "Présentation du nouveau Lectionnaire": *LMD* 99 (1969) 28-49.

20. ELM 19-22; cf. DEISS, L. "El salmo gradual". In: AA.VV. *Presentación y estructura del nuevo Leccionario* (Barcelona 1969) 65-93; FARNÉS, P. "El salmo responsorial": *Ph* 134 (1983) 123-145; HESBERT, R.-J. "Le graduel, chant responsorial": *EL* 95 (1981) 316-350; MARTIMORT, A.G. "Fonction de la psalmodie dans la liturgie de la parole", In: *Mirabile laudis canticum* (Roma 1991) 75-96; VERHEUL, A. "Le psaume responsorial dans la liturgie eucharistique": *QL* 73 (1992) 232-252.

Capítulo VIII
A assembleia celebrante

A principal manifestação da Igreja se realiza na plena e ativa participação de todo o povo santo de Deus nas mesmas celebrações litúrgicas (SC 41).

Bibliografia

AA.VV. *L'assemblea liturgica* (Palermo 1979); BARSOTTI, D. *Il mistero della Chiesa nella liturgia* (Cinisello Balsamo 2007); CHUPUNGCO 2, 117-178; CONGAR, Y.M.-J. "Réflexions et recherches actuelles sur l'assemblée liturgique": *LMD* 115 (1973) 7-29; CONTE, N. *Benedetto Dio che ci ha benedetti in Cristo* (Leumann/Turim 1999) 138-153; CUVA, A. "Asamblea", em NDL 165-181; FALSINI, R. "Asamblea litúrgica", em DTI 1, 484-500; DELLA TORRE 1, 62-104; GELINEAU, J. (ed.). *Assemblea santa. Manuale di Pastorale liturgica* (Bolonha 1991) 274-332; GONZÁLEZ PADRÓS, J. *La asamblea litúrgica en la obra de A.G. Martimort* (BL 21, 2004); LÓPEZ MARTÍN 1, 229-252; MARSILI, S. "La liturgia culto della Chiesa", em *Anamensis* 1, 107-136; ID. & BROVELLI, F. (eds.). *Ecclesiologia e liturgia. Atti della X sett. di studio dell'APL* (Casale Monferrato 1982); MARTIMORT 114-136; ID. *La asamblea litúrgica* (Salamanca 1965); MASSI, P. *La asamblea del Pueblo de Dios* (Estella 1968); MONTAN, A. & SODI, M. (eds.). *Actuosa participatio. Studi in onore del Prof. D. Sartore* (MSIL 18, 2002); ROSSO 331-349; SORCI, P. (ed.). *Il soggetto della celebrazione. A cinquant'anni dalla "Mediator Dei"* (Caltanisetta 1998); TANGORRA, G. *Dall'assemblea liturgica alla Chiesa. Una prospettiva teologica e spirituale* (Bolonha 1999); TRIACCA, A.M. (ed.). *L'assemblée et les différents rôles dans l'assemblée* (BELS 9, 1977); ID. & PISTOIA, A. (eds.). *L'Église dans la liturgie* (BELS 18, 1980); VAGAGGINI, C. "La ecclesiologia di 'communione' come fondamento teologico principale della riforma liturgica nei suoi punti maggiori". In: AA.VV. *Liturgia opera divina e umana.*

Studi sulla riforma liturgica offerti a S.E. Mons. A. Bugnini (BELS 26, 1982) 59-131; VERHEUL, A. "Lassemblée célébrante e ses services": *QL* 65 (1964) 135-152; e *Conc* 12 (1966); *CuaderPh* 22, 54, 107 e 147 (1990-2004); *Dossiers* CPL 69 (1996); *LMD* 206 (1996); 223 (2000); 229 (2002); *PastL* 224/225 (1995); *Ph* 144 (1984); 224 (1998)); 241 (2005); *RL* 62/4-5 (1975); *RivPL* 183 (1994).

O segundo componente da celebração é a assembleia do povo de Deus reunida para participar da ação litúrgica. Ora, a assembleia litúrgica é, em si mesma, um sinal que expressa e torna presente a Igreja de Cristo. Além disso, a assembleia manifesta também a presença do Senhor, que prometeu estar "onde dois ou mais se reunirem em seu nome" (Mt 18,20).

Neste capítulo são estudadas primeiramente algumas noções de teologia da assembleia, em seguida são analisadas as características desta assembleia e, finalmente, o conceito de participação litúrgica.

I – A Igreja, sujeito da ação litúrgica

O Concílio Vaticano II afirmou que "as ações litúrgicas não são ações privadas, mas celebrações da Igreja, que é o *sacramento da unidade*, isto é, o povo santo, unido e ordenado sob a direção dos bispos. Por isso, estas celebrações pertencem a todo o corpo da Igreja, e o manifestam e afetam" (SC 26). A Igreja representada nas ações litúrgicas é a comunidade dos fiéis como "povo reunido na unidade do Pai e do Filho e do Espírito Santo" (LG 4), que se mostra organicamente estruturada, ou seja, presidida por seus pastores e dotada de carismas, ministérios e funções (cf. LG 8; 11 etc.). Reunida para celebrar a liturgia, ela aparece como sujeito "integral" dos atos litúrgicos[1].

---

1. Cf. CONGAR, Y.M.-J. "La *Ecclesia* o la comunidad cristiana, sujeto integral de la acción litúrgica". In: ID. et al. *La liturgia después del Vaticano II* (Madri 1969) 279-338; GONZÁLEZ PADRÓS, J. "La liturgia, epifanía de la Iglesia". In: CANALS, J.M. & TOMÁS, I. (eds.). *La liturgia en los inicios del tercer milenio* (Baracaldo 2004) 355-382; ID. "La Iglesia en la eucología del Misal Romano": *Ph* 281 (2007) 389-403; PISTOIA, A. "L'assemblea liturgica come soggetto della celebrazione": *RL* 72 (1985) 428-435; POTTIE, Ch. & LEBRUN, D. "La doctrine de l'*Ecclesia* sujet intégral de la célébration dans les livres liturgiques depuis le Vatican II": *LMD* 176 (1988) 117-132.

Esta visão da Igreja faz parte da eclesiologia litúrgica do Concílio Vaticano II (cf. SC 2; 41-42; LG 26)[2].

1 A Igreja, "corpo sacerdotal" de Cristo

A liturgia é exercício do sacerdócio de Cristo e este sacerdócio se torna visível na Igreja e por meio da Igreja, corpo, esposa e sacramento do Verbo encarnado[3]. Com efeito, a única mediação na liturgia é certamente a mediação sacerdotal de Cristo (1Tm 2,5), mas esta mediação se exterioriza e se prolonga no tempo através da comunidade dos batizados. Todos eles participam da dignidade sacerdotal de Cristo, sendo esta a raiz do direito e do dever que eles têm de participar da liturgia (cf. SC 14), ainda que, no interior do povo sacerdotal, Cristo tenha desejado estar representado, como cabeça e santificador de todo o corpo, pelo sacerdócio ministerial. Este sacerdócio e o sacerdócio comum dos fiéis participam do único sacerdócio de Cristo e se ordenam um ao outro, embora sua diferença seja essencial e não só de grau (cf. LG 10).

Portanto, quando se diz que a Igreja é o sujeito das ações litúrgicas, não se alude apenas ao sacerdócio ministerial, ou seja, aos bispos e presbíteros, mas também aos fiéis cristãos que formam o povo de Deus (cf. LG 9) e que

---

2. Com efeito, "a liturgia é uma epifania da Igreja": JOÃO PAULO II. Carta apost. *Vicesimus quintus annus*, de 4-12-1988 (LEV, 1988) n. 9; ID. Carta apost. *Dies Domini*, de 31-5-1998 (LEV, 1998) cap. III; ID. Encíclica *Ecclesia de Eucaristia*, de 17-4-2003 (LEV, 2003) caps. II e IV; BENTO XVI. Exort apost. pós-sinodal *Sacramentum caritatis*, de 22-2-2007 (LEV, 2007) n. 14-15; 36. Cf. CANALS, J.M. "La liturgia, 'epifanía' de la Iglesia": *Ph* 162 (1987) 439-456; FONTBONA, J. "La eclesiología eucarística en Oriente y Occidente": *Ph* 207 (1995) 209-217; ID. "La eclesiología eucarística de Afanasiev": *Ph* 281 (2007) 405-422; ID. "La eclesiología de comunión": *Ph* 282 (2007) 453-481; MILITELLO, C. "Eclesiologia e liturgia". In: AA.VV. *Liturgia: itinerari di ricerca* (BELS 91, 1997) 328-331; OÑATIBIA, I. "La eclesiología en la SC": *Not* 207 (1983) 648-660; PIÉ, S. "Eclesiología y liturgia. Presente y futuro": *Ph* 226/227 (1998) 299-315; RICO PAVÉS, J. "Iglesia y Eucaristía en la Exhortación Apostólica "Sacramentum caritatis" de Benedicto XVI". In: AA.VV. *Liturgia y Eucaristía* (Diálogos de Teología 10. Valência 2008) 61-92; ROMANO, P. "La principal manifestación de la Iglesia (SC 41)". In: LATOURELLE, R. (ed.). *Vaticano II. Balance y perspectivas* (Salamanca 1989) 453-467; SARTORE, D. "Iglesia y liturgia", em NDL 1039-1051; TAFT, R.F. *A partire della liturgia: perché è la liturgia che fa la Chiesa* (Roma 2004); TANGORRA, G. *Dall'assemblea liturgica alla Chiesa* (Bolonha 1998).

3. Cf. GOÑI, J.A. "El sacerdocio de Cristo y su ejercicio en la liturgia": *Ph* 289 (2009) 65-74; NEUNHEUSER, B. "La liturgia come culto del corpo di Cristo". In: DELL'ORO, F. (ed.). *Mysterion. Miscellanea S. Marsili* (Leumann/Turim 1981) 25-47.

exercem o sacerdócio comum tanto nos sacramentos como na prática da vida cristã (cf. LG 10-11). A Igreja, que se manifesta nas ações litúrgicas, é a esposa de Cristo, nascida de seu lado (cf. SC 5) como nova Eva e corpo sacerdotal (cf. LG 6-7): "Realmente, em tão grandiosa obra, pela qual Deus é perfeitamente glorificado e os homens são santificados, Cristo sempre associa a si a Igreja, sua esposa diletíssima, que invoca seu Senhor e por ele presta culto ao eterno Pai" (SC 7; cf. 84).

Nesta última associação da Igreja à ação sacerdotal de Cristo desempenha um papel especialíssimo o Espírito Santo, que foi entregue à esposa do Verbo como "penhor da promessa (cf. Ef 1,13), para que a assista na liturgia e lhe conceda saborear a alegria de um encontro ainda sob o véu dos sinais (cf. Ap 22,17.20; 1Cor 13,12). "A liturgia torna-se a obra comum do Espírito Santo e da Igreja"; "o Espírito e a Igreja cooperam para manifestar, na liturgia, o Cristo e sua obra de salvação"[4].

2 A liturgia, "da Igreja" e "para a Igreja"

Por esses motivos "toda a celebração litúrgica" é ação do Cristo total, cabeça e membros, ou seja, "obra de Cristo sacerdote e de seu corpo que é a Igreja" (SC 7). "Toda a *comunidade, o corpo de Cristo unido à sua Cabeça*, celebra" (CIC 1140; cf. 1097; 1119). "Na celebração dos sacramentos, a assembleia inteira é o 'liturgo', cada um segundo sua função, mas na 'unidade do Espírito', que age em todos" (CIC 1144).

Neste sentido, a liturgia é "da Igreja", porque pertence a todo o corpo eclesial. Mas isto quer dizer também que a liturgia existe por causa da Igreja e em favor da mesma Igreja. A liturgia é "para a Igreja", porque os sacramentos – e toda a vida litúrgica – que constituem a Igreja manifestam e

---

4. CIC 1091 e 1099: cf. CIC 1091-1109; ALDAZÁBAL, J. "Quién celebra? El sujeto de la celebración": *Ph* 266/267 (2005) 125-148; CARDITA, A. "El espacio del Espíritu. Un Congreso sobre la asamblea litúrgica": *Ph* 257 (2003) 433-453. Sobre a ação do Espírito Santo na liturgia cf. *supra*, nota 15 do cap. II, e OLIANA, G. "La Chiesa, corpo di Cristo in crescita, sotto l'azione dello Spirito": *EL* 105 (1991) 30-58; 107 (1993) 136-168; TRIACCA, A.M. "Presenza e azione dello Spirito Santo nell'assemblea liturgica": *EL* 99 (1985) 349-382 etc.

comunicam aos homens o mistério da comunhão do Deus Amor, um em três Pessoas (cf. CIC 1118).

De tudo o que foi dito acima podemos deduzir outras consequências. Com efeito, se as ações litúrgicas não são privativas dos ministros ordenados, mas atos de toda a Igreja, aqueles não podem se erigir em donos da liturgia. A ninguém é permitido, nem sequer ao sacerdote, nem a grupo algum, acrescentar, tirar ou mudar algo por iniciativa própria (cf. SC 22). Por outro lado, deve-se preferir, enquanto possível, a celebração comunitária à individual e quase privada (cf. SC 27), para que cada qual desempenhe tudo e só aquilo que lhe corresponde de acordo com a natureza da ação e as normas litúrgicas (cf. SC 28).

Resumindo: o sujeito integral da ação litúrgica é sempre a Igreja, inclusive quando o ministro ordenado se encontre sozinho, porque também aqui ele é ministro do Cristo total, por vontade do Senhor e não por delegação da comunidade[5].

II – A assembleia celebrante

Ora, a Igreja se torna realidade e se manifesta nas legítimas reuniões locais dos fiéis presididos por seus pastores (LG 26). Por isso, essas assembleias constituem, especialmente na celebração eucarística, a "principal manifestação" da Igreja de Cristo (SC 41). As orações litúrgicas assim o expressam ao usar geralmente o plural: bendizemos, rogamos, damos graças etc. Existe nas rubricas e também nos textos litúrgicos todo um jogo de expressões para indicar que às vezes fala ou atua a assembleia inteira, incluídos os ministros, ou que estes intervêm individualmente ou dialogando com os fiéis, e assinalando que aquele que preside atua em nome do Senhor ou expressando a oração de todo o povo santo. Em todo caso, o sujeito orante é sempre o "nós" eclesial, ou seja, a Igreja, associada a Cristo, que dialoga com seu Senhor e invoca o Pai (cf. SC 7; 84).

---

5. Cf. CONGR. PARA A DOUTRINA DA FÉ. *Carta sobre algumas questões respeitantes ao ministro da eucaristia* (6-8-1983): *AAS* 75 (1983) 1001-1009.

1 A assembleia, sinal sagrado

A assembleia litúrgica é, portanto, um sinal sagrado, uma epifania da Igreja *sacramento de salvação* no meio do mundo (cf. LG 1; 8; SC 2; 5; 26; GS 40). Prefigurada na assembleia cultual de Israel no deserto (cf. Ex 19; 24), na terra prometida (cf. Js 24) e depois do exílio (cf. Ne 8; 9), ela aparece no Novo Testamento imediatamente após a glorificação de Jesus e a efusão do Espírito Santo (cf. At 2,42-47; 4,32-35; 5,12-16 etc.). Em sua configuração inicial desempenhou um papel decisivo a experiência pascal e eucarística refletida nos relatos das aparições de Cristo ressuscitado (cf. Lc 24 e Jo 20), mas com o tempo foi adotando o rosto próprio de cada lugar: a assembleia de Jerusalém (cf. At 1-6), a assembleia de Antioquia (cf. At 13,1-3), a assembleia de Trôade (cf. At 20,7-11), a assembleia de Corinto (cf. 1Cor 11; 14) etc.[6]

Como todo sinal sagrado, a assembleia tem um significado e é, em si mesma, um significante. O significado da assembleia é a realidade misteriosa e transcendente da Igreja, corpo de Cristo e sacramento de unidade, presença da realidade escatológica do Reino no mundo (cf. LG 1; 48 etc.). Como significante, a assembleia é um grupo humano, uma reunião de crentes que estão juntos para celebrar. No entanto, o caráter significativo da assembleia litúrgica lhe é dado não só pelas características eclesiais que a definem como reunião legítima, mas também pela ação que ela realiza. Esta ação deve ser identificável como celebração da Igreja de Cristo, ou seja, coerente com o que a Igreja faz sempre e em todos os lugares.

A significatividade da assembleia, como a sacramentalidade da Igreja, é dada tanto pela graça do acontecimento de salvação que ela atualiza quanto pelas palavras e gestos da celebração. Estes devem ser os que Cristo e a Igreja escolheram e determinaram para levar a cabo a santificação dos homens e o culto a Deus. Com efeito, só quando "se faz o que a Igreja faz" é que a

---

6. Cf. CHIRAT, H. *La asamblea cristiana en tiempo de los apóstoles* (Madri 1968); LÓPEZ MARTÍN, J. "La asamblea litúrgica de Israel al cristianismo": *NVet* 14 (1982) 205-224; MAERTENS, Th. *La asamblea cristiana* (Marova 1964).

assembleia aparece em sua identidade de sinal, entre os homens, da Igreja, "sinal e instrumento" de Cristo com o poder do Espírito[7].

2 Dimensões da assembleia como sinal

Em todo sinal litúrgico distinguem-se três dimensões que expressam outras tantas referências ao seu conteúdo misterioso. Aplicadas à assembleia, são as seguintes: a) *dimensão comemorativa*: a assembleia litúrgica evoca e faz recordar a convocação do povo de Deus na Antiga Aliança na presença do Senhor, como foi dito acima; b) *dimensão manifestadora*: a assembleia torna presente e revela o mistério da comunhão da Igreja e sua condição de corpo e esposa de Cristo para a salvação dos homens; c) *dimensão profética*: a assembleia é anúncio e antecipação da reunião na Jerusalém celeste (cf. SC 8; LG 50). Toda celebração litúrgica é, portanto, comunhão com a Igreja celeste e participação, através do véu dos sinais, no louvor eterno de Deus e do Cordeiro (cf. Ap 5,6 etc.) e na intercessão do Sumo Sacerdote e mediador (cf. Hb 4,14-15; 7,25; 1Jo 2,1)[8].

3 Assembleia litúrgica e Igreja local

Em toda assembleia litúrgica se manifesta a comunidade eclesial, como foi dito acima. Contudo, nenhuma reunião de fiéis é legítima se não for feita sob o sagrado ministério do bispo (cf. LG 26). Por isso, a forma plena de assembleia litúrgica, como sinal da Igreja, é aquela que se realiza sob a presidência do bispo, rodeado por seu presbitério e ministros, junto ao único altar. "Por isso faz-se mister que todos, particularmente na catedral, deem máxima importância à vida litúrgica da diocese em redor do bispo" (SC 41)[9].

---

7. Cf. BELLAVISTA, J. "La asamblea cristiana y el domingo": *Ph* 61 (1971) 51-62; GONZÁLEZ PADRÓS, J. "La asamblea es un signo. Aportación teológica de A.G Martimort": *Ph* 255 (2003) 221-243; TENA, P. "Iglesia-asamblea, una nueva aportación teológica": *Ph* 167 (1988) 415-436.

8. Cf. CIC 1137-1139; cf. tb.: *supra*, notas 17-18 do cap. VI.

9. Cf. *Cerimonial dos Bispos* (Celam 1991) n. 11-14, 18-19 e 42-54; BENTO XVI. Exort. apost. pós-sinodal *Sacramentum caritatis*, o.c., n. 39; JOÃO PAULO II. Exort. apost. pós-sinodal *Pastores gregis*, de 16-10-2006 (LEV, 2006), cap. IV; CONGR. PARA OS BISPOS. *Diretório para o ministério pastoral dos bispos* (LEV, 2004), cap. VI; também CANOBBIO, G. et al. *Il vescovo e*

Ora, esta forma de assembleia litúrgica da Igreja particular se desdobra e se vive em cada uma das comunidades dos fiéis que o bispo preside e governa por meio de seus presbíteros (cf. LG 28). Por mais pequenas ou pobres que sejam, Cristo está presente nelas dando unidade a toda a Igreja (cf. LG 26). Entre as comunidades cristãs sobressaem as paróquias, distribuídas localmente sob um pastor que faz as vezes do bispo, e que de alguma forma representam a Igreja visível. Daí a necessidade de fomentar a vida litúrgica paroquial, sobretudo no domingo (cf. SC 42).

III – Antinomias da assembleia litúrgica

Pelo fato de ser composta por pessoas com sua própria identidade, a assembleia celebrante apresenta uma série de antinomias que, longe de impedir ou dificultar seu papel, o tornam mais eficaz e criador:

a) A assembleia é, ao mesmo tempo, *unitária e diversa*, acolhendo por igual todos os homens apesar das diferenças existentes entre eles. Na assembleia cristã não há distinção de sexo, origem, cultura etc. (cf. Gl 3,28; Rm 10,12), porque todos os membros são uma só coisa com Cristo (cf. 1Cor 12,12-14). Também não pode haver acepção de pessoas (cf. Tg 2,1-4), embora a situação de cada um seja diferente: catecúmenos, crianças, penitentes, adultos, pecadores, santos, doentes, sadios (cf. 1Cor 11,30; 1Jo 1,8-10).

---

la sua Chiesa (Bréscia 1996); DE PERGAME, J. *L'Eucharistie, l'Évangile et l'Église durant les trois premiers siècles* (Paris 1994); LÓPEZ MARTÍN, J. "Presidencia y participación del Obispo en la Catedral": *OrH* 10/11 (1996) 443-447; ID. "Il Vescovo, primo animatore dello spirito della liturgia": *RL* 90 (2003) 303-316; ID. "La Catedral, *centro de la vida litúrgica de la diócesis*". In: PANIAGUA, J. & FERNÁNDEZ, F. (eds.). *En torno a la Catedral de León (Estudios)* (León 2004) 67-82; ID. "La Eucaristía, el Obispo y la Iglesia local a los XL años del Vaticano II y en el XI Centenario de San Froilán": *StLeg* 47 (2006) 11-42; ID. "Ministerio episcopal e Iglesia local en el 'Rito de la Ordenación del Obispo'". In: PENA, M.A. (ed.). *Gozo y esperanza. Memorial Prof. D. J.A. Ramos Guerreira* (Salamanca 2006) 685-708; OÑATIBIA, I. "La eucaristía dominical, presidida por el Obispo en su catedral, centro dinámico de la Iglesia local": *Ph* 199 (1994) 27-44; PARÉS, X. "La función santificadora del Obispo y la misión del delegado episcopal de pastoral litúrgica": *PastL* 297 (2007) 137-153; PINCKERS, G. "La misión litúrgica del obispo diocesano": *PastL* 210 (1995) 445-455; TENA, P. "La catedral en la Iglesia local": *PastL* 188 (1992) 95-112; ID. "L'évêque en sa cathédrale": *Not* 348 (1995) 384-408; TOURNEAUX, A. "L'évêque, l'eucharistie et l'Église locale dans LG 26": *ETL* 64 (1988) 106-141 etc.

b) A assembleia é *carismática e hierárquica*, ou seja, dotada de carismas e dons, e estruturada numa hierarquia de serviço e de caridade (cf. 1Cor 12,4-11; Ef 4,11-16). No plano prático isto se traduz na coordenação dos diversos ministérios e funções dentro da celebração (cf. SC 28).

c) A assembleia é uma *comunidade* que supera as tensões entre o indivíduo e o grupo, entre o particular e o que é patrimônio comum, entre o que é somente local e o que é universal etc. A assembleia integra o *eu* e o *tu* no *nós*, num horizonte comunitário presidido pelo mistério da salvação[10].

d) A assembleia polariza e oferece *canais de expressão* e de comunicação aos sentimentos dos presentes. A assembleia não só é capaz de centrar todos os sentimentos de uma pessoa em torno de um determinado valor religioso ou evangélico; também concentra nele todo o grupo humano que está compartilhando a mesma experiência de fé e de oração.

IV – A participação litúrgica

Trata-se agora de analisar o papel ativo da assembleia na celebração. O Vaticano II quis que os fiéis não estivessem presentes na liturgia como "estranhos ou espectadores mudos" (SC 48), mas como membros ativos e conscientes. Por isso, é indispensável conseguir uma verdadeira participação ativa, consciente, plena e frutuosa.

1 A palavra "participação"

Participação vem do latim tardio, de *participatio* (*partem-capere* = tomar parte), e é sinônimo de intervenção, adesão, assistência etc. A palavra é usada hoje na linguagem desportiva, cultural, política, econômica e também na religiosa e eclesiástica. O substantivo *participatio* e o verbo *participare* aparecem nas orações litúrgicas indicando sempre uma relação, um ter em comum ou um estar em comunhão. Na verdade, participação vem a ser relação, comunicação, identificação, união etc.[11]

---

10. Cf. López MARTÍN, J. "La comunidad como clave de la celebración": *Ph* 172 (1989) 287-302; MARSILI, S. "Una comunità, una liturgia": *RL* 69 (1982) 593-603.
11. Cf. TRIACCA, A.M. "Participación", em NDL 1546-1573.

No vocabulário eucológico a palavra "participação" está carregada de conotações procedentes tanto da Bíblia como da tradição viva da Igreja. Não à toa esta palavra foi usada para referir-se à comunhão eucarística, especialmente nas pós-comunhões. Por isso, o mais importante não é o termo em si, mas o objeto para o qual se dirige a ação: um sacramento, um mistério do Senhor, a salvação, um dom de Deus etc.

Por conseguinte, a participação litúrgica implica três aspectos inseparáveis: a) a ação de participar, que inclui certos atos humanos (gestos, ritos) e certas atitudes internas, suscetíveis de variar em intensidade ou em grau de modalidade; b) o objeto da participação, que não é somente o próprio ato, ritual ou sacramental (o sinal), mas também o acontecimento ou mistério que se comemora e atualiza; c) as pessoas que participam: fiéis e ministros, cada um segundo sua condição eclesial e a natureza da ação litúrgica.

2 O conceito

A palavra "participação" acumulou os ideais do Movimento litúrgico e da renovação da liturgia promovida pelo Concílio Vaticano II. Com efeito, trata-se de um dos conceitos-chave[12].

1) *Antecedentes deste conceito.* O precedente semântico mais exato daquilo que o Concílio Vaticano II entendeu por participação litúrgica se encontra no famoso *Motu proprio Tra le sollecitudini* de São Pio X, de 22 de novembro de 1903: "É necessário providenciar, antes de qualquer outra

---

12. Cf. ÁLVAREZ, L.F. "La participación litúrgica. Origen, evolución y perspectivas de un tema teológico": *Isidorianum* 1 (1992) 85-106; BARAÚNA, G. "A participação ativa, princípio inspirador da constituição litúrgica". In: *A sagrada liturgia renovada pelo Concílio* (Petrópolis 1964) 281-353; JUNGMANN, J.A. "La pastoral litúrgica como clave de la historia de la liturgia". In: *Herencia litúrgica y actualidad pastoral* (San Sebastián 1961) 450-471; LÓPEZ MARTÍN, J. "La participación de los fieles según los libros litúrgicos y en la práctica" *Ph* 144 (1984) 487-510; ID. "Vida litúrgica y práctica sacramental". In: UNIV. DE NAVARRA (ed.). *El caminar histórico de la santidad cristiana. De los inicios de la época contemporánea hasta el Concilio Vaticano II (XXIV Simposio Internacional de Teología)* (Pamplona 2004) 81-103; MAGGIANI, S. "La partecipazione liturgica, diritto-dovere di ogni battezzato": *RL* 90 (2003) 49-58; PALOMELLA, M. *"Actuosa participatio". Indagine circa la sua comprensione ecclesiale* (Roma 2002); e *LMD* 241 (2005).

coisa, a santidade e dignidade do templo, onde os fiéis se reúnem para receber esse Espírito de sua fonte primeira e indispensável, que é a *participação ativa* nos sacrossantos mistérios e na oração pública e solene da Igreja"[13].

Posteriormente, a encíclica *Mediator Dei* de Pio XII, de 20-11-1947[14], explicitou ainda mais esse conceito ao falar da eucaristia. Para o papa a participação deve ser, antes de tudo, *interna*, ou seja, exercida com ânimo piedoso e atento (cf. MD 122). Mas também *ativa*, enquanto os fiéis oferecem juntamente com o sacerdote que preside e se oferecem eles próprios. O sacerdote deve instruir os fiéis acerca do direito e do dever de participar ativamente no sacrifício eucarístico (MD 128 e 134).

A encíclica assinala também as diversas modalidades desta participação: as respostas ao sacerdote, os cantos do ordinário ou o canto das partes próprias da solenidade. O ápice da participação é a comunhão sacramental, pela qual os fiéis recebem mais abundantemente o fruto do sacrifício eucarístico (MD 144-147). No entanto, a participação é entendida no nível moral e espiritual, num plano sobretudo psicológico e afetivo. E ainda não se reconhece aos fiéis outra capacidade representativa da Igreja na celebração senão a associação pessoal de cada um à ação do ministro. Este reconhecimento ocorreu no Concílio Vaticano II.

2) *A participação segundo a "Sacrosanctum Concilium"*. Com efeito, a constituição, ao afirmar o caráter eclesial das ações litúrgicas (cf. SC 26), deduz imediatamente a consequência: "Por isso, estas celebrações *pertencem a todo o corpo da Igreja*, e o manifestam e afetam" (ibid.)[15]. É toda a assembleia que está implicada na ação litúrgica, mas cada um dos membros intervém de modo diferente, "conforme a diversidade de ordens, ofícios e da participação atual" (SC 26; cf. 28-29). Por outro lado, a par-

---

13. Em *AAS* 36 (1903-1904) 329-339 (ed. br.: AA.VV. *Documentos sobre a música litúrgica [1903-2003]*. São Paulo 2005, 13-34).
14. *Mediator Dei*, em *AAS* 39 (1847) 521-595 (= MD e parágrafo); cf. supra, notas 58 e 59 do cap. IV.
15. Cf. SC 2; 41; 42; LG 10-11; 26; PO 5.

ticipação dos fiéis se estende a toda a ação litúrgica, situando-a entre os "princípios gerais da reforma e do incremento da liturgia" (o capítulo I da SC). Isto quer dizer que a participação é fundamental em toda celebração, como exige a condição sacerdotal do povo de Deus e a própria natureza da liturgia (cf. SC 14).

O Concílio Vaticano II, embora não tenha dado uma definição de participação dos fiéis, apontou algumas de suas marcas essenciais, que pertencem ao modo como a assembleia exerce seu papel nas celebrações: a participação deve ser *interna e externa, consciente, ativa, plena, frutuosa, adaptada à situação dos fiéis, comunitária* etc.[16] O desejo do Concílio foi que os fiéis compreendessem bem os ritos e as orações para participar na ação litúrgica da maneira mais frutuosa possível (cf. SC 48). No entanto, não faltaram os que reduziram a participação ativa ao aspecto puramente formal e externo. Na XI Assembleia geral do Sínodo dos Bispos de outubro de 2005 insistiu-se no significado correto da "participação ativa" (*actuosa participatio*) e assim o expressa a Exortação Apostólica pós-sinodal, indicando que "não se pretende, com tal palavra, aludir a uma mera atividade exterior durante a celebração; na realidade, a participação ativa desejada pelo Concílio deve ser entendida em termos mais substanciais, a partir duma consciência do mistério que é celebrado e da sua relação com a vida cotidiana"[17].

3 Exigências

Trata-se de exigências de caráter pastoral que se referem a aspectos externos da celebração, mas que estão a serviço do encontro com Deus em Jesus Cristo.

---

16. Cf. SC 11; 14; 19; 21; 26-30; 48 etc.
17. BENTO XVI. Exort. apost. pós-sinodal *Sacramentum caritatis*, o.c. n. 52; cf. n. 38 e 52-65. A participação aparece na relação com a *ars celebrandi*: cf. *supra*, nota 23 do cap. VI; LÓPEZ MARTÍN, J. "La Exhortación Apostólica *Sacramentum caritatis* de Su Santidad Benedicto XVI". In: CANALS, J.M. *Canto y música en la liturgia. Ponencias de las Jornadas N. de Liturgia Burgos 2007* (Madri 2008) 13-49; MARINELLI, F. "Actuosa participatio (Sacramentum caritatis, 52-63)". In: NARDÍN, R. & TANGORRA, G. (eds.). *Sacramentum caritatis. Studi e commenti...* (Roma 2008) 377-389.

a) *A participação é uma atividade humana* que requer presença física, identificação nas atitudes, unidade nos gestos e movimentos, coincidência nas palavras e nos atos, ou seja, ação comum. Para isto deve ocorrer também uma *abertura pessoal*, num clima de comunhão, diante do mistério que se celebra e diante das consequências que é preciso deduzir para a vida cristã.

b) A ação comum pede *renúncia a particularismos* de expressão para aceitar os canais oferecidos pela celebração, tanto no plano ritual de atitudes, gestos e movimentos como no plano formal da oração, do canto e do silêncio. A *atitude comunitária* faz com que o eclesial tenha primazia sobre o individual, mas sem anulá-lo. Além disso, os dois aspectos precisam integrar-se mutuamente. Deve-se procurar também uma boa *comunicação interpessoal* para que cada palavra e cada gesto ou símbolo sejam acolhidos e compreendidos por todos[18].

c) A participação pede *atitudes cultuais* cristãs e não meramente religiosas. O motivo está na peculiaridade da liturgia cristã como culto ao Pai no Espírito e na verdade (cf. Jo 4,23-24), de modo que não ocorra defasagem ou ruptura entre a celebração e a vida, entre o culto externo e a atitude interior.

4 Ministérios litúrgicos e participação

A participação litúrgica depende, em boa parte, da existência e da atuação dos diferentes ministérios na liturgia[19]. A Igreja é, toda ela, ministerial, ou seja, diferenciada e estruturada em ministérios, ofícios e funções nos quais se concretizam determinados aspectos e tarefas que, em si, correspondem a toda a comunidade eclesial. Os que desempenham esses serviços o fazem

---

18. Cf. CORDES, P.J. *Partecipazione attiva all'Eucaristia. La "actuosa participatio" nelle piccole comunità* (Cinisello Balsamo 1996); URDEIX, J. "Participación litúrgica y técnicas de comunicación": *Ph* 68 (1972) 129-139.

19. Cf. ALDAZÁBAL, J. *Ministerios al servicio de la comunidad celebrante*, em *Dossiers* CPL 110 (2006); BOROBIO, D. "Comunidad eclesial y ministerios": *Ph* 123 (1981) 183-201; ID. "Participación y ministerios litúrgicos": *Ph* 144 (1984) 511-528; PIÉ, S. "Los ministerios confiados a los laicos": *Ph* 228 (1998) 139-153; LODI, E. "Ministerio, ministerios", em NDL 1273-1293; TENA, P. "La colaboración de los laicos en el ministerio", em NDL 107-131; e *Conc* 72 (1972); *CuaderPh* 13 e 18 (1990); *El* 101/2 (1987); *LMD* 194 (1993); *RivPL* 116 (1983); *RL* 73/3 (1986); *Seminarios* 95 (1982) etc.

em virtude de um carisma recebido no sacramento da ordem (ministérios ordenados) ou em virtude da instituição da Igreja (ministérios instituídos) ou em virtude de um encargo mais ou menos estável. Em todos os casos se trata de verdadeiras "diaconias" ou serviços realizados à imagem de Cristo, "que veio não para ser servido, mas para servir" (Mt 20,28; cf. Lc 22,27), e em nome e a serviço de toda a Igreja.

Na assembleia litúrgica, "cada qual, ministro ou fiel, ao desempenhar a sua função, faça tudo e só aquilo que pela natureza da coisa ou pelas normas litúrgicas lhe compete" (SC 28), de maneira que as celebrações "atingem a cada um dos membros de modo diferente, conforme a diversidade de ordens, ofícios e da participação atual" (SC 26). Assim, portanto, na assembleia litúrgica, a participação se realiza e alcança os mais altos níveis quando são exercidos todos os ministérios, tanto os da presidência[20], reservada ao ministério ordenado, quanto o de leitor e o do acólito. Mas existem também outros serviços que constituem um verdadeiro ministério litúrgico (cf. SC 29) a serviço da assembleia: acolhida, preparação do lugar e dos objetos e vestes litúrgicas, sacristão, comentarista ou animador, dirigente do canto da assembleia; a serviço da Palavra de Deus e da oração litúrgica: leitor não instituído, salmista, cantores, organista e músicos etc.; a serviço do altar e dos ministérios ordenados: acólitos não instituídos, mestre de cerimônias etc.[21]

Recentemente se está prestando maior atenção ao ministério do bispo, que exerce a graça do supremo sacerdócio na Igreja particular e local e modera a vida litúrgica desta (cf. SC 41; LG 26 etc.)[22].

---

20. Cf. SEC. NAC. DE LITURGIA (ed.). *Presidir la asamblea* (Madri 1970); ID. *El presidente de la celebración eucarística. Directorio litúrgico pastoral* (Madri 1988); SECR. DE LITURGIA DA EUROPA. "Presidencia litúrgica y formación para el ministerio": *Ph* 191 (1992) 413-431; e *CuaderPh* 19 (1990); *LMD* 230 (2002) etc.

21. Cf. *Cerimonial dos Bispos*, o.c., 18-41; IGMR 91-111. Destes ministérios se falará também no cap. XVII. Cf. os diretórios dedicados aos diferentes ministérios pelo Secr. Nac. de Liturgia da Espanha publicados a partir de 1984.

22. Além do que foi dito antes sobre *Assembleia litúrgica e Igreja local*, cf. *supra*, nota 9.

Capítulo IX
O canto e a música na celebração

A ação litúrgica recebe uma forma mais elevada quando os ofícios divinos são celebrados com canto e neles intervêm os ministros sacros e o povo participa ativamente (SC 113).

Bibliografia

AA.VV. *Cantare la liturgia. Profilo storico-teologico e indicazioni pastorali* (Pádua 2002); ALCALDE, A. *Canto y música litúrgica* (Madri 1995); ID. *El canto de la Misa. De una "liturgia con cantos" a una "liturgia cantada"* (Santander 2002); ID. *Música y espiritualidad, Dossiers* CPL 113 (2009); ÁLVAREZ, L.F. "El canto, asignatura pendiente?": *Ph* 274 (2006) 429-436; COSTA, E. "Canto y música", em NDL 252-298; CARDITA, A. "Boletín de musicología litúrgica": *Ph* 256 (2003) 351-372; CHUPUNGCO 2, 280-325; CONF. EP. MEXICANA. "Orientaciones pastorales sobre música sagrada": *Ph* 225 (1998) 245-256; FRATTALLONE, R. *Musica e liturgia. Analisi della espressione musicale nella celebrazione liturgica* (BELS 31, 1984); GALINDO, A. (ed.). *La música en la Iglesia de ayer a hoy* (Salamanca 1992); DELLA TORRE 1, 280-308; GELINEAU, J. *Canto y música en el culto cristiano* (Barcelona 1967) (ed. br.: *Canto e música no culto cristão*. Petrópolis 1968); KUNZLER 199-312; LÓPEZ MARTÍN, J. "La música litúrgica cien años después de S. Pío X": *Ph* 263 (2004) 29-43; LÓPEZ QUINTÁS, A. "La función del canto en la liturgia": *Ph* 248 (2002) 163-175; MATHON, G. "Musique": *Cath* IX, 865-898; OBISPOS DE LAS DIÓCESIS DE CASTILLA Y LEÓN. "'El canto en la celebración eucarística'. Instrucción pastoral": *PastL* 256 (2000) 23-34; RAINOLDI, F. "Pratiche e significati della musica nella liturgia": *RL* 66 (1979) 20-35; ID. *Traditio canendi. Appunti per una storia dei riti cristiani cantati* (BELS 106, 2000); RAMPAZZO, F. et al. *Cantare la liturgia* (Pádua 2002); RATZINGER, J. Card. *Un canto nuevo para el Señor. La fe en Jesucristo y la liturgia hoy* (Salamanca 1999); SECR. NAC. DE LITURGIA. *Canto y música en la celebración. Directorio litúrgico pastoral* (Madri 1992; ²2007). ID. *Canto y música en la liturgia a los 40 años de la Instrucción "Musicam sacram"* (Madri 2008); SANSON, V. *La musica nella liturgia. Note storiche e proposte pastorali* (Pádua 2002); SODI, M. *Giovani, liturgia e musica* (Roma 1994); STEFANI, G. *La aclamación de todo un pueblo* (Madri 1967); TRIACCA, A.M. "Canto-musica e celebrazione. Riflessioni teologico-liturgiche": *Not* 340 (1994) 633-647; e *CuaderPh* 28, 55, 136 (1991-2003); *Dossiers* CPL 27, 38 e 65 (1985-1995); *LMD* 108 (1971); 131 (1977); 145 (1981); 212 (1997); 239 (2004); 251 (2007); 258 (2009); *PastL* 215/216 (1993); 243 (1998); *Ph* 39 (1967); 71 (1972); 120 (1980); 169 (1989); 220 (1997); 221 (1997); 258 (2003); 259 (2004); *RL* 59/2 (1972); 68/1 (1981); 74/4 (1987); 86/2-3 (1999); *RivPL* 171 (1992).

Com este capítulo inicia-se o estudo da ação litúrgica, terceiro componente da celebração. Esta ação compreende, em primeiro lugar, a resposta à Palavra de Deus no diálogo que ocorre entre Deus e seu povo: "Deus fala a seu povo. Cristo ainda anuncia o Evangelho. E o povo responde a Deus, ora com cânticos ora com orações" (SC 33; cf. 7). O capítulo é dedicado ao primeiro modo de resposta à Palavra de Deus, o canto. Junto com o canto é preciso tratar da música, que não só o acompanha, mas que tem, ela sozinha, uma função na celebração.

I – O canto na Bíblia e na liturgia

O canto é uma realidade religiosa em toda a Bíblia e, particularmente, nos Evangelhos. O próprio Senhor frequentava a sinagoga como era seu costume (cf. Lc 4,16) e ali participava no canto dos salmos. Na última Ceia cantou os hinos do rito pascal (cf. Mt 26,30).

1 Espiritualidade bíblica

O canto na Bíblia é presidido pelo reconhecimento da presença de Deus em suas obras da criação e em suas intervenções salvíficas na história. O exemplo mais acabado são os salmos, que abrangem todas as formas de expressão sonora, desde o grito e a exclamação prazerosa até o cântico acompanhado da música e da dança (cf. Sl 47,2.6; 81,2; 98,4.6 etc.). O convite ao canto é frequente no começo do louvor (cf. Ex 15,21; Is 42,10; Sl 105,1-2), adquirindo pouco a pouco conotações messiânicas e escatológicas ao aludir ao *cântico novo* que toda a terra deve entoar (cf. Sl 96,1), quando se cumprirem as magníficas promessas do Senhor (cf. Sl 33,3; 149,1). Este cântico se iniciou na vitória de Cristo sobre a morte, sendo cantado por todos os redimidos (cf. Ap 5,9-14; 14,2-3; 15,3-4).

A Igreja primitiva continuou a prática sinagogal do canto dos salmos e de outros hinos: "Enchei-vos do Espírito e recitai entre vós salmos, hinos e cânticos inspirados; cantai e salmodiai ao Senhor com todo o vosso coração, dando graças continuamente por tudo àquele que é Deus e Pai, por meio de nosso Senhor Jesus Cristo" (Ef 5,18b-20; cf. Cl 3,16); "Alguém de vós está atribulado? Então ore! Está alegre? Então cante salmos" (Tg 5,13). Em Corinto cada um trazia seu salmo para a reunião, de forma que São Paulo admoesta que "o façam para edificação de todos" (1Cor 14,26)[1].

2 Testemunhos da história

No começo do século II os cristãos se reuniam antes do amanhecer "para cantar um hino a Cristo, como a um deus"[2]. Na época patrística, os testemunhos sobre o canto litúrgico se multiplicam. Eis um exemplo significativo: "Quando ouço cantar essas vossas santas palavras com mais piedade e ardor, sinto que o meu espírito também vibra com devoção mais religiosa e ardente do que se fossem cantadas de outro modo. Sinto que todos os afetos da minha alma encontram na voz e no canto, segundo a diversidade de cada um, as suas próprias modulações, vibrando em razão de um parentesco oculto, para mim desconhecido, que entre eles existe"[3].

---

1. Cf. PARISOT, J. "Chant sacré". In: VIGOUROUX, X. (ed.). *Dictionnaire de la Bible*, II/1 (Paris 1926) 553-556; PERROT, Ch. "Le chant hymnique chez les juifs et les chrétiens au premier siècle": *LMD* 161 (1985) 7-13 etc.
2. PLÍNIO O JOVEM. *Ep.* X, 96,7.
3. SANTO AGOSTINHO. *Confissões* X, 33,49. Cf. BASURKO, X. *O canto cristão na tradição primitiva* (São Paulo 1991); ID. "Canto pagano y canto cristiano en los Sermones de Cesáreo de

No entanto, nem todos os Santos Padres foram entusiastas do canto na liturgia. Alguns, como São João Crisóstomo, foram muito críticos por entenderem que a música era um fator de dispersão e um deleite para os sentidos. Na Idade Média, Santo Tomás se mostra um tanto coibido ao defender o canto litúrgico[4]. Estas atitudes mostram que na Igreja sempre existiu uma preocupação muito grande com o caráter autenticamente religioso e litúrgico do canto e da música nas celebrações.

Os últimos e mais notáveis exemplos são o *Motu proprio Tra le sollecitudni* de São Pio X (22-11-1903)[5], a Encíclica *Musicae sacrae disciplina* de Pio XII (25-12-1955)[6], a Instrução *De Musica Sacra* da Sagrada Congregação dos Ritos (3-9-1958)[7] e a Constituição *Sacrosanctum Concilium* do Vaticano II (4-12-1963), que dedica o capítulo VI à música (cf. SC 112-121)[8]. Este documento significa a culminância de todo um movimento de restauração do canto gregoriano e de renovação do canto popular religioso[9].

Arlés". In: AA.VV. *Mysterium et Ministerium. Miscelánea I. Oñatibia* (Vitoria 1993) 177-200; VELADO, B. "El canto litúrgico, misterio y función": *PastL* 215/216 (1993) 6-29.

4. Cf. *STh* II-II, q. 91, a. 2.

5. Em *AAS* 36 (1903-1904) 329-339 (ed. br.: AA.VV. *Documentos sobre a música litúrgica [1903-2003]*. São Paulo 2005, 13-34); e em *CuaderPh* 112 (2001); cf. *supra* nota 53 do cap. IV. Por ocasião do centenário do *Motu proprio* de S. Pio X, o papa João Paulo II publicou um *quirógrafo* comemorativo no dia 22-11-2003: trad. esp. em *PastL* 278 (2004) 9-19; e foram publicados numerosos fascículos monográficos nas revistas de liturgia. Além disso, cf. ALCALDE, A. "La música al servicio de la renovación litúrgica. Un Papa músico". In: COM. EP. DE LITURGIA (ed.). *Cien años de renovación litúrgica. De S. Pío X a Juan Pablo II. Jornadas N. de Liturgia 2003* (Madri 2003) 33-58; ARINZE, F. Card. "Dal M.p. di S. Pio X alla SC: le costanti della musica liturgica": *Not* 447/448 (2003) 615-627; COM. EP. DE LITURGIA (Espanha). "Fuente primera e indispensable de la vida cristiana. Declaración": *PastL* 278 (2004) 29-34 etc.

6. *AAS* 48 (1956) 5-25 (ed. br.: AA.VV. *Documentos sobre a música litúrgica [1903-2003]*. São Paulo 2005, 37-60).

7. *AAS* 50 (1958) 630-663; e em ASÍS, F. de. *Communicantes...* (Sevilha 1958).

8. Em *La música en la liturgia*, em *Dossiers* CPL 38 (1988).

9. O Vaticano II declarou que o canto gregoriano é o canto próprio da liturgia romana (cf. SC 116); cf. ALTISENT, M. *El canto gregoriano, un modelo de música religiosa* (Tárrega 1973); ASENCIO, J.C. *El canto gregoriano. Historia, liturgia, formas* (2003); BESCOND, A.J. *Le chant grégorien* (Paris 1972); JEANNETEAU, J. *Los modos gregorianos. Historia, análisis, estética* (Abadia de Silos, 1985); RAMOS, M.T. "El canto gregoriano en la historia". In: GALINDO, A. (ed.). *La música en la Iglesia*, o.c., 51-84.

Depois do Vaticano II ocorreu o fenômeno da proliferação de uma música ainda muito difícil de avaliar do ponto de vista dos critérios litúrgicos e pastorais do canto e da música na liturgia[10]. Entre os documentos pós-conciliares dedicados à renovação da liturgia é preciso citar a Instrução *Musicam Sacram* de 5-3-1967[11], sendo muito numerosos os que se ocupam também do canto e da música de uma maneira pontual[12]. Por último podemos citar também o quirógrafo do papa João Paulo II[13] e alguns discursos e mensagens do papa Bento XVI[14].

II – A música litúrgica

O Vaticano II deu um novo rumo à reflexão e à prática do canto e da música na liturgia. O movimento litúrgico dos inícios do século realizou uma grande tarefa de renovação musical em torno da consideração da *música sacra* "como parte integrante da liturgia solene". A música deveria ter as seguintes qualidades: santidade, bondade das formas e universalidade. No entanto, estas ideias, unidas a um conceito de liturgia marcada pelo imobilismo e pela uniformidade do latim, não prosperaram. A *música sacra* se reduzia ao canto gregoriano e à polifonia sacra, de modo que a música "moderna" e o canto popular estiveram excluídos da liturgia até os anos anteriores ao Concílio[15].

---

10. Cf. ALCARAZ, J. "Reflexiones sobre la situación de la música en la liturgia": *Ph* 60 (1970) 597-605; GELINEAU, J. "La música en la asamblea cristiana veinte años después del Vaticano II": *Ph* 144 (1984) 529-539; TENA, P. "El canto y la música litúrgica. Situación y perspectivas": *Ph* 182 (1991) 95-110.

11. *AAS* 59 (1967) 300-320; e em *La música en la liturgia*, o.c., 10-25; cf. BUGNINI, A. *La reforma de la liturgia (1948-1975)* (BAC, Madri 1999) 777-802; cf. os comentários em *Conc* 32 (1968) 283-300; *EL* 81 (1967) 193-293; *Ph* 40 (1967) 361-388; AA.VV. *Música sacra e azione pastorale* (Leumann/Turim 1967); e os recentes de COLS, D. em *OrH* 16 (1985) 165-169; e de TAULÉ, A. em *Ph* 193 (1993) 69-75.

12. Entre estes cabe assinalar a IGMR, o ELM, a IGLH, o *Diretório para missas com crianças* de 1973, o *Cerimonial dos Bispos* de 1984 e a Instrução sobre *A liturgia romana e a inculturação*, de 25-1-1994 (LEV, 1994) n. 40. Sobre este documento cf. *supra*, nota 1 do cap. IV.

13. Cf. *supra*, nota 5.

14. Cf. *Mensagem ao Card. Arinze*, de 1-12-2005, em *Not* 471/472 (2005) 566; *discurso* na bênção do órgão da antiga capela de Ratisbona, em 22-9-2006, em *L'Osservatore romano* em espanhol n. 38 (22-12-2006) p. 15; *Discurso ao Instituto de Música Sacra*, de 13-10-2007, em *Not* 493/494 (2007) 526-528.

15. Cf. COMBÉ, P. *Histoire de la restauration du chant grégorien d'après des documents inédits* (Solesmes 1969); MANZANO, M. "El futuro del canto popular religioso": *Ph* 39 (1967) 228-241.

A perspectiva mudou com a constituição *Sacrosanctum Concilium*. Usando ainda a expressão "música sacra", o Concílio propõe algumas linhas fundamentais que devem ser entendidas no conjunto de toda a doutrina conciliar sobre a liturgia. O ponto de partida já não é a noção de música sacra, mas o mistério da salvação celebrado pela Igreja como um acontecimento vivo que santifica os homens e contribui para o culto que se presta ao Pai. Por isso, na preocupação com o canto e a música na liturgia, foram situadas em primeiro plano a autenticidade da celebração e a participação dos fiéis. Liturgia e música fazem parte de uma mesma ação expressiva e simbólica, na qual deve participar toda a assembleia em função do diálogo entre Deus e seu povo.

Com efeito, hoje são usadas cada vez mais as expressões *música na liturgia, música da liturgia cristã, música litúrgica* e *música ritual*. A última expressão foi explicitada da seguinte maneira pelo Documento de 1980 da Associação *Universa Laus*: "Por música ritual entendemos toda prática vocal e instrumental que, na celebração, se distingue tanto das formas habituais da palavra falada quanto dos sons ou ruídos ordinários"[16].

A esta definição é preciso acrescentar um aspecto muito importante e que consiste no fato de que a música vocal e instrumental deve estar "dotada das devidas qualidades" para a celebração (cf. SC 112), ou seja, deve ser apta para a finalidade da liturgia. Com efeito, embora o Vaticano II não quisesse adotar como seu nenhum estilo artístico e tenha aberto a Igreja a todas as formas de expressão estética (cf. SC 123), ele assinalou também que os objetos pertencentes ao culto deviam ser "dignos, decentes e belos, sinais e símbolos das coisas do alto" (SC 122) e, no caso dos gêneros musicais, "que se harmonizem com o espírito da ação litúrgica" (SC 116).

Por isso, é preferível falar de *música litúrgica*, entendendo com isso a música que, além dos valores próprios da arte musical, deve se integrar na ce-

---

16. UNIVERSA LAUS. "La música litúrgica hoy", 1.4. em *La música en la liturgia*, o.c., 53; cf. RAINOLDI, F. "El documento 'Universa Laus' en la historia de la música de la iglesia desde Pío X a nuestros días": *PastL* 114/115 (1980) 13-23. Cf. tb. em DECLEIRE, V. *"Universa Laus II*: Un chant nouveau pour célébrer en vérité": *LMD* 239 (2004) 15-29; MOLL, X. "La música sagrada en un mundo secular": *Ph* 285 (2008) 209-232.

lebração como veículo expressivo e comunicativo dos fins próprios da liturgia[17]. Neste sentido se deve interpretar as qualidades que eram assinaladas na música sacra: a *santidade* será a capacidade de interpretar a força do mistério da salvação e a resposta do homem; a *bondade das formas* será simplesmente a qualidade estética que eleva o espírito; e a *universalidade* será a expressão da unidade na legítima diversidade. Deve ficar claro, portanto, que nem toda música reúne as condições próprias da liturgia. Uma delas e muito importante, especialmente no canto nas línguas modernas, é que reproduza o texto oficial da Igreja, que não é outro senão o dos livros litúrgicos[18].

III – Funções do canto e da música na liturgia

As funções do canto e da música na liturgia são definidas por suas características, postas a serviço dos fins da liturgia. A música faz parte desta, não é um mero adorno. Graças à música, a ação litúrgica reveste uma forma mais nobre (cf. SC 113).

1 Características

Entre as características antropológicas do canto e da música destacam-se as seguintes:

1) O canto é *expressão do mundo interior do homem*, ou seja, de seus sentimentos, vivências, desejos e ideias. É um meio de expressão universal ainda mais intenso do que a palavra, uma linguagem que está presente em todas as épocas e culturas da humanidade. No canto os sentimentos se mani-

---

17. Cf. COSTA, E. "La riflessione posconciliare sul canto e la musica nella liturgia": *RL* 59 (1972) 217-226; DUCHESNAU, Cl. "Musique sacrée, musisue d'Église, musique liturgique: changement de mentalité": *Not* 256 (1987) 1189-1199; FERNÁNDEZ GARCÍA, F. "La música liturgica": *PastL* 236 (1997) 23-39; FRATTALLONE, R. "Linee teologico-liturgiche sulla musica sacra dal Concilio Vaticano II ad'oggi": ibid., 1156-1188; KOVALEVSKI, M. "Le chant de la liturgie chrétienne: pérennité de ses principes dans la diversité de ses manifestations". In: TRIACCA, A.M. (ed.). *Liturgie de l'Église particulière, liturgie de l'Église universelle* (BELS 7, 1976) 183-194.
18. Cf. COM. EP. DE LITURGIA (Espanha). *Los cantos del Ordinario de la Misa*. Nota pastoral de 4-9-1987, em *PastL* 167/168 (1987) 35-37.

festam num estado mais puro e não se esfumam tão rapidamente. Por outro lado, o canto e a música envolvem o ser humano, chegando ao mais fundo da pessoa e comprometendo as zonas mais profundas da emotividade e do sentimento.

Por este motivo "não se deve considerar o canto como adorno acrescentado extrinsecamente à oração, mas como algo que brota do mais profundo da alma em oração e louvor a Deus e manifesta plena e perfeitamente o caráter comunitário do culto cristão" (IGLH 270).

2) *Expressão poética*. A passagem da palavra ao canto ocorre, geralmente, através da função poética da linguagem. Por meio do canto a palavra adquire uma força significativa maior, ganhando mais expressividade e beleza. A palavra falada e o canto são dois modos diversos de expressão. Quando se fala, o importante em si é o que se diz, ou seja, a comunicação de uma ideia ou de um conceito. No entanto, o canto não permanece nesta finalidade prática e, de certa maneira, utilitarista. Da mesma forma que a poesia, o canto contém em si mesmo uma mensagem, é uma ação que por si só se justifica.

3) O canto *cria comunidade*, ou seja, une e reforça os vínculos de um grupo e é um sinal de comunhão. Cantar cria uma atmosfera de sintonia, acima de individualismos e diferenças de qualquer tipo. Aquele que canta sai de seu isolamento interior e se põe em atitude de comunicar-se; renunciando ao tom de voz próprio e ao ritmo próprio, ele se acomoda ao tom e ao ritmo que o canto exige e contribui para a unidade do grupo. Os Santos Padres comparavam a Igreja a uma harpa na qual cada corda produz seu próprio som, mas toca uma só melodia: "mediante a união das vozes alcança-se mais profunda união dos corações"[19].

---

19. Instrução *Musicam sacram*, o.c. n. 5.

4) *Ambiente de festa*. Os valores assinalados acima convergem todos para este último, ou seja, para a festa como atmosfera que deve envolver toda a celebração. Nesse contexto, o canto serve para liberar sentimentos, normalmente inibidos; a dimensão poética contribui fortemente para criar um clima agradável e os aspectos comunitários do canto provocam também um sentimento prazeroso comum. Na celebração é preciso esforçar-se em primeiro lugar "para despertar nas mentes desejo da oração da Igreja e para que seja agradável celebrar o louvor de Deus" (IGLM 279).

2 Papel do canto e da música na celebração

O Concílio Vaticano II contribuiu decisivamente para esclarecer o papel do canto e da música na celebração, falando de sua "função ministerial" a serviço da liturgia (cf. SC 112), expressão análoga à do "nobre ministério" da arte (cf. SC 122). Esta função está unida à função simbólica ou "sacramental"[20].

1) *Função "sacramental" do canto e da música*. O canto e a música expressam e realizam as atitudes internas dos que integram a assembleia. Por um lado, respondem e dão vazão aos sentimentos e, por outro, ajudam a interiorizá-los e a consolidá-los para depois traduzi-los na vida. Neste sentido constituem um verdadeiro sinal da ação do Espírito enviado aos corações dos fiéis para que invoquem o Pai (cf. Rm 8,15.23.26-27) e que inspira os salmos, as aclamações e os hinos (cf. Ef 5,18-19).

"O canto e a música desempenham sua função de sinais de maneira tanto mais significativa por 'estarem intimamente ligados à ação litúrgica' (SC 112), segundo três critérios principais: a beleza expressiva da oração; a participação unânime da assembleia, nos momentos previstos; o caráter solene da celebração. Participam assim da finalidade das palavras e das ações litúrgicas: a glória de Deus e a santificação dos fiéis" (CIC 1157; cf. 2502).

---

20. Cf. LÓPEZ MARTÍN, J. "Canto y música en la liturgia. Punto de vista teológico". In: GALINDO, A. (ed.). *La música...*, o.c., 195-220.

2) *Função ministerial.* Se a liturgia inteira é "ministerial" e tudo nela tem uma missão ou uma função de "nobre ministério", o canto e a música não são uma exceção. Com efeito, assim como os outros sinais litúrgicos, não somente estão a serviço da expressão e da comunicação, mas sobretudo do mistério de Cristo e da Igreja em sua realização ritual. Em outras palavras, a razão de ser do canto e da música na liturgia se encontra no serviço à ação litúrgica.

Ora, esta função se concretiza, do ponto de vista teológico, em três aspectos essenciais: revestir a Palavra divina e a resposta do homem, no diálogo entre Deus e seu povo; favorecer a unidade e a comunhão da assembleia, como sinal de uma profunda sintonia espiritual; e constituir em si mesmos um rito, como se verá a seguir.

IV – Situações rituais e funcionalidade litúrgica

Na perspectiva da "função ministerial", o canto e a música na liturgia se transformam num verdadeiro rito em alguns momentos da celebração. Isto quer dizer que sua missão não é acompanhar certos gestos ou uma ação litúrgica, mas constituir a própria ação ritual. Na celebração há momentos em que só se canta ou se escuta a música instrumental[21]. Eis as principais situações rituais criadas por determinados cantos[22]:

1 O ritmo

Por hino se entende o canto que é executado por todos juntos e que se transforma no símbolo dos sentimentos e dos ideais do grupo. É o canto por excelência. Sua característica principal consiste em que nele a palavra e a música têm a mesma importância e sua percepção se faz de maneira global, sem acentuar um aspecto mais do que outro. O hino, por outro lado, pode

---

21. Sobre a música instrumental cf. a Instrução *Musicam sacram*, o.c., n. 62-67; Cf. AYARRA, J.E. "Los instrumentos musicales en la liturgia": *Ph* 169 (1989) 29-43; STEFANI, G. "Gli istrumenti e la musica", em DELLA TORRE I, 306-308.
22. STEFANI, G. "Essai sur les communications sonores dans la liturgie": *PLit* 52 (1970) 99-106, 232-242 e 319-336; ID. "Il canto", em DELLA TORRE I, 280-298.

ser associado perfeitamente a uma ação que exija movimento, por exemplo, uma procissão. No entanto, a verdadeira ação litúrgica no hino consiste no gesto de ser cantado por todos.

Na liturgia ocorre esta situação, por exemplo, no *Glória* da missa e no hino que abre a celebração do Ofício divino. Nos dois exemplos a evidência formal e o destaque dado à função poética pedem com maior urgência o canto.

2 A aclamação

A aclamação é uma expressão coletiva concisa, intensa, carregada de emoção. Aclamar é, às vezes, aplaudir ou gritar. Novamente, a aclamação não consiste em pronunciar palavras. Estas ficam em segundo plano; o importante é a expressão emocional e gestual. O grito *viva!*, como também a palavra *aleluia!*, não significam um conceito, mas a emoção, o entusiasmo. Por isso, as aclamações deveriam ser sempre cantadas.

Com gestos vocais de aclamação pode-se expressar a resposta a um chamado, a invocação, a alegria, a ação de graças, a fé, a esperança. Entre os exemplos de aclamação da liturgia encontram-se, além dos citados, o *amém*, o *demos graças a Deus*, as saudações e diálogos, as invocações e as respostas às ladainhas etc.[23]

3 Meditação

Meditar significa concentrar-se, recolher-se, interiorizar. A situação ritual de meditação vai em direção oposta à do hino e da aclamação. Nestas situações, a expressão se projeta para fora, exteriorizando sentimentos e atitudes; na mediação, ao contrário, aquele que canta o faz para si, apropriando-se da mensagem do canto, das palavras, dos sons, do ritmo, das imagens etc.

A meditação permite concentrar-se sobretudo no texto. É o caso da *salmodia*, que é o canto-meditação da Palavra. Nela os elementos musicais formam uma espécie de auréola em torno da palavra, que facilita a aproximação e identificação com o que se está cantando.

---

23. Cf. FRANQUESA, A. *Las aclamaciones de la comunidad* (Barcelona 1995).

4 Proclamação lírica

O hino, a aclamação e a meditação coral são ações coletivas, mensagens que toda a assembleia elabora por si mesma como símbolos que reforçam determinadas atitudes e vivências. Em todas estas situações, sobretudo nas duas primeiras, o canto cria comunidade, de maneira evidente, e manifesta a unidade do grupo. No entanto, na assembleia litúrgica existem papéis que devem ser executados por pessoas concretas que desempenham determinados ministérios ou funções.

Do ponto de vista do canto e da música, existe o ministério do salmista, cuja missão é entoar os salmos e, sobretudo, cantar o *salmo responsorial*. Esse salmo representa um caso de proclamação lírica da Palavra de Deus. Por este motivo, o canto do salmo responsorial se faz preferentemente do ambão[24].

V – Pastoral do canto e da música na liturgia

O canto é um fator primordial para conseguir o ideal da participação plena, consciente e ativa nas celebrações litúrgicas[25]. Por conseguinte, é necessário conseguir que todas as ações litúrgicas sejam realizadas com canto, como a forma mais nobre de celebração. O ideal é que todos os textos que de per si requerem canto sejam efetivamente cantados, empregando o gênero e o tipo de música adequados. Mas entre a forma solene e mais plena das celebrações litúrgicas, nas quais se canta tudo o que deve ser cantado, e a forma mais simples, na qual só se canta alguma parte, pode haver vários graus de participação.

---

24. Cf. IGMR 61; 129; sobre este salmo cf. supra, nota 20 do cap. VI.
25. Sobre a pastoral do canto, além do diretório do Secretariado Nac. de Liturgia citado no início, pode-se consultar: ALCALDE, A. "Canto y oración": *PastL* 274 (2003) 211-225; ALLARY, J. et al. *Participación en la liturgia por el canto, la aclamación y el silencio* (Madri 1970); RAINOLDI, F. "Celebrare con il canto: ma che cosa cantiamo oggi?": *RL* 75 (1988) 503-517; TAULÉ, A. "Los cantos en las celebraciones litúrgicas. Teoría y praxis": *Ph* 188 (1992) 113-123; VELADO, B. "Teología y pastoral del canto litúrgico. Punto de vista pastoral". In: GALINDO, A. (ed.). *La música...*, o.c., 220-243.

Na escolha das partes que se devem cantar, começar-se-á por aquelas que por sua natureza são de importância maior: em primeiro lugar, por aquelas que devem ser cantadas pelo sacerdote ou pelos ministros, com resposta do povo; ou pelo sacerdote juntamente com o povo; juntar-se-ão depois, pouco a pouco, as que são próprias só do povo ou só do grupo de cantores[26].

Ao escolher e programar os cantos para uma celebração, deve-se atender a vários fatores: em primeiro lugar, à qualidade teológico-litúrgica da letra – de preferência os próprios textos litúrgicos, como já foi assinalado, ou os inspirados na Bíblia ou na liturgia –, ao valor musical da melodia e à utilidade pastoral; em segundo lugar, ao dia e ao tempo litúrgico para determinar o grau de solenidade ou nível festivo; em terceiro lugar, ao equilíbrio e ao ritmo da celebração, a fim de que não ocorram desproporções e contrastes entre uma parte e outra; e, por último, à integração de toda a assembleia no canto, inclusive quando forem selecionados cantos cuja execução é confiada a um coro. É conveniente também que os fiéis saibam cantar algumas partes da missa e de outras celebrações em latim (cf. IGMR 98). Por outro lado, cada uma das ações litúrgicas requer também que se atenda às suas características próprias[27].

A participação da assembleia no canto é um direito e um dever que não pode ser suplantado por um coral, ainda que este tenha também sua própria função na celebração a serviço de toda a assembleia[28]. É importante que a

---

26. Instrução *Musicam sacram*, o.c., n. 7.

27. Cf. ALDAZÁBAL, J. "El canto en las exequias": *Ph* 182 (1991) 111-123; ID. "El canto en Cuaresma y Semana Santa": *Ph* 187 (1992) 37-48; DUCHESNAU, Cl. "Les chants rituels dans la Messe": *LMD* 192 (1992) 25-34; GELINEAU, J. et al. "Los cinco cantos del Ordinario": *Ph* 30 (1965) 333-384; TAULÉ, A. "Los cantos de la Misa": *Ph* 92 (1976) 138-143; VELADO, B. "El canto en la liturgia de las Horas": *PastL* 115/116 (1993) 80-105; e outros trabalhos publicados em *PastL* 243 (1998) etc. Um problema delicado e que requer clareza nos critérios e firmeza nos responsáveis pela liturgia, dadas as implicações alheias à liturgia, é o representado pela música procedente do folclore: cf. ALADRÉN, J. "Música autóctona o folclore popular": *PastL* 263 (2001) 61-67; MANZANO, M. "El canto popular religioso en la tradición oral". In: GALINDO, A. (ed.). *La música...*, o.c., 161-194.

28. Cf. Instrução *Musicam sacram*, o.c., n. 19-24; ÁLVAREZ, T. "La función de los coros en las celebraciones": *PastL* 215/216 (1993) 56-67; COLS, D. "La schola cantorum": *OrH* 15 (1984) 332-335; DELEGAÇÃO DIOC. DE LITURGIA (Orense). "Los coros y las bandas de música": *PastL* 236 (1997) 40-50.

assembleia disponha de toda a gama de ofícios litúrgicos relacionados com o canto e com a música[29]. Para uma boa realização musical da liturgia é indispensável a formação tanto dos pastores e responsáveis pelas celebrações quanto dos próprios compositores (cf. SC 115; 121)[30].

---

29. Cf. ALDAZÁBAL, J. "Los actores del canto litúrgico": *PastL* 215/216 (1993) 41-55.
30. Cf. CONG. PARA A EDUCAÇÃO CATÓLICA. *Instrução sobre a formação litúrgica nos seminários* (3-6-1979) n. 56.

Capítulo X
A oração litúrgica

Enquanto a Igreja reza, ou canta ou age, é que se alimenta a fé dos participantes e suas mentes são despertadas para Deus (SC 33).

Bibliografia

AUGÉ, M. "Eucología", em NDL 759-772; BONACCORSO, R. (ed.). *La preghiera*, 3 vols. (Milão 1967); BOSELLI, G. "*Sacrificium laudis*. La preghiera come sacrificio": *RL* 95 (2008) 935-955; BROVELLI, F. "Il Messale Romano di Paolo VI. Per una lettura della eucologia". In: DELL'ORO, F. (ed.). *Il Messale Romano del Vaticano II*, 1 (Leumann/Turim 1984) 17-24; CABROL, F. *Los libros de la liturgia*. *CuaderPh* 187 (2009); CANALS, J.M. "Oración litúrgica", em DTVR 1224-1242; CHUPUNGCO 1, 390-409; CONTE, N. *Benedetto Dio che ci ha benedetti in Cristo* (Leumann-Turim 1999) 181-206; DE ZAN, R. "Critica testuale. Ermeneutica", em CHUPUNGCO 1, 344-389; FERNÁNDEZ, P. "Teología de la oración litúrgica": *CiTom* 107 (1980) 355-402; FOLSOM, C. "I libri liturgici romani", em CHUPUNGCO 1, 263-330; DELLA TORRE 2, 309-363; GUARDINI, R. "La oración litúrgica". In: *El espíritu de la liturgia* (Barcelona 1962) 57-89 (ed. br.: *O espírito da liturgia*. Rio de Janeiro 1942); HAMMAN, A. *La oración* (Barcelona 1967); LÓPEZ MARTÍN 1, 287-309; MARSILI, S. "Le orazioni della Messa nel nuovo Messale. Teologia e pratica della preghiera liturgica": *RL* 58 (1971) 70-91; NOCENT, A. "Os livros litúrgicos romanos", em *Anamnesis* 2, 161-202; RIGHETTI, A.M. "De generibus litterariis textuum liturgicorum eorumque interpretatione eorumque usu liturgico": *Not* 2 (1966) 106-117; SODI, M. "I libri liturgici romani". In: ASS. PROF. LITURGIA. *Celebrare il mistero di Cristo* 1 (BELS 73, 1993) 407-451; URTASUM, C. *Las oraciones del Misal, escuela de espiritualidad de la Iglesia*, 1-2 (BL 5 e 13, 1995-2000); e *CuaderPh* 71 (1966);

79 (1997); 139 (2004); *LMD* 202 (2005); *Ph* 180 (1980); 229 (1999); *RL* 95/5 (2008) etc.

O segundo modo de resposta à Palavra de Deus, junto com o canto, ocorre por meio da oração litúrgica. A oração litúrgica não é apenas a oração dos que participam da celebração, mas também a oração que a Igreja considera sua na invocação do Senhor e no louvor, a ação de graças e a petição que ela dirige ao Pai, por meio de Jesus Cristo, no Espírito Santo.

Neste capítulo se trata da oração litúrgica. No entanto, no capítulo dedicado à espiritualidade da liturgia serão tratadas as relações entre a oração litúrgica e a oração pessoal.

I – A oração litúrgica

Quando a Igreja, reunida em nome de Jesus para celebrar o mistério da salvação, se põe a rezar com fórmulas recebidas da tradição cristã, a oração tem algumas características especiais que a fazem sobressair entre todas as formas de oração. A oração litúrgica é a oração da Igreja. O *Catecismo da Igreja Católica* reconhece que na liturgia "toda oração cristã encontra sua fonte e seu termo" (CIC 1073).

1 Fundamento bíblico

A oração bíblica[1] se caracteriza pelo caráter bendicional e anamnético da oração, o que ocasiona um predomínio de fórmulas de tipo mais narrativo do que descritivo. Este traço tem sua origem na peculiaridade das relações que Deus manteve com seu povo na história da salvação (cf. Hb 1,1). O Deus a quem Israel se dirige é um Deus próximo, que realizou obras maravilhosas que permanecem para sempre na memória coletiva, não menos do que no coração dos grandes orantes de Israel: Abraão, Moisés, Ana mãe de Samuel, Davi, Salomão, Elias, Ester etc.

---

1. Cf. CIC 2568-2589 e 2592-2597; e GONZÁLEZ, A. *La oración en la Biblia* (Madri 1968).

A Bíblia criou também gêneros, estruturas e fórmulas de oração que tiveram continuidade na tradição judaica extrabíblica e que passaram também para o cristianismo. Entre estes gêneros estão a *berakah*, a oração sacrificial, a profissão de fé etc.[2] Mas, dentro da continuidade entre o Antigo e o Novo Testamento, ocorre a novidade da oração cristã, que tem sua origem em Jesus e em seu mistério pascal. Em Cristo a oração bíblica alcança sua culminância e nos é dada a plenitude da oração litúrgica.

Instruída pelo Senhor e assistida pelo Espírito Santo, a Igreja, desde o início, começou a fixar os cânones da oração cristã e das horas de oração[3]. Basta analisar as orações que aparecem no Novo Testamento para notar como a *memória* e a bênção continuam presentes na oração comunitária, mas tendo como centro o mistério de Cristo (cf. At 4,24-31; Ef 1,3-14; Cl 1,3-20; 1Tm 2,1-8; Ap 6,8-14).

2 Primeiros testemunhos

Entre as fontes mais antigas da oração litúrgica cristã encontram-se a *Didaqué* e as *Odes de Salomão*, de inspiração judeu-cristã; as *Cartas* de Santo Inácio de Antioquia, cheias de alusões à oração litúrgica; os testemunhos de São Clemente de Roma, São Justino (*Apol. I*, 66-67) e Santo Ireneu de Lyon, no século II; as orações de alguns mártires nas *Atas* de seu martírio, como a de São Policarpo de Esmirna († 156); e, finamente, a *Tradição Apostólica* de Hipólito (séc. III), o testemunho mais completo.

A teoria e a prática da oração cristã foi também objeto de tratados sistemáticos, entre os quais se destacam os de São Cipriano, o de Tertuliano, o de Clemente de Alexandria e o de Orígenes[4].

---

2. Cf. AUDET, J.-P. "Esquisse hisorique du genre littéraire de la 'bénédiction' juive e de l'eucharistie": *Revue Biblique* 65 (1958) 371-399; BOUYER, L. *Eucaristía. Teología y espiritualidad de la plegaria eucarística* (Barcelona 1969) 29-102; GIRAUDO, C. *La struttura letteraria della preghiera eucaristica* (Roma 1981); HRUBY, K. "La 'birkat ha-mazon'". In: AA.VV. *Mélanges B. Botte* (Lovaina 1972) 205-222; LATORRE, J. *Modelos bíblicos de oración*, em *Dossiers* CPL 58 (1993); LIGIER, L. De la Cena de Jesús a la anáfora de la Iglesia". In: AA.VV. *El canon romano* (Barcelona 1967) 139-200; MALDONADO, L. *La plegaria eucarística* (BAC, 1967) 4-151.

3. No capítulo XXV se trata da oração de Jesus e da Igreja primitiva.

4. Cf. HAMMAN, A. *Oraciones de los primeros cristianos* (Madri 1956); ID. & SPIDLIK, T. "Oración", em DPAC II, 1587-1592 etc.

II – Marcas da oração litúrgica

São características da oração cristã que se manifestam de uma maneira especial na oração litúrgica.

1 Dimensão trinitária

De acordo com a prática antiquíssima da Igreja, toda oração deve dirigir-se *ao* Pai *por meio* de Jesus Cristo nosso Senhor, *na* unidade do Espírito Santo. Deste modo a oração litúrgica (bênção "ascendente"), como expressão da acolhida e da resposta dos homens aos dons de Deus (bênção "descendente"), conclui o círculo da bondade divina, que chega até nós *por* Jesus Cristo e *no* Espírito. A oração se enquadra, assim, na economia da salvação (cf. Ef 3,11; 2Tm 1,9-10)[5].

Seguindo o exemplo e o mandamento de Jesus, o crente, movido pelo Espírito Santo, invoca Deus como Pai com afeto filial (cf. Mt 6,9; Lc 11,13; Rm 8,15-16). Toda oração é feita no Espírito Santo (cf. Ef 6,18; Cl 4,2), no qual o próprio Cristo se ofereceu ao Pai na cruz (cf. Hb 9,14). São Paulo, ao recomendar aos fiéis que transformem sua vida numa constante ação de graças a Deus Pai, convida-os a fazê-lo em nome de Jesus Cristo e por mediação dele (cf. Cl 3,17; Ef 5,20).

2 Dimensão cristológica

Mas Cristo não só é o mediador sacerdotal da oração e o intercessor contínuo diante do Pai (cf. 1Jo 2,1; Hb 4,14-16). Ele é também objeto da oração e termo da mesma. Nas doxologias do Novo Testamento, Cristo aparece junto ao Pai como centro da bênção (cf. Rm 16,25-27; Ef 3,14-21 etc.). Depois da luta antiariana a oração "ao Pai mediante o Filho no Espírito Santo" se orienta "ao Pai e ao Filho e ao Espírito Santo"[6]. A liturgia

---

5. Cf. *supra*, notas 8-9 do cp. II. Cf. CIC 1077-1078 e 1083 e 2626-2627.
6. Cf. GERHARDS, A. "Prière adressée à Dieu ou au Christ? Relecture d'une thèse importante de J.A. Jungmann à la lumière de la recherche actuelle". In: TRIACCA, A.M. (ed.). *La liturgie: son sens, son esprit, sa méthode (Liturgie et théologie)* (BELS 27, 1982) 101-114 etc.

se dirige, portanto, a Cristo Senhor, como assinala Santo Agostinho: "ele ora *por* nós, ora *em* nós e *é invocado* por nós: ora por nós como nosso sacerdote, ora em nós por ser nossa cabeça e é invocado por nós como nosso Deus"[7].

Com efeito, toda oração cristã se apoia na misteriosa unidade que se estabeleceu entre o Verbo encarnado e a Igreja, esposa de Cristo, que fala ao esposo e, juntamente com ele, se dirige ao Pai. O valor da oração eclesial está arraigada na presença do próprio Senhor nela: "Cristo está presente quando a Igreja ora e salmodia" (SC 7; cf. Mt 18,20; 28,20; Jo 14,13; 16,23)[8].

3 Dimensão eclesial

A oração litúrgica cristã é oração eclesial por muitos motivos: porque expressa sempre o *nós* comunitário do povo de Deus e do conjunto dos membros que formam o corpo de Cristo (cf. 1Pd 2,9-10; Rm 12,4-5; 1Cor 12,12-13), porque está fundada sobre a participação na mesma fé e no mesmo batismo (cf. Ef 4,4-6) e porque é expressão da unidade na diversidade de carismas que se manifestam para o bem de toda a Igreja (cf. Ef 4,7-13; Rm 12,3-8; 1Cor 12,4-11). A oração litúrgica é sempre a voz da esposa de Cristo que invoca seu Senhor (cf. Ap 22,17.20) e é a oração de Cristo, junto com seu corpo, ao Pai (cf. SC 84)[9].

Por outro lado, esta oração expressa também a comunhão com a Igreja do céu, participando simbólica e profeticamente da liturgia celestial e invocando a ajuda e intercessão tanto da Santíssima Virgem Maria como de todos os santos (cf. SC 8; LG 49; 66-67). A oração litúrgica não esquece os fiéis defuntos (cf. LG 50), que ela sempre entrega nas mãos de Deus[10].

---

7. SANTO AGOSTINHO. *Enarr. In Ps.* 85,1: CCL 39, 1176 (cf. IGLH 7).
8. Cf. SC 83-84; IGLH 6-7. Cf. *supra* n. 10-13 do cap. II.
9. Assim o indicam as expressões *Ecclesia tua, populus tuus, famuli tui, fideles tui* etc., de numerosas orações: cf. JUNGMANN, J.A. *El sacrificio de la Misa* (BAC, 1963) 428.
10. Cf. CIC 1137-1139 e 1370-1371.

4 Dimensão antropológica

No diálogo com Deus, a oração litúrgica se abre a toda a riqueza de valores do homem, da sociedade e da criação inteira (cf. 1Tm 2,1-4). A atitude da Igreja, ao tornar-se solidária com "as alegrias e as esperanças, as tristezas e as angústias dos homens de hoje, sobretudo dos pobres e de todos os que sofrem" (GS 1), encontra adequada expressão também na oração. A oração da Igreja, por ser oração de Cristo, é também oração de toda a comunidade humana que ele quis unir a si (cf. IGLH 3).

A Igreja, quando menciona as realidades humanas na oração, projeta sobre os homens e sobre o mundo a luz e a graça que ela recebe de Deus e, ao mesmo tempo, encaminha para ele estas realidades que ela abre para a gratuidade dos dons da salvação[11].

III – Sacramentalidade da oração litúrgica

Trata-se da aplicação de uma das marcas essenciais da liturgia cristã à oração litúrgica. A oração litúrgica é um verdadeiro *sinal* eficaz do ponto de vista salvífico.

1 Atitudes internas

A primeira coisa que a oração litúrgica expressa são as atitudes internas que estão persentes em toda oração cristã e que transformam toda a existência dos crentes em culto ao Pai no Espírito Santo e na verdade de Jesus (cf. Jo 4,23).

A primeira atitude é a adoração a Deus, que engloba todas as outras atitudes e tem adequada expressão externa em gestos como a prostração etc.[12] Junto a ela aparece também a escuta e a aceitação da Palavra de Deus. Com efeito, a proclamação e a contemplação das obras de Deus (cf. DV 2)

---

11. Vejam-se as missas para diversas necessidades: cf. AUGÉ, M. "Messe e orazioni per varie necessità". In: DELL'ORO, F. (ed.). *Il Messale Romano del Vaticano II*, 2 (Leumann/Turim 1981) 399-418.
12. Cf. CIC 2096-2098 e 2628; LÓPEZ MARTÍN, J. "Adoración", em DTDC 5-11.

vão sempre acompanhadas da oração meditativa (cf. DV 25). O exemplo mais notável é o uso dos salmos tanto na liturgia da Palavra quanto no Ofício divino[13].

O louvor e a ação de graças estão presentes também na oração litúrgica. As intervenções realizadas por Deus em favor de seu povo são recordadas (*anamnese*) e celebradas na liturgia, suscitando novamente a bênção e a confissão de fé e motivando o pedido de novas intervenções divinas. A petição e a invocação (*epiclese*) são fruto da evocação e da celebração das obras salvíficas divinas e este movimento se traduz na oração litúrgica.

Arrependimento e oferenda da vontade. Frequentemente a oração, diante da bondade divina manifestada em suas obras, se transforma num reconhecimento explícito do pecado do homem para pedir, em seguida, que o Senhor receba a oferenda do coração arrependido (cf. Sl 51,12.19). Por último, a intercessão. Trata-se de uma atitude tipicamente cristã, que encontra seu exemplo máximo na oração sacerdotal de Jesus (cf. Jo 17), intercessão que continua no céu (cf. 1Jo 2,1; Hb 4,14-16). Por isso, sem cessar a Igreja "pede a Cristo, e por ele ao Pai, pela salvação do mundo inteiro" (IGLH 17). Na oração litúrgica estão presentes todas as formas de oração cristã[14].

2 Dimensão corporal

A oração litúrgica é constituída também por atitudes corporais. O homem tende a manifestar exteriormente tudo quanto ele experimenta em seu interior. Esta manifestação se realiza por meio da palavra, mas também através de gestos e movimentos corporais, tanto dos ministros quanto dos fiéis. O gesto litúrgico será estudado mais adiante. Agora tratamos apenas de realçar a necessidade e o valor da integração do corpo na oração litúrgica, mesmo reconhecendo a sobriedade com que a liturgia romana o realiza. Não

---

13. Cf. ELM 19-22; IGLH 100-109; CIC 2585-2589.
14. Cf. CIC 2625-2649.

obstante, trata-se de um aspecto no qual a liturgia está aberta à expressão corporal que a índole de alguns povos exige[15].

As atitudes corporais fomentam, além disso, a oração[16]. Deste ponto de vista, os gestos das mãos desempenham um papel muito importante: a) manter as *mãos levantadas* ou *estendidas* (em cruz) é um gesto tipicamente sacerdotal (cf. Ex 9,29; 17,11; Sl 28,2; 44,21 etc.), praticado pelos primeiros cristãos (cf. 1Tm 2,8) e que se relaciona com a oração de Cristo na cruz (cf. Lc 23,34.46); b) manter as *mãos juntas* é um gesto de reflexão e de concentração religiosa.

3 Eficácia

A oração litúrgica é uma oração eficaz, não somente em relação com a confiança filial do orante para conseguir o que pede, mas também como característica essencial da oração (cf. Mt 6,7-8.25-32 etc.). Aqui se trata, sobretudo, da eficácia prometida por Jesus à oração realizada "em seu nome" (cf. Jo 14,13-14; 15,7-10.16; 16,23-27). A oração em nome de Jesus está ligada especialmente à assembleia dos discípulos reunidos para orar (cf. Mt 18,19-20; Jo 14,23). É a esta oração que o Senhor associa sua própria presença e o dom do Espírito Santo (cf. Jo 14,15-17 etc.).

Portanto, sem diminuir a eficácia da oração pessoal, recomendada por Jesus (cf. Mt 6,6), a oração litúrgica, por ser oração de Cristo e da Igreja, goza de uma eficácia que supera a de qualquer outra forma de oração (cf. SC 7). Esta eficácia se chama *ex opere operantis Ecclesiae*[17].

---

15. Cf. CONG. PARA O CULTO DIVINO. *"Varietates legitimae" – A liturgia romana e a inculturação. IV Instrução para uma correta aplicação da Constituição conciliar sobre a liturgia* (LEV, 1994) n. 41-42; cf. *supra*, nota 1 do cap. IV.

16. Cf. IGMR 42-43; IGLH 263-265; e ALDAZÁBAL, J. "El cuerpo también reza": *OrH* 11 (1980) 177-180; ID. "La expresión corporal en la oración": *OrH* 21 (1990) 287-292; FALSINI, R. "Celebrare rivolti al popolo e pregare rivolti al Signore. Sul orientamento della preghiera": *RL* 95 (2008) 325-333; LANG, U.M. *Volverse hacia e Señor. Orientación de la Plegaria litúrgica* (Madri 2007); SAGNE, J.Cl. "Le corps dans la prière": *Cath* XII, 2339-2347; POIZAT, M. "Verbe, voix, corps et langage": *LMD* 226 (2001) 33-50.

17. Cf. VAGAGGINI, C. *El sentido teológico de la liturgia* (BAC, 1959) 117-123.

IV – A eucologia e os grandes gêneros da oração litúrgica

A liturgia desenvolveu uma ampla série de formas típicas de oração, do ponto de vista estrutural e literário. Deixando de lado as orações bíblicas, como o Pai-nosso, os salmos e os cânticos do Antigo e do Novo Testamento, como também as fórmulas compostas com base na Escritura ou livremente como antífonas, responsórios, versículos etc., entendemos agora por oração litúrgica a *eucologia*.

Eucologia (do grego: *euchê* [oração] e *logos* [tratado]) significa propriamente "teoria da oração". No entanto, a palavra é usada num sentido mais amplo para referir-se ao conjunto de orações contidas num formulário litúrgico, num livro – denominado *eucológio* – ou, em geral, em toda a tradição litúrgica. Este é o uso mais frequente da palavra e o que se utiliza em relação com a liturgia.

A eucologia costuma ser dividida em maior ou menor, atendendo à extensão e à importância das orações. A eucologia litúrgica se encontra no Missal ou oracional da missa, nos livros do Ofício divino ou Liturgia das Horas e nos diferentes *ordines* ou rituais de sacramentos e sacramentais. Aqui nos fixamos mais na eucologia do Missal romano[18].

1 Eucologia maior

São classificadas como eucologia maior a oração eucarística, as orações de ordenação do bispo, dos presbíteros e dos diáconos, de consagração das virgens, a bênção nupcial, a oração de dedicação da igreja e do altar, as

---

18. O *Missale Romanum ex Decreto Sacrosancti Oecumenici Concilii Vaticani II instauratum auctoritate Pauli PP. VI promulgatum Ioannis Pauli II cura recognitum* (ed. típica TPV, 2002). Trata-se da terceira edição típica; as duas primeiras apareceram em 1970 e 1975 respectivamente. O Missal atual é herdeiro do promulgado em 1570 por São Pio V e contém cerca de duas mil orações. Para o estudo das fontes de sua eucologia consulte-se: JOHNSON, C. "Fontes liturgici. The Sources of the Roman Missal (1975). Proprium de Tempore. Proprium de Sanctis": *Not* 354/356 (1996) 3-180; ID. & WARD, A. "Fontes liturgici. The Sources of the Roman Missal (1975), 2. Prefaces": *Not* 252/254 (1987) 409-1010; LÓPEZ MARTÍN, J. "Bibliografía del Misal Romano": *Ph* 163 (1988) 77-92; e MOELLER, E. et al. *Corpus orationum*, 1-14: CCL 160-161 A-M; ID. *Corpus praefationum*, 1-5: CCL 160-161 A-D. Do Missal como livro litúrgico tratar-se-á no cap. XV. Dos rituais de sacramentos e sacramentais, nos capítulos seguintes.

orações de bênção dos elementos sacramentais (água batismal, óleos etc.) e as principais orações de bênção de pessoas, lugares e objetos para o culto e para o serviço dos homens.

A *oração eucarística* constitui o exemplo mais significativo da eucologia maior e o modelo mais completo da eucologia cristã. É definida como oração de ação de graças e de santificação (IGMR 78) e recebeu também os nomes de *anáfora* entre os orientais e *canon actionis* ou *canon* entre os latinos[19]. "O sentido desta oração é que toda a assembleia se una com Cristo na proclamação das maravilhas de Deus e na oblação do sacrifício" (IGMR 78). A estrutura mais comum nos modelos representativos das diferentes famílias litúrgicas, que pode ser observada nas orações eucarísticas atuais do Missal romano (IGMR 79), apresenta o seguinte esquema[20]:

– *Diálogo-Prefácio-Aclamação*.

– *Trânsito*: "Na verdade, ó Pai, vós sois santo..."

– *Epiclese* I: "Santificai estas oferendas, derramando sobre elas o vosso Espírito".

– *Consagração*: "Estando para ser entregue..."

(*aclamação*: "Anunciamos a vossa morte...")

– *Anamnese-Oblação*: "Celebrando, pois, a memória... vos oferecemos, ó Pai, o pão da vida..."

– *Epiclese* II: "Nós vos suplicamos... pelo Espírito Santo..."

– *Intercessões*: "Lembrai-vos, ó Pai..."

– *Doxologia*: "Por Cristo, com Cristo..."

(*aclamação*: "Amém").

Sob esta estrutura se entrevê o movimento interior de bênção e de ação de graças ao Pai, por Jesus Cristo, no Espírito Santo, que evoca a história da

---

19. Cf. *supra*, nota 2; e GIRAUDO, C. *Eucaristia per la Chiesa* (Roma-Bréscia 1989); ID. *Preghiere eucaristiche per la Chiesa di oggi* (Roma-Bréscia 1993); MAZZA, E. *Le odierne preghiere eucaristiche*, 2 vols. (Bolonha 1984); RAFFA, V. *Liturgia eucaristica. Mistagogia della Messa: dalla storia alla pastorale prattica* (BELS 100, 1998) 497-705; AA.VV. *Eucharisties d'Orient et d'Occident*, 2 vols. (Paris 1970) etc.

20. Os textos citados pertencem à oração Eucarística II do Missal romano.

salvação que culmina no mistério pascal[21]. Na oração eucarística da liturgia romana tem grande relevância o *prefácio*, como parte variável que contribui para destacar o aspecto concreto do mistério que é celebrado[22].

As outras fórmulas da eucologia maior possuem uma estrutura e um movimento interior muito parecidos com os da oração eucarística.

2 Eucologia menor

À eucologia menor pertencem as seguintes orações: coleta, sobre as oferendas, pós-comunhão, sobre o povo, conclusivas das horas do ofício, sálmicas etc. Uma característica destas orações é a de fazer parte de uma ação ritual específica no conjunto de toda a celebração. Assim a oração *coleta* conclui os ritos iniciais da missa e se centra na comunidade já congregada, enquanto a oração *sobre o povo*, centrada também na comunidade, pertence ao rito de despedida. A oração *sobre as oferendas* está no final do rito da apresentação dos dons sobre o altar e a oração *pós-comunhão* serve para encerrar o rito da comunhão mediante a ação de graças[23]. Pode-se incluir na eucologia menor as intenções da oração universal ou oração dos fiéis, restabelecida pelo Concílio Vaticano II (cf. SC 53), e que conta com importantes testemunhos nos livros litúrgicos do passado[24].

Na sua brevidade, estas orações contêm alguns elementos *objetivos*, alguns elementos *estruturais* e algumas características *de estilo*[25]. Estas não

---

21. Sobre os elementos da oração eucarística pode-se consultar: BOTTE, B. "L'épiclèse dans les liturgies syriennes orientales": *SacrEr* 6 (1954) 48-72; CASEL, O. *Faites ceci en mémoire de moi* (Paris 1962); PINELL, J. *Anamnesis y epíclesis en el antiguo rito galicano* (Lisboa 1974); RAMIS, G. "El memorial eucarístico: concepto, contenido y formulación en los textos de las anáforas": *EL* 96 (1982) 189-208; SILANES, N. (ed.). *Eucaristía y Trinidad* (Salamanca 1990) etc.

22. Sobre o prefácio cf. BRUYLANTS, P. "Los prefacios del Misal Romano". In: AA.VV. *El Canon de la Misa* (Barcelona 1967) 27-55; TRIACCA, A.M. "La strutturazione eucologica dei prefazi": *EL* 86 (1972) 233-279 etc.

23. Cf. LÓPEZ MARTÍN, J. "Bibliografía sobre el Misal Romano": *Ph* 163 (1988) 85-89; JUNGMANN, J.A. *El Sacrificio de la Misa*, o.c., 416-435, 637-645 e 990-1002; e *Ph* 44 (1968).

24. Cf. DE CLERCK, P. *La prière universelle dans les liturgies latines anciennes. Témoignages patristiques et textes liturgiques* (LQF 63, 1977).

25. Cf. AROCENA, F. "La eucología a treinta años de la reforma litúrgica": *OrH* 25 (1994) 199-208; AUGÉ, M. "Princípios de interpretação dos textos litúrgicos", em *Anamnesis* 1, 193-218;

são facilmente perceptíveis na tradução dos textos litúrgicos para as línguas modernas. Os elementos *objetivos* não são senão os conteúdos fundamentais de toda oração cristã. Os textos eucológicos são fórmulas de oração que se inserem necessariamente na dinâmica integradora do mistério de Cristo. Por isso é possível identificar nestas orações, de uma maneira ou de outra, as partes seguintes:

– *Invocação* ("Deus", "Senhor", referidos sempre ao Pai).

– *Anamnese* da obra salvífica (proposição subordinada relativa: "que quiseste...").

– *Súplica* (objeto da petição: "concede a teu povo..."; às vezes com a expressão da finalidade: "para que...").

– *Conclusão* ("Por nosso Senhor Jesus Cristo... Amém").

Se os elementos *objetivos* constituem os conteúdos básicos da oração, os elementos *estruturais* dão forma e configuram os conteúdos no conjunto, de maneira que a cada elemento objetivo corresponde um elemento estrutural. A finalidade dos elementos *estruturais* consiste em dar à oração a maior expressividade possível. A riqueza e a variedade das formas estruturais estão a serviço da função que cada tipo de oração desempenha na celebração. De fato, cada categoria de oração litúrgica tem sua estrutura peculiar, ainda que dentro das inevitáveis coincidências entre um tipo e outro, considerando-se a brevidade destas orações e o número reduzido de elementos em jogo.

3 A tradução dos textos eucológicos

A decisão do Concílio Vaticano II de fomentar a autêntica participação dos fiéis na liturgia mediante o uso das línguas vernáculas, sob a competente autoridade eclesiástica territorial – a Santa Sé e as Conferências Episcopais – (cf. SC 36; 39; 40 etc.), foi um dos fatores mais decisivos da renovação litúr-

---

LÓPEZ MARTÍN, J. "La eucología como respuesta a la Palabra de Dios. Una clave hermenéutica imprescindible": *Ph* 180 (1990) 457-464; NAKAGAKI, F. "Metodo integrale. Discorso sulla metodologia nell'interpretazione dei testi eucoligici". In: CUVA, A. (ed.). *Fons vivus. Miscellanea E.M. Vismara* (Roma 1971) 269-286; TRIACCA, A.M. "Studio e letture dell'eucologia". In: FARINA, R. (ed.). *Teologia, liturgia, storia. Miscellanea C. Manziana* (Bréscia 1977) 197-224.

gica, especialmente na proclamação "mais abundante, variada e apropriada" da Palavra de Deus (cf. SC 35; DV 21), mas também "em algumas orações e cânticos, conforme as normas que a respeito disso serão pormenorizadamente estabelecidas" (SC 36; cf. SC 54; 63; 101; 113)[26].

Desde então realizou-se em todos os lugares um esforço imenso para oferecer ao povo cristão as traduções da Bíblia, do Missal e dos outros livros litúrgicos, sendo este fato um dos mais importantes testemunhos da adaptação da liturgia, salva a unidade substancial do rito romano (cf. SC 38), à idiossincrasia dos diversos povos e Igrejas particulares[27]. O trabalho foi orientado desde o início pelos organismos centrais da reforma litúrgica mediante uma Instrução particular ou específica publicada no dia 25 de janeiro de 1969[28]. Com efeito, a intenção era que as traduções expressassem em outras línguas diferentes do latim, língua oficial da Liturgia romana (cf. SC 36), o conteúdo literal e as ideias do texto original. Era preciso esforçar-se para transmitir a um determinado povo e em sua própria linguagem o que a Igreja quis expressar nos textos litúrgicos.

Ora, superadas as fases iniciais da reforma e concluída a publicação das edições típicas de todos os livros litúrgicos, com a finalidade de melhorar e, conforme o caso, corrigir as traduções efetuadas, a Congregação para o Culto Divino tornou pública no dia 28 de março de 2001 uma Instrução geral que abarca a temática técnica e disciplinar sobre esta delicada matéria, tanto no que se refere às traduções da Sagrada Escritura para o uso litúrgico quanto às traduções e edições dos livros destinados à liturgia[29].

---

26. No cap. IV foi feita referência a este fato que percorre a história da liturgia.
27. A esta temática se dedica o documento da CONG. PARA O CULTO DIVINO. *"Varietates legitimae"* – *A Liturgia romana e a inculturação. IV Instrução para uma correta aplicação da Constituição conciliar sobre a liturgia* (LEV, 1994); cf. *supra* nota 1 do cap. IV.
28. O texto oficial em francês pode ser visto em *Not* 5 (1969) 3-12; trad. espanhola em *PastL* 36/37 (1969) 13-22. Em 1965 foi celebrado em Roma um Congresso sobre as traduções litúrgicas, ao qual o papa Paulo VI dirigiu um importante discurso no qual afirmou que "a voz da Igreja que celebra os divinos mistérios e administra os sacramentos é e permanece sempre única e a mesma, embora se expresse em diversos idiomas": texto em *AAS* 57 (1965) 967-970; cf. *Le traduzioni dei libri liturgici. Atti del Congresso tenuto a Roma il 9-13 novembre 1965* (TPV, 1966); BUGNINI, A. *La reforma de la liturgia (1948-1975)*, o.c., 203-214.
29. Cf. CDC c. 838; CONG. PARA O CULTO DIVINO E A DISCIPLINA DOS SACRAMENTOS. *V Instrução "Liturgiam authenticam" sobre o uso das línguas vernáculas na edição dos*

livros da liturgia romana, de 28-3-2001, em *AAS* 93 (2001) 685-726. Sobre as traduções litúrgicas cf. CHUPUNGCO 1, 390-409; ENRIQUE Y TARANCÓN, V. Card. *Liturgia y lengua viva del pueblo. Discurso de ingreso en la RAE* (Madri 1970); GIRAUDO, C. (ed.). *Il Messale Romano. Tradizione, traduzione, adattamento* (BELS 125, 2003); GUERRA, M. *La traducción de los textos litúrgicos. Algunas consideraciones filológico-teológicas* (Toledo 1990); LEBRUN, D. "Les traductions liturgiques: statut et enjeux": *LMD* 202 (1995) 19-33; MARSILI, S. "Textos litúrgicos para o homem moderno": *Conc* 42 (1969) 46-61; PUIG, A. "La traducción bíblica y sus problemas": *Ph* 178 (1990) 325-328; VENTURI, G. *Problemi di traduzione liturgica. Saggi di analisi* (Roma 1978); ID. "Traducción litúrgica", em NDL 1994-2004; e *EL* 92/2-3 (1978); 95/3 (2001); *LMD* 11 (1947); 53 (1958); 86 (1966); *Not* 432/433 (2002) 410-420; 439/440 (2003) 152-184; *Ph* 46 (1968); *RL* 53/1 (1966); 85/6 (1998); 92/1 (2005); 92/2 (2005); 92/3 (2005) 449-474 etc.

Capítulo XI
A comunicação e a linguagem litúrgica

As cerimônias resplandeçam de nobre simplicidade, sejam transparentes por sua brevidade e [...] não careçam de muitas explicações (SC 34).

Bibliografia

BENITO, A. (ed.). *Diccionario de Ciencias y Técnicas de la Comunicación* (Madri 1991); BONACCORSO, G. *Il rito e l'altro. La liturgia come tempo, linguaggio e azione* (MSIL 13, 2001); BURGALETA, J. "El arte de comunicar en la liturgia". In: SECR. NAC. DE LITURGIA. *Arte y celebración* (Madri 1980) 39-62; CENTRE DE RECHERCHES DU SACRÉ. *La communication par le geste* (Paris 1970); CIBIEN, C. "Liturgia e comunicazione: azione e comunità": *RL* 92 (2005) 337-350; CONF. EPISC. ITALIANA. "La liturgia, plenitud de la comunicación": *Ph* 265 (2005) 77-80; DE CASTRO TEIXEIRA, N. *La communicazione nella liturgia* (Pádua 2007); DE CLERCQ, P. "Le langage liturgique: sa nécessite et ses traits spécifiques": *QL* 73 (1992) 15-35; DELLA TORRE 2, 105-135; LEVER, F. "Comunicación en la Eucaristía", em NDL 391-410; KUNZLER 185-198; LÓPEZ MARTÍN 2, 99-180; PISTOIA, A. *Il linguaggio liturgico* (Bolonha 1981); LLOPIS, J. "La liturgia como lenguaje simbólico": *Ph* 138 (1983) 447-456; ID. "El lenguaje litúrgico y sus problemas": ibid. 230 (1999) 127-136; MAGGIANI, S. "Il linguaggio liturgico", em CHUPUNGCO 2, 231-263; MUÑOZ, H. "Pensando en voz alta sobre la poesía y el lenguaje simbólico en la liturgia": *Ph* 232 (1999) 343-354; POYATOS, F. "Más allá de la palabra: comunicación no verbal en la liturgia": *Ph* 249 (2002) 257-274; RENAUD-CHAMSKA, I. "Les actes de langage dans la prière": *LMD* 196 (1993) 87-110; SARTORI, L. (ed.). *Comunicazione e ritualità. La celebrazione liturgica alla verifica delle leggi della comunicazione* (Pádua 1988); SASTRE, A.R. "Lenguaje y comunicación en la liturgia": *Ph* 138 (1983)

457-472; SIRBONI, S. *Il linguaggio simbolico della liturgia* (Cinisello Balsamo 1999); ROSSO 29-38; TORRALBA, F. "El lenguaje de la fe y del culto": *Ph* 232 (1999) 327-342; URDEIX, J. "Participación litúrgica y técnicas de comunicación": *Ph* 68 (1972) 129-138; VENTURI, G. "Lengua-lenguaje litúrgico", em NDL 1113-1127; e *Conc* 82 (1973); *CuaderPh* 45, 113 e 180 (1993-2008); *EL* 92/1-3 (1978); *LMD* 114 (1973); *PastL* 233 (1996); *Ph* 59 (1970); *QL* 73/1-2 (1992); *RL* 58/1 (1971); 80/2 (1993) 147-256; 83/5-6 (1996).

No presente capítulo e nos seguintes se estuda a celebração enquanto ação simbólica e ritual (cf. CIC 1153). Para compreender melhor o significado dos atos, gestos e objetos que integram a celebração, é preciso levar em consideração algumas contribuições das ciências da comunicação e da linguagem, A finalidade deste capítulo é analisar a celebração como fenômeno de comunicação humana e de expressão simbólica[1]. A exposição compreende noções básicas de tipo geral, aplicadas depois à celebração litúrgica.

I – A comunicação como fato social

A *comunicação* está no centro da vida social, já que afeta quase todas as facetas e atividades da vida. As mudanças que caracterizam a sociedade de hoje estão relacionadas com o fenômeno da comunicação.

1 Noções

A comunicação é um processo que implica uma intenção de intercâmbio de estados subjetivos, como ideias, sentimentos, atitudes de conduta etc., e utiliza todo tipo de meios: palavras, símbolos, gestos, sinais visuais e acústicos etc.

Etimologicamente comunicação vem de *communicatio* (*cum* + *munus*), ação de compartilhar um ofício ou uma função, e neste sentido indica ter

---

1. Cf. ALDAZÁBAL, J. "Funciona la *comunicación* en nuestras celebraciones?": *Ph* 107 (1978) 459-478; FERNÁNDEZ, P. "Elementos semiológicos de la liturgia": *Salm* 22 (1975) 457-407. Para o campo religioso JAVIERRE, J.M. "Comunicación de las ideas religiosas", em DCTC 243-258; RAMSEY, I.T. *Il linguaggio religioso* (Bolonha 1970); e *Conc* 42 (1969); *RL* 58/1 (1971).

217

algo em comum. A palavra "comunicação" faz referência às relações pessoais e à sociedade. "Comunicar" significa dar a conhecer, transmitir uma mensagem.

Para a sociologia, a *comunicação* é uma rede de relações tecida com base em informações, estímulos e respostas que estruturam e constituem uma sociedade[2]. Para a psicologia, a *comunicação* é a ação pela qual um indivíduo, o comunicador, transmite estímulos, geralmente verbais, para modificar o comportamento de outros indivíduos, os receptores[3]. Neste sentido, a *comunicação* é essencialmente um fenômeno psicolinguístico, visto que produz um encontro de significados entre duas ou mais pessoas[4]. Isto supõe a existência de sinais ou significantes relacionados com o que se quer expressar e, sobretudo, a existência de certas conexões entre os sinais e as pessoas que os conhecem e os usam.

A *comunicação* interessa também à teologia. A reflexão sobre o mistério de Deus, na perspectiva da revelação e da fé, leva em conta também o fato da comunicação de Deus ao homem (a revelação) e do homem com Deus (a experiência religiosa em toda a sua amplitude). Em última instância, o mistério de Deus é um mistério de comunicação (cf. Jo 1,18). Mas, além disso, a Igreja é também um sinal e instrumento de união e, portanto, de comunicação (cf. LG 1)[5]. A liturgia não pode ser alheia a esta realidade.

Por conseguinte, a *comunicação* é uma atividade pessoal e comunitária, que pode ser definida como um processo mental e emocional de interação social, no qual se compartilha todo tipo de situações interiores.

---

2. Cf. BARAGLI, E. "Medios de comunicación social", em NDT II, 1051-1065; BINI, L. "Comunicación social", em DETM 91-98; MORAGAS, M. *Sociología de la comunicación de masas* (Barcelona 1985); SAPERAS, E. "Efectos de la comunicación social", em DCTC 425-435. E, no entanto, hoje sente-se uma grande incomunicação: cf. CASTILLA DEL PINO, C. *La incomunicación* (Barcelona 1972); PIÑUEL, J.L. "Incomunicación", em DCTC 739-754.
3. BUCETA, L. & CUESTA, U. "Psicología de la comunicación", em DCTC 1168-1176.
4. Cf. PALO, G. "Comunicación", em DTI II, 51-63. Para ampliar cf. BABIN, P. *La era de la comunicación. Para un nuevo modo de evangelizar* (Santander 1986); CARRERA, J.A. *Introducción a los medios de comunicación* (Madri 1990); VALBUENA, F. *La comunicación y sus clases* (Saragoça 1976); WINKIN, Y. *La nueva comunicación* (Barcelona 1987).
5. Cf. MARTÍNEZ, F. "Teología de la comunicación", em DCTC 1326-1342; ID. *Teología de la comunicación* (BAC, 1994).

2 Tipos de comunicação

Para estabelecer uma classificação da comunicação recorre-se a diversos critérios:

Se se considera o papel do emissor ou comunicador, a comunicação pode ser *unilateral* ou *recíproca*, conforme se trate de enviar uma mensagem ao receptor sem esperar resposta, ou se esta ocorre. Na celebração litúrgica ocorrem estes dois tipos de comunicação.

Se se considera o meio com o qual se estabelece a comunicação, esta pode ser *direta* ou *indireta*. No primeiro caso, o emissor se comunica de pessoa para pessoa com o receptor ou o grupo. No segundo caso, se utiliza um meio para superar a distância ou o tempo. A celebração litúrgica entra na categoria da comunicação direta, ainda que sejam utilizados meios técnicos como a megafonia ou um circuito de televisão, algo que começa a ser habitual inclusive num mesmo espaço litúrgico, quando essa comunicação se torna difícil. A mesma coisa cabe dizer em celebrações multitudinárias, embora esta seja uma questão controversa, mas existem acontecimentos que reúnem grandes massas de fiéis e ocasionam também grandes concelebrações[6]. Hoje adquiriu também grande importância a participação – em sentido amplo – através dos meios de comunicação social, especialmente as transmissões radiotelevisivas, que facilitam a muitíssimas pessoas, algumas impedidas, unir-se espiritualmente a uma comunidade viva que está celebrando nesse momento[7].

Quando a mensagem é *pessoal* e dirigida exclusivamente a uma pessoa ou a uma comunidade conhecida, estaríamos diante de uma comunicação

---

6. Cf. BENTO XVI. Exort. apost. *Sacramentum caritatis*, de 22-2-2007, n. 61.

7. Estas retransmissões exigem um acentuado sentido da responsabilidade e um adequado nível de exemplaridade: cf. BENTO XV. Exort. apost. *Sacramentum caritatis*, o.c., n. 57; C. E. DE LITURGIA & C. E. DE MEDIOS DE COMUNICACIÓN SOCIAL (Espanha). *Directorio para las Misas en radio y televisión*, de 4-3-1996 (Madri 1986); LEGARDIEN, L. "Liturgie en televisión": *QL* 4 (1982) 227-233; PARDO, A. "La misa televisada en domingo": *Communio* 4/3 (1982) 186-194; ID. "Luces y sombras de las misas televisadas en España": *Ph* 189 (1992) 219-227; SCHAEFFER, H. "Celebração eucarística na televisão": *Conc* 172 (1982) 185-195; WAIBEL, A. "La liturgie à la télévision. Principes et questions": *LMD* 254 (2008) 63-73; e *CuaderPh* 44 (1993); *RL* 84/1 (1997); 87/1 (2000).

privada. Quando a comunicação não tem destinatários definidos, nem se delimitou o âmbito ao qual se dirige a mensagem, ela é considerada *pública*. Na liturgia a comunicação deveria ser sempre pessoal no sentido indicado acima, embora se dirija a uma comunidade ampla[8].

Finalmente, a comunicação é *verbal* ou *não verbal*, conforme utilize ou não as palavras para transmitir a mensagem. A comunicação verbal falada entra na categoria da comunicação *sonora*, à qual pertencem também outras formas como a música, o canto e o silêncio. A comunicação *não verbal* é muito complexa, visto que se serve de meios e sinais tão variados como o gesto, o olhar, acenos, posturas, expressões faciais, trejeitos etc.[9]

Nesta última categoria de comunicação intervêm vários sentidos, além da perspicácia, a fantasia e a intuição, de modo que se pode falar de comunicação *multissensorial*.

3 Processo de comunicação

A comunicação abrange cinco elementos que atuam no processo: o *emissor*, o *receptor*, o *sinal*, a *mensagem* e o *código* de sinais.

O *emissor* ou comunicador é a pessoa que transmite uma mensagem. Por este motivo, é aquele que assume o controle. Numa celebração litúrgica atuam vários emissores: a própria assembleia, o presidente, os leitores, o salmista, o animador etc. Ainda que a mensagem não proceda do emissor, porque se encontra no livro litúrgico, o comunicador nunca é completamente neutro e, com seu tom, atitude, ênfase etc., pode de fato "nuançar" ou realçar a mensagem que ele transmite. Em todo caso, seu papel está condicionado por suas qualidades e por sua preparação, que podem aumentar ou diminuir a eficácia da comunicação.

---

8. Cf. VALBUENA, F. "Comunicación interpersonal", em DCTC 258-266 (Bibl.); ID. "Comunicación colectiva", ibid., 230-242.

9. Cf. CAFFAREL, C. "Comunicación no verbal", em DCTC 266-278; CIBIEN, C. "Le langage non verbal dans le nouveau *Missale Romanum*: *Ars celebrandi* ou *Ritus servandus?*": *LMD* 256 (2008) 55-89; DAVIS, F. *La comunicación no verbal* (Madri 1992); DOIG KLINGE, G. *El silencio y la liturgia* (Bogotá 1992); HINDE, R.A. (ed.). *La comunicazione non verbale* (Bari 1974).

O *receptor* é o destinatário da mensagem e deve estar em condições de poder recebê-la. Ele não é mero sujeito passivo, porque pode atuar sobre o emissor e "exigir" dele maior clareza. Para interpretar corretamente a mensagem, o receptor precisa conhecer o código utilizado pelo emissor e obedecer às "instruções" dadas por este. Em todo caso, o receptor é o elo mais importante do processo comunicativo, porque, se o comunicador não atinge o receptor, é como se falasse ao vento.

O *sinal* que serve de suporte à mensagem é o meio que elimina a distância de espaço ou de tempo entre o emissor e o receptor. O sinal costuma ser natural, como a palavra ou o gesto, e tem a ver com os sentidos do homem ou com suas faculdades psíquicas. Mas o sinal pode ser também artificial, como prolongamento dos sentidos.

Quanto à *mensagem* ou conteúdo da comunicação, ela só existe quando se encontra estruturada num sistema de sinais que permitem sua transmissão correta e sua posterior recepção e interpretação. Ou seja, quando o conteúdo é transmitido numa linguagem compartilhada pelo emissor e pelo receptor. Na *comunicação verbal* a mensagem é constituída não tanto pelas ideias ou sentimentos expressados quanto pelas palavras que são pronunciadas, e na *comunicação visual* ou gestual é constituída pelos movimentos das mãos ou do corpo.

Finalmente, o *código* é o sistema de sinais estruturados de maneira coerente e compreensível para traduzir neles a mensagem e transmiti-la. O *código* se refere tanto à *codificação* por parte do emissor quanto à *decodificação* por parte do receptor[10]. A língua é um dos códigos mais importantes que o comunicador pode usar e que precisa necessariamente ser conhecida pelo receptor a fim de interpretar a mensagem. A liturgia utiliza vários códigos simultaneamente, como se verá mais adiante.

Embora não seja um elemento próprio do processo da comunicação, convém levar em consideração também a existência dos *ruídos* ou perturbações que impedem algumas vezes a transmissão correta de uma mensa-

---

10. Cf. NÚÑEZ, L. "Codificación", em DCTC 183-193.

gem e outras vezes a recepção. Para atenuar os ruídos e tornar mais efetiva a comunicação existe uma técnica chamada *redundância*, que consiste em reforçar aqueles elementos que podem tornar mais clara e penetrante a transmissão da mensagem. Por exemplo, as variações na intensidade do som, o tom da voz, as repetições, a gesticulação, o apoio da imagem sobre o texto e vice-versa etc. Mas existe também o recurso à *retroalimentação* ou *efeito-retorno* (*feed-back*) e que é um controle da emissão da mensagem, enquanto é efetuada, de maneira que qualquer variação não desejada provoca um reajuste do próprio processo[11]. A retroalimentação é perfeitamente possível na celebração litúrgica se os ministros estiverem atentos aos fiéis e respeitarem e estimularem as intervenções do povo que a própria liturgia estabeleceu para tornar mais viva sua participação.

II – Funções da comunicação na liturgia

Analisar a liturgia do ponto de vista da comunicação não é tarefa fácil. No entanto, distinguem-se nela algumas funções comunicativas:

Função informativa e didática, que procura transmitir uma doutrina ou certos valores para orientar as atitudes e o comportamento dos participantes. Este tipo de comunicação se realiza principalmente por meio da palavra. Um exemplo desta função ocorre quando um rito é explicado no decurso de seu desenvolvimento por meio de uma fórmula unida ao próprio rito. Isto se chama *função de metalinguagem* e ocorre nas admoestações e às vezes nas orações introdutórias de um rito[12].

Função conativa ou estimulante com o objetivo de realizar determinados atos. Por exemplo, os convites a orar ou a realizar algum gesto. De modo semelhante pode-se considerar a comunicação tendente a *criar atitu-*

---

11. Cf. LEVER, F. "Comunicación en la eucaristía", a.c., 407-408.
12. Outra coisa muito diferente é o apoio da palavra proclamada, por exemplo, as leituras da Palavra de Deus, mediante imagens ou o uso de audiovisuais na celebração, que a transformam de fato numa sessão de catequese: cf. COM. EP. DE LITURGIA (Suíça). "Liturgia y medios audiovisuales": *Ph* 106 (1978) 335-347; LEVER, F. "Audiovisivo e liturgia della Parola": *RL* 73 (1986) 657-669.

des favoráveis diante de determinado objeto psicológico, como o louvor e a súplica a Deus, ou a acolhida e a reconciliação dos homens entre si.

Função estética, quando se trata de transmitir uma emoção poética ou lírica a serviço do acontecimento que é celebrado. Esta forma de comunicação está reservada geralmente ao canto e à música, mas não fica reduzida unicamente ao âmbito da comunicação sonora. As cores, os elementos ornamentais, a qualidade dos objetos litúrgicos e inclusive seu valor artístico são maneiras de expressar a importância de uma festa ou as características de um tempo litúrgico.

Função performativa, quando são superados todos os níveis anteriores de comunicação e se dá lugar a uma situação real nova, a uma presença ou à comunhão com o mistério. Esta função conduz diretamente ao mistério e à comunicação da graça de Cristo através dos sinais sacramentais. Nesta função da comunicação desempenha um grande papel o simbolismo.

III – Códigos de comunicação usados na celebração litúrgica

Embora já tenham sido mencionados, convém conhecer em seus aspectos essenciais os principais códigos de comunicação usados pela liturgia.

1 Comunicação sonora

Ela ocorre na transmissão de mensagens mediante códigos baseados no sentido do ouvido. Esta forma de comunicação compreende a comunicação *verbal falada*, a comunicação *pelo canto*, a comunicação *pela música* e a comunicação *pelo silêncio*[13].

1) A *comunicação verbal falada* é a forma mais nobre de comunicação humana e a mais eficaz. Por outro lado, a liturgia cristã concede primazia à palavra sobre o gesto e o rito (cf. 1Cor 14,13-19). Por isso *dizer*, *proclamar*, *confessar*, *louvar* etc. são uma forma de atuar liturgicamente, dependendo

---

13. Cf. STEFANI, G. *La aclamación de todo un pueblo. La expresión vocal y musical en la liturgia* (Madri 1967); ID. "La comunicazione orale", em DELLA TORRE 1, 202-211.

do fato da revelação divina mediante a palavra. Isto faz com que a liturgia exija sempre a leitura pública e em voz alta dos textos, sobretudo bíblicos.

2) A *comunicação mediante o canto* é uma forma de comunicação sonora e verbal que participa de todas as qualidades da comunicação verbal falada, reforçadas pelas qualidades do canto e de acordo com as diferentes situações rituais que este provoca. Do ponto de vista semiológico, no canto podem ser analisados os níveis de "denotação" ou significado direto do canto em razão de seu texto, e de "conotação" ou significado global em razão da melodia e das ressonâncias que ele pode provocar. A liturgia sempre procurou que a melodia esteja a serviço do texto e este seja inteligível.

3) A *comunicação apenas mediante a música* tem peculiaridades próprias na liturgia. Com efeito, a audição da música na celebração tem algumas exigências. A liturgia exclui de antemão a utilização de instrumentos à maneira de concerto, ou como música ambiental para criar uma atmosfera. No entanto, salvo no Advento ou na Quaresma e nas celebrações de defuntos (cf. CB 41; 236; 252), admite-se a música sozinha para acompanhar um rito ou para preencher uma pausa, desde que os músicos se integrem na ação litúrgica.

4) *Comunicação mediante o silêncio*. Embora possa parecer paradoxal, o silêncio é um verdadeiro meio de participação na liturgia e, neste sentido, se pode examinar sua função expressiva e comunicativa[14]. O silêncio faz parte da celebração porque não é um vazio, nem um mutismo negativo, mas um espaço espiritual para a interiorização e a oração pessoal. O silêncio na liturgia é ambiental, necessário para uma boa percepção da palavra; ambiente de concentração para dispor-se para um rito; de meditação e de prolongamento de um rito, depois das leituras ou da homilia e depois da comunhão. O silêncio é também um rito quando a assembleia é

---

14. Cf. Instrução *Musicam sacram* (5-5-1967) n. 17; cf. *supra*, nota 11 do cap. IX; IGMR 45, 54, 71, 127, 165 etc.; ELM 28, 31 etc.; IGLH 48, 201 e 202; cf. BUSQUET, P. "El silencio en la celebración": *Ph* 92 (1976) 144-148; e *RL* 76/4 (1989).

convidada a invocar o Senhor durante a imposição das mãos ou depois das intenções da oração dos fiéis.

2 Comunicação visual

Por comunicação visual entendem-se aqueles processos comunicativos que utilizam códigos que afetam o sentido da vista. É uma comunicação não verbal. Na liturgia convergem vários dos códigos de comunicação visual.

1) A *comunicação mediante o gesto*, não só como apoio da palavra, mas também como movimento corporal expressivo em si mesmo. Em ambos os casos, o gesto tem um significado, expressa uma relação e ressalta uma intenção. Por meio do gesto litúrgico, o crente expressa suas disposições interiores e o ministro manifesta a ação de Deus que acolhe, santifica, bendiz etc. Não importa que se trate de gestos estereotipados ou que sejam sempre os mesmos. A liturgia só pede que sejam autênticos e sejam realizados com naturalidade e verdade.

2) A *comunicação mediante o simbolismo e as imagens* utiliza, em primeiro lugar, os símbolos em sentido estrito[15] e também os ícones, as figuras, efígies ou representações plásticas de Jesus Cristo, da Santíssima Virgem e dos santos, em si mesmos ou em cenas de sua vida. A esta categoria de comunicação pertencem também os elementos figurativos ou ornamentais, como as vestes, as insígnias, os objetos litúrgicos, as flores e outros elementos que preenchem o espaço da celebração.

3) *Comunicação mediante o espaço*. O local da celebração e a disposição dos diversos "lugares" – como o altar, o ambão, a cadeira, a cátedra e outros – criam também um ambiente significativo. A arquitetura, para além do resultado artístico e da funcionalidade, interpreta o espaço e comunica

---

15. De tudo isso trata-se no capítulo XII. Cf. tb.: VALENZIANO, C. "Liturgia e iconologia", em CHUPUNGCO 2, 325-344.

mensagens, traduzindo em estruturas e em ornamentação os valores atribuídos aos diversos aspectos da existência humana, inclusive o religioso[16].

3 Comunicação mediante outros sentidos

Na liturgia existem outros códigos de comunicação além dos que se apoiam nos sentidos do ouvido e da vista[17].

Com efeito, pode-se falar de um *código táctil*: Jesus tocou e curou o leproso (cf. Mt 8,3) e o surdo-mudo (cf. Mc 7,33). Tomé queria "tocar" para crer (cf. Jo 20,25.27) porque tocar é como ver e ouvir (cf. 1Jo 1,1-3). Na liturgia a comunicação por meio do tato aparece em numerosos ritos sacramentais[18]. É indubitável que determinadas posturas corporais supõem também um contato com tudo quanto nos rodeia; por exemplo, o estar de joelhos, o estar prostrados e o caminhar implicam uma proximidade com a terra.

E pode-se falar de um *código olfativo*: o incenso, símbolo das orações dos santos (cf. Ap 5,8; 8,3-4; Sl 141,2 etc.), é um elemento comunicativo multissensorial, pelo menos nas liturgias do Oriente, nas quais se pode não só vê-lo e cheirá-lo, mas também ouvi-lo, porque o incensório está munido de campainhas. Na liturgia romana o incenso é usado em numerosas celebrações[19]. Outro elemento olfativo é o bálsamo com o qual se confecciona o crisma.

IV – A linguagem litúrgica

A liturgia é, portanto, um meio de comunicação no qual se manifesta uma linguagem múltipla, feita de palavras – inclusive a Palavra de Deus –, gestos, símbolos e outros elementos. Existe uma *linguagem litúrgica*, como existe a linguagem política, a linguagem científica, a linguagem religiosa etc.[20] É fundamental que a linguagem litúrgica seja compreensível e que toda

---

16. Da arquitetura em relação com o espaço para a celebração trata-se no capítulo XIV.
17. Sobre o papel dos sentidos na liturgia cf. MONTERO, P. *Animar la celebración* (Madri 1990).
18. Cf. ALDAZÁBAL, J. "La importancia de tocar", em *Gestos y símbolos*, em *Dossiers* CPL 40 (1989) 68-72.
19. Cf. ID. "El incienso", ibid., 62-67.
20. Sobre a linguagem litúrgica, além dos títulos citados no início, cf.: LEGARDIEN, L. "Y-a--t-il un langage liturgique?": *QL* 62 (1981) 145-154; PARENT, R. "Le triple langage de l'acte

celebração litúrgica seja um espaço onde ocorra uma verdadeira comunicação entre todos os que participam.

1 Distinção entre linguagem e língua

Língua não é a mesma coisa que linguagem. A língua é um conjunto de sinais orais e de seus equivalentes escritos usados para expressar-se, ou seja, um modelo constante e geral para todos os membros de uma coletividade linguística. A língua, assim considerada, é uma realidade supraindividual que determina o processo da comunicação.

A *linguagem*, em compensação, é o processo de estruturação das palavras e das frases de acordo com um determinado estado da consciência, para manifestar o que se deseja. A linguagem articula a língua em função de uma cultura, uma mentalidade, uma filosofia ou uma determinada série de relações do homem consigo mesmo, com os outros ou com o mundo que o rodeia.

Ora, no âmbito de um grupo religioso, integrado por pessoas das mais diversas procedências sociais e culturais, a necessidade de comunicar e compartilhar a experiência religiosa faz com que não bastem as palavras da língua, mas que seja necessário recorrer também a outros sinais, emotivos e subjetivos. Deste modo surgem a linguagem religiosa e a linguagem litúrgica, não restritas unicamente ao âmbito da comunicação verbal. A linguagem vai além da língua, sobretudo quando se trata de chegar ao mais profundo das pessoas e a todo o seu ser, como ocorre no âmbito da linguagem religiosa.

Na Igreja católica de rito romano foi reconhecido, entre 1964 e 1978, um total de 343 línguas modernas para serem usadas na liturgia, aplicando-se as disposições do Concílio Vaticano II[21]. A existência de numero-

---

liturgique": *NRT* 96 (1974) 406-413; PISTOIA, A. "Introduzione critica al dibattito recente sul linguaggio liturgico": *EL* 94 (1980) 3-26.

21. Cf. *supra*, nota 71 do cap. IV; além disso cf.: HÄUSSLING, A. "Lengua litúrgica", em SM IV, 353-357; LLABRÉS, P. "Las lenguas vivas en la liturgia": *Ph* 137 (1983) 411-432; MARTIMORT, A.G. "Langues et livres liturgiques": *Not* 220 (1984) 777-786; ROUILLARD, Ph. "Langues liturgiques": *Cath* VII, 897-900.

sas línguas litúrgicas reconhecidas é expressão da unidade da Igreja na diversidade de povos e culturas. Não obstante, o latim continua sendo a língua própria da liturgia romana (cf. SC 36), na qual são publicadas as edições típicas dos livros litúrgicos, que depois são traduzidos e editados nas diferentes línguas modernas sob a responsabilidade das Conferências Episcopais[22].

2 Chaves e características da linguagem litúrgica

A liturgia é uma realidade dinâmica, que tende a ser canal de comunicação religiosa dos crentes e também de toda a comunidade que se sente convocada, interpelada e ativa na celebração. Por isso, a linguagem litúrgica, suscetível de análise pelas ciências semiológicas, tem certas chaves e certas características.

Entende-se por *chaves* da linguagem litúrgica os diferentes gêneros de expressão e de comunicação que estruturam os significados ou conteúdos que a liturgia quer transmitir. A liturgia utiliza: a *narrativa* ou referência aos acontecimentos nos quais se concretiza o cumprimento do desígnio divino de salvação[23]; a *metáfora* ou imagens e comparações que ajudam a compreender mais facilmente os conteúdos da fé e as vivências do mistério; a *alegoria*, quando a metáfora é elevada a uma estrutura de linguagem ou se transforma em categoria; a *tipologia* tal como foi usada pelo próprio Novo Testamento e pelos Santos Padres; e o *simbolismo*.

Entre as *características* da linguagem litúrgica sobressaem as seguintes: ela é linguagem *religiosa*, ou seja, destinada a evocar o mistério da salvação e a expressar a experiência do inefável[24]; é *bíblica*, desde sua própria

---

22. CDC c. 838. Sobre as traduções litúrgicas tratou-se no capítulo anterior: cf. notas 26-30; cf. DEBOUT, P. "L'expérience spirituelle de la messe en latin": *LMD* 255 (2008) 75-116.

23. Cf. MALDONADO, L. "Memoria y narratividad, denominador común de la teología litúrgica y de la teología política": *Ph* 88 (1975) 297-307.

24. Cf. ALTISERI, D. *El problema del lenguaje religioso* (Madri 1976); TORNOS, A. "Síntomas e causas da atual crise da linguagem religiosa": *Conc* 85 (1973) 533-542; BORDIGNON, B. "Le figure qualificanti del linguaggio religioso nella liturgia": *RL* 96 (2009) 305-310.

raiz, que é a Sagrada Escritura (cf. SC 24)[25]; é *tradicional*, enquanto é veículo da tradição da Igreja e enquanto atualiza e faz reviver o conteúdo dessa tradição; é *universal*, porque permite integrar os particularismos locais na expressão geral; é *poética*, ao oferecer beleza e permanecer aberta à intuição e à sugestão de quem a percebe; é mais *performativa* do que informativa, enquanto dispõe a pessoa para captar uma realidade ou para receber uma experiência e enquanto torna presente o conteúdo linguístico evocado[26]; é *ritual*, enquanto faz parte do rito, a cujos gestos e palavras confere um significado especial[27]; é *intemporal* e transcendente, de maneira que na prática se torna estereotipada, solene e objetiva, sem por isso perder expressividade e proximidade comunicativa; é, finalmente, *sóbria* e rigorosa, a serviço da verdade e da autenticidade do mistério[28].

A linguagem é um dos fatores mais importantes para levar a cabo a inculturação litúrgica[29].

---

25. Cf. CHAUVET, A. "La dimension biblique des textes liturgiques": *LMD* 189 (1992) 131-147; FALSINI, R. (ed.). *Il fondamento biblico del linguaggio liturgico* (Milão 1991); HUERRE, D. "Une liturgie imprégnée par l'Écriture": *LMD* 190 (1992) 7-24 etc.
26. Cf. LADRIÈRE, J. "A operatividade da linguagem litúrgica": *Conc* 82 (1973) 183-193.
27. Cf. MAGGIANI, S. "Linguaggio rituale per celebrare". In: COM. EP. PER LA LITURGIA (ed.). *Celebrare oggi* (Roma 1989) 37-68.
28. Cf. GUARDINI, R. "La severa majestad de la liturgia". In: *El espíritu de la liturgia* (Barcelona 1962) 159-180.
29. CONG. PARA O CULTO DIVINO E A DISCIPLINA DOS SACRAMENTOS. *"Varietates legitimae"* – A Liturgia romana e a inculturação. IV Instrução para uma correta aplicação da Constituição conciliar sobre a liturgia (LEV, 1994) n. 39. Sobre este documento cf. *supra*, neta 1 do cap. IV.

Capítulo XII
O simbolismo litúrgico

Na liturgia, mediante sinais sensíveis, é significada e, de modo peculiar a cada sinal, realizada a santificação do homem (SC 7).

Bibliografia

BAROLIN, S. *Sulla funzione comunicativa del simbolo. Corso di simbologia* (Roma 1989); BALDOCK, J. *Simbolismo cristiano* (Milão 1997); BONACCORSO, G. *La liturgia e la fede: la teologia e l'antropologia del rito* (Pádua 2005); BOROBIO 1, 409-434; BOZZOLO, A. *Mistero, simbolo e rito in Odo Casel. L'effettività sacramentale della fede* (MSIL 30; 2003); BOUYER, L. *El rito y el hombre. Sacralidad natural y liturgia* (Barcelona 1967); CHAUVET, L.M. *Símbolo y sacramento. Dimensión de la existencia cristiana* (Barcelona 1991); COCAGNAC, M. *Los símbolos bíblicos* (Bilbao 1993); COLIN, P. "Fenomenología y hermenéutica del simbolismo litúrgico". In: CONGAR, Y.M.-J. et al. *La liturgia después del Vaticano II* (Madri 1969) 239-276; CONTE, N. *Benedetto Dio che ci ha benedetti in Cristo* (Leumann/Turim 1999) 207-250; DELLA TORRE 1, 105-135; FARNEDI. G. (ed.). *Symbolisme et théologie* (Roma 1974); FERRÁNDIZ, A. *La teología sacramental desde una perspectiva simbólica* (BL 22, 2004); FRANCESCONI, G. *Storia e simbolo. "Mysterium in figura" nel linguaggio e nella teologia di Ambrogio di Milano* (Bréscia 1981); GUARDINI, R. *El espíritu de la liturgia* (Barcelona 1962) 125-137; KIRCHGÄSSNER, A. *El simbolismo sagrado en la liturgia* (Madri 1963); KUNZLER 139-148, 173-184 e 215-236; LÓPEZ MARTÍN 2, 181-250; MARTIMORT 195-250; MARSILI, S. et al. *Il segno nella liturgia* (Roma 1970); ROSSO 29-66; SIRBONI, S. *Il linguaggio simbolico della liturgia. I segni che manifestano e alimentano la fede* (Cinisello Balsamo 1999); VAGAGGINI, C. *El sentido teológico de la liturgia* (BAC, 1959) 26-123; VALENZIANO, C. *Liturgia e antropologia*

(Bolonha 1998); ID. "Prospettiva antropologico-culturale sulla liturgia", em CHU-PUNGCO 2, 195-230; e *CuaderPh* 45, 113 (1993-2001); *Conc* 152 (1980); 259 (1995); *LMD* 22 (1950); 119 (1974); *NPL* 129 (1977); *RL* 55/5 (1968); 66/1 (1979); 67/5 (1980); 73/1 (1983); 89/2 (2002); 96/2 (2009).

A celebração litúrgica aparece como um conjunto de sinais. O sinal é um meio de comunicação e de encontro. Na perspectiva da expressão, os sinais da liturgia foram escolhidos para comunicar o mundo interior dos que participam da ação litúrgica e como mediações para a experiência religiosa. Mas os sinais litúrgicos estão, antes de tudo, a serviço da presença e da realização de uma salvação que é destinada aos homens em suas circunstâncias históricas e existenciais. O tema do simbolismo litúrgico tem uma vertente antropológica e outra teológica. Ambos os aspectos são essenciais e é preciso levá-los em consideração.

Nesse capítulo se estuda, em primeiro lugar, o simbolismo litúrgico e, depois, se analisa o rito e o gesto, que fazem parte da ação celebrativa.

I – Noções básicas

Convém esclarecer o significado preciso de *sinal* e de *símbolo* devido ao uso tão frequente que se faz destas palavras[1].

1 O sinal

Sinal é "uma coisa que, além da forma própria que ela imprime nos sentidos, leva ao conhecimento de outra diferente em si mesma"[2]. No sinal se verificam algumas destas condições: a) ser diferente do significado, que está além do significante; b) depender de alguma forma do significado e,

---

1. Cf. BERNARD, C.A. "Panorama des études symboliques": *Gregorianum* 55/2 (1974) 379-392; RAHNER, K. "Para una teología del símbolo". In: ID. *Escritos de teología*, IV (Madri 1964) 283-321; RUIZ, F. "Símbolo", em DE 3, 393-395; SARTORI, D. "Signo/símbolo", em NDL 1909-1921 e em DTV IV, 307-322; SCHLETTE, H.R. "Símbolo, em CFT IV, 271-279; SPLETT, J. "Símbolo", em SM VI, 354-359.
2. SANTO AGOSTINHO. *De Doctr. christ.* 2,1: PL 34, 35.

portanto, ser menos perfeito do que este; c) conservar alguma relação de semelhança com o significado e ser, ao mesmo tempo, dissemelhante; e d) ser mais conhecido do que o significado. O valor de um sinal depende precisamente destas condições.

Da relação entre sinal e significado nasce a classificação dos sinais em *reais* e *de razão*. Os sinais são *reais* quando a relação é real; por exemplo, uma relação de causa e efeito. Nestes casos o sinal contém e expressa o significado. Os sinais reais, por sua vez, se dividem em reais naturais, quando a relação depende da natureza daquilo que expressam; e em reais livres, quando a relação depende de uma vontade que escolhe os sinais e lhes confere um significado. Os sinais *de razão* são aqueles nos quais a relação é totalmente arbitrária ou convencional.

O sinal, portanto, tem um sentido mais amplo e genérico do que outras palavras que são usadas mais especificamente, como *marca*, *logotipo*, *ícone*, *emblema*, *sintoma* e, naturalmente, *símbolo* e *imagem*, que devem ser consideradas como espécies de sinal.

2 O símbolo

A palavra *símbolo* (do grego: *syn-ballô*, juntar) contém a ideia de reunir duas coisas ou dois fragmentos de uma coisa que, reunidos, permitem um reconhecimento. Neste sentido, mediante o símbolo se reconstrói uma situação anterior que ficou suspensa ou que se prolonga.

Hoje se fala geralmente de *símbolo* quando se está diante de um significante que remete não a um significado preciso, como no caso do *sinal*, mas a outro significante que de certo modo se torna presente, embora não de modo total ou claro. Por isso, o símbolo tem uma função representativa, ao tornar presente, de alguma forma, seu significado e ao participar do mesmo.

Em todo símbolo se notam os seguintes elementos: a) uma realidade sensível, ou seja, um ser, um objeto, uma palavra; b) uma correspondência ou relação de significado ou de analogia com outra realidade superior com a qual se entra em contato através do elemento significante; e c) a realidade significada com a qual se entra em contato está de tal maneira presente e unida ao significante que sem ele não poderia exercer sua influência. O simbolismo é um processo que faz passar das coisas visíveis às invisíveis e é, ao mesmo tempo, o resultado deste processo.

II – Origem do símbolo

> Uma celebração sacramental é tecida de sinais e de símbolos. Segundo a pedagogia divina da salvação, o significado dos sinais e dos símbolos tem raízes na obra da criação e na cultura humana, adquire exatidão nos eventos da Antiga Aliança e revela-se plenamente na pessoa e na obra de Cristo[3].

1 Do ponto de vista psicológico

O símbolo não é o produto racional. A maioria dos autores reconhece que a origem do simbolismo se encontra, por um lado, na capacidade do homem de relacionar as realidades visíveis com seu próprio mundo interior e, por outro, na necessidade de recorrer às formas sensíveis para expressar e reviver certas experiências ou situações que de outro modo não conseguiria reconhecer, refazer ou representar.

O início do processo simbolizador costuma ser situado no final do paleolítico pelo menos, quando a natureza ensinou o homem a transcender o imediato e visível (cf. Rm 1,20; cf. Sb 13,1; At 14,17). O universo, a luz, a noite, a água, o vento, o fogo, a árvore etc. se apresentam como um vestígio da grandeza e do poder divino[4]. Por isso, os símbolos fazem parte da bagagem humana, cultural e religiosa de todas as épocas da história, mas sempre com referência ao mundo psíquico, ou seja, à fantasia, aos sonhos, à inspiração poética e ao fascínio religioso[5].

---

3. CIC 1145.
4. Cf. CIC 1147-1148.
5. JUNG, C. *El hombre y sus símbolos* (Madri 1967) 21; cf. ID. *Simbología del espíritu* (México/DF 1964).

2 Do ponto de vista religioso

No campo religioso o *símbolo* se refere tanto às formas concretas com as quais determinada religião se explicita quanto ao modo de conhecer e ao modo de representar próprios da experiência religiosa. Os símbolos religiosos fazem referência sempre *ao sagrado*, ou seja, ao mistério como realidade transcendente[6]. Ora, esta realidade necessita de mediações sensíveis para ser vivida e expressada, dada a natureza corporal e espiritual do homem. As grandes religiões da humanidade assim o atestam[7].

Deste modo, qualquer coisa pode ser tomada como símbolo. Os símbolos no âmbito da religião não só estão a serviço do culto, mas também contribuem para tudo aquilo que o homem busca e espera encontrar na religião. Por isso, não existe nenhuma religião sem símbolos, embora seja necessário reconhecer também que o símbolo nunca pode expressar tudo[8].

III – O simbolismo, da Bíblia à liturgia

O cristianismo possui também seu próprio universo simbólico. No entanto, o simbolismo litúrgico se baseia essencialmente na Bíblia (cf. SC 24) e se desenvolveu dentro da tradição viva da Igreja.

1 O simbolismo bíblico

A Bíblia manifesta a existência da "pedagogia dos sinais" na história da salvação[9], que dá lugar à "economia sacramental" na liturgia.

---

6. Cf. MARTÍN VELASCO, J. *El hombre ser sacramental (Raíces humanas del simbolismo)* (Madri 1988) 39-46.

7. Cf. CIC 1146 e 1149.

8. Cf. LURKER, M. *El mensaje de los símbolos. Mitos, culturas y religiones* (Barcelona 1992) 59-76. Cf. tb.: BEIGBEDER, O. *Léxico de los símbolos* (Madri 1989); CIRLOT, J.E. *Diccionario de símbolos* (Barcelona 1978); DE CHAMPEAUX, J. & STERCKX, S. *Introducción a los símbolos* (Madri 1989); CHEVALIER, J. *Diccionario de los símbolos* (Barcelona 1986); ELIADE, M. *Imágenes y símbolos* (Madri 1974); FRUTIGER, A. *Signos, símbolos, marcas, señales* (Barcelona 1981) etc.

9. Cf. COCAGNAC, M. *Los símbolos bíblicos. Léxico teológico* (Bilbao 1993); DANIÉLOU, J. *Los símbolos cristianos primitivos* (Bilbao 1993); LURKER, M. *Dizionario delle imagini e dei simboli biblici* (Cinisello B. 1991).

1) *A "pedagogia dos sinais" no Antigo Testamento*. Ainda que na Bíblia quase não se conheça o termo *símbolo* (cf. Os 4,12; Sb 2,9; 16,6) e, em compensação, a palavra *sinal* e outras semelhantes sejam usadas com muita frequência[10], o simbolismo é conatural ao mundo semita. Ora, a linguagem simbólica do Antigo Oriente que se encontra na Bíblia sofreu importantes mudanças de significado a serviço da fé no Deus único, criador de tudo quanto existe e salvador do homem. Por meio dos sinais, Deus se relaciona com seu povo e o faz caminhar na fidelidade à aliança.

Os sinais bíblicos do Antigo Testamento costumam ser classificados em quatro grandes blocos: os *sinais da criação*, que culminam no homem, criado à "imagem e semelhança" de Deus (cf. Gn 1,26); os *sinais-acontecimento*, que constituem os grandes tempos da salvação (*kairoi*), cujo momento culminante é o êxodo; os *sinais rituais*, que compreendem as instituições litúrgicas e festivas de Israel; e os *sinais-figuras*, que destacam a missão salvífica de determinados personagens históricos ou de determinadas funções em favor do povo.

A principal característica do simbolismo bíblico é seu pano de fundo histórico-salvífico. Nesse sentido, os sinais bíblicos manifestam a continuidade da presença salvadora de Deus e possuem um caráter prefigurativo, memorial e tipológico. Especialmente os sinais que têm caráter litúrgico prefiguram os sacramentos da Nova Aliança[11].

2) *Continuidade no Novo Testamento*. Os sinais veterotestamentários aparecem no Novo Testamento aplicados às relações entre Cristo e a comunidade de seus discípulos. Jesus não só utilizou os *sinais da criação* para dar a conhecer o Reino de Deus, mas também deu cumprimento a

---

10. Oitenta vezes no Antigo Testamento e setenta vezes no Novo, cf. HOFIUS, H. "Milagro (*sêmeion*)", em NDTN 3, 89-93.
11. Cf. CIC 1150; cf. BEAUCHAMP, P. "La lecture typologique du Pentateuque": *LMD* 190 (1992) 51-73; DANIÉLOU, J. *"Sacramentum futuri". Études sur les origines de la typologie biblique* (Paris 1950); ID. *Sacramentos y culto según los SS.PP.* (Madri 1962); GRELOT, P. *Sentido cristiano del Antiguo Testamento* (Bilbao 1967); MARSILI, S. "Sacramentalità della salvezza": *RL* 95 (2008) 509-524 etc.

tudo quanto os *sinais-acontecimento* e os *sinais rituais* anunciavam, concentrando-os em sua pessoa e realizando curas por meio de gestos simbólicos que manifestavam seu poder de salvação (cf. Mc 7,33-35; 8,22-25; Jo 9,6 etc.)[12].

Embora o culto novo que Cristo inaugurou não esteja ligado a lugar algum (cf. Jo 4,21-23), o próprio Senhor quis perpetuar sua ação salvadora por meio de ações simbólicas e rituais que ele instituiu e confiou à sua Igreja. Entre todas estas ações destacam-se o batismo (cf. Jo 3,3-5; Mc 16,16) e a eucaristia (cf. Mt 26,26-29 e par.). Algumas das figuras e dos acontecimentos significativos do Antigo Testamento foram aplicados também à Igreja (cf. LG 7-8). Esta aplicação se baseia na unidade e continuidade entre o Antigo e o Novo Testamento: "O Antigo Testamento está patente no Novo e o Novo está latente no Antigo"[13].

2 O simbolismo na liturgia

A comunidade dos discípulos de Jesus aparece desde o primeiro momento utilizando os sinais recebidos do Senhor (cf. At 2,41-42) e muitos outros sinais (cf. At 8,17; 1Tm 4,14; 5,22; Tg 5,14-15. O simbolismo litúrgico prolonga a visão bíblica da história da salvação e sua expressão simbólica e eficaz na vida dos homens.

Mas o simbolismo da liturgia cristã é também fruto da influência de outras maneiras de representar o mundo. Com efeito, observam-se também influências do helenismo nos três primeiros séculos, da cultura bizantina no começo da Idade Média e da mentalidade franco-germânica da alta e baixa Idade Média no Ocidente. A vitalidade da liturgia cristã criou uma nova síntese simbólica, apropriando-se de sinais, imagens e símbolos do meio cultural no qual ela se desenvolve: "Os sacramentos da Igreja não revogam, antes

---

12. Cf. CIC 1151.
13. SANTO AGOSTINHO. *Quaest. in Hept.* 2,73: PL 34, 623; citado em DV 16. Cf. tb.: CIC 128-130 e 1094; e PONT. COMISSÃO BÍBLICA. *A interpretação bíblica na Igreja* (LEV 1993) 80ss. XII ASSEMBLEIA G. DO SÍNODO DOS BISPOS. *Instrumentum laboris* (LEV 2008) n. 17-18.

purificam e integram toda a riqueza dos sinais e dos símbolos do cosmos e da vida social"[14].

Por outro lado, os sinais e símbolos da liturgia são *sinais da fé* (cf. SC 59), enquanto expressam a fé da Igreja, que atua como sacramento universal de salvação, e enquanto supõem e exigem a presença da fé naqueles que os celebram. A fé é suscitada pela Palavra de Deus e se apoia nela (cf. SC 9), mas os próprios sinais litúrgicos alimentam e nutrem a fé dos participantes (cf. SC 24; 33 etc.)[15].

3 Dimensões do sinal litúrgico

Todo sinal litúrgico é *sinal rememorativo* dos feitos e das palavras de Cristo, mas também dos feitos e palavras que, na Antiga Aliança, anunciaram e prepararam a plenitude da salvação. O sinal é também *demonstrativo* de realidades invisíveis presentes, da graça santificante e do culto a Deus. O sinal tem uma dimensão profética enquanto *prefigurativo* da glória que um dia se há de manifestar e do culto que acontece na Jerusalém dos céus (cf. SC 8; LG 51). Por último, no sinal litúrgico se nota também uma *dimensão moral*, no sentido de que a presença da graça santificadora dispõe o homem para traduzir em sua vida o que ele celebra como presente e espera alcançar um dia como futuro.

IV – Sinais e símbolos na liturgia

A liturgia cristã é uma constelação de sinais e símbolos[16]. De todos eles se pode apresentar a seguinte classificação:

---

14. CIC 1152. Cf. CONG. PARA O CULTO DIVINO. *"Varietates legitimae"* – *A Liturgia romana e a inculturação. IV Instrução para uma correta aplicação da Constituição conciliar sobre a liturgia* (LEV, 1994) (LEV, 1994) n. 4, 17, 19 etc. Sobre este documento cf. *supra*, nota 4 do cap. IV.
15. Cf. ALDAZÁBAL, J. "Los símbolos nos dicen cómo actúa el Espíritu": *Ph* 223 (1998) 41-53.
16. Cf. ALDAZÁBAL, J. *Gestos y símbolos*, em *Dossiers* CPL 40 (1989); BARTOLI, L. *La chiave per la comprensione del simbolismo e dei segni nel sacro* (Trieste 1982); DONGHI, A. *Gesti e parole. Un'iniziazione al linguaggio simbolico* (LEV, 1993); GUARDINI, R. *Los signos sagrados* (Barcelona 1957); URECH, E. *Dictionnaire des symboles chrétiens* (Neuchâtel 1972); WEIDINGER, G. *Gesti, segni e simboli nella liurgia* (Leumann/Turim 1985).

– *Pessoas*: a assembleia, os ministros que a presidem (bispo, presbítero, diácono).

– *Atitudes corporais*[17]: de pé, sentados, de joelhos, genuflexão, prostração, inclinação.

– *Gestos de todos os fiéis*: fazer o sinal da cruz (cf. Mt 28,19; 1Cor 1,18.23), dar-se a paz (cf. Rm 16,16; 1Cor 16,20), bater no peito (cf. Lc 18,13; Mt 24-38), caminhar, ir em procissão e peregrinar[18], levar o pão e o vinho ao altar, levar uma vela acesa na mão, dançar[19], comungar, cantar, aclamar, rezar em silêncio, jejuar etc.

– *Gestos e ações dos ministros*: levantar os olhos (cf. Mt 14,19; Mc 7,34), estender as mãos (cf. Ex 17,11-12; Jo 21,18), juntá-las, lavá-las (cf. Sl 26,6), lavar os pés[20], elevar, mostrar, beijar[21], saudar, traçar o sinal da cruz ou outros sinais (alfa e ômega etc.), partir o pão (cf. Lc 24,30.35; At 2,42), dar a paz, soprar (Gn 2,7; Jo 20,22), persignar-se (cf. Jo 6,27; At 11,26), ungir (cf. Mc 6,13; Tg 5,14; 1Sm 10,1), crismar (At 10,38; Lc 4,18), insalivação (cf. Jo 9,6), ablução e imersão (cf. Rm 6,3ss.), aspersão, imposição das mãos[22], tocar, acompanhar, estar presente na cátedra ou no altar, acolher, entregar objetos, impor uma veste etc.

---

17. Cf. CIBIEN, C. "Gestos", em NDL 919-929; LAURENTIN, A. *Liturgia en construcción. Los gestos del celebrante* (Madri 1967); LUBIENSKA, H. *La liturgia del gesto* (San Sebastián 1957) e *CuaderPh* 158 (2005); MARTIMORT 200-210; NEUNHEUSER, B. "Gestos litúrgicos", em DPAC I, 948-949; RIGHETTI 1, 329-382; SCHMITT, J.-Cl. *La raison des gestes dans l'Occident médiéval* (Paris 1991).

18. Cf. MOLL, X. "Peregrinaciones", em DE 3, 146-148; ROSSO, St. "Procesión", em NDL 1639-1648; e *RL* 79/4 (1992). Cf. tb.: CONG. PARA O CULTO DIVINO. *Diretório sobre piedade popular e liturgia* (São Paulo, Paulinas 2010) n. 245-247 e 280-287; e *RL* 86/5-6.

19. Cf. DEBARGE, L. "De la danse sacrée à la liturgie dansante": *Mélanges de Science Religieuse* 49 (1992) 143-161.

20. Cf. FRANCO BEATRICE, P. *La lavanda dei piedi* (BELS 28, 1982).

21. Cf. CATALAYUD, R. *Beso humano y ósculo cristiano. Dimensiones histórico-teológicas del beso litúrgico* (València 2003).

22. Cf. FIALA, V. "L'imposition des mains comme signe de la communication de l'Esprit dans les rites latins": *EL* 90 (1976) 385-401; MAGGIANI, S. "La mano e lo spirito. Per una lettura simbolica della imposizione delle mani": *RL* 78 (1991) 391-401.

– *Elementos naturais*[23]: água, pão, vinho, óleo, sal, leite e mel, luz, escuridão, fogo, círio pascal, vela acesa na mão, cinza, perfumes, incenso, flores, ramos.

– *Objetos*[24]: cruz, ícones e imagens, candelabros, lâmpada, Evangeliário, livros litúrgicos, vestes litúrgicas, veste batismal, cores litúrgicas, insígnias (anel, báculo, pálio etc.), vasos sagrados, sino, toalhas de mesa, corporais, pala, conopeu etc.

– *Tempos*: dia, noite, horas, vigília, semana, estação, ano, domingo, festa, oitava, Quaresma, Cinquentena, ano jubilar etc.

– *Lugares*[25]: igreja, porta, nave, presbitério, cátedra, cadeira, ambão ou púlpito, altar, batistério, fonte batismal, confessionário, cemitério etc.

Junto com estes sinais, a liturgia utilizou também a *mística dos números*, dependendo da Sagrada Escritura ou de outras fontes[26]. Além disso, existem numerosas *figurações* e alegorias, como as que servem para identificar os santos e as personificações, geralmente femininas, da igreja e da sinagoga, das virtudes teologais etc.[27]

V – O rito

Entre os sinais litúrgicos encontram-se as ações rituais e simbólicas que têm como objetivo expressar, reviver ou atualizar o mistério salvífico que motiva uma celebração. O ser humano, por meio do rito, "procura estruturar suas experiências mais valiosas para poder mantê-las no centro de sua consciência e transformá-las assim em fonte de energia e em luz orientadora para sua vida". Esta necessidade, presente nos momentos mais importantes da vida, como o nascimento, o matrimônio, a doença ou a morte, é como "uma segunda natureza do homem", que anseia por transcender-se a si mesmo e,

---

23. Cf. ROSSO, St. "Elementos naturales", em NDL 635-659; VOGEL, C. "Símbolos culturais cristãos: alimentos e bebidas": *Conc* 152 (1980) 230-237.
24. Das imagens, objetos litúrgicos, vestes e insígnias trata-se também no cap. XIV.
25. Dos lugares da celebração trata-se também no cap. XIV.
26. Cf. BEIGBEDER, O. *Léxico de los símbolos*, o.c., 319-341.
27. Cf. DE PINEDO, R. *El simbolismo de la escultura medieval española* (Madri 1930).

finalmente, situar-se no mundo que o rodeia e no universo, para dar sentido à sua vida, abarcando e compreendendo sua existência[28].

Portanto, o rito é a "ação humana típica" do homem religioso, de maneira que os ritos abrangem toda a ampla zona da experiência do mistério. Deste ponto de vista, costuma-se assinalar algumas características no rito: uma ação simbólica, realizada de acordo com uma norma prévia, que se repete com certa periodicidade e que pretende ter uma eficácia sobrenatural ou tornar presente uma realidade de ordem superior[29].

Entre os ritos especificamente religiosos encontram-se os ritos *apotropaicos* para afastar poderes perigosos, os ritos de *purificação*, de *expiação*, de *oferecimento* e de *comunhão*. Outra classificação é a seguinte: *ritos cíclicos* ou ligados ao curso do tempo, *ritos de trânsito*, que consagram uma passagem na vida das pessoas, e *ritos de crise*, que se realizam em circunstâncias especiais para enfrentar uma situação perigosa[30].

VI – Características dos ritos cristãos

Além dos valores antropológicos inerentes ao rito religioso, os ritos cristãos manifestam a vida do crente, ou seja, sua existência como verdadeira liturgia ou serviço a Deus nos irmãos e nas realidades temporais (cf. Jo 4,23; Rm 12,2; 1Pd 2,5). Ora, os ritos cristãos aparecem desde o início como atos da comunidade eclesial que revive e atualiza os acontecimentos salvíficos que ocorreram na vida histórica de Jesus, de modo particular sua morte e ressurreição. Por este motivo, a ritualidade cristã não é uma simples continuação da ritualidade judaica, mas tampouco assinala uma ruptura total em

---

28. KENNEDY, E. "A contribuição do rito religioso para o equilíbrio psicológico": *Conc* 62 (1971) 179-184, aqui 179; VERGOTE, A. "Regards du psychologue sur le symbolisme liturgique": *LMD* 91 (1967) 129-151. Para as restantes dimensões do rito, cf. BOUSQUET, F. *Le rite* (Paris 1981); CAZENEUVE, J. *La sociología del rito* (Buenos Aires 1972); MAGGIANI, S. "Rito-Ritos", em NDL 1743-1751; MALDONADO, L. "Teoría y praxis de la ritualidad": *Ph* 107 (1978) 423-441; TERRIN, A.N. (ed.). *Nuove ritualità e irrazionale. Come far rivivere il "mistero" liturgico?* (Pádua 1993); RIZZI, A. "Rito", em DTI IV, 204-220 etc.
29. Cf. MARTÍN VELASCO, J. *Lo ritual en las religiones* (Madri 1986) 15-33.
30. Cf. a descrição de cada tipo em TERRIN, A.N. "Antropología cultural", em NDL 111-136, aqui 127-131, e sua aplicação à liturgia, ibid., 132-135.

relação à ritualidade religiosa universal. Isto quer dizer que nos ritos cristãos existe uma "concentração cristológica" como norma e caráter específico[31].

Por outro lado, os ritos cristãos expressam e realizam o mistério da Igreja como "sinal e instrumento da íntima união com Deus e da unidade de todo o gênero humano" (LG 1; cf. SC 2; LG 48). Neste sentido, a ritualidade da liturgia gira em torno da eucaristia e dos sacramentos, que constituem a Igreja e manifestam e comunicam aos homens o mistério da salvação (cf. CIC 1118).

VII – O gesto e a expressão corporal

A liturgia, enquanto meio de expressão e de comunicação simbólica, compreende o *gesto* como um de seus elementos mais importantes[32]. De fato, os ritos se compõem fundamentalmente de "gestos e palavras" que se apoiam mutuamente[33]. A importância do gesto é determinante para manifestar a potencialidade significativa dos sinais e símbolos da liturgia e, em última instância, da presença e da ação de Deus através deles.

O fundamento da gestualidade litúrgica se encontra, em primeiro lugar, na natureza humana, ou seja, na corporeidade do homem, meio de relação e de presença entre seus semelhantes (cf. GS 14)[34]. Esta realidade foi assumida por Cristo na encarnação (cf. Hb 10,5). Desta maneira, sua humanidade se transformou no instrumento de nossa salvação (cf. SC 5), de modo que suas

---

31. MARTÍN VELASCO, J. *Lo ritual en las religiones*, o.c., 61.
32. Cf. *supra*, nota 16; e JOUSSE, M. *L'Antropologia del gesto* (Roma 1979); TRIACCA, A.M. & PISTOIA, A. (eds.). *Gestes et paroles dans les diverses familles liturgiques* (BELS 14, 1978); VERGOTE, A. "Gestos e ações simbólicas em liturgia": *Conc* 62 (1972) 168-178.
33. São conhecidas as expressões: *Accedit verbum ad elementum et fit sacramentum* (SANTO AGOSTINHO. *In Ioan.* 80,3); *ex verbis et rebus fit quodammodo unum in sacramentum sicut ex forma et materia* (SANTO TOMÁS. *STh* III, q. 60, a. 6 ad 2). Cf. LLOPIS, J. "Palabra y rito en la constitución SC": *Ph* 20 (1964) 156-161; RAMOS, M. "Palabras y signos en la Constitución de liturgia": *Not* 212 (1984) 202-211; TRAETS, C. "Rite et liturgie sacramentelle": *QL* 95 (1974) 10-31 etc.
34. BERNARD, M. *Le corps* (Paris 1976); BOF, G. "Hombre", em NDT I, 665-691; CHAUVET, L. *Símbolo y sacramento*, o.c., 117-162; DUBUC, J. *Il linguaggio del corpo nella liturgia* (Roma 1989); MORRIS, D. *L'uomo e i suoi gesti* (Milão 1977); ROCCHETTA, C. *Hacia una teologia del cuerpo* (Madri 1993); SODI, M. "Tra simboli e riti. Il linguaggio del corpo nella celebrazione": *RL* 96 (2009) 311-320. Cf. tb.: nota 16 do cap. X.

mãos, seu olhar, sua palavra, seu hálito eram outros tantos modos de comunicar a salvação. Hoje ele continua atuando igualmente na liturgia, através dos gestos e palavras de seus ministros, nos quais atua a força vivificadora do Espírito[35].

Por outro lado, "as ações e os gestos e o porte do corpo" são um fator imprescindível para a participação litúrgica plena (cf. SC 30; IGMR 20). Além disso, a integração do corpo na oração e do gesto na liturgia são fatores de equilíbrio interior e externo, além de contribuir para a expressividade, a estética e a funcionalidade dos ritos[36].

---

35. Cf. CIC 1076 e 1152.

36. Cf. HAMELINE, J.Y. "Observations sur nos manières de célébrer": *LMD* 192 (1992) 7-24. Da dimensão corporal da oração falou-se no cap. X.

Capítulo XIII
O tempo da celebração

A santa Mãe Igreja julga seu dever celebrar em certos dias no decurso do ano [...] a obra salvífica de seu divino esposo (SC 102).

Bibliografia

ANDRONIKOF, C. "Le temps de la liturgie". In: TRIACCA, A.M. & PISTOIA, A. (eds.). *Eschatologie et liturgie* (BELS 35, 1985) 34-46; ANGELINI, G. *Il tempo e il rito alla luce delle Scritture* (Assis 2006); AUGÉ, M. "Teologia do ano litúrgico", em *Anamnesis* 5, 9-34; BAUDE, M. *Théologie du temps. Le temps comme référence et la visée du royaume de Dieu* (Paris 1991); BOURGEOIS, H. et al. *L'expérience chrétienne du temps* (Paris 1987); COOMARASWANY, A.K. *El tiempo y la eternidad* (Madri 1980); CULLMANN, O. *Cristo y el tiempo* (Barcelona 1968); DARLAP, A. "Tiempo", em CFT IV, 343-351; LEUBA, J.-L. *Temps et eschatologie* (Paris 1994); LÓPEZ MARTÍN 2, 251-293; ID. "Tiempo sagrado, tiempo litúrgico y misterio de Cristo", em BOROBIO 3, 31-70; ID. *Jubileo 2000, un ejercicio de memoria* (BAC, Madri 1998); MANDIANES, M. "Antropología del tiempo litúrgico": *REDC* 52 (1995) 219-229; NALDINI, M. (ed.). *Il giorno della festa. Origini e tradizione* (Fiesole 1997); POU I RIUS, R. "Cristo y el tiempo": *Ph* 50 (1969) 110-122; ROUILLARD, Ph. "Temps liturgique et temps des hommes": *Not* 261 (1988) 245-252; ID. "Temps et Liturgie": *Cath* XIV, 898-902; SIMONIS, E. "Tiempos y lugares sagrados", em SM VI, 638-641; SODI, M. "Il tempo di Dio nel tempo dell'uomo. Annunzio e celebrazione". In: CENTRO AZIONE LITURGICA (ed.). *Il mistero pasquale celebrato nell'anno liturgico* (Roma 2000) 5-51; ROSSO, St. *Il segno del tempo nella liturgia. Anno liturgico e liturgia delle ore* (Leumann/Turim 2004) 23-54 e 59-95; TRIACCA, A.M. "Cristo e il tempo. La redenzione come storia": *Liturgia* 279/280 (1978) 830-850; ID. "Tiempo y liturgia", em NDL 1967-

1972; ZADRA, D. *Il tempo simbolico: la liturgia della vita* (Bréscia 1985); e *CuaderPh* 14, 46, 80 (1990-1993); *Conc* 162 (1981); *LMD* 65 (1961); 133 (1978); 147 e 148 (1981); 231 (2002); *Ph* 63 (1971); 235 (2000); *RL* 57/2 (1970); 64/1 (1977); *ScCat* 101/2 (1982).

A celebração litúrgica se desenvolve no tempo, como todo ato humano, mas o "tempo da celebração" é um tempo significativo. O homem é o único ser da criação que não só tem consciência do tempo e do espaço em que se move, mas que também procurou submetê-los de alguma maneira e dar-lhes um significado, ainda que seja somente como expressão do próprio estado de ânimo ou das circunstâncias. Em todo caso, o homem não permanece indiferente diante do "passar do tempo". O tempo é muito mais do que o marco cronológico no qual se desenvolvem os atos litúrgicos.

Neste capítulo estudamos o tempo da celebração em geral, do ponto de vista da antropologia, da fenomenologia religiosa e da teologia litúrgica. Mais adiante, nos capítulos dedicados ao domingo e ao ano litúrgico, serão estudados os tempos da liturgia concretamente.

I – O tempo

O tempo é uma das noções mais complexas e difíceis de explicar com que o homem se depara. "O que é o tempo? Se ninguém me pergunta, eu sei o que é; mas se quero explicá-lo a quem me pergunta, então não sei". Esta frase, atribuída a Santo Agostinho, deixa registrada a dificuldade de manifestar nossa consciência subjetiva do tempo.

1 O tempo cósmico

O tempo é uma magnitude das coisas no tocante à sua duração. O ano, o dia, as horas e qualquer outra divisão do tempo correspondem a certos cálculos com base na órbita da Terra ao redor do Sol e na rotação que ela efetua sobre si mesma. Tudo isto não é senão uma dimensão, resultado de uma observação. É o tempo matemático e, enquanto baseado no movimento do universo, se chama *tempo cósmico*. No tempo considerado desta forma, todas as horas são iguais e não há distinção entre um dia e outro. Portanto, este tempo homogêneo, marcado pelo ritmo e pela alternância, não é mais do que uma referência do verdadeiro tempo, a duração das coisas. O homem tem uma autoconsciência reflexa do devir de sua existência, que não coincide com a pausa marcada pelo tempo cósmico. Para o ser humano o tempo possui dimensões diferentes, tendo cada instante um valor distinto e próprio. A mesma coisa se pode dizer dos dias, dos meses e das estações. Cada tempo tem sua própria importância e reflete uma etapa da existência humana e da vida das coisas.

2 O tempo sagrado

Surge assim uma noção nova do tempo, ou melhor, uma característica de determinados tempos nos quais ocorre ou vai ocorrer algo. O homem procura então delimitar o "poder" do tempo e ultrapassar, com o menor risco possível, o umbral que o introduz neste tempo "distinto", chamado *tempo sagrado*, diante do tempo ordinário[1]. Ambos estão dentro do tempo cósmico, mas tem-se a impressão de que o tempo sagrado é um espaço circunscrito, um parêntese no devir das coisas, um instante subtraído à eternidade. O tempo sagrado se transforma então numa *hierofania*. O tempo sagrado supõe uma interpretação religiosa do tempo cósmico a partir do significado mítico da renovação da natureza na primavera. Diante da ideia *linear* que o homem moderno tem do tempo, como um ponto que se desloca para a frente (o futuro) e a partir do qual se pode olhar para trás (o passado), o homem primitivo tinha uma ideia circular e cíclica, de maneira que os acontecimentos históricos giravam sobre si mesmos[2].

---

1. Cf. CASTRO, C. *El sentido religioso de la liturgia* (Madri 1964) 541-554; DUCH, L. "El tiempo en las religiones": *Ph* 184 (1991) 285-296; ELIADE, M. *Tratado de historia de las religiones* (Madri 1974) 389-410; LÉVI-STRAUSS, Cl. *Le temps du mythe* (Paris 1971); MBITI, J. *Entre Dios y el tiempo. Religiones tradicionales africanas* (Madri 1990) 21-41; POLO, T. "El tiempo sagrado en algunas culturas arcaicas": *RevEsp* 178 (1986) 133-158.
2. Cf. ELIADE, M. *El mito del eterno retorno. Arquetipos y repetición* (Barcelona 1985).

3 O tempo histórico-salvífico

"Uma das datas mais importantes da história da religião é a mudança em que se passou das festas naturais israelitas para a comemoração de datas históricas que são também aparições do poder, ações de Deus. Quando a antiga festa do *pessah*, ligada aos tabus da festa lunar e da primavera, se transformou na celebração da bondade de Deus por ocasião da saída do Egito, começou algo totalmente novo"[3]. Com efeito, na história de Israel ocorreu uma mudança na concepção do *tempo sagrado*, superando-se a ideia do tempo como retorno cíclico. O Deus de Israel não se manifesta na cosmogonia, como tampouco se revela nos elementos desencadeados da natureza (cf. 1Rs 19,9-14), mas na história de seu povo. Suas intervenções são "históricas", não míticas, e fazem história. O tempo resultante já não é uma hierofania cósmica, mas uma *teofania*, um sinal da ação pessoal de Deus em favor de seu povo.

Neste sentido, o tempo bíblico não é repetição do passado, mas promessa e profecia de futuro. Cada acontecimento divino salvador do homem é irrepetível e libertador. O tempo vem a ser, por causa da intervenção de Deus, um tempo salvífico ou *histórico-salvífico*. O tempo já não é o *chronos* inexorável que devora os homens, mas o *kairos*, o tempo histórico carregado de acontecimentos salvíficos. A história humana na qual Deus atua é interpretada pelo povo de Deus como uma história de salvação[4]. Enquanto o homem primitivo procurava dominar o tempo, o homem bíblico procura viver na presença de Deus, embora continue sujeito aos ritmos do tempo cósmico.

O papa João Paulo II, na Carta apostólica *Tertio millennio adveniente*, afirma que "em Jesus Cristo, Verbo encarnado, o tempo torna-se uma dimensão de Deus". Daí o dever de santificá-lo[5].

---

3. VAN DER LEEUW, G. *Fenomenología de la religión* (México/DF 1964) 378. Sobre o tempo na Bíblia cf.: ARON, R. "Réflexions sur la notion du temps dans la liturgie juive": *LMD* 65 (1961) 12-20; CAZELLES, H. "Bible et temps liturgique": *LMD* 147 (1981) 11-28; CECOLIN, R. "Le nuove concezioni del tempo e la Bibbia": *AL* 77 (1990) 387-413; PIDOUX, G. "À propos de la notion du temps": *Revue de Théologie et de Philosophie* 2 (1952) 120-125; VERMEYLEN, J. "Tiempo e historia en el A.T.": *Selecciones de Teología* 95 (San Cugat del Vallés 1985) 203-211 etc.

4. Cf. HAHN, H.Ch. "Tiempo (kairos)", em DTNT IV, 267-272; e BERCIANO, M. "Kairos, tiempo salvífico": *RET* 34 (1974) 3-33. Cf. a seção IV do cap. II.

5. JOÃO PAULO II, *Carta apostólica "Tertio millennio adveniente"*, de 10-11-1994 (LEV 1994) n. 10.

4 O tempo litúrgico

O *tempo litúrgico* ou "tempo da celebração" é a ritualização do tempo histórico-salvífico, ou seja, a celebração dos acontecimentos nos quais se manifestou a salvação de Deus[6]. Neste sentido, ele não só comemora os fatos do passado, mas de alguma maneira os torna presentes. O tempo litúrgico adquire então dimensões de verdadeiro acontecimento salvífico, de novo *kairos* "favorável ao homem" (cf. 2Cor 6,2), que prolonga a história da salvação.

Os tempos litúrgicos de Israel já eram sinais memoriais de uma presença cada dia mais intensa de Deus entre os homens, que desembocou na "plenitude dos tempos" (cf. Gl 4,4; Tt 3,4). A Palavra divina foi desvelando pouco a pouco o sentido último dos acontecimentos salvíficos. Israel sabia que seu Deus, imutável em si mesmo e acima do tempo e da história, quis desdobrar nela seu desígnio de salvação. No entanto, entre o *tempo litúrgico* da Antiga Aliança e a salvação que se revelou em Cristo existe a mesma diferença que existe entre as figuras e a realidade.

II – A festa

A festa é o tempo mais característico da celebração e uma das realidades humanas mais complexas e significativas. O estudo da festa nas últimas décadas resultou muito fecundo para a liturgia[7].

---

6. Cf. ANDRONIKOF, C. *El sentido de la liturgia. La relación entre Dios y el hombre* (Valência 1992) 57-73; CASEL, O. "Hodie": *LMD* 65 (1961) 127-132; HOUSSIAU, A. "La liturgie comme manifestation du temps de Dieu dans le temps des hommes". In: DE CLERCK, P. (ed.). *Rituels. Mélanges P. Gy* (Paris 1990) 327-337 etc.

7. BRACCHI, R. "Feriae-festus": *EL* 100 (1986) 347-367; CAPRIOLI, H. "La festa": *RL* 67 (1980) 449-464; CASEL, O. "La notion de jour de fête": *LMD* 1 (1945) 23-36; COSTA, E. "Celebración-fiesta", em DTI II, 25-38; DEBUYST, F. "A festa, sinal e antecipação da comunhão definitiva": *Conc* 39 (1968) 7-15; HILDS, J. "Fêtes", em DSp V, 221-247; ISAMBERT, F. "Note de la fête comme célébration": *LMD* 106 (1971) 101-110; MAGGIANI, S. "Fiesta-fiestas", em NDL 854-882; MARTÍN VELASCO, J. "Recuperar la fiesta cristiana": *Comm* 4/3 (1982) 145-161; PERNIGOTTO, A. "Cosa è la festa cristiana?": *EL* 87 (1973) 75-120; e *CuaderPh* 27 (1991).

1 Noção

A festa possui valores humanos e religiosos que tornam difícil sua definição[8]. A festa se define pelo *inútil* ou não utilizável para fins extrínsecos. O que ela pretende é manifestar-se a si mesma, pôr em movimento a capacidade festiva e lúdica do ser humano e sua atividade expressiva e contemplativa. É uma espécie de jogo ou brincadeira. A festa é também uma *imitação do fazer divino*, uma atividade complacente como a da Sabedoria que brinca na presença do Altíssimo (cf. Pr 8,27-31). Celebrar uma festa é uma forma de glorificar o Senhor e dar-lhe graças. A festa foi definida também como *afirmação da vida* e do mundo: a alegria e o regozijo são atitudes que impregnam toda a existência e uma forma de exaltar a bondade das coisas (cf. Gn 1,31).

A festa se justapõe ao tempo corrente. E, certamente, existe um forte contraste entre a festa e a vida de cada dia, um choque entre a realidade e a utopia, entre os convencionalismos e a natureza. A festa pode parecer um broto do caos inicial, no qual são liberados todos os sentimentos e são permitidos todos os excessos. Mas a festa dá lugar a uma *dilatação* do espírito, ultrapassando a estreiteza da realidade cotidiana e levando o ser humano a uma experiência mais ampla. A festa entra no campo da exaltação da imaginação e da fantasia.

2 Estrutura humano-religiosa

A variedade de festas é muito grande, mas todas elas têm em comum a *atmosfera* que envolve e caracteriza sua celebração. A fenomenologia mostra que a festa não é senão uma *maneira de viver o tempo* como realidade simbólica e sagrada[9]. Deste modo, a festa é vivida como um dom, como

---

8. Cf. GONZÁLEZ, R. "Sentido y valor de la fiesta en el ámbito de la religiosidad popular": *NVet* 8 (1983) 555-572; MALDONADO, L. *La religiosidad popular: nostalgia de lo mágico* (Madri 1975) 193-218; SCHULTZ, U. (ed.). *La fiesta. Una historia cultural desde la antigüedad hasta nuestros días* (Madri 1993); VELASCO, H.M. (ed.). *Tiempo de fiesta. Ensayos antropológicos sobre las fiestas en España* (Madri 1982) etc.
9. MARTÍN VELASCO, J. "La fiesta. Estructura y morfología de una manifestación religiosa": *Ph* 63 (1971) 239-255.

uma possibilidade de libertação/liberação total. Na festa o homem recupera sua relação com o mistério.

A proibição do trabalho durante a festa, os ritos de *início da festa* e as diferentes formas de destacar o contraste com o tempo corrente procuram romper com o passado e abrir o homem ao transcendente. Por isso, a atividade festiva por excelência é o culto a Deus, como culminância de toda festa. Sem este elemento de comunicação com o mundo do transcendente a festa não alcança seus níveis mais profundos.

Por outo lado, a festa tem sempre um *motivo*, mais ou menos claro na memória coletiva. Para além do costume e do peso da tradição, no fundo das festas existe sempre um fato, um mito, uma lenda ou um relato épico que justifica fazer festa.

3 Marcas específicas da festa cristã

A celebração cristã assume os valores humanos e religiosos da festa, mas tem também aspectos próprios[10]. Neste sentido, a primeira marca da festa cristã é a de ser um sinal da presença do Senhor, o *Emmanuel* (Deus-conosco: cf. Mt 1,23). É a presença prometida por Jesus a seus discípulos para depois da ressurreição, quando o *Noivo* volta a estar novamente com seus amigos (cf. Mt 9,15). Esta presença produz uma alegria que ninguém lhes poderá arrebatar (cf. Jo 16,22). Outro aspecto próprio das festas cristãs é seu valor *prefigurativo* da festa que não tem fim, não como mero anúncio do que está por vir, mas como garantia e antecipação, já neste mundo, da alegria eterna (cf. SC 8; LG 50).

A eucaristia é o centro e o ápice de toda festa cristã e o paradigma de toda celebração litúrgica, com esta marca peculiar do culto cristão que consiste na unidade indissolúvel entre a Palavra e o sacramento (cf. SC 56). A proclamação da Palavra anuncia o mistério que é celebrado e o gesto sacramental atualiza o acontecimento salvador na vida dos fiéis[11].

---

10. Cf. COM. PERMANENTE DE LA CEE. "Las fiestas del calendario cristiano" (Nota pastoral de 13-12-1983): *PastL* 127/128 (1982) 3-14.

11. Cf. CASEL, O. *Faites ceci en mémoire de moi* (Paris 1962) 43-44; LÓPEZ MARTÍN, J. "Acontecimiento y memorial en la celebración de la Iglesia": *NVet* 24 (1987) 171-194; NEU-

III – Os ritmos da celebração

Uma das características do tempo da celebração e, em particular, da festa é o fato de estar estabelecida no calendário. A liturgia cristã não se subtrai a esta lei, embora esteja consciente de que a presença da salvação na história não está sujeita a nenhum fator de tipo cronológico, como tampouco está sujeita aos elementos expressivos ou rituais. No entanto, a própria "pedagogia dos sinais", que ajuda o homem a passar do visível ao invisível, estabeleceu momentos e tempos para a celebração, relacionados com sua eficácia significativa e "pedagógica". Esta é a razão de ser dos diferentes ritmos da celebração litúrgica.

1 O ritmo anual

"Através do ciclo anual a Igreja comemora todo o mistério de Cristo"[12]. O ano litúrgico coincide com o ano solar e civil, assumindo, portanto, suas dimensões cósmica e humana. No entanto, possui significado próprio como unidade significativa do mistério de Cristo no tempo. No ano litúrgico se articulam as festas móveis, que caem cada ano em data diferente conforme a oscilação da solenidade da Páscoa[13], e as festas fixas com data assinalada no calendário.

O ano litúrgico começa atualmente no primeiro domingo do Advento, à margem do ano civil que se inicia no dia 1º de janeiro. No entanto, nos antigos sacramentários romanos, o início ocorria na solenidade do Nascimento do Senhor. Na liturgia bizantina ocorre, de fato, no dia 8 de setembro com a festa da Natividade de Maria. Entre os povos antigos o ano começava na primavera, embora entre alguns povos começasse no outono. Em todo caso, o ano é um símbolo que engloba toda a vida humana[14].

NHEUSER, B. "La celebrazione liturgica nella prospettiva di Odo Casel": *RL* 57 (1970) 248-256 etc.

12. NUALC 17; cf. SC 102. Do ano litúrgico tratar-se-á no cap. XVIII.

13. Esta festa, ligada ao plenilúnio da primavera, é celebrada, no entanto, por decisão do Concílio de Nicéia (325), no domingo seguinte. Isto faz com que sua celebração oscile entre 22 de março e 25 de abril. Desta festa se trata nos caps. XVIII e XX.

14. Cf. LÓPEZ MARTÍN, J. "El año litúrgico, celebración de la vida". In: TROBAJO, A. (ed.). *La fiesta cristiana* (Salamanca 1992) 65-100.

A este ritmo anual pertenciam as antigas Têmporas da liturgia romana, que assinalavam a passagem das estações. Na Espanha elas ocorrem no dia 5 de outubro, na proximidade do início do curso escolar e de outras atividades interrompidas durante o verão.

2 O ritmo diário

O segundo grande ritmo cronológico da liturgia cristã é o dia: "Todos os dias são santificados pelas celebrações litúrgicas do povo de Deus, principalmente pelo sacrifício eucarístico e pelo Ofício divino"[15]. O dia se mede de acordo com o costume romano, de meia-noite a meia-noite, salvo nos domingos e solenidades nas quais a celebração começa na tarde do dia anterior, seguindo a tradição judaica e dando lugar às I vésperas. Cada fração do dia se chama *hora*, ainda que esta palavra seja usada pela liturgia para referir-se somente às *horas diurnas*, sendo denominadas *vigílias* ou *noturnos* as horas da noite, sobretudo no Ofício divino (cf. SC 84; 88).

O centro do dia, em compensação, é ocupado pelo sacrifício eucarístico, embora sua celebração não precise ser realizada necessariamente num momento especial. Apenas em pouquíssimas ocasiões o Missal indica quando deve ocorrer a eucaristia: Quinta-feira santa, noite da Páscoa, o dia do Natal. Nestes casos trata-se de dar destaque ao significado que tem a hora da celebração.

3 O ritmo semanal

O terceiro ritmo litúrgico do tempo é marcado pelo domingo: "No primeiro dia de cada semana, que é chamado dia do Senhor ou domingo, a Igreja, por uma tradição apostólica que tem origem no próprio dia da ressurreição de Cristo, celebra o mistério pascal"[16]. A semana é um período de sete dias que equivale aproximadamente a um quarto do mês lunar. É indubitável sua origem relacionada com as fases da lua nos povos sumérios e

---

15. NUALC 3.
16. NUALC 4. Ao domingo é dedicado o cap. XIX.

indo-iranianos. Deles os hebreus a tomaram e a relacionaram com a criação. A semana judaica se apoia no *shabat*, o dia de descanso absoluto consagrado ao Senhor (cf. Gn 2,3; Ex 20,10-11; Dt 5,12-15).

No cristianismo, embora no início se tenha continuado a observar o sábado, o "primeiro dia da semana" se transformou muito cedo no dia festivo por excelência. A semana, do latim *hebdomada*, vigorava também no mundo greco-romano, embora relacionada aos planetas conhecidos desde o século III a.C. Cada dia trazia o nome de um dos planetas, incluído também o Sol. O *dia do Sol* coincidia com o domingo. No entanto, a liturgia chama (em latim) os dias restantes de *feriae* (dias festivos): *feria* II (segunda-feira), *feria* III (terça-feira) etc. Em português são chamados "dias de semana" ou "dias feriais".

Dentro da semana a tradição litúrgica deu destaque especial às *feriae* IV e VI, quarta-feira e sexta-feira, como dias penitenciais.

IV – O calendário litúrgico

Denomina-se *calendário* o sistema que organiza e distribui as divisões do tempo de acordo com um princípio não só cósmico, mas também significativo. O calendário, seja de que tipo for, costuma tomar como base o ano sideral, definido pelo tempo que a Terra demora para dar uma volta completa ao redor do Sol – *ano solar* –: 365 dias, 5 horas, 48 minutos e 46 segundos. No entanto, existe também o calendário baseado nos doze ciclos da Lua, que dão lugar aos meses e cuja duração total é de 354 dias, 8 horas e 48 minutos e 36 segundos: *ano lunar*[17].

O *calendário litúrgico* é, portanto, o sistema que coordena os tempos da celebração estabelecidos pela liturgia[18]. É uma estrutura, claramente organi-

---

17. A liturgia romana, como toda a sociedade ocidental, segue o calendário estabelecido por Júlio César no ano 45 a.C. (*calendário juliano*), com a reforma realizada em 1582 pelo papa Gregório III (*calendário gregoriano*). A maioria das Igrejas orientais segue ainda o primeiro.
18. Cf. DENIS-BOULET, N. *El calendario cristiano* (Andorra 1961); GOÑÍ BEÁSOAIN, J.A. "La reforma del Calendario litúrgico proyectada por la Comisión piana": *Scriptorium Victoriense* 54 (2006) 129-228 e *Ph* 275 (2006) 523-543; ID. "El Calendario Romano a los 40 años de su promulgación": *Ph* 290 (2009) 121-148; LÓPEZ MARTÍN, J. "Calendario litúrgico", em NDL 258-264; OLIVAR, A. "El Calendario y el martirologio romanos": *Ph* 153 (1986) 199-210 etc.

zativa, a serviço da celebração do mistério de Cristo e da obra da redenção "no decorrer do ano" (SC 102-104)[19]. O antecedente do calendário litúrgico é o calendário bíblico e judaico e, através deste, os antigos calendários religiosos do Oriente Próximo[20]. Mas sempre dentro de uma grande liberdade (cf. Gl 4,10; Cl 2,16), a serviço dos fins próprios da liturgia cristã e como expressão do senhorio de Cristo sobre o tempo e a história (cf. Hb 13,8; Ap 1,8.17-18; 22,17.20). O calendário cristão se desenvolveu com características próprias, seguindo a evolução do ano litúrgico, embora conectado com a matriz cósmica e histórico-salvífica da concepção bíblica do tempo e da festa.

É precisamente esta conexão, fundamentalmente antropológica, que permite ao calendário litúrgico integrar as celebrações próprias da religiosidade popular ao ciclo dos mistérios do Senhor e à comemoração da Santíssima Virgem e dos santos (cf. SC 102-104)[21].

O Concílio Vaticano II determinou a revisão do ano litúrgico e do calendário com base na primazia dos mistérios da redenção (cf. SC 107) e na subordinação do Santoral (cf. SC 111). As festas dos santos constituem também uma proclamação do mistério pascal (cf. SC 104). A revisão do calendário é um capítulo próprio da reforma litúrgica, necessário para a organização do Missal e da Liturgia das Horas[22]. O *Calendarium Romanum generale*, que rege as celebrações do ano litúrgico de toda a liturgia romana, foi promulgado em 1969. Além disso, existem os calendários das Igrejas locais e das famílias religiosas, denominados *calendários particulares*[23].

---

19. O primeiro calendário litúrgico conhecido é o de Fúrio Dionísio Filócalo, por volta de 354. Dele se falará no cap. XXII.

20. Cf. CHARLIER, J.-P. *Jesús en medio de su pueblo*, III. *Calendario litúrgico y ritmo de vida* (Bilbao 1993); DE VAUX, R. *Instituciones del Antiguo Testamento* (Barcelona 1985); MAERTENS, Th. *Fiesta en honor de Yahvé* (Madri 1964); GOUDOEVER, J. van. *Fêtes et calendriers bibliques* (Paris 1967) etc.

21. Cf. *supra*, nota 8.

22. Para a história de sua elaboração cf. BUGNINI, A. *La reforma de la liturgia (1948-1975)*, o.c., 267-285; cf. tb. *Not* 195/196 (1982) 604-612. Cf. *supra*, nota 18.

23. O Calendário Romano geral foi aprovado pelo papa Paulo VI a 14-2-1969, mediante o *Motu proprio Mysterii paschalis*, de 21-3-1969. A Instrução *Calendaria particularia* foi publicada a 24-6-1970, em *AAS* 62 (1970) 651-663; cf. NUALC 49.

Capítulo XIV
O lugar da celebração

Ao se construírem igrejas, cuide-se, diligentemente, que sejam funcionais, tanto para a celebração das ações litúrgicas como para obter a participação ativa dos fiéis (SC 124).

Bibliografia

AA.VV. *L'espace liturgique: ses éléments constitutifs et leur sens* (BELS 138, 2006); ALDAZÁBAL, J. "El espacio de la Iglesia y su pedagogía mistagógica": *Ph* 193 (1933) 53-68; BELLAVISTA, J. "Cuestiones en torno al espacio de la celebración litúrgica": *Ph* 226/227 (1988) 355-366; BERGAMO, M. & DEL PRETE, M. *Espacios celebrativos. Estudio para una arquitectura de las iglesias a partir del Concilio Vaticano II* (Bilbao 1997); BOSELLI, G. (ed.). *Spazio liturgico e orientamento* (Magnano 2007); BRAGA, C. (ed.). *Les enjeux spirituels et théologiques de l'espace liturgique* (BELS 135, 2005); ID. *L'espace liturgique: ses éléments constitutifs et leur sens* (BELS 138, 2006); CATTANEO, G. *Il luogo di culto nella storia* (Milão 1989); CONG. PARA O CULTO DIVINO E A DISCIPLINA DOS SACRAMENTOS (ed.). *L'arte a servizio della liturgia. Una sfida liturgica e pastorale* (LEV 2008); CHUPUNGCO 5, 371-454; DELLA TORRE 1, 169-191; FARNÉS, P. *El lugar de la celebración*, em *Dossiers* CPL 14 (1982); ID. *Construir y adaptar las iglesias* (Barcelona 1989); GELINEAU, J. "Les lieux de l'assemblée célébrante": *LMD* 88 (1966) 64-82; GONZÁLEZ MONTES, A. (ed.). *Congreso Internacional "Arte y Fe"* (Salamanca 1995); JOUNEL, P. "Lugares de celebración", em NDL 1211-1229; KUNZLER 237-252; LLABRÉS, P. "De los lugares y tiempos sagrados": *Ph* 142 (1984) 331-346; LÓPEZ MARTÍN 2, 295-330; MAGGIANI, S. (ed.). *Gli spazi della celebrazione rituale* (BELS 133, 2005); MARTIMORT 224-238; PLAZAOLA, J. *Arte sacro actual* (BAC, Madri 2006); ID. *Historia y sentido del arte cristiano* (Madri 1996); PISTOIA, A. "L'ambiente della celebrazione eucaristica": *EL* 83 (1969) 409-421; RIGHETTI 1, 382-586; SECR. NAC. DE LITURGIA. "Ambientación y arte en el lugar de la celebración (Directorio litúrgico-pastoral)": *PastL* 165/166 (1987) 1-40; VAN DE WIEL, C. "Des 'lieux sacrés' dans le nouveau Code de Droit Canonique": *QL* 76 (1995) 106-137; VISENTIN, P. (ed.). *Gli spazi della celebrazione rituale* (Milão 1984); e *CuaderPh* 58 e 67 (1995-1996); *LMD* 63 (1960); 70 (1962); 136 (1978); 193 (1993); 197 (1994); *Ph* 32 (1966); 111 (1979); 254 (2003); *RL* 66/4 (1979);78/1 (1991); *RivPL* 32/1 (1994).

O lugar da celebração ou espaço celebrativo é, assim como o tempo estudado no capítulo anterior, outro componente no qual se desenvolve a ação litúrgica. Embora a liturgia tenha Cristo como templo único e verdadeiro (cf. Jo 2,19-22), ela precisa de um lugar para a assembleia se reunir. Este lugar é igualmente significativo e supõe uma interpretação do espaço tendo em vista os que irão ocupá-lo. Projetar e dispor o espaço para a celebração é missão da arquitetura a serviço, neste caso, da liturgia[1].

O capítulo, além de ocupar-se com os lugares e com os objetos da celebração, tratará também de algumas questões gerais relacionadas com a arte litúrgica e a iconografia.

---

1. Cf. AA.VV. *Arquitectura como semiótica* (Buenos Aires 1971); AA.VV. *Espace sacré et architecture moderne* (Paris 1971); ABRUZZINI, E. "Arquitectura", em NDL 144-155; BUSQUET, P. "Un ejemplo de análisis semiológico: el edificio eclesial": *Ph* 76 (1973) 329-339; DALMAIS, I.H. "Le reflet de sa gloire. Architecture et iconographie chrétiennes": *LMD* 114 (1973) 68-84; HALL, B.T. *La dimensión oculta. Enfoque antropológico del uso del espacio* (Madri 1973); LICARDO, G. *Architettura e liturgia nella Chiesa antica* (Genebra/Milão 2005); LÓPEZ MARTÍN, J. "Significado religioso del espacio litúrgico": *Ph* 254 (2003) 101-109; ID. "Concreciones prácticas de la Constitución sobre la sagrada liturgia para los artistas en la proyección de una nueva iglesia". In: FUNDACIÓN FÉLIX GRANDA (ed.). *Arte sacro, un proyecto actual* (Madri 2000); ID. "Principios y normas para la estructuración de las iglesias": *Ph* 289 (2009) 23-42; MILITELLO, C. *La casa del Popolo di Dio. Modelli ecclesiologici, modelli architettonici* (Bolonha 2006); SANSON, V. (ed.). *Lo spazio sacro. Architettura e liturgia* (Quaderni di RL 4; Pádua 2002); ID (ed.). *L'edificio cristiano. Architettura e liturgia* (Quaderni di RL 5; Pádua 2004); SCHLOEDER, St.J. *L'Architettura del Corpo mistico* (Palermo 2005); SCHWARZ, R. *Costruire la chiesa. Il senso liturgico nell'Architettura sacra* (Bréscia 1999); VARALDO, G. *La chiesa casa del Popolo di Dio. Liturgia e architettura* (Leumann/Turim 1974); ZUNZUNEGUI, J.M. *La iglesia casa del Pueblo de Dios. Liturgia y arquitectura* (San Sebastián 1979); VALENZIANO, C. *Architetti di chiese* (Bolonha 2005); e *RL* 88/4 (2001) etc.

I – O espaço celebrativo

Entende-se por *espaço celebrativo* o conjunto de lugares onde se desenvolvem as ações litúrgicas e também sua ambientação ou decoração.

1 O espaço sagrado

Toda reunião exige um marco significativo. Este fato humano se verifica também no âmbito religioso. A arquitetura e a arte procuraram também expressar e traduzir em seus elementos e formas a experiência do homem nos confins do mistério. Assim nasceu a ideia do lugar e dos objetos sagrados[2].

O espaço não é homogêneo para o homem religioso, porque existem áreas nas quais ocorreu ou ocorre uma hierofania (cf. Ex 3,5). O umbral que separa o espaço sagrado é, ao tempo, fronteira e acesso entre dois mundos que se opõem e, não obstante, se comunicam entre si. O tipo de lugar não importa. Em todo caso, ele se manifesta ou como "lugar terrível, casa de Deus e porta do céu" (cf. Gn 28,17) ou como centro do mundo e ponto de encontro entre as diversas zonas cósmicas. O ritual expressa às vezes o reconhecimento e a delimitação da sacralidade do lugar e outras vezes constitui ou confere esta sacralidade.

2 O templo na Bíblia

A Bíblia reflete concepções semelhantes[3]. Antes da construção do templo, os hebreus invocavam o nome do Senhor em diversos lugares nos quais se havia revelado a presença divina. Deus se manifestou a Abraão e assegurou sua assistência a Moisés e a seu povo para sempre (cf. Ex 3,13-15;

---

2. Cf. BOUYER, L. *El rito y el hombre* (Barcelona 1967) 149-183; ELIADE, M. *Lo sagrado y lo profano* (Madri 1967) 26-69; ID. *Tratado de historia de las religiones* (Madri 1981) 370-388; VAN DER LEEUW, G. *Fenomenología de la religión* (México/DF 1964) 378-388; WIDENGREN, G. *Fenomenología de la religión* (Madri 1976) 301-329.

3. Cf. AA.VV. *Il tempio* (Roma 1968); CONGAR, Y.M.-J. *El misterio del templo* (Barcelona 1964); DANIÉLOU, J. *Le signe du temple* (Paris 1942); FOCANT, C. "Dal tempio alla casa". In: BOSELLI, G. (ed.). *Spazio liturgico...*, o.c., 87-104; HANI, J. *El simbolismo del templo cristiano* (Barcelona 1983); RODRÍGUEZ, A. "El templo": *NVet* 37 (1994) 21-52 etc.

33,16). Sinal e testemunho desta proximidade foi o santuário portátil do deserto (cf. Ex 25,8-9.40ss.), lugar de encontro com o Senhor (cf. Nm 1,1), até que o lugar foi fixado em Jerusalém (cf. 2Sm 6,12-19). Ali Davi quis levantar um templo ao Senhor (cf. 2Sm 7,1-17), obra que foi realizada por seu filho Salomão (cf. 1Rs 7,13-51; 8,1ss.).

O templo se transformou no centro religioso, especialmente depois da reforma de Josias (cf. 2Rs 23,4-27). Mas os profetas denunciavam o caráter superficial do culto e até as práticas idolátricas (cf. Is 1,11-17 etc.), ao ponto de a glória do Senhor abandonar o templo (cf. Ez 10,4.18). Depois do exílio os profetas já haviam anunciado um novo modo de presença divina (cf. Jr 31,31-32; Ez 36,26-27).

A promessa se cumpriu na encarnação do *Emmanuel* (cf. Mt 1,21-23; Jo 1,14). Por outro lado, a atitude de Jesus diante do templo foi não só de profundo respeito (cf. 21,13), mas também de crítica em face das condutas que o profanavam (cf. Mt 21,12; Jo 2,14-15). Ele vaticinou sua ruína (cf. Mt 24,1-2), mas anunciou também o templo novo reedificado na ressurreição (cf. Jo 2,18-22). Os discípulos de Jesus, embora no início frequentassem o templo (cf. At 2,46; 3,1), estavam conscientes do fim do templo material (cf. At 7,44-49) e de que eles eram as pedras vivas do templo espiritual (cf. 1Cor 3,16-17; 2Cor 6,16; 1Pd 2,4-5). O culto novo (cf. Jo 4,23) tem como modelo a liturgia celeste (cf. Hb 9,11-14; Ap 21,22).

3 *O espaço litúrgico*

Os cristãos têm lugares destinados à celebração. Trata-se de um fato semelhante ao que ocorreu com outras instituições litúrgicas da Antiga Aliança, como o sacerdócio e o sacrifício, que passaram por uma transformação no cristianismo.

Neste sentido é altamente significativo que o edifício para a celebração não se chame *templo*, mas *igreja* (*ekklêsia*), o mesmo nome que no Novo Testamento designa as comunidades locais dos fiéis (cf. At 13,1; Rm 16,5 etc.). O espaço litúrgico, sem perder seu caráter significativo, é avaliado por seu destino estável para as celebrações litúrgicas.

II – O lugar da celebração na história

Os lugares destinados à liturgia significam também a participação do cristianismo na linguagem e nas formas de expressão artística dos povos e culturas onde ele se encarnou[4].

1 Configuração geral

A igreja como edifício destinado à liturgia é o resultado de uma tripla herança: a herança judaica, a herança helenístico-romana e a herança bizantina.

A herança judaica se condensa fundamentalmente na "sala superior" das casas, aposento "grande, provido de mesas e almofadas" e lugar de honra onde se desenrolava a liturgia doméstica, especialmente a ceia pascal (cf. Mc 14,15; Lc 22,12; At 1,13). O papel atribuído à Palavra de Deus, ao canto dos salmos e às orações havia dado lugar a espaços não muito grandes, mas suficientes para uma assembleia íntima e numerosa ao mesmo tempo (cf. At 2,46; 5,42).

A herança helenístico-romana tem seu máximo expoente na basílica, edifício civil dotado de um amplo mercado ou átrio apto para a convivência social, para as relações mercantis ou para passear. O cristianismo adotou este modelo arquitetônico depois da paz de Constantino, acrescentando-lhe um átrio com pórticos na entrada. O conjunto lembra a estrutura da casa romana.

A herança bizantina ocorre a partir da igreja de tipo basilical, com grandes cúpulas como imagem da abóbada celeste. Embaixo delas a liturgia da terra, imitando o cerimonial da corte imperial, evoca a liturgia do céu (cf. Ap 4,1-5; 14 etc.). A arquitetura adotou um caráter mais simbólico e teológico para introduzir os fiéis no mundo espiritual[5].

---

4. Cf. CATTANEO, G. *Arte e liturgia dalle origini al Vaticano II* (Milão 1982); ITURGAIZ, D. "Luz y color en la arquitectura basilical paleocristiana": *CiTom* 99 (1972) 367-400; NORMAN, E. *Iglesias y catedrales. Historia de las iglesias cristianas desde sus primeros tiempos hasta nuestros días* (Madri 1990); QUACQUARELLI, A. "Il luogo di culto e il linguaggio simbolico nei primi due secoli cristiani". In: *Saggi patristici* (Bari 1971) 453-483; ZEVI, B. *Saber ver la arquitectura. Ensayo sobre la interpretación espacial de la arquitectura* (Barcelona 1979) etc.

5. Cf. ANDRONIKOF, C. *El sentido de la liturgia. La relación entre Dios y el hombre* (Valência 1992) 75-85, 163-185; DUPONT, V.L. "Le dynamisme de l'action liturgique. Une

2 Contribuições posteriores

As igrejas posteriores aos séculos V e VI permaneceram fiéis à basílica romana e bizantina. A nave, única ou central, foi sempre o elemento mais característico da igreja como lugar da assembleia, que se orienta para o santuário presidido pelo altar e, desde o século XIII, pelo tabernáculo.

A majestade e a serenidade da *arte românica*, expressão da divina misericórdia que se derrama sobre o homem, deram lugar à ousadia e à esbeltez do *gótico*[6]. O templo ganhou mais luz, como se quisesse eliminar a separação entre o espaço interior e o exterior. Os vitrais historiados, as abóbadas com suas nervuras, as altas colunas transformam a mensagem simbólica da época anterior numa dialética de linhas dinâmicas e tensas, em antítese com a escala humana, e produzem, naquele que olha, uma sensação de desequilíbrio e de luta. A assembleia, dispersa pelas capelas, assiste a uma liturgia oficiada por um clero estruturado numa complicada escala de dignidades e ofícios.

Depois do Concílio de Trento, a arte *barroca* transformou as igrejas e os retábulos numa exaltação da fé católica. A exuberância de formas, o contraste das cores, a música e as cerimônias estimulavam a emoção religiosa. A liturgia impressionava o povo, mas subsistia a falta de unidade do espaço celebrativo, que foi enchido de imagens dos santos.

O movimento litúrgico impulsionou uma tímida aproximação entre a arte moderna e a liturgia[7]. O Concílio Vaticano II, no capítulo VII da Constituição sobre a sagrada liturgia, respaldou este interesse, reconhecendo a dignidade da arte de todas as épocas, a liberdade de estilos dentro da aptidão para a celebração, e insistindo na necessidade de facilitar a formação integral dos artistas (cf. SC 122-130)[8].

étude de la 'Mystagogie' de saint Maxime le Confesseur": *RevSR* 65 (1991) 361-387, esp. 367-371.

6. Cf. ANDREO, E. "El arte sacro-románico: un espacio para el Misterio": *La Nueva Europa* 6 (1993) 52-60; BURCKHARDT, T. *La nascita della cattedrale*. Chartres (Roma 2005) etc.

7. Pio XII, na encíclica *Mediator Dei* (1947), fez este convite, cf. GUERRERO 1, 239-241.

8. Cf. a mensagem do Concílio Vaticano II aos artistas e os discursos de Paulo VI em: PLATERO, R. & PÉREZ DEL RÍO, J.A. (eds.). *Arte sacro. Orientaciones y normas* (Oviedo 1986) 17-41;

Mas, além disso, o Vaticano II, ao propor a celebração litúrgica, especialmente a eucaristia, como *a principal manifestação da Igreja* (SC 41; cf. SC 26-28; LG 26; CIC 1561)[9], apresentou de alguma forma a necessidade de que o espaço celebrativo, tanto na construção de novas igrejas como na adaptação das antigas, se for o caso, facilite a participação dos fiéis, aspecto determinante para o significado eclesial e comunitário da celebração, como destacam também os atuais livros litúrgicos em suas orientações prévias[10]. O tema não é banal, visto que no fundo realça uma questão eclesiológica, afetando particularmente não só o esboço do presbitério, mas também a configuração da nave ou lugar dos fiéis[11]. Trata-se de criar as condições adequadas para que todos se sintam integrados na ação litúrgica e, ao mesmo tempo, se facilite o recolhimento religioso e a vivência interior do mistério celebrado. Hoje é fundamental também que se atenda à comunicação entre o presbitério e a nave e dentro da assembleia dos fiéis[12].

III – A arte a serviço da liturgia

Com as denominações *arte religiosa* e *arte sacra* ocorreu algo semelhante ao que ocorreu com a música destinada ao culto cristão[13]. Com efeito, a Igreja não se identifica com nenhum estilo artístico, mas se mostra aberta a aceitar todas as formas de expressão estética (cf. SC 123). Não existe de antemão uma arte "sacra", mas existem obras de arte que estão de acordo com a fé e que são consideradas aptas para o culto litúrgico (cf. SC 122).

---

também a Carta do papa João Paulo II aos artistas, de 4-4-1999, em *Not* 394/395 (1999) 227-247; cf. LÓPEZ MARTÍN, J. "La liturgia y el arte en el Magisterio de la Iglesia": *Ph* 253 (2003) 45-55; OÑATIBIA, I. "Relaciones con los institutos de arte sacro": *Not* 270/271 (1989) 160-168; SAVORNIN, G. "Liturgie et art sacré": ibid., 169-174.

9. Cf. *supra*, as seções I e II do capítulo VIII.

10. Especialmente o Missal romano, em IGMR 16ss.; 91ss.; 112-115 e todo o capítulo V (n. 288-318).

11. Cf. MILITELLO, C. *La casa del popolo...*, o.c.; PRETOT, P. "Le forme dell'assemblea cristiana". In: BOSELLI, G. (ed.). *Spazio liturgico...*, o.c., 105-121; SCHLOEDER, St.J. *L'architettura del corpo mistico. Progettare chiese secondo il Concilio Vaticano II* (Palermo 2005), original inglês de 1998.

12. Cf. *supra*, as seções II e III do capítulo XI.

13. Cf. *supra*, a seção II do capítulo IX.

Nesse sentido, o que antes se entendia por *arte sacra*, ou seja, a arte cuja determinação ocorria a partir das normas canônicas e litúrgicas, hoje pode ser denominado *arte litúrgica* ou *arte a serviço da liturgia*[14].

Esta arte tem duas características fundamentais: a estética ou bondade artística e a idoneidade ou funcionalidade litúrgica.

1 Estética

As obras verdadeiramente artísticas facilitam ao ser humano o acesso aos níveis mais profundos do mistério. "Por isso a santa Mãe Igreja sempre foi amiga das belas-artes. Procurou continuamente o seu nobre ministério e instruiu os artífices, principalmente para que os objetos pertencentes ao culto divino fossem dignos, decentes e belos" (SC 122).

A intenção da Igreja é facilitar o encontro do ser humano com Deus num âmbito de dignidade e beleza, como expressão da infinita beleza de Deus e sinal das realidades que se celebram na liturgia. Por isso, a arte cristã em geral e a arte litúrgica concretamente buscaram sempre o equilíbrio entre o mistério e a forma, ou entre a verdade e a beleza, de tal maneira que a forma esteja sempre a serviço do mistério celebrado e a beleza se transforme no rosto visível da verdade[15].

---

14. Cf. ALDAZÁBAL, J. (ed.). *Celebrar en belleza*, em *Dossiers* CPL 109 (2006); BALTHASAR, H.U. von. "Revelación y belleza". In: ID. *Ensayos teológicos*, I (Madri 1964) 127-166; CHENIS, C. *Fondamenti teorici dell'arte sacra. Magistero post-conciliare* (Roma 1991); CHUPUNGCO 1, 264-280; GARCÍA, A. "'Homo liturgicus' – 'homo artifex'": *Patrimonio cultural* 32 (2001) 171-184; GATTI, V. "Arte", em NDL 156-165; HERWEGEN, I. *Iglesia, arte, misterio* (Madri 1960); LÓPEZ MARTÍN, J. "Arte sacro y evangelización. Reflexiones ante un reto pastoral de nuestras iglesias locales". In: GALINDO, A. (ed.). *Patrimonio cultural de la Iglesia y evangelización* (Salamanca 2009) 105-130; PLAZAOLA, J. *La Iglesia y el arte* (BAC, 2001); ROUET, A. *Art et liturgie* (Paris 1992); VELADO, B. "El arte sacro, signo de lo transcendente". In: CANALS, J.M. & TOMÁS, I. (eds.). *La liturgia en los inicios del tercer milenio* (Baracaldo 2004) 703-755; e *CuaderPh* 47 (1993); *Conc* 152 (1980); *LMD* 159 (1984); *Ph* 119 (1980); 143 (1984) etc.

15. Cf. BENTO XVI. Exort. apost. pós-sinodal *Sacramentum caritatis* (LEV 2007) n. 35; GUARDINI, R. "La severa majestad de la liturgia". In: ID. *El espíritu de la liturgia* (Barcelona 1962) 159-180. Também CANALS, J.M. "La belleza en la liturgia": *Ph* 221 (1997) 397-407; CASSINGENA-TRÉVEDY, F. *La belleza de la liturgia* (Salamanca 2008); EVDOKIMOV, P. *Teología de la belleza. El arte del Icono* (Madri 1991); MARINI, P. "Liturgia y belleza según el espíritu del Concilio Vaticano II": *Ph* 287/288 (2008) 491-513; MALDONADO, L. *Liturgia, arte, belleza* (Madri 2002); e *Ph* 253 (2003) etc.

Além disso, quando se leva em consideração o mistério de Cristo, ícone do Deus invisível (cf. Cl 1,15), encontram-se novos motivos para dar à arte toda a importância que ela tem na liturgia. No rosto humano de Jesus reverberava a glória de Deus (cf. 2Cor 4,4-6; Hb 1,3), como sinal de que a encarnação alcançou a matéria, transformando-a e enchendo-a com a *energia* do Espírito, capaz de chegar a todo homem (cf. Ef 4,24) e a toda realidade criada (cf. Sb 1,7; Rm 8,19-22). Neste sentido, a arte autêntica significa a transfiguração da criação.

2 Idoneidade

Por esta expressão se entende a competência dos lugares da celebração e de todos os objetos que neles entram para servir aos fins da liturgia. Os documentos da reforma litúrgica assinalam algumas funções do espaço celebrativo[16]:

a) Do ponto de vista da *comunicação* no interior da assembleia que celebra, a arquitetura deve tornar possível a constituição da assembleia, a participação ativa, a percepção clara da Palavra proclamada ou cantada, a visibilidade dos gestos e dos ritos, a proximidade entre a presidência litúrgica e os encarregados de moderar e animar a assembleia, e o exercício diferenciado dos ministérios e ofícios litúrgicos.

b) Do ponto de vista da *relação com Deus*, os lugares litúrgicos precisam ter as seguintes qualidades: capacidade de unir a ação litúrgica e a contemplação; expressividade simbólica e referência ao transcendente; simplicidade, nobreza e verdade nos materiais, na decoração e na ambientação.

c) Do ponto de vista da *distribuição* do espaço, deve-se levar em consideração a distribuição mútua dos diferentes lugares no interior da igreja; a hierarquização das imagens de Cristo, da Santíssima Virgem e dos santos;

---

16. Por exemplo, IGMR cap. V; e as orientações gerais do RDIA; o *Código de Direito Canônico* de 1983 e o *Cerimonial dos Bispos* (trad. do Celam 1991). Também IGUACÉN, D. *La Iglesia y su patrimonio cultural* (Madri 1984); SECR. NAC. DE LITURGIA. *Ambientación y arte en el lugar de la celebración*, o.c.

a disposição harmoniosa da cruz, dos candelabros, das flores e dos demais objetos necessários.

É importante também cuidar do trajeto da rua para a igreja, da existência de zonas intermediárias de encontro e de silêncio (átrio, pórtico, claustro, jardim etc.) e do aspecto exterior da igreja no conjunto urbano ou rural. O edifício eclesial é também um sinal de transcendência e uma confissão da fé cristã, ao estar encimado pela cruz.

IV – Os lugares da celebração

Nos livros litúrgicos encontram-se referências ao significado e ao uso dos principais lugares destinados à liturgia:

A igreja é "o edifício no qual se reúne a comunidade cristã para escutar a Palavra de Deus, para orar unida, para receber os sacramentos e celebrar a eucaristia", "sinal peculiar da Igreja que peregrina na terra e imagem da Igreja celestial"[17]. Entre todas as igrejas sobressai a *catedral*, centro da vida litúrgica da diocese[18].

A *nave* é o lugar reservado aos fiéis para que possam participar adequadamente da celebração[19]. Além disso, existe o lugar dos cantores e dos músicos[20].

Dentro da Igreja, o *presbitério* é uma zona diferenciada em relação à nave, próprio para o desenvolvimento dos ritos[21]. Nele se encontra o altar. O *altar* cristão "é, por sua própria natureza, a mesa peculiar do sacrifício e do banquete pascal: é a ara na qual o sacrifício da cruz se perpetua sacramentalmente", um sinal do próprio Cristo[22]. O altar é também a "honra dos

---

17. RDIA, p. 24; cf. IGMR 288-294; CIC 1181; 2691; CDC c. 1214-1234. Cf. DUVAL, N. "Edifício de culto", em DPAC I, 664-682; GAILLARD, J. "Domus Dei", em DSp III, 1551-1567 etc.
18. CB 42-44; SC 41; LG 26; cf. *supra*, nota 9 do cap. VIII.
19. IGMR 311.
20. IGMR 312-313.
21. IGMR 295.
22. RDIA, p. 76; cf. CIC 1182; 1383; 1672; IGMR 296-308. Cf. AROCENA, F. *El altar cristiano* (BL 29, 2006); BOSELLI, G. (ed.). *L'altare, mistero di presenza, opera dell'arte* (Magnano

mártires". Por isso se mantém o costume de colocar suas relíquias debaixo dos altares; o altar deve ser único e fixo[23].

"A dignidade da Palavra de Deus requer na igreja um lugar condigno de onde possa ser anunciada [...]. De modo geral, convém que esse lugar seja uma *estrutura* estável e não uma simples estante móvel"[24]. A *cátedra* é "sinal do magistério e do poder do pastor da Igreja particular"[25]. A *cadeira* do sacerdote "deve manifestar a sua função de presidir a assembleia e dirigir a oração"[26].

O *tabernáculo* para a conservação da Santíssima eucaristia deve ser único, sólido etc., podendo ser uma capela adequada para a oração[27]. O *batistério* é o lugar destinado à celebração do batismo e no qual se encontra a fonte batismal[28]. O *confessionário*, que pode estar colocado num lugar determinado, facilita a celebração do sacramento da penitência com confissão e absolvição individual[29].

2005); ÍÑIGUEZ, H. *El altar de los orígenes a Carlomagno (s. II-IX)* (Pamplona 1978); RIGHETTI 1, 451-498; e *CuaderPh* 67 (1996) etc.

23. RDIA, p. 77; IGMR 302; CDC c. 1235-1239. Nos últimos tempos suscitou-se a questão da colocação do altar *versus populum*: cf. IGMR 299; LANG, U.M. *Volverse hacia el Señor. Orientación en la plegaria litúrgica* (Madri 2007); cf. tb. RATZINGER, J. Card. *El espíritu de la liturgia. Una introducción* (Madri 2001) 96-106 e o editorial de *Not* 332 (1993) traduzido em *Ph* 280 (2007) 341-346.

24. IGMR 309; cf. CIC 1184; ELM 32-34; CB 51. Cf. BOSELLI, G. (ed.). *L'ambone: tavola della parola di Dio* (Magnano 2006); FOSSAS, I.M. "El ambón, espacio litúrgico para la proclamación de la Palabra": *Ph* 254 (2003) 121-133; GARCÍA, A. "Realizzazioni di amboni in Spagna". In: *L'ambone: tavola della parola di Dio: Atti del III Convegno liturgico internazionale* (Bose 2-4 junho de 2005) 135-149; ID. "El lugar de la celebración-proclamación de la palabra": *PastL* 229/230 (1995/1996) 90-114; LEGARDIEN, L. "Importance de l'ambon dans la liturgie postconciliaire": *QL* 64 (1983) 49-55 etc.

25. CB 42 e 47; cf. ARNAU, R. "La cátedra, signo de la plenitud episcopal": *Anales Valentinos* 33 (1991) 17-48; SAXER, V. "Cátedra", em DPAC I, 386-387.

26. IGMR 310; cf. FARNÉS, P. "Sobre el buen uso del altar, de la sede y del ambón": *OrH* 12 (1981) 35-39.

27. IGMR 314-317; cf. CIC 1183; 1379; CDC c. 938. Cf. FARNÉS, P. "El lugar de la Reserva eucarística": *OrH* 115 (1984) 41-48 e 217-222; VARALDO, G. "Capella e tabernacolo per l'adorazione e la custodia": *RL* 67 (1980) 68-79.

28. *Ritual de batismo de crianças* (ed. típica de 1969) n. 40; CB 52. Cf. BOSELLI, G. (ed.). *Il battistero* (Magnano 2008); FARNÉS, P. "El baptisterio": *OrH* 15 (1984) 272-278; 16 (1985) 37-42, 123-129 e 198-204; HERRERO, L. "La fuente bautismal": *NVet* 36 (1993) 165-194 etc.

29. *Ritual da penitência* n. 12; CDC c. 964 etc.

V – Insígnias, vestes e objetos litúrgicos

As insígnias e as vestes dos ministros contribuem também para a ambientação do espaço celebrativo. Seu aparecimento foi progressivo desde os primeiros séculos até alcançar no século XII as formas e as cores atuais[30].

Entre os objetos litúrgicos, merecem uma honra especial aqueles vasos destinados aos dons eucarísticos, ou seja, a patena, o cibório, o cálice e a custódia[31]. A liturgia atual conserva a colocação da cruz e dos candelabros em torno do altar (cf. Ap 1,12). Por reverência à celebração da eucaristia se estende sobre o altar pelo menos uma toalha. Além disso, usam-se os corporais, a pala e outros panos para cobrir os vasos sagrados e para purificá-los[32]. Ainda que não sejam objetos litúrgicos, mas elementos decorativos, as flores junto ao altar desempenham um papel significativo dos tempos litúrgicos e da solenidade[33].

Entre os objetos de maior volume e tradição litúrgica estão o órgão (cf. SC 120)[34] e os sinos[35].

VI – As imagens

As imagens não só são objetos litúrgicos vinculados ao lugar da celebração, mas algumas estão integradas na própria ação litúrgica, como ocorre

---

30. IGMR 335-347; CB 56-57; cf. ALDAZÁBAL, J. "Pedagogía del vestido" e "Los colores". In: *Gestos y símbolos*, o.c., 34-41 e 49-54; CUVA, A. "Objetos-Vestidos", em NDL 1446-1466; MARINI, P. "El significado litúrgico y pastoral de las insignias papales": *Ph* 257 (2003) 419-432; MARTIMORT 210-218; PASTOREAU, M. "Ordo colorum. Note sur la naissance des couleurs liturgiques": *LMD* 176 (1989) 54-66; PICCOLO PACI, S. *Storia delle vesti liturgiche* (Milão 2008); RIGHETTI 1, 532-586; SALMON, P. *Étude sur les insignes du Pontifice dans le Rite Romain* (Roma 1955); e em *CuaderPh* 159 e 165 (2006) etc.
31. IGMR 327-334; cf. BUSQUET, P. "El arte y los objetos sagrados": *Ph* 82 (1974) 373-380; COCCHINI, F. "Cáliz", em DPAC I, 350 etc.
32. Cf. IGMR 118; 304-308; 325-326; 348-351; CB 125.
33. Cf. CB 48, 236, 252, 299, 824, 873b, 929, 931a, 1104 etc.
34. S.S. BENTO XVI. "Discurso na bênção do órgão da antiga capela de Ratisbona, em 13-9-2006, em *L'Osservatore romano* (ed. espanhola, 22-9-2006) p. 15; BEYRON, G. "L'orgue en perspective historique": *LMD* 193 (1993) 141-166 etc.
35. Cf. LECLERCQ, H. "Cloche, clochette", em DACL III, 1954-1977.

sobretudo com a cruz na liturgia romana, ou com os ícones em algumas liturgias orientais[36].

A exposição das imagens para a veneração dos fiéis (cf. SC 125) se apoia na doutrina do Concílio de Niceia (a. 787)[37], que estabelece a distinção entre *proskynein* (venerar) e *latreuein* (adorar), como consequência da fé no mistério da encarnação. A representação de Cristo em forma humana é o reconhecimento de que o Verbo de Deus se encarnou realmente e não em aparência. No Ocidente elaborou-se também uma reflexão teológica sobre as imagens. Para Santo Tomás, o culto às imagens de Cristo, como o que é prestado à sua humanidade, é um culto de "latria relativa"; o culto à Virgem e aos santos, em si mesmos ou em suas imagens, e às relíquias é um culto de "dulia" ou veneração e redunda sempre no Senhor[38]. Esta doutrina foi assumida pelos Concílios de Trento e do Vaticano II[39]. Por outro lado, não se deve esquecer a importância que as imagens têm no contexto da piedade popular[40].

Costuma-se distinguir entre *imagem de culto* e *imagem de devoção*. A *imagem de culto* é a imagem relacionada com o mistério, é a imagem essencial, objetiva, presencial. A *imagem de devoção*, ao contrário, é mais subjetiva, narrativa e realista, mais sentimental-afetiva, adaptada ao gosto

---

36. Cf. S.B. DEMÉTRIO I. "Teología y espiritualidad del Icono": *Ph* 168 (1988) 517-541; e DONADEO, M. *El icono, imagen de lo invisible* (Madri 1989); GIANAZZA, P. "Iniziazione all'icona": *RL* 96 (2009) 282-304; GIRAUD, M.F. *Aproximaciones a los iconos* (Madri 1990); OUSPENSKY, L. *Théologie de l'icône dans l'Église Orthodoxe* (Paris 1980); QUENOT, M. *El icono, ventana al absoluto* (Bilbao 1990); TORRA CUIXART, L.M. "Los iconos, ventana a la eternidad": *NVet* 35 (1993) 23-59; e *Vita Monastica* 179 (1989) etc.

37. Cf. FRANQUESA, A. "El Concilio II de Nicea y el icono": *Ph* 143 (1984) 417-435; CROUZEL, H. "Les raisons théologiques du culte des images selon Saint Jean Damascène": *Not* 250 (1987) 285-308; DISTANTE, D. (ed.). *La legitimità del culto delle Icone* (Bari 1988); FOSSAS, I.M. "La doctrina sobre el culto a las imágenes en la Iglesia latina durante la segunda mitad del siglo XX": *Ph* 262 (2004) 323-325; LÓPEZ MARTÍN, J. "La veneración de las imágenes en la Iglesia Católica": *Pastoral Ecuménica* 7 (1990) 30-48; PERI, V. "Roma e la crisi dell'iconoclastia": *Not* 255 (1987) 1042-1097; e *CuaderPh* 126 (2002) etc.

38. Cf. *STh* III, q. 25, a. 2, 3, 5 e 6.

39. Cf. DS 1821-1825; LG 50, 66-67. Cf. tb. CIC 1159-1162 e 1192.

40. Cf. CONGR. PARA O CULTO DIVINO E A D. DOS SACRAMENTOS. *Diretório sobre piedade popular e liturgia. Princípios e orientações* (São Paulo, Paulinas 2010) n. 18, 238-244 etc.; LLAMAS, E. "Santa Teresa de Jesús y la religiosidad popular": *RevEsp* 40 (1981) 215-252.

da época, suscetível de multiplicar-se também dentro de um mesmo espaço de culto[41]. Expressão da doutrina e da prática é o *Rito da bênção das imagens que são expostas à veneração pública dos fiéis*, que se encontra no *Ritual de bênçãos*[42].

---

41. GUARDINI, R. *La esencia de la obra de arte* (Madri 1960).

42. Promulgado a 31-5-1984: *Ritual de bênçãos*, cap. 33. Sobre este ritual se falará no capítulo XVII.

Parte III
Os sinais do mistério

Capítulo XV
A eucaristia

A Igreja com diligente solicitude zela para que os fiéis não assistam a este mistério da fé como estranhos ou espectadores mudos. Mas cuida para que, bem-compenetrados pelas cerimônias e pelas orações, participem consciente, piedosa e ativamente da ação sagrada (SC 48).

Bibliografia

AA.VV. *L'Eucaristia celebrata: professare il Dio vivente. Linee di ricerca* (BELS 58, 1991); ALDAZÁBAL, J. "A celebração da eucaristia", em BOROBIO 2, 310-360 e 381-436; ID. *La Eucaristía* (BL 12, 1999); ASSOC. ESP. PROF. DE LITURGIA (ed.). *La Eucaristía al inicio del tercer milenio. Ponencias*, 1-2 (Madri 2006-2007); BOROBIO, D. *Eucaristía* (BAC, Madri 2000); BROUARD, M. (ed.). *Enciclopedia de la Eucaristía* (Bilbao 2004); CABIÉ, R. "La Eucaristía", em MARTIMORT 305-558; ID. *Histoire de la Messe. Des origines à nos jours* (Paris 1995); ID. *La Misa, sencillamente*, em *Dossiers* CPL 63 (1994); CASTELLANO, J. *Tratado sobre el misterio de la Eucaristía* (València 2004); COM. EP. DE LITURGIA (ed.). *Para vivir la Eucaristía. Jornadas N. de Liturgia 2005* (Madri 2006); CUVA, A. *"Fate questo in memoria di me". Vivere la Messa* (Roma 1980); CHUPUNGCO, A.J. et al. "L'Eucaristia", em CHUPUNGCO 3; DELLA TORRE 2, 123-235; FONTBONA, J. *La Cena del Señor, misterio de comunión* (BL 32, 2007); HERMANS, J. *La celebrazione dell'Eucaristia. Per una comprensione teologico-pastorale della Messa secondo il Messale Romano* (Leumann/Turim 1979); GELINEAU, J. (ed.). *Assemblea santa. Manuale di liturgia pastorale* (Bolonha 1991) 333-444; GIRAUDO, C. *Eucaristia per la Chiesa. Prospettive sull'eucaristia a partire dalla "lex orandi"* (Bréscia 1989); JOUNEL, P. *La Misa de ayer a hoy* (Barcelona 1988); JUNGMANN, J.A. *El sacri-*

ficio de la Misa (BAC, Madri 1963); KUNZLER 269-386; LODI, E. *È cambiata la Messa in 2000 anni?* (Turim 1975); LÓPEZ MARTÍN, J. *La celebración eucarística, centro de la vida cristiana* (BL 25, 2005); ID. "El Misterio eucarístico, don y mandato de Cristo a la Iglesia": *PastL* 293 (2006) 249-271; MAGGIONI, C. *Eucaristia. Il sigillo sul cuore della sposa* (Milão 2005); MARSILI, S. et al. "Eucaristia. Teologia e história da celebração", em *Anamnesis* 3; MAZZA, E. *La celebrazione eucaristica. Genesi del rito e sviluppo dell'interpretazione* (Cinisello Balsamo 1996); ID. "Origine dell'Eucaristia e sviluppo della teologia eucaristica". In: ASSOC. PROF. DE LITURGIA. *Celebrare il mistero di Cristo* (BELS 88, 1996) 125-290; METZGER, M. *Storia della liturgia eucaristica* (Leumann/Turim 2003); RAFFA, V. *Liturgia eucaristica. Mistagogia della Messa: dalla storia e dalla teologia alla pastorale prattica* (BELS 100, 1998); RIGHETTI 2, 1-620; SÁNCHEZ CARO, J. *Eucaristía e historia de la salvación* (BAC, Madri 1983); SCHMEMANN, A. *L'Eucaristia sacramento del Regno* (Magnano 2005); e *CuaderPh* 119, 133, 142, 157 (2001-2005); *Dossiers* CPL 6, 16-21, 39, 41, 49, 63, 71, 85, 90, 91, 93, 106 (1979-2005); *LMD* 303 (1995); *PastL* 251-253 (1999); *Ph* 240 (2000); 244 (2001); *RL* 87/3 (2000).

Neste capítulo se inicia o estudo dos *sinais do mistério*, ou seja, o sacrifício eucarístico, os sacramentos e os sacramentais, "sobre os quais gira toda a vida litúrgica" (SC 6). A exposição se limita aos aspectos estritamente litúrgicos, para não invadir os estudos dos restantes manuais da coleção dedicados a esta temática.

Começa-se pela eucaristia, "fonte e ápice de toda a vida cristã" (LG 11; cf. SC 10; PO 5), por causa de sua estreitíssima vinculação com o mistério pascal de Jesus Cristo (cf. SC 47).

I – Da "Ceia do Senhor" à "eucaristia" (séc. I-III)

A celebração eucarística da Igreja se reporta ao ato institucional da eucaristia na última Ceia de Jesus, "na noite em que foi entregue" (1Cor 11,23). "A celebração da eucaristia, a começar do cenáculo e da quinta-feira santa, tem uma sua longa história, tão longa quanto a história da Igreja. No decorrer desta história os elementos secundários sofreram certas mudanças; todavia, permaneceu imutada a essência do 'mysterium', instituído pelo redentor do mundo, durante a última ceia. Também o II Concílio do Vaticano trouxe algumas modificações, em virtude das quais a atual liturgia da missa se diferencia, de alguma maneira, da liturgia conhecida antes do mesmo Concílio"[1]. Com efeito, a Igreja, obediente ao mandamento institucional do Senhor, de celebração em celebração do *sacramento de nossa fé* atualizou e continuará atualizando o acontecimento pascal de sua morte e ressurreição "até que ele venha" (1Cor 1,26; CIC 1341-1344). O resultado deste processo, que já dura quase dois mil anos, se parece muito com a construção de uma velha catedral, que com o passar do tempo foi integrando elementos e motivos dos séculos sucessivos. Mas permanecem invariáveis as grandes linhas do desenrolar da celebração eucarística fixadas na época apostólica e que encontram expressões próprias nos ritos do Oriente e do Ocidente. A estrutura fundamental abrange dois grandes momentos: a *liturgia da Palavra* e a *liturgia eucarística*, que juntas constituem um só ato de culto (cf. SC 5; CIC 1345ss).

1 Testemunhos do Novo Testamento

A forma primitiva da celebração eucarística é ainda uma questão não resolvida, apesar dos numerosos estudos que lhe foram dedicados[2]. O problema reside não só na falta de fontes, mas também na metodologia que foi sendo empregada. Exegetas e historiadores da liturgia estudam os mesmos textos, mas não se atrevem a ultrapassar os limites de sua própria especiali-

---

1. JOÃO PAULO II. Carta apostólica *Dominicae Cenae*, de 24-2-1980, n. 8.
2. Recentemente a questão voltou a ser apresentada por ROUWHORST, G.A.M. "La célébration de l'Eucharistie dans l'Église primitive": *QL* 74 (1993) 89-112; cf. tb. CARDELLINI, I. "L'ultima cena alla luce del sacrificio di communione e del sacrificio espiatorio". In: NARDIN, R. & TANGORRA, G. (ed.). *Sacramentum caritatis. Studi e commenti* (Roma 2008) 57-64; ESPINEL, J.L. *La Eucaristía del Nuevo Testamento* (Salamanca 1980, ²1997); JEREMIAS, J. *La última Cena. Palabras de Jesús* (Madri 1980); LÉON-DUFOUR, X. *La fracción del pan. Culto y existencia en el Nuevo Testamento* (Madri 1983); AA.VV. *La Eucaristía en la Biblia* (Cuadernos Bíblicos 37; Estella 1982); ODASSO, G. "La 'novità radicale' della cena del Signore". In: NARDIN, R. & TANGORRA, G. (ed.). *Sacramentum caritatis*, o.c., 65-80; *Biblia y Fe* 35 (1986) 3-104; *Conc* 40 (1968) etc. Deve-se consultar também a bibliografia sobre as origens da oração eucarística: BOUYER, L. *La Eucaristía* (Barcelona 1969); LIGIER, L. "De la Cena de Jesús a la anáfora de la Iglesia". In: VAGAGGINI, C. et al. *El canon de la Misa* (Barcelona 1967) 139-200; MALDONADO, L. *La plegaria eucarística* (BAC, 1967); MAZZA, E. "L'Eucaristia di 1 Corinti 10,16-17 in rapporto a Didachè 9-10": *EL* 100 (1986) 192-223.

dade. No entanto, é preciso tentar refazer este quadro da celebração primitiva com as conclusões que parecem mais confiáveis.

Do conjunto dos dados do Novo Testamento emerge sem dúvida a existência, na comunidade primitiva, de um rito chamado *ceia do Senhor* (cf. 1Cor 11,20) e *fração do pão* (Lc 24,30.35; At 2,42.46 etc.)[3]. Este rito é realizado ao cair da tarde (cf. 1Cor 11,23) no decurso de uma ceia ou no final dela, acompanhado de uma oração de ação de graças (cf. 1Cor 11,24 e par.). A celebração, por outro lado, remonta ao mandamento explícito de Jesus (cf. Lc 22,19; 1Cor 11,24-25), ao qual São Paulo acrescenta um comentário (cf. 1Cor 11,26).

Do mesmo conjunto se deduz também a existência de uma estrutura estereotipada, articulada pela sucessão de quatro verbos que indicam a ação daquele que preside: *tomar* (o pão e o cálice cheio de vinho), *bendizer-dar graças* (com a oração de bênção), *partir* (o pão) e *dar* (o pão e o cálice). Outros verbos se referem aos participantes: *comer*, *beber* e *fazer em memória de Jesus*. Todo o rito significa *anunciar a morte do Senhor até que ele volte*, como resultado da ação memorial. No entanto, não é possível saber se o rito compreendia também uma "narração" ou leitura das Escrituras, ainda que seja provável (cf. Lc 24,27.32.44-45; At 20,7.9).

Junto com estes elementos rituais encontram-se as circunstâncias do lugar (as casas: At 2,46; a sala ou cômodo superior: At 20,7; 9,37.39; 1,13; Mc 14,15; com muitas luzes acesas: cf. At 20,8), do tempo (o primeiro dia da semana: At 20,7; Lc 24,13; Jo 20,26) e da atitude dos que se reuniam (a alegria escatológica: At 2,46; e a espera da vinda do Senhor: Ap 22,17.20).

2 *Testemunhos dos séculos II-III*

Muito próxima do Novo Testamento, a *Didaqué*, de origem síria, se refere à *eucaristia* nos caps. 9-10 e 14[4]. Junto com este testemunho é preciso

---

3. Cf. BEHM, J. "Kláô", em TWNT 3, 726-743; COPPENS, J. "Eucharistie". In: PIROT, L. & ROBERT, J.A. (eds.). *Dictionnaire de la Bible. Supplément*, II (Paris 1938) 1146-1225; MENOUD, Ph.H. "Les Actes des Apôtres et l'Eucharistie": *Revue d'Histoire et de Philosophie Religieuse* 33 (1953) 21-36.
4. *Didaqué* (Petrópolis, ²2019) 34-37 e 43; cf. COPPENS, J. "La célébration eucharistique. Ses origines et son adaptation": *ETL* 50 (1974) 252-269; ID. "L'évolution des rites eucharistiques du

mencionar as referências de Santo Inácio de Antioquia à celebração eucarística presidida pelo bispo, acompanhado de seu presbitério, como expressão da unidade da Igreja[5].

Por volta do ano 112, Plínio o Jovem informava o imperador Trajano a respeito de uma "refeição ordinária e inofensiva" dos cristãos "em dia determinado"[6]. Em meados do século II, a *Apologia I* de São Justino descreve detalhadamente a celebração eucarística dominical[7]. Um século mais tarde, a *Tradição Apostólica* de Hipólito menciona a celebração que se segue à ordenação do bispo e dá detalhes sobre a imposição das mãos sobre os dons, a fração do pão e a distribuição, com o diálogo entre o ministro e aquele que comunga, ao mesmo tempo que fornece o texto da mais antiga oração eucarística conhecida[8].

II – A missa da basílica (séc. IV-VII)

Ao se formarem as liturgias locais, com o início da criatividade eucológica e a organização do ano litúrgico, a eucaristia adotou a estrutura que caracteriza sua celebração tanto no Oriente como no Ocidente. No final do século V já era designada com o nome de *missa* e *missarum sollemnia*[9].

N.T. au IVᵉ siècle", ibid., 269-292; CHUPUNGCO, A.J. "La Eucaristía en la Iglesia primitiva y su marco cultural". In: *Diálogo entre Culto y Cultura* (Genebra 1994) 83-102; MAZZA, E. "Didaché IX-X. Elementi per una interpretazione eucaristica": *EL* 92 (1978) 393-419; RAFFA, V. *Liturgia eucaristica...*, o.c., 55-64; RORDORF, W. "Les prières eucharistiques de la Didaché": *Eucharisties d'Orient et d'Occident*, 1 (Paris 1979) 64-82 etc.

5. *Ad Philad.* 4; *Ad Smyrn.* 8 etc. In: RUIZ BUENO, D. (ed.), o.c., 483 e 493: cf. PERLER, O. "Eucharistie et unité de l'Église d'après saint Ignace d'Antioche". In: *XXXV Congreso Eucarístico Internacional de Barcelona (1952)*, 2 (Barcelona 1953) 424-429.

6. O texto será analisado no cap. XIX.

7. *Apol. I*, 65-67, cf. o texto em RUIZ BUENO, D. (ed.). *Padres Apostólicos* (BAC, 1954) 256-259; cf. MERINO, M. "La Eucaristía en Justino": *XX Siglos* 15 (1993) 52-61.

8. *Tradição Apostólica*, 70-74; cf. HANSSENS, J.M. *La Liturgie d'Hippolyte* (Roma 1959); e *CuaderPh* 75 (1999) etc.

9. Cf. CIC 1328-1332; JUNGMANN, J.A. *El sacrificio de la Misa*, o.c., 206-208; NOCENT, A. "História da celebração litúrgica", em *Anamnesis* 3, 201-291.

1 A liturgia divina no Oriente

A celebração eucarística do Oriente se formou sob a direção das grandes sés de Antioquia, Alexandria e Constantinopla. Geralmente compreendia quatro leituras (Lei, Profetas, Atos dos Apóstolos e Evangelho), homilia, despedida e bênção dos catecúmenos e dos penitentes, oração universal, beijo da paz, lava-pés, apresentação dos dons, oração eucarística, ritos da comunhão, ação de graças e bênção final. Por influência de São Basílio o Grande († 379), acentuou-se a dimensão confessante da divindade de Cristo e se intensificou a consciência do homem diante do "mistério tremendo", o que resultou na iconóstase que separa o povo do altar. A liturgia eucarística de Jerusalém, cuja influência se estendia a toda a área siro-ocidental, nos é conhecida graças, entre outras fontes, às célebres catequeses mistagógicas de seus bispos e ao *Diário de viagem* de Egéria[10].

A "divina liturgia" da área bizantina começa propriamente com a pequena entrada (*mikra eisodos*) dos ministros e do Evangelho. Seguem-se as leituras do Apóstolo e do Evangeliário, a despedida dos catecúmenos e a oração dos fiéis. A liturgia eucarística se inicia com a entrada maior (*megalê eisodos*) ou procissão das oferendas desde a *prothesis* – mesa auxiliar – até o altar, passando pelas naves da igreja. Seguem-se o beijo da paz e o credo. Em seguida se inicia a oração eucarística, pronunciada em voz baixa. No final da epiclese o diácono lê os dípticos. O Pai-nosso é precedido por uma ladainha diaconal e por uma oração sacerdotal. Dá-se a bênção ao povo e são mostrados os dons com a admoestação *ta hagia tois hagiois* (as coisas santas para os santos). Segue-se a fração do pão e o rito do *zeon*, derramando água quente no cálice. A comunhão é dada com as duas espécies e, uma vez terminada, pronuncia-se a ação de graças e a bênção, à qual se segue a distribuição de pão bento[11].

---

10. Cf. BERMEJO, E. *La proclamación de la Escritura en la liturgia de Jerusalén. Estudio terminológico del "Itinerarium Egeriae"* (Jerusalém 1993); GARCÍA DEL VALLE, C. *Jerusalén, un siglo de oro de vida litúrgica* (Madri 1968); ID. *Jerusalén, la liturgia de la Iglesia madre* (BL 14, 201).

11. Cf. JUNGMANN, J.A. *El sacrificio de la Misa*, o.c., 53-65; RIGHETTI 1, 126-133. Sobre as liturgias orientais cf. a bibliografia geral do cap. V e a seção II com suas notas. Para as orações

2 A missa nas liturgias ocidentais

Depois da *Traditio Apostolica* de Hipólito transcorreram quase três séculos de penumbra. O fragmento do *Cânon Romano* do tratado *De Sacramentis* de Santo Ambrósio (IV, 5,21-25) atesta apenas a existência da parte central deste venerável texto no século IV. No entanto, pode-se reconstruir a estrutura da missa do período clássico da liturgia romana[12] e estabelecer também a dos restantes ritos ocidentais[13].

A celebração começava diretamente com as leituras[14]. No entanto, em algumas liturgias tomaram forma certos ritos introdutórios, como a entrada processional romana que culminava com a oração *collecta*. Posteriormente acrescentaram-se a saudação ao povo e o *Gloria in excelsis Deo*[15]. As liturgias galicana e hispânica introduziram uma oração antes das leituras (*praelegendum*) e o triságio, talvez por influência oriental.

As leituras eram duas, epístola e Evangelho, salvo nas vigílias. O salmo gradual acompanhava a primeira leitura e o aleluia precedia o Evangelho, salvo na Quaresma. A liturgia hispânica tinha três leituras (profecia, apóstolo e Evangelho), que terminavam com as *laudes* ou aclamação ao Evangelho (com o aleluia no tempo pascal). Depois vinha a homilia.

---

eucarísticas orientais cf. SÁNCHEZ CARO, J.M. *Eucaristía e historia de la salvación* (BAC, 1983); e as obras de L. Bouyer e de L. Maldonado; etc.

12. Graças ao *Ordo Romanus* I. In: ANDRIEU, M. *Les Ordines Romani du haut Moyen Âge*, II (Lovaina 1960) 67-108; cf. BOTTE, B. & MOHRMANN, Chr. *L'Ordinaire de la messe. Texte critique, traduction et études* (Lovaina 1953); JUNGMANN, J.A. *El sacrificio de la Misa*, o.c., 71-89; RIGHETTI 2, 105-152; PARENTI, S. "Lo studio e la storia della Messa Romana nella prospettiva della liturgia comparata: alcuni esempi": *EcclOr* 25 (2008) 193-226; RAFFA, V. *Liturgia eucaristica*, o.c., 65-96. Sobre o Cânon Romano, hoje oração eucarística I do Missal romano, cf. RAFFA, V., ibid., 545-598 (Bibl.) e as obras sobre orações eucarísticas.

13. Cf. PINELL, J. *Le liturgie occidentali. Corso d'introduzione* (Roma 1977). Sobre as liturgias ocidentais cf. a bibliografia geral do cap. V e a seção III com suas notas. Sobre a missa do rito hispânico cf. *supra*, as notas 31-38 do cap. V.

14. Cf. SANTO AGOSTINHO. *De civitate Dei* 22,8: CCL 48, 826.

15. Cantado no ofício matutino da liturgia bizantina, já constava na missa no tempo de São Leão Magno, pelo menos no dia do Natal: cf. SÃO LEÃO MAGNO. *Serm.* 26,1 (6 do Natal). In: GARRIDO, M. (ed.). *San León Magno. Homilías sobre el año litúrgico* (BAC, 1969) 95-96. As invocações *Kyrie eleison* etc. são ainda uma questão aberta: cf. JUNGMANN, J.A. *El sacrificio de la Misa*, o.c., 373-389; RAFFA, V. *Liturgia eucaristica...*, o.c., 236-244.

A apresentação dos dons em forma processional era acompanhada do canto chamado "ofertório" ("sacrifício" na liturgia hispânica). Seguiam-se a oração sobre as oferendas no rito romano e as preces, leitura dos dípticos e rito da paz no rito hispânico. Na liturgia romana a leitura dos dípticos era feita dentro de Cânon. A oração eucarística era sempre a mesma no rito romano, mas com o prefácio variável. Nas liturgias hispânica e galicana a oração eucarística era sempre variável.

Os ritos da comunhão tinham como elemento comum a fração do pão e o Pai-nosso. A liturgia romana acrescentava a *commixtio* (mistura de água e vinho ou um pedaço da hóstia no cálice) e o rito da paz, enquanto a hispânica introduziu o Símbolo – no III Concílio de Toledo (a. 589)[16] –, a apresentação (ou ostensão) com a admoestação *sancta sanctis* e a bênção dos comungantes. A comunhão era acompanhada de um canto: salmo variável e antífona na liturgia romana e salmo 33 na hispânica (*ad accedentes*). Uma vez concluída a comunhão, dizia-se a pós-comunhão (romana) ou a *completuria* (hispânica). A liturgia romana incluía também, como fórmula de bênção, a oração sobre o povo.

III – Evolução posterior (séc. VIII-XX)[17]

A estrutura básica da missa na liturgia romana tornou-se fixa no século VII, curiosamente sob a forma da celebração pontifical, de maneira que ela subsistiu inclusive, a partir do século IX, na missa chamada "privada" ou "rezada", ou seja, sem canto e que o sacerdote, assumindo também as funções dos outros ministros, celebrava sozinho ou assistido por um acólito com o povo em absoluto silêncio. O aparecimento deste tipo de celebração foi consequência de uma mudança na mentalidade litúrgica em consonância com o espírito dos povos franco-germânicos, especialmente seu gosto pela

---

16. Cf. PINELL, J. "Credo y comunión en la estructura de la Misa hispánica según disposición del III Concilio de Toledo". In: AA.VV. *Concilio III de Toledo. XIV Centenario (589-1989)* (Toledo 1991) 333-342. O Credo entrou na missa romana só em começos do século XI.

17. Sobre toda esta época cf. JUNGMANN, J.A. *El sacrificio de la Misa*, o.c., 98-200; NEUNHEUSER, B. *L'Eucharistie au Moyen Âge et à l'époque moderne* (Paris 1960); RAFFA, V. *Liturgia eucaristica...*, o.c., 97-149 etc.

dramatização e a proliferação dos textos, a partir do momento em que os sacramentários romanos foram levados para a corte de Aquisgrana e se difundiram por toda a Europa, já modificados. Nas demais liturgias ocidentais que conseguiram sobreviver, a hispânica e a ambrosiana, se acentuou o processo de incorporação de elementos romanos.

1 A missa "dramática" e devocional

Como resultado desta mentalidade multiplicaram-se alguns ritos como as incensações e as genuflexões e outros gestos, faziam-se em lugar diferente as leituras da epístola e do Evangelho, introduziram-se as sequências, criou-se a procissão do Evangeliário e, sobretudo, sobrecarregou-se a missa com orações e *apologias*[18]. A explicação da missa se baseia no alegorismo, enquanto o culto eucarístico começa a chegar a um apogeu como consequência das controvérsias teológicas acerca da presença real na eucaristia[19]. Por outro lado, a celebração da missa se tornou cotidiana e seu número foi multiplicado para atender às demandas dos fiéis e em sufrágio pelos defuntos. Aumentaram também as missas votivas e pelas intenções mais estranhas. Os abusos que ocorreram neste campo e a atitude antilitúrgica dos reformadores levaram o Concílio de Trento não só a expor a doutrina católica sobre a missa, mas também a reformar a prática de sua celebração, embora este trabalho tenha sido levado a cabo na revisão do Missal promulgado em 1570 por São Pio V[20].

2 A missa "das rubricas"

O *Ordo missae* daquele *Missale Romanum* manteve inalterados os ritos da missa durante os quatro séculos seguintes. No entanto, a denominada era

---

18. Cf. BORELLA, P. "Le *apologiae sacerdotis* negli antichi messali ambrosiani": *EL* 63 (1949) 27-41; CABROL, F. "Apologies", em DACL I, 2591-2601; JUNGMANN, J.A. *El sacrificio de la Misa*, o.c., 102-104 etc.
19. Cf. IVORRA ROBLA, A. *Los sentidos de la liturgia en Amalario de Metz. Bautismo y Eucaristía* (Toledo 2007).
20. Cf. *supra*, a seção V do cap. IV com suas respectivas notas.

"das rubricas" conheceu também o interesse por explicar a missa ao povo e por assegurar certos modos de participação afetiva e devocional[21]. Mas se intensificou ainda mais o afastamento do povo. A comunhão era distribuída fora da missa ou nas missas rezadas e quase nunca na sissa solene, por causa do jejum eucarístico.

Com o Movimento litúrgico impôs-se a necessidade da participação ativa e consciente. A restauração do canto gregoriano e os decretos de São Pio X sobre a música sacra, a comunhão frequente e a admissão à comunhão das crianças chegadas ao uso da razão foram os primeiros passos. A difusão dos missais dos fiéis permitiu também seguir a celebração unindo-se ao sacerdote e participar do que se chamava "missa dialogada". O impulso decisivo nesta linha ocorreu na encíclica *Mediator Dei* de Pio XII (1947).

3 A reforma do "Ordo missae"

O Concílio Vaticano II, ao determinar: "O ordinário da missa seja revisto de tal forma que apareça claramente a índole própria de cada uma das partes, bem como sua mútua conexão, e facilite a participação piedosa e ativa dos fiéis" (SC 50; cf. SC 51-56), empreendeu a mais ampla reforma do rito da missa de toda a história. A revisão consistiu, sobretudo, em procurar uma distinção mais clara entre a liturgia da Palavra e a liturgia eucarística (cf. SC 56); na revisão dos ritos iniciais, da apresentação das ofertas e da conclusão; na eliminação de duplicatas e na simplificação de gestos (cf. SC 50); na ampliação do Lecionário (cf. SC 51); na recuperação da homilia (cf. SC 52), da oração dos fiéis (cf. SC 53), da comunhão sob as duas espécies (cf. SC 55) e da concelebração (cf. SC 57-58), sem esquecer uso das línguas modernas (cf. SC 54)[22]. No dia 3 de abril de 1969, Quinta-feira santa, o papa Paulo VI promulgou o novo *Ordo missae* do *Missale Romanum*.

---

21. Cf. LE BRUN, P. *Explication littérale, historique et dogmatique des prières et des cérémonies de la Messe*, 4 vols. (Paris 1716-1726).

22. Cf. "De Missa normativa": *Not* 3 (1967) 371-380; BARBA, M. *La riforma conciliare dell'"Ordo Missae". Il percorso storico-relazionale dei riti d'ingresso, di offertorio e di comunione* (BELS 120, 2002, ²2008); BRAGA, C. "La preparazione del nuovo *Ordo Missae*. Difficoltà incontrate e risultati raggiunti". In: AA.VV. *Il nuovo rito della Messa* (Pádua 1969) 23-36; BUGNINI, A. *La reforma litúrgica*, o.c., 297-343 e 545-573; FRANQUESA, A. "La labor del

IV – O atual rito da missa/"Ordo missae"

O *Ordo missae* (*Rito da missa*, melhor do que *Ordinário da missa*), que veio à luz em 1969, apareceu acompanhado da *Institutio generalis Missalis Romani* ou *Instrução geral sobre o Missal romano*[23]. Este documento, que conheceu variações nas sucessivas edições típicas do *Missale Romanum* publicadas em 1970, 1975 e 2002, inicia com vários números de caráter teológico (n. 1-15), que lembram a doutrina permanente da Igreja acerca do mistério eucarístico, ao mesmo tempo que destacam a coerência da *lex orandi* expressa no Missal romano com sua perene *lex credendi*[24]. A IGMR constitui o instrumento mais importante para conhecer a estrutura e os elementos da forma ordinária de celebração da eucaristia[25]. Uma breve síntese

---

Consilium en la reforma del *Ordo Missae*": *Ph* 155 (1986) 375-401; GRACIA, J.A. "Formación del *Ordo Missae*": *Ph* 36 (1966) 433-455; NOCENT, A. "Em torno à reforma do Ordinário da missa". In: BARAÚNA, G. *A sagrada liturgia renovada pelo Concílio* (Petrópolis 1964) 467-505; RAFFA, V. *Liturgia eucarística*..., o.c., 151-195 etc.

23. O texto se encontra no Missal romano, no lugar que era ocupado pelo *Ritus servandus in celebratione Missae* e pelo documento *De defectibus*. A versão oficial em língua espanhola da IGMR da terceira edição típica do Missal romano (2002) foi publicada também em separado: *Ordenación general del Misal Romano* (CoeLit. 2005) e em *PastL* 285/286 (2005); cf. BARBA, M. "I.G.M.R.: prospetto delle redazioni 1975-2002": *EL* 123 (2009) 3-50; LESSI-ARIOSTO, M. "La nueva *Institutio generalis* del Misal Romano": *PastL* 261 (2001) 19-44; comentários em *PastL* 282 (2004) 303-332; 284/285 (2005) 17-48. Convém saber que mudou a numeração do documento em relação às edições anteriores.

24. Cf. BENTO XVI. Exort. apost. pós-sinodal *Sacramentum caritatis*, de 22-2-2007 (LEV 2007) n. 34; ID. *Motu proprio Summorum Pontificum* e *Carta aos Bispos*, de 7-7-2007, art. 1 etc.: cf. *supra*, notas 72 e 78 do cap. IV. O trecho IGMR 1-15 foi uma resposta às críticas dirigidas ao *Ordo missae*. O papa Paulo VI foi ao encontro delas em 19-11-1969: cf. *AAS* 61 (1969) 777-780 e em 26-11-1969: cf. *Not* 5 (1969) 412-416. Cf. tb.: BIANCHI, S. "Il nuovo Ordo Missae e l'ortodossia": *Not* 6 (1970) 68-71; BUGNINI, A. *La reforma de la liturgia*, o.c., 243-263; GALOT, J. "Polemiche intorno al nuovo *Ordo Missae*": *CivCat* 4 (1969) 567-574; VAGAGGINI, C. "Il nuovo 'Ordo Missae' e l'ortodossia": *RL* 96 (2009) 449-459 etc.

25. Cf. BENTO XVI. Exort. apost. pós-sinodal *Sacramentum caritatis*, o.c., n. 43-51; e ALDAZÁBAL, J. "El ritmo de la Eucaristía. Para una evaluación del *Ordo Missae*": *Ph* 92 (1976) 99-130; ID. *La Eucaristía*, o.c., 369-451; COM. EP. DE LITURGIA. *Para vivir la Eucaristía. La propuesta actual del "Rito de la Misa" a propósito de la publicación de la "OGMR". Jornadas N. de Liturgia 2005* (Madri 2006); COPPENS, J. "Le nouvel *Ordo Missae*": *ETL* 46 (1970) 392-400; FARNÉS, P. "La celebración eucarística después del Concilio": *Ph* 99/100 (1977) 263-275; LÓPEZ MARTÍN, J. "Celebrar la Eucaristía con el *Ordo Missae* de la tercera edición del Misal Romano": *PastL* 279 (2004) 79-110; ID. "La propuesta del Misal Romano (3ª ed. típica) para 'vivir de la Eucaristía'": *PastL* 297 (2007) 113-136; OÑATIBIA, I. "Hacia una celebración eucarística que se nutra cada vez más de sus raíces teológicas": *PastL* 281 (2004) 259-264; SANCHO, J. "Estructura de la celebración eucarística (*Sacramentum caritatis*, 43-51)" ("Diálogos de Teolo-

de teologia litúrgica do *Ordo missae* se encontra também no *Catecismo da Igreja Católica* (n. 1348-1355).

1 Os ritos iniciais

A missa começa, "reunido o povo", com o canto de entrada. Este canto contribui para constituir a assembleia e unir os pensamentos de todos em torno do mistério que é celebrado (cf. IGMR 47). Terminado o canto, o sacerdote, com sua saudação ao povo congregado, manifesta a presença do Senhor (cf. IMGR 50). Ocorrem também o ato penitencial[26], as invocações e o Glória. A coleta (oração do dia) encerra os ritos iniciais, expressando a índole da celebração e os motivos da liturgia do dia (cf. IGMR 54). A finalidade de todos estes ritos consiste em "fazer com que os fiéis, reunindo-se em assembleia, constituam uma comunhão e se disponham para ouvir atentamente a palavra de Deus e celebrar dignamente a eucaristia" (IGMR 46).

A flexibilidade desta parte, na qual alguns elementos são omitidos quando precede uma ação litúrgica, permite que estes sejam realizados de vários modos.

2 A liturgia da Palavra

Revalorizada como convém, contribui decisivamente para manifestar a conexão íntima entre a Palavra e o sacramento e entre a dupla mesa do Pão da vida (cf. Jo 6; DV 21; PO 18 etc.)[27]. A ordem e o ritmo das leituras, cujo vértice é o Evangelho, e dos cantos interlecionais, entre os quais sobressai o

---

gía 10, Valência 2008) 41-59; VELADO, B. *Vivamos la santa Misa* (Madri 1986); WITCZAK et al. "L'*Ordo Missae* di Paolo VI", em CHUPUNGCO 3, 144-268; e *Conc* 172 (1982); *EL* 83/4-5 (1969); *LMD* 100 (1969); 192 (1992); *PastL* 97/99 (1978); *Ph* 165/166 (1988); 237/238 (2000); 183 (1991); *RL* 62/4-5 (1975); 90/4 (2003) etc.

26. Cf. FARNÉS, P. "El acto penitencial de la Misa": *Ph* 165/166 (1988) 235-245; FRANQUESA, A. "El acto penitencial en la Misa": *Ph* 187 (1992) 63-70; sobre os ritos iniciais cf. RAFFA, V. *Liturgia eucarística...*, o.c., 199-258 etc.

27. Cf. IGMR 28; 29; 55; ELM 10 e 11-30. De liturgia da Palavra se tratou na secção IV do cap. VII. Cf. tb. RAFFA. V. *Liturgia eucarística...*, o.c., 259-321; etc.

salmo responsorial, correspondem ao desdobramento da história da salvação que culmina em Cristo (cf. IGMR 59-61; ELM 13 e 17).

Como "parte da própria liturgia", a homilia ajuda a penetrar no mistério da Palavra e a viver o acontecimento celebrado, favorecendo uma verdadeira comunicação da fé (cf. IGMR 65-66; ELM 24-27). A liturgia da Palavra culmina com a profissão de fé, verdadeira resposta à Palavra de Deus (cf. IGMR 67-68), e com a oração dos fiéis (cf. SC 53; IGMR 69-71)[28].

3 A liturgia do sacrifício

A segunda parte da missa se reporta aos gestos e palavras de Jesus na última Ceia (cf. IGMR 72). A preparação dos dons recuperou a procissão das oferendas dos fiéis. O rito compreende também a incensação do altar, a purificação daquele que preside e oração sobre as oferendas, que conclui esta parte (cf. IGMR 73-77)[29].

A oração eucarística é "centro e ápice de toda a celebração, prece de ação de graças e santificação" (IGMR 78). Sua revalorização como fórmula eucológica foi acompanhada do aumento de textos que enriquecem o significado do conjunto e também de cada parte (cf. IGMR 79)[30]. A possibilidade de escolha das orações e dos prefácios corresponde à conveniência de que apareçam os diferentes aspectos do mistério de salvação (cf. IGMR 364-365) e se leve em consideração as circunstâncias da celebração ou da assembleia[31].

A sequência dos ritos da comunhão, articulados em torno do Pai-nosso, do gesto da paz e da fração, é coerente com a finalidade não só destes

---

28. Cf. BELLAVISTA, J. "La oración de los fieles": *Ph* 165/166 (1988) 261-270; e *RL* 74/1 (1987); *OrH* 23/7-8 (1992).
29. Cf. FARNÉS, P. "Las oraciones de la presentación de las ofrendas": *OrH* 20 (1989) 41-50; RAINOLDI, F. "Riti offertoriali o presentazione dei doni?": *RL* 77 (1990) 315-324; RASMUSSEN, N.K. "Les rites de présentation du pain e du vin": *LMD* 100 (1969) 44-58. Para toda a liturgia do sacrifício e da comunhão cf. RAFFA, V. *Liturgia eucaristica...*, o.c., 323-486; etc.
30. Sobre a oração eucarística cf. a seção IV/1 do cap. X.
31. CONG. PARA O CULTO DIVINO. Carta *Eucharistiae participationem*, de 27-4-1973: *AAS* 65 (1973) 340-347; cf. OÑATIBIA, I. "Plegaria eucarística y participación activa": *Ph* 88 (1975) 157-170.

ritos, mas inclusive de toda a celebração eucarística, que é a participação sacramental (cf. IGMR 80-89). Mantiveram-se, no entanto, elementos sancionados pela tradição, como o embolismo do Pai-nosso, a *commixtio*, a preparação pessoal do sacerdote e a apresentação do Santíssimo Sacramento[32]. A comunhão é acompanhada pelo canto (cf. IGMR 86). A comunhão sob as duas espécies expressa uma especial vinculação a Cristo por parte de alguns fiéis em algumas circunstâncias especiais[33]. À comunhão segue-se um tempo de silêncio ou o canto de um salmo ou hino de ação de graças antes da oração após a comunhão.

4 Os ritos de conclusão

A celebração termina com a despedida da assembleia para que cada um volte às suas atividades (cf. IGMR 90c). O rito inclui a saudação e a bênção sacerdotal, que pode adotar uma forma mais solene.

5 O Missal romano

Para conhecer bem o atual *Rito da missa* deve-se levar em consideração também os livros litúrgicos necessários para a celebração eucarística, especialmente o *Missal romano*, chamado nos primeiros anos da reforma litúrgica *Livro do Altar* ou *Oracional* para distingui-lo do *Lecionário da missa* (*Ordo lectionum missae*) em seus vários volumes, do *Ordo Cantus missae*

---

32. Sobre o Pai-nosso cf. CASTELLANO, J. "La oración del Señor en la liturgia cristiana": *Ph* 229 (1999) 61-73; *LMD* 85 (1966) e *RivPL* 16/3 (1978). Sobre o rito da paz cf. a carta da Congregação para o Culto Divino, de 3-6-1988, em *Not* 382/383 (1988) 269-271; e Exort. apost. *Sacramentum caritatis*, o.c., n. 49; sobre o tema cf. BIANCHI, S. "Offerte vobis pacem": *Not* 65 (1971) 273-275; SORCI, P. "Il segno di pace": *RL* 96 (2009) 138-146; URDEIX, J. "El rito de la paz": *Ph* 165/166 (1988) 285-289. Sobre todo o conjunto dos ritos cf. BÉRAUDY, R. "Les rites de préparation à la communion": *LMD* 100 (1969) 55-71; VERHEUL, A. "L'ordonnance de la communion selon le nouvel *Ordo Missae*": *QL* 53 (1972) 119-133.

33. Cf. Instrução *Sacramentali communione* (29-6-1970): *AAS* 62 (1970) 664-666; e em *PastL* 51/53 (1970) 26-31. Cf. *Ph* 129 (1982) 220-235; LÓPEZ MARTÍN, J. "La comunión bajo las dos especies": *Ph* 165/166 (1988) 296-305; TENA, P. "La comunión bajo las dos especies veinte años después del Vaticano II: *Not* 210 (1984) 37-46.

e dos restantes livros litúrgicos relacionados com a participação dos fiéis e com o cerimonial[34].

O Missal romano compreende os textos eucológicos e os cantos de entrada e comunhão para cada uma das celebrações, seguindo o ano litúrgico. O título faz referência expressa ao Concílio Vaticano II e aos pontífices Paulo VI e João Paulo II, que promulgaram, respectivamente, as duas primeiras edições (1970 e 1975) e a terceira (2000, embora o livro tenha sido publicado em 2002)[35]. No início se encontram a Constituição Apostólica de Paulo VI de promulgação do Missal, a IGMR e o *Motu proprio Mysterii Paschalis* de 21-3-1969, as "Normas universais sobre o ano litúrgico e o calendário" e o Calendário Romano geral. Seguem-se os formulários das celebrações, distribuídos em dois grandes blocos: o *Proprium de Tempore* ou ciclo dos mistérios do Senhor seguindo o ano litúrgico (cf. SC 102) e o *Proprium de sanctis*, com as celebrações dos santos seguindo os meses do calendário (cf. 103-104). No meio destes blocos se encontra o *Ordo missae* com seus apêndices. Depois do *Proprium de sanctis* vêm os *Communia* dos santos, ou seja, as missas comuns às diversas categorias de santos, as *Missae rituales*, as *Missae et orationes ad diversa*, as *Missae votivae* e as *Missae defunctorum*. Finalmente outros apêndices.

---

34. Cf. RAFFA, V. *Liturgia eucaristica...*, o.c., 169-195.
35. *Missale Romanum ex Decreto Sacrosancti Oecumenici Concilii Vaticani II instauratum auctoritate Pauli PP. VI promulgatum Ioannis Pauli II cura recognitum* (ed. típica TPV, 2002; *reimpressio emendata* 2008); cf. *Not* 503/504 (2008) 367-387. A bibliografia sobre o Missal romano é imensa. No entanto, cf. AA.VV. *Il nuovo Messale. Atti della XXII Sett. Lit. Naz.* (Pádua 1972); AA.VV. *Il nuovo Messale, proposte per una valorizzazione pastorale* (Milão 1974); AA.VV. *Il Messale Romano del Vaticano II. Orazionale e Lezionario*, 2 vols. (Leumann/Turim 1981-1984); BARBA, M. *Il Messale Romano. Tradizione e progresso nella terza edizione típica* (MSIL 34, 2004); BUGNINI, A. *La reforma de la liturgia*, o.c., 345-355; DÍEZ VALLADARES, L. "La tercera edición típica del Misal Romano": *PastL* 279 (2004) 111-126; GIRAUDO, C. (ed.). *Il Messale Romano. Tradizione, traduzione, adattamento* (BELS 125, 2003); JOUNEL, P. "L'élaboration du Missel de Vatican II": *EL* 119 (2005) 87-113; LÓPEZ MARTÍN, J. "Misal Romano", em NDL 1293-1311; ID. "Bibliografía sobre el Misal Romano": *Ph* 163 (1998) 77-92; SODI, M. & TONIOLO, A. (eds.). *Concordantia et indices Missalis Romani. Editio typica tertia* (MSIL 24, 2002); SORCI, P. "Il Missale Romano": *RL* 95 (2008) 876-883; SUSTAETA, J.M. *Misal y Eucaristía. Estudio teológico, estructural y pastoral del Nuevo Misal Romano* (Valencia 1979); e *EL* 84 (1970) 225-350, 401-446; 116/3 (2002) e 117/1-3 (2003); 122/1-4 (2008); *LMD* 256 (2008); *Not* 434 (2002); *QL* 52 (1971) 271-325; *RL* 58/4 (1971); 90/4 (2003) etc.

O Missal romano de 1970 representa o ponto de chegada de um ordenamento dos textos da missa que no essencial remonta ao papa São Gregório Magno e ao arquétipo do chamado *Sacramentário Gregoriano*, cujo manuscrito mais completo e representativo é o *Sacramentário Gregoriano Adrianeu* (Cambrai, Biblioteca municipal, cód. 164), copiado no ano de 812 a partir do exemplar enviado pelo papa Adriano I a Carlos Magno por volta de 785. Marcos fundamentais da história do Missal são também o *Missal da Cúria Romana* do século XIII e o *Missale Romanum* promulgado por São Pio V em 1570[36], de maneira que entre este Missal e o de 1970 existe uma verdadeira continuidade não só substancial, mas inclusive nos textos, embora as orações e os prefácios tenham aumentado consideravelmente em número. De fato, praticamente todos os textos eucológicos do Missal anterior se encontram no atual, retocados em muitos casos de acordo com o conhecimento que hoje se tem dos antigos sacramentários. Fruto também deste mesmo avanço foi a incorporação de textos das mesmas fontes e inclusive de uma representação de sacramentários e livros das outras liturgias ocidentais.

Entre as riquezas do Missal de 1970 e da terceira edição de 2002, é preciso contar também as três orações eucarísticas que acompanham o venerável Cânon Romano no *Ordo Missae*, o apêndice deste com a importantíssima novidade de incluir na edição típica do Missal as duas orações eucarísticas da reconciliação e a destinada às *Missas para diversas necessidades* com suas quatro variantes. As orações eucarísticas para as missas com crianças figuram em outro apêndice da edição do Missal de 2002. Nesta edição foram incorporados novos formulários de missas, entre elas as de 19 santos, novas orações *super populum* e numerosos textos alternativos.

Quanto às edições do Missal romano em língua espanhola, além da edição da Espanha, adotada por outras conferências episcopais – a última é de 1998 com o texto unificado da versão do *Ordo missae* e das orações eucarísticas para os 22 países hispanófonos –, existem outras quatro editadas na Argentina, na Colômbia, no Chile e no México. A partir de 2002 começou-se a preparar e em alguns casos a publicar as edições adaptadas da terceira

---

36. Cf. *supra*, notas 15, 34, 46 e 48 do cap. IV.

edição típica do Missal romano. Na Espanha existem também edições do Missal romano em catalão, euskera e galego.

V – A concelebração

Entre as formas de celebrar a missa, de acordo com o atual *Ordo missae*, o primeiro lugar cabe à *missa estacional* do bispo diocesano (cf. IGMR 112)[37]. Segue-se em importância a "missa celebrada com uma comunidade, sobretudo a paroquial, [...] principalmente quando se trata da celebração comunitária do dia do Senhor" (IGMR 113; cf. 115). A concelebração eucarística sempre existiu tanto no Oriente como no Ocidente, embora não seja fácil determinar como era concebida e realizada na prática durante numerosas épocas. Na liturgia romana anterior ao Concílio Vaticano II ocorria somente nas ordenações episcopal e presbiteral.

O Concílio restabeleceu "a concelebração, que manifesta convenientemente a unidade do sacerdócio e do sacrifício, bem como a unidade de todo o povo de Deus" (IGMR 199; cf. SC 57)[38]. Tão importantes são estes aspectos que, se não o impedir a necessidade dos fiéis, salva também a liberdade pessoal do sacerdote, se recomenda a concelebração nos lugares onde vivem vários presbíteros, bem como nas reuniões sacerdotais, como sua forma própria de participar da eucaristia. A concelebração é prescrita na ordenação do bispo e dos presbíteros, na bênção do abade e na missa crismal e é vivamente recomendada na missa vespertina da Quinta-feira

---

37. Cf. *supra*, nota 9 do cap. VIII.
38. Cf. AUGÉ, M. "Concelebración eucarística", em NDL 410-422; BUGNINI, A. *La reforma de la liturgia*, o.c., 107-115; CABIÉ, R. "Concelebración", em MARTIMORT 526-535; FRANQUESA, A. "La concelebración a los dieciséis años de su restauración". In: KACZYNSKI, R. et al. (ed.). *Liturgia, opera divina e umana. Miscellanea Mons. A. Bugnini* (BELS 26, 1982) 291-306; MADEJA, S. "Analisi del concetto di concelebrazione eucaristica nel Concilio Vaticano II e nella riforma liturgica posconciliare": *EL* 96 (1982) 3-56; ID. "Bibliografia sulla concelebrazione eucaristica": *EL* 97 (1983) 262-273; NEUNHEUSER, B. et al. *Concelebrazione, dottrina e pastorale* (Bréscia 1965); RAFFA, V. *Liturgia eucaristica...*, o.c., 737-756; SUSTAETA, J.M. "La concelebración eucarística": *Anales Valentinos* 35 (1992) 1-25; TIROT, P. "La concélébration et la tradition de l'Église": *EL* 101 (1987) 33-59 e 182-214; e *CuaderPh* 115 (2001); *LMD* 224 (2000) etc.

santa, nas missas dos concílios, das conferências episcopais e nos sínodos e na missa conventual[39].

VI – O culto eucarístico

O culto do mistério eucarístico é um aspecto essencial do culto cristão. A missa já é expressão da fé na presença real do Senhor sob as espécies sacramentais do pão e do vinho. No entanto, o reconhecimento e a adoração desta presença se prolongam para além da celebração por meio de uma série de atos litúrgicos e piedosos consagrados pela tradição, tais como a exposição e a bênção com o Santíssimo Sacramento, as procissões eucarísticas, os congressos e a oração pessoal e comunitária diante do tabernáculo. Este culto foi encarecido e orientado por numerosos documentos do Magistério pontifício relativos à eucaristia, apoiados pelos bispos de todo o mundo, e de maneira particular pelo *Ritual da comunhão e do culto eucarístico fora da missa*[40]. Neles se expõem os princípios teológicos que justificam este culto e as orientações litúrgicas e pastorais para realizá-lo[41].

---

39. Cf. IGMR 199-204; CDC c. 902; Instrução *Eucharisticum Mysterium*, de 25-5-1967, n. 47: *AAS* 59 (1967) 565-566.

40. A edição típica foi promulgada em 1973 e a oficial espanhola em 1974. Sobre este culto cf. AA.VV. *Memoriale del Signore e sacramento permanente* (Leumann/Turim 1967); ÁLVAREZ, L.F. "'Adoración al Padre en Espíritu y en verdad' (Jn 4,23). Aspectos teológico-litúrgicos del culto fuera de la Misa": *Isidorianum* 3 (1993) 131-147; BERTAUD, E. "Dévotion eucharistique", em DSp IV, 1621-1637; BABURÉS, J. "La adoración eucarística": *OrH* 24 (1993) 247-253; BUGNINI, A. *La reforma de la liturgia*, o.c., 573-575 e 743-751; CANALS, J.M. *El culto a la Eucaristía*, em *Dossiers* CPL 71 (1996); DÍEZ VALLADARES, L. *Acoger la presencia. El culto eucarístico fuera de la Misa tras la reforma litúrgica del Vaticano II* (Salamanca 1998); GONZÁLEZ, C. *Adoración eucarística* (Madri 1990); LÓPEZ MARTÍN, J. "Culto eucarístico", em NDL 511-518; SENSI, M. "Origine del culto eucaristico fuori della Messa". In: NARDIN, R. & TANGORRA, G. (eds.), o.c., 421-445; TENA, P. "La comunión y el culto eucarístico fuera de la Misa": *Ph* 81 (1974) 173-193; ID. "La adoración eucarística": *Ph* 135 (1093) 205-218; e *CuaderPh* 23, 56, 84 (1990-1997); *LMD* 203 (1995); 225 (2001); *Not* 351 (1995); *Ph* 135 (1983); 264 (2004); *RL* 67/1 (1980); 87/3 (2000); 94/6 (2007); *RivPL* 30/1 (1992) etc.

41. Entre outros cabe citar: PAULO VI. Encíclica *Mysterium fidei*, de 3-9-1965: *AAS* 57 (1965) 753-774; JOÃO PAULO II. Carta apost. *Dominicae Cenae*, o.c.; ID. Encíclica *Ecclesia de Eucharistia*, de 17-4-2003: *AAS* 95 (2003) 433-475; comentários em *PastL* 276 (2003) 335-372; ID. Carta apost. *Mane nobiscum, Domine*, de 7-10-2004: *AAS* 97 (2005) 337-352; BENTO XVI. Exort. apost. pós-sinodal *Sacramentum caritatis*, o.c., n. 66-69; CONG. PARA O CULTO DIVINO. Instrução *Redemptionis sacramentum*, de 25-3-2004: *AAS* 96 (2004) 549-601; apresentação deste documento em *PastL* 280 (2004) 229-242 etc.

De forma sintética, os princípios teológicos são os seguintes: a finalidade da Reserva eucarística é, na seguinte ordem, a administração do viático aos moribundos, a comunhão fora da missa e a adoração de Cristo presente no sacramento. O culto eucarístico fora da missa inclui não só a adoração do Senhor, mas também a identificação com seu sacrifício pascal atualizado na celebração da missa e prolongado na presença real no sacramento. O culto eucarístico supõe também uma dimensão eclesiológica, já que o sacramento representa também a comunhão misteriosa da Igreja com o corpo de Cristo (cf. 1Cor 10,16-17). Por outro lado, o mistério eucarístico em sua totalidade, ou seja, celebração e sacramento, é o centro da vida da Igreja local e universal e a fonte da vida cristã[42]. Por último, o culto eucarístico tem uma dimensão escatológica como expectativa da vinda do Senhor: "Vem, Senhor Jesus!" (Ap 22,17.20).

Do ponto de vista pastoral, o culto eucarístico é também uma forma de preparar e prolongar as atitudes vividas na celebração eucarística. Portanto, é muito importante cuidar de todos os sinais que manifestam a relação do culto eucarístico com a celebração da eucaristia, por exemplo, realizá-lo como continuação da missa, consagrando nela a hóstia que vai ser exposta ou levada em procissão, colocação do sacramento sobre a mesa do altar, orações e preces dirigidas a Cristo Senhor, atenção aos tempos litúrgicos etc. O culto eucarístico deve também ser objeto de catequese e de iniciação prática.

VII – A pastoral da eucaristia

A pastoral da celebração eucarística conheceu um grande avanço a partir do Concílio Vaticano II. Os esforços se concentraram na missa do domingo, o campo onde os progressos foram mais notórios. A tarefa deve continuar para que a eucaristia ocupe realmente o centro das comunidades cristãs e impregne toda a vida espiritual dos fiéis. Para consegui-lo, é indispensável uma adequada catequese sobre o mistério eucarístico, que contemple todos

---

42. Cf. LÓPEZ MARTÍN, J. "La Eucaristía, centro de toda la vida cristiana": *REDC* 156 (2004) 229-256; ID. "La Eucaristía, manifestación principal de la Iglesia. El testimonio del Rito actual de la Misa": *StLeg* 46 (2005) 11-42.

os aspectos sem exclusão e que atenda à devida iniciação das crianças e dos jovens na celebração da missa[43].

Esta pastoral requer também que os ministros da eucaristia desempenhem sua função esmerando-se em tudo o que possa aumentar o decoro e o aspecto sagrado da celebração, procurando participar eles próprios com a mente e o coração, para vivê-la como o momento central de seu ministério e ajudar os fiéis em sua própria participação[44]. É muito importante levar em consideração a liturgia da Palavra, a seleção dos cantos, a recitação da oração eucarística e a autenticidade e beleza de todos os elementos necessários para a celebração, sem descuidar o sentido de adoração que deve presidir todo o rito. O ápice da participação eucarística é a comunhão sacramental (cf. SC 48; 55).

---

43. Neste aspecto foi decisivo também o Magistério pontifício: cf. *supra*, nota 41. Sobre esta pastoral cf. AA.VV. *Celebrare con il Messale del Vaticano II. Orientamenti pastorali* (Leumann/Turim 1980); AA.VV. *Celebrare l'Eucaristia. Significato e poblemi della dimensione rituale* (Leumann/Turim 1983); ABAD, J.A. "Eucaristía", em DPE 387-405; CONF. EP. ESPANHOLA. *La Eucaristía, alimento del pueblo peregrino*. Instrução pastoral, de 4-3-1999 (Madri 1999); CONG. PARA O CULTO DIVINO. "Año de la Eucaristía. Sugerencias y propuestas": *PastL* 283 (2004) 383-424; GARMENDÍA, M. *Eucaristía: tradición y perspectivas pastorales* (Madri 1990); GESTEIRA, M. "La participación activa de los fieles en la Eucaristía según el Concilio Vaticano II": *RET* 47 (1987) 61-107; MAGRASSI, M. *Vivere l'Eucaristia* (Noci 1976); TENA, P. "La pastoral de la Eucaristía, hoy": *PastL* 297 (2007) 101-112; TRIACCA, A.M. "Donna ed Eucaristia": *Not* 351 (1995) 559-578; *Conc* 172 (1982); *Dossiers* CPL 6, 16-21, 39, 41, 49, 51, 63, 71 e 85 (1979-2000); *Ph* 183 (1991) etc.

44. Cf. CONG. PARA O CLERO. *Diretório para o ministério e a vida dos presbíteros* (31-1-1994) (LEV ²2013) n. 49.

Capítulo XVI
Os sacramentos

Os sacramentos destinam-se à santificação dos homens, à edificação do corpo de Cristo e ainda ao culto a ser prestado a Deus. Sendo sinais, destinam-se também à instrução. [...] É muito importante, portanto, que os fiéis compreendam com facilidade os sinais dos sacramentos. E com muito zelo frequentem os sacramentos, que foram instituídos para alimentar a vida cristã (SC 59).

Bibliografia

ASSOC. PROF. DE LITURGIA. *Celebrare il mistero di Cristo. La celebrazione dei sacramenti. Manuale di liturgia*, 2 (BELS 88, 1996); BOROBIO, D. *Sacramentos en comunidad. Comprender, celebrar, vivir* (Bilbao 1984); BUGNINI, A. *La reforma de la liturgia (1948-1975)* (BAC, ʳ1999) 503-628; CROCE, V. *Cristo nel tempo della Chiesa. Teologia dell'azione liturgica, dei sacramenti e dei sacramentali* (Leumann/Turim 1992); DANIÉLOU, J. *Sacramentos y culto según los SS.PP.* (Madri 1962); DELLA TORRE 2, 17-151 e 249-371; GELINEAU, J. *Assemblea santa. Manuale di liturgia pastorale* (Bolonha 1991) 177-271 e 445ss; JOUNEL, P. et al. "Los sacramentos", em MARTIMORT 559-886; KLEINHEYER, B. et al. *La liturgia della Chiesa. Manuale di scienza liturgica*, 9. *Celebrazioni sacramentali* – 3. *Ordine, matrimonio...* (Leumann/Turim 1994); KUNZLER 387-494; MARSILI, S. *Los signos del misterio de Cristo. Teología litúrgica de los sacramentos* (Bilbao 1993); NOCENT, A. et al. "Os sacramentos. Teologia e história da celebração", em *Anamnesis* 4 (1989); RIGHETTI 2, 621-1097; TENA, P. et al. "Sacramentos", em BOROBIO 2; e os números de *Ph* 156 (1986); 218 (1997); *RL* 75/3 (1988); 81/5 (1994); 85/4 (1988); 94/3 (2007); etc.

O capítulo continua a apresentação dos *sinais do mistério* tratando dos sacramentos. A exposição se limita aos aspectos estritamente litúrgicos, ou seja, aos elementos dinâmicos da celebração dos sacramentos em geral e às linhas básicas dos respectivos rituais. Para o estudo particular de cada sacramento vejam-se os manuais desta coleção *Sapientia Fidei* dedicados à teologia sacramental[1].

I – Os sacramentos enquanto celebrações

Os grandes sinais do mistério da salvação, que junto com a eucaristia constituem o setenário sacramental da Igreja, são "obra de Cristo sacerdote e de seu corpo que é a Igreja" (SC 7). São, portanto, "forças que saem" do Corpo de Cristo, sempre vivo e vivificante, por meio do seu Espírito, "sinais da fé" que conferem eficazmente a graça de Jesus Cristo e produzem fruto naqueles que os recebem com as devidas disposições, mas são também "celebrações" eclesiais (cf. CIC 1113-1130).

1 Celebrações da Igreja

Com efeito, os sacramentos não são ações privadas, mas "celebrações da Igreja" que pertencem a todo o povo santo de Deus, o afetam e o manifestam como "sacramento da unidade" em favor dos homens (cf. SC 26). Neste sentido são "da Igreja", existem "por ela" e são "para ela" (cf. CIC 1118). A Igreja atua neles como comunidade sacerdotal, organicamente estruturada, ou seja, como assembleia litúrgica presidida pelos que foram instituídos para ser os pastores e os ministros de Cristo pelo sacramento da ordem (cf. LG 11). No interior desta assembleia, dotada de carismas, ofícios e ministérios, "cada qual, ministro ou fiel, ao desempenhar a sua função, faça tudo e só aquilo que pela natureza da coisa ou pelas normas litúrgicas lhe compete" (SC 28).

---

1. Últimas edições ou reimpressões: ARNAU, R. *Tratado general de los sacramentos* (Madri 2007); OÑATIBIA, I. *Bautismo y Confirmación* (Madri 2006); BOROBIO, D. *La Eucaristía* (Madri 2005); ARNAU, R. *Orden y ministerios* (Madri 2005); FLÓREZ, G. *Penitencia y Unción de los enfermos* (Madri 2005); ID. *Matrimonio y Familia* (Madri 2005).

Todos os *ordines* ou rituais de sacramentos, ao referir-se em seus *praenotanda* às funções e ministérios na celebração, põem sempre em destaque, em primeiro lugar, o que corresponde ao povo de Deus e, em seguida, as competências dos diversos ministros. Deste modo se indica que o ministério ordenado está a serviço do sacerdócio comum dos fiéis e garante que é Cristo quem atua por meio de seu Espírito em favor da Igreja (cf. CIC 1120).

Com efeito, para que apareça com mais clareza que a Igreja é o sujeito integral da ação litúrgica, é sumamente conveniente que a celebração dos sacramentos, segundo a natureza própria de cada um, seja realizada com assistência e participação ativa dos fiéis (cf. SC 27)[2]. Estes não devem assistir como espectadores estranhos e mudos, mas devem participar de maneira ativa, consciente e piedosa na ação litúrgica (cf. SC 14; 19 etc.). A participação, interna e externa ao mesmo tempo (cf. SC 11), contribui para que toda a celebração prepare melhor os fiéis para receber mais frutuosamente a graça divina dispensada nos sacramentos (cf. SC 59)[3].

A celebração dos sacramentos deve ser realizada cuidadosamente sob a responsabilidade dos ministros, observando as orientações e as normas pastorais. A preparação deve ser pessoal, litúrgica e catequética (cf. SC 9; 35,3). O fruto da celebração será maior se, de acordo com o respectivo ritual, forem escolhidas as leituras, as orações e outros elementos que melhor correspondam às necessidades, à idade, à condição, ao gênero de vida, à cultura religiosa e ao grau de preparação dos que vão receber os sacramentos (cf. SC 19). Esta escolha deve ser feita visando o bem comum da assembleia e de acordo com os que oficiam na celebração, sem excluir os próprios fiéis na parte que lhes corresponde mais diretamente (cf. IGMR 111; 352).

---

2. Sobre a participação dos fiéis tratou-se na seção IV do cap. VIII; também BELLAVISTA, J. "La participación de los fieles en los sacramentos a la luz de la historia": *Ph* 33 (1966) 201-217; LÓPEZ MARTÍN, J. "La participación de los fieles según los libros actuales y en la práctica": *Ph* 144 (1984) 487-510; PISTOIA, A. "L'assemblea come soggetto della celebrazione: una verifica sui praenotanda e sui modelli celebrativi dei nuovi libri liturgici". In: MARSILI, S. (ed.). *Ecclesiologia e liturgia* (Casale M. 1982) 90-126 etc.
3. Cf. a reflexão do SEC. NAC. DE LITURGIA (Espanha). "El carácter comunitario de la celebración": *PastL* 189/190 (1989) 3-28.

Todos *os que intervêm na celebração* dos sacramentos devem estar profundamente penetrados do espírito da liturgia e instruídos para cumprir sua função devidamente (cf. SC 29). Para que tudo se faça com ordem e a celebração resulte digna e frutuosa, é indispensável seguir fielmente os livros litúrgicos aprovados pela autoridade competente (cf. CDC 846 § 1). As leituras devem ser tomadas dos lecionários litúrgicos oficiais, de maneira que se torne patente também a dignidade da Palavra de Deus e se alimente a fé dos presentes (cf. ELM 32; 37).

2 Elementos dinâmicos

A celebração dos sacramentos abrange a *liturgia da Palavra*, para que se manifeste a íntima unidade entre a Palavra e o rito (cf. SC 35). Além disso, as leituras bíblicas são uma "proclamação das maravilhas divinas na história da salvação ou no mistério de Cristo, que está sempre presente em nós e opera, sobretudo nas celebrações litúrgicas" (ibid.). Com esta finalidade foram selecionadas leituras oportunas para cada sacramento[4].

Neste contexto, *a homilia* contribui para suscitar a fé e iluminar os corações dos que vão receber os sacramentos (cf. SC 59). Além disso, é preciso levar em consideração que muitas vezes assistem pessoas não crentes ou afastadas da Igreja. Da mesma forma, *os cantos* previstos pela própria liturgia, especialmente os salmos, alimentam a fé e favorecem uma participação mais proveitosa[5].

A celebração tem também seu *ritmo*, seu tempo de ação e seu tempo de contemplação. A recomendação de que alguns sacramentos sejam realizados durante a celebração eucarística (cf. SC 71; 78) expressa a orientação de todos para a eucaristia (cf. PO 5). A atenção aos diferentes tempos do Ano Litúrgico torna possível a harmonização entre o pessoal e o comunitário, entre

---

4. Cf. IGMR 368; 372; ELM 72; 87-88; BOGGIO, G. "Temi del lezionario delle Messe rituali". In: AA.VV. *Il Messale Romano del Vaticano II*, 2 (Leumann/Turim 1981) 334-395; LÓPEZ MARTÍN, J. "El Leccionario del Ritual de Órdenes": *Ph* 139 (1984) 23-36; RINAUDO. S. "Il Lezionario del rito della Penitenza": *RL* 62 (1975) 109-123; TENA, P. "El Leccionario de la Confirmación": *Ph* 69 (1972) 281-287 etc.

5. Cf. *supra*, nota 25 do cap. IX.

o particular ou local e o universal e entre o subjetivo e o objetivo. Os rituais devem ser aplicados com um critério de criatividade sadia e de adaptação responsável às circunstâncias dos que recebem os sacramentos.

A celebração dos sacramentos requer que se preste uma grande atenção *aos sinais* e a outros elementos simbólicos e rituais da comunicação no interior das celebrações. Através dos sinais manifesta-se que os sacramentos são ações de Cristo, que, pelo poder do Espírito no ministério da Igreja, santifica os homens e os edifica como membros de seu corpo. A própria ação litúrgica revela, mediante o simbolismo dos gestos e dos ritos, as maravilhas que Deus realiza invisivelmente. Pela mesma razão, tudo o que se usa na celebração dos sacramentos deve ser digno, decoroso e belo, "sinais e símbolos das coisas do alto" (SC 122-124). Deste modo será mais fácil passar "do visível para o invisível, do significante para o significado, dos *sacramentos* para os *mistérios*" (CIC 1075).

Os *elementos naturais* que se requer por instituição divina e foram determinados pela Igreja como matéria para a celebração válida dos sacramentos devem ser aptos para expressar a verdade do sinal, de maneira que em sua preparação e conservação devem ser respeitadas as normas litúrgicas e canônicas.

Da mesma forma, deve-se atender às circunstâncias de *tempo* e de *lugar* para celebrar de maneira expressiva determinados sacramentos. Com efeito, embora todos possam ser celebrados a qualquer hora do dia ou da noite, sobretudo em caso de necessidade, em igualdade de circunstâncias deve-se preferir os domingos e os dias em que possa haver maior participação do povo. Os sacramentos que têm alcance diocesano, como as ordenações, devem ser celebrados na catedral; os outros na igreja paroquial ou em outra igreja, salvo os sacramentos dos enfermos. Por outro lado, a tradição litúrgica criou o batistério, os confessionários e a capela da Reserva eucarística, como lugares aptos para celebrar determinados sacramentos. A beleza do lugar contribui também para orientar as mentes para as realidades invisíveis que se apresentam nos sacramentos.

II – Os "Rituais dos sacramentos"

Os livros litúrgicos destinados aos sacramentos são um instrumento pastoral muito importante, não só para conhecer o que a Igreja crê e expressa em sua liturgia, mas também para celebrar de maneira adequada e proveitosa[6].

Inspirando-se no modelo do *Ritual romano* de 1614, que incluía diretrizes pastorais antes de cada *ordo*, os rituais oferecem alguns *praenotanda* amplos e convidam as Conferências Episcopais a acrescentar suas próprias orientações pastorais. Além disso, em alguns casos propõem vários tipos de celebração, numerosos textos de substituição e alguns elementos optativos[7]. Por outro lado, as edições típicas latinas constituem o arquétipo do que se deve encontrar nas edições dos rituais editados pelas Conferências Episcopais[8].

Os rituais, além disso, reconhecem a existência de diferentes níveis de fé e de vida cristã. Por isso insistem na catequese pré-sacramental e oferecem as pistas adequadas. Mas também permitem organizar a celebração de modo que se leve em consideração estes níveis. Em muitos casos será necessário também preparar uma série de encontros, colóquios, inclusive verdadeiras celebrações de iniciação ou preparatórias, sobretudo quando se

---

6. Além do que foi dito no cap. IV sobre os livros litúrgicos e sua formação, cf.: ALDAZÁBAL, J. "El libro litúrgico como pedagogía de la celebración": *Ph* 116 (1980) 111-124; MARTÍN PATINO, J.M. "Importancia y función pastoral del libro litúrgico": *Sal Terrae* 60 (1972) 483-502; SIRBONI, S. "Dal libro liturgico alla celebrazione": *RL* 77 (1990) 37-56; SODI, M. "Il libro liturgico: sacramento per la celebrazione o per la vita?": *RL* 72 (1985) 455-468.

7. Cf. COGGI, R. & COLOMBO, G. "Le condizioni della celebrazione nei sacramenti": *RL* 75 (1988) 359-404; LAMERI, A. "Il Rituale Romano": *RL* 85 (2008) 903-912; LÓPEZ MARTÍN, J. "El 'modelo' de pastoral de los sacramentos en el Vaticano II y en los actuales rituales": *Ph* 156 (1986) 479-508 etc. O tema não é novo, como se pode ver no interessante estudo de ENRIQUE Y TARANCÓN, V. "Pastoral del Ritual": *Liturgia* 13 (Silos 1958) 131-148.

8. Cf. SC 63b; CDC c. 826 e 838: além do documento romano e da bibliografia citada *supra*, nota 1 do cap. IV, pode-se cf. BONACCORSO, G. et al. *Liturgia e incarnazione* (Pádua 1997); BROVELLI, F. (ed.). *Liturgia e adattamento* (BELS 54, 1990); CHUPUNGCO, A.J. "A adaptação litúrgica no Ordo Missae: Princípios e possibilidades", em *Anamnesis* 3, 315-346; GONZÁLEZ, R. "Adaptación litúrgica: principios que dimanan de la SC completada por otros documentos conciliares": *EL* 105 (1991) 3-29; MANZANARES, J. *Liturgia y descentralización en el Concilio Vaticano II* (Roma 1970); OÑATIBIA, I. "Para cuándo las adaptaciones profundas?": *Ph* 103 (1978) 9-32; SCICOLONE, I. (ed.). *L'adattamento culturale della liturgia* (Roma 1993); e *Ph* 206 (1995) etc.

trata de introduzir na vida litúrgica crianças, jovens, adultos em etapa catecumenal ou de redescoberta de sua fé. Não se pode esquecer que a própria liturgia é iluminação, mistagogia, iniciação viva.

É necessário hoje recuperar as catequeses mistagógicas dos sacramentos[9], como as que eram ministradas na semana da Páscoa. Nos Santos Padres existia a plena convicção de que a participação nos sacramentos "abria" de verdade o espírito dos fiéis para a compreensão do mistério[10].

III – Os Rituais da iniciação cristã

A iniciação cristã pode ser considerada o processo, ou seja, a série de atos e de fases sucessivas que aquele que é admitido à Igreja continua cumprindo até sua plena integração na comunidade cristã. Em clara analogia com as primeiras etapas da vida humana, os sacramentos que consagram os inícios (*initia*) da vida dos filhos de Deus se chamam "sacramentos de iniciação" (cf. CIC 1275)[11] e estão tão intimamente relacionados entre si que podem ser considerados um grande sacramento[12].

---

9. Cf. "Relación final" II.B.b.2, em *Documentos del Sínodo 1985* (BAC, 1986) 14. Sobre estas catequeses cf. CIC 1074-1075; e CONG. PARA O CLERO. *Diretório para a catequese* (LEV, 1997) n. 88-89, 108, 129 etc.

10. Cf. a reflexão de Santo Ambrósio em *De Mysteriis* 1,2, ed. BOTTE, B. *Des Sacrements. Des Mystères* (Paris 1961) 156-157. Da catequese litúrgica e da mistagogia se tratará no cap. XXVIII.

11. Cf. CIC 1229 e 1233; LG 11; PAULO VI. Const. Apostólica *Divinae consortium naturae*, de 15-8-1971: *AAS* 63 (1971) 657-664, aqui 657.

12. Cf. BUGNINI, A. *La reforma de la liturgia (1948-1975)*, o.c., 509-543; FRANQUESA, A. "El gran sacramento de la Iniciación cristiana": *Ph* 177 (1990) 185-209; TENA, P. "El gran sacramento de la Iniciación cristiana". In: SECR. NAC. DE LITURGIA. *El sacramento del Espíritu* (Madri 1976) 21-46. Além disso: ABAD, J.A. "Iniciación cristiana", em DPE 559-573; ASS. ESP. DE PROF. DE LITURGIA (ed.). *Fundamentos teológicos de la Iniciación cristiana* (Baracaldo 1999); BOROBIO, D. *La Iniciación cristiana* (Salamanca 1996); CALLES GARZÓN, J.J. *Catecumenado y comunidad cristiana en el Episcopado Español (1964-2006)* (Salamanca 2006); CONF. EP. ESPANHOLA. *La Iniciación cristiana. Reflexiones y orientaciones* (Madri 1988); ELORRIAGA, C. *Bautismo y catecumenado en la tradición patrística y litúrgica* (Baracaldo 1999); LÓPEZ MARTÍN, J. "La Iniciación cristiana. Notas bibliográficas": *Ph* 171 (1989) 225-240; ID. "La Eucaristía, culmen de la Iniciación cristiana": *Actualidad Catequética* 217-218 (2008) 55-82; NOCENT, A. "Iniciación cristiana", em NDL 1051-1070; ID. "Os três sacramentos da iniciação cristã", em *Anamnesis* 4, 9-141; SECR. NAC. DE LITURGIA. *La Iniciación cristiana hoy: Liturgia y catequesis* (Madri 1989); e *Actualidad Catequética* 182 (1999); 212 (2006); *CuaderPh* 72, 123, 149, 162 (1996-2006); *EL* 91/1 (2004) etc.

1 Síntese histórica da iniciação cristã

A iniciação cristã sempre foi a expressão da função maternal de Igreja que gera os novos filhos de Deus e os nutre na fé com o olhar fixo na plenitude de Cristo (cf. Ef 4,13). No entanto, pelo menos no Ocidente, diversos fatores contribuíram para romper a unidade do processo. Por isso na *história da iniciação cristã* se reconhecem várias etapas[13].

a) Na *época apostólica* não há indícios de que existisse uma organização do itinerário sacramental para os que entravam na Igreja. No entanto, o batismo era precedido pela conversão como fruto da pregação apostólica e implicava a confissão da fé no Senhor Jesus e a recepção do dom do Espírito Santo mediante a imposição das mãos. Os que entravam na Igreja perseveravam no ensino dos Apóstolos e na *fração do pão* (cf. At 2,38-42 etc.). Mas no século II já se constata a existência de uma catequese prévia ao batismo, seguida de oração e de jejum.

b) Na *Tradição Apostólica* de Hipólito (séc. III) já aparece o primeiro ritual conhecido de iniciação cristã, com várias etapas: apresentação dos candidatos e exame, catecumenato de três anos de catequese, oração e diversos ritos, preparação próxima dos eleitos e celebração dos sacramentos na vigília pascal. Seguia-se a catequese (mistagógica) ministrada pelo bispo. Esta estrutura fundamental subsistiu durante os séculos seguintes até o desaparecimento progressivo do catecumenato de adultos e a generalização do batismo de crianças (séc. VII).

c) Durante os séculos IV e V desenvolveram-se os escrutínios dos domingos III, IV e V da Quaresma, as "entregas" e "devoluções" do Símbolo e do Pai-nosso e as catequeses mistagógicas da semana da Páscoa ligadas aos nomes dos grandes Padres da época. Com a perda de importância do catecumenato de adultos, os escrutínios dominicais passaram para os dias de semana da Quaresma. No entanto, até o século X ainda não se havia rompido a unidade da celebração dos sacramentos.

---

13. Cf. CHAVASSE, A. "Histoire de l'initiation chrétienne des enfants de l'antiquité à nos jours": *LMD* 28 (1951) 26-44; MARTIMORT, A.G. "Catéchumenat et initiation chrétienne des adultes: jalons historiques": *Not* 228/229 (1985) 382-393 etc.

d) A ruptura se iniciou no momento em que o batismo deixou de ser ministrado na Páscoa e a confirmação foi reservada ao bispo. Não obstante, ainda nos séculos XIII e XIV, caso estivesse presente o bispo, a confirmação era ministrada logo após o batismo. Na Idade Média foram introduzidos numerosos ritos, como a entrega da vela acesa e os gestos nos exorcismos pré-batismais. No Oriente foram ministrados sempre de maneira conjunta os três sacramentos, inclusive o batismo de crianças.

e) O *Ritual romano* de Paulo V (título II – cap. II) continha um rito para o batismo de crianças e um rito para o batismo de adultos, no qual as etapas do catecumenato estavam assinaladas simbolicamente. Às vésperas do Concílio Vaticano II o papa João XXIII restaurou os ritos e as etapas do catecumenato[14].

f) Mesmo assim, o Concílio determinou uma restauração mais completa e uma revisão do batismo dos adultos (cf. SC 64-66) e das crianças (cf. SC 67), recomendando também as adaptações necessárias para os batismos numerosos (cf. 68) e que a água batismal fosse benta na própria celebração (cf. SC 70). A respeito da confirmação, o grande objetivo assinalado pelo Concílio foi que devia "aparecer mais claramente a íntima conexão deste sacramento com toda a iniciação cristã" (SC 71).

2 Estrutura atual da iniciação cristã

O livro litúrgico para a entrada dos adultos na Igreja é o *Ritual da iniciação cristã de adultos*[15]. Esta iniciação mantém hoje a estrutura seguinte, descrita nos *praenotanda*:

---

14. Cf. *AAS* 54 (1962) 310-315; GY, P.-M. "Le nouveau rite du baptême des adultes": *LMD* 71 (1962) 15-27.
15. *Ordo Initiationis Christianae Adultorum* (ed. típica, TPV, 1972). Cf. CONF. EP. ESPANHOLA. *Orientaciones pastorales para el Catecumenado* (Madri 2002); DUJARIER, M. *La iniciación cristiana de los adultos* (Bilbao 1986); e *EL* 88/3 (1974); *LMD* 132 (1977); *Quaderni di* RL, NS 8 (Leumann/Turim 1985) e *RL* 66/3 (1979).

Etapas	Graus	Palavra	Liturgia
Pré-catecumenato	Simpatizantes	Evangelização	(Admissão)
Catecumenato	Catecúmenos	Catequese	Entrada no Catecumenato
			Celebrações da Palavra
			Bênçãos
Iluminação	Escolhidos		Imposição do nome
			Escrutínios
			Entregas/Devoluções
		Mistagogia	BATISMO
			CONFIRMAÇÃO
			EUCARISTIA

A iniciação das crianças, filhas de pais cristãos, começa com a celebração do batismo na fé da Igreja, de acordo com o *Ritual do batismo de crianças* publicado em 1969[16]. O sacramento é celebrado confiando na futura educação dessas crianças na fé, de maneira que a iniciação cristã se completa com a confirmação e a eucaristia. Quando se trata de crianças chegadas ao uso da razão e que não foram batizadas quando pequenas, o RICA prevê um verdadeiro catecumenato adaptado a elas[17]. O Ritual leva em consideração também a situação dos adultos que, batizados quando pequenos, não receberam instrução cristã e precisam completar a iniciação[18].

16. *Ordo Baptismi parvulorum* (ed. típica, TPV, 1969). Cf. LÓPEZ MARTÍN, J. "El Bautismo, el primer sacramento de la Iniciación cristiana": *PastL* 295 (2006) 449-469; NOCENT, A. "Bautismo", em NDL 189-210; RODRÍGUEZ DEL CUETO, C. "*Ordo Baptismi parvulorum*. Un paso importante en la renovación litúrgica": *StLeg* 18 (1977) 9-48; e *CuaderPh* 118 (2001); *EL* 84/1 (1970); *LMD* 98 (1969); 207 (1996); 235 (2003); *Ph* 55 (1970); 57 (1970); 218 (1997); *Quaderni di Rivista Liturgica* 13 (Leumann/Turim 1970); *RL* 57/3 (1970); *RivPL* 57 (1970) etc.
17. RICA cap. V. Cf. COM. E. DE LITURGIA (Espanha). "La Iniciación cristiana de los niños no bautizados en edad escolar": *PastL* 211 (1992) 36-45; CONF. EP. ESPANHOLA. *Orientaciones pastorales para la Iniciación cristiana de niños no bautizados en su infancia* (Madri 2004); LÓPEZ MARTÍN, J. "La Iniciación cristiana. Presentación del documento de la Conferencia Episcopal": *PastL* 250 (1999) 4-33; SARDA, O. "Les baptêmes d'enfants de deux à sept ans": *LMD* 207 (1996) 29-43 etc.
18. RICA cap. IV. Cf. BOROBIO. D. *Catecumenado e Iniciación cristiana* (BL 30, 2007); BOURGEOIS, H. *Teología catecumenal* (BL 31, 2007); CALLES GARZÓN, J.J. *El camino neocatecumenal: un catecumenado parroquial* (Salamanca 2007); CAÑIZARES, A. "Panorámica general de los catecumenados en España": *Ph* 94 (1976) 307-320; LLABRÉS, P. "Celebración del neocatecumenado a partir del RICA": *Ph* 118 (1980) 295-303; VELA, J.A. *Reiniciación cris-*

O *Ritual da confirmação*, publicado em 1972[19], privilegiou a renovação das promessas batismais, a crisma e uma nova fórmula alusiva ao dom do Espírito Santo, promulgada mediante a Constituição Apostólica *Divinae Consortium* de Paulo VI, que inicia o livro. O sacramento é celebrado por volta da idade da discrição, embora a maioria das Conferências Episcopais tenha optado por uma idade mais tardia depois da primeira comunhão, decisão que suscita não poucas interrogações não só no âmbito ecumênico[20].

Na XI Assembleia geral do Sínodo dos bispos discutiu-se o tema da unidade dos sacramentos da iniciação cristã e de sua íntima orientação para a eucaristia, refletindo-se também a preocupação pela ordem dos sacramentos[21].

IV – O Ritual da penitência

O sacramento da penitência, o primeiro dos *sacramentos de cura* (cf. CIC 1421), oferece aos batizados pecadores a misericórdia e o perdão de Deus e a reconciliação com a Igreja, que os convida à conversão (cf. LG 11; CIC 1422). Este sacramento recebeu diversos nomes, destacando-se o de *sacramento da confissão* não só dos pecados, mas também da confissão

---

tiana. Respuesta a un bautismo sociológico (Estella 1986); VERNETTE, J. & BOURGEOIS, H. *Perspectivas neocatecumenales* (Madri 1980); ZEVINI, G. "Informações sobre experiências de iniciação cristã de adultos nas comunidades neocatecumenais": *Conc* 142 (1979) 208-217; e *Actualidad Catequética* 74/75 (1975) 208-217; *CuaderPh* 131 (2003).

19. *Ordo Confirmationis* (ed. típica TPV, 1971). Cf. BOROBIO, D. *Confirmar hoy* (Bilbao 1979); BUENO, E. "La Confirmación. Boletín bibliográfico": *TCat* 21 (1987) 145-159; FALSINI, R. "Confirmación", em NDL 423-452; ORIOL, J. "El nuevo ritual de la Confirmación": *Ph* 68 (1972) 169-178; e *CuaderPh* 40 e 82 (1993-1997); *EL* 86/2 (1972); *LMD* 110 (1972); 211 (1997); *Ph* 69 (1972); *RL* 59/3 (1972) etc.

20. Cf. CDC c. 891. Cf. AA.VV. *Crismation et confirmation. Questions autour d'un rite post-baptismal* (BELS 148, 2009); BOURGEOIS, H. "La place de la confirmation dans l'initiation chrétienne": *NRT* 115 (1993) 516-542; DECOUSU, L. "La confirmation dans l'initiation chrétienne: évolution ou fracture?": *EcclOr* 25 (2008) 61-96 e 129-160; ELBERTI, A. *La Confermazione nella tradizione della Chiesa latina* (Cinisello Balsamo 1998); FARNÉS, P. "Nuevas reflexiones en torno al significado y a la edad de la Confirmación": *OrH* 22 (1991) 219-236; LÓPEZ MARTÍN, J. "La Confirmación, en función de la Eucaristía": *PastL* 295 (2006) 471-496; TETTAMANZI, D. "L'età della cresima nella disciplina della Chiesa latina": *ScCat* 95 (1967) 34-61 etc.

21. Cf. BENTO XVI. Exort. apost. pós-sinodal *Sacramentum caritatis*, de 22-2-2007 (LEV, 2007) n. 17-19, cf. ASOLAN, P. "L'ordine dei sacramenti dell'iniziazine". In: NARDIN, R. & TANGORRA, G. (eds.). *Sacramentum caritatis. Studi e commenti* (Roma 2008) 243-253; MURONI, P.A. *L'ordine dei sacramenti dell'iniziazione cristiana* (BELS 141, 2007).

da santidade e da misericórdia de Deus para com o homem pecador (cf. CIC 1424). Neste sentido, é expressão tanto do retorno do filho pródigo à casa paterna quanto do abraço restaurador do amor do Pai (cf. Lc 15,11-24)[22].

1 A liturgia penitencial na história

a) A existência de *ritos penitenciais* já está atestada na Antiga Aliança, nas purificações antes do sacrifício (cf. Lv 7,19-21), no *Yom-Kippur* ou dia da expiação (cf. Lv 16; Eclo 50) etc.[23] No Novo Testamento, no contexto dos chamados à conversão feitos por Jesus diante da iminência do Reino (cf. Mc 1,14-15 etc.) e pela pregação apostólica (cf. At 2,38-39 etc.), invoca-se o Nome divino para alcançar a salvação (cf. Rm 10,8-17 etc.), realizam-se obras de penitência (cf. Lc 13,1-5) e se celebra o batismo e a eucaristia "para o perdão dos pecados" (cf. Mt 26,26-29; At 2,38). Neste mesmo contexto, o Senhor conferiu aos Apóstolos, junto com o dom do Espírito, o poder de perdoar os pecados (cf. Jo 19,20-23; Mt 18,18). Na Igreja está presente o ministério da reconciliação (cf. 2Cor 5,18-21).

b) Pouco a pouco vão se definindo *formas de reconciliação*, desde a correção fraterna (cf. Mt 18,15-18) até a sanção contra o escandaloso (cf. 1Cor 5,1-13). Durante os três primeiros séculos existia um grande rigor em relação a certos pecados públicos, de maneira que se oferecia ao pecador apenas uma única possibilidade de retorno à comunhão da Igreja. A partir do século IV conhece-se a *penitência pública*, caracterizada por um longo e penoso itinerário de expiação e que se concluía com a absolvição administrada pelo bispo na manhã da Quinta-feira santa[24]. No entanto, junto com esta

---

22. Cf. JOÃO PAULO II. Exort. apost. pós-sinodal *Reconciliatio et Paenitentia*, de 2-12-1984: *AAS* 77 (1985) 185-275 (LEV, 1985).
23. Cf. GIRAUDO, C. "A confissão dos pecados no A.T.": *Conc* 210 (1987/4) 236-246; LIPINSKI, E. *La liturgie pénitentielle dans la Bible* (Paris 1969).
24. Cf. AA.VV. *Il IV sacramento. Identità teologica e forme storiche* (Leumann/Turim 1983); CENTRO DE P.L. DE PARIS. *La Penitencia en la liturgia* (Salamanca 1966); GY, P.-M. "La penitencia y la reconciliación", em MARTIMORT 666-681; MARITANO, M. "Bibliografia generale sulla Penitenza nella Chiesa antica (Dal I agli inizi del VII secolo)": *RL* 89 (2002) 669-704; NOCENT, A. "Aspects célébratifs de la réconciliation dans la tradition liturgique occidentale": *EL* 97 (1983) 347-361; ID. "O Sacramentário Gelasiano e a penitência pública", em *Anamnesis*

forma de penitência, existia também uma penitência privada para os pecados não públicos[25].

c) A forma penitencial pública subsistiu nos *ordines* locais e nos pontificais medievais, mas foi se tornando cada vez mais rara[26]. O novo sistema que se inicia a partir do século VII é a imposição de uma satisfação proporcional à gravidade dos pecados (*penitência tarifada*) e que se concluía com uma reconciliação secreta na qual intervinha o presbítero[27]. Na Época Contemporânea são introduzidas *apologias* e fórmulas de confissão geral – como o *Confesso a Deus* –, seguidas de uma oração de absolvição sem valor sacramental[28]. Generalizou-se assim a prática da *penitência privada* ou individual com a confissão secreta ao sacerdote, a imposição de uma satisfação a ser cumprida depois e a absolvição no próprio ato da confissão.

d) Esta foi a fórmula litúrgica sancionada pelo Concílio de Trento e incorporada ao título III do *Ritual romano* de Paulo V em 1614 e que entra também no *Ritual da penitência* publicado depois do Concílio Vaticano II[29].

4, 184-190; VOGEL, C. *El pecador y la penitencia en la Iglesia antigua* (Barcelona 1968); ID. *Il peccatore e la penitenza nel Medioevo* (Leumann/Turim 1970); e em *CuaderPh* 95 e 97 (1999).

25. Nos textos litúrgicos da missa era frequente o pedido de perdão dos pecados: cf. GRACIA, J.A. "La Eucaristía como purificación de los pecados en los textos litúrgicos primitivos": *Ph* 37 (1967) 65-77; SORCI, P. *L'Eucaristia per la remissione dei peccati. Ricerca nel Sacramentario Veronese* (Palermo 1979). Sobre este tema cf. BLANCHETTE, Cl. *Pénitence et Eucharistie. Dossier d'une question controverse* (Montreal/Paris 1989); DE BOISSIEU, B. "Eucaristía y Penitencia". In: BROUARD, M. (ed.). *Enciclopedia de la Eucaristía*, o.c., 755-766; LÓPEZ MARTÍN, J. "Reconciliación y Eucaristía". In: AA.VV. *Liturgia y Eucaristía* ("Diálogos de Teología" 10, València 2008), 93-112.

26. Cf. NOCENT, A. "La Pénitence dans les *ordines* locaux transcrits dans le *De antiquis Ecclesiae ritibus* d'Edmond Martène". In: FARNEDI, G. (ed.). *"Paschale Mysterium". Miscellanea S. Marsili* (Roma 1986) 15-138.

27. A prática estava regulada pelos *libri penintenials*: cf. NOCENT, A. "La riconciliazione dei penitenti nella Chiesa del VI e X secolo". In: AA.VV. *La Penitenza* (Leumann/Turim 1968) 226-240; VOGEL, C. *Les "libri paenitentiales". Typologie des sources du moyen-âge occidental* (Turnhout 1978).

28. Cf. NOCENT, A. "Les apologies dans la célébration eucharistique". In: PISTOIA, A. & TRIACCA, A.M. *Liturgie et rémission des péchés* (Roma 1975) 179-196; cf. tb. a nota 18 do capítulo precedente.

29. *Ordo Paenitentie* (ed. típica, TPV, 1974): Cf. BUGNINI, A. *La reforma de la liturgia*, o.c., 577-593; BUSCA, M. *Verso un nuovo sistema penitenziale? Studio sulla riforma della riconciliazione dei penitenti* (BELS 118, 2002); GRACIA, J.A. "Historia de la reforma del nuevo ritual (1963-1973)": *Ph* 79/80 (1974) 11-22; NOCENT, A. "O sacramento da penitência e da reconci-

2 O "Ritual da penitência" de 1973

O Concílio Vaticano II havia ordenado: "O rito e as fórmulas da penitência sejam revistos de tal forma que exprimam mais claramente a natureza e o efeito deste sacramento" (SC 72). O Concílio falou também da Quaresma como tempo penitencial por excelência, sem esquecer a participação da Igreja na "ação penitencial" e na "oração pelos pecadores" (SC 109). Por outro lado, na LG 11 se diz também: "Aqueles que se aproximam do sacramento da penitência obtêm da misericórdia divina o perdão da ofensa feita a Deus e ao mesmo tempo são reconciliados com a Igreja que feriram pecando e a qual colabora para sua conversão com caridade, exemplo e orações".

O ritual propõe três ritos: reconciliação de um só penitente (rito A), reconciliação de vários penitentes com confissão e absolvição individual (rito B) e reconciliação de vários penitentes com confissão e absolvição geral (rito C). Além disso, descreve e recomenda as *celebrações penitenciais*, verdadeiras celebrações da Palavra de Deus e de oração comunitária, invocando o perdão divino, mas sem rito sacramental. Entre as linhas mais salientes do ritual destacam-se a vinculação da conversão com a Palavra de Deus, a relação da penitência com o batismo e com a eucaristia, a mediação da Igreja e do ministério sacerdotal, as intervenções do penitente e a estrutura do sacramento[30].

A celebração da reconciliação de um só penitente, que inclui a confissão individual e a absolvição (rito A), constitui o único modo de reconciliação de quem se encontra em pecado grave (cf. CDC c. 960). Nesta forma ocorrem a acolhida e a saudação litúrgica, uma breve proclamação da Palavra divina, a confissão, o diálogo entre o ministro e o penitente, a imposição da satisfação,

---

liação", em *Anamnesis* 4, 133-264; SOTTOCORNOLA, F. "Il nuovo *Ordo Paenitentiae*": *Not* 90 (1974) 63-79; VISENTIN, P. "Penitencia", em NDL 1061-1082; e *CuaderPh* 25, 32; *EL* 89/2-4 (1975); *LMD* 117 (1974); 139 (1979); 214 (1998); *QL* 55/2-3 (1974); *Quaderni di Rivista Liturgica* NS 3 (Leumann/Turim 1976); *Ph* 79/80 (1974); 174 (1989); 233 (1999); *RL* 62/1 (1975); 78/5 (1991); 92/6 (2005); *RivPL* 4/11 (1974) etc.

30. Cf. CIC 1480-1484; CARIDEO, A. "Analisi teologica e celebrativa del nuovo OP": *RL* 62 (1975) 75-108; DONGHI, A. "Le forme celebrative del sacramento. Analisi e confronto". In: AA.VV. *Il sacramento della Penitenza* (Milão 1981) 56-81. O Lecionário é muito rico em textos e conteúdos: cf. RINAUDO, S. "Il Lezionario del rito della Penitenza": *RL* 62 (1975) 109-123.

a oração do penitente e a absolvição. Foram revalorizados também os gestos, especialmente a imposição das mãos e a fórmula absolutória, sem esquecer o confessionário[31]. A reconciliação de acordo com o rito B é, na realidade, uma variante do rito A, visto que insere o ato sacramental da confissão e absolvição individual no marco de uma celebração da Palavra de Deus.

Quanto à reconciliação de vários penitentes com confissão e absolvição geral (rito C), ela tem caráter de excepcionalidade. Portanto, só é lícito recorrer a ela quando ocorrerem as circunstâncias assinaladas pela normativa especificada pelo *Motu proprio Misericordia Dei* do papa João Paulo II[32].

V – O Ritual da unção dos enfermos e sua assistência pastoral

O segundo *sacramento de cura* é a *Unção dos enfermos*, que confere a graça do Espírito Santo ao cristão que experimenta as dificuldades inerentes à doença ou à velhice e inclusive o fortalece para que se una à paixão e morte de Cristo (cf. LG 11; CIC 1499). Superada a visão reducionista que restringia o sacramento à extrema-unção (cf. SC 73-75), ela leva em consideração a antropologia da enfermidade, mas aparece na mesma linha da cura e da saúde que se manifestam ao longo de toda a história da salvação e atinge seu ápice na atitude de Jesus diante dos enfermos e pecadores. Ele ordenou a seus discípulos: "Curai os enfermos" (Mt 10,8). A Unção se inscreve, portanto, na pastoral da saúde e significa a presença de Cristo e da Igreja junto ao irmão que precisa de ajuda em sua debilidade (cf. Tg 5,14-15; Mc 6,13; CIC 1500-1510).

---

31. Cf. ABAD, J.A. "Penitencia", em DPE 867-886; AGUILAR, J.M. de. "Lugar y sede para la celebración del sacramento de la Penitencia": *Ph* 87 (1975) 239-246; CAÑARDO, S. "Cómo mejorar la celebración del sacramento de la Penitencia": *PastL* 270 (2002) 39-45; FARNÉS, P. "La celebración individual del sacramento de la Penitencia y sus gestos litúrgicos": *OrH* 20 (1989) 279-287; 21 (1990) 69-94; FERRER, J. "Un lugar para el sacramento de la Reconciliación": *PastL* 270 (2002) 46-50; GRANDEZ, R. "Las palabras de la absolución": *OrH* 8 (1983) 247-252 etc.
32. JOÃO PAULO II. *Motu proprio Misericordia Dei*, de 7-4-2002, em *AAS* 94 (2002) 452-459. Cf. tb. CAÑARDO, S. *Los obispos españoles ante el sacramento de la Penitencia (1966-1991). Principales cuestiones teológicas y pastorales* (Salamanca 1993).

1 Os sacramentos dos enfermos na história

Desde os primeiros tempos, entre os cuidados que a Igreja prestou aos enfermos e anciãos, encontram-se os sacramentos da reconciliação, a eucaristia como simples comunhão ou como *viático* dos moribundos e a unção acompanhada da oração sacerdotal[33]. No entanto, o primeiro testemunho litúrgico da unção aparece na *Tradição Apostólica* de Hipólito. Trata-se da oração de bênção do óleo dos enfermos, que aparece também nas *Constituições Apostólicas*. Os antigos sacramentários romanos transmitiram com esta finalidade uma oração romana do século V, que continua sendo usada na bênção dos óleos e no rito atual da unção. A bênção era efetuada pelo bispo e a unção era feita pelos presbíteros e inclusive pelos próprios fiéis que guardavam em suas casas o óleo bento.

No final do século VIII ocorreu uma mudança na concepção do sacramento, que se transformou na unção dos que estão prestes a partir deste mundo. Seu principal efeito se concentra na purificação espiritual da alma, como um aperfeiçoamento da penitência e também de toda a vida cristã. Esta foi a doutrina sancionada pelo Concílio de Trento e, com a prática, através do *Ritual romano* de 1614, chegou até a reforma litúrgica do Vaticano II. Em 1972 foi publicado o novo livro com o significativo título de *Ritual da unção dos enfermos e sua assistência pastoral*.

2 O Ritual da unção

O Concílio não se limitou a postular uma mudança de nome no sacramento, mas estabeleceu a separação entre os ritos da unção e do viático, embora fosse redigido também um rito continuado pelo qual se administras-

---

33. Cf. ABAD, J.A. "Unción de los enfermos", em DPE 1055-1064; BÉRAUDY, R. "Le sacrement des malades. Étude historique et théologique": *NRT* 106 (1974) 600-634; CASTELLANO, J. "Los sacramentos de curación en el *Catecismo de la Iglesia Católica*": *Ph* 218 (1997) 205-221; COLOMBO, G. "Unción de los enfermos", em NDL 2014-2929; CHAVASSE, A. *Étude sur l'onction des infirmes dans l'Église latine du III au XI siècle* (Lyon 1942); FERNÁNDEZ, P. *Unción de los Enfermos* (Salamanca 2008); ORTEMAN, Cl. *Le sacrement des malades. Histoire e signification* (Lyon 1971); RAMOS, M. "Notas para una historia litúrgica de la Unción de los enfermos": *Ph* 161 (1987) 383-402; SCICOLONE, I. "Unção dos enfermos", em *Anamnesis* 4, 223-264: consulte-se a bibliografia exaustiva de A.M. TRIACCA em *EL* 89 (1975) 397-467.

se a unção depois da penitência e antes do viático (cf. SC 74). Ao mesmo tempo, ordenava que se adaptasse o número de unções e se revisasse o rito para corresponder melhor às diversas situações dos que o recebem (cf. SC 75). De fato, é importante constatar que o ritual aparece precedido de uma Constituição Apostólica pela qual se determina a matéria do sacramento e sobretudo uma nova fórmula para o mesmo[34].

O livro compreende vários capítulos, abrangendo desde a visita e comunhão dos enfermos até a entrega dos moribundos a Deus. O capítulo central é o segundo, com o rito ordinário da unção. A estrutura da celebração compreende alguns ritos iniciais com referência ao batismo e um ato penitencial, a liturgia da Palavra e o rito sacramental. Este é realizado com a imposição das mãos do sacerdote, a ação de graças sobre o óleo já bento ou a bênção dele, a unção na fronte e nas mãos com uma nova fórmula e a oração final. Como ritos conclusivos estão a oração do Senhor e a bênção. O ritual previu também a unção durante a missa e a possibilidade de celebrar o sacramento com vários enfermos.

VI – O Pontifical das ordenações

A *ordem* é o sacramento que confere o dom do Espírito Santo para exercer na Igreja o ministério e a missão que Cristo confiou aos Apóstolos. É, portanto, o sacramento que garante a sucessão apostólica, capacita os que o recebem para atuar em nome de Cristo e em sua pessoa e está a serviço do sacerdócio batismal dos fiéis, ao mesmo tempo que estrutura a vida litúrgica da Igreja[35]. A ordenação é conferida pela imposição das mãos do bispo e pela

---

34. *Ordo Unctionis infirmorum eorumque pastoralis curae* (ed. típica, TPV, 1972). Cf. AA.VV. *Celebrare il sacramento dell'unzione degli infermi* (BELS 130, 2005); BUGNINI, A. *La reforma de la liturgia*, o.c., 595-604; LIÉVIN, M. & ARZ, P. "La pastorale de l'onction des malades": *LMD* 205 (1996) 45-65; COLLINS, M. "O Ritual romano: Assistência pastoral e unção dos enfermos": *Conc* 234 (1991/1) 12-28; LARRABE, J.L. "El nuevo ritual de la Unción de los enfermos": *Lumen* 22 (1973) 97-112; OÑATIBIA, I. "A unção dos enfermos: condições de uma renovação sacramental": *Conc* 119 (1976) 1087-1095; SECR. NAC. DE LITURGIA. *Los sacramentos de los enfermos* (Madri 1974); e *CuaderPh* 3, 16, 130 e 179 (1988-2008); *EL* 89/5-6 (1975); *LMD* 113 (1973); 205 (1996); *Not* 80 (1973); *Ph* 74 (1972); *Quaderni di Rivista Liturgica* NS 2 (Leumann/Turim 1975); *RL* 61/4 (1974); 80/1 (1993); *RivPL* 10 (1973) etc.

35. Cf. CIC 1087, 1120, 1536-1538 e 874-876; LG 10, 11, 20, 28, 29.

oração de invocação do Espírito Santo. A ordenação imprime também um caráter sagrado, de maneira que os bispos, presbíteros e diáconos, cada um a seu modo, ficam configurados com Cristo.

1 Os ritos de ordenação na história

A imposição das mãos e a oração de ordenação são os elementos essenciais de todas as ordenações. No entanto, sua celebração seguiu também as vicissitudes da história litúrgica[36]. Com efeito, à margem da questão da denominação dos ministérios no Novo Testamento, o que parece seguro é a existência, muito clara nas comunidades tardias (cf. 1Tm 4,13-16; 6,12; e 2Tm 1,6), do gesto da *imposição das mãos* acompanhado de oração e também de jejum, unido à transmissão do carisma do ministério (cf. At 6,6 e 13,1-3), na hora de estabelecer os responsáveis das comunidades (cf. At 14,23; 20,28; 1Tm 6,12; 2Tm 2,2; Tt 1,5). Alguns autores relacionaram esse gesto com a prática análoga no mundo judaico para a instalação de um novo rabino[37].

Mais uma vez o primeiro ritual próprio de ordenação se encontra na *Tradição Apostólica* de Hipólito. O documento oferece não só os ritos das ordenações do bispo, dos presbíteros e dos diáconos, mas também o significado teológico da imposição das mãos em cada ordenação e o alcance do

---

[36]. Para a história litúrgica deste sacramento cf. AA.VV. *Ordination et Ministères* (BELS 85, 1996); AA.VV. *Le liturgie di ordinazione* (BELS 86, 1996); BRANDOLINI, L. "L'evoluzione storica dei riti delle ordinazioni": *EL* 83 (1969) 67-87; BROVELLI, F. "Ordem e ministérios", em *Anamnesis* 4, 265-331; FERRARO, G. "Orden-Ordenación", em NDL 1474-1494; LAMIERI, A. *La "Traditio Instrumentorum" e delle insegne nei riti di ordinazione. Studio storico-liturgico* (BELS 96, 1998); LÉCUYER, J. *Le sacrement de l'ordination. Recherche historique et théologique* (Paris 1983); NOCENT, A. "Ordenación", em DPAC II, 1596-1598; SANTANTONI, A. *L'ordinazione episcopale. Storia e teologia dei riti dell'ordinazione nelle antiche liturgie dell'Occidente* (Roma 1976); e *RL* 83/3-4 (1996). Cf. tb. LÓPEZ MARTÍN, J. "Ordenación para el ministerio. Notas bibliográficas sobre la historia e la teología litúrgica del sacramento del Orden": *Salm* 39 (1992) 131-160.

[37]. Cf. GOITIA, J. "El rito de la imposición de manos en el N.T.": *Verdad y vida* 16 (1958) 173-188; HOFFMAN, L. "La ordenation juive à la veille du Christianisme": *LMD* 168 (1979) 7-48; HRUBY, K. "La notion d'ordination dans la tradition juive": *LMD* 102 (1970) 30-56; QUIN, J.D. "L'ordination dans les Epîtres pastorales": *Communio* 6 (1981) 57-65.

carisma que é outorgado de acordo com a oração litúrgica[38]. Este ritual teve influência decisiva sobre as liturgias de ordenação do Oriente.

No Ocidente, especialmente no âmbito do rito romano, é preciso distinguir entre o ritual primitivo da época da liturgia romano-clássica (séc. IV-VII) e o da época romano-franca (séc. VII-XIII). O primeiro se limitava aos elementos essenciais do rito: imposição das mãos e oração de ordenação. A ordenação do bispo era feita no domingo, com a intervenção de três bispos, salvo se o ordenante fosse o Papa, que atuava sozinho, e compreendia também o escrutínio do eleito, a imposição do Evangeliário sobre sua cabeça e a entronização. O ritual galicanizado introduziu as unções da cabeça na ordenação episcopal e das mãos na ordenação presbiteral, a imposição de vestes e insígnias episcopais ou sacerdotais e a entrega de instrumentos: o Evangeliário na ordenação do bispo e do diácono e das ofertas dos fiéis na ordenação dos presbíteros. Além disso, introduziu-se o juramento de fidelidade à Sé Apostólica por parte do bispo e a promessa de obediência ao bispo por parte dos presbíteros[39]. Estes ritos chegam até o Concílio Vaticano II.

2 *As ordenações depois do Vaticano II*

O Concílio Vaticano II determinou a revisão dos ritos e dos textos e que, na ordenação episcopal, todos os bispos presentes podiam impor as mãos (cf. SC 76). A reforma foi levada a cabo rapidamente, de maneira que em 1968 vinha à luz o *De Ordinatione diaconi, Presbyteri et Episcopi*, primeiro livro litúrgico publicado de acordo com os decretos do Vaticano II[40]. A revisão

---

38. *Tradição Apostólica* (Petrópolis, ²2019) 66-69 e 74-77; LÉCUYER, J. "Episcopat et presbytérat dans les écrits d'Hippolyte de Rome": *RScRel* 41 (1953) 30-50; RORDORF, W. "L'ordination de l'évêque selon la Tradition d'Hippolyte": *QL* 55 (1974) 137-150.

39. Sobre estes rituais cf. BOTTE, B. "Le sacre épiscopal dans le rite romain": *QL* 25 (1940) 22-32; GY, P.M. "L'ordination diaconale dans le rite romain": *Bulletin du Comité des Études* 36 (St. Sulpice 1962) 38-45; JOUNEL, P. "L'ordination sacerdotale dans le rite romain": ibid., 46-81; MARTIMORT, A.G. "Le sacre épiscopal dans le rite romain": ibid., 82-92.

40. *Pontificale Romanum... De Ordinatione Diaconi, Presbyteri et Episcopi* (ed. típica, TPV, 1968). Publicado no dia 15-8-1968, foi precedido pela Const. apost. *Pontificales Ritus*, de 18-6-1968, pela qual Paulo VI aprovava os novos ritos, em *AAS* 60 (1968) 369-373. Sobre o novo Ritual cf. BOTTE, B. "Le nouveau rituel d'ordination": *QL* 49 (1968) 273-278; BROVELLI, F. "Per una rilettura di nuovi riti di ordinazione": *ScCat* 104 (1976) 413-456; BUGNINI, A. *La*

havia seguido um critério de *repristinação* dos elementos da tradição romana, incluindo a recuperação da oração da ordenação episcopal da *Traditio Apostolica*, para dar maior destaque à imposição das mãos e à oração de ordenação e deixar em segundo plano os ritos mais significativos do período franco-germânico.

As ordenações têm a mesma estrutura (cf. CIC 1572-1574): a) ritos introdutórios: chamada e apresentação dos eleitos, homilia mistagógica, escrutínio e promessa, ladainhas dos santos; b) rito essencial: imposição das mãos, oração de ordenação[41]; c) ritos explicativos: imposição da veste, unção, entrega de instrumentos, beijo da paz e recepção na ordem, e entronização se o bispo é residencial. A ordenação é feita no domingo no decorrer da eucaristia, após a liturgia da Palavra, concelebrando os bispos e presbíteros que participam. Deve-se procurar a maior assistência possível de fiéis, especialmente na ordenação episcopal, e que todo o rito se desenvolva com a máxima visibilidade e participação litúrgica.

No dia 29/06/1989 foi publicada a segunda edição típica do ritual das ordenações com o significativo título *De ordinatione Episcopi, presbyterorum et diaconorum*[42]. Enriquecida com *praenotanda*, dos quais carecia a primeira edição típica, ampliava as perguntas do escrutínio da ordenação de

---

reforma de la liturgia, o.c., 615-628; KLEINHEYER, B. "La riforma degli Ordini sacri": *RL* 55 (1968) 8-24; LODI, E. *L'Ordine. Commento al rito e schemi di catechesi* (Milão 1987); LLOPIS, J. "Nuevos ritos de ordenación": *Ph* 46 (1968) 372-375; WOOD, S.K. *El sacramento del Orden. Una visión desde la liturgia* (BL 33, 2008); e *CuaderPh* 89, 116 e 144 (1998-2004); *EL* 83/1-2 (1969); *LMD* 98 (1969); 102 (1970); 249 (2007); *LJ* 19 (1969); *PastL* 242 (1998); 245 (1998); *Ph* 139 (1984); *RL* 56/1 (1069); *RivPL* 33 (1969).

41. Cf. FERRARO, G. *Le preghiere di ordinazione al diaconato, al presbiterato e all'episcopato* (Nápoles 1977); GARCÍA MACÍAS, A. *El modelo de presbítero según la actual "Prex Ordinationis presbyterorum"* (Toledo 1995); ROSE, A. "La prière de consécration pour l'ordination épiscopale": *LMD* 98 (1969) 127-142; RAMIS, G. *"Spiritus principalis, Spiritus sanctitatis, Spiritus sanctus. El triple grado del sacramento del Orden"*. In: AA.VV. *Mysterium et Ministerium. Miscellanea I Oñatibia* (Vitoria 1993) 449-458.

42. *Pontificale Romanum... De Ordinatione Episcopi, presbyterorum et diaconorum* (ed. typica altera, TPV, 1989); cf. CAVAGNOLI, G. "Il Pontificale Romano e il Ceremoniale dei vescovi": *RL* 95 (2008) 890-902; FARNÉS, P. "Nueva edición típica de los rituales para la celebración de las ordenaciones y del matrimonio": *OrH* 21 (1990) 267-278; LESSI-ARIOSTO, M. "Commentarium *[De Ordinatione Episcopi]*": *Not* 283 (1990) 95-115; LÓPEZ MARTÍN, J. "La II edición típica de los rituales del Orden y del Matrimonio": *PastL* 199/200 (1990) 10-23; e *LMD* 186 (1991); *PastL* 232 (1996); *Ph* 186 (1991).

presbíteros e incluía formulários para as respectivas missas rituais[43], cantos mais apropriados para acompanhar alguns ritos, alguns textos novos na ordenação episcopal e, sobretudo, ampliava e enriquecia a oração de ordenação de presbíteros[44].

VII – O Ritual do matrimônio

O *sacramento do matrimônio* significa a união de Cristo com a Igreja e dá aos esposos a graça de amar-se como Cristo amou sua Igreja (cf. Ef 5,25-32), aperfeiçoando a aliança conjugal dotada pelo Criador com vários bens e fins, reafirmando a unidade indissolúvel e santificando os que o contraem (cf. GS 48; CIC 1601ss.). O matrimônio cristão é, portanto, um sinal eficaz que se apoia no novo ser "em Cristo" que o batismo produz. Sua celebração se faz geralmente no marco da liturgia, ou seja, diante do ministro ordenado, das testemunhas e da comunidade dos fiéis.

1 *História litúrgica do sacramento do matrimônio*

A Igreja, em suas diversas famílias litúrgicas, expressa o simbolismo humano e cristão da aliança matrimonial com orações e com ritos, que não são alheios aos costumes e à idiossincrasia dos povos (cf. SC 77). Nas liturgias orientais é o bispo ou o presbítero que, depois de haver recebido o consentimento dos noivos, os coroa em sinal de aliança. No Ocidente têm maior protagonismo os noivos, considerados verdadeiros ministros do sacramento, embora a liturgia dê também uma grande importância à oração de bênção nupcial e à inserção da celebração do matrimônio na missa (cf. SC 78)[45].

---

43. Cf. LÓPEZ MARTÍN, J. *"Ad ipsius Christi nitantur imaginem conformari*. La nueva misa para la Ordenación episcopal". In: AA.VV. *Mysterium et Ministerium*, o.c., 411-422.

44. Cf. PIÉ, S. "La plegaria de ordenación de los presbíteros. Nueva edición del ritual": *Ph* 186 (1991) 471-490; TENA, P. "La *prex ordinationis* de los presbíteros. Etapas de la formación del texto". In: AA.VV. *Mysterium et Ministerium*, o.c., 459-478. Em particular sobre o significado da expressão *secundi meriti munus*, cf. BOTTE, B. "Secundi meriti munus": *QL* 21 (1936) 84-88.

45. Para a história litúrgica do sacramento cf. BOROBIO, D. *Inculturación del Matrimonio. Ritos y costumbres matrimoniales de ayer y de hoy* (Madri 1993); COLOMBO, G. "Matrimonio", em NDL 1240-1253; CROUZEL, H. "Matrimonio", em DPAC II, 1394-1396; DACQUINO, P. *Storia del Matrimonio cristiano alla luce della Bibbia* (Leumann/Turim 1984); HUART, J. "La liturgie

Nos três primeiros séculos não existiu, ao que parece, uma cerimônia especial para significar a constituição da aliança matrimonial dos fiéis, mesmo que estes a vivessem de acordo com o conselho paulino (cf. 1Cor 7,39). A Igreja aceitava de bom grado a forma civil, ainda que desde cedo tenha estabelecido que se devia incluir a notificação ao bispo para que o matrimônio fosse conforme ao Senhor[46]. No entanto, é provável que o ritual eclesiástico do matrimônio tenha começado a ser elaborado em consequência da paz de Constantino, a partir dos costumes civis, introduzindo-se a bênção nupcial ministrada pelo sacerdote em lugar do pai da noiva e a imposição do véu[47]. O primeiro texto conhecido de *velatio nuptialis* se encontra no *Sacramentário Veronense* e pode ser datado no século V. Em algumas regiões realizava-se também a bênção do tálamo e da câmara nupcial.

Lentamente, a partir do século IX, foi introduzida a manifestação do consentimento na entrada da igreja, antes de se proceder à missa de núpcias, durante a qual se dava a bênção nupcial. Junto com o consentimento ocorria também a entrega da esposa ao esposo, a imposição do anel e a doação de algumas moedas (as arras), símbolo do dote. O papel do sacerdote neste momento consistia em garantir a liberdade do consentimento dos novos esposos. No ano de 1563 o Concílio de Trento impôs a forma litúrgica como necessária para a validade do sacramento do matrimônio[48]. O Ritual romano de 1614, no título VII, universalizou também a manifestação do consentimento diante do ministro da Igreja, embora sem abolir os rituais particulares. Na Espanha se havia generalizado o uso do *Manual Toledano*, que figurava em apêndice nas edições do Ritual romano.

---

nuptiale dans l'Église Romaine. Les grandes étapes de sa formation": *QL* 38 (1957) 197-205; MARTIMORT, A.G. "Contribution de l'histoire liturgique à la théologie du mariage": *Not* 148 (1978) 513-533; MATHON, G. *Le mariage des chrétiens*, 2 vols. (Paris 1995); NOCENT, A. "O matrimônio cristão", em *Anamnesis* 3/1, 333-403; RITZER, K. *Le mariage dans les Églises chrétiennes du I au XI siècle* (Paris 1979); TIBILETTI, C. "Matrimonio-Ritos litúrgicos", em DPAC II, 1396-1397; e *LMD* 50 (1957).

46. Isto se pode deduzir da alusão da *Carta* de Santo Inácio de Antioquia a *Policarpo* 5,2. In: RUIZ BUENO, D. (ed.). *Padres Apostólicos* (BAC, 1967) 500.

47. Cf. SANTO AMBRÓSIO, *Ep.* 19,7: PL 16, 1026.

48. Mediante o decreto *Tametsi*, em DS 1813-1816; cf. DUVAL, A. "La formule *Ego vos in matrimonium coniungo* au Concile de Trente": *LMD* 99 (1969) 144-153.

2 O Ritual do matrimônio depois do Vaticano II

O Concílio Vaticano II determinou a revisão do rito do matrimônio e de maneira particular da oração de bênção nupcial, ao mesmo tempo em que acolhia a disposição de Trento relativa aos ritos particulares e convidava as Conferências Episcopais a elaborar ritos próprios (cf. SC 77-78). O novo *Ordo celebrandi Matrimonium* foi promulgado a 19-3-1969[49]. Entre seus aspectos mais significativos está a apresentação do matrimônio em sua dimensão litúrgico-celebrativa, superando a perspectiva meramente jurídica que acompanhava a expressão do consentimento. Os breves *praenotanda* descrevem a estrutura da celebração: acolhida dos contraentes, liturgia da Palavra, rito do sacramento – escrutínio, manifestação do consentimento e ratificação pelo sacerdote, bênção e entrega dos anéis ou alianças (na Espanha e outros países, benção e entrega das arras) –, liturgia eucarística, durante a qual, após o Pai-nosso, ocorre a oração de bênção nupcial, comunhão sob as duas espécies e bênção no final.

O Lecionário e a eucologia, incluídos os formulários das missas rituais com seus prefácios, contêm uma grande riqueza doutrinal e espiritual e permitem uma adaptação às situações da fé e às circunstâncias dos contraentes. O rito foi objeto de uma segunda edição típica que o melhorou em vários aspectos, especialmente nos *praenotanda*, ampliados com a doutrina da Exortação pós-sinodal *Familiaris consortio* do papa João Paulo II, e nas referências pneumatológicas das orações de bênção nupcial. A edição inclui, como novidade principal, o rito da celebração do matrimônio na presença de um assistente leigo[50]. A edição espanhola tem um formulário (o 3º) baseado em textos da antiga tradição hispânica.

---

49. *Ordo celebrandi Matrimonium* (ed. típica, TPV, 1969). Sobre este livro cf. BUGNINI, A. *La reforma de la liturgia*, o.c., 605-613; FARNÉS, P. "El Ritual del Matrimonio": *Ph* 86 (1975) 93-104; GY, P.M. "Le nouveau ritual romain du mariage": *LMD* 99 (1969) 124-143; SUSTAETA, J. "El nuevo Ritual del Matrimonio": *Ph* 57 (1970) 251-266; e os números de *EL* 93/4-5 (1979); *Quaderni di Rivista Liturgica* NS 4 (Leumann/Turim 1978); *RL* 63/4 (1976); *RivPL* 7 (1969).

50. Sobre a nova edição cf. ALIAGA, E. "El Espíritu Santo y el matrimonio cristiano en la nueva edición del Ritual": *Ph* 213 (1996) 233-248; FARNÉS, P. "La nueva edición típica del Ritual de Matrimonio" *OrH* 21 (1990) 307-322; LÓPEZ MARTÍN, J. "La segunda edición del R.M. Aspectos teológicos y pastorales": *Ph* 203 (1994) 403-418; MARTÍNEZ PEQUE, M. *El Espíritu*

Santo y el Matrimonio a partir del Vaticano II (Roma 1991); NOCENT, A. "Recensioni al OCM de 1991": *EcclOr* 8 (1991) 330-334; RODRÍGUEZ, J.M. "Nueva edición del Ritual del Matrimonio": *Ph* 187 (1992) 13-26; TRIACCA, A.M. *"Spiritus Sancti virtutis infusio*. A proposito di alcune tematiche teologico-liturgiche testimoniate nell'*editio altera* del OCM": *Not* 288 (1990) 365-390. Sobre a pastoral litúrgica do matrimônio cf. ALDAZÁBAL, J. *Matrimonio: preparación y celebración del sacramento*, em *Dossiers* CPL 66 (Barcelona 1995); AZNAR, F. *La preparación pastoral para la celebración del sacramento del Matrimonio en la legislación española postconciliar* (Saragoça 1981); BRANDOLINI, L. "La pastorale del Matrimonio": *Not* 286 (1990) 357-364; LARRABE, J.L. "Pastoral litúrgica del nuevo Ritual del matrimonio": *Lumen* 47 (1996) 209-227; e *LMD* 127 (1976); 244 (2005); *Not* 287 (1990); *PastL* 232 (1996); *Ph* 86 (1975); *RL* 55/3 (1968); 64/2 (1977); 70/2 (1983); 79/5 (1992); *RivPL* 18/5 (1980) etc.

Capítulo XVII
Os sacramentais

Além disso, a santa Mãe Igreja instituiu os sacramentais (SC 60). Por isso, a liturgia dos sacramentos e sacramentais consegue para os fiéis bem-dispostos que quase todo acontecimento da vida seja santificado pela graça divina que flui do mistério pascal da paixão, morte e ressurreição de Cristo, do qual todos os sacramentos e sacramentais adquirem sua eficácia (SC 61).

Bibliografia

ABAD, J.M. & GARRIDO, M. *Iniciación a la liturgia de la Iglesia* (Madri 1988) 607-660; BUGNINI, A. *La reforma de la liturgia (1948-1975)* (BAC, ᴵ1999) 629-700; CAPRIOLI, A. "Presupposti antropologici per un ricupero della categoria di 'sacramentale'": *RL* 73 (1986) 153-165; ID. "I sacramentali", em *Ambrosius* 63 (1987) 14-30; CHUPUNGCO, A.J. et al. "I sacramentali", em CHUPUNGCO 4, 315-418; DONGHI, A. "Sacramentales", em NDL 1778-1797; FARNÉS, P. "Los sacramentos y los sacramentales": *OrH* 14 (1974) 324-336; FERREIRO, J.A. "Recuperar el valor de los sacramentales": *Ph* 277 (2007) 73-82; GELINEAU, J. *Assemblea santa. Manuale di liturgia pastorale* (Bolonha 1991) 478ss.; KLEINHEYER, B. et al. *La liturgia della Chiesa. Manuale di sienza liturgica, 9. Celebrazioni sacramentali – 3. Ordine, matrimonio, vita religiosa, esequie, benedizioni, esorcismi* (Leumann/Turim 1994); LÖHRER, M. "Sacramentales", em SM 6, 157-164; MICHEL, A. "Sacramentaux", em DTC XIV, 465-482; RIGHETTI 2, 1019-1097; SCICOLONE, I. et al. "Os sacramentos e as bênçãos", em *Anamnesis* 6.

Entre os *sinais do mistério* encontram-se também os sacramentais. Eles "são sinais sagrados, pelos quais, à imitação dos sacramentos, são significados efeitos principalmente espirituais, obtidos pela impetração da Igreja. Pelos sacramentais os homens se dispõem a receber o efeito principal dos sacramentos e são santificadas as diversas circunstâncias da vida"[1]. Os sacramentais podem ser agrupados da seguinte maneira: constitutivos relacionados com as pessoas, que estabelecem uma pessoa num ministério ou estado de vida; constitutivos relacionados com as coisas, que determinam o destino ou o uso de lugares ou coisas; bênçãos invocativas sobre pessoas, sobre lugares, instrumentos do homem, objetos de culto e outros; exorcismos e exéquias.

I – Sacramentais constitutivos relacionados com as pessoas

1 *A instituição de ministérios*

Por meio do *Motu proprio Ministeria quaedam*, de 15/08/1972, o papa Paulo VI suprimiu o subdiaconato e as quatro ordens menores do ostiariato, leitorado, exorcistado e acolitado, estabelecendo em seu lugar os ministérios do leitor e do acólito[2]. Acentuou-se assim a distinção entre os ministérios ordenados, que são conferidos mediante a imposição das mãos, e os outros ministérios, instituídos ou confiados aos fiéis leigos de maneira estável ou ocasional[3].

A instituição é uma celebração litúrgica que toma um varão leigo e o põe a serviço da Palavra, como *leitor*, salmista, educador na fé, animador da oração comum dos fiéis, diretor do canto e responsável pela preparação de outros leitores; ou a serviço do altar, como *acólito* ajudante do sacerdote e do

---

1. SC 60; cf. SC 61; CIC 1667-1670; CDC c. 1166.
2. *De institutione Lectorum et Acolytorum* (ed. típica, TPV, 1972); cf. AA.VV. *Liturgia e ministeri ecclesiali* (BELS 146, 2008); MANZANARES, J. "Los nuevos ministerios del lector y del acólito. Comentario al *motu proprio Ministeria quaedam*": *REDC* 29 (1974) 368-384 etc.
3. O CDC c. 230 distingue, por sua vez, entre ministérios estáveis de leitor e de acólito, ministérios temporais e ministérios extraordinários; cf. *supra*, nota 19 do cap. VIII; além disso LIGIER, L. "Ministerios laicales de suplencia. Sus fundamentos en el Concilio Vaticano II". In: LATOURELLE, R. (ed.). *Vaticano II. Balance y perspectivas* (Salamanca 1989) 559-369 etc.

diácono, ministro extraordinário da comunhão e da exposição do Santíssimo e instrutor do povo na participação litúrgica. A instituição é feita pelo bispo ou pelo superior maior de um instituto religioso, geralmente durante a missa, no final da liturgia da Palavra. O rito compreende a chamada dos candidatos e, após a homilia, uma oração sobre eles, à qual se segue a entrega da Bíblia na instituição do leitor e a entrega da patena com pão e do cálice com vinho na instituição do acólito.

Entre os ministérios não instituídos está o ministério extraordinário da comunhão, que é confiado mediante um simples rito dentro ou fora da missa[4]. Os outros ministérios litúrgicos, dos quais se fala na *Instrução Geral do Missal Romano* n. 100-107, não são conferidos numa celebração. No entanto, no *Ritual de bênçãos* encontram-se algumas bênçãos de leitores, acólitos e ministros da caridade para significar o caráter eclesial das citadas tarefas[5].

2 A consagração das virgens

A existência de um rito de consagração da virgindade é conhecida desde o século IV, quando o papa Libério consagrou Marcelina, irmã de Santo Ambrósio, na basílica de São Pedro, se bem que a dedicação das virgens cristãs ao Senhor remonte às origens (cf. 1Cor 7,34). A liturgia da consagração, reservada ao bispo, manifestou sempre o apreço da Igreja pela virgindade, pedindo a graça do Espírito Santo sobre a mulher consagrada. À semelhança do rito matrimonial, a consagração continha a imposição do véu e uma bênção análoga à bênção nupcial. Mais tarde acrescentou-se a entrega do anel[6].

---

4. Cf. Instrução *Immensae caritatis* (29-1-1972): *AAS* 65 (1973) 264-271. O Rito em *A sagrada Comunhão e o culto eucarístico fora da missa* (São Paulo 2000) n. 42-53. Cf. ALDAZÁBAL, J. "Laicos que distribuyen la Comunión": *OrH* 18 (1987) 110-117 etc.

5. Cf. *Ritual de bênçãos*, cap. III-IV, 116-138.

6. Cf. CALABUIG, I.M. & BARBIERI, R. "Virginidad consagrada en la Iglesia", em NDL 2061-2081; CUVA, A. "La vita consecrata alle sorgenti della liturgia": *Not* 347 (1995) 318-336; MARMION, C. *Sponsa Verbi. A virgem consagrada ao Senhor* (São Paulo 2017): NIN, M. et al. "La vita consecrata", em CHUPUNGCO 4, 317-352; NOCENT, A. "La consagración de vírgenes", em MARTIMORT 779-791; ID. "A consagração das virgens", em *Anamnesis* 6, 9-32; RAMIS, G. *La consagración de la mujer en las liturgias occidentales* (BELS 52, 1990); ID. "La consagración de vírgenes y viudas en los Pontificales Romanos": *EL* 110 (1996) 97-140 etc.

O Concílio Vaticano II determinou a revisão do rito da consagração das virgens que fazia parte do *Pontifical Romano* (cf. SC 80). A reforma foi feita eliminando do rito resquícios medievais e devolvendo-lhe seu significado primitivo, ou seja, destinando-o a todas as mulheres que desejem consagrar sua virgindade ao Senhor. Atualmente a consagração das virgens é realizada no final da liturgia da Palavra na missa. Compreende o escrutínio, as ladainhas dos santos, a renovação do propósito de virgindade ou a profissão religiosa e a oração de consagração. A seguir são entregues o anel e o véu, aos quais pode-se acrescentar o livro da Liturgia das Horas[7].

3 A bênção do abade e da abadessa

Entre os ritos da vida monástica encontra-se, desde a remota antiguidade, a bênção do abade. O *Pontifical Romano-germânico* desenvolveu esta bênção imitando a ordenação episcopal. Mas distinguia entre *ordinatio abbatis* e *consecratio abbatis*. A primeira se realizava na catedral, compreendia a imposição da mão do bispo e não podia ser conferida à abadessa. Além disso, entregava-se a Regra, no lugar do Evangeliário, e o báculo. A reforma litúrgica do Vaticano II simplificou o ritual e eliminou toda possível confusão com a ordenação episcopal. A bênção é celebrada na missa, após a liturgia da Palavra, podendo-se utilizar, de acordo com as normas litúrgicas, a missa ritual e o lecionário próprio[8].

A bênção do abade ou da abadessa destaca a figura do superior monástico como representação de Cristo e da missão de conduzir os irmãos ou irmãs

---

7. *Ordo consecrationis virginum* (ed. típica, TPV, 1970); ORIOL, J. "El nuevo rito de la consagración de vírgenes": *Ph* 63 (1971) 292-296; RAMIS, G. "El Ritual de profesión religiosa y consagración de vírgenes (Aproximación teológica)": *Ph* 117 (1980) 199-228; ID. "Para qué sirve el Ritual de la consagración de vírgenes?": *Ph* 131 (1982) 385-398; ID. "Consagración de vírgenes y profesión religiosa", em BOROBIO 3, 527-548; e *EL* 95/4-5 (1981); 96/2 (1992); 93/3 (1979); *LMD* 110 (1972).

8. *Ordo benedictionis Abbatis et Abbatissae* (ed. típica, TPV, 1970) (ed. bras.: *Rito de bênção de abade e abadessa*. In: *Rito das ordenações*. São Paulo 1987, 183-238); cf. BAUDOT, J. "Bénédiction d'un abbé et d'une abbesse", em DACL II, 723-727; NOCENT, A. "L'Ordo benedictionis abbbatis et abbatissae": *RL* 60 (1973) 321-325; ID. "Ritos monásticos y profesión religiosa", em MARTIMORT 861-886 etc.

ao amor de Deus e à vida evangélica, pondo ênfase especial na *Liturgia das Horas* e na *lectio divina*.

4 A profissão religiosa

O Concílio Vaticano II determinou também que se redigisse um rito de profissão religiosa e de renovação dos votos e que a profissão fosse feita na missa (cf. SC 80). Até então os institutos de vida consagrada utilizavam rituais próprios. A determinação conciliar e o *Ordo professionis religiosae* não proíbem os rituais particulares. No entanto, alguns elementos devem ser respeitados sempre: a profissão perpétua deve ser feita depois de terminada a liturgia da Palavra e não no momento da comunhão; a estrutura do rito compreende a chamada antes da homilia, as ladainhas, o ato da profissão, a oração de bênção do professo, a entrega das insígnias e a incorporação à comunidade[9].

Os ritos da profissão religiosa se inspiram na profissão monástica, da qual temos as primeiras notícias na *Regra do Mestre* e na *Regra de São Bento* (séc. V-VI). Um fator muito significativo da maneira como se contempla a vida religiosa a partir da liturgia é a referência à iniciação cristã.

II – Sacramentais constitutivos relacionados com as coisas

Atualmente, encontram-se nesta categoria o rito da *dedicação da igreja e do altar*, a *bênção da água batismal* e a *bênção dos óleos*. No *Pontifical Romano* encontravam-se também a consagração dos vasos sagrados e a dos sinos.

---

9. *Ordo Professionis Religiosae* (ed. típica, TPV, 1970); cf. AUGÉ, M. "Profesión religiosa", em NDL 1659-1674; CALABUIG, J.M. "La professione dei consigli evangelici", em DELLA TORRE 2, 308-337; CANALS, J.M. "Profesión religiosa", em DTVC 1407-1425; FARNÉS, P. "La nueva liturgia de la profesión religiosa": *Ph* 60 (1970) 580-587; e *CuaderPh* 6 e 36 (1988 e 1992); RAMIS, G. "Consagración de vírgenes y profesión religiosa", em BOROBIO 3, 527-548 etc.

1 A dedicação da igreja e do altar

A dedicação da igreja constitui uma das celebrações mais importantes de uma comunidade local, ao ponto de invadir toda a liturgia[10]. A dedicação da igreja compreende a dedicação do altar, mas esta pode ser realizada mesmo que a igreja não seja dedicada. O CDC de 1983 recomenda a dedicação das igrejas com rito solene, "principalmente as catedrais e paróquias" (c. 1217 § 2). Determina também que os altares fixos sejam dedicados e que os altares móveis sejam dedicados ou benzidos (c. 1237 § 1).

Os precedentes da dedicação das igrejas devem ser buscados no Antigo Testamento, no qual sobressaem as dedicações sucessivas do templo por Salomão (cf. 1Rs 8,1-66), por Esdras (cf. Esd 6,15-18) e por Judas Macabeu (cf. 1Mc 4,36-59).

A dedicação das igrejas na Antiguidade consistia basicamente na primeira celebração eucarística, à qual se acrescentou o costume de sepultar as relíquias dos mártires sob o altar (cf. Ap 6,9)[11]. Quando se tratava de dedicar um lugar que havia sido um templo pagão, realizava-se antes uma purificação com água. Este ritual simples, transladado para a área franco-germânica no século VIII, se encheu de elementos dramatizantes. O ritual foi simplificado em 1961.

Finalmente, no decurso da reforma litúrgica do Vaticano II procedeu-se a uma revisão profunda para tornar mais transparente e compreensível a celebração. Em clara analogia com os sacramentos da iniciação, a aspersão é feita no início, primeiramente aspersão do povo e, em seguida, do altar e das paredes interiores. Inicia-se a proclamação da Palavra e, depois da homilia, procede-se à colocação das relíquias dos mártires ou santos se houver relíquias autênticas e notáveis. Em seguida se pronuncia a oração de dedicação e se realizam as unções, a incensação e a prepara-

---

10. Cf. n. 7 dos *praenotanda* do cap. II do *Ordo dedicationis Ecclesiae et Altaris* (ed. típica, TPV, 1977) (ed. br.: *Ritual da dedicação de igreja e de altar*. São Paulo 1984).

11. Santo Ambrósio, no ano de 336, dedicou deste modo a igreja de Milão: *Ep.* 22: PL 16, 119-126. O papa Vigílio († 555) informou a Profuturo de Braga como se fazia a dedicação em Roma: PL 84, 829-832.

ção do altar para a eucaristia. Ao final inaugura-se a capela do Santíssimo Sacramento[12].

A dedicação do altar é muito semelhante à dedicação da igreja, mas omitem-se os ritos relativos ao edifício, sendo diferentes a oração de dedicação e os textos da missa própria. O Ritual contém também os textos para a colocação da primeira pedra e para a bênção de uma igreja, de um altar móvel e do cálice e da patena.

2 A bênção da água batismal

Pertencente ao rito do batismo, a oração de *bênção da água* se encontra nos rituais correspondentes e no Missal romano, no formulário da vigília pascal. A bênção da água batismal é mencionada já na *Tradição Apostólica* de Hipólito. A oração de bênção da água batismal contém uma anamnese das maravilhas efetuadas por Deus na história da salvação "servindo-se de sua criatura a água". Segue-se a epiclese, na qual se pede a graça de Cristo, pelo Espírito Santo, para o novo nascimento[13].

3 A bênção dos óleos e a confecção do crisma

O óleo é usado em vários sacramentos e na dedicação das igrejas e dos altares. A primeira referência à bênção do óleo se encontra também na

---

12. Cf. BELLAVISTA, J. "Dedicación de iglesias": *OrH* 18 (1987) 335-338; CHENGALIKAVIL, L. "Dedicação da igreja e do altar", em *Anamnesis* 6, 73-124; FERRARO, G. "Cristo e l'altare. Considerazioni sulla tematica cristologica nell'*Ordo dedicationis Ecclesiae et Altaris*": *Not* 366 (1997) 72-86; ID. "Temi di Cristologia liturgica nelle letture dell'*Ordo dedicationis Ecclesiae et Altaris*": *Not* 369 (1997) 147-167; LARA, B. "La dedicación de iglesias y altares", em BOROBIO 3, 349-561; JOUNEL, P. "Dedicación de iglesias y altares", em NDL 531-548; SANCHO, J. "La Iglesia en el Ritual de la dedicación de iglesias y altares": *Anales Valentinos* 34 (2008) 227-278; SAXER, V. "Dedicación", em DPAC II, 568-569; TRUDU, F. *"Immagini simboliche dell'Ecclesia" nel Rito di dedicazione della Chiesa* (BELS 112, 2001); e *CuaderPh* 20, 58 e 67 (1990-1996); *LMD* 134 (1978); *Not* 133/135 (1977); *PastL* 105/106 (1979); *Ph* 111 (1979); *RL* 66/4 (1979) etc.

13. Cf. GIBERT, J. "Los formularios de la bendición del agua en el *Ordo Baptismi parvulorum* y en el *Ordo Initiationis christianae adultorum*": *EL* 88 (1974) 275-309; STOCK, A. "O rito da bênção da água batismal na liturgia romana": *Conc* 198 (1985/2) 166-175; TENA, P. "La bendición del agua", em BOROBIO 2, 79-85.

Tradição Apostólica, com uma fórmula que alude aos enfermos e à unção de reis, sacerdotes e profetas. Posteriormente reaparece nas principais fontes litúrgicas e em numerosos testemunhos patrísticos. No entanto, é difícil precisar o momento em que a bênção dos óleos e a consagração do crisma são situadas na manhã da Quinta-feira Santa. Entretanto, o motivo parece prático, ou seja, com vistas à celebração dos sacramentos da iniciação na noite da Páscoa, embora o caráter festivo da celebração revele também a intenção de relacionar os sacramentos com o Mistério pascal de Jesus Cristo.

Depois do Concílio Vaticano II foi publicado o ritual da bênção dos óleos e da confecção do crisma como parte do Pontifical Romano[14].

III – Bênçãos invocativas

As bênçãos invocativas, para distingui-las dos sacramentais constitutivos, são ações litúrgicas que santificam as diversas circunstâncias da vida (cf. SC 60). Trata-se do grupo mais amplo dos sacramentais, no qual ocupam um lugar característico. Enquanto estabelecidas pela Igreja, as bênçãos são verdadeiros atos litúrgicos.

A bênção bíblica – *eulogia* – é dirigida a Deus, reconhecendo sua bondade e as maravilhas que ele realiza na criação e na história salvífica. Entretanto, bênção é também a ação divina em favor dos homens (cf. Ef 1,3)[15]. Os primeiros testemunhos de bênçãos de pessoas e alimentos aparecem na *Tradição Apostólica*, no contexto da celebração eucarística[16]. Nos sacramentários e nos *ordines romani* multiplicam-se as bênçãos para implorar a ajuda de Deus nas mais diversas situações. Algumas das bênçãos foram reservadas ao bispo, sendo recolhidas nos pontificais a partir do século X. As restantes continuaram nos sacramentários até que, no século XV, aparecem os primei-

---

14. *Ordo benedicendi olea et conficiendi Chrisma* (ed. típica, TPV, 1971); Cf. AROSTEGUI, F.X. "Consagración del crisma": *OrH* 24 (1993) 475-480; ROGUES, J. "La préface concécratoire du chrême": *LMD* 49 (1957) 35-49; SORCI, P. "L'olio per l'unzione. Commento alla benedizione dell'olio": *RL* 80 (1993) 54-84 etc.
15. Sobre a bênção bíblica cf. *supra*, nota 2 do cap. X.
16. *Tradição Apostólica*, 66-68, 77-78 e 79-80.

ros manuais, antecedentes do *Rituale Romanum* promulgado por Paulo V em 1614, que lhes dedica um capítulo.

O *Ritual de bênçãos* ou livro para as bênçãos[17] distribui os formulários de bênção em cinco grandes seções: 1) bênçãos das pessoas; 2) bênçãos das construções e relativas às atividades dos cristãos; 3) bênçãos dos objetos litúrgicos ou de devoção destinados às igrejas; 4) bênçãos de objetos piedosos; e 5) bênçãos para diversas circunstâncias. Entre os aspectos mais destacáveis encontram-se o fundamento trinitário e eclesiológico das bênçãos, a estrutura celebrativa e a importância dada às disposições pessoais para a eficácia das bênçãos. Por outro lado, estas se situam no contexto das relações entre o cristão e o mundo, de acordo com a teologia das realidades terrestres no Concílio Vaticano II.

IV – Os exorcismos

Os exorcismos são uma forma particular de oração efetuada pela Igreja contra o poder do diabo no contexto da fé cristã e da oração litúrgica. Os exorcismos sempre estiveram presentes na liturgia da iniciação cristã para fortalecer os catecúmenos e eleitos em seu itinerário espiritual, tanto no catecumenato de adultos[18] quanto no rito do batismo de crianças antes da unção pré-batismal[19].

---

17. *De benedictionibus* (ed. típica, TPV, 1984) (ed. bras.: *Ritual de bênçãos*. São Paulo 1990), cf. GIGNAT, A. "I segni della nuova creazione e della speranza evangelica", em DELLA TORRE 2, 405-424; JOUNEL, P. "Las bendiciones", em MARTIMORT 835-860; LÓPEZ MARTÍN, J. "Las orientaciones generales del Bendicional": *Ph* 157 (1987) 45-57; ID. "Las bendiciones", em BOROBIO 3, 563-573; SODI, M. "Bendición", em NDL 210-230; URDEIX, J. "En nuevo Bendicional": *OrH* 18 (1987) 142-144; TRIACCA, A.M. & PISTOIA, A. (eds.). *Les bénédictions et les sacramentaux dans la liturgie* (BELS 44, 1988); TRIACCA, A.M. "Bênçãos 'invocativas' em geral e sobre 'pessoas'", em *Anamnesis* 6, 124-193; e *Conc* 198 (1985); *CuaderPh* 17 (1990); *RL* 73/2 (1986); 81/4 (1994) etc.

18. Estes exorcismos, chamados exorcismos menores, são realizados durante a primeira etapa do catecumenato e podem ser realizados pelo sacerdote ou pelo diácono ou por um catequista; cf. *Ritual da iniciação cristã de adultos*, n. 109-118; e durante a segunda etapa são realizados escrutínios mais importantes, porque estão unidos aos escrutínios que ocorrem nos domingos III, IV e V da Quaresma: ibid. n. 164, 171 e 178.

19. Cf. *Ritual do batismo de crianças*, n. 119 e 215.

No entanto, além destes exorcismos, a liturgia contém e oferece outros mais específicos para serem realizados, segundo as determinações canônicas e litúrgicas, sobre pessoas possuídas ou que se sentem vexadas pelo diabo. Em todos os casos, a realidade é a mesma: a Igreja, a exemplo de Cristo (cf. Lc 8,26-39) e em seu nome, luta também contra o Maligno e com sua oração presta assistência ao catecúmeno e ao fiel que sofrem em sua vida o peso do mistério da iniquidade (cf. 2Ts 2,7), para que se vejam livres dele e se fortaleçam com o poder do Espírito Santo para resistir ao diabo (cf. 1Pd 5,8-9). Do ponto de vista litúrgico, o exorcismo é uma verdadeira celebração de oração que tem a Igreja como sujeito e na qual são efetuados também alguns gestos rituais, sendo possível admitir um grupo de fiéis escolhidos. O ritual recorda expressamente o caráter de ação litúrgica do exorcismo, que é, como os demais sacramentais, "um sinal sagrado pelo qual 'se significam realidades, sobretudo de ordem espiritual, que se obtêm pela oração da Igreja'"[20].

De acordo com a disciplina atual da Igreja, o exorcismo sobre os possessos só pode ser praticado por um sacerdote com licença expressa do bispo (cf. CDC c. 1172 § 2).

V – As exéquias

De acordo com o Vaticano II "o rito das exéquias deve exprimir mais claramente a índole pascal da morte cristã. E corresponda ainda melhor às condições e tradições das diversas regiões" (SC 81). Como cumprimento desta determinação foi promulgado em 1969 o rito atual[21].

---

20. *Rituale Romanum...*, *De exorcismis et supplicationibus quibusdam* (ed. típica, TPV, 1999); trad. *Ritual de exorcismos e outras súplicas*, n. 11; cf. SC 60; CIC 550, 1237 e 1673; cf. CORTÉS, J.B. "Exorcismos y liturgia", em NDL 801-825; GONZÁLEZ, R. "La victoria de Cristo sobre el 'príncipe del mal'. Introducción al tema de la demonología y al Ritual de Exorcismos": *Ph* 246 (2001) 493-505; GY, P.M. "Le ministère de l'exorciste vu par un théologien": *LMD* 197 (1994) 125-135; IVORRA, A. "Las colectas sálmicas del nuevo Ritual de exorcismos": *Ph* 278 (2007) 127-144; NAVONE, J. "Diablo/exorcismo", em NDE 348-361; STUDER, B. "Demonio", em DPAC I, 572-577; TRIACCA, A.M. "O exorcismo", em *Anamnesis* 6, 195-224; VAGAGGINI, C. *El sentido de la liturgia* (BAC, 1959) 328-414; e *RL* 87/6 (2000) etc.

21. *Ordo exequiarum* (ed. típica, TPV, 1969) (ed. bras.: *Ritual de exéquias*. São Paulo 1971). Uma segunda edição amplamente renovada foi publicada em 1989; cf. SECR. NAC. DE LITURGIA (ed.). *Comentario al Ritual de Exequias renovado* (Subsidia liturgica; CoeLit. 1989). Sobre as

1 Significado da liturgia exequial

A esperança de que os fiéis, "tendo participado da morte de Cristo pelo batismo, participem igualmente da sua ressurreição"[22], dá lugar à celebração cristã da morte. A liturgia exequial, portanto, se apoia na incorporação dos homens ao Mistério pascal de Cristo pelo batismo (cf. Rm 6,3-5), com tudo o que isto implica (cf. Fl 3,11; 1Ts 4,14-17 etc.). As exéquias representam a páscoa do cristão, sua passagem deste mundo para a casa do Pai (cf. Jo 13,1). Com efeito, "na liturgia cristã dos funerais é celebrado o mistério pascal de Cristo. Nas exéquias, a Igreja pede que os seus filhos, incorporados pelo batismo em Cristo morto e ressuscitado, com ele passem da morte à vida"[23].

Portanto, as exéquias e outras formas de oração litúrgica e de piedade, entre as quais sobressai a celebração da eucaristia pelos defuntos, têm também o caráter de sufrágios pelos que morreram, confiando-os à misericórdia do Pai no contexto da comunhão dos santos e destacando o caráter escatológico da vida cristã (cf. SC 8; LG 48-51)[24].

---

exéquias em geral e sua liturgia: cf. AA.VV. *La morte e i suoi riti. Per una celebrazione cristiana delle esequie* (BELS 143, 2007); BROVELLI, F. "Exequias", em NDL 777-793; FARNÉS, P. "Las exequias según el Ritual de Pablo VI": *Ph* 109 (1979) 49-58; LLOPIS, J. "Exequias", em BOROBIO 2, 745-760; MAERTENS, Th. & HEUSCHEN, L. *Celebración cristiana de la muerte* (Madri 1974); PARÉS, X. *Las exequias cristianas* (BL 34, 2008); SAXER, V. "Difuntos (culto de los)", em DPAC I, 597-599; PISTOIA, A. "Esequie". In: ASS. PROF. DE LITURGIA (ed.). *Celebrare il mistero di Cristo*, 2 (BELS 88, 1996) 451-491; ROUILLARD, Ph. "Os ritos dos funerais", em *Anamnesis* 6, 225-265; ID. "Les liturgies de la mort": *Not* 12 (1976) 98-114, 139-152; SICARD, D. "La muerte del cristiano", em MARTIMORT 792-811; SOTTOCORNOLA, F. "La celebrazione cristiana della morte", em DELLA TORRE, 396-404; TRIACCA, A.M. & PISTOIA, A. (eds.). *La maladie et la mort du chrétien dans la liturgie* (BELS 1, 1975); e *Conc* 32 (1968); 94 (1974); *CuaderPh* 12, 63, 173 (1989-2007); *EL* 84/2 (1970); *LMD* 44 (1955); 101 (1970); 144 e 145 (1980); 213 (1998); 257 (2009); *OrH* 21/1-2 (1990); 35/11-12 (2004); *Ph* 35 (1966); 57 (1970); 76 (1973); 109 (1979); 215 (1996); 242 (2001); *RL* 58/3 (1971); 66/2 (1979); 93/5 (2006); 94/6 (2007); *RivPL* 10/3-4 (1973); 12/4 (1975) etc.

22. *Missal romano*, Oração eucarística II; intercessão pelos defuntos.

23. *Ritual de exéquias. Preliminares* n. 1.

24. Ibid., n. 1 e 13; *Orientaciones del Episcopado español*, n. 15-17; cf. CIC 958, 1032, 1371, 1689; cf. GONZÁLEZ, R. "Oración por los difuntos" *PastL* 258 (2000) 36-44; SECR. NAC. DE LITURGIA. "El recuerdo y la oración por los difuntos". In: *Liturgia y piedad popular. Directorio litúrgico-pastoral* (Madri 1989) n. 95-109; TENA, P. "'En las manos de Dios'. La oración de la Iglesia por los difuntos": *Comm* 2 (1980) 220-229.

As exéquias cristãs assumem o significado de honras fúnebres, segundo os costumes de cada povo; se bem que a honra que se tributa aos restos mortais de um cristão se justifique porque ele foi templo do Espírito Santo. Neste sentido, o *Ritual de exéquias* foi marcado por estas e outras influências, além de constituir um dos livros que podem alcançar um grau maior de inculturação e de adaptação[25].

2 Conteúdo do "Ritual de exéquias"

O ritual de 1969 dedica a primeira seção aos gestos humanos que seguem ao momento da morte. A edição espanhola de 1989 desenvolve estas sugestões em seis capítulos.

As exéquias propriamente ditas se desenvolvem seguindo três tipos: com três estações, ou seja, na casa do defunto, na igreja e no cemitério; com duas estações: na capela do cemitério e junto à sepultura ou, como no ritual espanhol, na casa e na igreja; e com uma só estação: na casa do defunto ou, como no ritual espanhol, na igreja. A edição espanhola propõe, além disso, vários esquemas, com canto ou sem canto, para cada um destes tipos, destacando a importância do primeiro e propondo também formulários breves, adaptados a diversas circunstâncias e em casos extraordinários, como, por exemplo, quando se doou o corpo ou em caso de cremação do cadáver[26].

Em todo caso, as exéquias compreendem três momentos principais: a acolhida do cadáver e dos familiares; a celebração da Palavra de Deus[27] e,

---

25. Cf. DE MATHIEU, W. "Anthropologie des rites funéraires": *QL* 74 (1993) 171-186; DI SANTE, C. "Il rito delle esequie: tradizioni, adattamenti, prospettive". In: BROVELLI, F. (ed.). *Escatologia e litgurgia* (Roma 1988) 183-200; MAERTENS, Th. & HEUSCHEN, L. *Celebración cristiana de la muerte* (Madri 1974); PARÉS, X. *Las exequias cristianas* (BL 34, 2008); SAXER, V. "Difuntos (culto de los)", em DPAC I, 597-599; TRIACCA, A.M. & PISTOIA, A. (eds.). *La maladie et la mort du chrétien dans la liturgie* (BELS 1, 1975); e *Conc* 32 (1968); *CuaderPh* 12, 63, 173 (1989-2007); *LMD* 44 (1955); *OrH* 35/11-12 (2004); *Ph* 35 (1966); 215 (1996); 242 (2001); *RL* 66/2 (1979): 93/5 (2006); 94/6 (2007) etc.
26. Esta suposição, cada vez mais frequente, apresenta algumas dificuldades à antropologia cristã e à liturgia: cf. *LMD* 213 (1998).
27. Cf. BONDIOLI, D. *Il lezionario dei difunti* (Bréscia 1973); WIENER, C. "Le lectionnaire des funérailles": *LMD* 93 (1968) 87-93.

conforme a oportunidade, da eucaristia; e o rito de última encomendação e despedida[28]. Uma seção especial, que obedece à determinação conciliar do Vaticano II (cf. SC 82), é a das exéquias de crianças batizadas ou mortas antes de receber o batismo. Os textos levam em consideração, sobretudo, a situação dos pais[29].

---

28. *Ritual de exéquias*, o.c.; *Orientações*, n. 39-40. 42 e 48. Cf. AA.VV. "L'Eucaristia in suffragio dei difunti". In: *Il Messale Romano del Vaticano II*, o.c. II, 465-523.

29. Cf. BRAGA, C. "L'*Ordo exequiarum* per i bambini": *EL* 84 (1970) 160-168 etc.

Parte IV
A santificação do tempo

Seção I
O ano litúrgico

Capítulo XVIII
O ano litúrgico

No decorrer do ano, (a Igreja) revisa todo o mistério de Cristo, desde a Encarnação e a Natividade até a Ascensão, o dia de Pentecostes e expectação da feliz esperança e vinda do Senhor (SC 102).

Bibliografia

ADAM, A. *O ano litúrgico e seu significado segundo a renovação litúrgica* (São Paulo 1983); AUF DER MAUR, H. *Le celebrazioni nel ritmo del tempo*, I. *Feste del Signore nella settimana e nell'anno* (La liturgia dela Chiesa 5; Leumann/Turim 1990); AUGÉ, M. et al. "O ano litúrgico. História, teologia e celebração", em *Anamnesis* 5, 9-68; ID. et al. "L'anno liturgico", em CHUPUNGCO 5, 167-254; BARSOTTI, D. *Misterio cristiano y año litúrgico* (Salamanca 1965); BELLAVISTA, J. *El año litúrgico* (Madri 1985); BERGAMINI, A. *Cristo, festa da Igreja. O ano litúrgico* (São Paulo 1998); BERNAL, J.M. *Iniciación al año litúrgico* (Madri 1984); BIERITZ, K.-H. *Il tempo e la festa. L'anno liturgico cristiano* (Gênova 1996); BRAGA, C. (ed.). *Celebrare il mistero della salvezza*, 1. *L'anno liturgico* (Roma 1998); CASTELLANO, J. *El año litúrgico, memorial de Cristo y mistagogía de la Iglesia* (BL 1, 1994); FLICOTEAUX, E. *Espiritualidad del año litúrgico* (Salamanca 1966); FLORISTÁN, C. *El año litúrgico* (Barcelona 1962); JEAN-NESMY, Cl. *Espiritualidad del año litúrgico* (Barcelona 1965); JOUNEL, P. "El año litúrgico", em MARTIMORT 917-1046; KUNZLER 567-582; LÖHR, E. *El año litúrgico* (Madri 1965); LÓPEZ MARTÍN, J. *El año litúrgico. Historia y teología de los tiempos festivos cristianos* (BAC, Madri 1984); ID. et al. "Ano litúrgico. Ciclos e fiestas", em BOROBIO 3, 35-265; MARSILI, S. & BROVELLI, F. (eds.).

L'anno liturgico (Casale Monferrato 1983); MARTÍNEZ GARCÍA, F. *Vivir el año litúrgico* (Barcelona 2002); PARSCH, P. *El año litúrgico*, 4 vols. (Barcelona 1960-1962); PASCHER, J. *El año litúrgico* (BAC, Madri 1965); RIGHETTI 2, 635-1077; RICHTER, Kl. *Breve introduzione all'anno liturgico* (Bréscia 1994); ROSSO, St. *Il segno del tempo nella liturgia. Anno liturgico e liturgia delle ore* (Leumann/Turim 2004) 55-376; RUBINO, A. *L'anno liturgico, itinerario con Cristo nella Chiesa* (Fasano 2006); SCHUSTER, I. *Liber Sacramentorum. Estudio histórico-litúrgico sobre el Misal Romano*, 7 vols. (Burgos 1935-1947); e o verbete "año litúrgico" em DE I, 139-141; DPAC II, 159-162; DTI I, 431-444; NDL 136-144; NDM 153-182; *CuaderPh* 80, 121 e 137 (1997-2003); *LMD* 231 (2002); *RL* 57/2 (1970); 64/1 (1977); 84/3 (1997); *RivPL* 5 (1977); 4 (1990).

Com este capítulo se inicia a parte IV deste manual, dedicada à santificação do tempo. Esta santificação ocorre na celebração do ano litúrgico e do domingo (*seção I*) e por meio da Liturgia das Horas (*seção II*). Com o estudo do ano litúrgico dá-se início também à análise dos tempos da celebração concretamente, nos quais se emoldura a "piedosa recordação" que a Igreja faz do mistério da salvação "no decorrer do ano" (SC 102). De certa forma, o capítulo é continuação do capítulo dedicado ao "tempo da celebração" e a seus ritmos. A exposição se concentra na liturgia romana, embora sem perder de vista as referências básicas e comuns a todas as outras liturgias.

I – Natureza do ano litúrgico

A constituição *Sacrosanctum Concilium* dedicou um capítulo inteiro, o cap. V, ao ano litúrgico para expor as bases teológicas de uma adequada compreensão desta importante realidade da liturgia.

1 O nome

A primeira referência ao que hoje se entende por ano litúrgico, como unidade e conjunto das celebrações festivas, só apareceu no início do século XVI com a denominação "ano da Igreja" (*Kirchenjahr*)[1]. Um século mais tarde

---

1. AUF DER MAUR, H. *Le celebrazioni nel ritmo...*, o.c., I, 311.

usava-se o nome "ano cristão" em obras dedicadas a expor as festas do Senhor e dos santos. Na aurora do Movimento litúrgico Dom Próspero Guéranger utilizou a expressão *ano litúrgico* em sua célebre obra[2], tornando-a desde então familiar a todo os autores. Pio XII a incorporou ao magistério pontifício na encíclica *Mediator Dei* de 1947[3] e assim ela aparece na constituição *Sacrosanctum Concilium* e em todos os documentos da reforma litúrgica.

Estas e outras expressões análogas, como "ano do Senhor" ou "dias do Senhor"[4], não aludem propriamente à estrutura do ano litúrgico, mas ao que constitui sua essência: o senhorio de Cristo sobre o tempo. O ano litúrgico é ano "cristão" e ano "do Senhor", porque é de Cristo e a ele pertence; e é ano "da Igreja", ou "eclesiástico", porque a Igreja o adota para santificar o tempo e a existência dos homens.

O papa João Paulo II, ao convocar o Jubileu do ano 2000 e mostrar como devia ser celebrado, destacou na Carta Apostólica *Tertio millennio adveniente* o caráter de "ano de graça do Senhor" que todo ano litúrgico tem e, por conseguinte, também o Jubileu comemorativo do grande acontecimento central da história humana, a encarnação do Filho de Deus[5].

2 O conceito

No capítulo XIII estudou-se o tempo como âmbito da ação de Deus na vida e na história dos seres humanos. Agora se trata de aprofundar o significado do tempo litúrgico de acordo com o ritmo anual, embora o que se diz possa ser aplicado a todos os tempos da celebração.

Com efeito, o Vaticano II fala em "celebrar em certos dias no decorrer do ano, com piedosa recordação, a obra salvífica" e em comemorar assim

---

2. GUÉRANGER, P. *L'année liturgique*, 9 vols. (Paris 1841-1866), ed. espanhola abreviada: *El año litúrgico*, 5 vols. (Burgos 1954-1956); cf. BROVELLI, F. "Per uno studio de 'L'année liturgique' di P. Guéranger": *EL* 95 (1981) 145-219.
3. PIO XII. Encíclica *Mediator Dei* (20-11-1947): *AAS* 39 (1947) 521-595; trad. espanhola em GUERRERO I, 631-668, aqui n. 191-206.
4. Cf. MONASTÈRE S. ANDRÉ DE CLERLANDE. *Jours du Seigneur. Année liturgique* (Turnhout 1988-1991).
5. JOÃO PAULO II. Carta apost. *Tertio millennio veniente*, de 10-11-1994: *AAS* 87 (1995).

"os mistérios da redenção" (cf. SC 102). Nas expressões citadas pode-se reconhecer as marcas do pensamento teológico de Odo Casel[6].

Neste sentido, o ano litúrgico é um espaço de graça e de salvação (cf. 2Cor 6,2), continuação do ano jubilar bíblico perpetuado por Jesus (cf. Lc 4,19.21). Pode-se defini-lo como a celebração do mistério de Cristo e da obra da salvação no decurso do ano (cf. SC 102). Por isso, é um sinal que representa, tanto no Oriente como no Ocidente, a concreção histórica e dinâmica da presença do Senhor na vida da Igreja[7].

Mas o ano litúrgico é também o resultado da busca, por parte do povo de Deus, de uma resposta ao mistério de Cristo por meio da conversão e da fé, fruto de um itinerário elaborado pela experiência da Igreja ao longo dos séculos.

II – Formação do ano litúrgico

O que hoje conhecemos como ano litúrgico só começa a desenvolver-se no século IV[8]. Durante os três primeiros séculos não existiu na Igreja outra celebração marcada pelo ritmo do tempo senão o domingo, embora haja indícios de uma comemoração anual da Páscoa. Mas só a partir dos séculos VIII-IX, quando os formulários de missas do Advento são situados antes da

---

6. Cf. CASEL, O. *El misterio del culto* (San Sebastián 1995) 151-170. Cf. tb. NEUNHEUSER, B. "L'année liturgique selon Dom Casel": *QL* 38 (1975) 286-298. Também AUGÉ, M. "L'anno liturgico è un'entità teologica?": *EcclOr* 25 (2008) 161-175; MARSILI, S. *Los signos del misterio de Cristo* (Bilbao 1993) 319-408; NEUNHEUSER, B. "Il mistero pasquale, 'culmen et fons' dell'anno liturgico": *RL* 62 (1975) 151-174; ROSSO, St. *Il segno del tempo...*, o.c., 97-134; SCHMIDT, H. "L'anno liturgico. Il mistero di Cristo nell''oggi' della Chiesa": *Vita Monastica* 123/125 (1975-1976) 242-276; TRIACCA, A.M. "Anno liturgico: verso una sua organica trattazione teologica": *Sales* 38 (1976) 613-621 etc.

7. Sobre o ano litúrgico nas liturgias orientais cf.: ANDRONIKOF, C. *Le sens des fêtes* (Paris 1970); BELLAVISTA, J. "La celebración del tiempo en las Iglesias orientales": *Ph* 113 (1979) 367-375; CORBON, J. "L'année liturgique byzantine (Structure et mystagogie)": *POC* 38 (1988) 18-30; ID. *Liturgia fundamental. Misterio-celebración-vida* (Madri 2001) 179-187; DONADEO, M. *L'anno liturgico bizantino* (Bréscia 1991); FEDERICI, T. *L'anno liturgico nei riti orientali* (Roma 1972); SAMIR, S.Kh. "L'année liturgique copte": *POC* 39 (1989) 26-34. Sobre o ano litúrgico nas liturgias ocidentais não romanas cf. TRIACCA, A.M. "Teologia do ano litúrgico nas liturgias ocidentais não romanas", em *Anamnesis* 5, 330-389.

8. Cf. TALLEY, Th. *Le origini dell'anno liturgico* (Bréscia 1991); VERHEUL, A. "L'année liturgique: de l'histoire à la théologie": *QL* 74 (1993) 5-16.

festa do Natal e os livros litúrgicos começam com o domingo I do Advento, pode-se falar já de uma estrutura litúrgica anual. A denominação, como foi dito antes, apareceu inclusive mais tarde.

Para a formação do ano litúrgico contribuíram diversos fatores, como a capacidade festiva humana, a marca do ano litúrgico hebraico e, sobretudo, a própria força do mistério da salvação, que tende a manifestar-se por todos os meios, especialmente desde o momento em que a Igreja encontrou a possibilidade de projetar sua mensagem sobre a sociedade e a cultura. Isto sem esquecer as necessidades catequéticas e pastorais das comunidades.

1 Da antiga à nova Páscoa

Em todo este conjunto de fatores históricos e pastorais desempenhou um papel decisivo a leitura das Escrituras na celebração eucarística, tal como aparece nos primeiros testemunhos[9], leitura realizada em chave tipológica, pascal e sacramental segundo o modelo do Novo Testamento (cf. Lc 24,26-27.44-45; At 8,32-35 etc.).

1. *O fundamento teológico*. Neste sentido, o acontecimento da morte do Senhor se revela não só como o núcleo da pregação da Igreja (cf. At 2,22-36) e da celebração eucarística (cf. 1Cor 11,23-26), mas também como o fundamento do ano litúrgico. Com efeito, a Páscoa de Israel havia alcançado seu cumprimento e culminância na paixão e ressurreição de Cristo com a doação do Espírito Santo (cf. At 2,32-33).

A Páscoa é uma festa e um rito que nasceu como *memorial* da *passagem do Senhor* (cf. Ex 12 e Dt 16)[10]. Com efeito, só existe uma Páscoa, ainda que

---

9. Cf. SÃO JUSTINO. *Apol. I*, 67. In: RUIZ BUENO, D. (ed.). *Padres Apologistas gregos* (BAC, 1954) 258.

10. Sobre esta festa, além dos dicionários e vocabulários da Bíblia, cf.: CANTALAMESSA, R. *La Pascua de nuestra salvación. Las tradiciones pascuales de la Biblia y de la Iglesia primitiva* (Madri 2006); FÜGLISTER, N. *Il valore salvifico della pasqua* (Bréscia 1976); GARMENDIA, S.R. *La Pascua en el A.T. Estudio de los textos pascuales* (Vitoria 1978); HAAG, H. *De la antigua a la nueva Pascua* (Salamanca 1980); HRUBY, K. "La Pâque juive du temps du Christ à la lumière des documents de la littérature rabbinique": *LOS* 6 (1961) 81-94; LE DEAUT, R. *La nuit pascale* (Roma 1963); LOI, V. "Il 25 marzo data pasquale e la cronologia giovannea della Passione in età patristica": *EL* 85 (1971) 48-69; SERRANO, V. *La Pascua de Jesús en su tiempo y en el nuestro* (Madri 1978) etc.

se fale de quatro momentos do acontecimento pascal: a Páscoa do Senhor no êxodo do Egito; a Páscoa litúrgica de Israel mediante o rito anual do cordeiro e dos ázimos; a Páscoa de Jesus ou sua imolação na cruz (cf. 1Cor 5,7); e a Pascoa litúrgica da Igreja que atualiza a morte de Cristo na eucaristia (cf. 1Cor 11,26) e é celebrada cada semana e inclusive diariamente, e na solenidade máxima anual.

Portanto, na perspectiva da economia da salvação, só existe um acontecimento salvífico (*kairos*) verdadeiramente decisivo, a Páscoa de Jesus como "passagem deste mundo para o Pai" (Jo 13,1), do qual a antiga Páscoa dos hebreus era o *tipo* e a *sombra*, e a Páscoa da Igreja é o *sacramento* que torna presente a *realidade* cumprida em Cristo. Pode-se falar de continuidade, derivação, cumprimento (cf. Mt 5,17; Hb 11,39), perfeição (cf. Hb 10,14) e superação (cf. Hb 8,6) da Páscoa antiga na nova[11].

2. *O testemunho histórico.* A comemoração da morte e ressurreição do Senhor no domingo é anterior à celebração anual da Páscoa. De fato, a primeira notícia certa desta celebração é proporcionada pela famosa *questão pascal* do século II, referida por Eusébio de Cesareia. As comunidades judeu-cristãs da Ásia Menor faziam um jejum no dia 14 de Nisã, o dia em que os judeus se preparavam para celebrar a Páscoa, enquanto as comunidades ocidentais prolongavam o jejum até o domingo. O papa Vítor († 203) ameaçou excomungar as comunidades da Ásia Menor, mas interveio Santo Ireneu para recordar que, cerca de 40 anos antes, São Policarpo de Esmirna havia ido a Roma para tratar do mesmo assunto com o papa Aniceto († 156), chegando ambos ao acordo de respeitar as respectivas tradições. Na realidade, tratava-se de uma mesma celebração em dias diferentes[12].

---

11. "A Lei se transformou em Palavra e o antigo em novo, o mandamento em graça, a figura em realidade, o cordeiro em Filho": MELITÃO DE SARDES. *Peri Pascha* 7. In: IBÁÑEZ, J. & MENDOZA, F. (eds.). *Homilía sobre la Pascua* (Pamplona 1971) 147.
12. EUSÉBIO DE CESAREIA. *Hist. Eccl.* V, 23-25. In: VELASCO, A. (ed.). *Historia eclesiástica* (BAC, 1973) 330-337; cf. BOTTE, B. "La question pascale. Pâque du vendredi ou Pâques du dimanche?": *LMD* 41 (1955) 84-95; CABIÉ, R. "À propos de la question pascale": *EcclOr* 11 (1994) 101-106; CANTALAMESSA, R. *La Pascua...*, o,c. 129-151; CASEL, O. *La fête de Pâques dans l'Église des Pères* (Paris 1963); LEMOINE, B. "La controverse pascale du deuxième siècle: désacords autour d'une date": *QL* 73 (1992) 17-19 e 223-231; LOI, V. "Controversia pascual", em DPAC I, 491-492; RICHARD, M. "La question pascale au II siècle": *LOS* 6 (1961)

Modernamente ventilou-se também a possibilidade de celebrar a Páscoa na mesma data, tanto as Igrejas que seguem o calendário juliano (Igrejas orientais ortodoxas e algumas católicas) como as que seguem o calendário gregoriano (Igreja católica e Confissões surgidas da Reforma)[13].

Desse episódio alguns autores deduzem que a prática judeu-cristã, chamada também "quartodecimana", pode ser mais antiga do que a celebração pascal ocidental no domingo. Em todo caso, esta é anterior ao papa Vítor, atribuindo-se ao papa Sotero († 182), sucessor de Aniceto, a decisão da celebração anual da Páscoa no domingo. Posteriormente, o Concílio de Niceia (325) estabeleceu para todas as Igrejas esta última determinação.

2 Desenvolvimento posterior

Por conseguinte, a morte e a ressurreição de Jesus constituem o acontecimento celebrado semanalmente no domingo e anualmente na festa da Páscoa, com um critério de "concentração" em relação ao critério cronológico de "distribuição" dos mistérios da vida de Cristo que se afirmaria posteriormente[14].

Junto a este núcleo inicial da festa da Páscoa formou-se um *laetissimum spatium* de 50 dias. O último dia deste período começou a ser considerado o "selo" da celebração pascal e a transformar-se num dia festivo cada vez mais autônomo, centrado na comemoração da Ascensão do Senhor aos céus e na vinda do Espírito Santo[15]. Por influência de At 1,3, a Ascensão começou

---

179-212; VISONA, G. "Pasqua quartodecimana e cronologia evangelica della Passione": *EL* 102 (1988) 259-315 etc.

13. Cf. Apêndice da Constituição *Sacrosanctum Concilium*; cf. AROZTEGUI, F.X. "Celebrar la Pascua todos los cristianos el mismo día": *OrH* 19 (1988) 219-224 e 285-290; CANTALAMESSA, R. *La Pascua...*, o.c., 253-259; TENA, P. "Hacia una celebración común para la Pascua": *Ph* 102 (1997) 535-541; e em *Not* 8 (1969) 391-397; 115 (1976) 57-60; 130 (1977) 201-202; *PastL* 91/92 (1976); *EL* 88/1-2 (2001) etc.

14. Cf. CANTALAMESSA, R. *La Pascua...*, o.c., 155.

15. Deste período e de sua evolução se falará no capítulo XX.

a ser celebrada também quarenta dias após a Páscoa. Isto ocorreu no século IV, na época em que as Igrejas intercambiavam entre si as festas do Natal e da Epifania, instituídas pouco antes. Por outro lado, a recuperação dos lugares santos de Jerusalém favoreceu também uma certa "dispersão", primeiro geográfica e depois cronológica, dos diferentes momentos da vida de Cristo, com a consequente celebração.

A estes fatores uniram-se o culto aos mártires, os aniversários da dedicação das igrejas, a organização do catecumenato e da penitência, a instituição dos tempos penitenciais como as têmporas etc. Pouco a pouco formou-se a estrutura do ano litúrgico, que se tornou fixa, ao menos no Ocidente, com o começo da criação eucológica.

III – Teologia do ano litúrgico

O ano litúrgico celebra a obra salvadora de Cristo no tempo, mas é também expressão da resposta de conversão e de fé por parte da Igreja. Neste sentido, a intenção básica e a finalidade do ano litúrgico é mistagógica e pastoral. Trata-se de tornar presente o mistério de Cristo no tempo dos homens para que o reproduzam em sua vida.

1 Presença do Senhor em seus mistérios

A liturgia é o principal meio da presença do Senhor em sua Igreja (cf. SC 7). Mas Cristo não só se faz presente com seu poder de salvação na Palavra e nos sacramentos, especialmente na eucaristia, mas também o faz em cada um dos mistérios que a Igreja celebra no ano litúrgico (cf. SC 102)[16]. Esta presença não é meramente subjetiva e limitada à contemplação reflexiva e afetiva dos aspectos do mistério de Cristo que estão sendo comemorados, mas implica uma certa eficácia salvífica objetiva: "Relembrando destarte os mistérios da redenção, (a Igreja) franqueia aos fiéis as riquezas do poder santificador e dos méritos de seu Senhor, de tal sorte que, de alguma forma,

---

16. Sobre a presença do Senhor na liturgia cf. o capítulo II; também LÓPEZ MARTÍN 1, 127-156, esp. 150-153.

os torna presentes em todo o tempo, para que os fiéis entrem em contato com eles e sejam repletos da graça da salvação" (SC 102).

As festas e os tempos litúrgicos não são "aniversários" dos feitos da vida histórica de Jesus, mas "presença *in mysterio*", ou seja, na ação ritual e em todos os sinais litúrgicos[17]. Os feitos e palavras realizados por Cristo em sua existência terrena já não voltam a acontecer; mas enquanto ações do Verbo encarnado são acontecimentos salvíficos (*kairoi*) atuais e eficazes para os que os celebram[18]. Por isso o ano litúrgico "não é uma fria e inerte representação de fatos que pertencem ao passado, ou uma simples e nua evocação da realidade de outros tempos. É, antes, o próprio Cristo que vive sempre na sua Igreja e que prossegue o caminho de imensa misericórdia por ele iniciado, piedosamente, nesta vida mortal, quando passava fazendo o bem, com o fim de pôr as almas humanas em contato com os seus mistérios e fazê-las viver por eles"[19].

Através da liturgia, entendendo-se por ela não só os sacramentos, mas também os tempos litúrgicos e as festas, os fiéis alcançam o poder santificador e os méritos que se encerram nos mistérios de Cristo, como se os "tocassem" (cf. Lc 6,19; Mc 5,28-30). Os "dias determinados" no decurso do ano litúrgico (cf. SC 102, 105) são sinais sagrados que estão inundados pela presença do Senhor. Esta presença é mais intensa nos momentos da celebração que santificam o tempo, ou seja, a eucaristia e a Liturgia das Horas, mas preenche e santifica a totalidade do tempo festivo.

2 *Imitação sacramental de Cristo*

---

17. A modo de exemplo, cf. a discussão a propósito da solenidade do nascimento do Senhor, em: GAILLARD, J. "Noël, mémoire ou mystère?": *LMD* 59 (1959) 37-59; RAFFIN, P. "La fête de Noël, fête de l'événement ou fête d'idée?" In: TRIACCA, A.M. & PISTOIA, A. (eds.). *Le Christ dans la liturgie* (BELS 220, 1981) 169-178.

18. Este era o ponto de vista de CASEL, O. *La fête de Pâques...*, o.c. Sobre o debate acerca desta doutrina cf. FILTHAUT, Th. *Teologia de los ministerios* (Bilbao 1963); também CASTELLANO, J. "Los misterios de Cristo en el año litúrgico. Una relectura del CCE": *Ph* 248 (2002) 95-107; CENTRO AZIONE LITURGICA (ed.). *Il mistero pasquale celebrato nell'anno liturgico* (Roma 2000).

19. Pio XII, Encíclica *Mediator Dei*, n. 205. Neste texto se inspira SC 102, citado acima.

A celebração dos mistérios da salvação no ano litúrgico leva também à imitação de Cristo. No entanto, a imitação de Cristo (*mimêsis*) não deve ser entendida apenas em sentido moral, como reprodução das atitudes e sentimentos do Filho de Deus (cf. Fl 2,5-8), mas também no plano ontológico e sacramental da assimilação e configuração do homem com Cristo (cf. Rm 8,29; Fl 3,10; Ef 4,24 etc.). Esta assimilação é um processo que começa nos sacramentos da iniciação cristã e que vai se desenvolvendo mediante a penitência e a eucaristia até chegar a hora da passagem do cristão deste mundo para o Pai, já restaurada plenamente a imagem e semelhança divina com que ele foi criado (cf. Gn 1,26-27; Cl 3,10 etc.)[20].

A celebrar os diferentes aspectos do mistério de Cristo no ano litúrgico, desde a encarnação e o nascimento até a glorificação (cf. SC 102), o cristão reconhece em sua própria existência a vida do Filho de Deus que o fez renascer com ele, viver nele, padecer, morrer, ressuscitar e inclusive estar sentado com ele nos céus (cf. Rm 6,3-4; 8,17; Ef 2,5-6 etc.). Cada um dos acontecimentos da vida de Cristo desdobrados no ano litúrgico, ao mesmo tempo que se tornam presentes e operantes na vida dos batizados, são o paradigma e a referência de tudo quanto ocorre naqueles que foram incorporados sacramentalmente em Cristo e tornados membros de seu corpo.

O ano litúrgico, com sua sequência de tempos e de festas, revela e permite viver essa realidade misticamente: "A celebração do ano litúrgico goza de uma força sacramental e especial eficácia para alimentar a vida cristã. [...] Portanto, é com razão que, ao celebrar o sacramento do Natal do Cristo e sua manifestação ao mundo, pedimos que, 'reconhecendo sua humanidade semelhante à nossa, sejamos interiormente transformados por ele' e, ao renovarmos a Páscoa do Senhor, suplicamos ao sumo Deus pelos que renasceram com Cristo para que sejam fiéis por toda a vida ao sacramento do batismo, que receberam professando a fé"[21].

---

20. Cf. LÓPEZ MARTÍN 1, 381-423.
21. PAULO VI. *Motu proprio Mysterii paschalis* (14-2-1969) n. 1: *AAS* 61 (1969) 223-224, e no

IV – A Palavra de Deus e o ano litúrgico

Para tornar presentes e próximos dos fiéis todos e cada um dos acontecimentos salvíficos da vida terrena do Verbo encarnado, a Igreja toma as Escrituras e vai "lendo tudo quanto a ele se referia" (SC 6). Nisto ela não faz mais do que seguir o exemplo e o mandamento do próprio Jesus, que remetia continuamente às Escrituras como referência à sua própria pessoa e à sua obra salvífica (cf. Jo 5,39). Depois da ressurreição ele ensinou também como se devia proceder "começando por Moisés e por todos os profetas" (Lc 24,27.44-45).

Guiada pelo Espírito Santo, que tem a missão de recordar o ensinamento de Jesus e conduzir até a verdade completa (cf. Jo 14,26; 16,13-14; CIC 1099-1103), a liturgia penetra no sentido das Escrituras, dispondo a proclamação dos feitos e palavras do Senhor segundo os diferentes ritmos da celebração, entre os quais se destacam os domingos, as solenidades, as festas e as memórias. Algumas vezes ela o faz seguindo o método da *leitura contínua* ou semicontínua e outras vezes seguindo o método da *leitura temática*, mas sempre anunciando na liturgia da Palavra os conteúdos concretos do *hoje* da salvação para os homens[22].

Portanto, o fundamento da celebração dos mistérios de Cristo no ano litúrgico e de sua verificação na vida dos crentes se encontra no Lecionário da missa, cujo complemento são as leituras da Liturgia das Horas e seu eco são as orações e demais textos não bíblicos[23].

V – A eucaristia e o ano litúrgico

Existe, por último, uma relação peculiar entre o ano litúrgico e a eucaristia. O ano litúrgico desenvolve no decorrer do ano os mesmos mistérios

---

Missal romano entre os documentos iniciais.

22. Estes pontos foram tratados no capítulo VII.

23. Cf. LAMERI, A. *L'anno liturgico come itinerario biblico* (Bréscia 1998). Isto deve ser levado em consideração tendo em vista a homilia e também para a espiritualidade: cf. SODI, M. & LÓPEZ MARTÍN, J. "Anno liturgico: tempi forti". In: SODI, M. & TRIACCA, A.M. *Dizionario di Omiletica* (Leumann/Turim 1998) 51-66. Sobre a homilia cf. a nota 6 do cap. VII.

do Senhor que são comemorados na *anamnese* da oração eucarística. Como foi indicado em seu lugar, a evolução literária desta parte da citada oração é paralela à formação do ano litúrgico. As mais antigas fórmulas anamnéticas, começando por 1Cor 11,26, mencionam a morte do Senhor abarcando também "a memória da paixão do vosso Filho, da sua ressurreição e gloriosa ascensão aos céus"[24], ou seja, o mistério pascal como núcleo e centro da comemoração eucarística. Mais tarde, sobretudo nas anáforas da tradição siro-antioquena e bizantina, a menção dos mistérios de Cristo vai se ampliando até aludir inclusive à última vinda[25]. A liturgia hispano-moçárabe, por sua vez, realiza a *anamnese* no momento da fração, nomeando os mistérios de Cristo ao distribuir os fragmentos do pão eucarístico sobre a patena[26].

Na eucaristia, portanto, está contida a totalidade do mistério de Cristo com sua obra da salvação, ou seja, toda a "economia do mistério" desenvolvida e celebrada no ano litúrgico.

VI – Valor pastoral do ano litúrgico

A esta realidade sacramental e mistagógica do ano litúrgico se une o seu valor como itinerário de fé e de formação cristã para toda a comunidade cristã e como o marco espiritual mais adequado para a ação pastoral da Igreja[27].

Ora, o ano litúrgico não pode ser confundido com um programa mais ou menos "pedagógico". O específico do ano litúrgico, enquanto sinal eficaz da

---

24. *Anamnese* do Cânon Romano ou oração eucarística I.
25. Cf. CASEL, O. *Faites ceci en mémoire de moi* (Paris 1962) 7-44. Sobre a *anamnese* cf. a seção IV.3 do cap. II.
26. Cf. a explicação nos *praenotanda* do próprio *Missale Hispano-Mozarabicum*, I (Conf. Ep. Espanhola-Arcebispado de Toledo 1991) n. 124-130; e em *Not* 267 (1988) 712-714.
27. Cf. BELLAVISTA, J. "La eficacia educativa del año litúrgico": *Ph* 127 (1982) 41-52; CAVAGNOLI, G. "L'anno liturgico: itinerario di fede per una nuova evangelizzazione". In: CENTRO DE AÇÃO LITÚRGICA (ed.). *Liturgia e nuova evangelizzazione* (Roma 1966) 130-148; DELLA TORRE, L. "L'anno liturgico: struttura formativa della communità ecclesiale e dell'esistenza cristiana". In: CASTELLANO, J. et al. *Liturgia. Corso di morale*, 5 (Bréscia 1986) 291-316; FLORISTÁN, C. "Año litúrgico y planificación pastoral". In: AA.VV. *Mysterium et ministerium. Miscellanea I. Oñatibia* (Vitoria 1993) 34-46; ID. *El año litúrgico como itinerario pastoral* (Madri 2000); GOMÁ, I. *El valor educativo de la liturgia católica*, I (Barcelona 1945) 499-545; e *CuaderPh* 14 (1990); *RL* 75/4 (1988).

presença do Senhor no tempo dos homens, é precisamente a centralidade do mistério de Cristo e da economia da salvação nos diversos momentos de sua celebração. A própria reiteração anual de todo o ciclo dos mistérios de Cristo, aos quais se associa a memória da Santíssima Virgem e dos santos, ultrapassa o valor meramente repetitivo tendente a inculcar algumas verdades da fé ou alguns exemplos a imitar. Pelas mesmas razões, a proliferação das Jornadas eclesiais destinadas a instruir os fiéis sobre alguns aspectos da missão da Igreja (a paz, as comunicações sociais etc.) ou para realizar algumas coletas especiais, não pode suplantar nem condicionar a celebração do ano litúrgico, sobrepondo a mensagem ou a temática ao dia do Senhor ou à solenidade litúrgica. Cada ano litúrgico é uma nova oportunidade de graça e de presença do Senhor da história, que é o mesmo ontem, hoje e pelos séculos (cf. Hb 13,8), no grande símbolo da vida humana que é o ano[28].

---

28. Cf. LÓPEZ MARTÍN, J. "El año litúrgico, celebración de la vida". In: TROBAJO, A. (ed.). *La fiesta cristiana* (Salamanca 1992). Sobre as Jornadas eclesiais cf. LÓPEZ MARTÍN, J. "Calendario de las Jornadas eclesiales y colectas que dependen de la C.E. Española": *PastL* 264 (2001) 59-82.

Capítulo XIX
O domingo

Devido à tradição apostólica que tem sua origem do dia mesmo da ressurreição de Cristo, a Igreja celebra cada oitavo dia o mistério pascal. Esse dia chama-se justamente dia do Senhor ou domingo (SC 106).

Bibliografia

AA.VV. *Le Dimanche* (Paris 1965); AA.VV. *La domenica, il signore dei giorni* (Roma/Bari 1980); AUGÉ, M. *La domenica, festa primordiale dei cristiani* (Cinisello Balsamo 1995); BARBA, M. (ed.). *"O giorno primo ed ultimo". Vivere la domenica tra feste e rito* (BELS 134, 2005); BIANCHI, E. *Giorno del Signore, giorno dell'uomo* (Casale Monferrato 1995); BOTTE, B. et al. *El domingo* (Barcelona 1968); CONTE, N. "Domenica". In: SODI, M. & TRIACCA, A.M. *Dizionario di Omiletica* (Leumann/Turim 1998) 385-390; FALSINI, R. (ed.). *La domenica oggi* (Milão 1991); JOUNEL, P. "El domingo y la semana", em MARTIMORT 897-916; ID. *Le dimanche* (Paris 1990); KUNZLER 583-598; LÓPEZ MARTÍN, J. *El domingo, fiesta de los cristianos* (Madri 1992); MASSI, P. *La domenica nella storia della salvezza* (Nápoles 1967); MOLINEO, A.C. *El domingo: celebración del misterio de Cristo* (Bilbao 1995); MOSNA, C.S. *Storia della domenica dalle origini fino agli inizi de V secolo* (Roma 1969); PALESE, S. *Il giorno del Signore. Prospettive bibliche e patristiche* (Roma 2005); PRONZATO, A. *El domingo, fiesta del encuentro* (Santander 2005); ROONEY, M. "O domingo", em *Anamnesis 5*, 69-94; RORDORF, W. *El domingo. Historia del día de descanso y de culto en los primeros siglos de la Iglesia* (Madri 1971); ID. *Sabato e domenica nella Chiesa antica* (Turim 1979); ROSSO, St. "La Domenica". In: *Il segno del tempo nella liturgia. Anno liturgico e liturgia delle ore* (Leumann/Turim 2004) 135-177; RYAN, V. *El domingo, día del Señor* (Madri 1986); SECR. NAC.

DE LITURGIA. *El domingo, fiesta primordial de los cristianos* (Madri 1992); SOUSA, O. de. *Dia do Senhor. História, teologia e espiritualidade do domingo* (Lisboa 1962); VEZZOLI, O. *Domenica, giorno del Signore. Percorsi di lettura biblico-liturgica* (Bréscia 1998); e o verbete "Domingo" em *Cath* III, 811-826; DACL IV/1, 858-994; DE I, 638-639; DETM 220-226; DPAC I, 629-632; DSp III, 947-982; NDL 378-395; SM II, 413-417; e *Comm* 4/3 (1982); *CuaderPh* 1 e 24 (1988-1990); *LMD* 9 (1947); 83 (1965); 124 (1975); 229 (2002); *Ph* 164 (1988); 192 (1992); 231 (1999); *Quaderni di Vita Monastica* 56 (1991); *RL* 64/1 (1977); *RivPL* 119 (1983); 132 (1985); 165 (1991).

A celebração do mistério de Cristo no decorrer do ano, embora gire em torno à solenidade máxima da Páscoa, se apoia sobretudo no ritmo semanal marcado pelo domingo. Com efeito, o domingo é o dia que recorda a ressurreição do Senhor e a efusão do Espírito Santo e no qual a Igreja se reúne para celebrar a eucaristia (cf. SC 6 e 106).

Este capítulo estuda primeiro a origem apostólica e os testemunhos mais antigos do domingo e, a seguir, a teologia e a celebração do *dia do Senhor*.

I – Origem apostólica do domingo

O Concílio Vaticano II atribui a origem do domingo a uma tradição apostólica (cf. SC 106). Ao falar assim, expressa uma convicção geral, sem prejulgar uma questão que ainda está em aberto em muitos aspectos[1].

1 Testemunhos bíblicos

As passagens do Novo Testamento que se referem ao domingo pressupõem de alguma forma a observância do *dia do Senhor*, mas nenhum dos lugares nelas aludidas se encontra na Palestina.

---

1. Cf. BACCHIOCCHI, S. *Du Sabbat au Dimnache. Une recherche historique sur les origines du Dimanche chrétien* (Paris 1984); LÓPEZ MARTÍN, J. "El origen del domingo. Estado actual de la cuestión": *Salm* 38 (1991) 269-297; MOSNA, C.S. *Storia della domenica*, o.c.; RORDORF, W. *El domingo*, o.c.; ID. "Origine et signification de la célébration du dimanche dans le christianisme primitif. État actuel de la recherche": *LMD* 148 (1981) 103-122.

1) "Cada primeiro dia da semana (*kata mian sabbatou*), cada um de vós ponha de lado em sua casa o que conseguir poupar" (1Cor 16,2): São Paulo, ao escrever aos fiéis de Corinto entre os anos 55 e 56, recomenda-lhes preparar a contribuição para a comunidade de Jerusalém (cf. Gl 2,10). A importância da passagem está na lembrança da coleta: *cada primeiro dia da semana*, ou seja, no domingo. Para a comunidade de Corinto, esse dia já devia ter um significado especial.

2) "No primeiro dia da semana (*en de tê miâ tôn sabbatôn*), estando nós reunidos para partir o pão..." (At 20,7-12): A passagem merece muita atenção em todos os detalhes, pois o autor escreve como testemunha ocular. É o ano 57 ou 58. São Paulo, depois de ter celebrado os Ázimos (At 20,6), se encontra em Trôade. O último dia de sua estadia é precisamente o *primeiro dia da semana* e estão todos reunidos para a eucaristia (cf. At 2,42.46). Tudo leva a pensar que se trata de uma reunião habitual, na qual ocorre a circunstância extraordinária da presença do Apóstolo.

3) "Eu João [...] fui arrebatado em espírito no dia do Senhor (*en tê kyriakê hêmera*) e ouvi atrás de mim uma voz forte, como de trombeta" (Ap 1,9-10). A importância deste texto está em ser o único do Novo Testamento a designar o primeiro dia da semana com o adjetivo *kyriakê* (senhorial), do qual originou-se mais tarde o nome cristão do *domingo*. Trata-se do mesmo termo que em 1Cor 10,20 designa a *Ceia do Senhor*.

2 Primeiros testemunhos não bíblicos

Nos três primeiros séculos, quando o *primeiro dia da semana* se consolida como *dia do Senhor*, aparece um importante bloco de textos que se referem de forma explícita ao domingo e que ampliam a zona geográfica para o Egito, o norte da África e Roma.

1) "Reuni-vos cada dia dominical do Senhor (*kata kyriakên de kyriou*), parti o pão e dai graças..."[2]: Trata-se da assembleia eucarística dominical e se registra a fração do pão e a ação de graças (cf. *Didaqué* 9,1). A expressão *kata kyriakên de kyriou*, semelhante ao *kata mian sabbatou* de 1Cor 16,2, indica também uma constante e uma reiteração na prática da reunião dominical.

2) "Se os que haviam sido criados na antiga ordem de coisas chegaram à novidade da esperança, já não guardando o sábado, mas vivendo segundo o domingo (*kyriakên*), dia em que amanheceu também nossa vida por graça do Senhor e mérito de sua morte..."[3]: Santo Inácio, diante de alguns cristãos de origem pagã que queriam celebrar o sábado, estaria recordando que os judeu-cristãos haviam deixado de celebrá-lo.

3) "Justamente por isso nós celebramos também o *oitavo dia* (*tên hêmeran tên ogdoên*) com regozijo, por ser o dia em que Jesus ressuscitou dentre os mortos e, depois de manifestado, subiu aos céus"[4]: Trata-se do primeiro testemunho da celebração do domingo em Alexandria entre os anos 130 e 138. O autor da epístola compartilha com Santo Inácio de Antioquia a referência pascal do *dia do Senhor* e a polêmica contra os seguidores do sábado. Fala também de celebrar de modo festivo (*eis euphrosynên*) – alusão indireta à eucaristia? – o domingo. O significado pascal é evidente.

4) "No dia que se chama *do Sol* celebra-se uma reunião de todos os que habitam nas cidades ou nos campos... E celebramos esta reunião geral no *dia do Sol*, por ser o *dia primeiro*, em que Deus, transformando as trevas e

---

2. *Didaqué* 14,1. Também RORDORF, W. *Sabato e domenica nella Chiesa antica* (Turim 1979) 134-135.
3. SANTO INÁCIO DE ANTIOQUIA. *Ad Magnesios* 9,1-2; e em RORDORF, W. *Sabato e domenica*, o.c., 134-135.
4. Carta do Pseudo-Barnabé (*Ep.* 15,9). In: RUIZ BUENO, D. (ed.). *Padres Apologistas gregos* (BAC, 1954) 803; e em RORDORF, W. *Sabato e domenica*, o.c., 26-29.

a matéria, fez o mundo, o dia também em que Jesus Cristo, nosso Salvador, ressuscitou dentre os mortos"[5]: Trata-se do primeiro documento cristão que descreve a assembleia dominical. O testemunho se refere a Roma por volta de meados do século II e é completado com a explicação da eucaristia e do batismo (*Apol. I*, 65-66). A assembleia ocorria ao amanhecer, porque o dia era dia de trabalho ou, talvez, porque a celebração eucarística já fora transferida da tarde do domingo para a manhã.

5) "Afirmavam (os cristãos) que toda sua falta e todo seu erro consistia em reunir-se habitualmente num dia fixo (*stato die*), antes da aurora, para cantar alternativamente um hino (*carmen*) a Cristo, como um deus. [...] Reconheciam também o [...] encontrar-se para tomar todos juntos uma refeição, mas ordinária e inofensiva"[6]: Trata-se de um fragmento da carta que o governador Plínio dirigiu ao imperador Trajano no ano 112, pedindo-lhe instruções acerca dos cristãos. O texto fala de um "dia fixo" e de uma reunião habitual. A refeição "ordinária e inofensiva" era possivelmente a eucaristia, unida ainda à refeição fraterna atestada em Corinto (cf. 1Cor 11,20-34) e na Síria (cf. *Didaqué* 9-10). Por outro lado, pode ter sido então que a eucaristia, com ou sem a refeição fraterna, foi transferida da tarde do domingo para a manhã, como consequência do edito imperial que proibia reuniões noturnas[7].

II – Originalidade cristã do domingo

Os testemunhos mais antigos acerca do domingo, embora não resolvam totalmente o problema histórico da origem de sua celebração pela comunidade primitiva, contribuem, no entanto, para consolidar aquilo que constitui a convicção compartilhada pela imensa maioria dos que investigaram o tema, ou seja, que o *dia do Senhor* é uma criação genuinamente cristã, que remonta

---

5. SÃO JUSTINO, *Apol.* I, 67. In: RUIZ BUENO, D. (ed.). *Padres Apologistas gregos* (BAC, 1954) 258-259; e em RORDORF, W. *Sabato e domenica*, o.c., 136-141; cf. LEGARDIEN, L. "Comment les chrétiens du IIe siècle passaient-ils le dimanche?": *QL* 66 (1985) 38-40.

6. PLÍNIO O MOÇO. *Epist. ad Traianum* X, 96,7. In: RORDORF, W. *Sabato e domenica*, o.c., 136-137.

7. RORDORF, W. *El domingo*, o.c., 248-251.

aos primeiros tempos e que não depende nem do culto ao sol, nem do mandeísmo, nem do sábado judaico, nem dos costumes de Qumran[8]. No entanto, a causa "imediata" da instituição dominical se encontra nas aparições do Senhor, que comunica a seus discípulos o dom do Espírito Santo e lhes faz "ver" que ele ressuscitou (cf. Jo 20,19-29; Lc 24,36-45; At 1,2-3). Portanto, na origem do domingo está não só o acontecimento da ressurreição, mas também a singular experiência das testemunhas que Deus designou, nas manifestações que vieram depois (cf. Mc 16,9-14; At 10,41-42; 1Cor 15,5-8).

Por outro lado, de acordo com esta mesma opinião, constrói-se uma ponte entre os fatos acontecidos em Jerusalém nos últimos dias da existência terrena de Jesus, nos encontros com o Ressuscitado e nos inícios da Igreja, e as comunidades de Corinto, de Trôade, da Ásia Menor, do norte da África e de Roma, as que legaram os primeiros testemunhos do domingo durante os três primeiros séculos. Ainda que esta conexão com a Palestina não possa ser demonstrada do ponto de vista documental, há uma soma de probabilidades que convidam a levar em consideração a hipótese da possível origem do domingo na comunidade-mãe de Jerusalém: "O estado atual de nossos conhecimentos não nos permitiu descobrir com *toda certeza* a origem da observância cristã do domingo. A discussão do tema estabeleceu claramente, no entanto, que podem ser apresentados conjuntamente alguns argumentos em apoio à hipótese de que a observância cristã do domingo é uma criação autenticamente cristã, que remonta aos tempos mais antigos da comunidade cristã primitiva e inclusive à própria intenção do Senhor ressuscitado"[9].

III – Os nomes do domingo

Um bom procedimento para conhecer o significado do domingo consiste em rastrear seus nomes na tradição cristã[10]. Estes nomes são:

---

8. Estas hipóteses em LÓPEZ MARTÍN, J. "El origen del domingo", a.c., 285-292.

9. RORDORF, W. *El domingo*, o.c., 233. O autor reafirma esta opinião em *LMD* 148 (1981) espec. 111-122; cf. LEMMENS, E. "Le dimanche à la lumière des apparitions pascales": *QL* 73 (1992) 177-190; LÓPEZ MARTÍN, J. "El origen del domingo", a.c., 295-297.

10. Cf. JOÃO PAULO II. Carta apost. *Dies Domini*, de 31-5-1998: *AAS* 90 (1998) 713-766; também BOTTE, B. "Las denominaciones del domingo en la tradición cristiana": *CuaderPh* 24

1 Em relação a Cristo

1) *Primeiro dia da semana* é a indicação cronológica unânime dos quatro evangelhos para assinalar o dia da ressureição do Senhor (cf. Mt 28,1 e par.) e de algumas aparições (cf. Mc 16,9 etc.).

A expressão *primeiro dia* provém da semana hebraica e designa o dia em que Deus iniciou a criação de todas as coisas (cf. Gn 1,3.5). Neste sentido representava a vitória da luz sobre as trevas (cf. Gn 1,2) e a primeira manifestação do poder salvador de Deus em favor de seu povo (cf. Is 41,20. 54,8). Neste contexto, a ressurreição de Jesus inaugurou a nova criação (cf. 2Cor 5,17; Gl 6,15; Ap 21,5)[11].

2) *Dia "senhorial"* ou *Kyriakê hêmera* (de *Kyrios*) aparece, além de em Ap 1,10, na *Didaqué* 14,1 e em Santo Inácio de Antioquia em *Ad Magnesios* 9,1, já transformado em substantivo. A expressão evoca o *dia de Javé* anunciado pelos profetas (cf. Is 13,6-9; Jl 2,1-2) e aplicado no Novo Testamento à Páscoa de Jesus (cf. Mt 21,42; At 4,11). Mas alude, sobretudo, ao *dia que o Senhor fez* (Sl 118,24; Ml 3,17). Este segundo sentido está avalizado pelo uso que o Novo Testamento faz do salmo 118 aplicando-o à ressurreição de Cristo (cf. Mt 21,42; At 4,11; 1Pd 2,7-8).

Cristo foi exaltado como "Senhor e Messias" (At 2,36). O conteúdo do título *Kyrios* indica não só que Jesus está acima de Davi (cf. Sl 110,1; Mt 22,44), mas que ele é o Filho de Deus no sentido que esta expressão tem na fé cristã (cf. Mt 16,16-17; Rm 1,4; 1Cor 12,3). A invocação "Jesus Senhor" constitui a confissão da fé batismal (cf. At 2,38; 8,37; 1Cor 5,4) e a aclamação nupcial da Igreja (cf. Ap 22,17.20).

(1990) 11-32; DANIÉLOU, J. *Sacramentos y culto según los SS. Padres* (Madri 1962) 259-329; MARTIMORT, A.G. "El domingo": *Ph* 125 (1981) 359-380; ROUILLARD, Ph. "Significación del domingo en los SS.PP.": *AsSeñ* 1 (1965) 44-54 etc.

11. Cf. CUVA, A. "La celebrazione del mistero pasquale: Domenica e Pasqua". In: KACZYNSKI, R. & JOUNEL, P. (eds.). *Liturgia opera divina e umana. Miscellanea A. Bugnini* (Roma 1982) 649-669; HILD, J. *Domingo y vida pascual* (Salamanca 1966); MAGRASSI, M. "La domenica, sacramento della Pasqua". In: AA.VV. *La domenica* (Roma 1968) 73-94; THURIAN, M. La domenica, giorno dei quattro memoriali": *Liturgia* 245/247 (1977) 659-665.

3) O domingo é também *senhor dos dias*, como símbolo do senhorio de Cristo sobre o tempo. Cristo é *"Alfa e Ômega* [...] aquele que é, que era e que vem, o Onipotente, [...] o Primeiro e o Último, o Vivente" (Ap 1,8.18.19; cf. 2,8; 22,13). "O santo dia do domingo é a comemoração do Salvador. É chamado domingo *porque é o senhor dos dias*. Com efeito, antes da paixão do Senhor não era chamado domingo, mas primeiro dia. Nele o Senhor inaugurou as primícias da criação do mundo e nele deu também ao mundo as primícias da ressurreição. Por isso, este dia é o princípio de todo bem: princípio da criação do mundo, princípio da ressurreição, princípio da semana"[12].

4) O *dia do sol* não é uma denominação original cristã. Justino a utiliza tomando-a da semana planetária (*Apol. I*, 67). Esta coincidência permitiu aos cristãos utilizar o simbolismo insinuado já na Sagrada Escritura e de modo particular no *Cântico de Zacarias*: "O sol do alto nos visitará, para iluminar os que vivem nas trevas e nas sombras da morte" (Lc 1,78-79; Sl 18,6). A expressão alude sem dúvida ao texto de Ml 3,20, que fala do "sol de justiça", e inclusive a Is 9,1ss. (cf. Mt 4,16) e a Is 60,1.

5) O domingo foi chamado também de *oitavo dia* (*hê hêmera hê ogdoê* e *hê hêmera hê ogdoas*). Trata-se de um nome que pertence inteiramente ao campo da simbologia. No entanto, a referência não é puramente artificial, como deixam claro não poucos testemunhos.

O "oitavo dia" tem significado batismal e escatológico. O primeiro sentido está relacionado com algumas referências ao número oito nas Sagradas Escrituras: as oito pessoas que se salvaram do dilúvio (cf. 1Pd 3,20-21) e a circuncisão feita oito dias depois do nascimento[13]. Ambos os sinais são figuras do batismo.

---

12. Homilia do século V, atribuída a EUSÉBIO DE ALEXANDRIA, *Serm*. 16,1: PG 86, 416; e em RORDORF, W. *Sabato e domenica*, o.c., 210-211. Cf. tb. CIC 1166 e 2174-2175; e LLABRÉS, P. "El domingo, fiesta de la creación": *Ph* 236 (2000) 155-161; MAGRASSI, M. "La domenica, giorno del Signore e signore dei giorni": *Liturgia* 260/261 (1978) 116-150; MUÑOZ, H. "El domingo. Día del Señor y señor de los días": *Ph* 273 (2006) 347-360.

13. Cf. SÃO JUSTINO. *Dial*. 41,4 e 138,1-2. In: RUIZ BUENO, D. (ed.). *Padres Apologistas gregos*, o.c., 370 e 542; Cf. DANIÉLOU, J. "El domingo como octavo día": *CuaderPh* 24 (1990) 33-61; VEZZOLI, O. "La domenica: ottavo giorno. In: CANOBBIO, G. et al. *La fine del tempo* (Bréscia 1988) 345-374.

O sentido escatológico aparece como um desenvolvimento na reflexão patrística sobre o *oitavo dia*. Com efeito, a partir do significado do *sétimo dia* como plenitude da semana, desejou-se ver nos sete dias a imagem deste mundo e, em consequência, no *oitavo* a imagem do que está por vir, ou seja, a vida eterna.

2 Em relação à Igreja

1) O domingo é também o *dia da assembleia*, símbolo da Igreja do Senhor (*Ekklêsia tou Kyriou*), que se torna visível sobretudo na celebração eucarística (cf. LG 26; SC 41). O fato de o domingo referir-se ao Senhor e à Igreja lembra que esta não existe senão em dependência daquele que é sua Cabeça e Esposo (cf. Ef 5,23; Cl 1,18).

As aparições de Jesus ressuscitado haviam levado os discípulos a se transformarem em "irmãos" (cf. Jo 20,17), tendo tudo em comum (cf. At 2,42-47; 4,32-35 etc.) e reunindo-se "num mesmo lugar" como expressão da comunhão no Espírito (cf. At 2,1). A vida comunitária é um dos sinais de que já se formou a assembleia da Nova Aliança a partir de um pequeno resto (cf. At 2,38,41).

Não comparecer à assembleia era muito grave (cf. Hb 10,24-35): "Quando ensinares, ordena e persuade o povo a ser fiel em reunir-se em assembleia; que não falte, mas seja fiel à reunião de todos, a fim de que ninguém seja causa de perda para a Igreja ao não comparecer, nem o Corpo de Cristo se veja diminuído em um de seus membros. [...] Não anteponhais vossos negócios à Palavra de Deus, mas abandonai tudo no dia do Senhor e correi com diligência para a vossa assembleia, porque aqui está vosso louvor. Caso contrário, que escusa terão diante de Deus os que não se reúnem no dia do Senhor para ouvir a palavra de vida e nutrir-se com o alimento divino que permanece eternamente?"[14] A celebração do domingo é um sinal de pertença à Igreja e de identidade cristã[15].

---

14. *Didascalia Apostolorum* 13. In: RORDORF, W. *Sabato e domenica*, o.c., 168-169. Cf. tb. CIC 2178-2179.
15. Cf. CIC 2182; CONF. EP. ESPANHOLA. *Sentido evangelizador del domingo y de las fiestas*, de 22-5-1992 (Madri 1992) n. 5, 7 e 28. Da assembleia litúrgica tratou-se no capítulo VIII.

2) O dia da *Palavra de Deus*: A assembleia dominical manifesta também a comunidade cristã como "Igreja da Palavra" (cf. SC 6; 106; DV 21; PO 4)[16]. Na assembleia dominical, na dupla mesa da Palavra de Deus e do Corpo do Senhor, o próprio Cristo está "presente no meio de nós, quando nos reunimos por seu amor. Como outrora aos discípulos, ele nos revela as Escrituras e parte o pão para nós"[17].

3) O *dia da eucaristia*: A eucaristia tem seu momento próprio e principal no domingo e o domingo recebe seu significado da eucaristia. Com efeito, se o domingo é o dia memorial da salvação efetuada no mistério pascal, a eucaristia é o sacrifício sacramental desse mistério, ao qual todos os fiéis devem se associar pessoalmente, oferecendo-se eles próprios, juntamente com Cristo, mediante o ministério do sacerdote (cf. SC 48; LG 11; PO 5)[18]. Existe uma correlação entre a Igreja, a eucaristia e o domingo[19].

Os mártires do domingo confessaram ter celebrado o *dominicum* (a eucaristia) porque não podiam viver *sine dominico* (o dia do Senhor)[20].

3 Em relação ao homem

1) *Festa dos cristãos*. O domingo é "um dia de festa primordial que deve ser lembrado e inculcado à piedade dos fiéis, de modo que seja também um dia de alegria e de descanso do trabalho" (SC 106). Com este nome está

---

16. Cf. ELM 7. Deste tema tratou-se no cap. VII.
17. *Missal romano*. Oração eucarística para diversas circunstâncias (Oração Eucarística VI com suas quatro variantes): depois do *Santo*; cf. Lc 24,25-35. Também MOSSO, D. "La liturgia della Parola nella messa domenicale": *EL* 71 (1984) 20-32.
18. Cf. BROVELLI, F. "La comunità cristiana in domenica celebra l'eucaristia": *RL* 67 (1980) 479-494 e 642-660; LÓPEZ MARTÍN, J. "La eucaristía dominical, actualización de la Iniciación cristiana". In: SEC. NAC. DE LITURGIA. *La Iniciación cristiana hoy* (Madri 1989) 281-300; e *LMD* 130 (1977); *Ph* 61 (1971); *RL* 64/1 (1977); *RivPL* 12/5 (1975).
19. C. BLÁZQUEZ, R. "Día del Señor, Cena del Señor, Iglesia del Señor". In: *La Iglesia del Vaticano II* (Salamanca 1988) 131-173.
20. Texto em RORDORF, W. *Sabato e domenica*, o.c., 176-177.

relacionado o tema do preceito dominical. A celebração do domingo cumpre plenamente o dever moral de prestar a Deus o culto que lhe é devido[21].

O domingo não é um dia festivo a mais, mas a festa *primordial* dos cristãos[22]. Por este motivo, não se permitia jejuar nem rezar de joelhos no domingo: "Neste dia de festa não se deve jejuar e no culto não devemos ajoelhar-nos nem uma vez sequer"[23]; "Aquele que se aflige no domingo é réu de pecado"[24].

2) *Dia de alegria e de libertação*: Nesta perspectiva, o descanso dominical constitui um ato de culto a Deus (cf. Gn 1,31; Sl 103,1-22). O domingo, além disso, "contribui para que todos desfrutem de um tempo de repouso e de lazer suficiente que lhes permita cultivar sua vida familiar, cultural, social e religiosa (cf. GS 67)"[25]. Por outro lado, a palavra de Jesus: "o sábado foi feito para o homem" (Mc 2,27) convida a reconhecer a dimensão libertadora do culto a Deus (cf. Ex 4,31) e a exigência de estender a todos os homens a liberdade dos filhos de Deus (cf. Rm 8,21 etc.), de acordo com a missão de Jesus (cf. Lc 4,18).

IV – A celebração do domingo

O domingo possui valores decisivos para a fé e para a vida da Igreja, que precisam ser praticados no contexto dos novos desafios da cultura e da

---

21. Cf. CIC 2175-2176; cf. FALSINI, R. *L'assemblea eucaristica. Cuore della domenica* (Milão 2004); FLECHA, J.R. "La teología del domingo en San Martín de Braga": *Archivos Leoneses* 59/60 (1976) 341-357; FRASSEN, G. "L'obligation à la messe dominicale en Occident": *LMD* 83 (1965) 55-70; GELINEAU, J. et al. "L'assemblea e la mesa della domenica". In: *Assemblea santa. Manuale di liturgia pastorale* (Bolonha 1991) 273-444; GONZÁLEZ GALINDO, A. *Día del Señor y celebración del Misterio eucarístico. Investigación histórico-teológica de la misa dominical y su obligatoriedad* (Vitoria 1974).
22. Tudo o que foi dito no capítulo XIII sobre a festa pode ser aplicado ao domingo.
23. TERTULIANO. *De corona* 3: PL 2, 79; SÃO BASÍLIO. *De Spiritu Sancto* 27. In: RORDORF, W. *Sabato e domenica*, o.c., 188-189 etc.
24. *Didascalia Apostolorum* 21. In: RORDORF, W. *Sabato e domenica*, o.c., 170-171.
25. CIC 2184; cf. 2185-2188 e 2193-2195.

sociedade de hoje[26]. O aspecto mais urgente na pastoral específica do domingo é, sem dúvida, o da catequese do que significa o *dia do Senhor*[27].

No centro da pastoral do domingo deve estar a assembleia eucarística. Uma celebração da eucaristia verdadeiramente festiva, digna e significativa confere ao dia do Senhor sua alma e sua nota mais relevante[28]. A pastoral do domingo deverá evitar a dispersão da comunidade dos fiéis e promover o sentido eclesial e comunitário. Quando falta o sacerdote ou outra circunstância grave impede a participação na celebração eucarística, a Igreja recomenda aos fiéis que participem da liturgia da Palavra, se esta for celebrada, ou que se dediquem à oração durante um tempo conveniente[29].

Mas a celebração do domingo não se reduz à eucaristia. O *dia do Senhor* é santificado também pela Liturgia das Horas (cf. SC 100) e por outros atos litúrgicos, como a celebração dos sacramentos e sacramentais. O domingo é tempo apto para a adoração eucarística, para a leitura e meditação da Palavra de Deus e para a prática de atos de piedade.

26. Cf. BELLAVISTA, J. "El domingo, valores e interrogantes": *Ph* 164 (1988) 107-123; BENASSAR, B. "Week-end y domingo": *Ph* 61 (1971) 75-82; BIFFI, G. "La celebración del domingo: problemática y orientaciones": *Ph* 125 (1981) 381-395; LÓPEZ MARTÍN, J. *El domingo, fiesta de los cristianos*, o.c., 165-214; RODRÍGUEZ DEL CUETO, C. "El domingo, fiesta para el Señor y para nosotros: caminos de nuestra evangelización": *StLeg* 33 (1992) 97-135 etc.

27. Cf. ALDAZÁBAL, J. *El domingo cristiano*, em *Dossiers* CPL 34 (1987); BASURKO, X. *Para vivir el domingo* (Estella 1993); EQUIZA, J. *El domingo hoy, variaciones y/o fiesta?* (Pamplona 1986); SEC. NAC. DE LITURGIA. *El domingo hoy. Documentos episcopales sobre el domingo* (Madri 1985); ID. *Día del Señor. Antología de textos, guiones y homilías* (Madri 1992) etc.

28. Instrução *Eucharisticum Mysterium*, de 25-5-1967, n. 25-27: *AAS* 59 (1967) 555-556; cf. SC 41-42; LG 25; PO 5.

29. CDC c. 1248 § 2; *Diretório para as celebrações dominicais na ausência do Presbítero*, de 2-6-1988 (Ed. Vozes, Doc. Pont. 224, 1989); *PastL* 183/184 (1989) 17-31; e *CuaderPh* 30 (1991); BENTO XVI. Exort. apost. pós-sinodal *Sacramentum caritatis*, de 22-2-2007, n. 75; SEC. NAC. DE LITURGIA. Celebraciones dominicales y festivas en ausencia de presbítero (CoeLit 1996); DIOCESE DE SEGOVIA. *Guía de oración y celebraciones* (Segovia 2003); cf. GOUDREAULT, P. *Celebrare la domenica in attesa dell'Eucaristia* (Pádua 2004); LÓPEZ MARTÍN, J. "El directorio sobre las CDAP (comentario)": *REDC* 46 (1989) 615-639; MENOUD, J.C. "Présider les assemblées en monde rural": *LMD* 230 (2002) 27-41; PARÉS, X. "Las asambleas dominicales en ausencia de presbítero": *Ph* 119 (1980) 393-404; SARTORE, D. "Asambleas sin presbítero", em NDL 181-188; e *CuaderPh* 60 (1995); *LMD* 130 (1977) etc. A expressão "na ausência do presbítero" foi substituída pouco a pouco pela expressão "à espera do presbítero", a fim de realçar melhor a vinculação da comunidade, que no domingo se vê privada da santa missa, com o presbítero do qual ela depende: cf. GONZÁLEZ, R. "Las celebraciones dominicales a la espera del sacerdote en los últimos documentos": *Ph* 290 (2009) 149-156.

A celebração do *dia do Senhor* requer também que o cristão esteja consciente de que ele ressuscitou com Cristo (cf. Cl 3,1) e recebeu o dom do Espírito (cf. Rm 8,15; 5,5). O domingo convida a configurar a própria existência de acordo com o mistério pascal, rejeitando as "obras do pecado" (cf. Jo 8,34; Rm 13,22) e dedicando-se às "obras da luz" (cf. Mt 5,16; 1Pd 2,12). A caridade fraterna e a solidariedade com os necessitados sempre estiveram entre os sinais mais patentes da participação profunda na comunhão do Espírito que brota da eucaristia (cf. At 2,42-47; 4,32-37).

A Conferência Episcopal Espanhola, preocupada com a situação de deterioramento do domingo, além da Instrução pastoral 1992 citada acima (nota 15), publicou uma nova nota em 1995 intitulada: "Domingo e sociedade"[30].

---

30. Cf. O texto e o comentário em *Ph* 2007 (1995) 241-248.

Capítulo XX
O Tríduo pascal e a Cinquentena

Em cada semana (a Igreja) comemora a ressurreição do Senhor, celebrando-a uma vez também, na solenidade máxima da Páscoa, juntamente com sua sagrada paixão (SC 102).

Bibliografia

ALDAZÁBAL, J. *El Triduo Pascual* (BL 8, 1998); ANDRONIKOF, C. *Il senso della Pasqua nella liturgia bizantina*, 2 vols. (Leumann/Turim 1986); AUGÉ, M. *Quaresima Pasqua Pentecoste. Tempo di rinnovamento nello Spirito* (Cinisello Balsamo 2002); BALTHASAR, H.U. von. "El misterio pascual", em MS III/2, 143-335; CABIÉ, R. *La Pentecôte. L'évolution de la Cinquentaine pascale au cours des cinq premiers siècles* (Tournai 1965); CASEL, O. *La fête de Pâques dans l'Église des Pères* (Paris 1963); CANTALAMESSA, R. *La Pascua de nuestra salvación. Las tradiciones pascuales de le Biblia y de la Iglesia primitiva* (Madri 2006); CASTELLANO, J. "La celebración anual de la Pascua del Señor". In: *El año litúrgico* (BL 1, 1994) 153-228; CATELLA, A. & REMONDI, G. (eds.). *Celebrare l'unità del Triduo pasquale*, 1-3 (Quaderni di RL, NS 9/1-3; Leumann/Turim 1994-1996); CAVAGNOLI, G. "La celebrazione pasquale nella rinnovata liturgia romana: analisi della struttura rituale": *RL* 77 (1990) 18-36; CENTRE DE P. L. DE PARIS. *El misterio pascual* (Salamanca 1967); FACULDADE TEOLÓGICA DA SICÍLIA (ed.). *La settimana santa: liturgia e pietà popolare* (Palermo 1995); JOUNEL, P. "El ciclo pascual", em MARTIMORT 917-964; KUNZLER 599-621; LECLERCQ, H. "Pâques", em DACL XIII, 1521-1574; ID. "Pentecôte", ibid. XIV, 259-274; LÓPEZ MARTÍN, J. *El don de la Pascua del Señor. Pneumatología de la cinquentena pascual del Misal Romano* (Burgos 1977); MARTÍNEZ SAIZ, P. *El tiempo pascual en la liturgia hispánica* (Madri 1969); NOCENT, A. *Celebrar a Jesucristo*, IV

(Santander 1979); ID. "O tríduo pascal e a Semana Santa" e "O tempo pascal", em *Anamnesis* 5, 95-149; RIGHETTI 1, 785-863; RINAUDO, S. *La liturgia, epifania dello Spirito* (Leumann/Turim 1980); ROSSO, St. *Il segno del tempo nella liturgia* (Leumann/Turim 2004) 245-275; SCICOLONE, I. (ed.). *La celebrazione del Triduo pasquale. Anamnesis e mimesis* (Roma 1990); e *AsSeñ* 42-52 (1966); *CuaderPh* 31, 87, 114 e 177 (1992-2008); *Dossiers* CPL 4, 52, 68 e 100 (1979-2004); *LMD* 240 (2004); *PastL* 237 (1997); *Ph* 272 (2006); *PAF* 17-27 (1970-1973); *RL* 55/1 (1968); 88/1-2 (2001); *RivPL* 187 (1994).

Com este capítulo se inicia o estudo das diferentes partes do ano litúrgico. Cada uma é apresentada seguindo a ordem de importância, de acordo com as *Normas universais sobre o ano litúrgico e o Calendário*[1]. Em cada capítulo se analisa em primeiro lugar a estrutura do tempo, depois se repassa os dados da história e, por fim, se expõe a teologia e espiritualidade da celebração.

O presente capítulo é dedicado somente ao Tríduo pascal e à Cinquentena, ficando para o seguinte a Quaresma, por razões de espaço. O ciclo pascal inclui também este tempo, preenchendo catorze semanas desde o domingo I da Quaresma até a solenidade de Pentecostes, às quais é preciso acrescentar os dias depois da Quarta-feira de Cinzas.

I – Estrutura do Tríduo e da Cinquentena pascal

O centro do ciclo pascal é ocupado pelo sagrado Tríduo pascal de Jesus Cristo, morto, sepultado e ressuscitado, que se prolonga na Cinquentena.

1 O Tríduo

"O sagrado Tríduo pascal da Paixão e Ressurreição do Senhor resplandece como o ápice de todo o ano litúrgico. [...] A solenidade da Páscoa goza no ano litúrgico a mesma culminância do domingo em relação à semana (SC 106)" (NUALC 18). "O Tríduo pascal da Paixão e Ressurreição do Senhor

---

1. No *Missal romano*, p. 94-118 (= NUALC e artigo).

começa com a missa vespertina na Ceia do Senhor, possui o seu centro na Vigília pascal e encerra-se com as *vésperas* do domingo da Ressurreição" (ibid. 19). A celebração pascal compreende, portanto, os dias do "tríduo de Cristo crucificado, sepultado e ressuscitado"[2], iniciando-se a celebração na tarde da Quinta-feira Santa, de acordo com a maneira de contar os dias reservada pela liturgia para os domingos e solenidades.

Mas, se a missa da Ceia do Senhor é o prelúdio, a culminância é a Vigília pascal, "a mãe de todas as santas vigílias"[3]. Além disso, a Vigília inicia o tempo pascal com o retorno do *Glória* e do *Aleluia*. O domingo da Ressurreição é, por outro lado, o primeiro dia do tempo pascal.

2 A Cinquentena

Com efeito, "os cinquenta dias entre o domingo da Ressurreição e o domingo de Pentecostes sejam celebrados com alegria e exultação, como se fossem um só dia de festa, ou melhor, *como um grande domingo* (S. Atanásio, *Ep. fest.* 1). É principalmente nesses dias que se canta o aleluia" (NUALC 22). A Cinquentena repousa sobre os domingos *da Páscoa* (cf. ibid. 23). No entanto, conserva-se a festa da Ascensão do Senhor aos quarenta dias após a Páscoa, embora se tenha previsto sua transferência para o domingo VII da Páscoa onde não for possível celebrá-la como festa de preceito (cf. ibid. 25), como ocorreu na Espanha e também no Brasil. Os oito dias da oitava da Páscoa se equiparam às solenidades do Senhor (cf. ibid. 24).

Os dias de semana do tempo pascal contam com formulários para a missa e para o ofício. Os dias de semana depois da Ascensão têm um maior acento pneumatológico (cf. ibid. 26).

---

2. SANTO AGOSTINHO. *Ep.* 54,14: PL 38, 215; SANTO AMBRÓSIO: "Nisto consiste o tríduo sacro, no qual Cristo padece, repousa no sepulcro e ressuscita", em *Ep.* 23,12-13: PL 16, 1030.
3. SANTO AGOSTINHO. *Serm.* 219, citado em NUALC 21.

II – Os dados da história

A história deste tempo é complexa, mas contribui para determinar o conteúdo do Tríduo e da Cinquentena pascal.

1 Vicissitudes do Tríduo pascal

O núcleo da celebração anual da Páscoa está enraizado na festa hebraica do *Pessah-Mazzot* (Páscoa-Ázimos), cujo significado pode ser notado em numerosas passagens do Novo Testamento, especialmente as que se referem aos acontecimentos finais da vida de Jesus[4]. Às primeiras notícias da comemoração anual cristã da Páscoa pelas comunidades da Ásia Menor no dia 14 de Nisã é preciso acrescentar as homilias pascais que expõem o objeto da comemoração[5].

Quanto ao rito pascal, os testemunhos mencionam um jejum de dois ou três dias que terminava numa vigília noturna. Do desenvolvimento desta são conhecidos alguns elementos: orações pelos judeus e pelos pecadores, leituras dos profetas e dos evangelhos, salmos, homilia, eucaristia e ágape. Do estudo comparado dos lecionários mais antigos se deduz a presença constante de Gn 1, Gn 2, Ex 12–14, Dn 3, Ez 37 etc., entre as leituras das diferentes tradições[6]. O batismo é atestado nos inícios do século III por Tertuliano (*De bapt.* 19) e pela *Tradição Apostólica* de Hipólito. O primeiro testemunho do rito da luz é uma homilia de Astério o Sofista no século IV (*In Ps.* 5, hom. 6). Pouco a pouco as celebrações se estenderam a todos os dias do Tríduo pascal, como se pode observar já no *Diário de viagem* de Egéria por volta de 384[7].

---

4. Desta festa já se falou no capítulo XVIII.
5. Cf. CANTALAMESSA, R. *La Pascua...*, o.c., 121-172; LEMOINE, B. "La célébration de Pâques d'après les littératures homilétiques quarto-décimane du deuxième siècle et pseudo-chrysostomienne du quatrième": *QL* 74 (1993) 17-29; TALLEY, Th.J. *Le origini dell'anno liturgico* (Bréscia 1991) 9-80. Sobre a controvérsia pascal do séc. II e o problema de uma data comum na atualidade, cf. notas 12 e 13 do cap. XVIII.
6. Cf. LÓPEZ MARTÍN, J. *El don de la Pascua*, o.c., 248-256.
7. ARCE, A. (ed.). *Itinerario de la Virgen Egeria* (BAC, 1980) 129-136 e 281-301; cf. GARCÍA DEL VALLE, C. *Jerusalén, un siglo de oro de vida litúrgica* (Madri 1968) 213-250; ID.

A liturgia romana compreendia inicialmente a celebração da Paixão na hora nona da sexta-feira, a solene vigília pascal, com seis leituras na tradição gregoriana (quatro do AT) e catorze na gelasiana (doze do AT) e a missa do domingo de Páscoa. A liturgia batismal incluía a bênção da água e a procissão até o batistério. O precônio pascal ou *laus cerei*, conhecido em Milão e na Espanha desde o século V, entrou em Roma no século XI[8].

A Quinta-feira Santa, dia da reconciliação dos penitentes e da missa crismal desde o século V, conheceu a partir do século VII uma missa vespertina sem liturgia da Palavra, comemorativa da traição de Judas e da última Ceia. Posteriormente esta missa adquiriu maior relevo, incorporando na Idade Média o lava-pés e a reserva da eucaristia para a comunhão do sacerdote no dia seguinte[9]. Na Liturgia das Horas foram introduzidos elementos dramatizantes, como a ocultação da luz.

No ano de 1951 o papa Pio XII iniciou a revisão da Semana Santa, restaurando a Vigília pascal e devolvendo às celebrações do Tríduo seu caráter mais autêntico. Na mesma linha situou-se a reforma litúrgica do Vaticano II[10].

Jerusalén, la liturgia de la Iglesia madre (BL 14, 2001) 111-146. Sobre a influência da liturgia de Jerusalém nas restantes liturgias do Oriente e do Ocidente cf.: KOLLAMPARAMPIL, A.G. *Hebdomadae sanctae celebratio. Conspectus historicus comparativus* (BELS 93, 1997).

8. Cf. AMIET, R. *La Veillée pascale dans l'Église latine*, I: *Le Rite Romain. Histoire et liturgie* (Paris 1999); CANTALAMESSA, R. *La Pascua*..., o.c., 173-252; PINELL, J. "La benedicció del ciri pasqual i els seus textos". In: *Liturgica*, II (Scripta et Documenta 10; Montserrat 1958) 1-119; ID. "*Ad celebrandum paschale sacramentum*: il complesso eucologico della Vigilia pasquale": *EcclOr* 15 (1988) 163-191.

9. Cf. LÓPEZ MARTÍN, J. "Jueves Santo. Misa verpertina de la Cena del Señor": *Ph* 145 (1985) 25-93 etc.

10. Para o estudo da reforma da Semana Santa pela comissão nomeada por Pio XII em 1948 (cf. *supra*, nota 61 do cap. IV), cf.: BRAGA, C. "*Maxima redemptionis nostrae mysteria*. 50 anni dopo (1955-2005)": *EcclOr* 23 (2006) 11-36; SCHMIDT, H.A. *Hebdomada sancta*, 2 vols. (Roma/ Friburgo B./Barcelona). Também: FALSINI, R. "La riforma della Vigilia pasquale (1951-1991)": *RivPL* 165 (1991) 74-78; MAGGIONI, C. "Cinquant'anni dall'*Ordo Hebdomadae Sanctae instauratus*": *RL* 92 (2005) 915-933; ID. "Il Triduo: dalla riforma degli anni' 50 all'odierno Messale": *RivPL* 44/1 (2006) 12-20; SORCI, P. "Cinquant'anni dalla restaurazione della veglia pasquale": *RL* 88 (2001) 33-56; TENA, P. "La 'recepción' de la Semana Santa reformada": *Ph* 145 (1985) 5-14; e *Ph* 272 (2006).

2 Evolução da Cinquentena

O tempo pascal tem como antecedente o período que transcorria entre a festa judaica da Páscoa e a festa das Semanas ou Pentecostes (cf. Lv 23,15-16)[11]. No marco desta última situam-se os acontecimentos narrados em At 2. Entre os séculos II e V, Pentecostes foi um espaço unitário e indivisível de cinquenta dias, desde o domingo da Páscoa até a comemoração conjunta da Ascensão do Senhor e da vinda do Espírito Santo no quinquagésimo dia[12]. A oitava pascal, conhecida desde muito cedo em Jerusalém, em Roma e em outras liturgias, foi o tempo da *mistagogia* dos iniciados nos sacramentos pascais[13].

No final do século IV foi introduzida nos quarenta dias da Páscoa a festa da Ascensão, tal como é conhecida nos sermões de São Leão Magno (440-461)[14]. Pentecostes passou a ser a solenidade da vinda do Espírito Santo, recebendo uma vigília, em paralelo com a da Páscoa, e uma oitava. Por outro lado, nos dias anteriores à Ascensão, foram introduzidas as "ladainhas menores" com seu jejum correspondente, e, no final do tempo pascal, foi situada a celebração do jejum do quarto mês (junho), ou seja, as têmporas de verão. Os domingos do tempo pascal, salvo o da oitava da Páscoa, quase não tinham relevância e eram denominados "domingos II, III etc. depois da Páscoa", e o domingo seguinte à Ascensão era denominado "domingo infraoitava da Ascensão". A unidade originária da Cinquentena havia desaparecido.

---

11. Sobre a festa judaica de *shavuhôt* ou *pentêkostê*, cf. POTIN, J. *La fête juive de la Pentecôte. Études des textes liturgiques*, 2 vols. (Paris 1971); e em dicionários e vocabulários da Bíblia.

12. Cf. CABIÉ, R. *La Pentecôte...*, o.c., 3-113; ROSSO, St. "Il tempo pasquale nella storia": *RivPL* 212 (1999) 14-23 etc.

13. Cf. CHAVASSE, A. "La signification baptismale du carême et de l'octave pascale": *LMD* 58 (1959) 27-38; WEGMAN, A.J. "La historia de la octava de Pascua": *AsSeñ* 43 (1964) 9-18 etc.

14. Cf. CABROL, F. "Ascension", em DACL II, 2934-2943 etc. É preciso resenhar também uma celebração a 40 dias da Páscoa, denominada *tessarakostê* (quadragésima), além da *mesopentêkostê* (meso-pentecostes): cf. CABIÉ, R. *La Pentecôte...*, o.c., 181-185.

III – Teologia e espiritualidade

A celebração de todo o período oferece, no *Missal romano* e nos livros litúrgicos atuais, uma imagem de grande unidade e coerência[15].

1 O "santo Tríduo pascal"

A celebração do mistério pascal, ao mesmo tempo em que evoca os acontecimentos finais da vida terrena de Cristo, revive e atualiza a participação dos batizados na passagem das trevas para a luz.

1) A tarde da *feria V in Coena Domini* inaugura o Tríduo pascal com a *missa da Ceia do Senhor*. O momento é marcado pela recordação da instituição da eucaristia, verdadeiro "sacrifício vespertino" (cf. Sl 141,2). Por outro lado, as prescrições que proíbem a celebração da missa sem o povo e recomendam vivamente a concelebração conferem uma nota de eclesialidade eucarística e de unidade entre eucaristia e sacerdócio. O lava-pés foi também orientado para a eucaristia: a antífona *Ubi caritas* acompanha agora a apresentação das ofertas.

Os textos do *Missal* insistem na entrega de Cristo para a salvação dos homens[16]. Jesus cumpre o ritual da Páscoa judaica (cf. Ex 12,1-8.11-14; Sl 115), oferecendo seu Corpo no lugar do antigo Cordeiro e derramando seu sangue para selar a nova aliança (1Cor 11,23-26). Ao lavar os pés dos discípulos ele manifesta o amor "até o extremo" (Jo 13,1-15). O prefácio e os textos próprios na oração eucarística realçam a identidade entre a entrega

---

15. Cf. AA.VV. "Triduo pasquale. Tempo di Pasqua". In: DELL'ORO, F. (ed.). *Il Messale Romano del Vaticano II. Orazionale e Lezionario*, 1 (Leumann/Turim 1984) 305-484; BELLAVISTA, J. "Los temas mayores de la cincuentena pascual": *Ph* 110 (1979) 125-135; LÓPEZ MARTÍN, J. "Líneas de pneumatología litúrgica en la Cincuentena pascual de la actual *Liturgia Horarum* del Rito Romano. In: SCICOLONE, I. (ed.). *Psallendum. Miscellanea in onore J. Pinell* (Roma 1992) 139-165; NOCENT, A. *Celebrar a Jesucristo*, 4. *Semana Santa. Tiempo pascual* (Santander 1979); e *Ph* 145 (1985); *RL* 61/2 (1974); 62/2 (1975); 77/1 (1990); *RivPL* 13/2 (1975); 16/2 (1978); 19/1 (1981) etc. Cf. tb. a Carta da CONG. PARA O CULTO DIVINO. *Paschalis Sollemnitatis: A preparação e celebração das festas pascais*, de 16-1-1988.
16. Cf. a coleta da missa; e CASTELLANO, J. "El triduo sagrado o pascual. Aportaciones y precisiones de la tercera edición de Misal Romano": *Ph* 272 (2006) 106-117.

de Jesus e o memorial no qual "torna-se presente a nossa redenção"[17]. O translado solene do Santíssimo Sacramento para o lugar da reserva para a comunhão do dia seguinte é um sinal de continuidade entre o sacrifício e a adoração da Presença sacramental.

2) A *Sexta-feira Santa da Paixão do Senhor* é presidida por uma liturgia austera e sóbria. O Missal e a Liturgia das Horas propõem de modo convergente a morte gloriosa do Cordeiro pascal, para que os cristãos renovem em si mesmos a passagem da morte para a vida.

O *ofício das leituras* inicia com três salmos de singular aplicação cristológica à Paixão: o Sl 2 (cf. At 4,24-30), o Sl 22 (cf. Mc 15,34; Mt 27,39-40) e o Sal 38 (cf. Lc 23,49). Segue-se a passagem de Hb 9,11-28, que mostra Cristo como Pontífice definitivo e mediador da Nova Aliança. A leitura patrística, de São João Crisóstomo, comenta a tipologia do Cordeiro. Os responsórios das leituras são uma colcha de retalhos de textos bíblicos do Antigo e do Novo Testamento sobre estes mesmos temas[18]. As *laudes* se orientam para o valor redentor do sacrifício de Cristo, que substitui as antigas vítimas (cf. Sl 51 e Cântico de Hab 3), e para a exaltação da cruz (cf. Sl 147). A leitura breve desta hora e as assinaladas para a *hora média* são tomadas do canto IV do poema do Servo (Is 53), enquanto as antífonas vão detalhando os diferentes momentos da Paixão. Significativos são também os salmos 40, 54 e 88 dessa hora.

O centro do dia é a celebração da Paixão na hora noa (cf. Mt 27,45-46). Trata de uma *sinaxe* não eucarística, chamada em outros tempos "missa dos pré-santificados"[19]. A ação litúrgica, na qual se usa a cor roxa, tem três momentos: Primeiro: A *liturgia da Palavra*, com a leitura do IV canto do poema do Servo (Is 52,13–53,12: 1ª leit.), aplicado a Jesus que "entrega sua vida como expiação"; o Sl 31 com as palavras de Cristo na cruz (cf. Lc 23,46); a

---

17. Oração sobre as oferendas.
18. Para os novos textos no projetado curso bienal do *ofício das leituras*, cf.: LESSI-ARIOSTO, M. "Liturgia Horarum-Supplementum": *Not* 306/307 (1992) 9-167, aqui 93-94 e 144-145.
19. Cf. RIGHETTI I, 808-812.

passagem do Sumo Sacerdote, "causa de salvação para os que lhe obedecem" (Hb 4,14-16; 5,7-9: 2ª leit.) e a Paixão segundo São João (Jo 18,1–19,42: Ev.). A estas leituras segue-se a oração universal, que neste dia adquire um relevo especial. Segundo: A *adoração da cruz*, precedida pela apresentação ao povo. A antífona "Adoramos, Senhor, vosso madeiro", de origem bizantina, e os *impropérios* evocam o mistério da cruz. Terceiro: A *comunhão*, na qual se distribui o pão eucarístico consagrado na tarde anterior.

No entanto, embora esta solene celebração substitua as *vésperas*, estas se mantêm na Liturgia das Horas. Para isso toma-se o Sl 116 (cf. 1Cor 10,16; 11,26), o Sl 143 e Fl 2,6-11 e, como leitura breve, 1Pd 2,21-24. Depois, a Igreja entra no silêncio que precede a Ressurreição.

3) *O grande Sábado*. No segundo dia do Tríduo pascal não há outra convocação senão o Ofício divino diante do altar desnudado, presidido pela cruz[20]. O Concílio Vaticano II recomendou também que este dia fosse consagrado pelo jejum pascal (cf. SC 110). O Ofício divino tem um tom de meditação e de repouso, especialmente o *ofício das leituras* (Sl 4; 16; 24; Hb 4,1-13 e homilia do grande Sábado, alusiva à descida do Senhor ao abismo: cf. 1Pd 3,19ss.)[21]. As *laudes* incluem lamentações do justo (Sl 64 e Is 38) e o anúncio da ressurreição (Sl 150 com Ap 1,18 como antífona). A *hora média* fala da luz que brilha no meio das trevas. As *vésperas* repetem os salmos da mesma hora da Sexta-feira Santa, mas com antífonas que aludem aos sinais de Jonas e do templo (cf. Mt 12,39-40; Jo 2,19-21). Os outros textos se referem ao batismo como imagem da sepultura de Cristo (cf. Rm 6,3-4). A piedade cristã precisa manter também uma lembrança da Santíssima Virgem nesse dia[22].

---

20. Veja-se a rubrica do *Missal romano* para o Sábado Santo: cf.: GAITÁN, J.D. "El sábado santo. Sus elementos teológicos y litúrgicos": *Ph* 289 (2009) 76-86.
21. Os cânticos do *ofício das leituras* do ciclo bienal em: LESSI-ARIOSTO, M. "Liturgia...", a.c., 94 e 145.
22. "No grande sábado, quando Cristo jazia no sepulcro, fortalecida somente pela fé e pela esperança, ela sozinha entre todos os discípulos esperou vigilante a ressurreição do Senhor". In: *Missas de Nossa Senhora*, n. 36; cf. NOÈ, V. "Nel ricordo di Colei che nel grande sabbato raccolse la fede di tutta la Chiesa": *Liturgia* 21 (1988) 371-384.

4) A Vigília na *noite santa da Ressurreição do Senhor* inicia o terceiro dia do Tríduo[23]. A Vigília pascal é essencialmente uma ampla celebração da Palavra de Deus que termina com a eucaristia. Os ritos do início, o batismo e a renovação das promessas batismais ocorrem neste contexto de vigília. Por outro lado, é extraordinária a abundância de símbolos em toda a celebração: a) o *rito do fogo e da luz* evoca a ressurreição de Cristo e a marcha de Israel guiado pela coluna de fogo. O rito culmina com o *exsultet* pascal; b) a *liturgia da Palavra* se destaca tanto pelo número de leituras quanto pela sequência leitura-salmo-oração, percorrendo os passos da história da salvação. As orações oferecem a interpretação cristã dos textos do Antigo Testamento[24]; c) a *liturgia da iniciação cristã* incorpora ao mistério pascal os catecúmenos adultos ou alguma criança. Em seguida, toda a assembleia renova os compromissos batismais, a não ser que o tenham feito logo após os compromissos dos que são batizados (cf. *Missale Romanum*, reimp. 2008) e é aspergida com a água em memória do batismo; d) por último se realiza *a eucaristia*, proclamação da ressurreição do Senhor *na expectativa* de sua última vinda (cf. 1Cor 11,26; 16,22; Ap 22,17.20).

5) *O "dia que o Senhor fez"*. A liturgia romana convoca novamente os fiéis para a "missa do dia"[25]. O Ofício divino marca a pauta tanto do ofício dominical de todo o ano como, especialmente, da hora das *laudes* das solenidades e festas. Todos os elementos são próprios, inclusive o esboço de *ofício das leituras* para os que não frequentaram a vigília. As *laudes* evocam a nova criação (Sl 63, Dn 3,57-88 e Sl 149; At 10,40-43). A *hora média* se baseia no Sl 118 (cf. Mt 21,42; At 4,11).

---

23. Cf. a rubrica do *Missal romano* para a Vigília pascal; e CASTELLANO, J. "La vigilia pascual. La gran evangelización del mundo": *Ph* 243 (2001) 191-200.

24. Criação (Gn 1,1–2,2 e Sl 104). Abraão (Gn 22,1-18 e Sl 16). Êxodo (Ex 14,15–15,1 e 15,1-7a.17-18). Profetas (Is 54,5-14 e Sl 30; Is 15,1-11 e 12,2.4-6; Br 3,9-15.32–4,4 e Sl 19; Ez 36,16-17a.18-28 e Sl 42). Novo Testamento (Rm 6,3-11), Sl 117 e aleluia. Evangelho (Mt 28,1-10 [A]; Mc 16,1-8 [B]; Lc 24,1-12 [C]); cf. ESPOSITO, S. *I tre giorni santi* (Milão 2003); ID. *La notte splenderà come il giorno. La veglia pasquale* (Sant'Agata/Nápoles 1999); LÓPEZ MARTÍN, J. *El don de la Pascua*, o.c., 248-257; para os textos do Missal: ibid., 216-218 e 226-229.

25. Assim o indica o prefácio pascal I, próprio do domingo e de toda a oitava. Sobre este prefácio cf. MERCIER, G. "Le préface de Pâques": *Liturgie et Vie Chrétienne* 53 (1966) 13-20.

A missa gira em torno da ressurreição do Senhor: ou At 10,34.37-43 (1ª leit.), Sl 118, Cl 3,1-4, ou 1Cor 5,6b-8 (2ª leit.) e Jo 20,1-9. Canta-se também a *sequência* da Páscoa, enquanto as orações se referem aos sacramentos pascais. As II *vésperas* definem também as correspondentes do domingo da semana I do saltério com o Sl 110 (cf. Mt 22,41-46), o Sl 114 e Ap 19,1-7. A leitura de Hb 10,12-14 se refere à glória de Cristo e a antífona do *Magnificat* evoca a aparição de Jo 20,19.

2 A oitava pascal

O Domingo da Ressurreição se prolonga na Cinquentena simbólica, o tempo do Espírito[26]. No entanto, os oito primeiros dias têm um sentido especial como tempo da *mistagogia*. A celebração da *oitava pascal* segue fundamentalmente duas grandes linhas: a primeira, definida pelos evangelhos e pelas leituras patrísticas do *ofício das leituras* da segunda-feira, terça-feira e quarta-feira, centra-se nas aparições, incluído o domingo da oitava; a segunda linha é marcada pela lembrança da iniciação cristã: realçam este aspecto os textos das orações do Missal, a leitura bíblica do *ofício das leituras*, tomada da Primeira carta de São Pedro, e as leituras patrísticas da quinta-feira, sexta-feira e sábado, tomadas das Catequeses mistagógicas de Jerusalém[27].

Na segunda-feira da oitava se inicia a leitura semicontínua dos *Atos dos Apóstolos* das missas dos dias de semana da Cinquentena, independentemente da série de primeiras leituras dos domingos, tomadas do mesmo livro. Durante toda a semana, incluído o domingo da oitava, os salmos de todas a horas são os mesmos do domingo da Ressurreição, exceto no *ofício das leituras* em que são próprios de cada dia. Os textos restantes são também próprios.

---

26. Cf. a primeira coleta da missa da vigília de Pentecostes em LÓPEZ MARTÍN, J. *El don de la Pascua*, o.c., 499-501 e 540-548.

27. Para o ciclo bienal cf. LESSI-ARIOSTO, M. "Liturgia...", a.c., 95ss. e 146ss.

3 Os domingos da Páscoa

A partir do domingo II, os restantes domingos que integram a Cinquentena pascal têm unidade temática definida pelo evangelho e pela 1ª leitura:

	Ano A	Ano B	Ano C
Dom II	At 2,42-47	4,32-35	5,12-16
	1Pd 1,3-9	1Jo 5,1-6	Ap 1,9-11a
	Jo 20,19-31	=	=
Dom III	At 2,14.22-33	3,13-15.17-19	5,27-32.40-41
	1Pd 1,17-19	1Jo 2,1-5	Ap 5,11-14
	Lc 24,13-35	24,35-43	Jo 21,1-19
Dom IV	At 2,14.36-41	4,8-12	13,14.43-52
	1Pd 2,20-25	1Jo 3,1-2	Ap 7,9.14-17
	Jo 10,1-10	10,11-18	10,27-30
Dom V	At 6,1-7	9,26-31	14,20-26
	1Pd 2,4-9	1Jo 3,18-24	Ap 21,1-5
	Jo 14,1-12	15,1-8	13,31-35
Dom VI	At 8,5-8.14-17	10,25-26.34-35.44-48	15,1-2.22-29
	1Pd 3,15-18	1Jo 4,7-10	Ap 21,10-14.22-23
	Jo 14,15-21	15,9-17	14,23-29
Dom VII	At 1,12-14	1,15-17.20-26	7,55-60
	1Pd 4,13-16	1Jo 4,11-16	Ap 22,12-14.16-20
	Jo 17,1-11a	17,11b-19	17,20-26

Com efeito, *dom* II: dom do Espírito Santo e a vida da comunidade; *dom* III: aparições e anúncio do Evangelho; *dom* IV: o Bom Pastor; *dom* V: partida de Jesus e ministérios; *dom* VI: promessas e manifestações do Espírito; *dom* VII: ausência-presença na expectativa do Espírito. Na Espanha e em outros países, no *dom* VII da Páscoa se celebra a solenidade da Ascensão do Senhor. Como leitura apostólica são lidas: a I *Carta de São Pedro* (A), a I *Carta de São João* (B) e o *Apocalipse* (C), textos muito concordantes com o espírito do tempo pascal. Os prefácios, por sua vez, se concentram na ressurreição e na presença do Senhor em sua Igreja[28].

---

28. Cf. WARD, A. & JOHNSON, C. (eds.). *Fontes liturgici. The Sources of the Roman Missal (1975)*, II. *Prefaces* (Roma 1987) 176-221. Sobre a eucologia do tempo pascal cf. ÁLVAREZ, L.F.

O lecionário bíblico do *ofício das leituras* oferece de forma contínua, a partir do domingo II da Páscoa, a *Carta aos Colossenses*, o *Apocalipse* e as três *Cartas de São João*. As leituras patrísticas costumam referir-se ao evangelho da missa. As leituras breves das *laudes*, *vésperas* e *hora média* formam uma série junto com as correspondentes aos dias de semana, que vai se repetindo a cada semana. As preces das duas horas principais do dia refletem a temática própria do tempo, são sempre diferentes e, em sua maioria, são dirigidas a Cristo.

4 A "Ascensão do Senhor" e o "Domingo de Pentecostes"

Ambas as solenidades têm a marca própria que a tradição lhes conferiu, mas na liturgia atual acentuou-se a dimensão eclesiológica da primeira e a dimensão pascal e pneumatológica da segunda. A terceira edição típica do *Missale Romanum* (2002, reimp. 2008) inclui um formulário novo de *Missa da vigília* da Ascensão. A reimpressão de 2008 inclui também no corpo do livro as orações da *Vigília de Pentecostes*, não incluídas em edições anteriores, mas que o *Missal* da Conferência Episcopal Espanhola (1988) e outros já haviam incluído. As leituras bíblicas das missas se harmonizam entre si em cada festa, completando a temática as do *ofício das leituras* (Ef 4,1-24 e Santo Agostinho na Ascensão e Rm 8,5-27 e Santo Ireneu em Pentecostes). Os salmos responsoriais e os do *ofício das leituras* já eram usados nestas festas. Eis o quadro do *Lecionário da missa*:

"La eucología pascual del Misal Romano. Estudio crítico-etiológico": *Isidorianum* 5/6 (1994) 31-77 e 55-99; AUGÉ, M. "El Espíritu Santo en los textos del tiempo pascual del Misal Romano de Pablo VI". In: AA.VV. *Eulogía. Miscellanea liturgica B. Neunheuser* (Roma 1979) 31-44; BELLAVISTA, J. "Los temas mayores de la Cincuentena pascual": *Ph* 110 (1979) 31-44; LÓPEZ MARTÍN, J. *El don de la Pascua*, o.c., 211-246 e 349-536; SIERRA, J.M. "La vigilia de Pentecostés. Texto incluido en la última reimpresión del *Missale Romanum*": *Not* 505/506 (2008) 565-576; URTASUN, C. *Las oraciones del Misal. Escuela de espiritualidad en la Iglesia* (BL 5, 1994) 207-332.

	Ano A	Ano B	Ano C
Ascensão	At 1,1-11	=	=
	Ef 1,17-23	4,1-13	Hb 9,24-28; 10,19-23
	Mt 28,10-20	Mc 16,15-20	Lc 24,46-53
Pent. vig.	Gn 11; Ex 19; Ez 37; Jl 2,28-32	=	=
	Rm 8,22-27	=	=
	Jo 7,37-39	=	=
Dia	At 2,1-11	=	=
	1Cor 12,3-7.12-13	Gl 5,16-25	Rm 8,8-17
	Jo 20,19-23	15,26-27; 16,12-25	14,15-16.23-26[29]

5 *Os dias de semana do tempo pascal*

A partir da segunda-feira da semana II da Páscoa, os dias de semana conservam certa unidade baseada na leitura semicontínua dos *Atos dos Apóstolos*, que começou na oitava, e dos capítulos 3, 6, 12, 13–17 e 21 do *Evangelho segundo São João*, que completam a leitura deste evangelho iniciada na Quaresma. Estes capítulos se referem aos sacramentos pascais e reúnem os discursos de despedida, mas independentemente da série de leituras evangélicas dominicais. No *ofício das leituras*, desde a segunda-feira da semana II, se leem o *Apocalipse* (semanas II-V) e as três *Cartas de São João* (semanas VI-VII). Como leituras patrísticas usa-se uma ampla seleção de textos centrados em aspectos do mistério pascal[30].

As coletas de cada dia são próprias, enquanto as orações restantes se encontram nos formulários dominicais[31]. O Ofício divino conta também com séries de antífonas, leituras breves, responsórios para cada dia da semana, que vão se repetindo. As preces das *laudes* e das *vésperas* contam com duas séries, uma para as semanas ímpares e outra para as semanas pares.

---

29. A 2ª leitura e o evangelho dos anos B e C foram introduzidos *ad libitum* na segunda edição típica do *Elenco das leituras da Missa* em 1981: cf. *Not* 180/183 (1981) 422-423. Para a missa da vigília, celebrada de forma mais extensa, o Missal romano (n. 24-30) propõe salmos e orações para intercalar entre as leituras do Antigo Testamento.

30. Para as séries do *ofício das leituras* do ciclo bienal cf.: LESSI-ARIOSTO, M. "Liturgia...", a.c., 97-113 e 148-165.

31. Cf. URTASUN, C. *Cuaresma y Pascua en las oraciones feriales* (BL 13, 2000) 325-572.

Capítulo XXI
A Quaresma

Esclareça-se [...] a dupla índole do tempo quaresmal, que, principalmente pela lembrança ou preparação do batismo e pela penitência, fazendo os fiéis ouvirem com mais frequência a Palavra de Deus e entregarem-se à oração, os dispõe à celebração do Mistério pascal (SC 109).

Bibliografia

AA.VV. "Tempo di Quaresima". In: DELL'ORO. F. (ed.). *Il Messale Romano del Vaticano II*, 1 (Leumann/Turim 1984) 177-303; AUGÉ, M. *Quaresima Pasqua Pentecoste. Tempo di rinnovamento nello Spirito* (Cinisello Balsamo 2002); BELLAVISTA, J. "La preparación de la Pascua: La Cuaresma", em BOROBIO 3, 153-170; BERGAMINI, A. "Cuaresma", em NDL 497-501; BIFFI, I. *Liturgia III. Le stagioni della salvezza*, 2. *Tempo di Quaresima e di Pasqua* (Roma 1993); CARRIÈRE, P. "La Carême": *LMD* 58 (1961) 71-88; CHAVASSE, A. "La preparación de la Pascua", em MARTIMORT (²1967) 764-777; MAERTENS, Th. *La cuaresma, catecumenado de nuestro tiempo* (Madri 1964); ID. *Nueva guía de la asamblea cristiana*, 3. *De la semana de ceniza al domingo de Pascua* (Madri 1970); McKENNA, M. *La Cuaresma día a día* (Santander 1999); NOCENT, A. *Contemplar su gloria. Cuaresma* (Barcelona 1966); ID. *Celebrar a Jesucristo*, 3. *Cuaresma* (Santander 1979); ID. "A Quaresma", em *Anamnesis* 5, 151-177; PIERRET, R. & FLICOTEAUX, E. "Carême", em DSp II, 136-152; RIGHETTI 1, 727-802; RIZZINI, P. *"Ascoltatelo". La Parola di Dio nelle domeniche di Quaresima* (Bolonha 1983); RYAN, V. *Cuaresma – Semana Santa* (Madri, 1986): TORRES DOMENEC, V. *La Cuaresma, síntesis de vida cristiana. Estudio bíblico, histórico y litúrgico* (Madri 1967); VACANDARD, E. "Carême", em

DACL II, 2139-2158; e *AsSeñ* 21-38 (1965-1967); *Communautés et Litgurie* 2/2 (Ottignies 1976); *CuaderPh* 68 e 86 (1996-1998); *Dossiers* CPL 8, 45, 57, 61 e 73 (1980-1997); *LMD* 31 (1952); *PAF* 10-16 (1970-1976); *Ph* 260 (2004); *RL* 60/1 (1973); *RivPL* 44 (1971); 80 (1977).

Continua neste capítulo o estudo do ciclo pascal, tratando agora da Quaresma, o período que antecede o Tríduo de Cristo morto, sepultado e ressuscitado.

I – Estrutura da Quaresma

A Quaresma dura quarenta dias, desde o domingo I deste tempo até a Quinta-feira Santa. Mas a estes dias é preciso acrescentar a Quarta-feira de Cinzas e os dias de semana depois das Cinzas. Começando a contagem dos quarenta dias na citada quarta-feira, a Quaresma termina no domingo de Ramos que, por sua vez, inaugura a Semana Santa. Mas, na realidade, "o tempo da Quaresma vai de quarta-feira de cinzas até a missa na Ceia do Senhor exclusive" (NUALC 28). Estas normas querem reunir o caráter popular da quarta-feira de cinzas e conciliá-lo com o começo "oficial" do domingo I da Quaresma. Por sua vez, os dias da Semana Santa estão orientados para a comemoração da Paixão do Senhor e na manhã da Quinta-feira Santa ocorre a missa crismal (cf. n. 31). "O tempo da Quaresma visa preparar a celebração da Páscoa" (NUALC 27).

Os domingos da Quaresma são denominados I, II, III, IV e V, mas o VI tem como título *domingo de Ramos da Paixão do Senhor*. Os dias de semana de todo o tempo são independentes dos domingos e sua temática guarda certa relação com eles. No tempo da Quaresma não se adorna o altar com flores e a música é permitida só para sustentar o canto, com exceção do domingo IV (domingo *Laetare*: cf. Is 66,10) e das solenidades e festas[1].

---

1. *Cerimonial dos bispos* n. 252.

II – Os dados da história

A Quaresma é o resultado de um longo processo de sedimentação de três itinerários litúrgico-sacramentais: a preparação imediata dos catecúmenos para os sacramentos de iniciação, a penitência pública e a participação da comunidade cristã nos dois anteriores como preparação para a Páscoa. A Quaresma ou *quadragesima* é conhecida com este nome desde o século IV (São Jerônimo e Egéria) e faz referência ao significado do número 40 na Bíblia[2].

Os primeiros dados acerca de uma preparação da Páscoa são os já conhecidos – no capítulo anterior – do jejum de dois ou três dias nos séculos II e III. Em Roma o jejum se prolongava durante três semanas já no século IV[3], mas numerosos testemunhos levam a pensar na existência da quarentena penitencial como um fato geral no final desse século ou no início do seguinte. No entanto, desaparecida a instituição do catecumenato e substituída a reconciliação pública pela penitência secreta (séc. VIIss.), a Quaresma ficou configurada no Missal e no Ofício divino como um tempo quase exclusivamente penitencial e ascético. Os evangelhos e as orações das missas dos escrutínios passaram para os dias de semana e estes acabaram contando com celebração estacional todos os dias. As cinzas começaram a ser impostas a todos os fiéis no século IX, quando havia decaído a prática da penitência pública[4].

No século VII foram acrescentadas as têmporas da primavera à primeira semana da Quaresma. Mas a partir do século VI existe também uma *pré-quaresma*, que começa três domingos antes do domingo I da Quaresma,

---

2. Cf. DANIÉLOU, J. "Le symbolisme des quarante jours": *LMD* 31 (1952) 19-33.

3. SÓCRATES. *Hist. Eccl.* 5,22, citado por AUF DER MAUR, H. *Le celebrazioni nel ritmo del tempo*, I (Leumann/Turim 1990) 219. Cf. tb. CALLEWAERT, C. "La duré et le charactère du carême ancien": *SacrEr* (Bruges 1940, reimpr. 1962) 449-560; CHAVASSE, A. "L'organisation stationale du carême romaim, avant le VIIIe siècle. Une organisation pastorale": *RevSR* 56 (1982) 17-32; PIAZZI, D. "La quaresima nella storia: modelli di prassi pastorale": *RivPL* 212 (1999) 13-23; RENOUX, Ch. "La quarantaine prépaschale au IIIe siècle à Jérusalem": *LMD* 196 (1993) 111-129; ROSE, A. "Les grands évangiles baptismaux au Carême": *QL* 43 (1962) 8-17; TALLEY, Th.J. *Le origini dell'anno liturgico* (Bréscia 1991) 159-229 etc.

4. RAFFA, V. "Verifica storica sul rito delle ceneri". In: AA.VV. *Mysterium et Ministerium. Miscellanea I. Oñatibia* (Vitoria 1993) 320-352.

de difícil interpretação e não menos obscura origem. Os domingos eram denominados *Quinquagésima* (50 dias antes da Páscoa, contados a partir do domingo anterior ao I da Quaresma), *Sexagésima* (60 dias, avançando um domingo a mais e terminando a conta na quarta-feira da oitava da Páscoa) e *Septuagésima* (70 dias, mediante a inclusão de outro domingo antes e terminando no domingo II da Páscoa). Este período desapareceu na reforma do Calendário em 1969[5]. O domingo V da Quaresma, ao ser despojado da referência aos escrutínios, transformou-se em *Domingo da Paixão do Senhor*, fazendo com que esta semana tivesse esta característica, além da Semana Santa. A isto se acrescentou o costume de cobrir com um véu as cruzes, as imagens e os retábulos desde o século XI, embora isto só se tornasse oficial no século XVII.

Por outro lado, a devoção à Paixão de Cristo e à Virgem Dolorosa invadiu também as últimas semanas da Quaresma, sobretudo a partir da Baixa Idade Média. O movimento litúrgico impulsionou uma forte renovação deste tempo, orientando-o para o mistério pascal. Neste sentido se expressou também o Concílio Vaticano II (cf. SC 109-110).

III – Teologia e espiritualidade

Celebrar a Quaresma significa "penetrar profundamente no mistério de Cristo mediante as celebrações anuais do sacramento quaresmal"[6]. A Quaresma é um sinal definido fundamentalmente pela graça e pela salvação conseguidas por Cristo, novo Israel (cf. Mt 2,15), e pela conversão, pela fé, pelo batismo e pela penitência (cf. SC 109-110)[7].

---

5. Cf. PASCHER, J. *El año litúrgico* (BAC, 1965) 42-61 etc. A liturgia bizantina tem ainda uma antequaresma, cf. ANDRONIKOF, C. *Il senso della Pasqua nella liturgia bizantina*, I (Leumann/Turim 1986) 86-140.

6. Cf. MARSILI, S. "Qudragesimale sacramentum": *RL* 23 (1936) 49-51; ID. "Messa di quaresima": *RL* 29 (1942) 13-16.

7. Cf. BERNAL, J.M. "La Cuaresma: un camino hacia la Pascua": *Teología Espiritual* 27 (1983) 397-435; CASTELLANO, J. "Cuaresma: el camino de Jesús hacia la Pascua": *OrH* 19 (1988) 57-63; DIEGO SÁNCHEZ, M. "Cuaresma: Iglesia en camino hacia la Pascua": *RevEsp* 45 (1986) 53-74; FARNÉS, P. "La Pascua de Israel en el Leccionario cuaresmal": *OrH* 17 (1986) 42-52; LARA POLAINA, A. "Temática bautismal de la Cuaresma. Análisis teológico-litúrgico-espiritual de las oraciones en el Misal Romano actual": *RET* 50 (1990) 55-92; VEZZOLI, O. *"Tempus praecipuum*

1 A "quarta-feira do início da Quaresma"

A celebração atual deste dia reinterpretou o rito das cinzas (cf. Gn 3,19) como expressão da vontade de conversão diante do chamado de Deus[8]. Por isso, foi introduzida uma nova bênção sobre os que vão receber as cinzas e o rito foi situado depois da homilia. As leituras da missa convidam à autenticidade das obras penitenciais da Quaresma: Jl 2,12-18; 2Cor 5,20–6,2 e Mt 6,1-6.16-18. A Liturgia das Horas completa esta perspectiva, programática para toda a Quaresma, com o texto de Is 58,1-12 e de outros profetas, com uma passagem da I *Carta de São Clemente* no *ofício das leituras*. Os textos restantes propõem as atitudes para viver a Quaresma.

Os dias de semana após a quarta-feira de cinzas se mantêm na mesma linha, com textos sobre as obras penitenciais. A quinta-feira depois das cinzas dá início à leitura semicontínua do *Livro do Êxodo* no *ofício das leituras*.

2 Os domingos da Quaresma

Constituem a trama de toda a Quaresma, especialmente o ano A, de acentuado caráter batismal. O ano B, em compensação, desenvolve uma linha cristológico-pascal, enquanto o ano C é mais penitencial. Entretanto, os domingos I e II dos três anos têm um maior acento cristológico, enquanto os domingos III, IV e V têm um acento eclesiológico e sacramental[9]. O Domingo de Ramos tem fisionomia própria. Eis a série de leituras dominicais da missa:

---

salubriter statuisti". Studio teologico-liturgico dei prefazi del tempo di quaresima nel nuovo Messale Romano (1979) (Pádua 1995); e *Dossiers* CPL 8, 11 e 45 (Barcelona 1980-1991) etc.

8. Cf. ALDAZÁBAL, J. "La ceniza": *OrH* 15 (1984) 49-55; CABROL, F. "Cendres", em DACL II, 2037-2044; PATERNA, P. "El miércoles de ceniza y la antropología": *Ph* 144 (1984) 541-547.

9. Cf. ELM 67 e 97; cf. RODRÍGUEZ DEL CUETO, C. "Sentido bautismal de la antigua cuaresma (domingo V de Cuaresma en la liturgia romana de los ss. IV-VII)": *StLeg* 27 (1986) 195-214; ROSE, A. "Les grands évangiles baptismaux du carême romain": *QL* 43 (1962) 8-17; SANCHO ANDREU, J. "Estructura y contenido teológico del Leccionario de Cuaresma del Misal Romano": *NVet* 8 (1979) 173-194. Por outro lado, esta estrutura é análoga à das liturgias ocidentais restantes, cf.: MARTÍN PINDADO, V. *Los sistemas de lecturas de la Cuaresma Hispánica* (Salamanca/Madri 1977); MOLDOVAN, T. *Relación entre anáfora y lecturas bíblicas en la Cuaresma dominical hispánico-mozárabe* (Salamanca 1992).

	Ano A	Ano B	Ano C
Dom I	Gn 2,7-9; 3,1-7	Gn 9,8-15	Dt 26,4-10
	Rm 5,12-19	1Pd 3,18-22	Rm 4,8-13
	Mt 4,1-11	Mc 1,12-15	Lc 4,1-13
Dom II	Gn 12,1-4a	Gn 22,1-2.9.15-18	Gn 15,5-12.17-18
	2Tm 1,8-10	Rm 8,31-34	Fl 3,17–4,1
	Mt 17,1-9	Mc 9,1-9	Lc 9,28-36
Dom III	Ex 17,3-7	Ex 20,1-17	Ex 3,1-8.13-15
	Rm 5,1-2.5-8	1Cor 1,22-25	1Cor 10,1-6
	Jo 4,5-42	Jo 2,13-25	Lc 13,1-9
Dom IV	1Sm 16,1.6-7.10-13	1Cr 36,14-16.19-23	Js 5,9-12
	Ef 5,8-14	Ef 2,4-10	2Cor 5,17-21
	Jo 9,1-41	Jo 3,14-21	Lc 15,1-3.11-32
Dom V	Ez 37,12-42	Jr 31,31-34	Is 43,16-21
	Rm 8,8-11	Hb 5,7-9	Fl 3,8-14
	Jo 11,1-45	Jo 12,20-33	Jo 8,1-11
Dom Ram	Mt 21,1-11	Mc 11,1-10	Lc 19,28-40
	Is 50,2-7	=	=
	Fl 2,6-11	=	=
	Mt 26,14-27.66	Mc 14,1-15.47	Lc 22,14-23.56

As leituras do Antigo Testamento se referem à história da salvação, tema muito próprio da catequese quaresmal. Cada ano há uma série de textos que apresentam diacronicamente as diversas etapas desta história, desde o princípio até a promessa da Nova Aliança[10]. As segundas leituras, numa perspectiva diferente e sincrônica, completam o significado de cada domingo. Os temas nucleares dos domingos I e II dos três anos são coincidentes: Cristo, o Servo, atravessa o deserto conduzido pelo Espírito[11] e é confirmado como enviado do Pai para cumprir a missão de salvação. Os evangelhos respectivos são tomados dos sinóticos.

---

10. Nos primeiros séculos usava-se esta forma de exposição narrativa da história da salvação: SANTO AGOSTINHO. *De catech. rudibus* 3,5: CCL 46, 124; cf. DANIÉLOU, J. & DU CHARLAT, R. *La catechesi nei primi secoli* (Leumann/Turim 1979) 223-235.

11. As tentações narradas em Mt 4,1-11 e Lc 4,1-13 – evangelhos do domingo I da Quaresma dos anos A e C, respectivamente – têm seu equivalente no A.T.: Dt 8,7 = Mt 4,4; Dt 6,16 = Mt 4,7; Dt 6,13 = Mt 4,10. Cf. o prefácio deste domingo e a leitura patrística de Santo Agostinho.

Os temas dos domingos III, IV e V do ano A se concentram na água viva, na luz e na ressurreição, respectivamente. No ano B aludem a outros tantos sinais do mistério pascal: o templo, a serpente de bronze e o grão de trigo, tomados do IV Evangelho. Os temas dos domingos III-V do ano C formam a série "da misericórdia divina": interpretação de alguns fatos deploráveis, o filho pródigo e a adúltera. Os textos pertencem ao *Evangelho segundo São Lucas*, exceto o último, tomado de São João.

As coletas e os prefácios próprios dos domingos I e II e dos domingos III, IV e V, quando são lidos os evangelhos do ano A, completam o quadro[12]. Os textos do Ofício giram em torno de aspectos gerais da Quaresma e do mistério pascal de Jesus Cristo, especialmente no domingo V e no de Ramos. O *oficio das leituras* dos domingos da Quaresma propõe a leitura correspondente do *Êxodo* (dom. I, II e III) e do Levítico (dom. IV), dado que estes livros são lidos desde o começo da Quaresma. O domingo V começa a leitura da *Carta aos Hebreus*. A leitura patrística dos domingos, em compensação, leva em consideração os grandes temas evangélicos dominicais do ciclo A[13]. Os domingos I, II, III e IV têm em comum as leituras breves das *laudes*, da *hora média* e das *vésperas*, assim como o domingo V e o de Ramos.

No domingo de Ramos proclama-se o relato da entrada de Jesus em Jerusalém no rito da bênção dos ramos e a Paixão do Senhor na missa, cada ano de acordo com o respectivo sinótico[14]. As outras leituras da missa e o salmo falam da atitude do Servo, completando-se o quadro com a leitura bíblica do *oficio das leituras* (Hb 10,1-18) e com a de Santo André de Creta[15].

---

12. Cf. URTASUN, C. *Las oraciones del Misal: escuela de espiritualidad de la Iglesia* (BL 5, 1994) 139-206; WARD, A. & JOHNSON, C. *The Prefaces of the Roman Missal* (Roma 1989) 102-165.

13. Para o lecionário bienal, cf. LESSI-ARIOSTO, M. "Liturgia Horarum-Supplementum": *Not* 306/307 (1992) 9-167, aqui 78ss. e 130ss.

14. Cf. RAMOS, M. "El domingo de Ramos. El pórtico de la Semana Santa": *Ph* 145 (1985) 15-23.

15. Para o curso bienal cf. LESSI-ARIOSTO, M. "Liturgia...", a.c., 91-92 e 143.

3 Os dias de semana da Quaresma

Os dias feriais das cinco semanas da Quaresma, mesmo dentro de sua autonomia, completam aspectos temáticos dos domingos. Os antigos formulários, tanto de leituras como de orações, foram reformados e em boa parte renovados[16]. Mantém-se a presença do Antigo Testamento como primeira leitura e procurou-se uma maior unidade com os evangelhos. Na segunda-feira da semana IV inicia-se a leitura do *Evangelho segundo São João*, seguindo as passagens que têm melhor cabimento na Quaresma e que preludiam a Paixão.

No começo das semanas III, IV e V encontra-se uma missa de livre escolha, que pode ser usada em qualquer dia de semana, com as leituras evangélicas da samaritana, do cego de nascença e da ressurreição de Lázaro que são lidas no ano A.

A diversidade de temas ocorre igualmente no Ofício divino, especialmente no Lecionário patrístico. O *ofício das leituras* pretende mostrar uma panorâmica da história da salvação com uma seleção do *Êxodo* (que começa na quarta-feira de cinzas e termina no sábado da semana III), do *Levítico* e dos *Números* (toda a semana IV, incluído seu domingo) e, a partir do domingo V, com a *Carta aos Hebreus*, que interpreta a antiga aliança à luz do mistério pascal e aprofunda o significado salvífico do sacrifício de Cristo[17]. As leituras breves das *laudes*, da *hora média* e das *vésperas* compreendem duas séries, para as semanas I-IV e para as semanas V e VI, respectivamente, como acontece com os domingos. Nas preces das *laudes* e das *vésperas* ocorre o mesmo que nos dias de semana do tempo pascal.

4 Os dias feriais da Semana Santa

A Quaresma tem como dias finais os quatro primeiros dias feriais da Semana Santa. Com efeito, a segunda-feira santa, a terça-feira santa e a quarta-feira santa prolongam de alguma forma o ambiente pré-pascal do Domingo

---

16. Cf. URTASUN, C. *Cuaresma y Pascua en las oraciones feriales* (BL 13, 2000) 14-324.
17. Para o lecionário bienal, cf. LESSI-ARIOSTO, M., ibid.., 78-91 e 130-142.

de Ramos. As primeiras leituras apresentam os cantos do poema do Servo (Is 42,1-7; 49,1-6; 50,4-9a) e os evangelhos reúnem episódios que preludiam a Paixão: a unção em Betânia (Jo 12,1-11), o anúncio da negação de Pedro e da traição de Judas (Jo 13,21-33.36-38) e a revelação da traição deste (Mt 26,14-25).

O Ofício divino, durante estes três dias e na própria Quinta-feira Santa até a *hora média* inclusive, contribui ainda mais para dar a estes dias um caráter de introdução à Paixão do Senhor, não obstante a repetição de textos nas *laudes*, na *hora média* e nas *vésperas*. O *ofício das leituras* continua oferecendo a *Carta aos Hebreus* e acrescenta esplêndidos textos patrísticos, entre os quais se destaca a homilia *sobre a Páscoa* de Melitão de Sardes na Quinta-feira Santa[18].

A missa crismal da manhã da quinta-feira é, na realidade, um parêntese, embora destacando que todos os sacramentos brotam da humanidade vivificada e vivificante de Cristo, o ungido do Senhor (cf. Is 61,1-9: 1ª leit.; Sl 89; Lc 4,16-21: evang.), que tornou o povo santo partícipe de sua consagração (Ap 1,5-9: 2ª leit.). Paulo VI quis que esta celebração tivesse um acentuado caráter sacerdotal[19].

---

18. Para o curso bienal do *ofício das leituras*, cf. LESSI-ARIOSTO, ibid.., 92-93 e 143-144.
19. Cf. ROSE, A. "La signification de la Messe chrismale": *QL* 69 (1988) 26-66; RUSSO, R. *El "proprio" de la Misa Crismal en el Misal Romano de Pablo VI. Estudio histórico-litúrgico-teológico* (Roma 1992); SORCI, P. "La benedizone dell'olio degli infermi nel contesto della Messa crismale". In: GRILLO, A. & SAPORI, E. (eds.). *Celebrare il sacramento dell'unzione degli infermi* (Roma 2005) 167-200; TENA, P. "La misa crismal. Una aportación catequética": *Ph* 127 (1982) 67-70. Para os textos da bênção dos óleos, cf. *supra*, notas 18 e 19 do cap. XVII. Para o prefácio, cf. ABAD, J.A. "Fuentes y teología del prefacio crismal del nuevo Misal Romano". In: *Teología del sacerdocio*, IV (Burgos 1972) 351-363.

Capítulo XXII
Advento, Natal e Epifania

A santa mãe Igreja, no decorrer do ano, revela todo o mistério de Cristo, desde a Encarnação e a Natividade [...] e a expectação da feliz esperança e vinda do Senhor (SC 102).

Bibliografia

AA.VV. "Tempo di Avvento, tempo di Natale". In: DELL'ORO, F. (ed.). *Il Messale Romano del Vaticano II*, I (Leumann/Turim 1984) 37-175; ANDRONIKOF, C. *Il senso delle feste*, I: *Il ciclo fisso* (Roma 1973); AROCENA, F. *"Sol salutis". La Navidad en la liturgia mozárabe y romana* (Barcelona 2002); BERGAMINI, A. "Adviento", em NDL 50-53; ID. "Navidad-epifanía", ibid., 1405-1409; BIFFI, I. *Liturgia III. Le stagioni della salvezza: Tempo d'Avvento e di Natale* (Roma 1982); BOTTE, B. et al. *Noël, Epiphanie, retour du Christ* (Lex Orandi 40; Paris 1966); CABROL, F. "L'avent", em DACL I, 3223-3230; JOUNEL, P. "El tiempo de Navidad", em MARTIMORT 965-986; KUNZLER 623-636; LEMARIÉ, J. *Navidad y epifanía* (Salamanca 1966); ID. "Noël (la liturgie)": *Cath* IX, 2309-2329; MAERTENS, Th. *Pastoral litúrgica de Adviento y Cuaresma* (Madri 1965); MAZZARELLO, S. "Epifanía", em DE I, 692-694; ID. "Navidad", em DE II, 679-682; NOCENT, A. *Contemplar su gloria. Adviento, Navidad, Epifanía* (Barcelona 1963); ID. *Celebrar a Jesucristo*, 2 vols. (Santander 1979); ID. "O tempo da manifestação", em *Anamnesis* 5, 179-212; RAMIS, G. "Ciclo de Adviento--Navidad-Epifanía", em BOROBIO 3, 171-196; RIGHETTI 1, 675-727; ROSSO, St. *Il segno del tempo nella liturgia* (Leumann/Turim 2004) 297-338; RYAN, V. *Adviento-Epifanía* (Madri 1986); SORCI, P. Tempo di Avvento e di Natale": *RivPL* 145 (1987) 51-64; e *AsSeñ* 2-14 (1964-1967); *CuaderPh* 66, 163 e 174 (1995-2007); *Dossiers* CPL 2, 5, 44, 67 e 92 (1978-2001); *LMD* 59 (1959); *PAF*

1-9 (1970-1973); *Ph* 48 (1968); *RL* 59/5 (1972); 71/5 (1984); *RivPL* 9/6 (1972); 13/6 (1976); 14/6 (1977).

O complemento do ciclo pascal é constituído pelo *ciclo natalino* ou da manifestação do Senhor. Advento, Natal e Epifania estão unidos entre si por esta referência. Este capítulo estuda estes tempos sob a perspectiva comum da vinda ou manifestação do Senhor.

No entanto, a celebração do Advento tem caráter de preparação do Natal e da Epifania, de modo semelhante ao que ocorre com a Quaresma em relação à Páscoa e sua Cinquentena.

I – Estrutura do ciclo natalino

"A Igreja nada considera mais venerável, após a celebração anual do mistério da Páscoa, do que comemorar o Natal do Senhor e suas primeiras manifestações" (NUALC 32). A solenidade de 25 de dezembro ocupa o centro de todo o ciclo e, ao mesmo tempo, conserva uma relação especial com a Páscoa. A celebração natalina do Senhor se inicia com as I *vésperas* de Natal e termina no domingo depois da Epifania.

A característica mais visível deste período é o acúmulo de festas. As principais são o dia 25 de dezembro e a Epifania no dia 6 de janeiro; mas no domingo seguinte ao Natal se celebra a festa da Sagrada Família; no dia 1º de janeiro, oitava do Natal, a solenidade da Santa Mãe de Deus; e no domingo depois da Epifania a festa do Batismo do Senhor. Nos lugares onde o 6 de janeiro não é de preceito, a Epifania é transferida para o domingo que cai entre os dias 2 e 8 de janeiro (cf. NUALC 37). Por outro lado, mantém-se a oitava do Natal, que inclui, nos dias 26, 27 e 28 de dezembro, as festas de Santo Estêvão, de São João Evangelista e dos Santos Inocentes. Depois do dia 1º de janeiro, os dias de semana do Natal têm categoria menor.

A liturgia romana dedica à preparação do Natal quatro semanas com seus respectivos domingos. O Advento começa nas I *vésperas* do domingo que cai no dia 30 de novembro ou no dia mais próximo desta data e termina antes das I *vésperas* do Natal (NUALC 40). A partir do dia 17 de dezembro intensifica-se a preparação para o Natal. Os dias de semana são independentes dos domingos.

II – Os dados da história

A história de todo este ciclo não é uniforme. Com efeito, enquanto os livros litúrgicos atuais começam no domingo I do Advento, os antigos sacramentários começavam no dia 25 de dezembro.

1 Natal e Epifania

As festas do Natal e da Epifania apareceram no calendário cristão no começo do século IV, embora em lugares diferentes.

1) A primeira notícia histórica do *Natal* está no cronógrafo copiado por Fúrio Dionísio Filócalo em 354, embora remonte ao ano de 336, que contém a *depositio martyrum* e a *depositio episcoporum* da Igreja de Roma. Encabeçando a primeira lista, no dia 25 de dezembro, se lê: *VIII kal. ian. natus est Christus in Betlehem Iudeae*[1].

No entanto, apesar das investigações, não se sabe com certeza qual pode ter sido o motivo da escolha do dia 25 de dezembro como data do Nascimento do Senhor. A coincidência do dia 2 com a festa pagã do *Natalis (solis) invicti*, estabelecida no ano de 275 pelo imperador Aureliano no solstício do inverno, levou a pensar que o cristianismo quis contrapor-se à festa pagã, propondo a celebração do nascimento de Cristo, o verdadeiro *sol de justiça* (cf. Ml 3,20; Lc 1,78)[2]. Uma segunda hipótese se baseia no cálculo da data da morte de Cristo, de acordo com a crença antiga de que esta teria acontecido no mesmo dia em que ocorreu a encarnação. A data de 25 de

---

1. Pode-se ver o texto em PASCHER, J. *El año litúrgico* (BAC, 1965) 350-352; cf. JOUNEL, P. "Los calendarios", em MARTIMORT 1012-1013.
2. Hipótese apoiada por BOTTE, B. *Los orígenes de la Natividad y de la Epifanía* (Madri 1963), obra escrita em 1932 e que influenciou notoriamente os estudos posteriores. Não obstante, cf. ROLL, S. "Botte Revisited: A Turning Point in the Research on the Origins of Christmas and Epiphany": *QL* 74 (1993) 153-170.

dezembro teria sido fixada, portanto, em relação ao dia 25 de março, data estimada da morte³.

Uma terceira hipótese se apoia no objeto da festa de acordo com as homilias patrísticas, especialmente as de São Leão Magno (440-461), sem dúvida a testemunha mais qualificada a respeito do sentido original do Natal na liturgia romana, autor, por outro lado, do famoso *Tomus ad Flavianum*, enviado ao Concílio de Calcedônia⁴. A rápida difusão da festa se explica mais facilmente pela necessidade de afirmar e difundir a fé autêntica no mistério da encarnação do que pelo afã de neutralizar uma festa pagã. O Concílio de Niceia havia sido celebrado no ano de 325 e os concílios seguintes precisaram enfrentar diversos erros cristológicos⁵. De fato, no final de século IV o Natal já era celebrado no norte da África (360), na Espanha (384), em Constantinopla (380), em Antioquia (386), na Capadócia etc.⁶

A liturgia papal de Roma, a partir do século V, compreendia três estações no dia 25 de dezembro: Santa Maria Maior – junto ao presépio – à

---

3. Cf. AMASSARI, A. "Alle origini del Calendario natalizio": *Euntes Docete* 45 (1992) 11-16; CASTELLANO, J. "La Navidad. Historia y teología": *Ph* 174 (1989) 481-490; CULLMANN, O. *El origen de la Navidad* (Madri 1973); FREEMAN, B. "Los orígenes de la Navidad y de la Epifanía": *Cuadernos Monásticos* 79 (1986) 523-541; LECLERCQ, J. "Aux origines du cycle de Noël": *EL* 60 (1946) 7-26; TALLEY, Th. J. "Le temps liturgique dans l'Église ancienne. État de la recherche": *LMD* 147 (1981) 29-50; ID. *Le origini dell'anno liturgico* (Bréscia 1991) 93-101.

4. Em GARRIDO, M. *San León Magno. Homilías sobre el año litúrgico* (BAC, 1969) 69-122. Cf. ALBERICH, E. *El misterio de la Navidad en el Sacramentario Leoniano. Ensayo de teología litúrgica* (Turim 1962); ID. "El misterio salvífico de la encarnación en el primer formulario navideño del sacramentario leoniano": *RET* 25 (1965) 277-317; BORELLA, P. "*Vetustas* e *novitas* nella liturgia dell'Avvento e del Natale": *Ambrosius* 39 (1963) 245-257; CALLEWAERT, C. "S. Léon le Grand et les textes du Léonien": *Sacris Eruditi* 1 (1948) 36-164; GOENAGA, J.A. "Celebración de la Navidad y crítica a los evangelios de la infancia": *Ph* 113 (1979) 397-417; OLIVAR, A. "*Iacebat in sepulcro et fulgebat in caelo*. Un estudio sobre fuentes patrísticas de textos litúrgicos". In: FARNEDI, G. *Euloghia. Miscellanea liturgica B. Neunheuser* (Roma 1979) 267-276; RINALDI, I. "*Claritas*. La luce nel mistero natalizio": *EL* 99 (1985) 272-289; SCHNITZLER, Th. "Das Konzil von Chalkedon und die westliche (römische) Liturgie". In: GRILLMEIER, A. & BACHT, H. (eds.). *Das Konzil von Chalkedon*, II (Würzburg 1951-1952) 735-755 etc.

5. MAZZARELLO, S. "Navidad", a.c., assinala como primeira causa da origem do Natal a luta contra o arianismo, embora admita também, como causas "sociológicas e políticas", o sincretismo religioso do culto imperial e o apoio de Constantino.

6. Cf. MOSSAY, J. "La Noël et l'Épiphanie en Cappadoce au IV siècle". In: BOTTE, B. et al. *Noël, Épiphanie*, o.c., 211-236; THEODOROU, E. "Saint Jean Chrysostome et la fête de Noël", ibid., 195-210; WILMART, A. "Un sermon de saint Optat pour la fête de Noël": *RevSR* 2 (1922) 271-302 etc.

meia-noite; Santa Anastásia ao amanhecer e São Pedro já de dia[7]. Com origem diferente quanto à época, as três celebrações se difundiram com os livros litúrgicos romanos. No século VI foi introduzida a vigília do Natal com jejum e uma missa vespertina e provavelmente também a oitava no dia 1º de janeiro. As festas de Santo Estêvão, de São João Evangelista e dos Inocentes remontam pelo menos ao século VI na liturgia romana, embora já fossem celebradas desde o século IV na liturgia síria, com a particularidade de incluir também as festas de São Pedro e São Paulo, de São João e de São Tiago no dia 27, não existindo a festa dos Inocentes. As outras liturgias ocidentais seguem a liturgia romana, mas comemorando também o apóstolo São Tiago no dia 27[8].

2) A *festa da Epifania* nasceu no Oriente, provavelmente no Egito em círculos heterodoxos, segundo a hipótese de que essa festa fosse a festa celebrada pelos gnósticos basilidanos no dia 6 de janeiro para comemorar o batismo de Jesus, de acordo com uma alusão de Clemente de Alexandria († 215)[9]. O certo é que, no final do século IV, a Epifania estava presente não só na Ásia Menor de acordo com as homilias dos Padres Capadócios (372ss.), em Antioquia (386), em Chipre (374), em Jerusalém (380), mas também no Ocidente – Gália (Vienne 361) e Espanha (380)[10].

A primeira notícia segura de sua celebração em Roma são as homilias de São Leão (440-461)[11]. No entanto, enquanto no Oriente a Epifania oscila entre a comemoração do Batismo do Senhor (Egito, Antioquia e Constantinopla num segundo tempo) e a festa do Natal (Capadócia, Antioquia e Constantinopla no início, Chipre, Jerusalém), no Ocidente ela se concentra

---

7. Uma referência às três missas aparece já em SÃO GREGÓRIO MAGNO, *Hom. 8 in Evang.*: PL 76, 1103.
8. Cf. RIGHETTI 1, 703-715.
9. Em *Stromata* I, 146,1: PG 8, 887.
10. LEMARIÉ, J. "Épiphanie", em DSp IV, 863-879; SAXER, V. "Epifanía", em DPAC I, 718-719 etc.
11. Em GARRIDO, M. *San León Magno...*, o.c., 123-153; cf. LANG, A.P. "Anklänge an liturgische Texte in Epiphaniesermonen Leos der Grossen": *Sacris Erudiri* 10 (1959) 43-126 etc.

na adoração dos Magos. O motivo da mudança de conteúdo em algumas Igrejas do Oriente se deve à chegada da festa do dia 25 de dezembro. Em contrapartida, as liturgias ocidentais comemoraram na Epifania as manifestações do Senhor na adoração dos Magos, no batismo de Jesus e nas bodas de Caná[12], e em algumas Igrejas também a transfiguração e a multiplicação dos pães. A festa da Epifania foi escolhida na Antiguidade para anunciar a data da comemoração da Páscoa. Nas Igrejas orientais era o dia batismal e nele se benziam as águas[13].

A festa do Batismo do Senhor, que conclui hoje o ciclo natalino, havia entrado no calendário romano em 1960, mas era celebrada no dia 13 de janeiro, oito dias após a Epifania. No entanto, os missais galicanos já continham esta festa desde o século XVIII[14].

2 O advento

O Advento é desconhecido em Roma antes do século VII. O Natal não tinha preparação especial então, porque as têmporas de dezembro eram ainda independentes[15]. As primeiras notícias de uma certa preparação do Natal provêm do Concílio de Saragoça (380). Os formulários de missas que se encontram sob o título *De adventu Domini*, no final dos sacramentários gelasianos (de origem romano-galicana), não tinham provavelmente nada a ver com a preparação do Natal, mas com a lembrança da última vinda de Cristo, como sugere sua colocação. No entanto, esta temática se viu atraída pouco a pouco pela lembrança da expectativa que precedeu a manifestação histórica do Messias. O *Rotulus* de Ravena, embora seja do século V, já se encaminha

---

12. Cf. ant. do *Magnificat* das II Vésp. da Epifania.
13. Cf. DALMAIS, I.H. "La sanctification des eaux et la fête de l'Épiphanie dans la tradition syro-antiochienne et ses dérivées". In: TRIACCA, A.M. & PISTOIA, A. (eds.). *Les bénédictions et les sacramentaux dans la liturgie* (BELS 44, 1988) 59-71.
14. Cf. LEMARIÉ, J. "Le Baptême du Seigneur dans le Jourdain d'après les textes scripturaires en usage dans les Églises d'Orient et d'Occident": *LMD* 59 (1959) 96-98.
15. Cf. CATTANEO, E. "Sviluppo della storia dell'Avvento": *RL* 46 (1959) 220-236; CHAVASSE, A. *EL* 67 (1953) 297-308 (cf. Ibid. 69 [1955] 21-23); LEMARIÉ, J. "Le Mystère d'après le *Rotulus* de Ravenne": *QL* 42 (1961) 303-322; RYAN, V. "L'avent. Ses origines et son développement": *QL* 67 (1986) 203-213 etc.

para esta perspectiva. As liturgias ocidentais, por sua vez, nunca tiveram celebrações específicas de Advento. A liturgia hispano-moçárabe conta com um sugestivo tempo de Advento de seis semanas, assim como ocorre na liturgia ambrosiana.

Por outro lado, notam-se também flutuações quanto ao número de semanas do Advento originário: seis em alguns testemunhos e quatro em outros. O número de quatro domingos só foi fixado a partir dos séculos VIII-IX.

III – Teologia e espiritualidade

Seguindo o critério da importância objetiva das celebrações, é preciso começar pelas mais importantes[16].

1 O "Natal do Senhor" e sua oitava

1) As I *vésperas* do dia 25 de dezembro cantam a Palavra que assumiu carne, uma vez cumprido o tempo (Gl 4,4-5), e que sai para a luz como o esposo sai de sua câmara nupcial (ant. *Magn.*). A *missa da vigília* começa com o canto "Hoje sabereis que o Senhor vem" (Ex 16,6-7). Nela se proclama a genealogia de Jesus Cristo (Mt 1,1-25; Is 62,1-5; At 13,16-17.22-25). As orações conectam o tempo do Advento com o Natal. O *ofício das leituras* toma os salmos messiânicos 2, 19A e 45 para celebrar o Gerado pelo Pai (cf. Hb 1,5) e esposo da Igreja (Sl 45,3). Seguem-se a profecia da raiz de Jessé (Is 11,1-10) e o sermão I do Natal de São Leão Magno. Os responsórios começam com a palavra "hoje", para indicar a atualidade do acontecimento salvífico[17]. A *missa da noite* tem um claro paralelo com a vigília pascal[18].

---

16. Cf. CASTELLANO, J. "La Navidad: historia y teología", a.c.; GOOSSENS, A. "Polyvalence accentuée: le cycle de Noël selon Vatican II": *QL* 73 (1992) 205-222; URTASUN, C. *Las oraciones del Misal: escuela de espiritualidad de la iglesia* (BL 4, 1994) 25-137; WARD, A. & JOHNSON, C. "The Sources of the Roman Missal, I: Advent-Christmas": *Not* 240/242 (1986) 441-478; ID. *The Sources of the Roman Missal* (Roma 1989) 57-101 (Bibl.) etc.

17. PINELL, J. "L'*hodie* festivo negli antifonari latini": *RL* 61 (1974) 592- 679.

18. Cf. as coletas respectivas em ASHWORTH, H. "The Liturgical Prayers of St. Gregor the Great": *Traditio* 15 (1959) 107-161, aqui 118-121; CAPELLE, B. "La main de Saint Gégoire dans le sacramentaire romain": *RBén* 49 (1937) 13-28; ID. "La préface de Noël. Origine et commentaire": *QL* 18 (1933) 237-283 etc.

O evangelho anuncia: "Nasceu-vos hoje um Salvador" (cf. Lc 2,1-14), o descendente de Davi (Is 9,2-7), Jesus Cristo, Deus e Salvador nosso (Tt 2,11-14), a quem o Pai diz: "Tu és meu Filho, eu hoje te gerei" (Sl 2,7). O sinal é a eucaristia, o novo *intercâmbio admirável*[19].

As *laudes* evocam a adoração dos pastores, como o faz também a *missa da aurora* (Lc 2,15-20). Eles representam todo o povo, como a filha de Sião (Is 62,11-12; Zc 9,9). A *terceira missa* se concentra no mistério da Palavra feita carne (Jo 1,1-18), cuja vinda trouxe a salvação (Is 52,7-10) e é revelação do Pai aos homens (Hb 1,1-6). A encarnação, princípio da ação redentora do homem, é ainda mais sublime do que criação (cf. coleta). As II *vésperas* exaltam o Messias desde seu nascimento (Sl 110), que assumiu a condição humana a partir das profundezas (Sl 130), Primogênito e cabeça da Igreja (Cl 1,12-20), a Palavra da vida que se tornou visível (1Jo 1,1-3).

2) A solenidade da *Santa Mãe de Deus*, no dia 1º de janeiro, destaca quatro aspectos, pelo menos: a oitava do Natal, a circuncisão (cf. Lc 2,21), a imposição do nome de Jesus (cf. Mt 1,21; Lc 1,31; 2,21) e a festa da Maternidade divina de Maria[20]. Todos estes temas aparecem nas leituras, especialmente o do nome divino (Nm 6,22-27) e o de Maria *sede da sabedoria* (Lc 2,16-21 e Gl 4,4-7). As orações e o prefácio insistem nos benefícios proporcionados pela colaboração de Maria na encarnação. Numerosos textos lembram também a virgindade perpétua da Mãe do Senhor (cf. ant. 3 das *laudes*).

A Liturgia das Horas combina os temas cristológicos do Natal, especialmente nas leituras bíblicas como Hb 2,9-17 e Mq 5,2-3, com os temas

---

19. Cf. HERZ, M. *Sacrum commercium* (Munique 1958).

20. Com esta festa se quis recuperar uma hipotética celebração mariana situada antigamente em Roma neste dia: cf. BOTTE, B. "La premiére fête mariale de la liturgie romaine": *EL* 47 (1933) 425-430; GARRIDO, M. "La primera fiesta en honor de la Virgen María": *Ephem. Mariologicae* 33 (1983) 279-291; GUILMARD, J.M. "Une antique fête mariale au Ier Janvier dans la ville de Rome?": *EcclOr* 11 (1994) 25-67; LEFEVRE, P. "À propos de la nouvelle fête mariale du I Janvier": *QL* 52 (1971) 36-38; MAGGIONI, C. "La memoria di Maria nell'Avvento e nel Natale": *RivPL* 38/4 (2000) 23-28; MEO, S. & SARTORE, D. "Madre de Dios", em NDM 1173-1199, aqui 1194-1197.

marianos, nas antífonas, responsórios, leitura patrística (Santo Atanásio) e nos salmos que a liturgia aplica a Maria e à Igreja: Sl 24, Sl 87, Sl 99, Sl 147, Sl 122, Sl 127 etc. e o cântico de Ef 1,3-10.

2 A "Epifania do Senhor"

A solenidade conserva seu caráter tradicional na liturgia romana. O evangelho (Mt 2,1-12) e o profeta (Is 60,1-6) configuram o alcance teofânico e universalista da celebração. Esta se inicia com as I *vésperas* nas quais o Sl 135, o cântico de 1Tm 3,16 sobre Cristo "manifestado na carne" e a leitura de 2Tm 1,9-10 destacam a epifania de Jesus Cristo Salvador. As antífonas ecoam esta manifestação e aludem à estrela como sinal do grande Rei. A terceira edição típica do *Missale Romanum* (2002) já acrescentou uma missa nova para a *Vigília da Epifania*. O *ofício das leituras* está estruturado pelo Sl 72, messiânico e alusivo aos reis de Társis, Sabá e Arábia, ao qual se acrescentam o Sl 96 e o Sl 97 com seu caráter universalista. A leitura é Is 60,1-22, seguida por um sermão de São Leão sobre a Epifania. As *laudes* também aludem ao caráter missionário da festa (cf. Is 52,7-10).

A *missa* do dia inicia com o texto de Ml 3,1 para esboçar na coleta o conteúdo da solenidade. O evangelho e o profeta são acompanhados pelo Sl 72 e Ef 3,2-3.5-6 (2ª leit.). O prefácio celebra Cristo que "se manifestou em nossa carne mortal". A orações restantes reconhecem na eucaristia a presença do mistério. A *hora média* selecionou os salmos 47, 86 e 98 como exaltação de Cristo. As II *vésperas*, com o Sl 110, o Sl 112 e Ap 15,3-4, glorificam também o Senhor, diante do qual se prostram todas as nações. A leitura é Tt 3,4-5.

3 Os domingos depois do Natal e a festa do Batismo do Senhor

1) O domingo dentro da oitava do Natal, *festa da Sagrada Família*[21], reúne, nas antífonas, nas leituras breves do Ofício, nos responsórios e nas

---

21. Esta festa havia sido introduzida no calendário romano em 1893 pelo papa Leão XIII, no domingo III depois da Epifania. A reforma do calendário a aproximou do Natal: sobre o antigo ofício e missa cf. PASCHER, J. *El año litúrgico* (BAC, 1965) 454-462.

preces, diversas alusões à vida oculta de Jesus, sem esquecer as virtudes da família cristã. Neste sentido se destacam as leituras bíblica (Ef 5,21–6,4) e eclesiástica (uma homilia de Paulo VI) do *ofício das leituras*. A *missa* gira em torno da mesma temática. Por um lado, apresenta o acontecimento da presença do Filho de Deus no seio de uma família humana, especialmente nos evangelhos (Mt 2,13-15.19-23: ano A; Lc 2,22-40: ano B; e Lc 2,41-52: ano C), e, por outro, propõe "a Sagrada Família como exemplo" (coleta) e modelo da Igreja e da instituição familiar. Este aspecto é assinalado pelas leituras do Antigo Testamento e do Apóstolo nos três ciclos, e também pelas orações presidenciais.

2) O domingo II do Natal celebra o nascimento de Jesus com o colorido pascal do *dia do Senhor* e neste sentido todos os textos, especialmente as leituras do Ofício divino, são um canto a Cristo, a Palavra eterna do Pai, que habitou entre os homens. A *missa* inicia com a alusão à descida da Sabedoria divina (Sb 18,14-15; cf. Eclo 24,1-4.12-16: 1ª leit.; Jo 1,1-18: evang.). A segunda leitura fala igualmente da glória do Senhor (cf. Ef 1,3-5.15-18). Também as orações têm um conteúdo sapiencial evidente.

3) A *festa do Batismo do Senhor* enriquece notavelmente o ciclo natalino, do ponto de vista cristológico. O evangelho é lido cada ano de acordo com um sinótico (Mt 3,13-17; Mc 1,6b-11; Lc 3,15-16.21-22), enquanto as restantes leituras falam da investidura messiânica de Cristo e de sua unção pelo Espírito (Is 42,1-4.6-7; At 10,34-38)[22], temas que são evocados também no prefácio e nas orações, embora estes textos façam referência ao sacramento do batismo. No ofício destacam-se as leituras bíblicas e as antífonas, que giram em torno dos mesmos conteúdos da missa[23]. Alguns salmos são muito significativos, como o Sl 29 e o Sl 66. Os restantes são tomados da

---

22. O ELM de 1981 introduziu *ad libitum*, para o ano B, Is 55,1-11 e 1Jo 5,1-9, e, para o ano C, Is 40,1-5.9-11 e Tt 2,11-14; 3,4-7, que tocam, respectivamente, os temas da água viva do Espírito e do batismo cristão.
23. Voltou-se a usar as antífonas *Veterem hominem* em várias horas: cf. LEMARIÉ, J. "Les antiennes *Veterem hominem* du jour de l'octave de l'Épiphanie": *EL* 72 (1958) 3-38.

solenidade da Epifania. Com especial interesse foi escolhido um sermão de são Gregório Nazianzeno na *festa das luzes* como leitura patrística.

4 Os dias da oitava e os dias de semana de Natal-Epifania

As memórias de Santo Estêvão (26 de dezembro), de São João Evangelista (dia 27) e dos Santos Inocentes (dia 28) combinam com a oitava do Natal. A celebração mais identificada com ela é, sem dúvida, a dos Inocentes, por causa do episódio evangélico de Mt 2,13-18. Mas São João evangelista é também a grande testemunha da encarnação do Filho de Deus, a partir do mistério da ressurreição (cf. Jo 20,2-8: evangelho; 1Jo 1,1-4: 1ª leit.). As missas e o Ofício divino da oitava do Natal giram em torno do mistério do nascimento do Senhor, com leituras da I Carta de São João e os evangelhos de São Lucas e de São João, mais as leituras bíblicas do *ofício das leituras* – da Carta aos Colossenses – e as leituras patrísticas[24].

Os dias de semana que se seguem à oitava do Natal se referem a sinais epifânicos tomados do IV Evangelho até o dia 5 de janeiro e dos outros evangelistas entre o dia 7 e o dia 12[25]. As orações giram em torno da temática natalina, mas cada dia conta com uma segunda coleta para depois da Epifania. Quanto ao Ofício divino, a partir da semana II já se usa o saltério corrente, embora os restantes textos sejam próprios. A leitura da Carta aos Colossenses termina no dia 5 de janeiro e, a partir desse dia, lê-se a última parte do profeta Isaías. As leituras patrísticas se referem à Epifania e ao Batismo do Senhor.

5 Os domingos do Advento

A Igreja, ao celebrar o Advento unido ao Natal, tem consciência de cumprir ao mesmo tempo a espera do antigo Israel na expectativa messiânica

---

24. Cf. FARNÉS, P. "Las lecturas bíblicas del tiempo de Navidad": *OrH* 16 (1985) 344-350; GOENAGA, J.A. "Celebración de la Navidad y crónica de los evangelios de la infancia": *Ph* 113 (1979) 397-417.

25. Cf. ELM 96; TENA, P. "El Leccionario ferial de Navidad": *Ph* 125 (1981) 427-432.

e sua própria espera da consumação da filiação divina comunicada por Cristo em sua vinda histórica (cf. Rm 8,19; 1Jo 3,2)[26]. Esta temática se apoia nos quatro domingos, seguindo as linhas do Lecionário da missa, que dá unidade aos três ciclos A, B e C:

	Ano A	Ano B	Ano C
Dom I	Is 2,1-5	Is 63,16-17; 64,1.3-8	Jr 33,14-16
	Rm 13,11-14	1Cor 1,3-9	1Ts 3,12–4,2
	Mt 24,37-44	Mc 13,33-37	Lc 21,25-28.34-36
Dom II	Is 11,1-10	Is 40,1-5.9-11	Br 5,1-9
	Rm 15,4-9	1Pd 3,8-14	Fl 1,4-6.8-11
	Mt 3,1-12	Mc 1,1-8	Lc 3,4-6
Dom III	Is 35,1-6.10	Is 61,1-2.10-11	Sf 3,14-18
	Tg 7,7-10	2Ts 5,16-24	Fl 4,4-7
	Mt 11,2-11	Jo 1,6-8.19-28	Lc 3,10-18
Dom IV	Is 7,10-14	1Sm 7,1-5.8.12.14.16	Mq 5,2-5
	Rm 1,1-7	Rm 16,25-27	Hb 10,5-10
	Mt 1,18-24	Lc 1,26-38	Lc 1,39-45

Com efeito, estas leituras fazem com que o domingo I gire todo ele em torno da vigilância e da prática das obras da luz, à espera escatológica da última vinda do Senhor[27]. A leitura patrística deste domingo medita sobre os dois adventos de Cristo. A esperança é a nota dominante como atitude fundamental da vida cristã[28]. O domingo II, ainda dentro da mesma tônica escatológica, introduz as advertências de João Batista: "preparai os caminhos

---

26. Cf. NUALC 39 e o prefácio I do Advento: cf. FRANCESCONI, G. "Per una lettura teologico-liturgica dei prefazi di Avvento-Natale-Epifania del Messale Romano": *RL* 59 (1972) 628-648; MARTÍNEZ DE TEJADA, C. *Cristo en nosotros, la esperanza de la gloria. El misterio de Cristo y de la Iglesia en los prefacios de Adviento del "Missale Romanum". Estudio bíblico, patrístico y litúrgico-teológico* (Valência 2006); MARQUÉS SURIÑACH, J. *El Misal de Pablo VI. Estudio crítico de la eucología de Adviento* (Pamplona 1986); ONANDÍA, E. "Los nuevos prefacios de Adviento": *Liturgia* 23 (Silos 1968) 395-414 etc.

27. CONTE, N. *Benedetto Colui che viene. L'Eucaristia e l'escatologia* (Nápoles 1987).

28. Cf. FERRER ALLOY, G. "Adviento, restauración del plan de Dios": *Escritos del Vedat* 22 (1992) 83-106; LUINI, E. *L'Avvento, attesa di Cristo* (Cinisello Balsamo 1987); MARTÍNEZ, G. *La escatología en la liturgia romana antigua* (Madri 1976); RUIZ DE LA PEÑA, J.L. "Tiempo de adviento, tiempo de esperanza": *Ph* 136 (1983) 291-298; TRIACCA, A.M. & PISTOIA, A. (eds.). *Eschatologie et liturgie* (BELS 35, 1985) esp. 171-183 e 331-357 etc.

do Senhor". Sua linguagem veemente, inspirada em Isaías e Baruc (1ª leit. B e C), chama à conversão e à mudança de vida. A leitura patrística do ofício atualiza a figura do Batista na pregação dos enviados de Cristo. Tanto neste domingo como no anterior as antífonas e as orações da missa convidam a sair resolutamente ao encontro do Senhor que vem.

O domingo III do Advento, denominado *Gaudete* (alegrai-vos) de acordo com o conselho paulino de Fl 4,4-5 (2ª leit. Ano C), está todo ele marcado pela alegria "porque o Senhor está perto" (cf. antífona de entrada). Novamente o Batista reflete as atitudes do Advento, como destaca a leitura patrística do Ofício. O domingo IV já se situa nos acontecimentos que precederam o nascimento de Jesus. É o domingo dos anúncios a José (evang. do ano A), a Maria (evang. do ano B) e a Isabel (evang. do ano C), o domingo no qual a figura de Maria, a Mulher (nova Eva) e Mãe do Senhor, confere uma nota singular a toda a celebração[29].

A Liturgia das Horas dos domingos do Advento contribui para delinear a celebração da espera das duas vindas de Cristo. O *ofício das leituras* segue o livro de Isaías em união com os dias de semana. Para as outras horas usa-se o saltério das quatro semanas com antífonas, leituras breves, responsórios e preces próprios[30].

6 Os dias de semana do Advento

Constituem o complemento dos domingos, mas formam dois blocos: até o dia 16 de dezembro e do dia 17 até o dia 24. Nos dias de semana até o dia 16 de dezembro lê-se o livro de Isaías como primeira leitura da missa, seguindo a mesma ordem do livro, sem excluir os fragmentos que são lidos também nos domingos. Os evangelhos destes dias estão relacionados com a primeira leitura. No entanto, a partir da quinta-feira da segunda semana, as leituras do evangelho se referem a João Batista, de maneira que as primeiras

---

29. Cf. o prefácio do Adveto IIA do Missal romano e as considerações de Paulo VI na Exortação *Marialis cultus* (2-2-1974) 4-5; também CASTELLANO, J. "La Virgen María en la espera y en la manifestación del Señor": *OrH* 18 (1987) 361-369; ROSSO, St. "Adviento", em NDM 33-64 etc.
30. Cf. IGLH 157.

leituras ou continuam o livro de Isaías ou contêm um texto relacionado com o evangelho. Na última semana antes do Natal são lidos na primeira leitura textos proféticos relacionados com o evangelho e, neste, os acontecimentos que prepararam o nascimento do Senhor[31].

O Lecionário patrístico do *ofício das leituras* oferece, durante os dias de semana até o dia 16 de dezembro, uma ótima meditação sobre a segunda vinda de Cristo e sobre as atitudes do Advento. A partir do dia 17 constitui um comentário dos evangelhos das missas. Nas outras horas do ofício repetem-se a cada semana as séries de leituras breves, responsórios e preces, com uma grande abundância de textos.

Uma característica importante dos dias de semana a partir do dia 17 é o uso das célebres "antífonas do O" nas vésperas e no aleluia da missa. Estas antífonas constituem uma belíssima recriação poética dos títulos messiânicos de Cristo[32]. As orações desses dias, tomadas em parte do *Rótulo de Ravena*, possuem uma notável inspiração mariológica[33].

O dia 24 de dezembro tem uma missa da manhã que é todo um prelúdio do mistério do Natal. Inclusive a coleta se dirige ao próprio Jesus, ao contrário do que é habitual na liturgia romana. Continuamente os textos do ofício anunciam: "Hoje sabereis que o Senhor vem".

---

31. Cf. ELM 94; FARNÉS, P. "Las lecturas bíblicas de Adviento": *OrH* 14 (1983) 325-331; FONTAINE, G. "Le lectionnaire de la Messe au temps de l'advent": *Not* 66/67 (1971) 304-317 e 364-376; TENA, P. "El Leccionario ferial de Adviento": *Ph* 113 (1979) 387-395.

32. Cf. KNOBLACH, Th.J. "The 'O' Antiphons": *EL* 106 (1992) 177-204; URDEIX, J. "Misterio y gracia de las antífonas de la 'O'": *Ph* 281 (2007) 423-443.

33. Cf. *supra*, nota 15; e ROSE, A. "Les oraisons du Rotulus de Ravenne": *QL* 52 (1971) 271-292.

Capítulo XXIII
Tempo comum; solenidades e festas do Senhor

> *As atenções dos fiéis sejam dirigidas principalmente para as festas do Senhor, nas quais se celebram, durante o ano, os mistérios da salvação. Pelo que o Próprio do Tempo obtenha seu devido lugar acima das festas dos santos, a fim de que o ciclo integral dos mistérios da salvação seja convenientemente recordado (SC 108).*

Bibliografia

AA.VV. "Tempo Ordinario". In: DELL'ORO, F. (ed.). *Il Messale Romano del Vaticano II*, o.c. II, 485-587 e 671-696; AUGÉ, M. "As solenidades do Senhor no tempo 'per annum'", em *Anamnesis* 5, 233-238; BELLAVISTA, J. "Sobre las solemnidades del Señor en el tiempo *per annum*": *Ph* 70 (1972) 347-454; ID. "El tiempo durante el año en la tradición litúrgica": *Ph* 189 (1992) 185-2001; CIRELLI, U. "Solennità e feste del Signore". In: DELL'ORO, F. (ed.). *Il Messale Romano del Vaticano II*, II (Leumann/Turim 1984) 17-58; GAITÁN, J.D. "Sentido litúrgico-espiritual del Tiempo Ordinario": *RET* 45 (1986) 111-132; ID. *La celebración del Tiempo Ordinario* (Barcelona 1994); GONZÁLEZ, R. "Otras fiestas del Señor", em BOROBIO 3, 197-211; HAQUIN, A. "L'année pastorale du dimanche: bilan et questions": *Rev. Théol. de Louvain* 25 (1994) 472-482; JOUNEL, P. "Las fiestas del Señor en el tiempo *per annum*", em MARTIMORT 987-999; KUNZLER 637-647; LÓPEZ MARTÍN, J. "Tiempo Ordinario", em NDL 1967-1972; ID. "Posibilidades pastorales del tiempo 'durante el año'": *Ph* 189 (1992) 203-218; ID. "Proiectare l'annuncio nell'anno liturgico. Tempo ordinario, feste patronali e 'giornate a tema' in domenica": *RL* 84 (1997) 347-370; NOCENT, A. *Celebrar a Jesucristo* V-VI

(Santander 1979); PASCHER, J. *El año litúrgico* (BAC, Madri 1965) 280-349 e 462-491; RIGHETTI 1, 862-882; ROSSO, St. *Il segno del tempo nella liturgia* (Leumann/Turim 2004) 179-243; ROUILLARD, Ph. *Les fêtes chrétiennes en Occident* (Paris 2003); SCICOLONE, I. "O tempo 'per annum'", em *Anamnesis* 5, 215-230; SORRENTINO, A. "Il valore educativo del Tempo Ordinario": *RivPL* 172 (1992) 47-56; e *AssSeign* ou *AsSeñ* 16-20, 53-78, e 88 (1960-1967); *Dossiers* CPL 72, 75 e 76 (1996-1997); *LMD* 46 (1956); *PAF* 28-62 (1971-1973); *Ph* 189 (1992).

O estudo dos tempos litúrgicos é completado neste capítulo com o *tempo comum*. O tempo pertence por inteiro ao Próprio do Tempo, ou seja, à sagrada recordação do mistério de Cristo no decurso do ano (cf. SC 102). Nele se inserem quatro solenidades do Senhor que, junto com outras festas incluídas no Santoral, completam o desenrolar dos mistérios do Senhor.

I – Estrutura do tempo "comum"

"Além dos tempos que têm característica própria, restam no ciclo anual trinta e três ou trinta e quatro semanas nas quais não se celebra nenhum aspecto especial do mistério do Cristo; comemora-se nelas o próprio mistério de Cristo em sua plenitude, principalmente aos domingos" (NUALC 43). Este tempo foi denominado *cotidiano* e tempo "depois da Epifania" e "depois de Pentecostes" e, mais tarde, *tempus per annum* ou "durante o ano" e "tempo ordinário". Começa na segunda-feira após o domingo do Batismo do Senhor e se prolonga até a terça-feira anterior à quarta-feira de Cinzas, e recomeça na segunda-feira depois do domingo de Pentecostes, para terminar antes das I vésperas do domingo I do Advento (cf. NUALC 44).

O fato de compreender trinta e três ou trinta e quatro semanas depende do término do ciclo de Natal-Epifania. Com efeito, o domingo do Batismo do Senhor corresponde ao primeiro domingo do tempo "comum". Os demais domingos são enumerados por ordem sucessiva até o princípio da Quaresma. Depois de Pentecostes, se as semanas do tempo "comum" são trinta e quatro, começa-se a série pela semana que se segue à última semana celebrada antes da Quaresma, mas levando em consideração que as solenidades de Pentecostes, da Santíssima Trindade e do Corpo e Sangue de Cristo – onde este foi transferido para o domingo – substituem as celebrações dominicais correspondentes. Quando as semanas do tempo "comum" são trinta e três, omite-se a primeira semana que se deveria tomar depois de Pentecostes[1].

Os domingos do tempo "comum" cedem a celebração às solenidades e às festas do Senhor do calendário universal, em caso de coincidirem com elas (cf. NUALC 5). No entanto, excluem em princípio a fixação perpétua de outra celebração, exceto as solenidades da Santíssima Trindade no domingo depois de Pentecostes, do Corpo e Sangue de Cristo no domingo seguinte à Santíssima Trindade e de Cristo Rei do Universo no último domingo "comum" (cf. NUALC 6-7). Na sexta-feira posterior ao domingo II depois de Pentecostes celebra-se a solenidade do Sagrado Coração de Jesus e na quinta-feira depois de Pentecostes a festa de Jesus Cristo, sumo e eterno Sacerdote, do calendário particular da Espanha. Todas estas celebrações do Senhor, por não terem data fixa, estão sujeitas à mobilidade da Páscoa.

II – Os dados da história

O tempo "comum", apesar de sua estruturação na última reforma litúrgica, constitui um dos elementos mais arcaicos da celebração do mistério de Cristo ao longo do ano. Esse tempo foi uma "verdadeira célula do ano eclesiástico", anterior à diversificação das festas e dos ciclos daquilo que mais tarde se chamou o "Próprio do Tempo"[2]. Com efeito, de acordo com os mais antigos manuscritos do *Epistolário* e do *Evangeliário* romanos da missa, as séries de epístolas e de evangelhos que ocupam os domingos que se seguem à Epifania e a Pentecostes se encontram entre os substratos anteriores ao século VI, quando ainda não fora introduzido em Roma o tempo da Septuagésima.

Com efeito, nos *capitularia* do Evangeliário romano puro, aparecem dez domingos depois da Epifania e dezesseis depois de Pentecostes. A série

---

1. *Missal romano* (Vozes/Paulinas 1993) 335.
2. RIGHETTI I, 654; cf. BELLAVISTA, J. "El tiempo durante el año en la tradición litúrgica", a.c.; JOUNEL, P. "L'organisation de l'année liturgique": *LMD* 100 (1969) 139-156.

tinha uma grande unidade em torno da vida e do ministério público de Jesus e de suas parábolas e milagres, seguindo os três evangelhos sinóticos. Quanto às epístolas, de acordo com os *comes* mais antigos, eram tomadas das cartas paulinas a partir da Epifania e das cartas católicas depois de Pentecostes – a leitura destas cartas começava no tempo pascal –, completando-se a série novamente com as cartas de São Paulo[3]. Nos evangeliários do tipo romano-galicano (séc. VIII), misturavam-se as missas dominicais com as do Santoral e se ofereciam algumas curiosas divisões do período: desde Pentecostes até os Santos Apóstolos (29 de junho); depois dos Santos Apóstolos; depois de São Lourenço (10 de agosto); depois de São Cipriano (16 de setembro) ou depois dos Santos Anjos (São Miguel, 29 de setembro).

Nos sacramentários este tempo está menos organizado, alcançando sua estrutura definitiva a partir dos séculos VIII-IX, com os formulários do *Suplemento* do *Sacramentário Gregoriano*. As antífonas e outros cantos da missa foram tomados do *Saltério* seguindo um critério progressivo. Tudo isto dá uma ideia do caráter aberto do tempo "comum", ou seja, não restrito a uma temática prévia definida por uma ideia doutrinal ou ascética, como ocorreu com os tempos do Advento, da Quaresma e da Páscoa[4].

III – Teologia e espiritualidade do tempo "comum"

O Concílio Vaticano II quis restaurar a importância do "ciclo integral dos mistérios da salvação", para que o Próprio do Tempo tivesse a devida preeminência sobre o Santoral (cf. SC 108). Junto com este princípio, o Vaticano II propôs também a revalorização do domingo como *dia do Senhor* e *fundamento e núcleo do ano litúrgico* (SC 106). É justamente isto que pretende o tempo "comum". Diante dos olhos dos fiéis se desenrolam os episódios da vida histórica do Filho de Deus sobre a terra, cada uma de suas

---

3. Cf. GODU, G. "Évangiles", em DACL V, 852-923, aqui 919-923; HESBERT, R.J. "Les séries d'évangiles des dimanches après la Pentecôte": *LMD* 46 (1956) 35-59.
4. Na liturgia hispânica ocorreu algo semelhante, cf. SANCHO ANDREU, J. *Los formularios de los domingos de Quotidiano en el Rito Hispánico* (Valência 1981).

palavras, gestos ou atos, que têm sua recapitulação na Páscoa (cf. At 2,22-24.32-33; 10,38 etc.)[5].

1 Paradigma do ano litúrgico

O ano litúrgico é a "piedosa recordação" do Mistério de Cristo e da obra da salvação que a Igreja desenvolve no "decorrer do ano" (cf. SC 102). O desdobramento ocorre dentro da unidade simbólica do ano, que abrange a referência ao ciclo completo da vida humana[6]. Esta visão do ano litúrgico repousa não precisamente nos tempos litúrgicos, mas nos domingos e nas solenidades do Senhor, ainda que existam junto delas outros tempos de preparação e de prolongamento. Por isso, se os ciclos de Quaresma-Páscoa e de Advento-Natal são considerados "tempos fortes", o tempo "comum" merece ser chamado "tempo fortíssimo", porque não é temático de acordo com os diversos aspectos que os referidos ciclos propõem em torno da Páscoa e em torno do Natal, mas deriva basicamente do itinerário marcado pelo próprio evangelho e se apoia unicamente nos domingos[7].

Com efeito, o tempo "comum", ocupando mais da metade do ciclo anual do ano litúrgico, desdobra "os feitos e palavras" de salvação realizados por Jesus Cristo no "ano da graça do Senhor" (cf. Lc 4,19), no qual ele continua se manifestando como o *Deus-conosco* (cf. Mt 1,23). Mas ao mesmo tempo desenvolve toda a história da salvação, desde seu início na criação até sua consumação na Parusia. Tem esta finalidade a 1ª leitura, do Antigo e do Novo Testamento, do ciclo bienal deste tempo. O evangelho, em compensação, vai sendo lido num ciclo único, distribuído da maneira seguinte: Marcos nas semanas 1-9; Lucas nas semanas 10-22; e Mateus nas semanas 23-34. Outro tanto ocorre com a leitura bíblica do

---

5. Cf. GAITÁN, J.M. "Sentido litúrgico-espiritual del T.O.", a.c.; ID. "El T.O.: vivir la tensión del Reino": *Ph* 196 (1993) 291-301 etc.
6. Cf. LÓPEZ MARTÍN, J. "El año litúrgico, celebración de la vida". In: TROBAJO, A. (ed.). *La fiesta cristiana* (Salamanca 1992) 65-100.
7. Cf. FEDERICI, T. *Cristo Signore risorto amato e celebrato*, I: *Commento al lezionario domenicale. Cicli A, B, C* (Palermo 2001) 561.

ofício das leituras da Liturgia das Horas, tanto no ciclo anual como no ciclo bienal[8].

No entanto, é preciso levar em consideração que a liturgia não evoca o mistério de Cristo e a história da salvação seguindo uma lógica baseada na cronologia, mas procedendo à maneira de círculos sucessivos ou quadros centrados em "etapas" ou "momentos" diferentes. Neste sentido, não há inconveniente em interromper a sequência de *feitos e palavras* de Jesus ao chegar o ciclo pascal, para retomá-la depois de Pentecostes, porque em todo momento a liturgia vai oferecendo "blocos" aparentemente dispersos, unificados sempre pela referência ao mistério total de Cristo e à atual etapa da história da salvação. O caráter pascal dos domingos do tempo "comum" é manifestado, entre outros sinais, pelo uso do Sl 118 nas *laudes* dominicais das semanas II e IV, e na hora média dos domingos das semanas I e III, além do Sl 110 nas II vésperas dominicais das quatro semanas.

Por outro lado, a Liturgia das Horas do tempo "comum" se caracteriza por ater-se antes de tudo ao Saltério distribuído nas quatro semanas, não contando com outros textos próprios senão as leituras bíblicas e patrísticas do *ofício das leituras*, as antífonas do *Benedictus* e do *Magnificat*, importante ponto de conexão com o evangelho correspondente, e as coletas dos domingos que são utilizadas nas *laudes* e nas *vésperas*.

2 Importância do Lecionário da missa

Como se viu na história do tempo "comum", na configuração deste tempo desempenhou sempre um papel decisivo o evangelho dominical, núcleo do Lecionário da missa. O ELM atual aperfeiçoou e tornou ainda mais completo o desdobramento dos *feitos e palavras* de Jesus no tempo "comum", utilizando dois procedimentos de seleção e distribuição dos textos. O primeiro, tão antigo como o próprio fato de ler as Escrituras na celebração

---

8. Cf. *Not* 12 (1976) 238-248, 324-333 e 378-388; e *Ph* 93 (1976) 201-213. A finalidade do texto bíblico no *ofício das leituras* consiste em "completar a leitura que se faz na missa, oferecendo assim uma visão geral de toda a história da salvação (IGLH 143; cf. n. 144-155).

litúrgica, é o da *leitura contínua* ou *semicontínua* (cf. ELM 66 § 3; 67)[9]. O segundo é totalmente novo e consiste em ter atribuído basicamente, num ciclo de três anos, um evangelista sinótico a cada ano: *Mateus* no ano A, *Marcos* no ano B e *Lucas* no ano C[10].

Nesta perspectiva se situam os acentos ou matizes dos primeiros domingos do tempo "comum", nos quais "leem-se os começos da pregação do Senhor, que têm uma estreita relação com o batismo e as primeiras manifestações de Cristo" (ELM 105)[11]. E o mesmo cabe dizer dos últimos domingos da série: "No final do ano litúrgico, chega-se espontaneamente ao tema escatológico, próprio dos últimos domingos, já que os capítulos do evangelho que precedem o relato da Paixão tratam deste tema, de maneira mais ou menos ampla" (ibid.)[12].

O segundo procedimento aludido, de designar um evangelista sinótico para cada ano dentro do ciclo trienal, aproxima ainda mais a celebração da Palavra ao ideal de proclamar o evangelho e de organizar em torno dele as demais leituras[13]. Deste modo se facilita também o ministério da homilia, seguindo os matizes próprios de cada evangelista, seus conteúdos e seu ritmo narrativo[14].

As orações dos domingos, por sua vez, não se limitam a uma temática precisa e unitária como ocorre nos outros tempos, mas reúnem aspectos vários da vida cristã e referências à eucaristia e a seus frutos para a comunidade

---

9. Cf. a razão dada em ELM 68. Dos critérios gerais do atual *Elenco das leituras da missa* se tratou na seção V do cap. VII: cf. no mesmo as notas 1, 10 e 19.

10. O princípio é completado com a inserção de alguns capítulos do IV Evangelho para reforçar o de São Marcos (dom. XVII-XXI do ciclo B). Sobre o Lecionário do Tempo 'comum" (ELM 105-108) cf. FEDERICI, T. *Per conoscere Lui, la potenza della risurrezione di Lui. Per una lettura teologica del lezionario*, 3 vols. (Roma 1987-1989); ID. *Cristo Signore amato e celebrato*, o.c.; MOSSO, D. "La liturgia della Parola nella Messa domenicale": *RL* 71 (1984) 20-32; AA.VV. "Le lectionnaire dominical de la messe": *LMD* 166 (1986) etc.

11. Cf. FARNÉS, P. "Las primeras semanas del T.O.": *OrH* 15 (1984) 5-11.

12. Cf. GONZÁLEZ COUGIL, R. "Contenido teológico-litúrgico de las últimas semanas del T.O". In: AA.VV. *Mysterium et Ministerium. Miscellanea I. Oñatibia* (Vitoria 1993) 58-81.

13. No entanto, a segunda leitura segue um caminho próprio: cf. ELM 107.

14. Cf. MOSSO, D. "La liturgia della parola nella messa domenicale": *RL* 71 (1984) 20-32; VENTURI, G.F. "Il Lezionario, catechesi narrativa della Chiesa": *RL* 71 (1984) 52-79.

etc.[15] No entanto, os prefácios dominicais e os prefácios comuns para o tempo "comum" ajudam a captar a relação entre o tempo dos homens e a história da salvação, cujo centro é o mistério pascal de Jesus Cristo[16].

3 O valor do "cotidiano"

O tempo "comum" é uma grande oportunidade para integrar as situações mais correntes da vida dos homens no mistério de Cristo. É o que alguns autores chamam de teologia do "tempo cotidiano"[17]. A chave da espiritualidade deste tempo é sempre o mistério de Cristo no dia tomado como unidade básica, santificado pela celebração eucarística e pela Liturgia das Horas[18]. O começo de cada dia traz a recordação da nova criação inaugurada na ressurreição do Senhor, a horas média evoca a vinda do Espírito em Pentecostes (terça), a crucifixão (sexta) e a morte de Jesus (noa). As vésperas convidam a unir-se ao sacrifício vespertino da cruz consagrado na última Ceia. E, no centro, a eucaristia, verdadeira Páscoa cotidiana, na qual o cristão pode unir-se à unção sacerdotal de Cristo e apresentar sua própria vida como oferenda pura, agradável a Deus e culto espiritual (cf. Rm 12,1).

Esta nota do tempo "comum" precisa ser levada em consideração inclusive quando se celebram as memórias da Santíssima Virgem Maria e dos

---

15. Não obstante, nas edições alemã e italiana da segunda edição típica do *Missale Romanum* (1975) foram introduzidas coletas alternativas inspiradas nas leituras: cf. ALDAZÁBAL, J. "Las lecciones del misal alemán": *Ph* 98 (1977) 159-168; COLOMBOTTI, T. "Le collette alternative per le ferie del T.O.": *RL* 72 (1985) 535-553.

16. Sobre a atual eucologia do Tempo "comum", além dos estudos gerais citados no cap. X (cf. as notas 22 e 25), cf.: AUGÉ, M. "Le collette del *proprio del tempo* nel nuovo Messale": *EL* 84 (1970) 275-298; BROVELLI, F. "Le orazioni delle domeniche di tempo ordinario". In: DELL'ORO, F. (ed.). *Il Messale Romano del Vaticano II*, I (Leumann/Turim 1984) 493-515; DONGHI, A. "I prefazi del tempo ordinario", ibid., 517-568; URTASUN, C. *Las oraciones del Misal: escuela de espiritualidad de la Iglesia* (BL 5, 1994) 333-655; WARD, A. & JOHNSON, C. (eds.). *Fontes liturgici. The Sources of the Roman Missal (1975)*, II. *Prefaces* (Roma 1987) 222-294; ID. "The collects of Weeks I-XXVI [XXVII-XXXIV] *per annum* in the Present Roman Missal": *EL* 120 (2006) 457-506; 121 (2007) 108-125 etc.

17. Cf. CASTELLANO, J. *El año litúrgico, memorial del Cristo y mistagogía de la Iglesia* (Barcelona 1994) 264-266; FLORISTÁN, C. "Lo ordinario del tiempo ordinario": *Ph* 189 (1992) 253-254.

18. Cf. NUALC 3; cf. PINELL, J. *Las oraciones del Salterio "per annum" en el libro de la Liturgia de las Horas* (Roma 1974).

santos, porque ainda subsiste uma mentalidade de que estas celebrações do Santoral são "festas" em sentido absoluto[19]. O modo como se recomenda não interromper a leitura continuada do *Lecionário ferial* (cf. ELM 82) e, sobretudo, a composição do Ofício divino que combina com o dia de semana (cf. IGLH 235) ilustram a primazia que a celebração do mistério de Cristo tem sobre outros aspectos.

Por outro lado, o tempo "comum" permite atender melhor às necessidades concretas de cada comunidade cristã que requerem celebrações especiais – entre as quais se destaca a celebração de alguns sacramentos e sacramentais – ou missas por diversas necessidades ou para grupos particulares. As festas religiosas populares têm mais cabimento neste tempo, podendo-se inclusive celebrar missas votivas de acordo com as normas litúrgicas[20].

IV – Celebrações móveis do Senhor

As quatro solenidades do Senhor do tempo "comum" e a festa de Jesus Cristo, sumo e eterno Sacerdote, são celebradas em datas variáveis, dependendo da mobilidade da Páscoa.

1 Solenidade da Santíssima Trindade

No primeiro domingo depois de Pentecostes celebra-se o mistério de Deus Pai, Filho e Espírito Santo, revelado na economia da salvação. A devoção à Santíssima Trindade começou na Idade Média, difundindo-se a festa na época carolíngia[21]. O papa João XXII a introduziu no calendário romano em 1334, embora só tenha alcançado uma difusão verdadeiramente universal em 1570 através do Missal promulgado por São Pio V[22].

---

19. FARNÉS, P. "Las primeras semanas del T.O.", a.c., 7.
20. Cf. IGMR 368-378.
21. Cf. *Suplemento de Aniano* ao *Sacramentário Gregoriano*. In:: DESHUSSES, J. (ed.). *Le Sacramentaire Grégorien* (Friburgo 1979) n. 1806-1810.
22. Cf. CABROL, F. "Le culte de la Trinité dans la liturgie et l'institution de la fête de la Trinité": *EL* 45 (1931) 270-278; NEUNHEUSER, B. "La Trinità nella liturgia". In: ANCILLI, E. (ed.). *Il mistero del Dio vivente* (Roma 1969) 246-262; VÉLEZ DE MENDIZÁBAL, A. "Fiesta de la Trinidad y liturgia": *EstT* 7 (1973) 359-411; WEBB, D. "Du Codex Reg. lat. 316 (le Sacramentaire

A Santíssima Trindade aparece na liturgia como um mistério não só de fé e de adoração, mas também de comunhão e de vida[23]. As leituras do ciclo A (Jo 3,16-18; Ex 34,4-6.8-9; 2Cor 13,11-13) giram em torno do Nome divino e do amor fontal do Pai manifestado no envio do Filho Jesus Cristo. As do ano B (Mt 28,16-20; Dt 4,32-34.39-40; Rm 8,14-17) põem em destaque a automanifestação de Deus na economia salvífica e no batismo. As do ano C (Jo 16,12-15; Pr 8,22-31; Rm 5,1-5) aludem à Sabedoria divina que se manifesta no Filho e no Espírito Santo.

A Liturgia das Horas oferece também um riquíssimo conjunto de salmos e de leituras próprias, entre os quais se destacam o Sl 113, o Sl 147B, o cântico de Ef 1,3-10 e Rm 11,33-36 (I Vésp.), o Sl 8 e o Sl 33, 1Cor 2,1-16 e o texto de Santo Atanásio (of. das leituras), 1Cor 12,4-6 (laud.), Ef 4,3-6 (II vésp.) etc.

2 Solenidade do Corpo e do Sangue de Cristo

Esta festa começou a ser celebrada em Liège em 1246. O papa Urbano IV a estendeu à Igreja universal em 1264, dotando-a de missa e ofício próprio[24]. Em 1311 e 1317 foi novamente recomendada pelo Concílio de Vienne (França) e pelo papa João XXII respectivamente. A "comemoração mais célebre e solene do sacramento memorial da missa" (Urbano IV) recebeu os nomes de "festa do Santíssimo Corpo de nosso Senhor Jesus Cristo", "festa da eucaristia" (Sínodo de Liège) e "festa do Corpo de Cristo" (Missal de 1570).

Hoje se denomina "Santíssimo Sacramento do Corpo e do Sangue de Cristo", tendo desaparecido a festa do "Preciosíssimo Sangue" do dia 1º de

---

Gélasien) aux Missels modernes: Brève esquisse de l'histoire des Propres de la fête de la Sainte Trinité". In: TRIACCA, A.M. & PISTOIA, A. (eds.). *Trinité et liturgie* (BELS 32, 1984) 395-419.

23. Cf. LÓPEZ MARTÍN, J. "Función didascálica de la liturgia en el Misterio Trinitario según el *Missale Romanum* y el *Ordo Paenitentiae*": *EstT* 12 (1978) 3-52, esp. 14-24.

24. Cf. CALLAEY, F. *L'origine della festa del Corpus Domini* (Rovigo 1958); GY, P.M. "L'office du Corpus Christi et S. Thomas d'Aquin. État d'une recherche": *RScPhTh* 64 (1980) 491-507; HAQUIN, A. (ed.). *Fête-Dieu (1246-1966). Actes du colloque 1966* (Lovaina-a-Nova 1988); MOLINIÉ, A. *Le Corps de Dieu en fête* (Paris 1996) etc.

julho[25]. A procissão com o Santíssimo Sacramento é recomendada pelo CDC como "testemunho público de veneração para com a Santíssima eucaristia" (c. 944 § 1).

Os textos da liturgia oferecem uma síntese de todos os aspectos do mistério eucarístico. Dotadas de séries de leituras para cada ciclo do Lecionário, no ano A a festa destaca a eucaristia como banquete do Senhor, prefigurado no deserto (Dt 8,2-3.14-16), para formar um só Corpo (1Cor 10,16-17) com o Pão da vida (Jo 6,49-50). No ano B aparece o tema da aliança selada no Sangue de Cristo (Ex 24,3-8; Hb 9,11-15; Mc 14,12-16.22-26). E no ano C se realça o sacrifício memorial (Gn 14,18-20; 1Cor 11,23-26; Lc 9,11-17). As orações são as mesmas do antigo formulário, com a célebre coleta dirigida a Cristo "que nos deixou o memorial de sua paixão". No entanto, o Missal oferece dois prefácios para escolher: um centrado em Cristo, Sacerdote e Vítima, e o outro centrado na instituição do sacrifício e do sacramento, além de um terceiro, destinado preferentemente às missas nas quais se administra o viático.

A Liturgia das Horas da solenidade utiliza novamente os célebres hinos[26] e antífonas do Ofício anterior. Entre todas as antífonas se destacam as do *Magnificat*: *O quam suavis est* das I vésperas e *O sacrum convivium* das II vésperas. As leituras bíblicas são Ex 24,1-11, à qual se segue um texto de Santo Tomás; 1Cor 10,16-17; Ml 1,11; Sb 16,20; Pr 9,1-2; At 2,42.47 e 1Cor 11,23-25.

3 Solenidade do Sagrado Coração de Jesus

O culto litúrgico ao Coração de Jesus na sexta-feira seguinte à oitava de *Corpus Christi* começou no século XVII com São João Eudes († 1680) e Santa Margarida Maria Alacoque († 1690), embora a devoção remonte aos séculos XIII e XIV, recebendo a primeira aprovação pontifícia um século mais tarde. Em 1856 o papa Pio IX estendeu a festa a toda a Igreja e em 1928

---

25. Cf. NOÈ, V. "La celebrazione del Sangue di Cristo nella riforma liturgica post-conciliare": *Not* 232 (1985) 589-601.

26. Sobre o *Pange lingua* cf. AROZTEGUI, F.X. "Himno al Sacramento de la Eucaristía": *OrH* 21 (1990) 169-181.

Pio XI lhe deu a máxima categoria litúrgica. A reforma pós-conciliar renovou profundamente os textos com base no formulário da missa composto por ordem de Pio XI[27].

As leituras do ano A se concentram no convite de Jesus: "Vide a mim, vós todos que estais cansados e abatidos": Mt 11,25-30; Dt 7,6-11; 1Jo 4,7-16. O ano B contém as leituras da antiga missa: Jo 19,31-37; Ef 3,8-12.14-19; Os 11,1-9 com Is 12,2ss. como salmo responsorial. O ano C evoca a busca da ovelha perdida: Lc 15,3-7; Ez 34,11-16; Rm 5,5-11. Das duas coletas, a primeira é nova e se inspira, como o prefácio, na cena do golpe de lança, comentada por São Boaventura na leitura patrística do ofício, enquanto a segunda alude ao tema do Coração de Cristo "ferido por nossos pecados".

A Liturgia das Horas se concentra no amor de Deus revelado em Cristo (Ef 5,25b-27: I vésp.), na fonte da água viva (Rm 8,28-39: of. das leituras), na nova Aliança (Jr 31,33: laudes), na misericórdia divina (Ef 2,4-7: II Vésp.) etc.

4 Solenidade de Jesus Cristo, Rei do Universo

A festa foi instituída para o último domingo de outubro pelo papa Pio XI, na encíclica *Quas primas*, de 11-12-1925[28]. Atualmente ela tem um enfoque mais cósmico e escatológico no final do ano litúrgico e inclusive apontando também para os conteúdos do tempo do Advento (cf. coleta). As três séries de leituras apresentam Cristo como Pastor da humanidade (A: Mt 25,31-46; Ez 34,11-12.15-17; 1Cor 15,20-26.28), Rei eterno (B: Jo 18,33-37; Dn 7,13-14; Ap 1,5-8) e Rei a partir da cruz (C: Lc 23,35-43; 2Sm 5,1-3; Cl 1,12-20). O prefácio completa a visão do reinado de Cristo,

---

27. Cf. BERNARD, A. "Il cuore di Cristo: culto, devozione, spiritualità": *RivPL* 144 (1987) 57-65; BUGNINI, A. "La messa del SS. Cuore di Gesù". In: BEA, A. (ed.). *Commentationes in Litt. Enc. "Haurietis Aquas"*, I (Roma 1959) 61-94; LA POTTERIE, I. de. *Il mistero del Cuore trafitto* (Bolonha 1988); LECLERCQ, J. "Les sources liturgiques de la dévotion au sacré-Coeur": *Vie Spirituelle* 104 (1961) 377-393 etc. Cf. tb. DAVID, A. & MARTÍNEZ, E. (eds.). *Actas del Congreso Internacional "Cor Iesu, fons vitae"* (Barcelona 2009).

28. Em *AAS* 17 (1925) 593-610 e 655-668; cf. ROTUREAU, G. "Christ-Roi (Fête)": *Cath* II (1949) 1086ss.; DOQUOC, C. "La royauté du Christ": *Lumière et Vie* 57 (1962) 81-97; VERHEUL, A. "La fête du Christ Roi": *QL* 66 (1985) 109-124 etc.

aludindo às suas qualidades: "Reino da verdade e da vida, reino da santidade e da graça, reino da justiça, do amor e da paz"

O *ofício das leituras* convida a contemplar a visão do Filho do homem no Apocalipse (Ap 2,4-6.10.12-18 etc.), antes de propor um comentário de Orígenes sobre o pedido *venha a nós o vosso Reino* do Pai-nosso. Os salmos desta hora são messiânicos e régios (Sl 2 e Sl 72). As outras horas se referem ao senhorio de Cristo a partir do mistério pascal (cf. Ef 1,20-23; 4,15-16; Cl 1,12-13.16b-18; 1,19-20; 1Cor 15,25-28).

5 Festa de Jesus Cristo, sumo e eterno sacerdote

Foi introduzida para a Espanha em 1973 e conta com textos próprios para a missa e o ofício[29]. O formulário da missa se concentra no mistério de Cristo, mediador e pontífice da Nova Aliança por sua oblação (Lc 22,14-20; Is 52,13–53,12; Sl 40; Hb 10,11-18), que quis escolher e consagrar alguns fiéis como ministros e dispensadores de seus mistérios (cf. coleta e prefácio). A Liturgia das Horas volta repetidas vezes a estes conteúdos, lendo Hb 4,14-16; 5,1-10 e um fragmento da encíclica *Mediator Dei* de Pio XII no *ofício das leituras*, Hb 10,5-10, Hb 7,26-27 e Hb 10,19-23 em laudes, terça e vésperas, respectivamente. Só na sexta (cf. 1Pd 2,4-5) e na noa (1Pd 2,9-10) se alude ao sacerdócio do povo de Deus. Os salmos são messiânicos e sacerdotais (Sl 2; 40; 110; 111).

V – Celebrações do Senhor em dias fixos

Levando em consideração sua localização em dias fixos no calendário, são situadas na órbita dos mistérios da encarnação ou da glorificação de Cristo.

1 Festa da Apresentação do Senhor

Fixada no calendário romano no dia 2 de fevereiro, quarenta dias após o Natal (cf. Lc 2,22; Lv 12,6), é conhecida por Egéria no final do século IV.

---

29. Cf. Decreto da Congr. para o Culto Divino de 22-8-1973, em *Not* 89 (1974) 34.

No Oriente é conhecida como festa do *Hipapante* (encontro) entre o Senhor e seu povo. Sua celebração no Ocidente começou em Roma no século VI. O papa Sérgio I († 701), de origem síria, dotou-a com uma procissão, da mesma forma como para as outras festas marianas[30]. Nos livros litúrgicos latinos foi denominada *Hipapante seu occursus Domini* e *Purificatio sanctae Mariae*. O título atual realça a condição de festa do Senhor, embora sem perder a referência mariana.

O formulário litúrgico tem textos novos, entre eles o prefácio e a leitura de Hb 2,14-18, para reforçar o significado da oblação de Cristo ao Pai. As outras leituras (Lc 2,22-40; Ml 3,1-4) destacam a entrada do Senhor no templo e seu encontro com os anciãos que representam o antigo Israel. Maria aparece associada à oblação de Cristo[31]. A Liturgia das Horas alude à consagração dos primogênitos (Ex 13,1-3a.11-16), à luz de Cristo (sermão de São Sofrônio) e à sua oblação sacerdotal (Hb 10,5-7 e Hb 4,15-16) etc.

2 Solenidade da Anunciação do Senhor

Solenidade do Senhor com um forte acento mariano, é chamada "Anunciação da Santíssima Mãe de Deus e sempre Virgem Maria" na liturgia bizantina e "Anunciação de Santa Maria Mãe de nosso Senhor Jesus Cristo" nos antigos sacramentários romanos. A festa é posterior à do Natal e sua intenção original foi, sem dúvida, a comemoração da concepção virginal de Jesus nove meses antes do nascimento. A referência mais antiga à sua celebração é uma homilia de Abraão de Éfeso por volta do ano 530 em Constantinopla. Em Jerusalém é conhecida um século mais tarde pelas homilias de São Sofrônio e em Roma pela procissão estabelecida pelo papa Sérgio (séc. VII). A notícia desta festa chegou à Espanha durante o X Concílio de Toledo (656), mas não foi introduzida no dia 25 de março e sim no dia 18 de dezembro[32].

---

30. Cf. MEAOLO, G. "Presentación del Señor", em NDM 1654-1662 (Bibl.); etc.
31. Cf. PAULO VI. Exort. apost. *Marialis cultus* (2-2-1974) 20: (ed. bras.: Doc. Pont. 186, Petrópolis 1974) MP I, 691-692.
32. Cf. ANDRONIKOF, C. *Le sens des fêtes*, I. *Le cycle fixe* (Paris 1970) 65-92; MAGGIONI, C. *Annunziazione. Storia, eucologia, teologia liturgica* (Roma 1990); MORI, E.G. "Anunciación", em NDM 143-153; PINELL, J. *Liturgia Hispánica* (BL 9, 1998) 128-135 etc.

O centro da celebração é constituído pelo relato evangélico de Lc 1,26-38 (cf. Is 7,10-14; Sl 40; Hb 10,5-10). A relação entre a encarnação e a redenção é realçada pela coleta e pelo novo prefacio. As outras orações aludem à Igreja e aos sacramentos. A Liturgia das Horas recolhe o vaticínio de Natã sobre o filho de Davi (1Cr 17,1-15), acompanhado por um fragmento da carta de São Leão Magno a Flaviano sobre o mistério da encarnação do Filho de Deus. Os responsórios e antífonas evocam as palavras do anjo a Maria.

3 Festa da Transfiguração do Senhor

É celebrada no dia 6 de agosto, quarenta dias antes da Exaltação da Santa Cruz. Ambas as festas são comuns ao Oriente e ao Ocidente. A festa da Transfiguração parece ter origem na Igreja armênia nos tempos de São Gregório o Iluminador (séc. IV), embora o testemunho mais antigo proceda da Síria oriental (séc. V-VI). Na Espanha é celebrada desde o século X, tendo-se difundido por todo o Ocidente por obra de São Pedro o Venerável. No dia 6 de agosto de 1457 o papa Celestino III a introduziu no calendário romano. São Pio X deu-lhe uma categoria litúrgica mais elevada[33].

A cena do Tabor não é só a manifestação da divindade de Jesus em face da futura paixão, mas também o anúncio da gloriosa vinda do Senhor no fim dos tempos (Mt 17,1-9 e par.; Dn 7,9-10.13-14; 2Pd 1,16-19; prefácio). O Ofício divino acentua em suas antífonas e salmos próprios (Sl 84; 97; 99), e especialmente nas leituras, a glória de Cristo Pantocrator e Ícone do Pai (cf. Fl 3,20-21; 2Cor 3,7–4,6 etc.).

4 Festa da Exaltação da Santa Cruz

Esta festa de 14 de setembro e a antiga festa do dia 3 de maio, em honra da Santa Cruz, provêm da liturgia de Jerusalém em torno à basílica

---

33. Cf. ANDRONIKOF, C., ibid., 225-273; JOUNEL, P. *Le culte des saints dans les basiliques du Latran et du Vatican au XIIe s.* (Roma 1977) 184-195 e 268-269 etc.

constantiniana do *Martyrium* (o lugar da cruz), dedicada no ano 335[34]. A partir do século VII a festa do dia 14 de setembro se difundiu no Oriente e no Ocidente.

O objeto central da festa é a glória da Cruz do Senhor, manifestação do amor do Pai, da obediência filial de N. S. Jesus Cristo e da vida no Espírito. A Cruz, já anunciada no sinal levantado por Moisés no deserto (Jo 3,13-17; Nm 21,4-9; Fl 2,6-11), é a antítese da árvore do paraíso (prefácio). A Liturgia das Horas oferece uma rica seleção de textos do NT alusivos à Cruz do Senhor (1Cor 1,23-24; Gl 2,19–3,7.13-14; 6,14-16; cf. homilia de Santo André de Creta) e à redenção humana.

5 Aniversário da Dedicação da Basílica do Latrão

É a festa da Catedral de Roma, *caput et mater omnium Ecclesiarum*, como se lê no frontispício da entrada principal. Levantada no lugar da residência da esposa de Constantino, foi dedicada por volta de 324 ao Salvador e, posteriormente, a São João Batista e a São João Evangelista. Desde o século XI o aniversário foi fixado no dia 9 de novembro e é celebrado no âmbito da liturgia romana[35]. Os textos, salvo a leitura patrística do ofício (um sermão de São Cesário de Arles), são tomados do comum da dedicação de uma igreja.

A liturgia se concentra no simbolismo do edifício eclesial (cf. 1Cor 3,16-17; 1Pd 2,5 etc.). Entre os textos eucológicos sobressai o prefácio sobre o mistério da Igreja, esposa de Cristo e templo do Espírito. O Ofício divino da dedicação é extraordinariamente rico por causa dos salmos próprios alusivos a Jerusalém, imagem da Igreja de Cristo, das leituras bíblicas, entre as quais sobressaem 1Pd 2,1-17 do *ofício das leituras* e Ap 21,2-3.22.27 das II vésperas, das leituras patrísticas (à escolha) e dos hinos latinos *Urbs Jerusalem* e *Angularis fundamentum*.

---

34. Cf. ARCE, A. (ed.). *Itinerario de la virgen Egeria* (BAC, 1980) 318-321; FROLOW, A. *La relique de la Vraie Croix. Recherches sur le développement d'un culte* (Paris 1961) etc.
35. Cf. JOUNEL, P. *Le culte des saints*, o.c., 305-307 e 380-381.

6 Feria mayor *de petição e de ação de graças*

Esta celebração, fixada na Espanha no dia 5 de outubro, está entre as celebrações do tempo "comum", embora os textos litúrgicos se encontrem no Santoral[36]. A *feria mayor* é herdeira das quatro têmporas e das rogações, originárias de Roma e ligadas às quatro estações do ano[37]. Sua finalidade consistia em pedir a bênção do Senhor e dar-lhe graças pelos frutos da terra e do trabalho. No entanto, sua situação no calendário litúrgico fazia com que se impregnasse do conteúdo do tempo litúrgico em que era celebrada.

A *feria* de petição e de ação de graças é expressão da inserção do "cotidiano" na celebração do mistério de Cristo. Nela "a Igreja costuma rogar ao Senhor pelas várias necessidades humanas, principalmente pelos frutos da terra e pelo trabalho dos homens, e render-lhe graças publicamente"[38]. Outro tanto se pode dizer das rogações, instituição também romana, mas de indubitável peso em numerosas Igrejas locais. Cabe às Conferências Episcopais determinar sua data e o número de dias de sua celebração.

---

36. Cf. BELLAVISTA, J. "Las cuatro Témporas": *OrH* 24 (1993) 449-458; CATELLA, A. "Preghiera dei fedeli e Quattro Tempora": *RL* 74 (1987) 114-123; GRACIA, J.A. "El 5 octubre en el nuevo calendario nacional": *Ph* 70 (1972) 355-362; LECLERCQ, H. "Quatre temps", em DACL XIV/2 (1948) 2014-2017; ID. "Rogations", ibid., 2459-2461 etc.
37. Hipólito de Roma (séc. II-III) ainda não as conhecia. A origem destas celebrações é atribuída ao papa Sirício (384-399), cf. JANIN, J. *Sirício y las cuatro Témporas* (Valência 1958) etc.
38. NUALC 45; cf. 46-47.

Capítulo XXIV
A memória da Santíssima Virgem Maria e dos santos

> *Na celebração anual dos mistérios de Cristo, a santa Igreja venera com especial amor a bem-aventurada Mãe de Deus Maria, que por um vínculo indissolúvel está unida à obra salvífica de seu Filho (SC 103). No decorrer do ano a Igreja inseriu ainda as memórias dos mártires e dos outros santos [...] e prega o mistério pascal vivido pelos santos (SC 104).*

Bibliografia

AA.VV. "Solennità, feste e memorie della Beata Vergine Maria. Celebrazioni communi in onore dei Santi". In: DELL'ORO, F. (ed.). *Il Messale Romano del Vaticano II*, II (Leumann/Turim 1981) 59-278; AA.VV. *Liturgia e santità* (Roma 2005); AUGÉ, M. "As festas da Mãe de Deus e dos santos", em *Anamnesis* 5, 239-275; ID. "María en la liturgia renovada": *Ephem. Mariol.* 3-4 (1986) 259-274; CALABUIG, I.M. "Il culto di Maria in Oriente e in Occidente", em CHUPUNGCO 5, 255-337; CASTELLANO, J. "Virgen María", em NDL 2030-2061; JOUNEL, P. "El culto de los santos". "El culto de María", em MARTIMORT 1000-1046; ID. *Le renouveau du culte des Saints dans la liturgie romaine* (BELS 36, 1986); ID. "El culto de los santos", em NDL 1873-1892; KUNZLER 649-669; LODI, E. *Los santos del Calendario Romano* (Madri 1992); LLABRÉS, P. "El culto a María, Madre de Dios – El culto a los santos", em BOROBIO 3, 213-268; PASCHER, J, *El año litúrgico* (BAC, 1965) 656-786; PELOSO, F. *Santi e santità dopo il Concilio Vaticano II* (BELS 61, 1991); RIGHETTI 1, 882-997; ROSSO, St. "Año litúrgico", em NDM 153-182; ID. "Maria e i santi". In: *Il segno del tempo nella liturgia. Anno liturgico e liturgia delle ore* (Leumann/Turim 2004) 339-376; ROUILLARD, Ph.

"Il culto dei Santi in Oriente e in Occidente", em CHUPUNGCO 5, 338-370; ID. *Les fêtes chrétiennes en Occident* (Paris 2003); SARTOR, D.M. *Las fiestas de la Virgen. Notas históricas y litúrgicas* (Madri 1990); SODI, M. *Con María hacia Cristo. Misas de la Virgen María* (BL 7, 1997); TRIACCA, A.M. & PISTOIA, A. *La Mère de Jésus et la Communion des Saints dans la liturgie* (BELS 37, 1986); ID. (eds.). *Saints et sainteté dans les liturgies* (BELS 40, 1987); e *AsSeñ* 80, 84, 89, 93 e 95 (1966-1967); *CuaderPh* 37, 43, 61, 80, 117, 152 (1992-2005); *Dossiers* CPL 13, 26, 28, 47, 62, 80, 83, 111 (1981-2007); *EL* 105/5-6 (1987); *LMD* 52 (1957); 201 (1995); 234 (2003); 238 (2004); *PAF* 63, 64 (1971-1972); *Ph* 153 (1986); 159 (1987); 250-251 (2002); *RL* 63/3 (1976); 65/3 (1978); 74/1 (1988); 85/2-3 (1998); 91/2 (2004).

O conhecimento do ano litúrgico é completado com o estudo da memória litúrgica da Santa Mãe de Deus e dos santos. Estas celebrações têm seu dia próprio no calendário, que no caso dos santos é o seu dia natalício para o céu (cf. NUALC 56). O calendário geral da liturgia romana contém somente um número reduzido de santos. Os outros aparecem nos calendários particulares e no *Martirológio*[1].

Para celebrar a Santíssima Virgem e os santos, o Missal e a Liturgia das Horas oferecem formulários próprios e comuns. Os primeiros são distribuídos seguindo os meses do calendário, enquanto os segundos são agrupados de acordo a antiga distribuição que hierarquiza as diversas categorias de santos: Santa Virgem Maria, apóstolos, mártires, pastores, doutores da Igreja, virgens, santos varões, santas mulheres, religiosos, os que se dedicaram a uma atividade caritativa, educadores.

I – Os dados da história

Tratamos primeiramente da memória litúrgica da Santa Mãe de Deus e, em seguida, da memória litúrgica dos santos.

---

1. Cf. SC 111; NUALC 49-53; IGMR 316; Instrução *Calendaria particularia* (24-6-1970), em *AAS* 62 (1970) 651-663; cf. GIBERT, J. "La Instrucción *Calendaria particularia*. Normas y criterios": *PastL* 237 (1997) 33-56; ID. "El Calendario Romano": *PastL* 254 (2000) 17-23. Do Martirológio se tratará mais adiante.

1 O culto à Santíssima Virgem Maria

A história do culto litúrgico da Santa Mãe de Deus tem sua principal expressão nas festas marianas[2]. Cada uma obedece a um aspecto da participação de Maria no mistério de Cristo e, juntas, formam um verdadeiro ciclo heortológico correlativo ao dos mistérios do Senhor[3].

Nos primeiros séculos a veneração da Santa Mãe de Deus estava unida à comemoração dos mistérios centrais da vida de Jesus, especialmente a Páscoa[4]. As primeiras referências ao culto mariano são uma frase da homilia de São Melitão de Sardes *sobre a Páscoa* (séc. II) e o interrogatório batismal e a oração eucarística da *Tradição Apostólica* de Hipólito[5].

No século IV aparecem as festas do Natal e da Epifania e a do *Hipapante*. Em todas elas se destaca a figura da Mãe do Senhor, embora ainda não se possa falar de festas propriamente marianas. Depois do Concílio de Éfeso (431) surgem as festas da Virgem em sentido estrito. O protótipo das primeiras festas marianas é a solenidade do dia 15 de agosto, o *dia da Mãe de Deus Maria*, como a denomina o *Lecionário Armênio* de Jerusalém (séc. V), embora a festa se tenha concentrado mais tarde na glorificação de Maria, ou seja, em seu *dies*

---

2. Cf. AA.VV. *La Virgen María en el culto de la Iglesia* (Salamanca 1968); ABAD, J.A. "El culto de veneración a María". In: AA.VV. *María en los caminos de la Iglesia* (Madri 1982) 97-134; AROCENA, F.M. "La presencia de María en el misterio del culto": *Ph* 225 (1998) 516-520; CALABUIG, I.M. "Le radici della presenza di Maria nell'anno liturgico. In: MARSILI, S. & BROVELLI, F. (eds.). *L'anno liturgico* (Casale Monferrato 1983) 111-130; CASTELLANO, J. *El año litúrgico, memorial de Cristo y mistagogía de la Iglesia* (Barcelona 1994) 289-325; ID. "Virgen María", em NDL 2030-2061; ÉVENOU, J. "Sainte Marie, la femme nouvelle (ou la nouvelle Ève)": *Eph. Mariol.* 46 (1996) 141-155; GASPARI, S. *Maria nella liturgia* (Roma 1993); GENRE, E. "C'è posto per Maria nella liturgia riformata?": *RL* 85 (1988) 241-256; IOGNA-PRAT, D. et al. *Le culte de la Vierge dans la société médiévale* (Paris 1996); KNIAZEFF, A. "La présence liturgique de la Mère de Dieu": *QL* 54 (1973) 45-62; LÓPEZ MARTÍN, J. "El culto mariano y la liturgia renovada después del Concilio Vaticano II. Doctrina y vida": *Marianum* 143 (1992) 431-450; LLAMAS, E. "El culto mariano durante los seis primero siglos de la Iglesia": *Estudios Josefinos* 22 (1967) 249-254; PERNOUD, R. *La Vergine e i Santi nel Medioevo* (Casale Monferrato 1994); TONIOLO, E.M. *La Vergine nella Chiesa delle origini* (Roma 1996); VAN ESBROECK, M. "Le culte de la Vierge de Jérusalem à Constantinople aux 6e-7e siècles": *Rev. Des Études Byzantins* 46 (1988) 181-190 etc.

3. Cf. PAULO VI. Exortação *Marialis cultus*, de 2-2-1974: *AAS* 66 (1974) 113-168.

4. Cf. MONTAGNA, D.M. "La liturgia mariana primitiva": *Marianum* 24 (1962) 84-128.

5. Cf. IBÁÑEZ, J. & MENDOZA, F. (eds.). *Melitón de Sardes. Homilía sobre la Pascua* (Pamplona 1975) 185; *Tradição apostólica*, 71 e 90.

natalis[6]. Pouco depois apareceram a Natividade de Maria no dia 8 de setembro e a Apresentação no templo, inicialmente no dia 20 de novembro[7]. O Concílio de Éfeso influiu sem dúvida na criação da festa da Anunciação do Senhor no dia 25 de março, estudada no capítulo anterior[8]. Esta festa, junto com as de 2 de fevereiro, 15 de agosto e 8 de setembro, já se encontram em Roma no século VII, sendo dotadas de uma procissão pelo papa Sérgio I († 701).

Estas quatro festas foram as únicas com caráter geral no âmbito da liturgia romana até depois do início do século XIV[9]. Nesse século, o Calendário Romano adotou as festas da Visitação no dia 2 de julho e da Imaculada Conceição de Maria no dia 8 de dezembro, conhecida no Oriente como Conceição de Santa Ana[10]. Posteriormente foram introduzidas a festas da Apresentação de Maria (21 de novembro) e da Dedicação da Basílica de Santa Maria Maior de Roma (5 de agosto)[11]. A partir do século XVII ocorreu um nova ampliação do ciclo heortológico mariano, com a inclusão no calendário geral de festas em boa parte já celebradas por algumas ordens religiosas: Santo Nome de Maria em 1683, Nossa Senhora das Mercês[12], Nossa Senhora da Vitória – mais tarde Nossa Senhora do Rosário –, Nossa Senhora do Monte Carmelo em 1726[13], Nossa Senhora das Dores no século XIX[14], Nossa Se-

---

6. Cf. GONZÁLEZ, M. "La Dormición de la Madre de Dios: la Pascua de María (15 de agosto)": *PastL* 310/311 (2009) 213-221; LÓPEZ MARTÍN, J. "La solemnidad de la Asunción de la Virgen María en el Misal Romano": *Eph. Mariol.* 35 (1985) 109-141; SARTOR, D. "Asunción", em NDM 258-289 etc.

7. Cf. GHARIB, G. "Presentación de la Virgen María", em NDM 1647-1655; MEAOLO, G. "Natividad de María", em NDM 1464-1470 etc.

8. Cf. *supra*, nota 32 do cap. XXIII.

9. Cf. CHAVASSE, A. *Le Sacramentaire Gélasien* (Tournai 1958) 376-402.

10. Cf. DE FIORES, S. "Inmaculada", em NDM 910-941; MAGGIONI, C. "Dalla festa della concezione di S. Anna all'Immacolata Concezione della B. V. Maria. A 150 anni dalla definizione del dogma": *RL* 91 (2004) 781-810; POLC, J. "*Visitatio B.M.V.*: da seicento anni nell'Occidente liturgico": *EL* 103 (1989) 269-274; SARTOR, D. "Visitación", em NDM 2040-2046; SORCI, P. "La visitazione nella liturgia": *Theotokos* 5 (1997) 53-81 etc.

11. Cf. MEAOLO, G. "Dedicación de Santa María la Mayor", em NDM 564-572.

12. Cf. PIKAZA, X. "Merced. Virgen liberadora", em NDM 1320-1334 etc.

13. Cf. MACCA, V. "Carmelo", em NDM 386-391.

14. Na Espanha foi recuperada a comemoração das Dores da Santíssima Virgem na sexta-feira da semana V da Quaresma. O *Missal romano*, em sua terceira edição típica, oferece uma coleta alternativa neste sentido. C. MAGGIANI, S. "Dolorosa", em NDL 633-643 etc.

nhora de Lourdes em 1907[15], Maternidade divina de Maria em 1931, Coração de Maria em 1944[16], Maria rainha em 1954[17] e finalmente Santa Maria Mãe de Deus em 1969.

No entanto, o conjunto das festas marianas precisava de um princípio iluminador que destacasse o sentido profundo que a figura da Santa Mãe de Deus tem no ano litúrgico. Por isso, a revisão do Calendário dedicou uma atenção especial ao ciclo heortológico da Santíssima Virgem Maria[18]. O resultado foi uma nova configuração das celebrações marianas, mais coerente com a importância objetiva de cada uma: três solenidades (1º de janeiro, 15 de agosto e 8 de dezembro); duas festas (8 de setembro e 31 de maio); quatro memórias obrigatórias (21 de novembro, 15 de setembro, 22 de agosto e 7 de outubro); quatro memórias facultativas (Coração de Maria, 16 de julho, 5 de agosto e 11 de fevereiro)[19]. Na Espanha há uma festa a mais no dia 12 de outubro, Nossa Senhora do Pilar, e uma memória obrigatória no dia 26 de julho, Nossa Senhora do Monte Carmelo.

Desse modo ocorre também um maior equilíbrio entre as festas comemorativas de aspectos do mistério de Maria ou de sua vida e as festas alusivas a invocações marianas, de cunho mais devocional. As primeiras são geralmente as mais antigas e as que são celebradas também no Oriente. Por outro lado, estas festas contam quase sempre com leituras bíblicas próprias e com uma importante eucologia[20]. As segundas são todas posteriores à Idade Média e, como foi dito, algumas pertenceram aos calendários das ordens

---

15. Cf. LAURENTIN, R. "Lourdes", em NDM 1154-1166.
16. Cf. ALONSO, J.M. & SARTOR, D. "Inmaculado Corazón de María", em NDM 941-955.
17. Cf. SARTOR, D. et al. "Reina", em NDL 1712-1731.
18. Cf. AUGÉ, M. "Le linee di una rinnovata pietà mariana nella riforma dell'anno liturgico": *Marianum* 41 (1979) 267-286 etc.
19. Algumas mudaram de data para adequar-se melhor a alguns dados evangélicos: a Visitação a 31 de maio, entre a Anunciação e o Nascimento de São João Batista; e Maria Rainha a 22 de agosto, oito dias após a Assunção aos céus.
20. Cf. BOBICHON, M. *María en la actual liturgia de la palabra* (Santander 1974); SORCI, P. "La Scrittura nelle celebrazioni della B.V. Maria della liurgia romana": *RL* 91 (2004) 827-868; ROSSO, St. "Atteggiamenti culturali verso la B.V. proposti dalla eucologia mariana del Messale Romano": *Marianum* 68 (1996) 353-385; cf. tb. BARBA, M. "Il commune della B. V. Maria nel nuovo Messale Romano": *Not* 436 (2002) 588-601.

religiosas. Para quase todas é preciso recorrer a leituras bíblicas do Comum de Nossa Senhora. As celebrações de maior categoria litúrgica (solenidades e festas) pertencem ao primeiro grupo.

As festas de Maria se inserem hoje com mais facilidade no espírito dos tempos litúrgicos. Neste sentido, pode-se falar de uma nota ou acento mariológico na comemoração dos mistérios da salvação[21]. Nesta perspectiva se enquadra a *Coleção de Missas da Virgem Maria*, destinada sobretudo aos santuários marianos[22]. Por outro lado, não se deve esquecer "a memória de Santa Maria 'in Sabbato': memória antiga e discreta" (cf. MC 9), no tempo comum, quando não há uma memória obrigatória[23].

2 A veneração dos santos

As solenidades, festas e memórias dos santos formam no ano litúrgico uma nova coroa de celebrações em torno do mistério de Cristo (cf. SC 104; 111; LG 50).

O culto litúrgico aos santos começou historicamente com a veneração dos mártires, uma forma de culto aos defuntos assumido pelos cristãos, mas relacionado desde os primeiros tempos com a morte do Senhor e com a confissão de seu senhorio pascal[24], como aparece já na morte de Estêvão

---

21. Cf. *Marialis cultus*, 2; CONGR. PARA O CULTO DIVINO. *Orientações e propostas para a celebração do ano mariano*, 1-3.
22. *Collectio Missarum B.M.V.*, 1-2 (LEV 1987) (ed. bras.: *Coletânea de missas de Nossa Senhora*. São Paulo 1987). Cf. ALDAZÁBAL, J. "Las nuevas misas marianas, El lenguaje de su eucología": *Ph* 159 (1987) 207-236; LÓPEZ MARTÍN, J. "María en la celebración del misterio de Cristo. Los *praenotanda* de la *Collectio Missarum de B.M.V.*":`*Marianum* 137 (1987) 43-86; SODI, M. "La *Collectio Missarum de B.M.V.* a dieci anni dalla sua pubblicazione": *Not* 358 (1996) 316-358; ID. La *Collectio Missarum de B.M.V.* Prospettive per uno studio teologico-liturgico". In: AMATO, A. & MAFFEI, G. (eds.). *"Super fundamentum Apostolorum"*. Studi in onore S. Em. il Card. A. M. Javierre (Roma 1997) 689-722 etc.
23. Cf. ROSSO, St. "Sábado", em NDM 1742-1756 etc.
24. Cf. AMORE, A. "Culto e canonizzazione dei santi nell'antichità cristiana": *Antonianum* 52 (1997) 38-80; DELEHAYE, H. *Origines du culte des martyrs* (Bruxelas 1912, ²1933); FERNÁNDEZ CATÓN, J.M. *El culto de las reliquias: crítica hagiográfica, fuentes e historia* (Oviedo 2003); GUYON, J. "Aux origines du culte des saints (IIIe-VIe siècle): dévotion populaire ou volonté pastorale? Regards sur les Gaules et l'Italie": *LMD* 236 (2003) 113-152; HAQUIN, A. "Le culte des saints dans la réforme liturgique du Vatican II": *LMD* 238 (2004) 87-102; MOELLER,

(cf. At 6,8-15; 7,54-60). Ao próprio Cristo já se dá o título de "mártir" (cf. Ap 1,5) e junto com ele aparecem as outras "testemunhas" (cf. Ap 6,9-11; 7,9-17 etc.).

O aniversário da morte e do sepultamento (*depositio*) dos mártires era como o verdadeiro *natalício* na Jerusalém celeste, e sobre as tumbas eram escritas invocações, como os *grafitti* da memória dos Apóstolos nas catacumbas de São Sebastião em Roma, celebrando-se a eucaristia com caráter festivo[25]. Cada Igreja tinha sua lista ou calendário de celebrações de mártires e incluía os nomes dos mais célebres na oração eucarística e nas ladainhas.

Numa segunda etapa começou-se a honrar também como "confessores" os ascetas, as virgens e os bispos. A ascese era considerada uma espécie de martírio e a virgindade uma forma superior de fidelidade ao Senhor (cf. 1Cor 7,34; 2Cor 11,2). A viuvez também era vista como uma forma de ascese cristã (cf. 1Tm 5,5). Os bispos dos primeiros séculos, que não haviam coroado sua vida com o martírio ou não haviam saído dentre os ascetas, eram inscritos numa lista semelhante à dos mártires para serem recordados na oração comum. Um exemplo destas listas é o *Cronógrafo Filocaliano* de Roma de 354[26]. No entanto, nos primeiros séculos não está claro o modo como um pastor defunto passava da lista obituária à veneração como santo em sentido estrito. Entretanto, a veneração se apoiava também na identificação dos bons pastores com Cristo (cf. Jo 10,11-15; Mt 20,26.28 etc.).

Em todo caso, o culto era de caráter local, mas pouco a pouco a fama do santo fazia com que seu culto se difundisse. A partir do século IV, o culto aos santos alcançou um grande desenvolvimento por causa das descobertas e dos traslados de suas relíquias. Outros fatores foram as peregri-

---

E. "Culte des défunts et culte des martyrs": *QL* 64 (1983) 45-48; SAXER, V. "Martirio, culto de los mártires", em DPAC II, 1377-1379; PRETOT, P. "Le culte des saints et le Mystère pascal": *LMD* 237 (2004) 143-165 etc.

25. Cf. DUVAL, N. "Martirio, Inscriptiones", em DPAC IV, 1385-1386; LECLERCQ, H. "Depositio", em DACL IV, 668-673. Um exemplo no Martírio de São Policarpo, em: RUIZ BUENO, D. (ed.). *Padres Apostólicos* (BAC, 1950) 685.

26. Cf. *supra*, nota 1 do cap. XXII.

nações, a difusão dos livros litúrgicos e a influência de algumas liturgias sobre outras. Por fim, é preciso assinalar também a propagação das atas dos mártires, autênticas e lendárias, das paixões – mais tardias – e das vidas de santos, junto com os escritos próprios ou atribuídos. Não faltou também uma reflexão teológica sobre o valor do martírio e sobre o reconhecimento de outras formas de santidade.

A partir dos séculos X e XI os bispos começaram a solicitar ao papa o reconhecimento do culto aos santos. Em 1171 uma decretal de Alexandre III dispôs assim para toda a Igreja latina. Depois do Concílio de Trento, esta tarefa foi confiada à Congregação dos Ritos, criada em 1588. Em 1634 instituiu-se a beatificação, como etapa prévia para as canonizações. A beatificação significa a autorização do culto num território concreto ou numa família religiosa. Em 1969 o papa Paulo VI criou a Congregação para as Causas dos Santos[27]. Atualmente o procedimento das canonizações se rege pela constituição apostólica *Divinus perfectionis Magister*, do papa João Paulo II[28].

O resultado de todo o longo processo de formação do culto aos santos foi a transformação deste culto numa realidade em si mesma, enchendo o calendário de comemorações e de ofícios duplos e acrescentados, ao ponto de suplantar e dificultar as celebrações dominicais e dos mistérios do Senhor. São Pio X em 1911 e João XXIII em 1960 restabeleceram o equilíbrio em favor do Próprio do Tempo, como fez também o Concílio Vaticano II em SC 111, defendendo inclusive a aplicação de critérios de verdadeira representatividade e de universalidade[29].

---

27. Cf. ÉVENOU, J. "Canonisations, béatifications et confirmations de culte. Depuis la création de la Congrégation des Rites (1588) juqsu'au 31 décembre 1985": *Not* 234 (1986) 41-47.
28. Datada de 25-1-1983, em *AAS* 75 (1983) 341-355.
29. Cf. BROVELLI, F. "Culto a los santos", em DTI II, 224-229; DUBOIS, J. "Les saints du nouveau calendrier. Traditon et critique historique": *LMD* 100 (1969) 157-178; PATERNA, P. "El culto a los santos en la renovación del Vaticano II": *Ph* 116 (1980) 143-150. Sobre a teologia litúrgica do Santoral, além dos títulos citados na bibliografia do início, cf.: BARBA, M. "I communi nell'*editio typica tertia* del *Missale Romanum*": *EL* 116 (2002) 385-403 etc.

3 A nova edição do Martirológio Romano

Em 29/06/2001 foi promulgada a 1ª edição típica do *Martirologium Romanum ex Decreto Sacrosancti Oecumenici Concilii Vaticani II instauratum auctoritate Ioannis Pauli PP. II promulgatum*[30]. Três anos depois aparecia a segunda edição atualizada. A publicação responde ao desejo do Concílio Vaticano II ao pedir que se devolvesse sua fidelidade histórica às *paixões* ou *vidas dos Santos* (cf. SC 92).

O *Martirológio*, inicialmente limitado aos aniversários dos *mártires* celebrados nas Igrejas particulares, incorporou muito cedo os nomes daqueles fiéis que, sem sofrer um martírio de sangue, confessaram a fé, alcançando um grau heroico de perfeição evangélica. O culto litúrgico que a Igreja lhes tributou deu lugar a novas categorias de Santos: os *Confessores*, as *Virgens*, os *Pontífices*, os *Doutores* etc. Nesse sentido, os *Martirológios*, junto com os *Calendários litúrgicos*, os *Passionários* e outros modelos de literatura hagiográfica, constituem um esplêndido testemunho da santidade cristã. No que se refere à Espanha, o *Martirológio* de maior interesse é o *de Usuardo*, monge beneditino de Saint Germain-des-Prés († 877), conhecedor direto dos antigos calendários litúrgicos. Em 1584, pouco após o Concílio de Trento, foi publicado o *Martirológio romano* com categoria universal, cuja última edição anterior à edição típica atual, foi feita em 1960, as vésperas do Concílio Vaticano II.

---

30. *Martirológio romano reformado em conformidade com os decretos Concílio Vaticano II e promulgado pelo papa João Paulo II* (LEV 2007). Sobre a preparação deste livro cf. *LMD* 234 (2003) 103-135; *Not* 272 (1989) 267-268; 276/277 (1989) 529-597; 299/300 (1991) 300-360; sobre o Martirológio em geral e a atual edição: BARBA, M. "Le orazioni del *Martyrologium Romanum*": *EL* 116 (2002) 52-71; ID. "Traduzione-adattamento del *Martyrologium Romanum* per la Chiesa italiana": *RL* 93 (2006) 794-802; ID. "La comemorazione della B.V. Maria nel Martirologio Romano": *Marianum* 69 (2007) 12-191; ID. "L'eucologia dell'*Editio typica altera* del *Martyrologium Romanum*": *Not* 503/504 (2008) 388-415; CONGR. PARA O CULTO DIVINO (ed.). *Il Martirologio Romano. Teologia, liturgia, santità* (LEV, 2005); FUSCO, R. & SODI, M. "L'edizione del *Martyrologium*": *RL* 93 (2006) 13-159; GIBERT, J. "El nuevo Martirologio Romano": *PastL* 267 (2002) 33-52; GONZÁLEZ, R. "La santidad en el Martirologio Romano": *Ph* 289 (2009) 47-63; OLIVAR, A. "El calendario y el martirologio romano": *Ph* 153 (1986) 199-210; ID. "El martirologio": *Ph* 210 (1995) 457-478; e *Ph* 250/251 (2002) 283-400; SÁNCHEZ RUIZ, V.M. *Martirologio Romano. Versión española ajustada a la edición vaticana del 1948* (Madri 1949); SODI, M. "Il Martirologio Romano": *RL* 95 (2008) 913-919.

É preciso levar em consideração que é um livro para a celebração, não mera obra de consulta.

II – Celebrações da Santíssima Virgem

A Igreja venera a memória da Santa Mãe de Deus, unindo-a à celebração da obra da salvação no ano litúrgico e reconhecendo que ela "esteve presente aos mistérios de Cristo" (cf. LG 65-66; SC 103). É este o significado básico de todas as celebrações em honra da Santíssima Virgem na liturgia. A análise se ocupa unicamente com as solenidades e festas.

1 Solenidade da Imaculada Conceição de Maria

É celebrada no dia 8 de dezembro, na perspectiva do Advento (cf. MC 3-4). A Conceição imaculada de Maria, "cheia de graça" (Lc 1,26-38: evang.), definida como verdade de fé por Pio IX no dia 8-12-1854, é mencionada nas orações e no prefácio, incluindo também a projeção eclesial e escatológica da figura da nova Eva (Gn 3,9-15.20: 1ª leit.), escolhida antes da criação do mundo (Ef 1,3-6.11-12: 2ª leit.). A Liturgia das Horas, utilizando em grande parte as antífonas do ofício anterior, é todo um canto jubiloso em honra de Maria e de Cristo (cf. Rm 5,12-21). As outras leituras aludem à eleição em Cristo de todos os fiéis (cf. Rm 8,29.30; Ef 1,4; 1,11-12a) e à Igreja, santa e imaculada (cf. Ef 5,25b-26a.27).

2 Solenidade da Assunção da Virgem Maria

O *dies natalis* de Maria permite à Igreja contemplar em Maria seu ícone escatológico (cf. MC 6). Para esta solenidade o Missal oferece uma missa da vigília e uma missa do dia. O formulário da vigília estabelece uma delicada comparação entre Maria na cena da Visitação e a arca da aliança no momento de ser introduzida no santuário (Lc 11,27-28; 1Cr 15,3-4.16–16,2). Maria, na totalidade de seu ser, foi associada a Cristo no mistério pascal (1Cor 15,54-57). O papa Pio XII definiu o dogma da Assunção de Maria em corpo e alma ao céu no dia 1º de novembro de 1950.

A missa do dia vê em Maria a imagem da Igreja (Ap 11,19; 12,1.3-6.10), Esposa de Cristo (Sl 45). A vitória de Cristo sobre a morte é também a vitória de Maria (1Cor 15,20-26), porque nela o Senhor fez maravilhas (Lc 1,39-56). As orações e o prefácio realçam a dimensão eclesiológica. A Liturgia das Horas alude ao paralelismo entre a Ascensão do Senhor e a Assunção de Maria (I Vésp.), à participação de todos os fiéis na glorificação de Cristo (Ef 1,16–2,10; leit. de Pio XII) e às atitudes de louvor e de gratidão (Is 61,10: laudes e diversas antífonas) etc.

3 Festa da Visitação da Virgem Maria

Situada no dia 31 de maio, permite encerrar a celebração desse mês na piedade popular e se projeta também sobre a solicitude da Virgem Maria para com os discípulos de Jesus no clima da Cinquentena pascal. A Igreja se reconhece em Maria, "portadora de Deus" e cheia do Espírito (Lc 1,39-56). Filha de Sião que estremece de alegria ao saber que o Senhor "está no meio dela" (Sf 3,14-18) e que deve atender amorosamente a cada um dos fiéis (Rm 12,9-16). As orações pedem a capacidade de perceber a presença do Senhor no sacramento eucarístico.

A Liturgia das Horas, em seus textos próprios, volta repetidas vezes à alegria da Igreja diante da presença do Amado (Ct 2,8-14; 8,6-7 e homilia de São Beda: of. das leituras). As antífonas repetem o evangelho da festa e as leituras breves insistem na presença do Senhor (Jl 2,27–3,1; Sb 7,27-28) e no louvor a Maria (Jt 14,7: Tb 12,6).

4 Festa da Natividade da Santíssima Virgem Maria

No dia 8 de setembro celebra-se o nascimento de Maria, a aurora que precede o nascer do sol (ant. de entrada). A liturgia da Palavra evoca as origens humanas de Jesus na maternidade virginal de Maria (Mt 1,1-16.18-23; e oração *super oblata* [sobre as oferendas]), cumprindo-se os anúncios proféticos (Mq 5,1-4a). A segunda leitura fala da vocação de cada cristão em Cristo. A Liturgia das Horas remonta ao protoevangelho (Gn 3,9-20: of. das leituras) para recordar que por Maria veio a salvação do mundo em Cristo (sermão de Santo André de Creta: ibid.). As antífonas cantam a glória do nascimento de Maria, enquanto as leituras se referem à estirpe do Messias (Is 11,1-3a: Rm 9,4-5) e exaltam aquela que é morada de Deus entre os homens (Ct 6,10; Jt 13,24.25; Ap 21,3).

5 Festa de Nossa Senhora do Pilar

Celebrada na Espanha e em vários países hispano-americanos[31], alude desde a antífona de entrada à coluna de fogo que guiava os israelitas no deserto (Sb 18,3; Ex 13,21-22). As leituras (Lc 11,27-28, 1Cr 15,3-4.15-16; 16,1-2; At 1,12-14) destacam o significado da presença e da veneração da Virgem Maria entre o povo cristão. As orações e o prefácio aludem à proteção maternal de Maria nesta invocação.

A Liturgia das Horas usa basicamente os textos do Comum da Santíssima Virgem, mas alude também à coluna (Eclo 24,3-15; Elogio do Pilar: of. das leituras) e destaca sobretudo a função protetora de Maria a partir de seu santuário (2Cr 7,15-16: ant. das laudes).

No Brasil celebra-se no dia 12 de outubro a solenidade de Nossa Senhora Aparecida, padroeira do Brasil.

III – Celebrações dos santos, dos anjos e dos defuntos

O estudo das celebrações concretas dos anjos no calendário romano geral se limita forçosamente às solenidades e, no caso dos anjos, à festa de 29 de setembro.

1 Solenidade de São José

O culto de São José nasceu na Idade Média como consequência da devoção à infância de Jesus. A fixação da data é puramente fortuita. Os grandes propagadores da devoção ao Guarda do Redentor foram São Bernardo e

---

31. Cf. ORTIZ GARCÍA, A. "Pilar (Virgen del)", em NDM 1615-1623 etc.

Santa Teresa de Jesus. O papa Gregório XV elevou a celebração à categoria de festa de preceito em 1621. Pio IX em 1870 declarou São José Patrono da Igreja universal[32].

Os textos da missa destacam a ascendência davídica de São José (2Sm 7,4-5.12-14.16), a missão que lhe foi confiada e sua condição de justo (Mt 1,16.18-21.24; ou Lc 2,41-51) e de crente (Rm 4,13.16-18.22). As orações e o prefácio se referem à sua entrega solícita e fiel a Maria e ao filho de Deus, e à proteção para toda a família cristã. A Liturgia das Horas enquadra o santo na história da salvação (Hb 11,1-16: of. das leituras) e repassa as referências bíblicas à sua pessoa e à sua missão, enquanto realça a grandeza de seu serviço (Cl 3,23-24; 2Sm 7,28-29; Pr 2,7-8; Sermão de São Bernardino: of. das leituras).

2 Solenidade do Nascimento de São João Batista

É celebrada seis meses antes do nascimento de Jesus Cristo, de acordo com o dado de Lc 1,36, e três meses depois da solenidade da Anunciação (cf. Lc 1,56). A celebração aparece já no século IV e está atestada em todos os livros litúrgicos ocidentais[33]. A celebração conta com uma missa da vigília, na qual se lê o anúncio do anjo a Zacarias (Lc 1,15-17) e a profecia relativa à vocação do Precursor (Jr 1,4-10) em benefício dos fiéis (1Pd 1,8-12). As orações recordam que João era a voz que anunciou a chegada do Salvador. A missa do dia se concentra no nascimento (Lc 1,57-66.80) e na missão de João diante de Israel (At 12,22-26) e das nações (Is 49,1-6). O prefácio realça a relação entre o Batista e autor do Batismo, e entre o profeta e o Cordeiro de Deus.

A Liturgia das Horas propõe uma série de textos do Antigo e do Novo Testamento, nos quais aparece a figura do Batista (At 13,23-25; Ml 3,23-24;

---

32. Cf. DE FIORES, S. "José", em NDM 988-1011; STRAMARE, T. *San Giuseppe nella sacra Scrittura, nella teologia e nel culto* (Roma 1983) etc.

33. Cf. PASCHER, J. *El año litúrgico*, o.c., 600-613; também se celebra o martírio de São Jerônimo a 29 de agosto, cf. ibid., 613-617.

Is 49,1; 49,5-6; 49,7), destacando o de sua vocação (Jr 1,4-10.17-19: of. das leituras), que é acompanhado de um sermão de Santo Agostinho.

3 Solenidade dos santos apóstolos Pedro e Paulo

A celebração conjunta dos apóstolos a cujos nomes está unida a Sé de Roma provém provavelmente do culto que receberam nas catacumbas de São Sebastião, junto à Via Ápia, onde estiveram sepultados durante algum tempo[34]. A Igreja celebra em ambos os apóstolos não só a glória de seu martírio, mas também o mistério de sua vocação apostólica, um para Israel e o outro para os gentios (prefácio). Com efeito, tanto na missa da vigília como na missa do dia recorda-se seu testemunho até o sangue (At 12,1-11: 1ª leit. do dia; Jo 21,15-19: evang. da vigília; 2Tm 4,1-8.17-18: 2ª leit. do dia) e se evoca a missão de ambos (Mt 16,13-19: evang. do dia; Gl 1,11-20: 2ª leit. da vigília), que ofereceram a salvação em nome de Jesus (At 3,1-10: 1ª leit. da vigília). Tanto um como o outro são fundamento da fé cristã e motivo de alegria para toda a Igreja (orações).

A Liturgia das Horas tem como texto culminante a passagem do encontro de Pedro e Paulo em Jerusalém (Gl 1,15–2,10: of. das leituras), seguida pelo sermão de Santo Agostinho sobre o martírio dos dois apóstolos. As outras leituras, os responsórios e as antífonas constituem uma extraordinária série de textos neotestamentários alusivos tanto às vivências mais profundas de cada apóstolo, especialmente de São Paulo, quanto à missão apostólica.

4 Solenidade de São Tiago, Padroeiro da Espanha

A tradição cristã assinalou a Espanha como o lugar da pregação de São Tiago, filho de Zebedeu e irmão de João Evangelista (cf. Mt 4,21; Mc 15,40 etc.), o primeiro a beber o cálice do Senhor (prefácio; cf. At 12,2). Por volta

---

34. Cf. JOUNEL, P. "La solennité des apôtres Pierre e Paul selon la liturgie rénouvée". In: AA.VV. *Mélanges liturgiques offerts au P. B. Botte* (Lovaina 1972) 245-258; SAXER, V. "Pedro Apóstol", em DPAC II, 1731-1734 etc.

do ano 830 o bispo Teodomiro de Iria descobriu em Compostela seu sepulcro, iniciando-se desde esse momento as peregrinações que tiveram tanta importância na Idade Média. A festa de 25 de julho, designada no Martirológio romano como o dia da translação das relíquias de São Tiago de Jerusalém para a Espanha, já aparece nos sacramentários do século VIII como memória do apóstolo[35]. A festa tem a máxima categoria litúrgica em toda a nação espanhola, sendo festa de preceito.

A liturgia da missa e do ofício consideram, por um lado, o martírio do apóstolo e, por outro, seu *status* de padroeiro da Espanha. O evangelho evoca o episódio do diálogo entre a mãe dos Zebedeus e Jesus (Mt 20,20-28), enquanto as duas outras leituras se referem ao martírio de São Tiago (At 4,33; 5,12.27-33; 12,1) e a seu significado (2Cor 4,7-15). As leituras bíblicas do ofício aludem à missão evangelizadora dos apóstolos (1Cor 4,15; 1,18–2,5) e à edificação da Igreja sobre o fundamento dos apóstolos (Ef 2,19-22; 4,11-13). A homilia patrística de São João Crisóstomo comenta o evangelho da missa. As antífonas reúnem antigos textos de glorificação do Padroeiro da Espanha.

5 Solenidade de Todos os Santos

Esta festa tem sua origem na dedicação do Panteão de Roma à Santíssima Virgem e a todos os mártires no ano 610. A fixação da data no dia 1º de novembro ocorreu no século IX, difundindo-se por todo o Ocidente sob o pontificado de Gregório IV (817-844)[36]. A solenidade comemora a multidão "que ninguém pode contar" (Ap 7,2-4.9-14), assembleia da Jerusalém celeste (prefácio), irmãos e intercessores (coleta), nos quais se tornaram realidade as bem-aventuranças (Mt 5,1-12) e agora veem a Deus (1Jo 3,1-3).

A Liturgia das Horas canta ao único Santo entre todos os Santos, convidando nas antífonas, leituras e responsórios a contemplar a cidade futura e a

---

35. Cf. PÉREZ DE URBEL, J. "Orígenes del culto de Santiago en España": *Hispania Sacra* 5 (1952) 1-31 etc.
36. Cf. HOLLAARDT, A. "La Toussaint: son histoire, sa liturgie": *QL* 80 (1999) 91-105; PASCHER, J. *El año litúrgico*, o.c., 760-771 etc.

imitar os que já a habitam (Ap 5,1-14; São Bernardo; Ef 1,17-18 etc.). Os salmos constituem também uma meditação sobre a glória da Jerusalém celeste.

6 Festa dos santos arcanjos Miguel, Gabriel e Rafael

O atual calendário litúrgico reuniu num mesmo dia, 29 de setembro, as festas dos santos arcanjos. É preciso também levar em consideração a memória obrigatória dos Santos Anjos da Guarda no dia 2 de outubro. O fundamento destas celebrações se encontra nas referências da Sagrada Escritura a cada um dos arcanjos e ao anjo da guarda. O culto aos anjos começou no Oriente, mas logo se difundiu no Ocidente. O de São Miguel no final do século V, por ocasião da dedicação do santuário erguido no Monte Gargano na Itália. O de São Gabriel e o de São Rafael desde o século X, sendo introduzido por Bento XV no calendário romano em 1921. A festa do Anjo da Guarda, como celebração independente, é conhecida na Espanha no século XV, sendo estendida a toda a Igreja latina em 1670[37].

As missas de 29 de setembro e de 2 de outubro se apoiam sobretudo nos textos bíblicos (Jo 1,47-51; Dn 7,9-10.13-14 e Ap 12,7-12: dia 29 de setembro; Mt 18,1-5.10; Ex 23,20-23: dia 2 de outubro). O prefácio e as orações se concentram na criação dos anjos, objeto da complacência divina, e na assistência e proteção dos homens. A Liturgia das Horas reúne textos bíblicos alusivos aos anjos, desde os salmos próprios (8, 97, 103 e 138) até a leitura de Ap 12,1-17 (of. das leituras), com a homilia de São Gregório Magno sobre o significado da palavra "anjo" (dia 29) e o sermão de São Bernardo comentando o Sl 91 (dia 2). Importante é o cântico das II vésperas (Cl 1,12-20), que proclama o senhorio de Cristo sobre as criaturas: "celestes e terrestres, visíveis e invisíveis, Tronos, Dominações, Principados e Potestades".

7 Comemoração de Todos os Fiéis Defuntos

No Santoral ocupa um posto relevante a celebração do dia 2 de novembro, que recorda todos os defuntos. A proximidade com a solenidade

---

37. Cf. Ibid., 740-760 etc.

de Todos os Santos contribui para iluminar o final da existência cristã com a luz esperançosa que brota da Páscoa do Senhor. A comemoração do dia 2 de novembro remonta a uma disposição de Santo Odilão de Cluny, no ano de 998. A liturgia romana introduziu a comemoração no século XIV. Por causa da antiga prática, originária da Espanha, de celebrar três missas no dia 2 de novembro, estendida a toda a Igreja pelo papa Bento XV em 1915, o Missal romano oferece três formulários para este dia. No entanto, as leituras devem ser tomadas das que estão no Lecionário para a liturgia exequial.

A Liturgia das Horas se baseia no ofício dos defuntos que se encontra no Comum. No entanto, contém uma leitura patrística própria, tomada de Santo Ambrósio, que comenta o texto de Fl 1,21: "Para mim a vida é Cristo e a morte é um lucro".

Seção II
A Liturgia das Horas

Capítulo XXV
História e teologia do Ofício divino

> *Por antiga tradição cristã o Ofício divino está constituído de tal modo que todo o curso do dia e da noite seja consagrado pelo louvor de Deus (SC 84). A Igreja, rezando o Ofício divino, louva sem cessar o Senhor e intercede pela salvação de todo o mundo (SC 83).*

Bibliografia

AA.VV. *La preghiera della Chiesa* (Bolonha 1974); AUGÉ, M. et al. *La liturgia delle ore: scuola ecclesiale di preghiera* (Milão 2001); BARBA, M. "La liturgia delle ore": *RL* 95 (2008) 884-889; BRAGA, C. *La liturgia delle ore al Vaticano II* (BELS 145, 2008); BROVELLI, F. (ed.). *Liturgia delle ore. Tempo e rito* (BELS 75, 1994); CANALS, J.M. et al. "Liturgia de las Horas", em BOROBIO 3, 283-448; CASSIEN, Mons. et al. *La prière des heures* (Paris 1963); CASTELLANO, J. *La liturgia de las Horas. Teología y espiritualidad* (BL 19, 2003); COM. EP. DE LITURGIA (ed.). *El arte de la oración* (Madri 2005); CORBON, J. *Liturgia y oración* (Madri 2004); CUVA, A. *La liturgia delle ore. Note teologiche e spirituali* (Roma 1975); DELLA TORRE 1, 385-444; DELL'ORO, F. *Liturgia delle ore. Documenti ufficiali e studi* (Leumann/Turim 1972); ELBERTI, A. *La liturgia delle ore in Occidente. Storia e teologia* (Roma 1998); FEDERICI, T. "La Chiesa orante celebra il suo Signore. Le ore, la 'preghiera' della Chiesa". In: AA.VV. *Pozzuoli, una Chiesa in cammino* (Pozzuoli 1993) 143-210; FERNÁNDEZ, P. *Historia de la Liturgia de las Horas* (BL 16, 2002); FLORES, J.J. "Laudis Canticum. La Teología de la liturgia de las Horas". In: CANALS, J.M. & TOMÁS, I. (eds.). *La liturgia en los inicios del tercer milenio* (Baracaldo 2004) 569-590; GONZÁLEZ, R. et al. "Liturgia de las Horas", em BOROBIO 3, 283-524; GRILLO, A. *Tempo e preghiera* (Bolonha 2000); GUIVER, G. *La compagnia delle voci. Liturgia delle ore e popolo di Dio nell'esperienza storica dell'ecumene cristiana* (Milão 1991); LEIKAM, R.M. e al. "Liturgia delle Ore", em CHUPUNGCO 5, 27-168; LÓPEZ MARTÍN, J. *La oración de las Horas. Historia, teología y pastoral del Oficio Divino* (Salamanca 1984) 19-137; ID. *La oración al paso de las Horas* (Pamplona 1998); MARTIMORT 1047-1173; PINELL, J. "Liturgia delle ore", em *Anamnesis* 5, 15-103 e 203-220; RAFFA, V. *La liturgia delle ore. Presentazione storica, teologica e pastorale* (Milão 1990); RIGHETTI 1, 1078-1172; ROSSO, St. *Il segno del tempo nella liturgia. Anno liturgico e liturgia delle ore* (Leumann/Turim 2004) 377-486; SÁNCHEZ ALISEDA, C. *El Breviario Romano. Estudio histórico-litúrgico sobre el Oficio Divino* (Madri 1951); TAFT, R. *La liturgia delle ore in Oriente e in Occidente* (Cinisello Balsamo 1998); WOOLFENDEN, G. *La oración diaria en la España cristiana. Estudio del Oficio Mozárabe* (Madri 2003); e *CuaderPh* 69 (1996) *Dossiers* CPL 36, 42 e 46 (1988-1991); *EL* 85/4-6 (1971); *LJ* 29/1 (1979); *LMD* 64 (1960); 105 (1971); 135 (1978); 248 (2006); *RL* 64/3 (1975); 93/1 (2006); *RivPl* 3 (1871); *Seminarium* 24 (1972).

A *seção II* desta parte do manual trata da santificação das horas do dia por meio do Ofício divino. Este capítulo, o primeiro dedicado à Liturgia das Horas, estuda a natureza e a finalidade desta ação litúrgica, numa perspectiva histórica e teológica.

I – Do "Breviário" à "Liturgia das Horas"

A Liturgia das Horas recebeu vários nomes ao longo da história. O mais difundido é o de *Breviário*[1]. *Breviário* significava reunião num só volume, para facilitar a reza individual, de todos os elementos necessários para celebrar o Ofício divino, como salmos, leituras, hinos etc., repartidos em diversos livros. Mas esse nome continha uma mentalidade privatizadora e reducionista da oração eclesial que era preciso corrigir.

---

1. *Breviarium Romanum ex Decreto Sacrosancti Concilii Tridentini restitutum Summorum Pontificum cura recognitum*, 4 vols. (ed. típica, TPV, ⁵1956).

Depois do Vaticano II recuperaram seu significado as expressões *Ofício divino* e *Liturgia das Horas*[2]. "Ofício" quer dizer serviço cultual e ação litúrgica e "divino" indica em honra de quem se realiza a celebração: o próprio Deus. Esta expressão é equivalente a "obra de Deus" (*opus Dei*), segundo a expressão de São Bento: "Nada se anteponha ao Ofício divino (*opus Dei* = obra de Deus)" (*Regra* 43.3). A segunda expressão alude à oração eclesial distribuída segundo as horas do dia. Neste sentido o Ofício divino é verdadeira liturgia, exercício do sacerdócio de Jesus Cristo para a santificação dos homens e culto a Deus (cf. SC 7) e, consequentemente, celebração de toda a Igreja, ou seja, oração de Cristo com seu Corpo eclesial ao Pai (cf. SC 84). Por este motivo deve-se preferir sempre a celebração comunitária, com assistência e participação ativa dos fiéis, à recitação individual e quase privada (cf. SC 26-27)[3].

II – Antecedentes da oração das horas

A origem da Liturgia das Horas deve ser buscada na oração de Jesus e das comunidades primitivas, que observavam os ritmos da oração judaica.

1 A oração judaica na época do Novo Testamento

"Jesus nasceu num povo que sabia rezar"[4], no seio de uma família piedosa que observava com amor e fidelidade os preceitos do Senhor (cf. Lc 2,21.22-24 etc.). Num mundo politeísta, que desprezava a oração como absurda e inútil, e que reduziu a religião a um conjunto de práticas sangrentas e obscenas, Jesus participava da oração do povo instruído na oração pelo próprio Deus através da revelação bíblica[5].

---

2. *Officium Divinum ex decreto Sacrosancti Oecumenici Concilii Vaticani II instauratum auctoritate Pauli PP. VI promulgatum. Liturgia Horarum iuxta Ritum Romanum*, 4 vols. (ed. típica, TPV, 1971-1972, ²1986-1988); Ed. oficial bras.: *Ofício divino renovado conforme o decreto do Concílio Vaticano II e promulgado pelo papa Paulo VI. Liturgia das Horas.* No início do primeiro volume encontram-se a Const. apost. de Paulo VI *Laudis canticum*, de 1-11-1970, e a *Instrução Geral sobre a Liturgia das Horas*.
3. Cf. IGLH 20-32.
4. JEREMIAS, J. *Abba. El mensaje central del Nuevo Testamento* (Salamanca 1981) 75.
5. Cf. *supra*, nota 1 do cap. X. Sobre a oração judaica cf. BEN CHORIN, Sh. *Le Judaïsme en prière. La liturgie de la synagogue* (Paris 1984); HEINEMANN, J. *La prière juive. Anthologie*

A prática judaica da oração compreendia três momentos de oração diariamente: ao cair da tarde, ao amanhecer e ao meio-dia (cf. Sl 55,18; Dn 6,11). Desses momentos, dois estavam unidos aos sacrifícios chamados "perpétuos", que eram oferecidos todos os dias no Templo (cf. Nm 28,2-8). Dessa maneira o sacrifício era santificado pela oração. Ao deitar-se e ao levantar-se recitava-se o *Shemá Yisrael* (Escuta, Israel), a profissão de fé no Deus único (cf. Dt 6,4-9; Dt 11,13-21 e Nm 15,37-41). O próprio Jesus o recitava (cf. Mc 12,29-30). Ao meio-dia eram pronunciadas as bênçãos da *Thephillah*. Esta oração pertencia ao culto da sinagoga.

A liturgia judaica continha, além disso, uma ampla variedade de hinos, salmos e orações para as festas, para as peregrinações ao Templo e para a liturgia doméstica, na qual se destacavam a bênção ao cair da tarde (lucernário) e a ação de graças da ceia. Neste ambiente de oração viveu Jesus, de modo que "o louvor a Deus ressoa no coração de Cristo com palavras humanas de adoração, propiciação e intercessão" (IGLH 3).

2 A oração de Jesus

"Cristo Jesus, ao assumir a natureza humana, trouxe para este exílio terreno aquele hino que é cantado por todo o sempre nas habitações celestes" (IGLH 3; cf. SC 83). A oração de Jesus em sua vida terrena foi a expressão do colóquio eterno do Verbo com o Pai no Espírito Santo e o anúncio da mediação sacerdotal que continua agora nos céus[6].

Mas Jesus ensinou também com seu testemunho e com ensinamentos explícitos como se deve orar: a) a pureza de intenção (cf. Mt 6,5-6; Mc 1,38-40); b) a união da mente com a voz, para não cair na terrível censura de Is

---

(Lyon 1984); HRUBY, K. "Les heures de prière dans le Judaïsme à l'époque de Jésus". In: CASSIEN, Mons. et al. *La prière des heures*, o.c., 59-84; MANNS, F. *La prière d'Israël à l'heure de Jésus* (Jerusalém 1986); DI SANTE, C. *La preghiera d'Israele. Alle origini della liturgia cristiana* (Casale Monferrato 1985); e *QL* 52/2 etc.

6. Cf. As sínteses de IGLG 4 e de CIC 2599-2622; cf. ARON, R. *Así rezaba Jesús de niño* (Bilbao 1988); DUPONT, J. "Jesús y l oración litúrgica". In: AA.VV. *El Oficio Divino hoy* (Barcelona 1969) 27-74; HAMMAN, A. *La oración* (Barcelona 1967) 68- 175; KOULOMZINE, N. "La prière du Christ au Père". In: TRIACCA, A.M. & PISTOIA, A. (eds.). *Le Christ dans la liturgie* (BELS 20, 1981) 131-142 etc.

29,13 (cf. Mt 15,8 e par.); e c) a confiança no Pai (cf. Mt 6,7-8.25-32; Lc 12,22-30). Outros ensinamentos dizem respeito à necessidade da oração (cf. Lc 22,40; 6,28 par.), à oração em seu nome (cf. Jo 14,13-14), à oração de petição (cf. Mt 5,44; 7,7), à humildade (cf. Lc 18,9-14) e à perseverança (cf. Lc 11,5-13).

Mas o ensinamento mais original e importante é o que se refere ao próprio conteúdo da oração. Este conteúdo se condensa numa palavra: *Abba*, Pai!, expressão da relação filial de cunho único entre o Filho Jesus Cristo e o Pai. À revelação desta relação seguiu-se a doação do Espírito Santo, que torna possível a filiação divina adotiva e que todos os discípulos de Jesus possam invocar a Deus. Por isso, o Pai-nosso é o modelo supremo da oração cristã (cf. Lc 11,1-4)[7].

A *Didaqué*, no final do século I, é o testemunho da substituição do *Shemá* pelo Pai-nosso nos círculos judeu-cristãos, também três vezes ao dia[8].

3 A oração na Igreja primitiva

Os Apóstolos, instruídos pelo Senhor depois da ressurreição (cf. At 1,3), ensinaram também a orar e organizaram no Espírito de Jesus a oração das primeiras comunidades cristãs[9]. Desde os primeiros momentos a "perseverança nas orações" foi uma característica da comunidade que surgiu de Pentecostes (cf. At 2,42). Assim como Jesus, os primeiros cristãos frequentavam o Templo e a sinagoga, embora muito cedo celebrassem a "fração do pão" em suas casas (cf. At 2,46-47). Observavam o costume de rezar privadamente ou em comum no cômodo principal da casa, a certas horas do dia e até mesmo da noite (cf. At 12,12; 16,25).

A oração se dirige habitualmente ao Pai celestial. Mas, com o passar do tempo, aumentou na comunidade eclesial a consciência de que Jesus não

---

7. Cf. CIC 2759, 2765-2766 etc.
8. *Didaqué* 8,3.
9. Cf. IGLH 5 e CIC 2623-2649. Também CASSIEN, Mons. "La prière dans le N.T.". In: ID. et al. *La prière des Heures*, o.c., 17-42; CHIRAT, H. *La asamblea cristiana en tiempo de los Apósoles* (Madri 1968); HAMMAN, A. *La oración*, o.c., 176-436 etc.

só é mediador e "lugar" único para adorar o Pai no Espírito e na verdade (cf. Jo 2,19-22; 4,23-24), mas também o termo da oração cristã. Exemplo disso são as doxologias[10], as fórmulas de bendizer ao Pai pela obra realizada em Cristo[11] e os hinos cristológicos[12].

III – A Liturgia das Horas na história

A história do Ofício divino significa a busca, ao longo dos séculos, do ideal: "É necessário orar sempre" (Lc 18,1)[13].

1 As primeiras tentativas de organização (séc. I-V)

Os primeiros séculos cristãos oferecem muito pouca informação sobre a oração em horas determinadas. A partir do século III os testemunhos são cada vez mais abundantes e mencionam, junto com os ofícios matutino e vespertino, sem dúvida comunitários, as horas terça, sexta e noa, "fixas e determinadas", em recordação da Santíssima Trindade e em memória dos momentos da paixão de Cristo e de alguns acontecimentos narrados nos Atos dos Apóstolos[14].

A etapa que se seguiu à paz constantiniana favoreceu também o desenvolvimento do Ofício divino. Dois foram os modelos que se organizaram: o modelo eclesial – catedral e paroquial – e o modelo monástico. O primeiro estava centrado sobretudo nas celebrações da manhã e da tarde, ou seja, nas laudes e nas vésperas presididas pelo bispo ou por um presbítero, com assis-

---

10. Cf. BRECK, J. "Les formules trinitaires dans le N.T." In: TRIACCA, A.M. & PISTOIA, A. (eds.). *Trinité et liturgie* (BELS 32, 1984) 37-50; FEDERICI, T. "Doxología", em DTDC 355-363.
11. Cf. MALDONADO, L. *La plegaria eucarística* (BAC, 1967) 280-309.
12. Cf. IGLH 43; BOISMARD, M.E. *Quatre hymnes baptismales dans la I épître de Pierre* (Paris 1961) etc.
13. Além dos títulos citados no início, cf.: BÄUMER, S. *Histoire du Bréviaire*, 2 vols. (Roma 1905, ²1967); SALMON, P. *L'Office divin. Histoire de la formation du Bréviaire* (Paris 1959); ID. "La Oración de las Horas", em MARTIMORT (²1967) 855-955 etc.
14. Cf. PINELL, J. "El número sagrado de las Horas del Oficio". In: AA.VV. *Miscellanea liturgica card. G. Lercaro*, II (Roma 1967) 887-934; RAFFA, V. "L'orario di preghiera nell'Ufficio divino": *EL* 80 (1966) 97-140 etc.

tência do clero e do povo. O segundo, em contrapartida, era marcado pelo desejo de dedicar o maior tempo possível do dia à oração, seguindo os conselhos evangélicos e buscando o equilíbrio entre a oração e o trabalho. Assim foram introduzidas, junto com as laudes e vésperas, a hora média, a prima, as completas e as vigílias noturnas[15]. Finalmente, a organização monástica configurou o ofício das igrejas[16].

2 Do ofício completo e solene ao ofício privado (séc. VI-XV)

Nos séculos VI-IX o Ofício divino era a oração da Igreja local, clero e povo. Quando ainda não se havia generalizado a celebração diária da eucaristia, as horas do ofício constituíam a santificação dos dias de semana. Ocorreu então uma grande criação de elementos não bíblicos do ofício – antífonas, hinos, responsórios e orações – paralela à que acontecia na missa e nos sacramentos[17]. No entanto, quando no final desta época se impôs por lei a celebração coral de todo o ofício, começaram os primeiros sintomas da decadência, diante da dificuldade que implicava para o clero dedicado à cura d'almas. Por outro lado, o ofício romano, originalmente muito sóbrio, foi se complicando cada vez mais até exigir numerosos livros para sua celebração.

A solução praticada na capela do palácio do Latrão, em Roma, de usar uma abreviação dos livros litúrgicos empregados na basílica, foi imitada em outros lugares. O *Breviário da Cúria Romana*, adotado por São Francisco em 1223, se difundiu por toda a Europa[18]. Mas a vantagem real do livro úni-

---

15. A *Regra de São Bento* o distribuía numa semana: cf. COLOMBÁS, G.M. & ARANGUREN, I. (eds.). *La Regla de san Benito* (BAC, 1993) 320-371; RAMIS, G. "La ordenación del Oficio Divino de la *Regula Benedicti* como relectura de la *Regula Magistri*": *Liturgia* (Silos 1980) 183-210; ROUILLARD, Ph. "Prière et communauté dans la Règle de S. Benoît": *Not* 167 (1980) 309-318 etc.
16. Cf. LUIKX, B. "L'influance des moines sur l'office paroissial": *LMD* 51 (1950) 55-81.
17. Para o rito romano cf. DREVES, G.M. & BLUME, C. (eds.). *Analecta Hymnica Medii Aevi*, I-LV (Nova York 1961); HESBERT, R.J. *Corpus Antiphonalium Officii*, I-VI (REDFM 7-12; 1963-1979) etc.
18. O exemplar mais antigo, conhecido como "Breviário de Santa Clara", intitula-se assim: *Incipit ordo et officium breviarii romanae ecclesiae Curiae, quem consuevimus observare tempore Innocentii tertii papae et aliorum pontificum.* In: CHOLAT, A. (ed.). *Le Bréviaire de Sainte Clare* (Paris 1904); cf. ABATE, G. "Il primitivo Breviario francescano (1224-1227)": *Miscellanea France-*

co trouxe consigo o inconveniente da introdução da recitação privada. O que no início foi uma exceção transformou-se em norma. No século XV, como consequência da *devotio moderna*, acentuou-se na espiritualidade sacerdotal a orientação intimista e subjetiva, tendente a transformar a própria missa e o ofício no cumprimento de uma obrigação pessoal. Até as ordens e congregações religiosas fundadas a partir do século XVI já não tinham mais o Ofício divino como oração comum. Por outro lado, a introdução de vigílias, oitavas e ofícios duplos e semiduplos complicou ainda mais a celebração do ofício.

3 Tentativas de renovação (séc. XVI-XX)

Tornava-se necessária uma reforma do Ofício. Mas várias tentativas fracassaram. A primeira foi a do cardeal Quiñones, que procurou devolver o ofício à sua pureza primitiva e originou um livro, impresso em 1535 e adotado por Paulo III para uso dos que, obrigados à reza do Ofício, não pudessem comparecer ao coro. No entanto, o livro foi desautorizado pelo papa Paulo IV em 1558[19]. Outra tentativa importante foi iniciada pelos Teatinos, com o patrocínio do próprio papa, mas a morte deste impediu a realização do trabalho.

Também o Concílio de Trento projetou a reforma do Breviário, embora tenha cabido ao papa São Pio V promulgar a nova edição em 1568. Mas novamente o Santoral invadiu o ciclo do Senhor, impedindo a utilização do Saltério segundo o antigo regulamento romano. Quase quatro séculos depois, em 1911, São Pio X levou a cabo uma reforma, abreviando as horas, introduzindo cantos bíblicos nas laudes e recorrendo ao ofício misto – os salmos do dia de semana e o resto do Próprio ou do Comum dos Santos – para evitar a acumulação de ofícios. Em 1945 difundiu-se uma

---

scana 60 (1960) 47-240. Sobre o Ofício divino na Idade Média cf. CATELLA, A. "Modelli storici di riforma dell'*Officium Divinum*". In: BROVELLI, F. (ed.). *Liturgia delle ore. Tempo e rito*, o.c., 107-140; FOGLIO, S. "La liturgia in un monastero medievale": *RL* 80 (1993) 558-565 etc.

19. Cf. GORCZYCA, S. *Significato del Breviario di Quiñones alla luce della "Liturgia Horarum" di Paolo VI* (Roma 1992), RAFFA, V. "Dal Breviario del Quiñones alla Liturgia delle Ore di Paolo VI". In: DELL'ORO, F. *Liturgia delle ore...*, o.c., 289-363.

nova versão latina do Saltério, realizada pelo Pontifício Instituto Bíblico de Roma.

Finalmente, o Concílio Vaticano II projetou uma reforma global da Liturgia das Horas. Entre seus objetivos figuravam a recuperação da "verdade das horas" a fim de santificar o curso inteiro do dia e da noite, a adequação da celebração à época atual e a participação dos fiéis no Ofício divino (cf. SC cap. IV)[20].

IV – Teologia e espiritualidade da Liturgia das Horas

Um dos aspectos mais positivos da reforma pós-conciliar da Liturgia das Horas foi a profunda base teológica que foi proposta como fundamento da espiritualidade e da pastoral do Ofício divino.

1 Oração ao Pai, por Jesus Cristo, no Espírito Santo

A Liturgia das Horas tem uma primeira dimensão trinitária, que é ao mesmo tempo cristológica e pneumatológica[21]. Neste sentido, a Liturgia das Horas reflete o colóquio amoroso e eterno entre as Pessoas divinas (SC 83; IGLH 3).

Por outro lado, se toda a liturgia é obra de Cristo que associa a Igreja no culto ao Pai (cf. SC 7), a Liturgia das Horas manifesta ainda mais esta vinculação. À imitação de seu Senhor e seguindo seu mandamento, a Igreja louva, dá graças e invoca o Pai no Ofício divino. É a norma dada por Jesus: "Quando rezardes, dizei: Pai nosso" (Lc 11,2). A oração das horas, por ser oração eclesial, conta com a presença prometida do Senhor (cf. SC 7) e se realiza "na comunhão do Espírito Santo". "O Espírito Santo, que está em Cristo, em toda a Igreja e em cada um dos batizados, é quem realiza a unidade da Igreja [...]. Por conseguinte, não pode haver

---

20. Cf. BUGNINI, A. *La reforma litúrgica (1948-1975)* (BAC, 1999) 429-501; JOUNEL, P. "La Liturgie des Heures dans le renouveau liturgique de Vatican II": *Not* 97 (1974) 310-320; MARTIMORT, A.G. "L'*Institutio generalis* et la nouvelle *Liturgia Horarum*": *Not* 64 (1971) 218-240; MATEOS, J. "La historia del Oficio Divino y su reforma actual": *Ph* 32 (1965) 5-25 etc.
21. Cf. *supra*, seção III do cap. II e seção II do cap. X.

oração cristã sem a ação do Espírito Santo, que unifica a Igreja inteira, levando-a pelo Filho ao Pai" (IGLH 8). A assistência do Espírito produz no homem a *sinergia* divina para glorificar o Pai e santificar as realidades deste mundo[22].

2 Oração em nome da Igreja

A Liturgia das Horas é oração "da Igreja", que se realiza "com a Igreja" e "em nome da Igreja". Esta última expressão não deve ser entendida de uma forma que a limita ao mandamento jurídico ou delegação que a Igreja dá a certas pessoas, especialmente obrigadas à sua celebração. Embora esta dimensão exista (cf. SC 84, 85, 87, 90 etc.), o Ofício divino "em nome da Igreja" implica primeiramente um fato teológico e sacramental. Com efeito, a Liturgia das Horas é por si mesma "missão da comunidade", para que por ela "a oração de Cristo continue sem cessar na Igreja" (IGLH 28).

A ignorância ou o esquecimento desta verdade produziu equívocos lamentáveis. Enquanto era geral a identificação entre os conceitos de "eclesial" e "jurídico" ou entre liturgia e função do ministro, o Ofício divino aparecia apenas como ação exclusiva dos monges e dos clérigos encarregados juridicamente desta tarefa. Mas esta visão é redutiva e incompleta. A Igreja é também o povo cristão e a liturgia é também função da comunidade. Com efeito, todo batizado e confirmado possui a capacidade sacerdotal para prestar culto ao Pai "no Espírito Santo e na verdade" (cf. Jo 4,23). Portanto, existe Liturgia das Horas em nome da Igreja sempre que um grupo de fiéis se reunir para rezar seguindo esta forma estabelecida, especialmente sob a presidência dos pastores. Daí a preferência pela forma comunitária na celebração do Ofício divino[23].

---

22. ANDRONIKOF, C. *El sentido de la liturgia. La relación entre Dios y el hombre* (Valência 1992) esp. 37-47. Cf. CIC 1091, 1099-1109 e 2670-2672; BEHLER, G.M. "Prier dans l'Esprit sans cesse selon le N.T.": *LMD* 109 (1972) 31-50; DE GOEDT, M. "A intercessão do espírito na oração cristã (Rm 8,26-27)": *Conc* 79 (1972) 1146-1156 etc.

23. Cf. SC 84; 99; 100; IGLH 9; 20-27; LENGELING, E.J. "Les options génerales de la nouvelle liturgie des heures": *LMD* 105 (1971) 7-33; MARSILI, S. "Preghiera comune e preghiera della Chiesa": *RL* 62 (1975) 313-322; POWER, D. "A oração do lar e do grupo e o Ofício divino": *Conc* 52 (1970) 208-217 etc.

No entanto, "aos ministros sagrados se confia de maneira tão especial a Liturgia das Horas que, embora não havendo povo, deverão celebrá-la. [...] A Igreja os encarrega da Liturgia das Horas, para que esta missão da comunidade seja desempenhada, ao menos por eles de maneira certa e constante, e a oração de Cristo continue sem cessar na Igreja" (IGLH 28)[24].

3 Santificação do tempo e da existência

As recomendações do Senhor e dos Apóstolos convidando à oração constante (cf. Lc 18,1; 21,36; Rm 12,12; Cl 3,2; 1Ts 3,10) estão na origem da Liturgia das Horas. Neste sentido, a Igreja, fiel à sua missão, "jamais cessa de elevar suas preces, e nos exorta com estas palavras: 'Por meio de Jesus, ofereçamos a Deus um perene sacrifício de louvor' (Hb 13,15). Este preceito se cumpre, não apenas pela celebração da eucaristia, mas também por outras formas, de modo particular a Liturgia das Horas. Segundo antiga tradição cristã, ela tem a característica, entre as demais ações litúrgicas, de consagrar todo o curso do dia e da noite" (IGLH 10; cf. SC 84)[25].

Santificar o tempo é dedicá-lo ao serviço de Deus e dos homens e vivê-lo como um espaço de graça e uma oportunidade de salvação (cf. 2Cor 6,2). É glorificar o Pai e Jesus Cristo, submetendo a ele todas as coisas, para que toda a existência fique impregnada de louvor, de súplica e de ação de graças; e o cristão pode fazer de sua vida uma oferenda santa, agradável a Deus e culto espiritual (cf. Rm 12,1). Por isso, a Igreja insiste que a celebração do Ofício divino se faça no "tempo que se aproxime mais do tempo verdadeiro de cada hora canônica" (SC 94; IGLH 11)[26].

---

24. Cf. IGLH 28-32; CONGR. PARA O CULTO DIVINO. *Diretório para o ministério e a vida dos presbíteros* (LEV, ed. de 2013) n. 38-42; FARNÉS, P. "Ministerio pastoral y Liturgia de las Horas": *OrH* 130 (1983) 271-284; LODI, E. "La liturgia delle ore nella vita sacerdotale": *EL* 86 (1972) 61-73; LÓPEZ MARTÍN, J. *La oración de las Horas...*, o.c., 123-137 etc.

25. Entre a celebração eucarística e a liturgia das horas existe uma relação muito profunda cf. PO 5; IGLH 12; DÍEZ PRESA, M. "Relación entre la liturgia de las horas y la eucaristía": *Vida religiosa* 36 (1974) 67-74; LÓPEZ MARTÍN, J., ibid., 109-121 etc.

26. Cf. LIBERTO, G. "La liturgia delle ore, santificazione del tempo". In: AA.VV. *Liturgia e santità* (Roma 2005) 133-149; OÑATIBIA, I. "Alabar a Dios al compás de las horas": *Ph* 130 (1982) 305-324; PINELL, J. "La prière et le temps": *LMD* 65 (1971) 38-59 etc.

Por outro lado, se a oração das horas santifica a existência, isto vale especialmente para os que "são constituídos como orantes em prol de sua grei e de todo o povo de Deus" (IGLH 17)[27].

4 Valor pastoral

Mas a oração incumbe também a todo o povo de Deus, que participa da missão pastoral da Igreja. Neste sentido, "aqueles que tomam parte na Liturgia das Horas fazem crescer o povo do Senhor, através de misteriosa fecundidade apostólica (cf. PC 7). Pois o objetivo da atividade apostólica é 'que todos os que se tornaram filhos de Deus pela fé e pelo batismo, se reúnam, louvem a Deus no meio da Igreja, participem do sacrifício e se alimentem da ceia do Senhor' (SC 10)" (IGLH 18). A Liturgia das Horas é uma forma privilegiada de escuta da Palavra de Deus, porque põe em contato com a Sagrada Escritura e com a tradição viva da Igreja[28].

Por este motivo, a Liturgia das Horas pertence à essência da Igreja, do mesmo modo que a evangelização e os sacramentos e a ação caritativa e social. Os que celebram a Liturgia das Horas precisam saber que colaboram plenamente para a difusão do Reino, da mesma forma como quando se empenham em outras tarefas pastorais igualmente necessárias, "porque somente o Senhor, sem o qual nada podemos fazer (Jo 15,5), é quem pode, a nosso pedido, dar eficácia e incremento às nossas obras (SC 85), para que nos edifiquemos cada dia como templos de Deus no Espírito (Ef 2,21-22), até alcançarmos a estatura de Cristo em sua plenitude (Ef 4,7) e ao mesmo tempo robustecermos nossas forças, a fim de anunciarmos Cristo aos que se encontram de fora (SC 2)" (IGLH 18).

---

27. Cf. *supra*, nota 24; e FARNÉS, P. "La Liturgia de las Horas en la vida contemplativa": *Ph* 65 (1971) 455-457; SECR. NAC. DE LITURGIA. *El Oficio Divino y su celebración en las comunidades religiosas* (Madri 1969) etc.

28. Cf. XII ASSEMBLEIA GERAL DO SÍNODO DOS BISPOS. *Instrumentum laboris* (LEV, 2008) n. 34, 36 e 37; BERNAL, J.M. "La celebración de la Liturgia de las Horas. Su pedagogía": *Ph* 130 (1982) 285-304; CASTELLANO, J. "Espiritualidad de la Liturgia de las Horas": *PastL* 293 (2006) 273-291; LÓPEZ MARTÍN, J. *La oración de las Horas*, o.c., 235-245 etc.

5 Dimensão escatológica

A Liturgia das Horas é, por último, antegozo e participação "da liturgia celeste [...]. Lá, Cristo está sentado à direita de Deus, ministro do santuário e do tabernáculo verdadeiro (Ap 21,2; Cl 3,1; Hb 8,2)" (SC 8), para interceder por nós (cf. Hb 7,25; 1Jo 2,1). Em Cristo se estabelece um vínculo de comunhão entre o povo peregrino, que associa toda a criação à liturgia, e os bem-aventurados, que participam do louvor "àquele que está sentado no trono e ao Cordeiro" (Ap 5,13; cf. IGLH 16).

Por outro lado, nesta dimensão escatológica da liturgia em geral, e do Ofício divino em particular, não há nenhum escapismo angelístico. Pelo contrário, a esperança do Reino, avivada na Liturgia das Horas, impulsiona os cristãos rumo à transformação do mundo presente: "A era final do mundo já chegou até nós (cf. 1Cor 10,11) e a renovação do mundo foi irrevogavelmente decretada e, de certo modo real, já antecipada no tempo presente (LG 48). Pela fé, somos de tal maneira instruídos sobre o sentido da nossa vida temporal, que junto com toda a criação aguardamos a revelação dos filhos de Deus (Rm 8,19). Na Liturgia das Horas proclamamos essa fé, expressamos e alimentamos essa esperança e, em certo sentido, já participamos daquela alegria do louvor perene e do dia que não conhece ocaso" (IGLH 16).

Capítulo XXVI
As Horas do Ofício divino

Sendo a santificação do dia a finalidade do Ofício, o tradicional curso das Horas seja reformado de tal forma que, na medida do possível, voltem as Horas à realidade do tempo. Simultaneamente tomem-se em consideração as condições da vida hodierna, nas quais se encontram principalmente os que se entregam às lides apostólicas (SC 88).

Bibliografia

BERNAL, J.M. "La celebración litúrgica de las Horas. Su pedagogía": *Ph* 130 (1982) 285-304; BRAULT, I.-M. "La Liturgia delle Ore". In: GELINEAU, J. (ed.). *Assemblea santa. Manuale di liturgia pastorale* (Bolonha 1991) 458-477; HANSSENS, J.M. *Aux origines de la prière liturgique. Nature et genèse de l'office de matines* (Roma 1952); LECLERCQ, H. "Laudes", em DACL VIII/2 (1929) 1887-1898; LÓPEZ MARTÍN, J. *La oración de las Horas. Historia, teología y pastoral del Oficio Divino* (Salamanca 1984); QUENTIN, C. "La prière du matin à l'église": *QL* 61 (1980) 139-150; RAFFA, V. "Lodi e Vespro: cardine della preghiera oraria ecclesiale": *RL* 55 (1968) 488-511; ID. "Liturgia de las Horas", em NDL 1164-1191; RIGHETTI 1, 1253-1297; SARTORE, D. *Introduzione alla liturgia delle ore* (Roma 1971); ROUILLARD, Ph. "Laudes": *Cath* VII (1968) 488-511; ID. "Vêpres": *Cath* XV (1999) 835-837; SORCI, P. "La preghiera del mattino e della sera fra liturgia e devozione privata": *RivPL* 194 (1996) 19-26; TAFT, R.F. *Oltre l'Oriente e l'Occidente. Per una tradizione liturgica viva* (Roma 1999); VISENTIN, P. et al. *La liturgia delle ore. Il nuovo Ufficio Divino* (Roma 1971); e *Dossiers CPL* 53 (1992)[1].

---

1. Cf. tb. a bibliografia do cap. anterior, especialmente as obras gerais. Em todas elas são estudadas as horas do Ofício.

O capítulo é dedicado ao significado e à celebração das horas do Ofício divino. Mas, antes de analisá-las, convém fazer algumas observações sobre alguns aspectos do Ofício divino enquanto celebração, para terminar com algumas indicações pastorais.

I – O Ofício divino como celebração

A Liturgia das Horas é uma celebração bastante peculiar quanto aos seus elementos e características.

1 Componentes

Em toda ação litúrgica distinguem-se o aspecto invisível, que não é outro senão a presença do mistério da salvação, e o aspecto visível e sacramental, ou seja, expressivo e simbólico de mediação a serviço do mistério. Na celebração do Ofício divino o primeiro aspecto é a presença sacerdotal de Cristo no meio dos seus, presença que assegura a eficácia da oração litúrgica (cf. SC 7; 83-84). O segundo aspecto é constituído pelos seguintes componentes:

1) A Liturgia das Horas, mesmo quando for recitada individualmente por um ministro da Igreja, tem sempre como *sujeito integral* a própria Igreja, representada pela assembleia ou pelo ministro. Com efeito, "a Liturgia das Horas, [...] não é ação particular, mas algo que pertence a todo o corpo da Igreja e o manifesta e atinge (cf. SC 26). O caráter eclesial de sua celebração aparece principalmente quando é realizado pela Igreja particular, o que aliás se recomenda de modo especial [...], com seu bispo, rodeado por seus presbíteros e ministros [...]. Tal celebração deve sempre ser feita, considerando a realidade das horas e, quanto possível, com participação do povo" (IGLH 20).

Da mesma forma, a celebração do Ofício divino pela comunidade paroquial e por outras assembleias análogas manifesta "a Igreja visível estabelecida por toda a terra" (IGLH 21; cf. SC 42). As comunidades religiosas representam também a Igreja orante (cf. IGLH 24; 26) e os leigos e as famílias que celebram alguma parte da Liturgia das Horas se inserem mais plenamente na Igreja (cf. IGLH 27-28).

2) A *ação comum* celebrativa, no Ofício divino, consiste essencialmente na oração com pouquíssimos gestos. Mas é uma oração muito variada quanto aos gêneros (hino, salmodia, leitura, responsórios, preces, aclamações etc.) e quanto ao ritmo, com uma cadência de cantos, palavras e silêncios que, de acordo com a festa e o tempo litúrgico, mostra um dinamismo amplo e equilibrado (cf. IGLH 33). Nesse sentido, o canto do Ofício divino não é um mero elemento de adorno externo, mas reforça o caráter de louvor, de súplica e de ação de graças da oração, ao mesmo tempo que contribui para dar-lhe um tom festivo.

O clima festivo é tão importante quanto a participação comunitária. O invitatório, o hino, as antífonas que orientam na compreensão dos salmos, as aclamações e respostas etc. contribuem para o espírito de oração. Os salmos, quando não são cantados, precisam ser recitados com ritmo, vivacidade e variedade (IGLH 279).

3) O *tempo* de celebração das horas, com seu caráter simbólico, faz parte também desta oração cuja finalidade é santificar o curso inteiro do dia e da noite. Daí o interesse do Concílio Vaticano II em recuperar a "verdade das horas" na celebração (cf. SC 88 e 94).

2 Superação de algumas antinomias

A celebração da Liturgia das Horas tem também a peculiaridade de superar algumas antinomias nem sempre fáceis de resolver na prática em outras ações litúrgicas.

a) Identificação entre a *palavra* e o *rito*. Na Liturgia das Horas a ação ritual é mínima. Nela a palavra é recitada, cantada, proclamada, escutada e meditada de acordo com o seguinte esquema: salmodia, leitura da Palavra de Deus (e leitura patrística ou hagiográfica no ofício das leituras), oração.

Nas outras celebrações a liturgia da Palavra precede o rito, tão amplo como a primeira parte da ação litúrgica e formando uma unidade com ela (cf. SC 56). No Ofício divino não há outro rito senão o próprio diálogo entre Deus e seu povo, mas de maneira que a Palavra divina é oferecida ao homem não só nas leituras, mas também como componente principal de sua oração nos salmos e nos responsórios.

b) Integração entre o *pessoal* e o *comunitário*. A recomendação da celebração comunitária da Liturgia das Horas (cf. IGLH 21; 33 etc.), de acordo com sua índole eclesial, não significa ignorar ou desvalorizar a recitação individual. Tanto numa forma como na outra "permanece a estrutura essencial dessa liturgia: o diálogo entre Deus e o homem" (IGLH 33). Por outro lado, toda celebração, para ser verdadeiro encontro com Deus, exige uma atitude pessoal de fé, de escuta contemplativa e de conversão. Isto se verifica no horizonte eclesial de uma oração viva e aberta, na qual cada um e todos oram em nome de Cristo e da Igreja, com a assistência do Espírito Santo. Na recitação a sós isto se verifica também de maneira especial quando aquele que ora é um ministro ordenado, que nesse momento está assegurando a oração constante da Igreja à qual está vinculado (cf. IGLH 28)[2].

c) Integração do *objetivo* e do *subjetivo*. A objetividade da oração litúrgica, que dimana da presença do mistério de Cristo na liturgia, não pretende de modo algum esgotar a piedade pessoal e as tendências espirituais de cada um ou dos grupos eclesiais (cf. SC 12). No entanto, a liturgia é fonte e ápice (cf. SC 10: LG 11) e referência necessária para todos os atos de piedade (cf. SC 13). A própria organização da Liturgia das Horas, ao assinalar o que constitui a estrutura básica desta forma de oração que se deve respeitar sempre, abre ao mesmo tempo espaços para a criatividade sadia e para a adaptação responsável (cf. IGLH 244-252)[3].

---

2. Cf. a seção III do cap. VIII.
3. Cf. IGLH 19.

II – As laudes e as vésperas

No Ofício divino existem horas que se destacam por seu valor eclesial e por sua importância para a oração pessoal. São as laudes e as vésperas, denominadas na Antiguidade "horas estabelecidas", e consideradas pelo Concílio Vaticano II os "dois gonzos do ofício cotidiano" (SC 89; cf. IGLH 37 e 40).

1 Simbolismo

O progresso moderno alterou em boa parte a relação entre o homem e a natureza, entre o ritmo da vida humana e as cadências naturais do universo. No entanto, o homem atual conserva viva sua sensibilidade diante da beleza do mundo visível, destacada pela luz ao amanhecer e pelo cair da tarde que se aproxima da escuridão silenciosa da noite. A linguagem da criação, o dia que fala de luz e calor, de energia e vida, e a noite que sugere frio, sono e morte, continua sendo inteligível para o homem moderno, secularizado e quase analfabeto para a linguagem simbólica. O dia e a noite, a luz e as trevas terão sempre um significado dialético capaz de comover profundamente o coração humano.

Para os cristãos, cuja visão do mundo se nutre em boa medida da Bíblia, este simbolismo tem uma grande importância. A liturgia das laudes e das vésperas se apoia abundantemente nesta simbologia básica[4].

2 As laudes como oração da manhã

As laudes como oração da manhã têm um duplo significado: santificam o dia em seu começo e lembram com alegria a ressurreição do Senhor.

1) "As laudes se destinam e se ordenam à santificação do período da manhã, conforme se depreende de muitos de seus elementos. Este caráter matutino está muito bem expresso nas palavras de São Basílio Magno: 'O

---

4. Cf. AGRELO, S. "Algunos precedentes culturales de la simbología de la luz": *Antonianum* 47 (1972) 96-121; ID. "El tema bíblico de la luz": ibid., 353-417; SFAMENI, R. "Luz", em DPAC II, 1324-1325 etc.

louvor da manhã tem por finalidade consagrar a Deus os primeiros movimentos de nossa alma e de nossa mente' [...]. O corpo não se deve entregar ao trabalho, sem antes termos cumprido o que disse a Escritura: 'É a vós que eu dirijo a minha prece; de manhã já me escutais! Desde cedo eu me preparo para vós, e permaneço à vossa espera' (Sl 5,4-5)" (IGLH 38a). Com efeito, na oração das laudes, os fiéis, antes de iniciar as atividades da jornada, dedicam a Deus todas as suas tarefas e procuram potenciar sua capacidade humana criativa com o impulso santificador da graça divina[5].

Tudo o que o homem é e tudo o que ele produz deve estar dedicado ao Senhor durante a jornada, de modo que a graça divina seja o impulso contínuo da atividade humana[6]. O trabalho aparece como uma colaboração com o Criador[7]. Por outro lado, no começo do dia, quando o coração se alegra ao passar da escuridão da noite para a luz, pede-se "que nosso espírito e toda nossa vida sejam um contínuo louvor" ao Senhor e que "cada uma de nossas ações seja plenamente dedicada" a ele[8].

2) As laudes fazem memória da ressurreição de Cristo e o celebram como luz do mundo: "Esta hora é celebrada ao despontar a luz do novo dia e evoca a ressurreição do Senhor Jesus, que é a luz de verdade, que ilumina todo ser humano (Jo 1,9); é o sol da justiça (Ml 3,20) que nasce do alto (Lc 1,78)" (IGLH 38b). A Páscoa do Senhor é comemorada diariamente na eucaristia e nas laudes, na hora em que Cristo passou da escuridão para a luz, da morte para a vida, verdadeira epifania do Primogênito dentre os mortos (cf. Cl 1,15.18), o Esposo que sai do tálamo (Sl 19,6) e Primícias de uma nova humanidade (1Cor 15,20).

---

5. Cf., no saltério das quatro semanas dos volumes III ou IV da *Liturgia das Horas*, as orações conclusivas das laudes (= or. laud.) da segunda-feira da semana II (=II) e da segunda-feira da semana III (= III).
6. Cf. or. laud. segunda-feira I e or. laud. sexta-feira IV.
7. Cf. or. laud. terça-feira III e or. laud. segunda-feira IV.
8. Cf. or. laud. sábado II; cf. or. laud. sexta-feira II e or. laud. terça-feira IV.

Ao começar o dia, as laudes levam a contemplar a Deus como fonte de toda luz (cf. 1Jo 1,5)[9] e a Igreja pede para ser iluminada pela luz da Palavra divina que é Cristo[10]. Sendo Cristo "Deus de Deus, luz da luz, Deus verdadeiro do Deus verdadeiro", as laudes invocam também Jesus Cristo que ilumina todo homem que vem a este mundo[11].

3 As vésperas como oração do final do dia

Três são os grandes temas que a IGLH considera fundamentais na segunda grande oração do dia: a ação de graças, a memória da Redenção e a esperança da vida eterna.

1) A ação de graças, quando o dia já declina, é celebrada para "agradecer o que nele temos recebido ou o bem que nele fizemos" (IGLH 39a). Com efeito, ao terminar o dia sobe até Deus a oferenda do trabalho, transformado em sacrifício espiritual[12], e se pede a Deus que continue enviando sua ajuda[13], conceda o perdão pelos pecados e deficiências do dia que transcorreu[14].

2) A evocação do Mistério pascal: "Relembramos também nossa redenção por meio da oração, que elevamos 'como incenso na presença do Senhor', e na qual o 'levantar nossas mãos' é como 'sacrifício vespertino' (Sl 141,2). Isso pode também 'entender-se no sentido mais sagrado daquele verdadeiro sacrifício vespertino que nosso Senhor e Salvador entregou aos apóstolos, enquanto ceavam juntos, ao instituir os sacrossantos mistérios da Igreja. Ou também daquele outro sacrifício vespertino, isto é, na plenitude

---

9. Cf. or. laud. quinta-feira II e or. laud. sábado IV.
10. Cf. or. laud. quinta-feira I; or. laud. sexta-feira I e or. laud. quinta-feira II; e or. laud. terça-feira I; or. laud. quarta-feira III; e or. laud. sexta-feira III.
11. Cf. or. laud. terça-feira II.
12. Cf. oração conclusiva das vésperas (= or. vésp.) da terça-feira I e da segunda-feira II.
13. Cf. or. vésp. terça-feira III.
14. Cf. or. vésp. quarta-feira III e quinta-feira III.

dos tempos, pelo qual ele mesmo, no dia seguinte, estendendo as mãos, se entregou ao Pai pela salvação do mundo inteiro' (Cassiano)" (IGLH 39b).

Esta mesma relação entre as vésperas e o Mistério pascal aparece expressa numa oração que, ambientada na cena dos discípulos de Emaús (Lc 24,13-32), situa os orantes no contexto pascal e eucarístico da tarde do dia da ressurreição[15]. Por outro lado, as vésperas das sextas-feiras das quatro semanas apresentam, com profunda inspiração bíblica, claras alusões à Paixão e Morte do Redentor[16].

3) Significado escatológico das vésperas: "Para que nossa esperança se focalize afinal naquela luz que não conhece ocaso, 'oramos e pedimos que a luz venha de novo a nós, rogamos pela vinda gloriosa de Cristo, o qual nos trará a graça da luz eterna' (S. Cipriano)" (IGLH 39c). O tema da luz é contemplado ao avançarem as primeiras sombras da noite. O Senhor, "origem de toda luz" nas laudes, aparece como "luz sem ocaso" nas vésperas. É o momento de pedir ao senhor do dia e da noite que nos guarde e ilumine não só para a vida presente, mas também para a vida eterna[17].

Esta mesma perspectiva escatológica pode ser observada também em outras orações que empregam as palavras do *Magnificat*[18].

4 Estrutura da celebração

As duas celebrações são quase idênticas nos elementos que as integram e lhes conferem um dinamismo peculiar.

a) A celebração inicia com a invocação "Vinde, ó Deus, em meu auxílio" (Sl 70), a doxologia *Glória ao Pai...* e a aclamação *Aleluia*, salvo na Quaresma. O hino "foi disposto de maneira a dar colorido próprio a cada

---

15. Cf. or. vésp. segunda-feira IV.
16. Cf. or. vésp. sexta-feira I, II, III e IV.
17. Cf. or. vésp. quarta-feira I; or. vésp. quinta-feira I; or. vésp. segunda-feira III e or. vésp. terça-feira III.
18. Cf. or. vésp. segunda-feira I e or. vésp. quarta-feira II.

hora e [...] a fazer com que a oração comece com mais facilidade e encanto" [IGLH 42; cf. 173]. Durante a introdução do ofício os fiéis e quem os preside estão de pé.

b) Nas laudes a salmodia compreende um salmo, um cântico do Antigo Testamento e outro salmo de louvor; cada um com suas antífonas respectivas. Nas vésperas há dois salmos e um cântico tomado das epístolas ou do Apocalipse. Este regulamento corresponde à antiga tradição romana. A assembleia está sentada.

c) A leitura breve "muda de acordo com o dia, o tempo ou a festa. Deve ser lida e ouvida como verdadeira proclamação da palavra de Deus, frisando algum pensamento bíblico. Ajudará a destacar alguns pensamentos breves que na leitura contínua da Sagrada Escritura poderiam passar despercebidos" (IGLH 45). Por outro lado, "pode-se escolher uma leitura bíblica mais longa" (IGLH 46; cf. 248-249; 251). À leitura pode seguir-se uma homilia (IGLH 47), um silêncio (IGLH 48) e, em todo caso, o responsório.

d) O cântico evangélico, o *Benedictus* nas laudes e o *Magnificat* nas vésperas, "ratificados pelo costume secular e popular da Igreja Romana, expressam louvor e ação de graças pela redenção" (IGLH 50). Ambos os cânticos são, com efeito, uma síntese preciosa da história da salvação culminada em Cristo. São cantados de pé porque são evangelho proclamado. As antífonas do cântico de Zacarias e do cântico de Maria têm uma importância e dignidade especiais e unem o Ofício divino à festa do dia ou ao tempo litúrgico. São tomadas muitas vezes do evangelho da Missa.

e) "Dá-se o nome de preces tanto às intercessões que se fazem nas vésperas, como às invocações que, para consagrar o dia a Deus, são feitas nas laudes" (IGLH 182). São um momento de intercessão equiparável à oração dos fiéis da missa, embora sejam feitas de maneira diferente (cf. IGLH 180). "Nas preces das vésperas, a última intenção será sempre pelos defuntos" (IGLH 186).

f) A oração do Senhor, síntese e ápice de toda oração cristã, segundo uma tradição antiga "será rezada solenemente três vezes ao dia: na Missa, nas laudes e nas vésperas" (IGLH 195).

g) A oração conclusiva, própria – a coleta da missa do dia – ou tomada do curso ferial do saltério das quatro semanas, completa as preces e chancela toda a celebração da hora das laudes ou das vésperas. Por fim, o ministro ordenado, se houver, abençoa a assembleia e a despede, ou, caso contrário, quem dirigiu a celebração pronuncia uma fórmula invocativa como despedida.

III – O ofício das leituras e a vigília

A hora que hoje se denomina *ofício das leituras* representa a última etapa da oração noturna surgida na Igreja apostólica a exemplo de Jesus (cf. Mt 14,23.25; Lc 6,12) e de acordo com sua exortação à vigilância (cf. Mt 26,41; Lc 21,36 etc.). No ofício monástico compreendia vários "noturnos" ou divisões. Geralmente iniciava-se em plena noite, antes do canto do galo, e durava até a aurora. Pouco a pouco foi se deslocando para este momento – *matuta* (aurora), donde vem o nome *matutinum* ou matinas. O Vaticano II conservou este caráter de vigília nos mosteiros (cf. SC 89c). Atualmente, "pode-se rezar o *ofício das leituras* a qualquer hora do dia e mesmo da noite anterior, após as vésperas" (IGLH 59).

1 *Significado*

O nome corresponde à realidade. É ofício, ou seja, celebração litúrgica, não mero exercício devocional; e de leitura, ou seja, de assimilação orante da Palavra de Deus (*lectio divina*)[19]. Por outro lado, esta hora corresponde bem à vontade do Vaticano II de fomentar o conhecimento e o amor à Escritura (cf. SC 24; 35, 51; DV 25; PO 13). Com efeito, a base deste ofício são as leituras bíblicas, precedidas de salmos e acompanhadas de leituras de Padres da Igreja ou de outros autores (cf. IGLH 56).

---

19. Cf. BALLANO, M. "Lectio divina", em DTVC 927-939; COLOMBÁS, G.M. *La lectura de Dios* (Zamora 1980); GARGANO, I. *Iniciación a la Lectio Divina. Un itinerario para acercarse a la Palabra de Dios* (Madri 1996); ZEVINI, G. *La lectio divina en la comunidad cristiana* (Estella 2005); cf. tb. PONT. COM. BÍBLICA. *A interpretação da Bíblia na Igreja* IV.C.2; e XII ASSEMBLEIA GERAL DO SÍNODO DOS BISPOS. *A Palavra de Deus na vida e na missão da Igreja. Instrumentum laboris* (LEV, 2008) n. 38 etc.

1) O fundamento da *leitura bíblica* no Ofício divino, e em particular nesta hora, é triplo (cf. IGLH 140): a) a tradição cristã antiga que parte da prática judaica da sinagoga[20]; b) a leitura é proposta pela própria Igreja em vista da celebração litúrgica do mistério de Cristo e da obra da salvação no ano litúrgico[21]; e c) a leitura é acompanhada da oração. A peculiaridade da Palavra de Deus no Ofício divino, diferentemente do que ocorre em outras celebrações, é que sua proclamação se realiza de forma exclusivamente dialogal e orante (cf. SC 33).

2) A *leitura patrística ou hagiográfica* do *ofício das leituras* corresponde, por um lado, à própria tradição litúrgica da Igreja, mas também ao apreço pela leitura dos Santos Padres e de outros autores cristãos (cf. SC 92b; IGLH 150-160). O Ofício divino anterior era bastante pobre neste aspecto: por exemplo, de 650 leituras não bíblicas havia apenas 24 dos Padres gregos. Mas "a função dessas leituras é principalmente ser meditação da palavra de Deus, tal como a tradição da Igreja a entende" (IGLH 163; cf. 164). Por outro lado, "a leitura dos Padres também introduz os cristãos no significado próprio dos tempos e festas litúrgicos. Além disso, lhes garante o acesso às imensas riquezas espirituais que são o grande patrimônio da Igreja. [...] Assim, os pregadores da palavra de Deus entram em contato diário com ilustres exemplos da pregação sagrada" (IGLH 165).

Neste sentido, o *ofício das leituras* vem a ser uma participação na profunda e luminosa meditação que os Santos Padres, guiados pelo Espírito, fizeram da palavra de Deus[22].

Quanto à leitura hagiográfica, baseada na vida dos santos, a Igreja a propõe nas celebrações deles para que os fiéis encontrem exemplo e estímulo no seguimento de Cristo: "Chama-se leitura hagiográfica o texto de algum Padre ou escritor eclesiástico, que fala diretamente a respeito do Santo

---

20. Como foi visto nos caps. VII, XV e XIX.
21. Disto se falou na seção IV do cap. XVIII.
22. Cf. PONT. COM. BÍBLICA. *A interpretação da Bíblia...*, o.c., III.B.2.

celebrado ou que se aplica a ele com propriedade; é também um trecho dos escritos do próprio santo ou a narração de sua vida" (IGLH 166).

As leituras hagiográficas estão a serviço do culto litúrgico dos santos, tal como a Igreja o entende e vive (cf. LG 49-51; SC 8; 104).

2 Estrutura da celebração

Este ofício é composto pelo invitatório ou abertura, pela salmodia, pelas leituras e pela conclusão.

a) A abertura da celebração é semelhante à das outras horas. Mas, se o *ofício das leituras* é celebrado antes das laudes, tem uma forma mais solene, como é próprio do início de todo o Ofício do dia[23].

b) A salmodia consta apenas de "três salmos (ou partes, caso os respectivos salmos sejam demasiadamente longos)" (IGLH 62). Estes salmos já são uma primeira aproximação contemplativa à mensagem da leitura bíblica. Costumam ser salmos narrativos ou meditativos, às vezes de caráter histórico (cf. IGLH 104-107), de colorido penitencial nas sextas-feiras, ou de tonalidade pascal nos domingos. Nas grandes festas da Páscoa e do Natal os salmos escolhidos são abonados pelo uso litúrgico tradicional.

c) As leituras constituem o corpo central da celebração. Antes das leituras recita-se o versículo, que as une com a salmodia. A primeira leitura, a bíblica, é tomada geralmente do Próprio do Tempo (cf. IGLH 248), exceto nas solenidades ou festas dos santos, em que é tomada do Próprio dos Santos ou do Comum. Às leituras seguem-se os responsórios, selecionados da Sagrada Escritura, de forma a darem uma nova luz para a compreensão dos textos lidos (cf. IGLH 169-170).

d) Para concluir o ofício recita-se o *Te Deum* nos domingos fora da Quaresma, em festas e solenidades e nas oitavas do Natal e da Páscoa. O ofício termina sempre com a oração própria do dia e com a aclamação "Bendigamos ao Senhor – Graças a Deus".

---

23. Cf. o *Ordinário da Liturgia das Horas* em qualquer um dos volumes.

3 As vigílias

São um *ofício das leituras* prolongado para o início da celebração do domingo e das grandes solenidades como Páscoa, Natal, Pentecostes e outras. No Ofício divino atual elas conservam o caráter de louvor noturno das antigas *matinas*. Seguem a ordem da celebração do *ofício das leituras* até as leituras. Em seguida acrescentam-se os cânticos bíblicos e o evangelho, conforme se indica nos apêndices. Depois faz-se a homilia, se parecer conveniente, e se termina com o *Te Deum* (cf. IGLH 73).

IV – A Hora média e as Completas

As horas *terça*, *sexta* e *noa* sempre foram situadas entre as laudes e as vésperas. Com efeito, "os cristãos costumavam, por devoção pessoal, orar em diversos momentos do dia e no meio do trabalho, imitando a Igreja apostólica. No decurso dos tempos, esta tradição, de diversas maneiras, foi sendo dotada de celebrações litúrgicas. O costume litúrgico, tanto no Oriente como no Ocidente, adotou a oração das nove (terça), das doze (sexta) e das quinze horas (noa), sobretudo porque essas horas se relacionavam com alguns acontecimentos da Paixão do Senhor e da pregação inicial do Evangelho" (IGLH 74-75). O Concílio Vaticano II, não querendo eliminá-las, dispôs que fossem mantidas as três no ofício coral e que, fora do coro fossem reduzidas a uma, a mais apropriada ao momento do dia (cf. SC 89e). Por este motivo, foram denominadas *hora média*. Os que celebram as três horas diurnas têm no Ofício divino os elementos próprios de cada hora e, quanto aos salmos, devem recorrer à salmodia complementar (cf. IGLH 81).

A *hora média*, que procura a santificação da jornada inteira, estimula a espiritualidade do trabalho e evoca os momentos principais da Paixão de Cristo, como se pode observar sobretudo nos hinos e nas orações conclusivas do Saltério das quatro semanas. Sua estrutura é muito simples: abertura, hino, salmodia com três salmos ou fragmentos, leitura breve, versículo e oração conclusiva.

As *completas*, por sua vez, "são a última oração do dia, e se rezam antes do descanso noturno, mesmo passada a meia-noite" (IGLH 84). Sua estrutura é semelhante à das outras horas do Ofício, mas oferece a possibilidade, pouco depois do início, de realizar no final do dia um breve exame de consciência e um breve ato penitencial (cf. IGLH 86). A salmodia compreende um salmo ou dois muito curtos e é permitido recitar todo os dias os salmos do domingo (cf. IGLH 88).

A hora, concebida como uma verdadeira celebração, inclui uma bênção final e termina, dando assim fim ao curso diário do Ofício divino, com a antífona à Virgem Maria (cf. IGLH 92).

Capítulo XXVII
Elementos da Liturgia das Horas

O venerável e secular tesouro do Ofício romano seja adaptado de tal modo que mais larga e facilmente possam usufruir dele todos aos quais for entregue (SC 90).

Bibliografia

AROCENA, F. *Las preces de la "Liturgia Horarum"* (Pamplona 2002); ID. *"Ecclesiae laus". Los himnos latinos del Tiempo "per annum"* (Pamplona 1997); ID. *Psalterium liturgicum. Psalterium crescit cum psallente Ecclesia*, I-II (MSIL 37-38; Cidade do Vaticano 2005); DELL'ORO, F. (ed.). *Liturgia delle Ore* (Leumann/Turim 1972) 161-184; FARNÉS, P. "Algunos aspectos de la nueva Liturgia de las Horas": *Ph* 93 (1976) 175-200; FERNÁNDEZ, P. "Elementos verbales de la Liturgia de las Horas", em BOROBIO 3, 449-512; FRANQUESA, A. "Lectura cristiana de los salmos y sentido de las lecturas": *Vida Religiosa* 36 (1974) 39-54; LÓPEZ MARTÍN, J. *La oración de las Horas. Historia, teología y pastoral del Oficio Divino* (Salamanca 1984) 203-233; MARTIMORT 1085-1128; PINELL, J. "Liturgia delle ore", em *Anamnesis* 5, 104-202; RIGHETTI 1, 1173-1252; RAFFA, V. *La liturgia delle ore. Presentazione storica, teologica e pastorale* (Milão 1990); SCICOLONE, I. (ed.). *Psallendum. Miscellanea di studi in onore del prof. J. Pinell* (Studia Anselmiana 105 – Analecta Liturgica 15; Roma 1992); e *CuaderPh* 83, 102, 108, 125 e 178 (1997-2008); *Dossiers* CPL 22, 36, 43, 82 e 86 (1984-2000).

Neste capítulo são estudados os elementos que integram a Liturgia das Horas, ou seja, os salmos, as leituras, as antífonas etc., sua natureza e função e os critérios atuais de sua organização.

I – Os salmos e os cânticos

O primeiro elemento constitutivo do Ofício divino e o mais significativo é constituído pelos salmos e pelos cânticos bíblicos.

1 Oração de Cristo e da Igreja

Os salmos, "cânticos de louvor" (IGLH 103), elaborados "sob inspiração do Espírito Santo" (IGLH 100), sempre fizeram parte da oração de Israel e da Igreja e foram estudados e comentados pela tradição cristã[1].

As divisões e os títulos dos salmos na Bíblia já indicam sua utilização litúrgica em Israel[2]. Os gêneros literários em que foram escritos (cf. IGLH 106) deixam entrever, em muitos casos, uma finalidade religiosa e litúrgica. Mas, na plenitude dos tempos, foi no coração e nos lábios de Cristo que os salmos adquiriram todo seu sentido. Jesus é o orante supremo dos salmos, aquele que faz seus todos os sentimentos que neles aparecem e o protagonista das promessas neles contidas. Com efeito, os evangelhos mostram Jesus orando com os salmos em 21 passagens, mais ou menos explícitas. Jesus orava com os salmos na liturgia da sinagoga e na liturgia do templo e nas refei-

---

1. Nesta perspectiva cf. APARICIO, A. *Los salmos, oración de la comunidad* (Madri 1981); ID. *Salmos 1-41 / Salmos 42-72 / Salmos 73-106*, 3 vols. (Comentarios a la Biblia de Jerusalén 13A-C; Bilbao 205-208); FEDERICI, T. *Teologia e liturgia dei salmi* (Roma 1975); FLORES, J.J. "Orar con los salmos": *PastL* 295 (2006) 497-510; GIBERT, J. "Salmos", em NDL 1850-1873; GUICHOU, P. *Los salmos comentados por la Biblia* (Salamanca 1966); KRAUS, H.-J. *Los salmos*, 2 vols. (Salamanca 1993-1995); PAVÍA, A. En el espíritu de los salmos. La oración de Jesucristo y del cristiano (Madri 2007); RINAUDO, S. *I salmi, preghiera di Cristo e della Chiesa* (Leumann/Turim); ROSE, A. "La lecture chrétienne du Psautier dans la liturgie des heures": *EL* 86 (1972) 5-30; ID. *Les psaumes, voix du Christ et de l'Église* (Paris 1981); e *CuaderPh* 9 (1980); *LMD* 135 (1978); *QL* 71/3-4 (1990); *Ph* 134 (1983); *RL* 68/2 (1981); *RivPL* 18/3 (1980) etc.
2. Cf. APARICIO, A. "Los salmos en nuestra oración": *Vida religiosa* 50 (1981) 368-381; AROCENA, F.M. *En espíritu y verdad. Comentarios patrísticos y litúrgicos a la cristología en el salterio*, 2 vols. (Bilbao 1995-1996); ENCISO VIANA, J. "Los títulos de los salmos y la historia de la formación del Salterio": *Est.Bibl.* 13 (1954) 135-166; GÁNDARA, M.J. "El sentido de los salmos en el Oficio Divino": *Cistercium* 22 (1970) 37-52; KRAUS, H.J. *Teología de los salmos* (Salamanca 1985); ID. *Los salmos*, 2 vols. (Salamanca 1993-1995); VAGAGGINI, C. "Pregare i salmi. Alcuni principi da tenere presenti": *Vita Monastica* 124/125 (1976); 73-98; VERHEUL, A. "Les psaumes dans la prière des heures. Hier et aujourd'hui": *QL* 71 (1990) 261-295 etc.

ções. Especialmente interessante é a presença dos salmos nos acontecimentos da Páscoa[3].

A Igreja primitiva seguiu o exemplo de Jesus e utilizou os salmos tanto para a oração litúrgica e privada como para a pregação (por exemplo, At 1,20: Sl 69,26 e 109,8). Os Apóstolos recomendaram orar com os salmos (cf. Rm 15,9-11; Ef 5,19 etc.) em qualquer circunstância (cf. Tg 5,13). Por outro lado, o Novo Testamento reconheceu nos salmos a inspiração do Espírito Santo (cf. At 1,16; 4,25; Hb 4,7) e os entendeu sempre em referência a Cristo e à Igreja (cf. Lc 20,42-43; 24,44)[4].

2 Sentido cristológico

Todo os que cantam ou recitam os salmos devem conhecer os diversos sentidos que eles têm na Sagrada Escritura (IGLH 102). Com efeito, existe nos salmos um primeiro sentido, que é o que eles tinham para os que os compuseram e utilizaram. Com o passar dos séculos, os feitos salvíficos realizados por Deus em favor de Israel vão ampliando esse primeiro sentido com novas luzes, até alcançarem a plenitude em Cristo (cf. IGLH 101; cf. Hb 8,5; 10,1).

Com efeito, os salmos têm um sentido *literal* que inclusive hoje não pode ser desconsiderado (cf. IGLH 105-107). No entanto, "quem salmodia em nome da Igreja deve prestar atenção ao sentido *pleno* dos salmos, especialmente ao sentido messiânico, em virtude do qual a Igreja adotou o saltério" (IGLH 109; cf. DV 12). De acordo com isso, "tanto os Padres em geral como a liturgia, com pleno direito, ouviram nos salmos Cristo clamando ao Pai, ou o Pai falando com o Filho, ou, inclusive, descobriram a voz a Igreja, dos apóstolos ou dos mártires" (IGLH 109). Aos salmos se

---

3. Cf. GOURGUES, M. *Os salmos e Jesus: Jesus e os salmos* (São Paulo 1984); FISCHER, B. "Le Christ dans les psaume": *LMD* 27 (1951) 86-113; VANDENBROUCKE, F. *Los salmos y Cristo* (Salamanca 1975); cf. *supra*, nota 1.
4. Cf. KISTEMAKER, S. *The Psalms. Citations in the Epistle to the Hebrews* (Amsterdam 1961); sobre a interpretação de alguns salmos como o Sl 22, o Sl 110 e o Sl 118, em DUPONT, J. *Études sur les Actes des Apôtres* (Paris 1967) 265-269 e 283-307 etc.

aplica tudo quanto foi dito nas seções I e II do cap. VII acerca da interpretação da Bíblia[5].

Por isso, é preciso ter consciência de que "na Liturgia das Horas, quem salmodia não o faz tanto em seu próprio nome, como em nome de todo o corpo de Cristo, e ainda na pessoa mesma do próprio Cristo" (IGLH 108).

3 Orar com os salmos

Às vezes os cristãos encontram não poucas dificuldades para orar com os salmos. A dificuldade principal está na falta de formação bíblica e litúrgica. Por isso, "é necessário que [os fiéis] 'adquiram formação bíblica, a mais rica possível, sobretudo quanto aos salmos' (SC 90), cada qual segundo suas possibilidades, e assim compreendam de que modo e com que método poderá orar corretamente quem se serve dos salmos" (IGLH 102).

Às vezes as dificuldades ocorrem por causa do contraste entre o salmo e o estado de ânimo subjetivo. Esta dificuldade se desvanece quando quem recita ou canta os salmos procura sintonizar com os sentimentos de alegria ou de tristeza que afloram na oração (cf. IGLH 108); assim, "quem salmodia sabiamente irá percorrendo versículo por versículo, meditando um após outro, sempre disposto em seu coração a responder como exige o Espírito que inspirou o salmista e assistirá igualmente as pessoas devotas, dispostas a receber sua graça" (IGLH 104; cf. 102).

Por outro lado, toda a Liturgia das Horas, mas especialmente o saltério, exige o canto dos que a celebram "por ser mais conforme à natureza desta oração e sinal de maior solenidade e mais profunda união dos corações no louvor a Deus" (IGLH 268; cf. 269-270)[6].

---

5. Cf. FALSINI, R. "L'interpretazione liturgica dei salmi": *RivPL* 226 (2001) 19-26; HAMMAN, A.G. "L'utilisation des psaumes dans les deux premiers siècles chrétiens": *Études patristiques* (Paris 1991) 147-158; GELINEAU, J. "Les psaumes à l'époque patristique": *LMD* 135 (1978) 99-116; NESMY, J.Cl. *I Padri commentano il Salterio della Tradizione*, 5 vols. (Turim 1983) etc. Cf. XII ASSEMBLEIA GERAL DO SÍNODO DOS BISPOS. *Instrumentum laboris* (LEV, 2008) n. 19-22, 34 e 51.
6. Cf. SEC. NAC. DE LITURGIA. *Canto y música en la celebración. Directorio litúrgico-pastoral* (Madri 2007) n. 195-208.

4 Organização atual da salmodia

A distribuição e organização do saltério no Ofício divino conheceu variações consideráveis ao longo da história. O Concílio Vaticano II avaliou a conveniência de que "os salmos não mais sejam distribuídos por uma semana, mas por um espaço mais longo de tempo" (SC 91). A reforma litúrgica optou pela distribuição em quatro semanas[7]:

I semana do saltério

	Dom.	Seg.	Ter.	Qua.	Qui.	Sex.	Sáb.
Of. Leit.	1	6	10^1	18^1	18^4	35^1	105^{1*}
	2	9^1	10^2	18^2	18^5	35^2	105^2
	3	9^2	12	18^3	18^6	35^3	105^3
Laudes	63	5	24	36	57	51	119^{19}
	C	C	C	C	C	C	C
	149	29	33	47	48	100	117^1
H. média	118^1	19^2	119^1	119^2	119^3	119^4	119^5
	118^2	7^1	13	17^1	25^1	26	34^1
	118^3	7^2	14	17^2	25^2	28	34^2
Vésperas	110	11	20	27^1	30	41	119^{14}
	114	15	21	27^2	32	46	16
	C	C	C	C	C	C	C
Completas	91	86	143	31^1	16	88	4
				130			134

* No Tempo Comum tomam-se os Sl 131 e 132^{1-2}.

---

7. Para isso foram omitidos os salmos imprecatórios (Sl 58; 83; 109; cf. IGLH 130), foi reduzido o número de salmos de cada hora (cf. IGLH 88), foram divididos em seções os mais longos, como o Salmo 119 e outros 47 (cf. IGLH 124; 132) e alguns foram repetidos (cf. IGLH 126): BELLAVISTA, J. "La actual distribución de los salmos en la Liturgia de las Horas": *CuaderPh* 134 (1983) 147-156; FARNÉS, P. "La distribución de los salmos en el Oficio Divino": *CuaderPh* 83 (1997); GIBERT, J. "La nouvelle distribution du Psautier dans la *Liturgia Horarum*": *EL* 87 (1973) 325-382; PASCHER, J. "Il nuovo ordinamento della salmodia nella liturgia romana delle ore". In: DELL'ORO, F. (ed.). *Liturgia delle Ore*, o.c., 161-184; ROSE, A. "La répartition des psaumes dans le cycle liturgique": *LMD* 105 (1971) 66-102 etc.

II semana do saltério

	Dom.	Seg.	Ter.	Qua.	Qui.	Sex.	Sáb.
Of. leit.	104¹	31¹	37¹	39¹	44¹	38¹	106¹*
	104²	31²	37²	39²	44²	38²	106²
	104³	31³	37³	52	44³	38³	106³
Laudes	118	42	43	77	80	51	92
	C	C	C	C	C	C	C
	150	19¹	65	97	81	147²	8
H. média	23	119⁶	119	119⁸	119⁹	119¹⁰	119¹¹
	76¹	40¹	53⁷	55¹	56	59	61
	76²	40²	54	55²	57	60	64
Vésperas	110	45¹	49¹	62	72¹	115	113
	115	45²	49²	67	72²	121	116
	C	C	C	C	C	C	C
Completas				Como na I semana.			

* No Tempo Comum toma-se o Sl 136¹⁻¹⁻³.

III semana do saltério

	Dom.	Seg.	Ter.	Qua.	Qui.	Sex.	Sáb.
Of. leit.	145¹	50¹	68¹	89¹	89⁴	69¹	107¹
	145²	50²	68²	89²	89⁵	69²	107²
	145³	50³	68³	89³	89⁶	69³	107³
Laudes	93	84	85	86	87	51	119¹⁹
	C	C	C	C	C	C	C
	148	96	67	98	99	100	117
H. média	118¹	119¹²	119¹³	119¹⁴	119¹⁵	22¹	119¹⁶
	118²	71¹	74¹	70	79	22²	34¹
	118³	71²	74²	75	80	22³	34²
Vésperas	110	123	125	126	132¹	135¹	122
	111	124	131	127	132²	135²	130
	C	C	C	C	C	C	C
Completas				Como na I semana.			

461

IV semana do saltério

	Dom.	Seg.	Ter.	Qua.	Qui.	Sex.	Sáb.
Of. leit.	24	73¹	102¹	103¹	44¹	78¹*	78⁴**
	66¹	73²	102²	103²	44²	78²	78⁵
	66²	73³	102³	103³	44³	78³	78⁶
Laudes	118	90	101	108	143	51	92
	C	C	C	C	C	C	C
	150	135¹	144¹	146	147¹	147²	8
H. média	23	119¹⁷	119¹⁸	119¹⁹	119²⁰	119²¹	119²²
	76¹	82	88¹	94¹	128	133	45¹
	76²	120	88²	94²	129	140	45²
Vésperas	110	136¹	137	139¹	144¹	145¹	141
	112	136²	138	139²	144²	145²	142
	C	C	C	C	C	C	C
Completas				Como na I semana.			

* No Tempo Comum toma-se o Sl 55¹⁻²⁻³.
** No Tempo Comum toma-se o Sl150¹⁻²⁻³.

Nas quatro semanas aparecem os cânticos (C) nas laudes e nas vésperas (cf. IGLH 136-137)[8]. Eis sua ordem:

Cânticos do Antigo Testamento para as laudes

	I semana	II semana
Domingo	Dn 3,57-88.56	Dn 3,52-57
Segunda	1Cr 29,10-13	Eclo 36,1-7.13-16
Terça	Tb 13,1-10	Is 38,10-14.17-20
Quarta	Jt 16,2-3.15-19	1Sm 2,1-10
Quinta	Jr 31,10-14	Is 12,1-6
Sexta	Is 45,15-26	Hab 3,2-4.13a.15-19
Sábado	Ex 15,1-4.8-13	Dt 32,1-12

---

8. Cf. CABROL, F. "Cantiques", em DACL II, 1975-1994; ROUSSEAU, O. "La plus ancienne liste des cantiques liturgiques tirés de l'Écriture": *Recherches de Science Religieuse* 35 (1948) 120-129.

	III semana	IV semana
Domingo	Dn 3,57-88.56	Dn 3,52-57
Segunda	Is 2,2-5	Is 42,10-16
Terça	Is 26,1-4.7-9	Dn 3,26-29.34-41
Quarta	Is 33,13-16	Is 61,10–62,5
Quinta	Is 40,10-17	Is 66,10-14
Sexta	Jr 14,17-21	Tb 13,10-13.15.16b-17
Sábado	Sb 9,1-6.9-11	Ez 36,24-28

Cânticos do Antigo Testamento para as vésperas

Domingo	Ap 19,1-7 (na Quaresma 1Pd 2,21-25)
Segunda	Ef 1,3-10
Terça	Ap 4,11; 5,9.10.12
Quarta	Cl 1,12-20
Quinta	Ap 11,17-18; 12,10b-12a
Sexta	Ap 15,3-4
Sábado	Fl 2,6-11

Na organização dos salmos foi levado em consideração:

a) O caráter de cada hora do ofício. Por exemplo, nas laudes o primeiro salmo alude à manhã e o terceiro salmo é de louvor (cf. IGLH 43). Nas vésperas usam-se os salmos de ação de graças[9]. Nas completas foram escolhidos salmos de confiança (cf. IGLH 88).

b) A vinculação de alguns dias ao mistério pascal. Assim, para o domingo são designados os salmos 24, 110, 114, 118 etc. Para a sexta-feira, além do salmo 51, inclui-se o salmo 22, rezado por Jesus na cruz, e outros salmos penitenciais (cf. IGLH 129).

c) As características literárias e teológicas dos salmos. Foram restaurados os *títulos dos salmos* (cf. IGLH 111) e cada salmo é precedido por

---

9. Cf. JOÃO PAULO II. *Cantad al Señor un cántico nuevo. Catequesis sobre los salmos de Laudes* (Madri 2004). As catequeses das quartas-feiras de março de 2001 a outubro de 2003; MORENO, J.L. *Vísperas con el Papa. Las catequesis de Juan Pablo II y Benedicto XVI sobre los salmos y cánticos de Vísperas* (BAC, 2006).

uma breve frase do Novo Testamento ou dos Santos Padres para especificar melhor seu sentido espiritual[10].

d) A interpretação litúrgica dos salmos nas *orações sálmicas*, ainda não publicadas em edição oficial, mas das quais existem várias coleções (IGLH 112)[11].

e) As *antífonas*, que especificam o sentido dos salmos, enquadrando-os num sentido particular de acordo com o dia litúrgico ou com a comemoração celebrada (IGLH 113-120)[12].

f) Os diversos *modos de salmodiar*, na recitação ou no canto, têm também notável importância para ajudar a expressar a índole própria de cada salmo (IGLH 121-122).

II – As leituras bíblicas e seus responsórios

O segundo elemento constitutivo do ofício, depois dos salmos e cânticos, são as leituras bíblicas longas ou breves e com elas os responsórios.

1 Lecionário bíblico do "ofício das leituras"

Embora a princípio se tenha projetado um Lecionário bíblico bienal, depois optou-se por um ciclo anual (cf. IGLH 145-146)[13]. Em linhas gerais,

---

10. Cf. AROCENA, F.M. "Nuevas 'sentencias' para los salmos?": *OrH* 26 (1995) 297-312; FISCHER, B. "Les titres chrétiens des psaumes dans le nouvel Office Divin": *LMD* 135 (1978) 148-157; MERINO, P.M. "La pedagogía divina en los títulos de los salmos, las sentencias y las antífonas": *PastL* 293 (2006) 292-307. Para a redação dos títulos atuais foram levados em consideração os antigos recopilados em SALMON, P. *Les "tituli psalmorum" des anciens manuscrits latins* (Paris/Cidade do Vaticano 1959) etc.

11. Cf. AROCENA, F. *Orationes super psalmos e Ritu Hispano-Mozarabico ad Laudes matutinas et Vesperas per quattuor hebdomadas Psalterii distributae* (Toledo 1993); CANALS, J.M. *Las colectas de salmos de la serie "Visita nos". Introducción, edición crítica e índices* (Salamanca 1978); ÉVENOU, J. "Les oraisons psalmiques. Pour une prière chrétienne des psaumes": *LMD* 135 (1978) 158-174; PINELL, J. *Liber orationum psalmographus. Colectas de salmos del antiguo Rito hispánico* (Madri 1972) etc.

12. Cf. LODI, E. "L'antifonario della liturgia oraria nei tempi forti". In: DELL'ORO, F. (ed.). *Mysterion. Miscellanea S. Marsili* (Leumann/Turim 1981) 499-523 etc.

13. Cf. *Not* 68 (1971) 393-408; 119/123 (1976) 238-248, 324-333 e 378-388; 306/307 (1992) 9-167; *Ph* 93 (1976) 201-213; cf. FARNÉS, P. "El leccionario bíblico bienal de la LH": *Ph* 125

eis os critérios seguidos: procurou-se uma certa correlação com o Lecionário da missa[14], de maneira que o Novo Testamento é lido cada ano integralmente entre as leituras da missa e as do ofício; o que não ocorre com o Antigo Testamento, do qual só se lê uma seleção (cf. IGLH 146). Na distribuição dos livros bíblicos foram levados em muita consideração os tempos do ano litúrgico (cf. IGLH 147-152). Para as solenidades e festas foram designadas leituras próprias (cf. IGLH 154). Cada uma das perícopes bíblicas mantém certa unidade. Por este motivo, às vezes, omitem-se alguns versículos (cf. IGLH 155).

2 As leituras breves

As leituras breves são fragmentos seletos da Sagrada Escritura em forma de axioma ou de exortação (cf. IGLH 156). No Ofício divino atual existem 561 leituras breves. Quatro séries são distribuídas pelas quatro semanas do saltério, além das próprias de Advento-Natal, Quaresma, Páscoa, e as destinadas a cada solenidade e festa (IGLH 157; cf. IGLH 44-46; 79-80; 88; 156-158)[15]. As leituras breves são verdadeiras proclamações da Palavra de Deus, que podem ser seguidas por homilia e silêncio. Por outo lado, "pode-se escolher uma leitura bíblica mais longa" (IGLH 46; cf. 248-249, 251).

3 Os responsórios

Os responsórios, que no Ofício divino vêm após as leituras bíblicas longas ou breves, ajudam a meditação orante do texto lido e dão sua interpretação litúrgica e sua chave cristológica. No *oficio das leituras* os res-

---

(1081) 409-425; LENGELING, E.J. "Le letture bibliche e i loro responsori nella liturgia delle ore". In: DELL'ORO, F. (ed.). *Liturgia delle ore. Documenti ufficiali e studi* (Quaderni di Rivista Liturgica 14, Turim 1972) 92-135; MARTIMORT, A.G. "Le lectionnaire biennal de l'Office de lecture": *Not* 302 (1991) 486-509; ROSE, A. "La répartition des lecures bibliques dans le livre de la Liturgie des Heures": *EL* 85 (1971) 281-305 etc.

14. Cf. ÉVENOU, J. "Les lectures de la Messe et de l'Office, complémentaires ou concurrentes?": *LMD* 135 (1978) 83-97.

15. Cf. FARNÉS, P. "Lecturas bíblicas breves y largas": *OrH* 1 (1986) 319-324; ID. "Las lecturas breves": *OrH* 20 (1989) 39-356.

ponsórios seguem-se às leituras patrísticas e as hagiográficas costumam ser mais livres. Na *hora média* são uma aclamação breve, à maneira de eco ou ressonância interior da Palavra ouvida (cf. IGLH 169-172)[16].

III – As leituras patrísticas e hagiográficas

Este ponto vem a ser uma continuação do dedicado ao *ofício das leituras* no capítulo anterior.

1 Lecionário patrístico

Na elaboração do atual Lecionário patrístico foram levados em consideração os seguintes critérios positivos: procurar textos de grande valor espiritual em vista da vida cristã; atenção ao ano litúrgico, com a ajuda às vezes de sermões e homilias que acentuam sua dimensão sacramental e sua eficácia espiritual; apresentação, junto com os Santos Padres, de escritos de doutores da Igreja e páginas do Concílio Vaticano II e dos papas; reunir textos sobre a oração e o culto que ajudem a vida espiritual e a espiritualidade litúrgica. Em sentido negativo: excluir textos que poderiam resultar problemáticos por seu fundo ou por suas expressões, ou porque abordam questões teológicas ou filosóficas controversas, ou porque contêm alegorismos exagerados, antissemitismos etc.

Seguindo os critérios expressados, a leitura patrística, conforme a tradição romana, está unida à leitura bíblica precedente (cf. IGLH 159). Às vezes se oferece um documento de algum Padre de forma continuada durante vários dias. Em todos os casos, uma frase, à guisa de título no início da leitura, favorece sua compreensão. O Lecionário patrístico atual é uma excelente antologia de textos cristãos, na qual estão presentes Padres e escritores de todas as épocas, do Oriente e do Ocidente, e na qual se aborda uma grande variedade de temas[17]. Além disso, o Lecionário pode ser completado por

---

16. Cf. LENGELING, E.J. "Le letture bibliche e i loro responsori nella nuova LH". In: DELL'ORO, F. (ed.). *Liturgia delle ore*, o.c.. 185-219.
17. Cf. o índice em *Not* 95/96 (1974) 253-276; cf. AROCENA, F.M. *Sentir con los Padres. Las lecturas patrísticas y hagiográficas de la Liturgia de las Horas con glosas y comentarios*, 3 vols.

outro *ad libitum* com abundância maior de leituras (cf. IGLH 161). E existe também a possibilidade de as Conferências Episcopais acrescentarem outros textos da tradição local (cf. IGLH 162). Por outro lado, as comunidades monásticas contam também com um Lecionário patrístico[18].

2 Lecionário hagiográfico

O Concílio Vaticano II estabeleceu: "Devolva-se fidelidade histórica aos martírios ou às vidas dos Santos" no *ofício das leituras* (SC 92c). A tarefa não era fácil de realizar, especialmente no tocante aos santos anteriores ao início dos processos de canonização (séc. XII). Para resolver o problema da falta de documentação optou-se por uma solução dupla: incluir uma breve resenha histórica, com dados certos referentes ao santo e ao seu culto, no início do ofício correspondente; e introduzir a leitura hagiográfica propriamente dita em segundo lugar[19].

Esse Lecionário foi elaborado de acordo com os seguintes critérios: deixar o próprio santo falar através de seus escritos (isto foi feito em cerca de setenta casos); empregar biografias contemporâneas ou bem-informadas (em cerca de trinta casos); a respeito das Atas dos mártires, foram empregadas somente quatro das antigas, documentalmente certas, e em outros casos, cerca de quarenta, foram tomados escritos de Padres que falam do mártir concreto ou do martírio em geral; por último, foram compostas leituras novas para alguns santos, com boas bases históricas.

(Barcelona 1998-2001); ASHWORTH, H. "Il lezionario patristico del nuevo Ufficio divinio". In: DELL'ORO, F. (ed.). *Liturgia delle ore*, o.c., 221-227; FÁBREGAS, J. & OLIVAR, A. *La voz de los Padres en la Lturgia de las Horas* (BL 18, 2002); FERREIRA, P. *Índice dos temas, autores e obras das leituras patrísticas e eclesiásticas da Liturgia das Horas* (Lisboa 1979); MARTIMORT, A.G. "La lecture patristique dans la Liturgie des Heures". In: *Mirabile laudis canticum* (BELS 60, 1991) 161-183; RUFFINI, E. *Commento alle letture patristiche della Liturgia delle Ore* (Cinisello Balsamo 1986) etc.

18. *Leccionario bienal bíblico-patrístico de la Liturgia de las Horas*, III-IV (Zamora 1984). Cf. ASHWORTH, H. "A Proposed Monastic Lectionary. References and Themes": *EL* 91 (1977) 74-92, 171-189, 246-270, 382-413, 499-514; 92 (1978) 88-110.

19. Cf. AMORE, A. "Le letture agiografiche nella Liturgia delle ore". In: DELL'ORO, F. (ed.). *Liturgia delle Ore*, o.c., 229-240; JOUNEL, P. "Les lectures du Sanctoral dans la LH": *Not* 302 (1991) 531-547.

IV – Os hinos

Os hinos são cantos que louvam a Deus e costumam terminar com uma doxologia trinitária (cf. IGLH 174)[20]. Situados no início de cada hora, introduzem à celebração e lhe dão um colorido próprio (cf. IGLH 42; 58; 61). Os hinos são cerca de 300 na edição típica latina do Ofício divino atual[21]. A edição espanhola da Liturgia das Horas os conservou em apêndices, mas incorporou 270 hinos e poemas introdutórios à oração, em língua castelhana[22]. Para elaborá-los foram observados os seguintes critérios: traduzir, em versões mais ou menos livres, hinos latinos, recriando-os às vezes; selecionar textos da antologia poética religiosa em castelhano; incorporar cantos religiosos de aceitação geral; e criar hinos novos (cerca de uma centena), destinados expressamente à Liturgia das Horas.

V – As preces e orações

Segundo o conselho do Apóstolo (cf. 1Tm 2,1-2), a Liturgia das Horas, de modo semelhante ao que se faz na missa (cf. IGLH 180), inclui também duas séries de *preces*. "Dá-se o nome de preces tanto às intercessões que se fazem nas vésperas, como às invocações que, para consagrar o dia a Deus, são feitas nas laudes" (IGLH 182). O Ofício divino atual oferece cerca de duas mil intenções, que muitas vezes são preciosas paráfrases de textos da Escritura. Mas, além disso, cada formulário permanece aberto a outras intenções pessoais ou locais (cf. IGLH 188). As preces, que permitem tanto a celebração comunitária como a recitação individual (cf. IGLH 189; 191),

---

20. Do hino como situação ritual falou-se na seção IV do cap. IX.
21. Cf. COSTE, M. "L'hymne et sa fonction dans l'Office": *LMD* 143 (1980) 61-78; LENTINI, A. *"Te decet hymnus"*. *Innario della Liturgia delle ore* (Roma 1984); OLIVAR, A. "El himno en la celebración del Oficio": *Ph* 65 (1971) 447-454; TRIACCA, A.M. & PISTOIA, A. (eds.). *L'Himnographie* (BELS 105, 2000).
22. Cf. *Himnos de la Liturgia de las Horas* (CoeLit. 1988); ALCALDE, A. *Música y espiritualidad* (*Dossiers* CPL 119, 2009) 69-100; FARNÉS, P. "Los himnos de la Liturgia de las Horas": *OrH* 28 (1997) 50-59; VELADO GRAÑA, B. "Los himnos castellanos del nuevo Oficio": *PastL* 18/20 (1981) 6-45; ID. "Los himnos de la Liturgia de las Horas en su edición española": *Ph* 130 (1982) 325-335; ZAHONERO, J. & CASANOVES, L. *Los himnos del Breviario* (Alcoy 1955); ID. *Himnario sacro-litúrgico de España* (Alcoy 1957); e em *LMD* 151 (1982) 67-82.

são distribuídas no saltério das quatro semanas, bem como em solenidades, festas e ofícios comuns e em todos os dias do Advento, da Quaresma e da Páscoa (cf. IGLH 183)[23].

No saltério das quatro semanas, nos volumes III e IV da edição típica latina como da edição oficial brasileira, figuram para os dias de semana do Tempo "comum" as orações conclusivas das laudes e das vésperas, além das orações das horas médias. Estas orações, tomadas das orações contidas nos antigos sacramentários para o ofício ou compostas *ex professo* para reunir o significado das horas, formam uma coleção importante para a espiritualidade da oração da Igreja[24].

---

23. Cf. AROCENA, F.M. "Las preces y la teología de la oración cristiana": *OrH* 27 (1996) 31-41; ID. "Las preces y su arquitectura": *OrH* 28 (1997) 66-75 e 138-147; BOURMONT, Cl. de. "Fonction et expression des prières d'intercession": *LMD* 105 (1971) 134-149; ÉVENOU, J. "Ls prières d'intercession": *LMD* 143 (1980) 107-123; RAFFA, V. "Le intercessioni di Lode e di Vespri": *EL* 86 (1971) 41-60.

24. Cf. DUMAS, A. "Le orazioni del Ufficio feriale nel tempo per annum". In: DELL'ORO, F. (ed.). *Liturgia delle ore*, o.c., 251-268; PINELL, J. "Le orazioni composte per l'Ufficio nell'ambito della tradizione eucologica latina": *Not* 154 e 155 (1979) 250-265 e 310-340.

Parte V
A vivência do mistério

Capítulo XXVIII
Evangelização, catequese e expressão litúrgica da fé

A liturgia é o cume para o qual tende a ação da Igreja e, ao mesmo tempo, é a fonte donde emana toda a sua força (SC 10).

Bibliografia

AA.VV. *Mystagogie: pensée liturgique d'aujourd'hui et liturgie ancienne* (BELS 70, 1992); AA.VV. *Liturgia e catechesi* (BELS 72, 1993); AA.VV. *Liturgia e nuova evangelizzazione* (Roma 1996); AUDET, J.-P. "La fe y la expresión cultual". In: CONGAR et al. *La liturgia después del Vaticano II* (Madri 1969) 385-437; BROVELLI, F. "Fe y liturgia", em NDL 840-854; CACUCCI, A. *Catechesi liturgia vita. Una proposta pastorale* (Bolonha 2000); CATELLA, A. "Teologia della liturgia", em CHUPUNGCO 2, 17-45; CONF. EPISCOPAL CAMPANA (ed.). *La liturgia, espressione della fede e fonte di carità* (Nápoles 1993); DALMAIS, I.H. "La liturgia y el depósito de la fe", em MARTIMORT 296-304; LUKKEN, G. "La liturgie comme lieu théologique irremplaçable": *QL* 56 (1975) 97-112; KOCHUPARAMPIL, X. "The Liturgical Dimension of Evangelization": *QL* 72 (1991) 218-230; LÓPEZ MARTÍN 1, 311-346; RAMOS, M. "Evangelización y liturgia", em NDL 772-777; SARTORE, D. "Catequesis y liturgia", em NDL 319-333; TRIACCA, A.M. & PISTOIA, A. (eds.). *La liturgie expression de la foi* (BELS 16, 1979); e *Conc* 82 (1973); *CuaderPh* 8, 38, 73 e 138 (1989-2003); *LMD* 134 (1978); 140 (1979); 178 (1989); 221 (2000); 234 (2003); *Ph* 28 (1965); 190 (1992); *RL* 60/5 (1973); 67/2 (1980); 69/2 (1982); 72/1 (1985); 76/1 (1989); *QL* 79/1-2 (1998); *TCat* 37/38 (1991).

Com este capítulo se inicia a última parte desse manual, dedicada aos aspectos vivenciais da liturgia. O primeiro destes aspectos diz respeito às relações entre a liturgia e a fé (cf. SC 59) e entre a liturgia, a evangelização e a catequese (cf. SC 9; 33; 35). Unido a este tema está o da liturgia como *lugar teológico* da fé da Igreja.

I – Evangelização e liturgia

A evangelização, inclusive sob o matiz de "nova evangelização" lançado pelo papa João Paulo II em 1983[1], é um desafio para a Igreja de nosso tempo, que alcançou ampla ressonância na terceira Assembleia geral do Sínodo dos Bispos de 1974 e na exortação apostólica *Evangelii Nuntiandi* de Paulo VI[2]. A liturgia não é indiferente a este desafio.

1 Perfis de uma problemática

Com efeito, a evangelização suscitou numerosas interrogações para a liturgia, não só no âmbito teórico, mas também, e sobretudo, no terreno da prática pastoral[3]. Estas interrogações puseram em evidência a necessidade de uma maior aproximação entre a ação evangelizadora e catequética e a pastoral litúrgica, a fim de superar enfoques unilaterais ou monopolizadoras do que é próprio de cada uma[4].

Por outro lado, os problemas entre evangelização e celebração haviam surgido diante do crescente processo de desintegração das chamadas "velhas cristandades". A pastoral se debatia entre uma prática sacramental tendente a assegurar, antes de tudo, a validade dos ritos e um novo esforço missionário

---

1. JOÃO PAULO II. "Discurso na Assembleia do Celam" no Haiti no dia 9-3-1983: *Ecc* 2119 (1983) 415. No entanto, foi em 1979 que ele falou pela primeira vez da nova evangelização, cf. *Peregrinación Apostólica a Polonia* (Madri 1979) 211-212.
2. De 8-12-1975, em *AAS* 58 (1976) 5-76 (EN).
3. Cf. FLORISTÁN, C. "Evangeliza la liturgia?": *Ph* 190 (1992) 341-349; RAMOS, M. "Evangelización y liturgia". In: SECR. NAC. DE LITURGIA. *Evangelización y sacramentos* (Madri 1975) 179-191; e *Ph* 263 (2004) etc.
4. Cf. ALDAZÁBAL, J. "Preguntas a la catequesis desde la liturgia": *Ph* 118 (1980) 255-266 (Bibl.); MALDONADO, L. "El estilo 'catequético' de la celebración": *Ph* 172 (1989) 313-316.

de evangelização das pessoas que, embora batizadas, possuíam níveis muito baixos de fé e de vida cristã e que, não obstante, pediam os sacramentos[5]. Esta problemática se agravou nos anos da aplicação da reforma litúrgica por causa de uma série de fenômenos socioculturais que acabaram tornando mais difícil a ação pastoral da Igreja[6].

2 Unidade entre evangelização e liturgia

A aproximação entre evangelização e liturgia ocorre com base naquilo que constitui a missão total da Igreja (cf. EN 14) e naquilo que significa a evangelização (cf. EV 18). No entanto, não é fácil definir a evangelização[7]. Evangelizar é anunciar o nome, a doutrina, a vida, as promessas, o Reino, o mistério de Jesus de Nazaré Filho de Deus, tendo em vista uma adesão vital a Cristo e a entrada visível na comunidade eclesial mediante os sinais ou gestos sacramentais da Igreja (cf. EN 22-24). O núcleo da evangelização é a proclamação explícita de que "em Jesus Cristo, Filho de Deus feito homem, morto e ressuscitado, a salvação é oferecida a todos os homens, como dom da graça e da misericórdia do mesmo Deus" (EN 27).

Isso exige uma grande unidade entre evangelização e pastoral dos sacramentos: "Nunca será demasiado insistir no fato de a evangelização não se esgotar com a pregação ou com o ensino de uma doutrina. [...] A evangelização exprime assim toda a sua riqueza, quando ela realiza uma ligação o mais íntima possível, e, melhor ainda, uma intercomunicação que nunca se interrompe, entre a Palavra e os sacramentos. Num certo sentido há um

---

5. Cf. LÓPEZ MARTÍN 1, 331-370; MALDONADO, L. "Liturgia eucarística y evangelización": *PastL* 2 (1965) 26-46; ROVIRA, J.M. "Los sacramentos, signos de fe": *Ph* 28 (1965) 187-199; SEBASTIÁN, F. "Sacramentos y fe. Un problema de la pastoral española": *Iglesia viva* 1 (1966) 75-85; SEPE, C. "Evangelizzazione e catechesi nella coscienza della Chiesa dopo il Concilio Vaticano II": *Not* 346 (1995) 237-264 etc.

6. A respeito da Espanha cf. TENA, P. "Itinerario del tema 'evangelización y sacramento'": *Ph* 85 (1975) 6-16; e sobre a América espanhola cf. Celam. "Liturgia y evangelización": *Not* 98 (1974) 328-330 etc.

7. O documento de trabalho do Sínodo dos Bispos de 1974 reunia quatro noções de evangelização. Cf. *A evangelização no mundo de hoje. Documento preparatório do Sínodo dos Bispos*; cf. FLORISTÁN, C. "Evangelización", em CFP 339-351 (Bibl.) esp. 339-342.

equívoco em contrapor, como já algumas vezes se fez, a evangelização à sacramentalização" (EN 47)[8].

O Concílio Vaticano II também o havia indicado ao referir-se ao anúncio do Evangelho e à liturgia como dois momentos da missão da Igreja (cf. SC 6; 9; PO 4; AG 13-15) e ao recordar que os sacramentos são "sacramentos da fé", que "não só supõem a fé, mas por palavras e coisas também a alimentam, a fortalecem e a exprimem" (SC 59; cf. 60-61)[9].

II – Catequese e liturgia

A catequese e a liturgia têm em comum o fato de dirigir-se aos fiéis, já que "a catequese é uma educação da fé das crianças, dos jovens e dos adultos, a qual compreende especialmente o ensino da doutrina cristã, ministrado, em geral, de maneira orgânica e sistemática, com o fim de iniciá-los na plenitude da vida cristã" (CIC 5). Neste sentido, a catequese está unida à celebração e se articula com ela, embora sem confundir-se com ela (cf. CIC 6).

1 Relações entre catequese e liturgia

Mas, além de destinatários comuns, a catequese e a liturgia compartilham a tarefa de introduzir os homens no mistério da salvação, ajudando-os a viver e a expressar sua fé[10]. Sua tarefa não é uma tarefa paralela, mas convergente. Por um lado, a catequese está orientada para a exposição da fé e a confissão desta, que ocorre na celebração, especialmente na eucaristia, ápice de toda evangelização (cf. PO 5). Por outro lado, a liturgia significa também a atualização continuada da história pessoal e comunitária da conversão e da

---

8. Cf. NEUNHEUSER, B. "Evangelizzazione e celebrazione liturgica". In: PONT. UNIV. URBANIANA. *L'annunzio del Vangelo oggi. Commento all'Esort. Apost. di Paolo VI "Evangelii Nuntiandi"* (Roma 1977) 237-253; e NOCENT, A. "L'annunzio del Vangelo nella liturgia", ibidem, 35-55.

9. Cf. tb. CIC 1153 e 1155.

10. BROVELLI, F. (ed.). *Liturgia e catechesi* (Roma 1993); MALDONADO, L. "Celebrar. Reflexiones para un diálogo entre catequistas y liturgistas": *TCat* 26/27 (1988) 463-475; TRIACCA, A.M. "Il rapporto 'Liturgia-Catechesi' nella dinamica ecclesiale. Paralelismo o convergenza?": *Not* 238 (1986) 322-346; VERHEUL, A. "Liturgie et catéchèse": *QL* 67 (1986) 252-261; e *LMD* 234 (2003) etc.

fé dos fiéis, bem como o meio mais eficaz da incorporação do ser humano no mistério de Jesus Cristo[11].

No desenvolvimento de sua tarefa, a catequese utiliza a liturgia, ou seja, os sinais, as palavras e os gestos da celebração, para transmitir a doutrina da fé e para educar os destinatários na vida cristã. A catequese explica também os sinais sagrados usados pela liturgia e contribui para a iniciação gradual e progressiva dos candidatos aos sacramentos na celebração consciente e frutuosa. Esta iniciação sempre foi difícil, porque os ritos afetam a totalidade do ser humano e requerem um conhecimento mais amplo do que apenas a doutrina. A catequese busca hoje oferecer uma formação cristã mais integral no marco indispensável da comunidade eclesial[12]. É justamente esta visão que deve levar a catequese a assumir plenamente sua tarefa na iniciação à vida litúrgica e sacramental.

Mas isto não se tornará realidade sem o apoio e a colaboração dos que trabalham no campo da pastoral litúrgica. Estes últimos precisam levar em maior consideração os aspectos didascálicos da liturgia e cuidar ao máximo da dimensão expressiva e comunicativa da fé nos sinais, nos textos e nos gestos litúrgicos[13]. O *Catecismo da Igreja Católica* é um ponto de encontro entre catequese e liturgia, sobretudo desde o momento em que a doutrina sobre *a celebração do Mistério cristão* (parte II do *Catecismo*) oferece uma visão plenamente integradora tanto do que é a liturgia enquanto mistério e celebração quanto das relações com a catequese, especialmente a *catequese mistagógica*[14].

---

11. Cf. em CONG. PARA O CLERO. *Diretório geral para a catequese*, de 15-8-1997 (LEV, 1997) esp. o cap. II; JOÃO PAULO II. Exort. apost. *Catechesi tradendae* (16-10-1979) (LEV, 1979) 20 e 23-24; COM. EP. DE ENSINO E CATEQUESE DA ESPANHA. *La catequesis de la comunidad* (Madri 1983) n. 44ss., 59ss., 89-90 e 234; LÓPEZ MARTÍN, J. "El *Directorio general para la catequesis* y la liturgia": *Ph* 225 (1998) 191-202 etc.

12. Cf. ESTEPA, J.H. "La comunidad cristiana, origen, meta, ámbito y agentes de la catequesis": *Actualidad catequética* 92/93 (1979) 231-253.

13. Cf. COFFY, R. "La celebración, lugar de la educación en la fe": *Ph* 118 (1980) 267-280; FERRIÈRE, C. "La célébration: lieu de catechèse": *PLit* 56 (1974) 451-455; FLORISTÁN, C. "A liturgia, lugar de educação na fé": *Conc* 194 (1984) 501-511 etc.

14. Cf. CIC 1074 e 1075. Sobre a segunda parte do *Catecismo* cf. LÓPEZ MARTÍN, J. "La celebración del misterio cristiano. La II parte del 'Catecismo de la Iglesia Católica'": *TCat* 43/44 (1992) 391-413 e os estudos citados *supra* na nota 6 da Introdução.

2 Leis da catequese litúrgica

Aqui entendemos por catequese litúrgica não a mistagogia, que ocorre principalmente na própria celebração, mas a explicação prévia dos ritos e dos textos que devem ser usados numa determinada ação litúrgica. A catequese litúrgica faz parte da preparação para alguns sacramentos e deve ser realizada de acordo com os conteúdos e as orientações dos respectivos rituais[15]. Eis algumas leis que é preciso levar em conta[16]:

a) *Preeminência da Palavra de Deus*, manifestada na estrutura dos ritos: primeiro a Palavra, depois o rito sacramental; na inspiração bíblica das fórmulas e demais textos; na referência constante que se faz nos *praenotanda* ao dado bíblico e patrístico; e no modo como as rubricas articulam a Palavra e a liturgia do sacramento. A celebração não é só meta da catequese litúrgica, mas ponto de partida da mesma.

b) *Interiorização da ação litúrgica* ou correspondência entre as atitudes internas e os gestos ou ações. Com efeito, a catequese litúrgica se orienta para a participação ativa e frutuosa dos fiéis, mas a participação externa está a serviço da atitude interior, da fé e do desejo de crescer nela.

c) *Integração do crente na comunidade* e desta na Igreja universal, para que o sacramento faça parte da vida de cada indivíduo e de cada povo, enriquecendo seu horizonte existencial.

d) *Continuidade entre a catequese e a liturgia*: a catequese litúrgica deve prestar atenção a todos os elementos que compõem uma celebração e sublinhar aqueles mesmos aspectos que os rituais põem em primeiro plano. Por outro lado, esta catequese deve prolongar-se de alguma maneira nas intervenções do comentarista ou monitor na celebração litúrgica.

---

15. Da importância do Ritual já se falou una seção II do cap. XVI.
16. Sigo TRIACCA, A.M. "La liturgia educa alla liturgia?": *RL* 58 (1971) 261-275; ID. "Contributo per una catechesi liturgico-sacramentale. In margine al nuovo *Ordo Confirmationis*": *RL* 60 (1973) 611-632.

III – A liturgia, expressão da fé

A liturgia, enquanto ápice da ação evangelizadora (cf. PO 5; SC 10), mantém também uma íntima relação com a fé. Uma relação que compreende vários aspectos.

1 A liturgia e a confissão da fé

Já foi mencionado antes que a catequese está orientada para a confissão da fé, especialmente na liturgia. Ora, quando se afirma que na liturgia se confessa a fé, ou se celebra a fé, não se alude apenas à fé pessoal dos que participam da celebração, mas à fé da Igreja, proclamada e celebrada com as palavras e os gestos da liturgia e que aqueles que a professam acolhem como sua. A celebração litúrgica, enquanto manifestação principal da Igreja, é o âmbito necessário – embora não o único – no qual se confessa a fé. Assim o ratifica o ministro do batismo quando diz com toda a assembleia: "Esta é a nossa fé, que da Igreja recebemos e sinceramente professamos, razão de nossa alegria em Cristo nosso Senhor"[17].

"A Igreja crê da mesma maneira que ora. Cada celebração eucarística é uma profissão de fé. A norma da oração é a norma da fé"[18]. Mass isto não ocorre somente na oração eucarística e no símbolo da fé, cuja estrutura e conteúdos são muito semelhantes[19], mas também nas outras fórmulas eucológicas e nos ritos e sinais, ou seja, em todos os elementos da liturgia e em todas as celebrações.

2 A liturgia expressa a fé

A liturgia não é só o âmbito no qual se celebra a fé, mas é ela própria expressão da fé da Igreja[20]. Superada uma visão parcial e subjetiva desta ex-

---

17. *Ritual de batismo de crianças*, 48. Cf. tb. *Rito da confirmação*, 33.
18. Cf. BENTO XVI, Exort. apost. pós-sinodal *Sacramentum caritatis* (LEV 2007) n. 34; BISPOS DA FRANÇA. *Il est grand le mystère de la foi. Prière et foi de l'Église Catholique* (Paris 1978), Introdução.
19. Cf. LANNE, E. "La relazione dell'anafora eucaristica alla confessione di fede": *Sacra Doctrina* 47 (1967) 383-396; FEDERICI, T. *Letture bibliche sulla fede* (Roma 1971) 453-480.
20. Cf. ALESSIO, L. "La liturgia y la fe": *Not* 159 (1979) 578-583; MALDONADO, L. "Celebración y expresión de la fe": *EstT* 19 (1985) 91-105; RAMIS, G. "La liturgia, expresión de fe":

pressão, que supõe um reducionismo da celebração litúrgica à problemática da experiência religiosa, o que se constata na liturgia como expressão da fé é, antes de mais nada, a relação entre o mistério da salvação – ou os mistérios da fé – e sua expressão litúrgica. Com efeito, os mistérios da fé, enquanto acontecimentos salvíficos, são objeto da fé da Igreja transmitida pela revelação divina, mas são também o conteúdo da celebração.

O famoso axioma *lex orandi lex credendi* (a norma da oração é a norma da fé), abreviação de *legem credendi, lex statuat supplicandi* (a norma da oração estabelece a norma da fé), tem um sentido amplo destinado a mostrar a adequação entre as verdades da fé e sua celebração na liturgia, para além do sentido preciso que teve no *Indiculus de gratia Dei* de Próspero de Aquitânia, de onde provém[21]. Com efeito, a liturgia reflete sempre uma doutrina da fé e um certo ensinamento, ainda que sua finalidade não seja a de instruir. Em numerosos casos pressupõe e segue a fé revelada e ensinada pela Igreja em seu magistério, reafirmando-a na vida dos crentes. Em outros casos a liturgia precede a fé proposta pela Igreja, constituindo um fator muito poderoso de sua explicitação; por exemplo, em alguns dogmas marianos[22].

Contudo, não é à liturgia que cabe manifestar e propor a doutrina da fé, mas ao Magistério da Igreja. Por outro lado, a liturgia expressa também muitas vezes uma opinião comum ou histórica particular. Por este motivo, antes de explicitar o que é aquilo que aparece no testemunho da liturgia com caráter verdadeiramente universal, "sempre e em todos os lugares", é necessário realizar análises pacientes e comprovadas que ajudem a determinar a fé e individualizar suas expressões.

Ph 114 (1979) 519-523; ROSSO, St. "Influsso della Sacrosanctum Concilium nel insegnamento della teologia": *RL* 93 (2006) 259-278 etc.
21. Cf. SCHMIDT, H.A. *Introductio in liturgiam occidentalem* (Roma 1960) 131-139. Além disso: DE CLERCK, P. "*Lex orandi-lex credendi*. Sens originel et avatars historiques d'un adage équivoque": *QL* 59 (1978) 193-212; DONGHI, A. "Nella lode la Chiesa celebra la propria fede. Considerazioni sull'assioma *lex orandi-lex credendi*". In: DELL'ORO, F. (ed.). *Mysterion. Miscellanea S. Marsili* (Leumann/Turim) 161-192 etc.
22. Cf. VAGAGGINI, C. *El sentido teológico de la liturgia* (BAC, 1959) 487.

3 A liturgia "locus theologicus" e a teologia litúrgica

Esta seção é uma consequência das anteriores. Se a liturgia é um âmbito no qual se confessa a fé e ela própria é expressão da fé da Igreja, a liturgia é também um *lugar teológico*. Isto quer dizer que a liturgia representa também uma consideração específica da fé, não com vistas à formulação da doutrina ou ao seu ensino, mas com vistas à celebração. Em outras palavras, a liturgia contempla a fé no plano da atualização ritual nos sinais[23].

A teologia utilizou a liturgia como prova de uma determinada doutrina ou de um dado de fé. No entanto, trata-se do seguinte: destacar a coincidência entre o objeto da liturgia, enquanto celebração da fé, e o objeto da teologia, enquanto reflexão sobre a fé. Este objeto é o mistério ou acontecimento salvífico que se torna eficazmente atual num regime de sinais. Na liturgia há textos que têm uma procedência histórica concreta e que correspondem a um momento singular do ponto de vista da história do dogma e das controvérsias teológicas[24]. Na eucologia, corretamente interpretada[25], e no conjunto de gestos, de símbolos e de elementos que integram uma ação ritual, existe uma verdadeira *teologia litúrgica*, enquanto expressão litúrgica ou simbólico-ritual da doutrina da fé. Nesse sentido, a teologia litúrgica é equiparável à *teologia bíblica* ou à *teologia patrística*, enquanto "lugares teológicos" para o estudo e a reflexão sobre a doutrina da fé.

Por *teologia litúrgica* entende-se também a reflexão teológica que parte da prática celebrativa e com ela se ilustra o conteúdo teológico da liturgia.

---

23. MARSILI, S. "Liturgia e teologia. Proposta teoretica": *RL* 59 (1972) 455-473, aqui 456. Sobre a liturgia como *locus theologicus* e a teologia da liturgia, cf. AA.VV. "La teologia liturgica". In: *Qualità pastorale delle discipline teologiche e del loro insegnamento* (Roma 1993) 127-157; DALMAIS, I.H. "La liturgie comme lieu théologique": *LMD* 78 (1964) 97-106; FERNÁNDEZ, P. "La teología de la liturgia. Una cuestión pendiente": *EcclOr* 23 (2006) 99-127; GARCÍA, A. "El sentido 'litúrgico' de la liturgia": *Ph* 287/288 (2008) 427-467; GRILLO, A. *Teologia fondamentale e liturgia* (Pádua 1995); ID. *Introduzione alla teologia liturgica* (Pádua 1999); SODI, M. "*Sacrosanctum Concilium* 1963-2003. Une nouvelle théologie de la liturgie ou une théologie liturgique?": *LMD* 238 (2004) 65-77; STENZEL, A. "La liturgia como lugar telógico", em MS I, 670-685; e *LMD* 221 (2000) etc.

24. Por exemplo, os textos do Natal com especial referência à obra litúrgica de São Leão Magno, cf. *supra*, nota 4 do cap. XXII.

25. Cf. *supra*, nota 19 do cap. X.

Por outro lado, a teologia, em relação com a liturgia e enquanto leva em consideração o modo sacramental de atualização dos mistérios da salvação na liturgia, desemboca numa *homologia* e numa *doxologia*, de maneira que se pode falar de um verdadeiro "sentido litúrgico" da teologia[26].

IV – A liturgia, mistagogia da fé

O último aspecto das relações entre a liturgia e a fé é o do enriquecimento da fé que ocorre em toda ação litúrgica. Com efeito, os sacramentos, e com eles todos os sinais litúrgicos, não só supõem a fé e a expressam mediante palavras e gestos, mas também "a alimentam, a fortalecem e a exprimem" (SC 59). Os sacramentos "conferem certamente a graça, mas sua celebração também prepara os fiéis do melhor modo possível para receberem frutuosamente a graça, cultuarem devidamente a Deus e praticarem a caridade" (ibid.). Esta função nutritiva e enriquecedora da fé é denominada *mistagogia*.

1 A mistagogia não é uma "pedagogia"

Os Santos Padres davam o nome de *mistagogia* à introdução progressiva e gradual na vida litúrgica da comunidade cristã, nos sacramentos ou mistérios sagrados nos quais se realiza a obra de nossa salvação[27]. A mistagogia, ao contrário do que ocorre com a catequese orientada para os catecúmenos em sentido estrito, se dirige aos batizados e confirmados, levando em consideração que já são filhos de Deus no Filho Jesus Cristo e estão sob a ação ilumi-

---

26. Cf. LÓPEZ MARTÍN 1, 347-379, com base nas contribuições esplêndidas de S. Marsili e de A.M. Triacca. Cf. a bibliografia ali citada nas p. 470-471. Além disso: FLORES, J.J. "Situación actual de la teología litúrgica": *Ph* 287/288 (2008) 515-550; MAGGIANI, S. "La teologia liturgica di S. Marsili come 'opera aperta'": *RL* 80 (1993) 341-357; TRIACCA, A.M. "Teologia della liturgia o teologia liturgica? Contributo di P. S. Marsili per una chiarificazione": *RL* 80 (1993) 267-289; e "Salvtore Marsili. Attualità di una mistagogia": *RL* 95/3 (2008) 371-565 (o fascículo inteiro reúne artigos e notas do autor por ocasião do XXV aniversário de sua morte).

27. Cf. CACUCCI, F. *La mistagogia. Una scelta pastorale* (Bolonha 2006); FEDERICI, T. "La mitagogia della Chiesa. Ricerca spirituale". In: ANCILLI, E. (ed.). *Mistagogia e direzione spirituale* (Milão 1985) 163-245; ID. "La santa mistagogía permanente de la Iglesia": *Ph* 193 (1993) 9-34; TRIACCA, A.M. & PISTOIA, A. (eds). *Mystagogie: pensée liurgique d'aujourd'hui et liturgie ancienne* (BELS 70, 1993); e *LMD* 177 (1989).

nadora do Espírito Santo. Por isso, a mistagogia ocorre não a partir de uma experiência meramente antropológica, ou a partir de uma "pedagogia" genérica da fé, mas a partir da *sinergia* divina ou comunicação interior de Deus ao homem por meio da eucaristia e dos demais sacramentos. Através da liturgia, o Espírito Santo transmite ao homem uma "experiência" viva e distinta.

A explicação desta ação formadora da fé que ocorre na liturgia se encontra nas célebres *catequeses mistagógicas* da Antiguidade[28]. Hoje esse modelo está refletido no *Rito da iniciação cristã de adultos*[29].

2 Dimensão mistagógica da celebração

Mistagogia significa, portanto, levar os já iniciados (*mystai*) a viver plenamente o dom recebido, o mistério de salvação. Sua meta é a comunhão com o Pai, em Jesus Cristo, na presença do Espírito Santo; e seu tempo mais significativo é a Cinquentena pascal. No entanto, a ação mistagógica não se encerra neste tempo simbólico e emblemático, mas acontece em toda celebração, verdadeira epifania do Espírito que Cristo ressuscitado doa continuamente à Igreja. É a própria ação ritual, enquanto evocação e representação do mistério salvífico, que leva progressivamente os fiéis ao coração do acontecimento que se torna presente com sua eficácia.

Na prática, a mistagogia vem a ser a maneira plena de celebrar a liturgia, dando a primazia à Palavra divina e à dimensão invisível e transcendente da ação ritual. Existe mistagogia quando o ministro desempenha sua função de dispensador dos divinos mistérios, com autêntico sentido do sagrado cris-

---

28. Cf. CONTRERAS, E. "Catequesis y Liturgia en los Padres de la Iglesia": *Ph* 252 (2002) 457-481; DANIÉLOU, J. *La catequesis en los primeros siglos* (Madri 1975); MAZZA, E. *La mistagogia. Una teologia della liturgia in epoca patristica* (Roma 1988); OÑATIBIA, I. "La catequesis litúrgica en los Padres": *Ph* 118 (1980) 281-294; STUDER, B. "Mistagogía", em DPAC 2, 1456; TRIACCA. A.M. "Liturgia e catechesi nei Padri: note metodologiche". In: FELICI, S. (ed.). *Valori attuali della catechesi patristica* (Roma 1979) 51-66 etc.

29. Edição típica de 1972; cf. CONGR. PARA O CULTO DIVINO. "Riflessioni sul cap. IV dell'OICA": *Not* 85 (1973) 274-278; comentário: ibid., 278-282; GONZÁLEZ, R. "La mistagogía en el Ritual de la Iniciación cristiana de Adultos": *Ph* 191 (1992) 381-394; ID. "Balance de la reforma litúrgica. Panorama desde la perspectiva mistagógica". In: ASS. PROF. DE LITURGIA (ed.). *Luces y sombras de la reforma litúrgica* (Madri 2008) 125-169.

tão e introduzindo e animando o espírito de oração e a participação interior (cf. SC 11; PO 5), e quando faz uma homilia baseada verdadeiramente na Palavra de Deus celebrada e cumprida no sacramento. A oração e os gestos da liturgia, unidos numa função de verdadeira "linguística celebrativa" do mistério, completam a mistagogia[30].

---

30. Cf. FEDERICI, T. "Estructura de la liturgia de la Palabra en los leccionarios antiguos y en el *Ordo lectionum Missae*": *Ph* 151 (1986) 55-81, aquí 76-81; LÓPEZ MARTÍN, J. "El estilo de las celebraciones litúrgicas": *PastL* 193/194 (1990) 30-40.

Capítulo XXIX
Espiritualidade litúrgica, oração e exercícios piedosos

A vida espiritual não se restringe unicamente à participação da sagrada liturgia. O cristão, chamado para a oração comunitária, deve, não obstante, entrar em seu cubículo e orar ao Pai em segredo (SC 12). Os piedosos exercícios [...] devem ser organizados de tal maneira que condigam com a sagrada liturgia, dela de alguma forma derivem, para ela encaminhem o povo (SC 13).

Bibliografia

AA.VV. *Liturgia y vida espiritual* (Bilbao 1965); ALESSIO, L. *Una liturgia para vivir. Estudios de espiritualidad litúrgica* (Buenos Aires 1978); ARTUSO, L. *Liturgia e spiritualità. Profilo storico* (Pádua 2002); AUGÉ, M. *Spiritualità liturgica* (Cinisello Balsamo 1998); BRASSO, G. *Liturgia y espiritualidad* (Montserrat 1956); BROVELLI, F. (ed.). *Liturgia e spiritualità* (Roma 1992); CASTELLANO, J. "Oración y liturgia", em NDL 1456-1474; ID. *Pedagogía de la oración cristiana* (Barcelona 1996); ID. *Liturgia y vida espiritual* (BL 27, 2006); COM. EP. DE LITURGIA (ed.). *El arte de la oración* (Madri 2005); CORBON, J. *Liturgia y oración* (Madri 2004); CUVA, A. *"Vita nello Spirito* e liturgia": *Not* 342 (1995) 33-51; FEDERICI, T. *Cristo Signore Risorto amato e celebrato*, II: *La scuola di preghiera cuore della Chiesa locale* (Bolonha 2005); FLORES, J.J. *Traducir en la vida el Misterio pascual. Apuntes para una espiritualidad litúrgica* (Madri 1992); GOFFI, T. & SECONDIN, B. *Problemas y perspectivas de espiritualidad* (Salamanca 1986); GRELOT, P. *Liturgie et vie spirituelle* (Paris 1977); LÓPEZ MARTÍN 1, 381-423; 2, 447-492; ID. "Devociones y liturgia", em NDL 562-582; ID.

"Espiritualidad litúrgica y sacramental". In: ARZOBISPADO DE SEVILLA (ed.). *La formación del sacerdote del tercer milenio* (Madri 2000) 245-262; MARSILI, S. "Espiritualidad litúrgica". In: *Los signos del misterio de Cristo* (Bilbao 1993) 409-459; MISTRORIGO, A. *Vivere Cristo nella liturgia* (Casale Monferrato 2001); NEUNHEUSER, B. "Espiritualidad litúrgica", em NDL 676-702; OÑATIBIA, I. "Liturgia y teología espiritual": *Lumen* 10 (1961) 3-16; PATERNOSTER, M. *Liturgia e spiritualità cristiana* (Bolonha 2005); VALENTINO, A.M. *L'esperienza di Dio nella liturgia* (Roma 1991); VAGAGGINI, C. *El sentido teológico de la liturgia* (BAC, 1959) 606-700 e 753-764; e *Conc* 52 (1970); *CuaderPh* 52, 57, 59, 79 e 106 (1994-2000); *LMD* 109 (1972); 153 (1983); 218 (1999); *Dossiers* CPL 12, 54, 58, 77, 84 e 90 (1981-2001); *OrH* 26/4-5 e 6 (1995); *Ph* 60 (1970); 89 (1975); 112 (1979); 117 (1980); 197 (1993); 239 (2000); 248 (2002; *RL* 61/3 (1974); 63/2 (1976); 73/4 (1986); 65/2 (1978); 77/6 (1999); 75/2 (1988).

A vida espiritual, chamada também "vida interior", é a vida "no Espírito", ou seja, a vida dos cristãos realizada como uma permanente assimilação ao Filho Jesus Cristo sob a ação do Espírito Santo (Rm 8,29). A liturgia está na origem, no desenvolvimento e na consumação desta vida. Neste sentido, pode-se falar de uma espiritualidade litúrgica, objeto deste capítulo.

No entanto, da mesma maneira que "a sagrada liturgia não esgota toda a ação da Igreja" (cf. SC 9), tampouco abarca toda a vida espiritual (cf. SC 12). Por este motivo são estudadas também neste capítulo as relações entre a oração pessoal e a participação litúrgica, e a situação dos chamados "exercícios piedosos" do povo cristão.

I – A espiritualidade litúrgica

A vida cristã, como "culto em Espírito e verdade" (cf. Jo 4,23; Rm 12,1), se verifica nas celebrações litúrgicas, nas quais se concretiza a liturgia como "exercício do múnus sacerdotal de Jesus Cristo" para santificação do homem e culto a Deus (cf. SC 7)[1].

---

1. Cf. AA.VV. *Espiritualidad litúrgica* (Madri 1986); ALBARRACÍN, T. "La liturgia, elemento renovador de la vida cristiana": *Ph* 239 (2000) 373-390; ALDAZÁBAL, J. "La liturgia construye la personalidad cristiana": *Ph* 209 (1995) 411-417; COLOMBO, A. "La spiritualità teologico-liturgica dell'abate S. Marsili": *RL* 95 (2008) 347-352; CUVA, A. "Vita nello spirito e la

1 Espiritualidade da Igreja

Ora, esta espiritualidade não é uma forma de vida facultativa ou opcional, mas básica e geral, comum a todos os discípulos de Jesus. Sem excluir modelos concretos, de acordo com as diversas escolas históricas de espiritualidade, a liturgia constitui um fator fundamental de todas elas[2]. Nesse sentido, falar de espiritualidade litúrgica significa referir-se ao substrato comum de toda forma de vida carismática ou apostólica. A espiritualidade litúrgica vem a ser, de fato, a espiritualidade da Igreja[3].

Desse modo supera-se também uma visão subjetiva e psicológica da vida espiritual, já que o mistério de Cristo celebrado nas ações litúrgicas é apresentado e vivido em toda a sua integridade e eficácia objetiva (cf. SC 7). Os mistérios da salvação são postos ao alcance dos fiéis não só para que estes os contemplem e procurem imitá-los em sua vida, mas sobretudo para que se beneficiem de sua força redentora (cf. SC 102). A liturgia celebra e atualiza o mistério de Cristo como momento constitutivo da última etapa da história da salvação, em íntima dependência com a revelação bíblica. A espiritualidade litúrgica representa, portanto, o específico cristão da vida interior e a objetividade de uma salvação anunciada pela Palavra de Deus e cumprida nos sinais sacramentais.

---

liturgia": *Not* 342/343 (1995) 33-51; FLORES, J.J. "De la teología litúrgica a la espiritualidad: una propuesta para llegar a la vida litúrgica": *EcclOr* 19 (2002) 405-418; ID. "La celebración y la vida litúrgica": *Ph* 274 (2006) 399-410; GELINEAU, J. et al. "Liturgie et vie spirituelle": DSp IX, 923-939; LARA POLAINA, A. "La celebración litúrgica es también fuente de la vida cristiana": *RET* 55 (1995) 65-80; BISPOS DA CATALUNHA. "La liturgia, fuente de vida espiritual": *Not* 311 (1992) 411-418; TENA, P. "Liturgia y espiritualidad, cuestión actual?": *Ph* 62 (1971) 157-166 etc.

2. Cf. MARSILI, S. "Espiritualidad litúrgica", a.c., 411-447; também CASTELLANO, J. "Un símbolo de san Juan de la Cruz: la fuente. Biblia, liturgia y espiritualidad": *Ph* 185 (1991) 383-413; GOENAGA, J.A. "San Ignacio de Loyola y la liturgia de la Iglesia": *Ph* 183 (1991) 217-239; RIVERA, J. & IRABURU, J.M. *Espiritualidad católica* (Madri 1982); ROJAS, P. "Experiencia espiritual y vida litúrgica en san Bernardo de Claraval": *Ph* 225 (1988) 223-234 etc.

3. Cf. LÓPEZ MARTÍN. 1, 387. Cf. tb. CASTELLANO, J. "Cómo difundir una espiritualidad eucarística en un mundo secularizado y relativista": *PastL* 291 (2006) 151-168; ID. "Espiritualidad de la Liturgia de las Horas": *PastL* 293 (2006) 273-291; TRIACCA, A.M. "Per una definizione di 'spiritualità' cristiana dall'ambito liturgico": *Not* 272 (1989) 277-288.

2 Caraterísticas

As características da espiritualidade litúrgica definem o estilo de vida dos que a orientam de acordo com a proposta da liturgia.

A espiritualidade litúrgica é essencialmente *bíblica*, ou seja, baseada na Bíblia como Palavra de Deus celebrada e atualizada nos sinais litúrgicos. O Lecionário da missa, o do Ofício divino e o dos sacramentos e sacramentais oferecem os conteúdos salvíficos concretos para a santificação dos homens e o culto a Deus. Nesse sentido, esta espiritualidade é também *histórica e profética*, enquanto leva a penetrar no significado salvífico e escatológico dos acontecimentos da história da salvação, cumprida em Cristo e prolongada na existência dos batizados.

A espiritualidade litúrgica é *cristocêntrica e pascal*, já que a liturgia tem como centro o mistério de Cristo, culminância e cumprimento da história da salvação "de uma vez por todas" (*ephapax*). A liturgia anuncia, celebra e torna presente "aqui e agora" (*hosákis*) a obra de Cristo sob a ação do Espírito derramado na Páscoa. Ao acontecer esta atualização num regime de sinais sensíveis e eficazes, cada um à sua maneira (cf. SC 7), a liturgia produz uma espiritualidade *sacramental*, de maneira que o cristão vive em Cristo e Cristo vive nele (cf. Gl 2,20).

Por último, a espiritualidade litúrgica é espiritualidade *mistagógica*. A liturgia vai produzindo uma iniciação gradual, progressiva e vital no mistério de Cristo em sua representação e atualização litúrgica. Neste sentido, a espiritualidade litúrgica é plenamente *mística*, sem reduzi-la, como se faz com bastante frequência, a estados psicológicos ou subjetivos de consciência.

II – Espiritualidade litúrgica e oração pessoal

A espiritualidade litúrgica, enquanto vida no Espírito sobre o fundamento da participação na liturgia da Igreja, significa para cada um dos fiéis a integração tanto dos elementos objetivos da vida espiritual, que procedem da tradição cristã, quanto dos elementos subjetivos, que configuram a experiência religiosa pessoal. A vivência das celebrações litúrgicas como encontros com Deus em Jesus Cristo produz como fruto a harmonização de todos os aspectos da vida espiritual, de maneira que a vida interior realmente prepara, acompanha e prolonga as atitudes que se desenvolvem na liturgia[4].

1 Piedade litúrgica e piedade privada

Na Igreja sempre existiram a liturgia e os atos de piedade como duas formas legítimas de culto, cuja diversidade específica costuma ser explicada em relação com a natureza de cada uma delas: a liturgia é o culto pertencente a todo o corpo da Igreja e os exercícios piedosos são todos os outros atos religiosos comunitários ou individuais[5]. A primeira forma de culto foi denominada também *piedade litúrgica* e a segunda *piedade privada*, englobando nesta forma o que hoje se denomina *piedade popular*[6]. A polêmica de outros tempos entre os partidários de uma forma de piedade ou da outra deu lugar ao reconhecimento de que em ambas devem estar presentes, em cada uma a seu modo, tanto o elemento objetivo, ou seja o mistério ou a ação de Deus, quanto o elemento subjetivo, que consiste na atitude do homem ou reta disposição da alma[7]. Portanto, ambas as formas de piedade estão relacionadas entre si, embora sejam realmente distintas e na prática não devam ser confundidas (cf. SC 12-13).

2 Necessidade da oração pessoal

"O cristão, chamado para a oração comunitária, deve, não obstante, entrar em seu cubículo e orar ao Pai em segredo; deve até orar sem cessar,

---

4. Cf. BAROFFIO, B. et al. *Liturgia. Soglia dell'esperienza di Dio?* (Pádua 1982); BERNAL, J.M. "La celebración litúrgica como experiencia íntima de Dios": *Ph* 114 (1979) 473-493; TRAETS, C. "La liturgie, rencontre de Dieu dans le Christ": *QL* 67 (1986) 214-234 etc.

5. Estas noções já foram estudadas na seção IV do cap. III.

6. Sobre a *piedade popular* cf. especialmente a bibliografia citada nas notas 28 e 33 do referido capítulo.

7. GARRIDO, M. "Piedad objetiva y subjetiva en la vida espiritual": *Liturgia* 17 (1962) 170-180; KOSER, C. "Piedade 'litúrgica' e *pia exercitia* à luz da Constituição litúrgica". In: BARAÚNA, G. *A sagrada liturgia renovada pelo Concílio* (Petrópolis 1964) 203-249 etc.

como ensina o Apóstolo" (SC 12; cf. Mt 6,6; 1Ts 5,17)[8]. A liturgia não só não exclui a oração pessoal, mas convida os fiéis cristãos a dedicar-se ao colóquio com o Pai com confiança filial e intimidade, como fazia o Senhor e como aparece na Igreja primitiva[9]. A história do Ofício divino mostra a complementaridade existente entre as orações "estabelecidas" e a oração pessoal à qual se dedicavam os cristãos, especialmente os monges (a *lectio divina*)[10].

Somente em consequência da *devotio moderna* ocorreu uma descontinuidade entre a oração pessoal e a oração litúrgica. A meditação se afastou da matriz da Palavra de Deus e dos textos litúrgicos para dedicar-se a "contemplar" e a "considerar afetivamente" diversos objetos ou aspectos do mistério de Deus ou da salvação praticamente à margem da celebração, inclusive quando se assistia a ela[11]. O movimento litúrgico primeiramente, e o Concílio Vaticano II depois, situaram novamente a "meditação" em seu justo lugar como escuta da Palavra de Deus e preparação ou prolongamento da liturgia. Vão neste sentido as recomendações do Concílio e de numerosos documentos pós-conciliares[12].

Por conseguinte, a oração pessoal deve ser um estímulo constante na vida de todo cristão que queira fazer de sua existência um culto ao Pai "no Espírito Santo e na verdade" e entregar-se com maior intensidade ao serviço dos homens. Nenhum cristão reza sozinho. Acompanha-o sempre o Espírito

---

8. Cf. BAROFFIO, B. "Oración", em DTI III, 666-679; BOCASSINO, R. (ed.). *La preghiera*, 3 vols. (Milão/Roma 1967); CHAUVET, L.M. "Liturgie et prière. Eléments de réflexion anthropologique, théologique et pastorale": *LMD* 195 (1993) 49-90; CORBON, J. *Liturgia y oración* (Madri 2004); HAMMAN, A. *La oración* (Barcelona 1967); ID. *Compendio sulla preghiera cristiana* (Cinisello Balsamo 1989); MARSILI, S. *La preghiera* (LEV, 1989); SOLER, J.M. "La liturgia, maestra de la oración": *PastL* 274 (2003) 177-192; ID. "Las celebraciones litúrgicas en el corazón de los ejercicios espirituales": *PastL* 294 (2006) 401-412; SUDBRACK, J. "Oración", em SM V, 1-18; TORRALBA, F. "Cuando la oración se hace lírica. La espiritualidad de Kierkegaard": *Ph* 210 (1995) 499-512 etc.

9. Cf. *supra*, a seção II do cap. XXV.

10. Cf. *supra*, nota 19 do cap. XXV.

11. Cf. *supra*, nota 42 do cap. IV.

12. Cf. SODI, M. "L'orazione mentale": *Not* 233 (1985) 644-669. Cf. tb. CASTELLANO, J. "Meditación cristiana y espiritualidad oriental. Anotaciones desde una perspectiva litúrgica": *Ph* 184 (1991) 297-320.

Santo (cf. Rm 8,15.26-27). Sua oração é sempre uma oração a dois e em coro, na qual ressoa a invocação da Igreja na epiclese contínua a seu Senhor (cf. Ap 22,17.20)[13].

A oração pessoal será sempre uma forma forte de oração que encontrará continuidade e harmonia na oração comunitária e na oração litúrgica. Ao mesmo tempo, a liturgia, celebrada com a devida atenção interior e o cuidado da participação consciente e ativa, contribuirá para enriquecer a vida espiritual de todos os fiéis, mas especialmente dos ministros[14].

III – A liturgia, escola de oração

A liturgia, espiritualidade da Igreja, é uma verdadeira "escola de oração" que introduz e faz progredir na oração cristã, na perspectiva da *mistagogia* descrita no capítulo anterior. A liturgia é, como em outros aspectos, "fonte e ápice" da vida cristã.

Entre celebração e oração existe uma relação intrínseca, baseada na natureza transcendente da liturgia, que exige sentido do mistério e atitude de adoração como condições para uma autêntica participação[15].

---

13. Cf. IGLH 8; CIC 2672. Desta assistência já se falou na seção IV do cap. XXV. Cf. tb. CASTELLANO, J. "La oración cristiana. Cuarta parte del Catecismo. Una exposición desde la perspectiva litúrgica": *Ph* 194 (1993) 137-151.

14. Cf. SC 19; 90; PO 18; Exort. apost. *Pastores dabo vobis*, de 29-3-1992 (LEV, 1992) n. 26 e 72; CONGR. PARA O CLERO. *Diretório para a vida e o ministério dos presbíteros*, de 31-1-1994 (LEV, 1994) n. 39 e 48ss.; também GARCÍA, A. "El Ritual de Órdenes: Una aportación eclesial a la espiritualidad del presbítero": *PastL* 228 (1995) 19-43; LÓPEZ MARTÍN, J. "La espiritualidad litúrgica del sacerdote". In: COM. EP. DO CLERO (ed.). *Espiritualidad sacerdotal. Congreso* (Madri 1989) 349-366; ID. "Oración y ministerio en la vida del presbítero": *Ph* 244 (2001) 327-341; SARTORE, D. "Formación litúrgica de los futuros presbíteros", em NDL 903-912. SOLER, G. "La liturgia, fuente de santificación y de la vida espiritual de los presbíteros": *PastL* 228 (1995) 7-18; TENA, P. "La formación litúrgica como responsabilidad pastoral": *Ph* 127 (1982) 21-39 etc.

15. Cf. BENTO XVI. Exort. apost. pós-sinodal *Sacramentum caritatis* (LEV 2007) n. 52, 55 e 66; CANALS, J.M. "Oración litúrgica", em DTVC 1224-1242; FERNÁNDEZ, P. "Teología de la oración litúrgica": *CiTom* 107 (1980) 355-402; GONZÁLEZ, L. "De la oración personal a la oración litúrgica". In: SECR. NAC. DE LITURGIA. *La oración en las comunidades cristianas* (Madri 1987) 47-67 etc.

1 Função mistagógica e oração

Em todo caso, a liturgia, com seu caráter mistérico e eclesial, é "escola de oração" para a totalidade dos membros do povo de Deus. Com efeito, trata-se de educar na oração a partir da celebração litúrgica, para que não existam compartimentos estanques na espiritualidade, e a oração pessoal e a participação litúrgica fluam como um único movimento do crente para Deus Pai, por Jesus Cristo, no Espírito. Neste sentido, a liturgia põe em jogo seu caráter mistagógico de introdução progressiva e gradual dos fiéis no mistério da relação filial dos crentes[16].

O gesto do *effetá* no antigo rito do batismo (cf. Mc 7,34), ou o gesto de Jesus comunicando a seus discípulos a "compreensão" das Escrituras depois da Ressurreição (cf. Lc 24,45; Jo 20,22), recordam mais uma vez a necessidade da assistência do Espírito Santo, "mistagogo" interior da oração cristã (cf. 1Cor 12,3b; Rm 8,26-27). Ele revela o sentido último da Palavra de Deus e capacita os crentes para acolhê-la com fé e responder a ela na oração e na vida (cf. Jo 4,23; Rm 12,1).

A liturgia é não só lugar por antonomásia da oração cristã, mas também seu modelo exemplar e sua referência necessária.

2 Meios para introduzir na oração

Para cumprir sua função mistagógica diante da oração, a liturgia utiliza preferentemente dois meios:

a) A *Palavra de Deus*, em primeiro lugar, porque ela é o fundamento de toda ação litúrgica. A liturgia nunca proclama a Palavra abstratamente nem ao acaso; mas, guiada pelo Espírito, seleciona e propõe os diversos conteúdos salvíficos seguindo a celebração do mistério de Cristo. Tudo quanto se disser das características da oração cristã a partir da oração litúrgica se apoia neste fato básico que transforma a assembleia celebrante e cada um dos fiéis

---

16. Cf. MARSILI, S. "La liturgia, mistagogia e culmine della preghiera cristiana": *RL* 65 (1978) 184-191; e HAMELINE, D.J.-Y. "A propos de la liturgie 'école de prière'": *LMD* 196 1993) 55-69.

em "ouvintes" da Palavra que a acolhem com fé. Não se pode esquecer que a liturgia é comunhão com o mistério que é celebrado, mas não de modo geral e sim a partir de certas realidades de salvação concretas, que são anunciadas pela Palavra de Deus, tornadas objeto de ação de graças e de súplica na oração litúrgica e comunicadas eficazmente nos gestos sacramentais.

b) Os *ritmos ou tempos de oração* estabelecidos pela liturgia significam certas constantes para a oração do povo de Deus, enquanto sujeito da oração eclesial, e para a oração de todos aqueles que, neste povo, a realizam ou asseguram o cumprimento do mandamento evangélico de rezar sempre:

> É muito desejável que ela [a Liturgia das Horas] penetre profundamente a oração cristã toda, se torne expressão desta e alimente com eficácia a vida espiritual do povo de Deus. [...] É de fato para apoiá-la continuamente e ajudá-la que se destina o livro da *Liturgia das Horas*, repartido pelos devidos tempos[17].

IV – Os exercícios piedosos

Trata-se de analisar as relações entre a liturgia e os exercícios de piedade ou devoções do povo cristão[18]. Estes atos, como foi dito antes, têm muito a ver com a *religiosidade popular*, denominada hoje mais propriamente *piedade popular* ou *catolicismo popular*[19]. Com efeito, "além da liturgia, a vida cristã se nutre de formas variadas da piedade popular, enraizadas em suas diferentes culturas. Velando para esclarecê-las à luz da fé, a Igreja favorece as formas de religiosidade popular que exprimem instinto evangélico, sabe-

---

17. PAULO VI. Const. apost. *Laudis canticum* n. 8: *AAS* 63 (1971) 531-532. Cf. IGLH, n. 5-8.
18. Cf. *supra*, seção IV do cap. III.
19. PAULO VI. Exort. apost. *Evangelii Nuntiandi* (8-12-1975) 48. Além da bibliografia da nota 33 do cap. III sobre o *Diretório sobre piedade popular e liturgia* (2001), pode-se consultar: AA. VV. *Liturgia e religiosità popolare* (Bolonha 1979); ÁLVAREZ, R. *La religión del pueblo. Defensa de sus valores* (Madri 1976); MALDONADO, L. *Religiosidad popular, nostalgia de lo mágico* (Madri 1975); ID. *Génesis del catolicismo popular* (Madri 1979); ID. "Liturgia y religiosidad popular": *Ph* 226/227 (1998) 317-331; SEC. NAC. DE LITURGIA. *Liturgia y piedad popular. Directorio litúrgico pastoral* (Madri 1989); ID. *Religiosidad popular* (Madri 1990); TERRIN, A.N. & CASTELLANO, J. "Religiosidad popular", em NDL 1722-1743; e *Conc* 206 (1986); *Comm* 9/5 (1987); *CuaderPh* 39 (1992); *LMD* 122 (1975); *Ph* 89 (1975); *RivPL* 16/2 (1978) etc.

doria humana e que enriquecem a vida cristã"[20]. As relações entre uma forma de culto e a outra ao longo da história nem sempre foram fluidas[21].

1 Legitimidade

Os princípios nos quais se baseiam as relações entre a liturgia e os exercícios piedosos foram formulados pela primeira vez na encíclica *Mediator Dei*, de Pio XII[22]. O documento distinguia três classes de exercícios piedosos: a) os atos de *piedade pessoal*, "que dispõem os fiéis a participar das sagradas funções mais frutuosamente" (MD 219; cf. 222; 224); b) os exercícios *coletivos* de piedade ou *devoções populares* que, "embora, a rigor, não pertençam à sagrada liturgia, revestem particular dignidade e importância [...] e gozam de repetidas aprovações e elogios da Sé Apostólica e dos bispos" (MD 225; cf. 226-227)[23]; e c) aqueles atos cujo vínculo com a liturgia é tão estreito e íntimo que praticamente se identificam com ela (cf. MD 165)[24].

O Código de Direito Canônico de 1983 manteve o reconhecimento destes meios pelos quais se realiza na Igreja a função de santificar, nos cânones 834 e 839. Estes cânones se inspiram em SC 7 e 105 e em outros textos conciliares que fazem referência à contribuição dos leigos para a função santificadora da Igreja (cf. LG 10; 34; 38; 41; AA 4; 6; 8).

2 Conveniência

O Concílio Vaticano II, com realismo e equilíbrio, quis estimular a espiritualidade para além da própria vida litúrgica (cf. SC 12). Com efeito, falando da vida espiritual dos presbíteros, recordou os "meios comuns e es-

---

20. CIC 1679; cf. n. 1674-1675.
21. Cf. *supra*, nota 29 do cap. III.
22. Em *AAS* 39 (1947) 521-595.
23. Pio XII mencionava o mês de maio dedicado à Virgem Maria; o mês de junho ao Coração de Jesus – as novenas e os tríduos, a via-sacra e o rosário. Todos esses exercícios "contribuem com frutos saudáveis para nossa participação no culto litúrgico" (MD 226).
24. Entre estes atos Pio XII incluía as bênçãos com o Santíssimo Sacramento, as procissões solenes pelos campos e cidades, especialmente por ocasião dos Congressos Eucarísticos, e a adoração ao Augusto Sacramento" (MG 165; cf. 166).

peciais, novos e velhos, que o Espírito Santo nunca deixou de suscitar no povo de Deus e que a Igreja recomenda, e por vezes chega até a impor, para a santificação de seus membros" (PO 18)[25]. O Concílio fez recomendações semelhantes aos religiosos (cf. PC 6), aos seminaristas (cf. OT 8) e aos seculares (cf. LG 34; AA 4).

No entanto, o Concílio estabeleceu também que "os exercícios piedosos [sejam] conformes às leis e normas da Igreja". Pio XII forneceu, já na *Mediator Dei*, um duplo critério para julgar esses exercícios: "evitar que se introduza neles algo inepto ou indigno do decoro da casa de Deus, ou contrário à sã piedade" (MD 227); e que "o espírito da sagrada liturgia e seus preceitos exerçam sobre eles uma influência benéfica" (ibid.). Uma recomendação análoga fez o Vaticano II: "Estes exercícios devem ser organizados de tal maneira que condigam com a sagrada liturgia, dela de alguma forma derivem, para ela encaminhem o povo, pois que ela, por sua natureza, em muito os supera" (SC 13). Os exercícios piedosos serão tanto mais recomendáveis quanto mais estiverem relacionados com "a primeira e necessária fonte, da qual os fiéis haurem o espírito verdadeiramente cristão" (SC 14).

Paulo VI, na *Marialis cultus*, fala que "as diversas formas de devoção para com a Mãe de Deus, que a Igreja aprovou, dentro dos limites da doutrina sã e ortodoxa, se desenvolvem em subordinação harmônica ao culto de Cristo e gravitam à volta deste, qual ponto de referência natural e necessário das mesmas" (MC *Intr.*; cf. LG 66).

3 Renovação

Para conseguir estes ideais é necessário renovar alguns exercícios de piedade de acordo com a liturgia. Eis os critérios para esta renovação oferecidos pela exortação *Marialis cultus* (MC 29-39)[26]:

---

25. A referência a estes meios é uma constante do Magistério eclesiástico; cf. ESQUERDA, J. (ed.). *El sacerdocio hoy. Documentos del Magisterio eclesiástico* (Madri 1983); JOÃO PAULO II. Exort. apost. *Pastores dabo vobis*, 47-48; CONGR. PARA O CLERO. *Diretório para a vida...*, o.c., n. 39.
26. Cf. tb. as sugestões feitas pela CONGR. PARA O CULTO DIVINO. "Orientações para o Ano Mariano". In: *Orientações e propostas para a celebração do Ano Mariano*, 11-62; ID. *Ano da Eucaristia. Sugestões e propostas* (LEV, 204).

a) *Orientação bíblica*: as práticas de piedade devem trazer o selo da inspiração na Bíblia como livro fundamental da oração cristã, de acordo com as recomendações do Concílio Vaticano II (cf. DV 25; SC 24; 35). Não se trata apenas de que os exercícios piedosos se impregnem da linguagem bíblica, mas também que recolham os conteúdos da mensagem cristã (cf. MC 30).

b) A *orientação litúrgica* implica levar à prática os desejos da SC 13 (cf. MC 31), evitando duas atitudes extremas: o desprezar ou suprimir as práticas piedosas avalizadas pela Igreja e o unir atos litúrgicos e exercícios de piedade ao mesmo tempo.

c) A *orientação ecumênica* consiste em fazer com que "sejam evitados, com todo o cuidado, quaisquer exageros, que possam induzir em erro os outros irmãos cristãos, acerca da verdadeira doutrina da Igreja católica" (MC 32).

d) *Orientação antropológica* para levar em consideração "as aquisições seguras e comprovadas das ciências humanas", para que não ocorram divergências entre estas e a piedade cristã (cf. MC 34). A piedade cristã é chamada a fundir-se com a realidade humana para transformá-la e enriquecê-la a partir de dentro[27].

Finalmente, o várias vezes citado *Diretório sobre piedade popular e liturgia* não só reafirmou a legitimidade dos exercícios piedosos, mas também oferece as pautas para que eles se inspirem na liturgia e conduzam realmente a ela, como desejava o Concílio Vaticano II (cf. SC 13)[28].

---

27. Cf. GONZÁLEZ, R. "Interpelación a la liturgia desde la religiosidad popular": *StLeg* 27 (1986) 55-78.

28. Cf. *Diretório sobre piedade popular e liturgia*, o.c., n. 11-13; 50-59 e 70-75. Na segunda parte do *Diretório* os princípios são aplicados concretamente a diferentes devoções e atos de piedade seguindo o ano litúrgico, o culto à Santíssima Virgem e aos santos etc.

Capítulo XXX
A pastoral litúrgica

Com empenho e paciência procurem dar os pastores de almas a instrução litúrgica e também promovam a ativa participação interna e externa dos fiéis (SC 19).

Bibliografia

BRANDOLINI, L. *La pastorale liturgica a quindici anni dal Concilio Vaticano II* (Roma 1980); CACUCCI, F. *La mistagogia. Una scelta pastorale* (Bolonha 2006); COSTA, E. (ed.). *Liturgia* (Enciclopedia pastorale 3; Casale M. 1988); CRIVELLI, J.C. "L'avenir de la pastorale liturgique": *Not* 341 (1994) 700-711; DELLA TORRE 1, 36-51; ID. "Pastoral litúrgica", em NDL 1576-1600; FALSINI, R. (ed.). *Per una "rinnovata" pastorale dei sacramenti* (Milão 1996); FLORISTÁN, C. *Teología práctica. Teoría y praxis de la acción pastoral* (Salamanca 1991) 477-561; ID. & USEROS, M. *Teología de la acción pastoral* (BAC, 1968) 381-467; GELINEAU, J. (ed.). *Assemblea santa. Manuale di liturgia pastorale* (Bolonha 1991); HEUSCHEN, L. "Experiências vividas em torno da Pastoral dos sacramentos". In: BARAÚNA, G. *A sagrada liturgia renovada pelo Concílio* (Petrópolis 1964) 541-609; LECEA, J. *Pastoral litúrgica en los documentos pontificios de Pío X a Pío XII* (Barcelona 1959); LÓPEZ MARTÍN 2, 491-531; ID. "Qué lugar ocupa la liturgia en la pastoral de la Iglesia?": *PastL* 255 (2000) 15-31; ID. "Pastoral Litúrgica". In: PEDROSA, V.M. & BERZOSA, R. *Diccionario de Pastoral y Evangelización* (Burgos 2000) 652-664; RAMOS, J. *Teología pastoral* (BAC, 1995) 423-445; ROGUET, A.M. "La pastoral litúrgica", em MARTIMORT (^{2}1967) 267-282; SEGUI, G. "La liturgia en Medellín, Puebla y Santo Domingo": *Ph* 216 (1996) 461-482; TENA, P. "Situación de la pastoral litúrgica y sacramental en España": *PastL* 231 (1996) 37-43; VISENTIN, P. *Una liturgia per l'uomo. La liturgia pastorale e i suoi compiti* (Pádua 1989); e *CuaderPh* 41, 64, 111 e 140 (1993-2004); *LMD* 216 (1998);

PastL 224-225 (1995); 275 (2003); *Ph* 49 (1969); 208 (1995); 226-227 (1998); 234 (1999); 270 (2005); *RL* 79/1 (1992); 84/2 (1997); 85/1 (1998); 89/3 (2002); 90/2-3 (2003); 94/1 (2007).

A vivência da liturgia requer uma ação *pastoral litúrgica*, promovida pelos pastores e pelos responsáveis da vida litúrgica das comunidades. Esta ação é contemplada pela *teologia pastoral*[1] e pela própria ciência litúrgica em relação com os demais aspectos da missão da Igreja.

Neste capítulo final se estuda a pastoral litúrgica, dando especial atenção à participação dos fiéis na liturgia. Tratar-se-á também do *direito litúrgico*, a serviço da finalidade pastoral da liturgia.

I – A pastoral litúrgica no conjunto da pastoral da Igreja

A missão da Igreja, continuação da missão de Cristo (cf. Jo 20,21; At 1,8; SC 6), aparece refletida da seguinte maneira pelo Concílio Vaticano II: "Pregando o Evangelho, a Igreja atrai à fé e à confissão da fé os ouvintes, dispõe-nos ao batismo, arranca-os da escravidão do erro e incorpora-os a Cristo, para que através da caridade cresçam nele até à plenitude" (LG 17; cf. SC 6).

1 Tripla "função"

Uma leitura atenta deste texto realça as três grandes ações que configuram a missão da Igreja: a pregação do Evangelho (*pastoral da Palavra*), o batismo e a incorporação a Cristo (*pastoral dos sacramentos*) e a prática da caridade (*pastoral do serviço*). Esta divisão, baseada em Cristo "Profeta, Sacerdote e Rei", aparece também na distinção clássica das funções do ministério ordenado: o *munus docendi* ou função de ensinar, o *munus sanctificandi* ou função santificadora e cultual e o *munus regendi* ou função de guia do povo de Deus (cf. LG 25-27; CD 12-16; PO 4-6). Todo o povo de Deus par-

---

1. Sobre teologia pastoral trata o vol. 3 desta coleção de manuais: RAMOS GUERREIRA, J.A. *Teología pastoral* (Madri 1995, ʳ2006).

ticipa destas três funções de Cristo e cumpre também a parte que lhe corresponde na missão de toda a Igreja (cf. LG 33-35; AA 2-4)[2].

Mais recentemente, foram propostas outras divisões análogas, que podem ser sintetizadas assim: a evangelização ou missão (*kêrygma*), a catequese (*didascalia*), a liturgia (*leitourgia*), a comunhão eclesial (*koinônia*) e o serviço (*diakonia*)[3]. As duas primeiras são englobadas por alguns autores e chamadas de *martyria*. Na realidade, subsistem as três funções anteriores, já que a *koinônia* é fruto tanto da pastoral da Palavra (evangelização e catequese) como da pastoral litúrgica e constitui o fundamento da pastoral do serviço.

2 Unidade e relações mútuas

Em todo caso, a *pastoral litúrgica*, vinculada à função santificadora e cultual da Igreja, se distingue muito bem em relação aos aspectos restantes da missão eclesial, mas sempre dentro de uma dinâmica unitária mais ampla que não pode prescindir de nenhum deles. Com efeito, a pastoral da Palavra é necessária para que "os homens possam achegar-se da liturgia [...] chamados à fé e à conversão" (SC 9). Por outro lado, "a própria liturgia, por seu turno, impele os fiéis que, saciados dos 'sacramentos pascais', sejam 'concordes na piedade'; reza que 'conservem em suas vidas o que receberam pela fé'; a renovação da aliança do Senhor com os homens na eucaristia solicita e estimula os fiéis para a caridade imperiosa de Cristo" (SC 10).

A pastoral litúrgica precisa levar em consideração que a liturgia "é o cume para o qual tende a ação da Igreja e, ao mesmo tempo, é a fonte donde emana toda a sua força" (SC 10; cf. SC 11). Mas, ao mesmo tempo, deve estar orientada para a formação de uma autêntica comunidade cristã (cf. PO 6).

---

2. Cf. JOÃO PAULO II. Exort. apost. pós-sinodal *Christifideles laici*, de 30-12-1988: *AAS* 81 (1989) 393-521, n. 23.
3. Cf. FLORISTÁN, C. *Teología práctica*, o.c., 223-226.

II – Natureza e características da pastoral litúrgica

A pastoral litúrgica surgiu como tendência dentro do movimento litúrgico quando São Pio X recordou (em 1903) que a participação dos fiéis na liturgia é a fonte primeira e indispensável do espírito cristão[4]. O Concílio Vaticano II assumiu este ideal (cf. SC 14) para fazer dele o objetivo principal da reforma litúrgica (cf. SC 11; 14; 19; 21 etc.). Terminada esta, e uma vez promulgados os livros litúrgicos, subsiste o mesmo objetivo na tarefa permanente de levar os fiéis a uma vivência cada dia mais profunda daquilo que celebram[5].

1 O conceito

O conceito de pastoral litúrgica depende, em todo caso, do conceito de liturgia e do conceito de celebração[6]. Por pastoral litúrgica pode-se entender, em sentido amplo, a ação "atenta a tudo aquilo que, na existência cristã e na atividade da Igreja, emerge como expressão ritualizada da dignidade e função sacerdotal para favorecê-lo e interpretá-lo a partir da fé"[7]. Num sentido mais concreto, pastoral litúrgica é a ação tendente a levar o povo a participar "ativa e conscientemente na celebração do culto, de modo que encontre na própria fonte o verdadeiro espírito cristão"[8] e também "a ciência e a arte de tornar os sinais do culto cristão o mais comunicativos possível" para favorecer a participação[9].

No entanto, como já foi insinuado, o verdadeiro conceito de pastoral litúrgica depende intimamente da natureza da liturgia enquanto expressão

---

4. Sobre a participação dos fiéis tratou-se na seção IV do cap. VIII; cf. a bibliografia ali citada.

5. Nisto consiste a "renovação litúrgica" proposta por S.S. JOÃO PAULO II. *Carta apostólica pelo XXV aniversário da Constituição conciliar "Sacrosanctum Concilium" sobre a Sagrada Liturgia*, de 4-12-1988: *AAS* 81 (1988) 897-918 (trad. LEV 1988) n. 10 e 14; também TRIACCA, A.M. "Riforma liturgica e rinnovamento liturgico": *Liturgia* 174/175 (1974) 481-484.

6. Cf. SARTORE, D. "Concetto di pastorale liturgica. Riflessione epistemologica a partire dal dibattito contemporaneo": *RL* 79 (1992) 9-24.

7. DELLA TORRE, L. "Pastoral litúrgica", o.c., 1589.

8. ROGUET, A.M. "La pastoral litúrgica", o.c., 268.

9. DELLA TORRE, L. "Pastoral litúrgica", o.c., 47.

simbólica e ritual, que atualiza e torna presente a obra da salvação de Cristo: "Pastoral litúrgica é a ação pastoral realizada pelo povo de Deus para edificar o corpo de Cristo mediante as ações eclesiais do culto cristão, levando em consideração a situação real dos homens"[10]. A liturgia requer o exercício de uma pastoral e ela própria é ação pastoral.

Em resumo: a pastoral litúrgica está a serviço dos fins da liturgia. Por isso, pode-se dizer também que a liturgia pertence ao ser da Igreja, enquanto a pastoral litúrgica está na ordem do agir, ou seja, na linha de tudo aquilo que contribui para o crescimento do corpo de Cristo (cf. SC 11; 42-43; 61)[11].

2 As características

A pastoral litúrgica apresenta algumas características próprias, levando em consideração o lugar que lhe corresponde no conjunto da missão da Igreja:

a) Não é diretamente missionária, embora deva estar impregnada de uma disposição evangelizadora. Com efeito, a ação evangelizadora e a ação pastoral litúrgica não só não se opõem, mas se implicam mutuamente[12]. A pastoral litúrgica está orientada para os fiéis, a fim de incorporar mais plenamente a Cristo os que creram e alimentar sua vida de fé com os sacramentos (cf. SC 9; 59).

b) A pastoral litúrgica está orientada para a formação integral do ser cristão, segundo a medida de Cristo (cf. Ef 4,13; Cl 1,9), em analogia com a vida humana. Neste sentido, ela precisa cuidar especialmente dos elementos mais diretamente mistagógicos da liturgia e prestar a devida atenção à iniciação litúrgica.

---

10. FLORISTÁN, C. "Pastoral litúrgica" em *Teología práctica*, o.c., 487.
11. Cf. DEFOIS, G. "La pastorale liturgique, dans la société occidentale d'aujourd'hui": *LMD* 256 (2008) 9-37; LLABRÉS, P. "La pastoral litúrgica en el corazón de la misión de la Iglesia": *Ph* 181 (1991) 11-22; OÑATIBIA, I. "Nuevas perspectivas de la pastoral litúrgica": *Ph* 179 (1990) 375-395; TENA, P. "La pastoral litúrgica del Vaticano II": *Ph* 178 (1990) 273-288 etc.
12. Sobre esta problemática se falou na seção I do cap. XVIII.

c) O objetivo imediato da pastoral litúrgica é a participação dos fiéis. Por isso, ela deve procurar instruir, educar e conduzir progressivamente e por todos os meios os fiéis para esta participação consciente, ativa e frutuosa a que eles têm direito em virtude de seu batismo (cf. SC 14; 19). Neste sentido, a pastoral litúrgica precisa dirigir-se à totalidade dos fiéis e não só a um grupo mais ou menos seleto.

Finalmente, a pastoral litúrgica é uma práxis eclesial que requer também alguns conhecimentos, uma ciência teórica e prática, baseada na teologia litúrgica e na colaboração das ciências humanas que contribuem para enriquecer a celebração[13].

III – Os agentes e os organismos da pastoral litúrgica

O sujeito da liturgia é sempre a Igreja, corpo de Cristo, manifestada na assembleia celebrante (cf. SC 26; 41; 42 etc.)[14]. Por esse motivo, os atuais livros litúrgicos, em seus *praenotanda* ou observações gerais prévias, antes de falar dos diferentes ministérios na celebração, inclusive os que procedem da ordem sacra, se referem sempre ao papel da comunidade cristã.

1 As pessoas

A pastoral litúrgica, como foi dito acima, afeta de alguma forma a todos os membros do povo de Deus, ministros e simples fiéis, cada um de acordo com a diversidade de ordem e de função (cf. SC 28). No entanto, como também já foi dito, a pastoral litúrgica é tarefa que corresponde principalmente àqueles que, em virtude da sagrada ordenação, ou por instituição ou por encargo estável ou ocasional, foram chamados a desempenhar os diversos ministérios e ofícios na liturgia.

Neste sentido, pode-se falar de agentes de pastoral litúrgica, como se fala de agentes de outros campos da missão pastoral. Mas, levando sempre

---

13. Cf. DE CLERCK, P. "La participación en la liturgia: la aportación de las ciencias humanas": *Ph* 179 (1990) 361-374.
14. Este é o tema do cap. VIII.

em consideração o caráter de *diakonia* e de *koinônia* que vincula todo serviço à totalidade da Igreja, sujeito último de qualquer tarefa eclesial. A pastoral litúrgica compete, em primeiro lugar, aos ministros ordenados, ou seja, aos pastores, e, em segundo lugar, a todos aqueles, leigos e religiosos, que trabalham neste campo concreto. Com a pastoral litúrgica colaboram também os catequistas e todos os que se dedicam à educação na fé, devido à íntima relação entre catequese e liturgia. O mesmo se pode dizer dos artistas e dos músicos que põem sua arte a serviço da liturgia (cf. SC 121; 127).

2 As instituições e os organismos

A pastoral litúrgica se desenvolve sobretudo no âmbito da Igreja local e particular, embora, no nível da regulamentação da liturgia, do estudo, programação, coordenação e serviços, existam outras instâncias ou organismos. Os Institutos Superiores de Liturgia e outros centros de formação neste campo também significam uma notável contribuição à pastoral litúrgica, especialmente no âmbito da formação dos responsáveis e dos agentes pastorais[15].

No entanto, uma coisa é a ação pastoral litúrgica e outra a competência para regular os aspectos normativos da liturgia. Esta função, na liturgia romana, compete à Sé Apostólica e, na medida em que determina o direito, às Conferências Episcopais (cf. SC 22; CDC c. 838). O papa, a Congregação para o Culto Divino e a Disciplina dos Sacramentos, a Conferência Episcopal e o bispo diocesano intervêm na pastoral litúrgica não só mediante atos jurídicos, mas também exercendo um magistério que orienta e aponta canais para o fomento e a renovação da ação pastoral no campo da liturgia.

1) Nas *Conferências Episcopais* encontram-se as Comissões Episcopais de Liturgia, que atuam em nome de toda a conferência tanto para executar disposições como para propor ações concretas. Vinculados a estas comissões estão os Secretariados ou Departamentos de Liturgia (cf. SC 44),

---

15. Cf. *Not* 218 (1984) 532-571; e NOÈ, V. "La función de los Institutos litúrgicos": *Ph* 157 (1987) 19-38. O mesmo cabe dizer das Associações de Professores de Liturgia, centros, publicações periódicas etc.: cf. *Not* 286 (1990) 250-287.

como órgãos executivos das comissões e que realizam também uma tarefa de coordenação e de animação no âmbito de todo o território da Conferência Episcopal[16]. Em algumas regiões existem, além disso, Comissões Interdiocesanas de Liturgia, dependentes dos bispos de uma província eclesiástica ou de algumas dioceses com uma língua comum ou com uma configuração sociopastoral semelhante.

2) No *nível diocesano* a pastoral litúrgica, como qualquer outra ação pastoral, é moderada pelo bispo[17], o qual costuma servir-se de um delegado episcopal ou diocesano, ou de uma Comissão Diocesana de Liturgia, Música e Arte Sacra (cf. SC 45-46). As tarefas que costumam ser desempenhadas pelas delegações e comissões de pastoral litúrgica são as de formação e informação, consulta e animação, programação e revisão etc.[18]

3) Na *paróquia*, como comunidade local (cf. SC 42; LG 26; CD 30), a ação pastoral litúrgica compete ao pároco em primeiro lugar e sob a autoridade do bispo diocesano[19]. Embora existam de fato outras comunidades mais

---

16. Na Espanha foi criada pela Conferência de Metropolitanos em 1961 uma Comissão Episcopal de Liturgia, Pastoral e Arte Sacra, para substituir a Junta Nacional de Apostolado Litúrgico fundada a 15 de abril de 1956. Constituída a Conferência Episcopal de Liturgia logo após a conclusão do Concílio Vaticano II, foi criada a Comissão Episcopal de Liturgia, ajudada pelo Secretariado Nacional de Liturgia, mais tarde denominado "Secretariado da Com. Ep. de Liturgia": cf. LÓPEZ MARTÍN, J. "XXV años en el Secretariado Nacional de Liturgia": *PastL* 201 (1991) 27-40; seu órgão informativo e documental é a revista *Pastoral litúrgica*: cf. *PastL* 300/301 (2007) etc.

17. Cf. CDC c. 381 etc.; CONG. PARA OS BISPOS. *Diretório para o ministério pastoral dos Bispos* (LEV, 2004) cap. VI: e LLABRÉS, P. "El Obispo y la Iglesia particular en el *Ceremonial de los Obispos*": *Ph* 162 (1987) 457-468; SANCHO, J. "El Obispo, maestro de liturgia según el *Caeremoniale Episcoporum*". In: AA.VV. *Cum vobis et pro vobis* (Valência 1991) 349-363; e *CuaderPh* 53 (1994). Cf. tb. a bibliografia na nota 9 do cap. VIII.

18. Cf. ASSEMBLEIA EUROPEIA DE SECRETÁRIOS NACIONAIS DE LITURGIA (Encontro de Malta 1994). "Les Commissions de Pastorale Liturgique": *LMD* 202 (1995) 123-136; VELADO, B. "Función y posibilidades de las delegaciones diocesanas de liturgia": *PastL* 107/109 (1979) 17-46; e *Not* 160 (1979) 655-657; *Ph* 49 (1969) 2-54.

19. Cf. CDC c. 519, 528 § 2. O mesmo se pode dizer do reitor de uma igreja em seu âmbito respectivo, cf. c. 556.

reduzidas ou com outras características, a paróquia continua sendo o espaço matriz da vida cristã[20].

3 A equipe de animação litúrgica

Em vista de uma maior eficácia pastoral, a paróquia e outras comunidades devem contar com uma equipe litúrgica ou de *animação litúrgica*[21]. Embora não seja nomeada expressamente, a equipe litúrgica está contemplada pela liturgia atual: "A preparação prática de cada celebração litúrgica, com espírito dócil e diligente, de acordo com o Missal e outros livros litúrgicos, seja feita de comum acordo *por todos aqueles a quem diz respeito*, seja quanto aos ritos, seja quanto ao aspecto pastoral e musical, sob a direção do reitor da igreja e *ouvidos também os fiéis* naquilo que diretamente lhes concerne" (IGMR 111; cf. 352).

IV – O âmbito específico da pastoral litúrgica

Sem pretender reunir todas as atividades e tarefas próprias da pastoral litúrgica, entre as quais se encontram as de tipo geral, como a catequese e a formação litúrgica, os principais campos aos quais ela se dedica são os seguintes:

1 A pastoral dos sacramentos e sacramentais[22]

1) A *iniciação cristã*, em particular o catecumenato dos adultos, o batismo das crianças, a confirmação e a primeira eucaristia. Nesse campo se manifesta com toda a sua agudeza a problemática da fé em relação com a ce-

---

20. Cf. PARSCH, P. *La renovación de la parroquia por medio de la liturgia* (Bilbao 1957); SECRETARIA. *Congreso "Parroquia evangelizadora"* (Madri 1989), esp. 299ss.; e FLORISTÁN, C. *Para comprender la parroquia* (Estella 1994); PELLITERO, R. "Parroquia, Iglesia local y Eucaristía": *OrH* 31 (2000) 163-178; e *CuaderPh* 111 (2000); *PastL* 224/225 (1995); *Ph* 208 (1995).
21. Cf. SECR. NAC. DE LITURGIA. *El equipo de animación litúrgica. Directorio litúrgico-pastoral* (Madri 1989); e MONTERO, P. *Animar la celebración* (Madri 1990).
22. Cf. os caps. XVI e XVII. Não obstante, cf. INIESTA, A. La celebración y la pastoral de los sacramentos después del concilio": *Ph* 100 (1977) 317-338; e *Ph* 201/202 (1994).

lebração dos sacramentos: pais das crianças que vão ser batizadas, crianças não batizadas em idade escolar, a idade da confirmação e a preparação desta, a celebração das primeiras comunhões, os neocatecumenatos de adultos em processo de redescobrir ou de assumir a fé[23].

2) A *assembleia eucarística*, sobretudo dominical e festiva, mas sem esquecer as comunidades que a celebram diariamente[24]. Junto com esta finalidade se encontra também a renovação do culto eucarístico fora da missa[25].

3) A *penitência* compreende a atenção ao pecado – pregação e meios para a conversão –, a celebração do sacramento da reconciliação, as celebrações penitenciais e os tempos de penitência[26]. Um capítulo importante da pastoral deste sacramento diz respeito também à sua relação com a eucaristia[27].

4) A *pastoral do matrimônio e da família* diz respeito sobretudo à preparação da celebração litúrgica, mas contempla também a espiritualidade conjugal e familiar baseada no sacramento e nos aniversários do matrimônio[28], bem como a oração e a liturgia doméstica[29].

5) Os *sacramentos dos enfermos*, e não só a unção, com as características da pastoral da saúde nos grandes hospitais e a atenção à terceira idade[30].

---

23. Cf. as notas 12-21 do cap. XVI.
24. Cf. cap. XV, especialmente o ponto IV com suas notas.
25. Cf. *supra*, notas 40-42 do cap. XV.
26. Cf. *supra*, notas 29-32 do cap. XVI.
27. Cf. *supra*, nota 25 do cap. XVI.
28. Cf. *supra*, notas 49-50 do cap. XVI.
29. Cf. MOSER, L. *Celebraciones litúrgicas en familia* (Santander 1972); SARTORE, D. "Familia", em NDL 826-840; e *RL* 70/2 (1983); *RivPL* 18/5 (1980) etc.
30. Cf. *supra*, notas 33 e 34 do cap. XVI.

6) A *celebração cristã da morte* nas exéquias, o aniversário, as comemorações e, em geral, o culto aos defuntos[31].

2 A pastoral dos tempos litúrgicos

1) O *domingo e o ano litúrgico* requerem não só uma atenção aos aspectos mistagógicos de seu significado, dando em todo caso a primazia ao mistério de Cristo inclusive quando se celebra a Santíssima Virgem Maria e os santos (cf. SC 103-104), mas também uma ação destinada à celebração frutuosa do dia do Senhor, das solenidades e festas e dos diferentes tempos com os quais a Igreja vai formando pouco a pouco os fiéis (cf. SC 105)[32].

2) A *pastoral da Liturgia das Horas* consiste, sobretudo, na incorporação efetiva dos fiéis nesta oração da Igreja, mas sem esquecer a preparação e a vivência por parte daqueles a quem foi confiada em virtude da ordenação ou da consagração religiosa[33].

3 A pastoral dos exercícios piedosos do povo cristão

Diz respeito aos atos de piedade ou devoções de tipo individual, familiar ou comunitário, especialmente os que foram recomendados pela Igreja (cf. SC 13; 60; 105; 111)[34].

---

31. Cf. *supra*, notas 21-28 do cap. XVII.
32. Cf. *supra*, notas 27 e 28 do cap. XVIII e notas 26-30 do cap. XIX. Para os tempos litúrgicos e as solenidades e festas cf. os caps. XX-XXIV. Portanto, é preciso procurar que a celebração de Jornadas eclesiais com ou sem coletas especiais não obscureçam o significado genuíno do dia litúrgico, de modo que pareçam um "ano litúrgico" sobreposto: cf. LÓPEZ MARTÍN, J. "Calendario de las Jornadas eclesiales y colectas que dependen de la CE. Española": *PastL* 264 (2001) 59-82.
33. Cf. *supra*, nota 28 do cap. XXV e as notas 2, 6, 9-10, 13 e 17 do cap. XXVII.
34. Cf. a seção IV do cap. XXIX.

V – O direito litúrgico a serviço da pastoral litúrgica

As normas e as orientações dos atuais livros litúrgicos e as rubricas que regulam o desenrolar das celebrações têm uma finalidade essencialmente pastoral, a serviço dos fins da liturgia.

1 Noção

Por direito litúrgico se entende o conjunto de leis que devem ser observadas nas celebrações litúrgicas, ou também o complexo normativo que regula a função santificadora e cultual da Igreja[35]. Dentro do direito geral da Igreja, as leis litúrgicas têm uma fisionomia particular, já que se encontram nos livros litúrgicos, tanto nos *praenotanda* como nas rubricas, e em diversos documentos da autoridade competente[36]. O *Código de Direito Canônico* reconhece a existência da normativa litúrgica com força de lei, embora não esteja incluída na regulamentação canônica: "O Código geralmente não determina os ritos que se devem observar na celebração das ações litúrgicas; por isso, as leis litúrgicas até agora vigentes conservam sua força, a não ser que alguma delas seja contrária aos cânones do Código" (CDC c. 2)[37].

A normativa litúrgica expressa muitas vezes as exigências do direito divino, especialmente quando se refere à eucaristia e aos sacramentos. A fidelidade às disposições litúrgicas é requerida pela própria natureza de seu

---

35. CUVA, A. "Derecho litúrgico", em NDL 548-562, aqui 549; cf. BURKI, B. "Liturgie et droit ecclésiastique": *QL* 64 (1983) 5-7; CIVIL, R. "A liturgia e suas leis", em *Anamnesis* 1, 219-252; MARTIMORT 137-153; RIGHETTI 1, 35-51.

36. Cf. As edições de KACZYNSKI, R. *Enchiridion instaurationis liturgicae*, 3 vols. (Roma 1976-1997); PARDO, A. *Enchiridion. Documentación litúrgica postconciliar* (Barcelona 1992); ID. *Documentación litúrgica. Nuevo Enchiridion. De San Pío X (1903) a Benedicto XVI* (Burgos 2006). Os documentos com caráter normativo litúrgico são publicados naturalmente em *Acta Apostolicae Sedis* e na revista *Notitiae* (Roma).

37. Além isso há o Livro IV do CDC (c. 834-1253): cf. MANZANARES, J. "Principios informadores del nuevo derecho sacramental". In: AA.VV. *XVIII Semana Española de Derecho Canónico* (Salamanca 1984) 235-252; ID. et al. "Función santificar", em *Nuevo Derecho parroquial* (BAC, ⁴2004) 111-584; POMARÈS, J.M. "Le droit en liturgie: compagnon incommode ou une aide indispensable?": *Not* 357 (1996) 216-237; RINCÓN PÉREZ, T. *La liturgia y los sacramentos en el Derecho de la Iglesia* (Pamplona 1998) e *ScCat* 112 (1984); *Ph* 141/142 (1984); *RL* 71/2 (1984) etc.

objeto, que são as celebrações da Igreja, ações que nunca são privadas, mas pertencem a todo o corpo eclesial (cf. SC 26).

2 Autoridade litúrgica

Embora já tenha sido mencionada, convém precisar em que se fundamenta a autoridade sobre a liturgia da Igreja[38]. O Concílio Vaticano II estabeleceu os princípios, recolhidos e sistematizados no c. 838 e em outros cânones do CDC, de maneira que se pôs um fim ao uniformismo que havia presidido a liturgia nos últimos quatro séculos da história da Igreja e se abriu o caminho para uma legítima variedade dentro da unidade.

As mudanças mais significativas se referem ao papel do bispo diocesano e ao das Conferências Episcopais. O bispo tem o dever de moderar, promover e vigiar toda a vida litúrgica da Igreja que lhe foi confiada[39]. As Conferências Episcopais, de acordo com o CDC c. 838 § 3, e os atuais livros litúrgicos têm competências nas traduções e adaptações dos ritos, na publicação de rituais particulares e na inculturação da liturgia[40].

A Santa Sé tem a autoridade suprema a respeito da regulamentação da liturgia na Igreja universal e especialmente no interior do rito romano[41], publicando as edições típicas dos livros litúrgicos e aprovando ou confirmando (*recognitio*) as edições nas línguas vernáculas (cf. CDC c. 838 § 2; cf. SC 36 § 3) e outros atos das Conferências Episcopais.

---

38. Cf. CASTELLANO, J. "Autorità e ruoli in materia liturgica". In: GOFFI, T. & PIANA, G. (eds.). *Liturgia* (Corso di Morale 5; Bréscia 1986) 379-406.

39. CF. CDC c. 835 § 1, 4; 387-390; 392 § 2 etc. GY, P.M. "La responsabilité des évêques par rapport au droit liturgique": *LMD* 112 (1972) 9-24; CANALS, J.M. "Las adaptaciones que competen a los obispos. Un capítulo nuevo en la OGMR de la 3ª edición típica del Misal Romano": *Ph* 266/267 (2005) 169-179; cf. *supra*, nota 17. Para o conhecimento da legislação canônica particular espanhola no campo litúrgico é preciso recorrer aos boletins oficiais das dioceses ou aos boletins publicados pela *Revista Española de Derecho Canónico* (Salamanca).

40. Cf. CDC c. 838 § 3; SC 22,2; SC 38, 63b, 77, 119, 120 e 128; Instr. *Inter Oecumenici* (26-9-1964) 23-31: *AAS* 56 (1964) 882-884; CONGR. PARA O CULTO DIVINO. "*Varietates legitimae*" – *A liturgia romana e a inculturação. IV Instrução para uma correta aplicação da Constituição conciliar sobre a liturgia* (LEV, 1994) n. 32 e 65-69. Sobre este documento e a temática da adaptação e da inculturação, cf. *supra*, nota 1 do cap. IV e nota 8 do cap. XVI.

41. Por exemplo o *Motu proprio* de S.S. Bento XVI *Summorum Pontificum*, de 7-7-2007, sobre a forma ordinária e a forma extraordinária do rito romano: cf. *supra*, nota 78 do cap. IV.

3 O espírito do atual direito canônico

Os livros litúrgicos atuais, de acordo com as prescrições do Concílio Vaticano II, levam sempre em consideração a participação dos fiéis (cf. SC 31). Portanto, não basta assegurar tudo o que é necessário para a validade e a licitude dos atos sacramentais, mas é preciso favorecer a participação consciente, ativa, interna e frutuosa dos fiéis (cf. SC 11; 33; 59). Por este motivo, as orientações gerais (*praenotanda*) e as rubricas dos atuais livros litúrgicos contêm algumas boas doses de teologia, de espiritualidade, de pastoral e, em suma, de mistagogia. Tudo isso sem perda do caráter vinculante e obrigatório, especialmente quando se trata de normas essenciais que dizem respeito aos ritos e à estrutura dos sacramentos.

Junto com esta caraterística das normas litúrgicas pode-se observar também a vontade de favorecer ao máximo uma sadia criatividade e a adaptação aos diversos grupos, regiões e povos (cf. SC 38) e também às condições dos fiéis, de acordo com a diversidade de ordens, funções e participação (cf. SC 26; 34 etc.). No entanto, realizar esta adaptação compete somente à autoridade eclesiástica competente (cf. SC 39; 63b etc.), não aos simples ministros, de maneira que "jamais algum outro, ainda que sacerdote, acrescente, tire ou mude por própria conta qualquer coisa à liturgia" (SC 22 § 3; CDC c. 846 § 1)[42].

Não obstante, em todos os livros litúrgicos são estabelecidos aqueles elementos que são deixados à escolha e ao bom-senso pastoral dos ministros: maneiras de realizar um rito, leituras, cantos ou outros textos. Geralmente, numa mesma ação litúrgica, oferece-se a possibilidade de escolher entre várias fórmulas (*pro opportunitate, laudabiliter, ad libitum, de more* etc.) ou de dizer algo com outras palavras ou semelhantes (*sic vel similibus verbis*)[43]. Em algumas circunstâncias a possibilidade de adaptação por parte do ministro é maior[44].

---

42. Cf. CONGR. PARA O CLERO. *Diretório para a vida e o ministério dos presbíteros*, de 31-1-1994 (LEV, 1994) n. 49, 52 e 64.
43. Cf. IGMR 352; cf. A.B. "Glossae: Pro opportunitate": *Not* 106/107 (1975) 196-201.
44. Nas missas para grupos particulares: cf. Instr. *Actio pastoralis* (15-5-1969: *AAS* 61 (1969) 806-811; e nas missas com crianças: cf. *Diretório para missas com crianças*, de 1-11-1973: *AAS* 66 (1974) 30-46.

Apêndice
Vocabulário litúrgico

Abade e abadessa (*abba*, pai): superior ou superiora do mosteiro (cf. CB 667 e 694; cf. *Ritual da bênção de um abade e de uma abadessa*).

Ablução: gesto de lavar uma parte do corpo no batismo.

Absolvição: palavras da fórmula e gesto (imposição das mãos) do perdão dos pecados no sacramento da penitência.

Aclamação: fórmula exclamativa de participação (por exemplo: amém, aleluia, hosana, Glória a ti, Senhor etc.; cf. CB 116).

Acólito: ministério instituído ou confiado, de maneira estável ou temporária, a serviço do altar (cf. CB 28, 808; CDC c. 230; *Rito da instituição dos acólitos* e bênção para os acólitos no *Ritual de bênçãos*).

Acróstico: locução composta pelas primeiras letras de algumas palavras (por exemplo: *Ichtys* [peixe] em grego significa: Jesus Cristo, Filho de Deus, Salvador; era um símbolo paleocristão).

Ad accedentes: canto da comunhão no rito hispano-moçárabe.

Ad complendum: oração final da missa no *Sacramentário Gregoriano* e no rito hispano-moçárabe.

Addai e Mari: título de uma anáfora siro-antioquena (séc. III).

Admissão, rito de: celebração de entrada entre os candidatos ao diaconato e presbiterato (cf. CB 479ss.; cf. RO).

Admoestação (*monere*, exortar): fórmula que convida a realizar um ato ou um gesto litúrgico (cf. IGMR 31; por exemplo: "oremos"); introdução ou explicação breve de algum rito (cf. IGMR 205b): cf. *comentarista*.

Adoração (*proskynesis* [prostração], *latria*): ato de culto reservado a Deus; e um dos fins do culto à eucaristia fora da missa; é expresso com o gesto da *genuflexão* (cf. CB 69).

Advento (*adventus*, vinda): tempo litúrgico de preparação do *Natal* (cf. NUALC 39-42; CB 227ss.).

Ágape (amor): refeição fraterna que emoldurou ou precedeu a eucaristia nos primeiros tempos (cf. 1Cor 11,17-34).

Agnus Dei (Cordeiro de Deus): canto da fração do pão (cf. IGMR 83).

Água: elemento natural para o batismo, para recordar este sacramento (rito de *aspersão*) e para realizar numerosos sacramentais; existe um *rito de bênção da água* no batismo e uma bênção fora deste sacramento.

Akáthistos (não sentado): célebre poema mariano da liturgia bizantina (séc. V).

Alegoria: metáfora ou figura literária que acrescenta um significado puramente ideal a uma realidade; refere-se também ao método de interpretação da Bíblia e da liturgia, baseado na dita figura. Seu abuso dá lugar ao alegorismo.

Aleluia (louvai Javé): aclamação usada em vários momentos, especialmente na procissão do Evangelho, exceto no tempo da Quaresma.

Alocução: homilias mistagógicas ou exortações aos candidatos na celebração de alguns sacramentos e sacramentais.

Altar: mesa eucarística, que simboliza também a ara do sacrifício e a pedra angular que é Cristo (cf. IGMR 296ss.; CB 918ss.: RDIA; CDC c. 1235-1237).

Alva: túnica ou veste comum a todos os ministros, de cor branca (cf. IGMR 336; CB 65).

Ambão (*anabainein*, subir): lugar litúrgico para a proclamação da Palavra de Deus (cf. IGMR 309; CB 51).

Âmbula: vasinho ou ânfora pequena para guardar os santos *óleos* e o *crisma*.

Amém (assim seja ou assim é): aclamação aramaica conservada no NT (cf. 2Cor 1,20) e usada para a conclusão das orações pela assembleia.

Amito (*amicire*, revestir): lenço que se põe sobre o pescoço e o ombro por baixo da alva (cf. IGMR 119; CB 61).

Anáfora (*anaphora*, oferecimento): oração eucarística oriental.

Anamnese (*anamnêsis*, comemoração, *memorial*): categoria bíblica unida à eucaristia (cf. 1Cor 11,24-25); parte da oração eucarística, após a consagração, que evoca os mistérios de Cristo e contém a oferenda do sacrifício (cf. IGMR 79e).

Anástase (*anastasis*, ressurreição): lugar do santo sepulcro em Jerusalém.

Anel: símbolo da aliança matrimonial (cf. RM; CB 601); insígnia episcopal (cf. RO; CB 58) e abacial (cf. CB 678); da vida religiosa (cf. CB 734 e 784).

Ângelus: oração mariana composta de textos bíblicos (antífonas do ofício da Santíssima Virgem), em memória da encarnação (cf. Paulo VI, *Marialis cultus* 41).

Animação litúrgica: denomina-se assim a função de preparar as celebrações e procurar, durante sua realização, que os fiéis participem vivamente, de maneira interna e externa; é conveniente dispor de uma equipe de animação litúrgica (cf. IGMR 352).

Aniversário: comemoração anual da *dedicação da Igreja* (cf. CB 45, 878), da ordenação do bispo (cf. CB 1167), da morte de um defunto (cf. CB 395) etc.

Ano jubilar: ano santo de perdão e de graça, inspirado em Lv 25,8-17, que é celebrado a cada 50 anos desde o ano 1300 e que posteriormente foi fixado a cada 25 anos; existem outros jubileus extraordinários e de caráter local.

Ano litúrgico: a sagrada recordação que a Igreja faz do mistério de Cristo no "ciclo anual" (cf. SC 102; NUALC 1).

Antífona (*antiphôn*, voz oposta): texto breve que acompanha os salmos e lhes dá sentido litúrgico e modo musical (cf. IGLH 113-120).

Antifonário ou antifonal: livro litúrgico que contém as antífonas da Liturgia das Horas.

Antimensa (*Antimension*): pano de linho ou seda semelhante aos corporais, com relíquias numa extremidade, usado na liturgia bizantina.

Antipêndio (pendurar diante): frontal de altar ou pano precioso pendurado diante dele.

Apologias: orações privadas dos ministros introduzidas na missa durante a Idade Média: cf. cap. XV.

Apóstolo: denominação da leitura do Novo Testamento, antes do Evangelho, em numerosas liturgias.

Apresentação: ato de apresentar quem vai receber um sacramento, junto com a *petição*; rito de preparação das ofertas na missa.

Aquiropita (*a-cheiro-poiêtê*, não feito com as mãos): diz-se de alguns *ícones*.

Ara: chamava-se assim a pedra do *altar* portátil.

Arcano (disciplina do): proibição da Igreja antiga de falar dos sacramentos e da liturgia diante dos não cristãos.

Arcebispo: bispo com preeminência honorífica, atribuída aos metropolitas, aos núncios e concedida a outros prelados.

Arcediago ou arquidiácono: primeiro da ordem dos diáconos. Nas catedrais, dignidade capitular.

Arcipreste: presbítero decano de um território da diocese (cf. CDC c. 553-555). Na catedral, dignidade capitular.

Arquidiocese: a diocese mais importante da província eclesiástica, sede do arcebispo metropolitano.

Arras/dote do matrimônio: 13 moedas que o esposo entrega à esposa depois da entrega das alianças, no rito do matrimônio (cf. *Ritual do matrimônio*).

Aspersão (*aspergere*, borrifar, orvalhar): rito de purificação (cf. Sl 51,9) ou de recordação do batismo, feito sobre o povo ou sobre o defunto (*exéquias*); e em numerosas bênçãos de lugares e objetos (cf. *Ritual de bênçãos*).

Aspersório: instrumento provido de uma cabeça oca e esburacada para a *aspersão*, complemento da *caldeirinha*.

Assembleia: comunidade reunida para a liturgia, sinal da presença do Senhor (cf. Mt 18,20) e manifestação da Igreja (cf. SC 41-42): cf. cap. VIII.

Asterisco: sinal gráfico que indica a pausa na recitação ou canto dos salmos.

Ata: documento que é redigido na ordenação do bispo (cf. CB 573), na dedicação de uma igreja (cf. CB 877) etc.

Atitudes corporais: gestos litúrgicos dos fiéis: em pé, de joelhos, sentados etc. (cf. IGMR 42-43): cf. cap. XII.

Ato penitencial: rito inicial da missa, como preparação de todos os presentes (cf. IGMR 51); e nas *completas* (cf. IGLH 86).

Atril: móvel destinado a sustentar o *Missal* no *altar*.

Autêntica: documento oficial que reconhece a autenticidade de uma relíquia.

Ázimo: pão não fermentado, para a eucaristia (cf. IGMR 320-321; CDC c. 926).

Báculo ou báculo pastoral: insígnia episcopal, símbolo da solicitude pastoral (cf. RO: CB 57; 59; 588) e abacial (cf. CB 677).

Balaustrada: grade que separa alguns espaços da igreja; por exemplo, o perímetro do presbitério.

Baldaquim: dossel apoiado em colunas ou suspenso do teto que enquadra e cobre o altar; já não se usa sobre a cátedra (cf. CB 47).

Bancos: assentos de madeira para os fiéis, que permitem a vários sentar-se ao mesmo tempo, dotados de respaldo e de genuflexório.

Barrete: gorro de vários feitios (de quatro pontas o modelo espanhol), que faz parte do *hábito coral* e se usava no ofício *coral* e nas *procissões*.

Basílica: igreja caracterizada por sua antiguidade, magnificência ou prerrogativas. Também se chama assim o modelo de edifício eclesial criado após a paz de Constantino (313). As basílicas se chamam "maiores" quando são depositárias de algum privilégio pontifício como as patriarcais de Roma; e "menores" quando se trata de igrejas elevadas à dignidade basilical por causa da relevância do culto nelas praticado ou da espiritualidade que irradiam ou das relíquias que guardam.

Batismo: o primeiro sacramento da iniciação cristã (cf. RICA; RBC): cf. cap. XVI.

Batistério: lugar litúrgico para a celebração do batismo, onde estão a *fonte batismal*, os óleos e o círio pascal (cf. RICA; RBC; CB 995).

Beatificação: rito pelo qual um servo de Deus é elevado aos altares e se autoriza seu culto público em certos lugares ou âmbitos, geralmente a diocese e/ou um instituto de vida consagrada.

Beijo litúrgico: gesto de veneração do altar, do *Evangeliário* etc. (cf. IGMR 123, 273); gesto de *paz* em diversos ritos: aos *neófitos*, nas ordenações, na profissão religiosa, na missa etc.

Bema (plataforma, palanque): banco presbiteral que ladeia a cátedra episcopal, ou área na entrada da iconóstase na liturgia bizantina.

Bênção (*eulogia*): ação de louvar a Deus (bênção ascendente), e todo dom do Pai (bênção descendente: cf. Ef 1,3-6); rito de *despedida* do povo (cf. IGMR 90); sacramental invocativo da presença e da proteção divina sobre pessoas, lugares, objetos etc. (cf. *Ritual de bênçãos*).

Benedictus: cântico evangélico das laudes (cf. IGLH 50; Lc 1,68-79).

Berakah (bênção): gênero eucológico procedente da Bíblia e da liturgia judaica, que tem continuidade na *oração eucarística* e em outras fórmulas eucológicas maiores.

Bispo (*episkopos*, vigilante): o grau supremo do sacramento da ordem, que possui a plenitude do ministério eclesial e a incorporação ao Colégio Episcopal na sucessão apostólica (CF. RO); preside a Igreja particular e é o sumo sacerdote de sua grei (cf. SC 41; CB 5-10).

Bolsa dos corporais: peça quadrada de duas folhas revestidas de pano, da cor litúrgica correspondente, para guardar o *corporal*.

Bordão: bastão longo usado pelos peregrinos e, ricamente decorado, pelos priores das confrarias de fiéis como sinal de autoridade.

Braseiro: recipiente feito de metal, geralmente de grandes dimensões, para a bênção do fogo na vigília pascal e, de tamanho mais reduzido, para o rito da dedicação do altar.

Breviário: antigo nome da *Liturgia das Horas*, que correspondia ao livro litúrgico no qual estavam reunidos todos os elementos para a celebração do Ofício divino.

Cabido ou capítulo, catedral ou colegiado: colégio de sacerdotes (cônegos) ao qual cabe celebrar as funções litúrgicas mais solenes na igreja catedral ou no colegiado (cf. CDC c. 503; IGLH 20, 24).

Cadeira: assento do ministro que preside a assembleia litúrgica (cf. IGMR 310).

Caldeirinha: recipiente que contém a água-benta para a *aspersão*; completada com o *aspersório*.

Calendário: tabela ou elenco dos meses, semanas e dias litúrgicos da celebração do mistério de Cristo e da memória da Santíssima Virgem e dos Santos (cf. NUALC 48ss.). Junto com o calendário geral do rito romano (ed. típica de 1969), existem os calendários particulares das Igrejas locais e dos Institutos religiosos.

Cálice: vaso destinado a receber o Sangue do Senhor durante a missa (cf. IGMR 118, 329ss.; CB 984).

Campainha: era usada para chamar atenção dos fiéis em alguns momentos da missa e em outros atos litúrgicos, por exemplo, o *viático*.

Cancelas: porta baixa que separa o *presbitério* da *nave* central nas igrejas antigas.

Candelabro: suporte destinado a sustentar as *velas* ou *círios* junto ao altar, ou nas procissões; a liturgia estabelece o número dos que são usados na missa na forma ordinária (ao menos dois) e na missa *estacional*: sete (cf. IGMR 117, 122, 307); grande suporte do *círio pascal*.

Candelabros: grandes tochas de cera, carregadas acesas por vários ministros (tocheiros), que eram colocadas, junto com o *turiferário*, diante do altar durante a *oração eucarística* nas missas solenes.

Candelária: nome popular da festa da Apresentação do Senhor.

Cânon (norma) **romano**: oração eucarística I da liturgia romana.

Canonização: rito de inscrição de um beato no catálogo dos santos e declaração da universalidade de seu culto litúrgico e do dia de sua *memória*.

Cântico: composições do Antigo e do Novo Testamento semelhantes aos salmos, usadas nas *laudes* e nas *vésperas* (cf. IGLH 136-138) e nas vigílias (cf. IGLH 73).

Canto: gesto e ação de participação litúrgica, de grande valor religioso e estético, para responder à palavra divina (cf. SC 33) e fomentar a unidade e a solenidade da celebração (cf. SC 12ss.).

Cantor: *salmista* ou membro do *coro* ou *schola cantorum*; é um verdadeiro ministério litúrgico (cf. SC 29).

Capa: cf. *pluvial*. Designava-se assim também um amplo manto com capuz da cor relativa à dignidade de quem o trazia e que era usado pelos prelados sobre a veste comum em cerimônias não litúrgicas. *Capa magna* quando esta capa trazia também cauda (*cauda*) e era usada nas cerimônias mais solenes.

Capela: lugar de culto destinado a uma comunidade particular: cf. *oratório*; e espaço para a celebração, com certa autonomia, no interior de uma igreja. Com este nome se designava também o grupo de clérigos que integravam determinado serviço: *capela de música* nas catedrais, ou *capela pontifícia* no palácio apostólico.

Capítula: leitura breve das horas do Ofício divino (cf. IGLH 156-158).

Capitulare ou capitulário: lista das leituras bíblicas, especialmente dos evangelhos, antecedente dos lecionários.

Castiçal: cf. *candelabro*.

Casula: veste sacerdotal para a celebração eucarística, da cor litúrgica correspondente (cf. IGMR 119, 336; CB 65, 534).

Catecumenato: tempo de instrução catequética e de preparação para os sacramentos da iniciação cristã (cf. RICA). Por analogia, são chamados assim também outros períodos de preparação pré-sacramental.

Cátedra: assento reservado ao bispo na assembleia litúrgica, sinal do magistério e do poder do pastor da Igreja particular (cf. CB 42, 47).

Catedral: igreja na qual se encontra a *cátedra* do bispo e que, "pela majestade de sua construção, é a expressão do templo espiritual" (cf. CB 453) e o "centro da vida litúrgica da diocese" (cf. CB 44).

Caudatário: clérigo que sustentava a *cauda* de um prelado.

Celebração: a liturgia enquanto ação, ou momento expressivo, simbólico e ritual da evocação e da atualização do mistério salvífico: cf. cap. VI.

Celebrações dominicais na ausência do presbítero: assembleias dominicais nos lugares onde não se pode ter a *missa* por falta de sacerdote; constam da liturgia da Palavra e podem incluir também a comunhão sacramental (cf. *Diretório para celebrações dominicais na ausência do presbítero*, de 1980: CDC c. 1248 § 2).

Cemitério (*koimêtêrion*, dormitório): lugar onde se enterram os fiéis, abençoado como lugar sagrado; hoje se deve benzer pelo menos a sepultura (cf. CDC c. 1240).

Cerimônia: rito ou ação externa formal e estereotipada, executada normalmente pelos ministros; as celebrações não são um aparato de cerimônias (cf. CB 12, 34).

Cerimonial dos bispos: livro que descreve e regula a liturgia episcopal, referência de toda celebração litúrgica (ed. típica de 1984).

Cerimoniário: o ministro que prepara e dirige as ações litúrgicas para que transcorram com decoro, ordem e piedade (cf. IGMR 106; CB 34-36).

Chamada: rito com que são chamados nominalmente os religiosos que vão professar e os candidatos à *instituição de ministérios* (cf. CB 755-756, 798 e 813): cf. *apresentação*.

Chrismon **ou Cristograma**: medalhão que traz escrito o monograma de Cristo (XP) com as letras alfa e ômega (cf. Ap 12,8).

Cibório: cf. *píxide*.

Ciclo (*kyklos*, giro): cada um dos períodos de tempo que se volta a iniciar novamente.

Cíngulo (*cingere*, cingir): cordão ou cinta para ajustar a *alva* (cf. IGMR 336).

Cinquentena: cf. *Pentecostes*.

Cinza: elemento natural, sinal de conversão no começo da Quaresma e recordação da morte (cf. *Bênção das cinzas*, no Missal romano; CB 253).

Círio pascal: vela grande de cera que representa Cristo ressuscitado durante o tempo pascal e na liturgia do batismo e das exéquias (cf. *precônio* da vigília pascal).

Círios: cf. *luz*.

Coleta (*colligere*, reunir): oração presidencial que conclui os ritos de entrada da missa e expressa o sentido da celebração (cf. IGMR 54); ação de recolher as *oferendas* dos fiéis; reunião da liturgia *estacional*.

Comemoração: recordação ou *memorial*; na Liturgia das Horas, quando um ofício é impedido, acrescenta-se no final das laudes e das vésperas uma antífona e a oração correspondente (cf. IGLH 239b).

Comentarista ou comentador: o ministro que explica os ritos e introduz no sentido das partes de uma celebração com uma *admoestação* (cf. IGMR 105b; CB 51).

Comes (companheiro): índices e perícopes das leituras bíblicas da missa.

Commixtio (mistura): deposição de um fragmento do pão eucarístico no cálice com vinho consagrado. Teve origem possivelmente no rito do *fermentum*, fragmento do pão eucarístico enviado pelo Papa às igrejas extramuros e que era depositado no cálice, como sinal de comunhão.

Communicatio in sacris: participação nas celebrações sacramentais por ministros de diferentes confissões: é proibida aos católicos (cf. CDC c. 1365); outra coisa são as celebrações da Palavra e da oração; participação nos sacramentos de outras confissões: a Igreja Católica permite a seus fiéis, com certas condições, ter acesso aos sacramentos das Igrejas nas quais estes são válidos e acolher os fiéis de outras confissões, contanto que professem a fé católica no tocante ao sacramento que querem receber (cf. CDC c. 844).

Competentes: os que iniciam o *catecumenato* propriamente dito (cf. RICA).

Completas: última hora do *Ofício divino* (cf. IGLH 84).

Cômputo eclesiástico: conjunto de cálculos necessários para resolver os problemas relativos às divisões do tempo e formar o calendário litúrgico.

Comum, tempo: as 33 ou 34 semanas nas quais não se celebra um aspecto particular do mistério de Cristo, mas o mistério em sua plenitude (cf. NUALC 43-44).

Comum dos Santos: nos livros litúrgicos, os formulários para a *missa* ou para a *Liturgia das Horas* destinados a celebrar os santos que não contam com textos próprios no *Próprio dos Santos*, e agrupados segundo a classificação tradicional: apóstolos, mártires, pastores (antes *confessores pontífices*), virgens etc.

Comunhão: convite eucarístico ou rito de participação sacramental na eucaristia (cf. IGMR 80). Pode ser feita sob uma só espécie ou sob as duas espécies (cf. IGMR 281ss.).

Concelebração: celebração eucarística por vários sacerdotes, expressão da unidade do sacerdócio, do sacrifício e do povo de Deus (cf. IGMR 199ss.).

Concorrência/coincidência: quando no mesmo dia se deveria celebrar as vésperas do ofício corrente e as primeiras vésperas do dia seguinte, prevalecem as do dia que ocupa um lugar superior na tabela dos dias litúrgicos (cf. NUALC 61).

Confessionário: assento destinado a ouvir as confissões, situado em lugar visível e provido de grades entre o penitente e o confessor, que possa ser utilizado livremente pelos fiéis que o desejarem (cf. CDC c. 964 § 2).

Confirmação: sacramento da efusão do Espírito Santo sobre os batizados (cf. RC).

Confissão (*exomologeô*, confessar): proclamação da fé (cf. IGMR 67); e oração de louvor a Deus e reconhecimento dos pecados (cf. 1Jo 1,9); fórmula de confissão geral (*Confesso a Deus...*); e ato do penitente no sacramento da penitência.

Conopeu (*kônôpeion*, tenda): véu que cobre o *Sacrário*, como sinal da presença do Senhor (cf. *Ritual da comunhão e do culto eucarístico*).

Consagração: na oração eucarística, o momento da instituição (cf. IGMR 79d); dedicação total das virgens ao Senhor (cf. *Ritual da consagração das virgens*; CB 715ss.); foi chamada assim também a *ordenação* e a *dedicação* da igreja e do altar.

Conventual, missa: celebração eucarística que faz parte do ofício cotidiano da *catedral* ou de uma comunidade religiosa (cf. IGMR 114).

Cores litúrgicas: tonalidades diversas das vestes litúrgicas de acordo com os tempos do ano litúrgico ou das celebrações: branco, vermelho, verde, roxo, preto e rosa (cf. IGMR 345-347). Na Espanha se usa a cor azul na solenidade da Imaculada.

Coro: lugar litúrgico reservado ao clero para o Ofício divino; e lugar do grupo de cantores ou *schola cantorum*; o próprio grupo dos cantores; celebração coral pelos membros de um *cabido* ou de uma comunidade religiosa.

Coroação: colocação de uma coroa numa imagem da Santíssima Virgem (cf. *Ritual da coroação de uma imagem da Virgem*; CB 1033ss.).

Corporal ou corporais: tecido de linho que se estende sobre a toalha do altar para colocar sobre ele a *patena* e o *cálice* na missa (cf. IGMR 73, 118, 139).

Credência: mesinha no presbitério para colocar o necessário para a missa (cf. IGMR 118; CB 129).

Credo: cf. *símbolo*.

Crisma (*chrisma*, unguento): mistura de óleo e bálsamo bento na missa crismal, usado no batismo, na confirmação, nas ordenações e na dedicação da igreja e do altar (cf. CB 274ss.).

Crismação: gesto de ungir com o santo *crisma*.

Crismeira: cf. *âmbula*

Cronógrafo: *calendário*; o mais famoso é o de Fúrio Dionísio Filócalo (a. 336), que já assinala a festa do Natal.

Cruz: símbolo do sacrifício pascal do Senhor, que preside a celebração da eucaristia (cf. IGMR 308; CB 1011); é adorada na Sexta-feira Santa; é venerada na missa com a *incensação* etc. Distinguem-se: cruz da igreja, do altar, processional, arquiepiscopal, *peitoral* etc.

Culto (*colere*, honrar): em geral são os atos internos e externos da religião; o culto cristão equivale à *liturgia* da Igreja de Cristo.

Curso (*cursus*, movimento): sucessão harmoniosa de sílabas na métrica latina das orações e hinos; e série ou ordenamento dos salmos no ofício.

Custódia ou ostensório: vaso usado na *exposição* da eucaristia, nas *procissões* e na bênção eucarística (cf. CB 1104-1105 e 1108).

Dalmática: veste, a modo de túnica larga, própria do diácono (cf. IGMR 119b); também é usada pelo bispo por baixo da casula, na missa *estacional* (cf. CB 56).

Dedicação: rito de destinar ao culto divino a *igreja* e o *altar* (cf. RDIA; CB 916ss.).

Defuntos, todos os fiéis: comemoração do dia 2 de novembro; *memento dos defuntos*: intercessão da oração eucarística.

Depositionis dies (dia da sepultura): o aniversário da morte ou da sepultura dos cristãos; no caso dos mártires e dos santos equivale a *dies natalis*.

Despedida (*dimissio*): rito conclusivo, unido à bênção do povo (cf. IGMR 90) quando há um ministro ordenado; na Igreja antiga, a saída dos catecúmenos no final da liturgia da palavra; cf. *missa*.

Devotio (piedade): refere-se à atitude da vontade para com Deus; *devoções*, no plural, equivale aos *exercícios piedosos* do povo cristão e às tendências espirituais para um aspecto do mistério de Deus, de Cristo ou dos santos.

Dia de semana (ou *feria*, festa): designa cada um dos dias da semana, exceto o sábado e o domingo: segunda-feira, *feria secunda* etc.; designa também os *dias litúrgicos* nos quais não há ofício próprio (cf. NUALC 16).

Dia litúrgico: dia natural santificado pela liturgia, que no caso dos domingos e solenidades começa na tarde precedente (cf. NUALC 3).

Diácono (*diakoneô*, servir): o grau inferior dos ministérios ordenados, destinado a proclamar o evangelho, servir ao altar, ajudar o presbítero etc. (cf. RO; IGMR 94; CB 9, 24s.).

Dies natalis (dia do nascimento): expressão adotada pelos cristãos para referir-se ao dia da morte como entrada na verdadeira vida; equivale ao *depositionis dies*.

Diocese: porção do povo de Deus confiada ao bispo (cf. CDC c. 369), cuja principal manifestação é a eucaristia (cf. SC 41; LG 26).

Dípticos: tabuinhas nas quais se escreviam os nomes dos santos, dos defuntos e dos ofertantes que eram lembrados na oração eucarística.

Diurnal: livro que contém todas as horas (diurnas) do Ofício divino, exceto as leituras.

Domingo (*dominica dies*, dia do Senhor): cf. cap. XIX.

Doxologia (*doxa*, glória): fórmula de louvor a Deus e a Cristo ou às Pessoas divinas; última parte da oração eucarística; conclusão dos salmos na Liturgia das Horas (cf. IGLH 123-125) e aclamação no início do ofício (cf. IGLH 41).

Economia salvífica (*oikonomia*, governo): plano de salvação revelado por Deus, cumprido em Cristo e realizado na Igreja (cf. Ef 1,3-14), mediante a liturgia (cf. SC 5-7): cf. cap. II.

Effatá (abre-te): expressão aramaica (cf. Mc 7,34) e gesto que passou para a liturgia batismal para significar a abertura dos ouvidos e da boca à Palavra de Deus (cf. RICA; RBC).

Eisodos (entrada): rito do início da missa (pequena entrada) e da procissão das oferendas (grande entrada) na liturgia bizantina.

Eleitos: candidatos ao batismo depois da imposição do nome cristão (cf. RICA); são chamados assim também os candidatos às ordens sacras.

Elevação: gesto pelo qual se mostra o pão eucarístico e o cálice depois da respectiva consagração; gesto de oferenda do Corpo e do Sangue de Cristo na *doxologia* da oração eucarística.

Embolismo (*emballô*, acrescentar): texto breve que é introduzido ou acrescentado a uma oração (por exemplo, a súplica que se segue ao Pai-nosso); chama-se assim também a parte central do prefácio.

Encomendação da alma: "entrega dos moribundos a Deus" (cf. *Ritual da unção e da pastoral dos enfermos*).

Encomendação e despedida: rito final das exéquias diante do cadáver (cf. *Ritual de exéquias*).

Entrada: recepção do bispo na igreja (cf. CB 79); canto de *entrada*: cf. *introito*.

Entrega: na iniciação cristã, cf. *traditio*; nas *ordens*, o rito de imposição das *insígnias* pontificais e de transmissão do *Evangeliário* e de outros objetos (cf. RO).

Epacta (*epaktos*, acrescentado): idade da lua ou número de dias que há desde o último novilúnio de um ano até o dia 1º de janeiro seguinte; serve para calcular o novilúnio de cada mês, especialmente o de março, que fixa a data da Páscoa. No entanto, chama-se assim também o calendário que estabelece as variações litúrgicas de cada ano (calendário litúrgico pastoral).

Ephapax (uma só vez): expressão que alude a caráter único e irrepetível do acontecimento pascal (cf. cap. II).

Epiclese (*epikaleô*, chamar): petição ou invocação do Espírito Santo (cf. Jo 14,16), na oração eucarística (cf. IGMR 79c) e em outras fórmulas eucológicas maiores.

Epifania (*epiphaneia*, manifestação): solenidade de 6 de janeiro, comum ao Oriente e ao Ocidente; e comemoração dos "sinais" de Jesus Cristo depois da citada festa (primeiros domingos do Tempo "comum").

Epístola (carta): leitura apostólica na missa romana; recebeu este nome por causa do predomínio das cartas paulinas nessa leitura.

Epistolário: lecionário que contém as *epístolas*; existiu até a reforma litúrgica do Vaticano II e era usado só na missa solene.

Escolhidos: cf. *eleitos*.

Escrutínios: averiguações acerca dos candidatos à iniciação cristã e nos ritos de bênção e *exorcismo* (cf. RICA).

Espórtula: esmola por ocasião de um ato litúrgico, geralmente da *missa* (cf. CDC c. 945-958).

Estação (*statio*, parada): assembleia litúrgica que vai de uma igreja, onde se faz a reunião (*collecta*), até outra (igreja *estacional*); trata-se de uma prática da antiga liturgia romana, que ainda pode ser praticada na Quaresma (cf. CB 260-261); chama-se assim também a parada no percurso de uma procissão (cf. CB 392).

Estacional, missa: celebração eucarística presidida pelo bispo, sobretudo na *catedral*, rodeado de seu presbitério com a participação do povo (cf. CB 119ss.); antes chamava-se "missa pontifical".

Estipêndio: cf. *espórtula*.

Estola: faixa de pano, da cor litúrgica correspondente, usada pelo bispo e pelos presbíteros, em volta do pescoço e pendente diante do peito, e pelo diácono, a tiracolo desde o ombro esquerdo até a cintura do lado direito (cf. IGMR 340; CB 66; 67).

Eucaristia (ação de graças): celebração do *Memorial* do Senhor (*missa*) e sacramento de seu Corpo e Sangue: cf. cap. XV.

Eucológio, eucologia (*euchê*, oração): livro de orações (por exemplo, Eucológio de Serapião) e ciência que estuda as orações, ou conjunto de fórmulas litúrgicas, excluídas as leituras e outros textos bíblicos.

Eulogia: cf. *bênção*.

Evangelho (boa notícia): proclamação litúrgica dos textos evangélicos (cf. IGMR 60).

Evangeliário: Lecionário que contém os textos evangélicos da *missa* e é objeto de diversas honras litúrgicas (cf. ELM 36; CB 74, 128); usa-se também na ordenação do bispo e do diácono (cf. RO).

Exéquias: celebração do mistério pascal de Jesus Cristo na morte de um fiel; compreendem vários ritos, entre os quais sobressai a *missa* exequial (cf. *Ritual de exéquias*, ed. de 1069; IGMR 380).

Exomologese: cf. *confissão*.

Exorcismo: rito da iniciação cristã de adultos (cf. *escrutínio*) e do *batismo* de crianças; invocação da assistência divina em face da influência do Maligno (cf. CDC c. 1172 § 1): cf. cap. XVII.

Exorcista: antiga ordem menor e ministério destinados a realizar o *exorcismo* (cf. CDC c. 1172 § 2).

Exortação: cf. *admoestação*.

Expiação: festa hebraica de purificação dos pecados (cf. Lv 16,11-13), que atingiu sua plenitude no sacrifício de Cristo (cf. Hb 9–10).

Exposição do Santíssimo Sacramento: exibição prolongada ou breve do pão eucarístico na *custódia* ou na *píxide*, para a *adoração* (cf. *Ritual da comunhão e do culto eucarístico*; CB 1102ss.).

Expositor: trono para a exposição eucarística, geralmente fazendo parte do retábulo.

Exsultet (alegre-se): primeira palavra do *precônio pascal* ou *laus cerei*.

Extrema-unção: nome dado na Idade Média à *unção dos enfermos* (cf. SC 73).

Facistol: estante grande usada no *coro* para colocar os livros de canto, ou no *presbitério* para colocar o *Lecionário* ou entronizar o *Evangeliário* (cf. CB 336b, 1174).

Faldistório: assento móvel ou dobrável, sem encosto.

Famílias litúrgicas: agrupamentos dos *Ritos litúrgicos* do Oriente e do Ocidente de acordo com sua origem comum ou afinidades rituais: cf. cap. V.

Feria: cf. *dia de semana*.

Fermentum: cf. *commixtio*.

Férula: bastão de madeira forrado de seda como sinal de autoridade, hoje usado somente pelo camerlengo da Santa Igreja Romana.

Festa: tempo da celebração (cf. cap. XIII); e dias litúrgicos de grau inferior às *solenidades*, que são celebrados dentro do dia natural, a não ser que se trate de festas do Senhor que caem nos domingos do tempo comum e têm então primeiras vésperas (cf. NUALC 13).

Festas de guarda ou de preceito: os dias festivos nos quais os fiéis têm a obrigação de participar da missa e de abster-se de trabalhos e atividades que impeçam prestar culto a Deus e descansar (cf. CDC c. 1246-1248).

Flores: adornam a igreja e o altar e a capela da *reserva eucarística*; não se usam em certos tempos litúrgicos (cf. CE 48, 252).

Fogo: elemento natural usado na *vigília pascal* como símbolo da Ressurreição; nele se acende o *círio pascal* e o *incensório* (cf. *Missal romano*).

Fonte batismal: lugar onde jorra ou está contida a água batismal (cf. CB 995); tem bênção especial (cf. *Ritual de bênçãos*).

Fração do pão: nome da eucaristia no NT (cf. Lc 24,35); rito de preparação da *comunhão*, alusivo à unidade em Cristo dos que participam nela (cf. IGMR 80, 155; cf. 1Cor 10,16-17).

Galero: chapéu largo que era colocado sobre a cabeça dos cardeais no dia de sua eleição e, posteriormente, sobre o altar da igreja da qual o cardeal era titular e aos pés do cadáver nas exéquias.

Galhetas: jarrinhas que contêm o vinho e a água para a missa.

Gaudete (alegrai-vos): denomina-se assim o domingo III do Advento (cf. Fl 4,4). Neste domingo usa-se a cor rosa (cf. IGMR 346f).

Gelasiano: *sacramentário* romano com influências galicanas do séc. VII; que deu origem aos *Gelasianos* do século VIII (cf. cap. IV).

Genuflexão: ajoelhar-se como gesto de *adoração* (cf. CB 69-71) e de súplica profunda (ex.: nas orações solenes da Sexta-feira Santa).

Gestos litúrgicos: movimentos corporais dos ministros e dos fiéis, de tipo prático ou com caráter simbólico, determinados pelas *rubricas* nos diferentes momentos de uma celebração: cf. cap. XI e XII.

Glória: hino doxológico festivo entre os ritos iniciais da missa (cf. IGMR 53).

Glória ao Pai: cf. *doxologia*.

Gradual: salmo depois da *epístola*, cantado ou proclamado dos degraus do *ambão*; atualmente, *salmo responsorial* depois da primeira leitura (cf. IGMR 61).

Gradual, *Graduale*: livro litúrgico que contém os salmos graduais (*Graduale simplex*, ed. típica de 1967 e de 1954: *Graduale Romanum*, ed. de Solesmes 1974).

Gregorianas, missas: costume piedoso de celebrar a missa por um defunto durante 30 dias seguidos.

Gregoriano, calendário: reforma do *calendário* efetuada pelo papa Gregório XIII em 1582.

Gregoriano, canto: o canto próprio da liturgia romana (cf. SC 116-117).

Gregoriano, sacramentário: sacramentário papal, primeiro da série dos sacramentários que trazem este nome, elaborado no séc. VII em Roma (cf. cap. IV).

Gremial: pano quadrado com que é cingido pelo sacerdote para o lava-pés na missa da Ceia do Senhor ou é colocado sobre os joelhos do bispo nas ordenações e na dedicação da igreja e do altar (cf. CB 301, 535, 902).

Hábito coral: veste eclesiástica usada para assistir às celebrações no presbitério ou no coro; usam-no os bispos e outros prelados, os cônegos e o clero auxiliar (cf. CB 1199-1210): cf. *barrete*, *murça* ou *mozeta* e *roquete*.

Hagiográfica, leitura: texto do santo no *ofício das leituras* (cf. cap. XXVII).

Hebdomadário (*hebdomada*, semana): encarregado de presidir a liturgia durante a semana no ofício catedral ou conventual.

Heortologia, heortológico (*heortê*, festa): relativo às festas ou ciclo festivo.

Hinário: livro que contém os hinos do *Ofício divino*.

Hino: canto introdutório das horas do *Ofício divino* (cf. IGLH 173ss.); situação ritual na celebração (cf. cap. IX).

Hinódia: medida rítmica dos hinos cristãos para uso litúrgico; e agrupamento dos hinos nas diversas liturgias (por exemplo, *hinódia* siríaca).

Hipapante (encontro): festa da Apresentação do Senhor.

Hissope: cf. *aspersório*.

História da salvação: cf. *economia salvífica*.

Homilia: explicação das leituras ou de outros textos da liturgia como parte da ação litúrgica (cf. SC 52; IGMR 65; CDC c. 767); compete apenas ao ministro ordenado (cf. IGMR 66).

Homiliário: coleções de sermões, geralmente dos Santos Padres, usados desde a Idade Média na Liturgia das Horas e na pregação.

Homofório: faixa que o bispo traz ao redor do pescoço na liturgia bizantina e que recorda o pastor que carrega a ovelha nos ombros (cf. Lc 15,5).

Hora canônica: cada uma das celebrações do Ofício divino.

Hora média: as horas da *terça*, *sexta* e *noa*, que são celebradas no "entremeio" das *laudes* e das vésperas: cf. cap. XXVI.

Horológio (indicador das horas): livro litúrgico bizantino semelhante ao *Diurnal*; exercício piedoso em memória da paixão do Senhor.

Hosana: *aclamação* do *Sanctus* e do Domingo de Ramos, procedente dos evangelhos (cf. Mt 21,9; Mc 11,9).

Hóstia (vítima): pão ázimo, redondo e fino, destinado à celebração eucarística (cf. *ázimo*) e que nela é consagrado.

Ícone (imagem): pintura sagrada do Salvador ou da Santíssima Virgem ou dos santos, venerada como um sinal da presença divina (cf. cap. XIV).

Iconografia: estudo dos *ícones* e das *imagens* de culto ou de devoção na liturgia e na arte cristã.

Iconóstase ou icnostásio: painel pintado com *ícones* que separa o *santuário* e o *altar* da *nave* na liturgia bizantina.

Igreja (assembleia): edifício para as celebrações litúrgicas, sinal da Igreja viva ou construção de Deus (cf. CB 840, 864; CDC c. 1214).

Illatio: início da oração eucarística hispânica, equivalente ao prefácio romano.

Imagem: escultura ou pintura de Cristo, da Santíssima Virgem ou de um santo, cuja veneração se orienta para a pessoa representada (cf. SC 125).

Imersão: forma mais significativa de realizar o *batismo* (cf. Rm 6,4), submergindo na água o batizado (cf. RICA; RBC).

Imposição das mãos: gesto litúrgico de origem bíblica, que significa a transmissão do Espírito Santo ou de outro dom divino, que se realiza na missa e em vários sacramentos e para abençoar solenemente o povo; constitui a matéria das ordenações.

Impropérios (*improperia*, repreensões): cantos durante a adoração da Cruz na Sexta-feira Santa (cf. *Missal romano*).

Incensação: rito de veneração ao Santíssimo Sacramento, ao *altar*, à cruz e às *imagens*, aos ministros e ao povo (cf. CB 84-98).

Incenso: resina que emite odor aromático ao queimar no *turíbulo*; usado em diversos momentos da missa e em outras celebrações, e que significa a oração (cf. Sl 141,2; Ap 8,3; CB 84ss.).

Incensório: cf. *turíbulo*.

Inclinação: sinal de reverência, que pode ser simples ou profunda (cf. CB 68).

Iniciação cristã: processo de incorporação à Igreja mediante os sacramentos que consagram os inícios da vida cristã: cf. cap. XXVI.

Insígnias: distintivos episcopais ou abaciais e da consagração religiosa (cf. CB 57, 723).

Instituição de ministérios: antigas ordens menores: cf. cap. XVII.

Intercessão: súplica em favor dos homens, que é feita na missa ou no Ofício divino; e uma parte da oração eucarística na qual se expressa a comunhão e o pedido por toda a Igreja, pelos vivos e pelos defuntos (cf. IGMR 79g).

Interrogatório: perguntas sobre a disposição dos candidatos na celebração de vários sacramentos e sacramentais.

Introito (entrada): canto que abre a celebração eucarística (cf. IGMR 47-48).

Inumação (*humus*, terra): ato de enterrar um cadáver; o *Ritual de exéquias* prevê a última *estação* junto ao sepulcro, no rito completo.

Invitatório: invocação e salmo (Sl 95 ou 100, 67 ou 24) que abrem a celebração do ofício (cf. IGLH 34-36; CB 213).

Jejum: gesto de se abster de tomar alimentos em sinal de penitência, ou como participação na Paixão do Senhor (cf. SC 110; CDC c. 1252), ou como preparação para receber a eucaristia (cf. CDC c. 919).

Kairós: tempo favorável (cf. 2Cor 5,2) no qual se manifestou a salvação: cf. cap. II.

Kyriale: livro que contém os cantos invariáveis da missa (ed. típica de 1965).

Ladainhas: invocações e súplicas breves dialogadas entre um cantor e o povo em algumas celebrações e em procissões e outros atos de piedade.

Laetare (alegra-te): denominação do Domingo IV da Quaresma (cf. Is 66,10); pode-se usar a cor rosa (cf. IGMR 346f).

Lâmpada do Santíssimo: luz que indica e honra a presença eucarística no sacrário (cf. CDC c. 940).

Laudes: oração matinal no começo do dia, hora do Ofício divino (cf. SC 89; IGLH 37ss.): cf. cap. XXVI.

Laus cerei: nome dado na Antiguidade à bênção do círio pascal: cf. *exsultet*.

Lavabo ou lavagem das mãos: gesto de preparação pessoal do sacerdote na missa (cf. IGMR 76, 145); feito também após a unção em alguns sacramentos e sacramentais.

Lecionário: livro-sinal da Palavra de Deus que contém as leituras da missa e de outras celebrações, e modo de realizar a "leitura litúrgica" dessa Palavra na Igreja; cf. os caps. VII e XXVII; também se pode chamar assim o conjunto de leituras patrísticas e hagiográficas: cf. cap. XXVII.

Lectio divina: modo de ler e meditar a Palavra divina, tipicamente monástico, mas apto para todos os fiéis: cf. cap. XXVI.

Leitor: ministro instituído ou encarregado de fazer as leituras ou proclamar o salmo (cf. IGMR 59, 99).

Leitura contínua e temática: modos de seleção e organização das leituras seguindo a sucessão do livro bíblico ou a unidade temática: cf. cap. VII.

Leituras, ofício das: antigo ofício das *matinas*, hoje celebração baseada numa meditação mais abundante da Palavra de Deus, que pode ser feita a qualquer hora do dia (cf. IGLH 55) e que mantém, não obstante, o caráter noturno na liturgia coral (cf. SC 88): cf. cap. XXVI.

Letra dominical: cada uma das sete primeiras letras do alfabeto que indicam os dias da semana e permitem assinalar os domingos de acordo com a letra correspondente a cada ano; os anos bissextos têm duas letras, uma até o dia 24 de fevereiro e outra desse dia em diante.

Letras apostólicas: documento pontifício que é apresentado e lido na ordenação episcopal e na tomada de posse na *catedral* e do qual se exara uma ata (cf. CB 573, 1143).

Libelli: caderninhos de formulários de missas agrupados por meses ou temas; são o antecedente dos *sacramentários*; o sacramentário *Veronense* é a mais famosa coleção de *libelli*: cf. cap. IV.

Liber sacerdotalis: manual da celebração dos sacramentos (cf. séc. XVI).

Liber usualis: livro manual que contém os cantos da *missa* e do *Ofício divino* para uso dos cantores.

Liturgia (*leiton-ergon*, obra popular): culto da Igreja (cf. cap. III).

Liturgia das Horas: nome atual do *Ofício divino* ou oração oficial da Igreja: cf. cap. XXV.

Lucernário: bênção da lâmpada na liturgia judaica, antecedente da celebração das *vésperas* e da *laus cerei*; a primeira parte da *vigília* pascal.

Luneta: suporte (em forma de meia-lua) para sustentar a hóstia consagrada na custódia para a exposição do Santíssimo. Cf. tb. *viril*.

Lustral, água: água-benta para a purificação ou para os exorcismos.

Luz, luzes: símbolo bíblico muito presente na liturgia com múltiplos usos: *lâmpada*, *círios* acesos junto ao altar (cf. IGMR 117, 307) e em numerosos ritos (por exemplo: batismo, consagração de virgens, procissões).

Madrinha: cf. *padrinho*.

Magnificat: cântico evangélico das *vésperas* (cf. Lc 1,46-55).

Mandatum (mandamento): rito do lava-pés na missa vespertina da Ceia do Senhor na Quinta-feira Santa (cf. *Missal romano*).

Manípulo (*manipulum*, lenço, paninho): antiga peça semelhante à estola e da mesma cor, porém menor, que era colocada no antebraço esquerdo.

Mantéis: cf. *toalhas*.

Mantelete: manto curto sem mangas, que chega até os joelhos, usado sobre o roquete por alguns prelados e atualmente pelos cônegos que têm este privilégio.

Manustérgio: toalha para secar as mãos no *lavabo*.

Maranathá (*Marana thá*: vem, Senhor Jesus; e *Maran athá*: o Senhor vem): aclamação aramaica da liturgia cristã (cf. Ap 22,20; 1Cor 16,22), que reflete o clima da celebração eucarística primitiva; hoje usa-se na aclamação depois da consagração.

Martirológio: livro promulgado em 1584, com a relação completa dos mártires e dos demais santos em seu *dies natalis*, seguindo o calendário; sobre os mais importantes inclui-se, além disso, uma breve resenha ou louvação. A última edição é de 1922 e há muito tempo se trabalha numa nova.

Matinas (*matuta*, aurora): cf. *leituras, ofício das*.

Matrimônio: sacramento da aliança matrimonial: cf. cap. XVI.

Meio-Pentecostes ou Meso-Pentecostes: antiga celebração na metade da Cinquentena pascal, na qual se lia o evangelho de Jo 7,14ss.

Memória: o monumento em honra de um mártir; e a comemoração, obrigatória ou facultativa, de um santo (cf. NUALC 14).

Memorial: cf. *anamnese*; a celebração da missa.

Menológio: na liturgia bizantina, coleção de vidas de santos e informações sobre as diferentes festas do Senhor e da Santíssima Virgem, ordenada por meses.

Mestre de cerimônias: cf. *cerimoniário*.

Ministérios leigos ou laicais: denominação dos ofícios litúrgicos que são conferidos mediante a *instituição* – leitorado e acolitado – e que podem ser confiados também de maneira estável ou temporária aos leigos (cf. CDC c. 230; SC 28-29; IGMR 98-99); entre eles estão o ministro extraordinário da eucaristia, o catequista, o padrinho etc.

Ministérios litúrgicos: nome genérico de todos os ofícios e funções que se exercem nas celebrações litúrgicas (cf. IGMR cap. III).

Ministérios ordenados: denominação das três ordens da hierarquia eclesiástica: episcopado, presbisterato e diaconato, às quais se chega pelo sacramento da *ordem*; ofícios e funções litúrgicas que estão ligados ao sacramento da *ordem* (cf. IGMR 92-94).

Missa (*missae, missarum sollemnia*): nome da celebração eucarística, derivado do termo *missa*, alusivo à bênção de *despedida* do povo ou dos catecúmenos, que foi adotado extensivamente para toda a celebração.

Missal: na atualidade o *Oracional* da missa, que contém todos os textos eucológicos: cf. *eucologia*; no entanto, desde o séc. XI sua verdadeira natureza era a de livro *plenário*, que continha também as leituras e os cantos; na liturgia hispânica era denominado *Missale mixtum* e continha também os textos do ofício.

Mistagogia (*myeô, mystagogeô*, iniciar nos mistérios): última etapa da iniciação cristã na semana da Páscoa, marcada pelas catequeses sobre os sacramentos (mistagógicas) (cf. RICA; CB 374, 429); função iniciadora, progressiva e permanente da mesma liturgia para os que dela participam: cf. cap. XXVIII.

Mistério: na liturgia é o acontecimento salvífico que é celebrado nos ritos sacramentais; em sentido global é o desígnio de salvação que se desdobra na *economia salvífica*, da qual a própria *liturgia* é uma parte: cf. cap. II.

Mistério pascal: a "bem-aventurada Paixão (morte), Ressurreição dentre os mortos e gloriosa ascensão do Senhor aos céus" com a doação do Espírito Santo, celebradas na liturgia: cf. cap. II.

Mistura: cf. *commixtio*.

Mitra: *insígnia* pontifical do bispo e do abade, que cobre a cabeça em alguns momentos da celebração: é imposta ao bispo na ordenação, aludindo à coroa de glória que ele receberá do supremo Pastor (cf. 1Pd 5,4).

Monição: cf. *admoestação*.

Mozeta: espécie de capa pequena, parte superior do *hábito coral* sobre o roquete.

Murça: cf. mozeta.

Myron: o *crisma* dos orientais.

Nártex: vestíbulo inferior da igreja onde ficavam os catecúmenos e os penitentes públicos.

Natal (*nativitas*, nascimento): solenidade e tempo do nascimento do Senhor: cf. cap. XXII.

Natividade de Maria: festa do dia 8 de setembro.

Natividade de São João Batista: solenidade do dia 24 de junho.

Nave: parte central da igreja, destinada aos fiéis (cf. IGMR 311).

Naveta: recipiente em forma de nave no qual se coloca o *incenso*.

Neófito (*neophytos*, recém-nascido): o novo batizado (cf. 1Pd 2,2) durante o tempo da *mistagogia*.

Neomênia (*neomenia*, lua-nova): festa do novilúnio (cf. Cl 2,16).

Noa: hora *média*, das três até às seis da tarde (cf. Mt 27,46; At 3,1).

Noturno: cada uma das três partes em que se dividia o antigo ofício das *matinas*.

Número áureo: número que assinala os novilúnios no ciclo de 19 anos; obtém-se somando o 1 ao ano e dividindo o total por 19; o 0 corresponde ao 19. Pertence ao *cômputo eclesiástico*.

Nunc dimittis: cântico evangélico das *completas* (cf. Lc 2,29-32).

Nupcial, bênção: oração de bênção dos esposos na celebração do matrimônio (cf. *Ritual do matrimônio*).

Ó, antífonas do: série de *antífonas* das vésperas e do Aleluia desde o dia 17 até o dia 23 de dezembro inclusive, que começam com essa exclamação em latim.

Oblação: oferecimento do Corpo e do Sangue de Cristo na oração eucarística (cf. IGMR 79f).

Ocorrência: quando num mesmo dia ocorrem várias celebrações, celebra-se a missa e o ofício daquela que ocupa um lugar superior na *tabela dos dias litúrgicos* (cf. NUALC 59 e 60); quando se trata de uma *solenidade* que cai num domingo do Advento, da Quaresma ou da Páscoa, é transferida para a segunda-feira seguinte (cf. NUALC 5, modificado em 1990).

Oferendas ou *oblata*: o pão e o vinho para a eucaristia e "outros donativos oferecidos pelos fiéis para os pobres ou para a Igreja" (cf. IGMR 73).

Ofertório: cf. *oblação* da vítima santa; canto (*ad offertorium*) que acompanha a procissão das oferendas (cf. IGMR 74); por extensão, denomina-se assim o rito de apresentação e preparação dos dons; e inclusive todo gesto de oferecimento no âmbito da piedade popular.

Ofício das leituras: cf. *leituras, ofício das*.

Ofício das trevas: desde o séc. XII até a reforma das rubricas de 1960, indicava as *matinas* e *laudes* da Quinta-feira Santa, Sexta-feira Santa e Sábado Santo da antiga *Liturgia das Horas*, nas quais se apagavam progressivamente as quinze velas de um grande candelabro triangular chamado tenebrário.

Ofício divino: cf. cap. XXV.

Ogdóada (*ogdoos*, oitavo): o dia *oitavo*, nome escatológico do domingo na Antiguidade: cf. cap. XIX.

Oitava: prolongamento de uma solenidade durante oito dias; atualmente só existem as oitavas da Páscoa e do Natal (cf. NUALC 24 e 35).

Óleos: os três óleos destinados à unção dos *catecúmenos*, à *unção dos enfermos* e à confecção do *crisma*; são bentos pelo bispo no decurso da missa crismal e devem ser guardados no *batistério* (cf. CB 274).

Opus Dei: denominação da *Liturgia das Horas* na *Regra beneditina* (cap. 43).

Oração do dia: cf. *coleta*.

Oração dos fiéis ou oração universal: oração com a qual se conclui a liturgia da Palavra (cf. IGMR 69-71).

Oração eucarística: "ação de graças e de consagração", centro e ponto culminante da celebração da missa (cf. IGMR 78-79).

Oração sobre as oferendas ou *super oblata* (sobre as oblatas): oração que conclui o rito da apresentação dos dons e antecede a oração eucarística (cf. IGMR 77); em outros tempos chamava-se *secreta*, porque era recitada em voz baixa.

Oração sobre o povo: oração de bênção e de despedida do povo (cf. IGMR 90b); atualmente figuram num apêndice ao *Ordo missae*.

Oracional: cf. *Missal*.

Orações presidenciais: orações reservadas ao ministro que preside (cf. IGMR 30 e 33).

Orações sálmicas: orações inspiradas nos salmos (cf. IGLH 112; CB 198): cf. cap. XXVII.

Oratório: lugar destinado temporariamente ao culto divino que, mesmo assim, deve ser benzido (cf. CB 954; CDC c. 1226-1229).

Ordem, ordenação: sacramento da ordem e os ritos da ordenação do bispo, dos presbíteros e dos diáconos (cf. RO); antes da reforma litúrgica distinguia-se entre *ordens maiores*, as ordens referidas e o subdiaconato, e *ordens menores*, o ostiariado, o leitorado, o exorcistado e o acolitado, hoje reduzidas aos ministérios instituídos do *leitor* e do *acólito*; cf. *ministérios ordenados* e *ministérios leigos*.

Ordines Romani: livros do séc. VIII ao IX, que descreviam as *cerimônias* da liturgia romana, reunidos em várias coleções: cf. cap. IV.

Ordo: ritual de uma celebração: por exemplo, *Ordo Baptismi Parvulorum* (*Ritual do batismo de crianças*); traduzido também por "Ordinário", indicando os elementos comuns e invariáveis; por exemplo, *Ordo missae* (*Ordinário da missa*).

Órgão: o maior e mais tradicional dos instrumentos musicais a serviço da liturgia; pode ser benzido e seu uso está regulado pelas normas litúrgicas (cf. CB 41, 193, 300).

Ornamentos: vestes litúrgicas.

Ornato: ambientação festiva da igreja, do altar e do lugar da *reserva* eucarística (cf. CB 38; 50, 299): cf. *flores*.

Ósculo: cf. *beijo litúrgico*.

Padrinho-madrinha: o/a responsável pela preparação de um catecúmeno, que ele/a apresenta à Igreja; atualmente é a pessoa que assiste quem vai ser batizado ou confirmado e assume um compromisso de ajudar para educá-lo na fé (cf. RICA; RBC e RC; CDC c. 873-874 e 892-893).

Padroeiro/Patrono do lugar: santo ou *titular* de um território sobre o qual se estende seu patrocínio; sua celebração obriga todas as igrejas nele situadas; cf. *tabela dos dias litúrgicos* no *Missal romano*.

Paixão: relatos dos últimos acontecimentos da vida do Senhor de acordo com os quatro evangelhos, lidos no domingo de Ramos (cada ano segundo um sinótico) e na Sexta-feira Santa (segundo João); semana que precede a Páscoa ou Semana Santa (cf. NUALC 30-31).

Pala: cartão forrado com pano branco ou com as cores litúrgicas que é colocado sobre a patena (de forma circular) e sobre o cálice (de forma quadrada).

Pálio: faixa circular de lã decorada com seis cruzes negras, que é usada em torno do pescoço e que o Papa outorga aos arcebispos residenciais (cf. CB 57 e 1154); denomina-se assim também o dossel sustentado por varais usado nas procissões do Santíssimo Sacramento.

Panagia (toda santa): título bizantino da Santíssima Virgem; medalhão peitoral com a imagem da Santíssima Virgem Mãe de Deus, que os bispos orientais trazem no peito.

Pantocrator (todo-poderoso): representação de Cristo-majestade na abside da igreja ou no tímpano do portal.

Paraliturgia: eram denominadas assim as celebrações não propriamente litúrgicas e as celebrações da Palavra (cf. SC 35,4).

Parasceve: denominação hebraica da véspera do sábado, dia da morte do Senhor (cf. Mt 27,62 etc.), que a liturgia emprega para designar a Sexta-feira Santa: *feria VI in Parasceve*.

Parusia (*parousia*, presença): retorno de Cristo no fim dos tempos (cf. 1Ts 2,19).

Pascha annotinum (ano anterior): primeiro aniversário da celebração do batismo.

Páscoa: celebração da Paixão, Morre e Ressurreição do Senhor (cf. CB 227, 295): cf. *Mistério pascal* e *Tríduo pascal*; tempo pascal que termina em *Pentecostes*: cf. cap. XX.

Patena: bandeja ou pratinho que contém a *hóstia* durante a missa (cf. IGMR 118, 141, 160, 327, 331).

Paz, rito da; gesto trocado entre os fiéis antes da comunhão, depois da oração do sacerdote (cf. IGMR 82): cf. *beijo litúrgico*.

Peitoral, cruz: *insígnia pontifical* que os bispos ocidentais e os abades trazem sobre o peito (cf. CB 57, 63).

Penitência, sacramento da: sacramento da reconciliação e do perdão dos pecados: cf. cap. XVI.

Penitenciais, salmos: denominam-se assim os sete salmos seguintes: 6, 32, 38, 51, 102, 130, 143, que se encontram na antiga *Liturgia das Horas* juntamente com as *ladainhas*.

Pentecostes (*Pentekostê*: quinquagésimo): solenidade que conclui a Cinquentena pascal; e todo o período compreendido entre a *Páscoa* e esta festa.

Peregrinação: gesto religioso no qual se parte do próprio lugar para visitar a *catedral* ou um *santuário* (cf. CB 45, 260).

Perícope (*peri koptô*, corte): fragmento de um capítulo da Bíblia: equivale à leitura bíblica assinalada.

Persignar-se: benzer-se fazendo o *sinal da cruz* com o polegar, primeiramente na testa, depois na boca e, por último, não peito.

Petição do sacramento: pedido para que seja conferido um sacramento ou sacramental, feito por um ministro em favor do candidato ou do eleito, no decurso da *celebração*.

Pia batismal: cf. *fonte batismal*.

Pia de água-benta: peça côncava situada junto à porta da igreja, com água-benta, para molhar os dedos e fazer o sinal da cruz ao entrar.

Píxide (*pyxis*, caixa): cibório ou vaso fechado no qual se guarda a eucaristia (cf. IGMR 118, 329ss.).

Planeta: veste litúrgica semelhante à casula, mas com a parte dianteira mais curta, que se usava em lugar da dalmática no Advento e na Quaresma; chama-se assim também a casula.

Pluvial, capa (*pluviale*, para a chuva): veste litúrgica larga e redonda, aberta na frente, da *cor litúrgica* correspondente, usada nas procissões e em numerosos ritos (cf. IGMR 341).

Pomba eucarística: recipiente em forma de pomba, suspenso do *baldaquim* ou de um suporte junto ao altar, no qual se guardava a eucaristia a partir do séc. XI.

Pontifical romano: desde o séc. X, o livro que contém as celebrações sacramentais reservadas ao bispo.

Pontífice (*pons*, ponte): nome dado ao bispo como sumo sacerdote de sua grei (cf. SC 41; CB 5ss.); o Papa é chamado Sumo Pontífice e Romano Pontífice.

Porta-paz: placa de metal ou de marfim com uma imagem em relevo, que era usada para dar a *paz* aos fiéis na missa, beijando-a em primeiro lugar o sacerdote.

Pós-comunhão: oração conclusiva do rito da comunhão (cf. IGMR 89).

Posturas: cf. *atitudes corporais*.

Pré-santificados, missa dos: na liturgia romana, a ação litúrgica da Sexta-feira Santa na qual se comunga da eucaristia consagrada no dia anterior. Esta prática é originária da liturgia bizantina, que a observa nos dias da Quaresma.

Precedência dos dias litúrgicos: ordem que existe entre os *dias litúrgicos* de acordo com sua importância, segundo a *tabela* que se encontra no *Missal* e a *Liturgia das Horas*; cf. *ocorrência*.

Precônio pascal: cf. *exsultet*.

Prefácio (*praefari*, dizer antes): primeira parte da *oração eucarística* (cf. IGMR 79a).

Presbitério: parte da *igreja*, distinta da *nave*, onde está o *altar* (cf. IGMR 295; CB 50); corpo dos presbíteros de uma Igreja particular com seu bispo, que se manifesta na *concelebração*, e ao qual se tem acesso na *ordenação* (cf. CE 1, 11, 21, 274).

Presbítero (ancião): o grau do sacramento da ordem que consiste na participação no sacerdócio de Cristo e cuja missão, como cooperador do bispo, é "auxiliar no ministério episcopal" (cf. RO); e preside a assembleia litúrgica fazendo as vezes de Cristo (cf. IGMR 93).

Presidência: função do ministro ou celebrante principal nas ações litúrgicas (cf. IGMR 92-93); cabe de per si ao *ministério ordenado*, de maneira que os leigos não presidem, mas dirigem ou moderam uma *celebração* (por exemplo, *celebrações dominicais na ausência do presbítero*); na *concelebração*, a presidência é exercida por um só (cf. IGMR 214, 218).

Prima: antiga hora do Ofício divino, entre as *laudes* e a *terça*, suprimida pelo Concílio Vaticano II por ser uma duplicata das *laudes* (cf. SC 89d).

Procissão: caminhar ordenadamente de um lugar sagrado para outro sob a presidência litúrgica; existem procissões litúrgicas e piedosas, ordinárias e extraordinárias (cf. CB 1093ss.); ritos de *entrada* na missa, do *evangelho* etc.

Profissão religiosa: celebração na qual os religiosos fazem sua consagração a Deus (cf. *Ritual da profissão religiosa*; CB 748ss.).

Promessas batismais: *renúncias* e profissão de fé que antecedem o batismo; são renovadas na confirmação e, cada ano, na vigília pascal.

Próprio do Tempo: parte do *Missal* e da *Liturgia das Horas* que compreende o *ciclo* dos mistérios do Senhor, em contraposição ao *Próprio dos Santos*; caracteriza-se também por incluir as celebrações móveis, exceto Natal e Epifania, que têm dia fixo; está organizado por tempos litúrgicos.

Próprio dos Santos ou Santoral: parte do *Missal* e da *Liturgia das Horas* que compreende as celebrações que têm dia fixo no *calendário*; encontra-se distribuído pelos meses do ano e dentro dele se encontram as celebrações da Santíssima Virgem e dos santos: cf. caps. XXIII e XXIX; cf. *Comum dos santos*.

Prósfora (*prosphora*, oferta): cf. *oblação*.

Prothesis: mesa para a preparação das oferendas na liturgia bizantina.

Provisão canônica, por ocasião da: celebração litúrgica quando se notifica a provisão canônica da Igreja particular (cf. CB 1129).

Púlpito (*pulpitum*, estrado): plataforma elevada com parapeito e concha acústica em cima para favorecer transmissão do som, situada na nave, na qual se pregava ao povo.

Purificador: cf. *sanguinho*.

Quarenta Horas: culto eucarístico pelo espaço de quarenta horas, de maneira contínua ou descontínua em vários dias, nascido no séc. XVI e celebrado nos dias de Carnaval.

Quaresma: tempo litúrgico de quarenta dias (cf. *simbolismo* bíblico) como preparação para a Páscoa (cf. NUALC 27-31).

Quarta-feira de Cinzas: primeiro dia da Quaresma: cf. cap. XXI.

Quartodecimanos: cristãos que no séc. II celebravam a *Páscoa* no mesmo dia que os judeus (14 de nisã).

Quatro Têmporas: dias de jejum que coincidem com as quatro estações, estabelecidos possivelmente pelo papa Sirício († 398); celebradas hoje, na Espanha, como jornada de petição e ação de graças no dia 5 de outubro (cf. NUALC 45-47; CB 381-384).

Quinquagésima, domingo da: domingo anterior ao primeiro da Quaresma, cinquenta dias antes da Páscoa, dentro do tempo da *Septuagésima*.

Redditio symboli (devolução do Símbolo): celebração prévia ao batismo na qual os *eleitos* recitavam oficialmente o *Símbolo da fé*.

Refrigerium: costume romano de fazer uma refeição junto ao túmulo de um defunto, especialmente em seu aniversário.

Regina caeli: antífona mariana no final do Ofício divino durante o tempo pascal; usa-se em lugar do *Ângelus* nesse tempo.

Relicário: objeto litúrgico destinado a conter relíquias de santos, geralmente em forma de pequena custódia com a *teca* no centro.

Relíquias: restos mortais pertencentes aos santos, objeto de veneração (cf. SC 111); podem ser depositadas debaixo do altar dedicado (cf. RDIA).

Renúncias: a parte das *promessas batismais* pelas quais aquele que vai ser batizado, ou seus pais e padrinhos em seu nome, renunciam ao diabo e às suas obras e seduções (cf. RICA; RBC; CB 361, 430, 442).

Reserva eucarística: gesto de guardar o Santíssimo Sacramento, especialmente depois de um ato de culto à eucaristia; *sacrário* e capela onde se guarda a eucaristia.

Responsório ou responso (resposta): canto alternado entre um cantor e o povo, no final das leituras do ofício (cf. IGMR 169-172), ou no salmo responsorial (cf. IGMR 61, 129); são chamadas assim também as preces que o sacerdote recitava pelos defuntos, que incluíam textos do ofício dos defuntos.

Retábulo (*retro-tabula*, tábua de trás): desde o séc. XI, tábuas pintadas com imagens que começaram a ser colocadas atrás do altar até alcançar um grande desenvolvimento com a arte gótica.

Reverência, sinais de: chamam-se assim a *inclinação*, a *genuflexão* e o *beijo do altar* (cf. CB 68-83).

Rito: ação reiterada e significativa; ação litúrgica composta de gestos e palavras (por exemplo, rito de *entrada*): cf. cap. XII.

Rito litúrgico: peculiaridades que definem uma determinada liturgia, por exemplo rito hispano-moçárabe: cf. cap. V.

Ritual: cf. *ordo*.

Ritual de bênçãos: livro litúrgico do *Ritual romano* (ed. típica de 1984), que contém as bênçãos.

Rogações: *procissões* para pedir a Deus pelas necessidades dos homens (cf. NUALC 45-47; CB 381-384).

Roquete: parte do *hábito coral*, de linho ou outro tecido semelhante (cf. CB 63, 1199); distingue-se da *sobrepeliz* (*cotta*, pequena veste) pelas mangas longas e estreitas como a *alva* (cf. CB 65, 192).

Rosário: exercício piedoso mariano, inspirado na liturgia, composto essencialmente pela recitação de 10 ave-marias, precedidas pelo Pai-nosso e seguidas pelo *Glória ao Pai*, meditando os mistérios de Cristo e da Santíssima Virgem; Paulo VI o chamou de "compêndio de todo o evangelho" e "rebento que germinou sobre o tronco da liturgia": cf. *Marialis cultus* 42-55. Compreende três grupos de cinco mistérios cada um (mistérios gozosos, dolorosos e gloriosos) aos quais o papa João Paulo II acrescentou um quarto grupo com os mistérios luminosos.

Rótulo de Ravena: famoso manuscrito que contém orações de preparação para o Natal, dos séc. V-VI: cf. cap. XXII.

Rubricas (*ruber*, vermelho): nos livros litúrgicos, texto das normas que devem ser seguidas nas celebrações, escrito ou impresso com tinta vermelha; nos livros atuais contêm também referências catequéticas e pastorais.

Sábado: sétimo dia da semana hebraica, observado pelo Senhor (cf. Mc 1,21; Lc 4,16) e pelos primeiros cristãos; superado pelo *domingo*: cf. cap. XIX; a liturgia o celebra como preparação do dia do Senhor e inclusive com uma "memória facultativa da Santa Virgem Maria" (cf. NUALC 15): cf. cap. XXIV.

Sacramentário: primitivo livro litúrgico do sacerdote, com as orações da missa, dos sacramentos e do Ofício divino: S. *Gelasiano*, *Gregoriano*, *Veronense* etc.

Sacrário: tabernáculo ou lugar da *reserva* da eucaristia (cf. IGMR 314; CDC c. 938).

Sacras: as antigas três tábuas ou quadros colocados sobre o altar, com os textos das partes invariáveis do *Ordo missae*.

Sacristão: responsável pelo *secretarium* ou *sacristia*, cuida da preparação das celebrações e das alfaias litúrgicas (cf. CB 37).

Sacristia e *secretarium* (compartimento): lugar onde se vestem os ministros, onde se inicia a procissão de entrada da missa e onde se guardam as alfaias litúrgicas; na *catedral* deveriam ser dois lugares distintos, o primeiro próximo da entrada da igreja (CB 53).

Salmista: ministro que canta ou proclama o salmo responsorial ou outro cântico bíblico (cf. IGMR 102).

Salmo responsorial: cf. *gradual*.

Salmodia: canto ou recitação modulada dos salmos, especialmente na *Liturgia das Horas* (cf. IGLH 122 e 278-279).

Salve Regina*:* a mais célebre das antífonas marianas (séc. X) com a qual se conclui o Ofício divino.

Sanctus: *aclamação* que se segue ao *prefácio* (cf. IGMR 79b).

Sanguinho: paninho para realizar as purificações depois da comunhão (cf. IGMR 118; CB 165).

Santoral: cf. *Próprio dos Santos*; denomina-se assim também o calendário dos santos: cf. *Martirológio*.

Santuário: cf. *presbitério* e *iconóstase*; lugar de *peregrinação* (cf. CDC c. 1230ss.).

Schola cantorum: *coro* de cantores para interpretar algumas partes de acordo com os diversos gêneros do canto e favorecer a participação da assembleia no canto (cf. IGMR 103); ocupa o *coro*.

Sede gestatória: cadeira semelhante a um pequeno trono na qual o Papa era trasladado do palácio apostólico até a basílica vaticana. Os que a carregavam eram chamados *sediários*.

Semana: cada período de sete dias, marcado pela celebração do *domingo*: cf. cap. XIII.

Sentenças: frase do NT ou dos Santos Padres, colocadas nos salmos após o *título*, no Saltério das quatro semanas da *Liturgia das Horas*, para indicar o sentido cristão do salmo (cf. IGLH 109 e 111).

Septuagésima: antigo tempo, de três semanas de duração, que precedia a Quaresma e que começava no domingo deste nome, setenta dias antes do domingo II da Páscoa.

Sepulcro: denomina-se assim o lugar onde são depositadas as relíquias sob o altar no rito da *dedicação*.

Sequência (*sequentia*, continuação): canto poético depois da segunda leitura em algumas solenidades (por exemplo, Páscoa, Pentecostes) (cf. IGMR 64).

Sexagésima, domingo da: dois domingos antes do domingo I da Quaresma, dentro do tempo da *Septuagésima*, sessenta dias até a quarta-feira da oitava da Páscoa.

Sexta: *hora* média que é celebrada ao meio-dia (cf. Mt 27,45; At 10,9).

Shemá: oração hebraica recitada três vezes ao dia (cf. Dt 6,4-9).

Shemoné-esreh: oração hebraica das 18 bênçãos.

Simbolismo litúrgico: conjunto de sinais da liturgia; e caráter expressivo e sacramental dos sinais litúrgicos: cf. cap. XII.

Símbolo: fórmula de profissão da fé apostólica que é recitada ou cantada na missa nos domingos e solenidades (cf. IGMR 67-68).

Sinal da cruz: gesto de traçar a cruz com a mão sobre si próprio (IGMR 50; cf. *persignar-se*) ou sobre uma pessoa ou coisa ou no ar para abençoar ou invocar a graça divina.

Sinaxe (*synaxis*, reunião): *assembleia litúrgica*.

Sinergia ou *synergia* (*syn-ergon*, ação conjunta): a união entre Deus e o homem em Jesus Cristo, sob a ação do Espírito Santo; a liturgia é *sinergia* entre o Espírito e a Igreja.

Sinos: começaram a ser usados no séc. VI para convocar os fiéis e para dar diversos sinais de acordo com as celebrações litúrgicas; são benzidos e trazem inscrições e dedicatórias; seu uso é regulado pela liturgia (cf. CB 37, 300, 349). O *campanário* como construção junto à igreja data do séc. VIII.

Sobre as oferendas: cf. *oração sobre as oferendas*.

Sobrepeliz: cf. *roquete*; é vestida sempre sobre o hábito talar (cf. CB 65).

Solenidade: os dias litúrgicos mais importantes, cuja celebração começa nas I vésperas no dia anterior e que em alguns casos conta com missa da vigília (cf. NUALC 11).

Solidéu (só a Deus): pequeno barrete em forma de calota que cobre o cocuruto, usado pelo Papa (de cor branca), pelos cardeais (de cor vermelha), pelos bispos e abades (de cor violeta) e outros clérigos (de cor preta); é tirado diante do Santíssimo Sacramento, daí o nome.

Sufrágios: orações e outros atos em favor dos fiéis defuntos.

Super oblata: cf. *oração sobre as oferendas*.

Tabela dos dias litúrgicos: cf. *precedência*.

Teca: caixinha de metal destinada a conter a relíquia de um santo. Designa-se assim também a caixa, metálica, na qual se guarda no tabernáculo a hóstia consagrada para a exposição do Santíssimo.

Te Deum: hino no final do *ofício das leituras* e das *vigílias* (cf. IGLH 68, 73); usa-se também como canto de ação de graças.

Têmporas: cf. *Quatro têmporas*.

Terça: *hora média*, equivalente às nove da manhã (cf. At 2,15).

Tiara: tríplice coroa (*trirregno*) que os papas usavam e com a qual eram coroados. Não era uma *insígnia* estritamente litúrgica e foi suprimida por Paulo VI. O papa Bento XVI nem sequer a tem sobre seu escudo pontifício.

Titular da igreja: mistério ou invocação do Senhor ou da Santíssima Virgem ou nome do santo em cuja honra se dedicou a igreja (cf. CB 865); exige-se também para a igreja que seja abençoada, mesmo que não seja dedicada (cf. CB 955).

Título sálmico: breve enunciado no começo de cada salmo no saltério das quatro semanas da *Liturgia das Horas* para assinalar seu significado (cf. IGLH 111).

Toalhas: tecidos de linho que cobrem o altar (cf. IGMR 304); são retiradas depois da missa da Ceia do Senhor e durante a Sexta-feira Santa e o Sábado Santo.

Tractus (*tractus*, arrastado): versículos de um salmo que eram cantados ou recitados um depois do outro, sem *antífona* nem *responsório*, entre o *gradual* e o evangelho.

Traditio (entrega): rito de entrega solene do *Símbolo da fé* (*traditio symboli*) ou do pai-nosso (*traditio orationis dominicae*) aos catecúmenos; depois vinha a *redditio*.

Tríduo (três dias): aplicado ao santo "Tríduo pascal de Jesus Cristo, morto, sepultado e ressuscitado": cf. cap. XX.

Triságio (três vezes santo): o tríplice *sanctus* ("Deus santo, Deus forte, Deus imortal..."), procedente das liturgias orientais, que se canta nos *impropérios* da Sexta-feira Santa, com sentido inicialmente cristológico e mais tarde trinitário.

Tropo (desenvolvimento): texto breve que é intercalado numa aclamação, aproveitando uma melodia (por exemplo: nas invocações da 3ª forma do ato penitencial).

Tunicela: veste do subdiácono, praticamente idêntica à *dalmática*, que deixou de ser usada ao desaparecer o *subdiaconato* como ordem sacra.

Turíbulo: recipiente para as brasas, sustentado com correntinhas e provido de tampa, carregado pelo *turiferário* e que serve para a *incensação*.

Turiferário (que leva o fogo): ministro que carrega o *turíbulo*.

Typikon (*typos*, exemplo): livro litúrgico grego com *cerimônias* e *rubricas*.

Umeral: pano que cobre os ombros do ministro que carrega o Santíssimo Sacramento ou que dá a *bênção* com ele.

Unção dos Enfermos: sacramento da força do Espírito Santo na enfermidade: cf. cap. XVI.

Urbi et orbi (para a cidade e para o mundo): expressão usada pelos papas para referir-se a Roma e ao resto do mundo: por exemplo, nas bênçãos apostólicas.

Veronense, sacramentário: chamado antigamente *leoniano* (por São Leão Magno), é uma coleção de *libelli missarum* que remonta ao séc. V e cujo manuscrito se encontra na biblioteca de Verona (Itália): cf. cap. IV.

Versículo: aclamação depois da *leitura breve* da *hora média* (cf. IGLH 79).

Vésperas (tarde): oração do final do dia, hora do Ofício divino (cf. SC 89; IGLH 39ss.): cf. cap. XXVI.

Véu (imposição do): rito de imposição do véu da virgem (cf. *Ritual da consagração das virgens*); e antigamente também da esposa na liturgia do matrimônio.

Véu do cálice: peça de pano do mesmo tecido e cor da casula, usada para cobrir o cálice antes do ofertório. A IGMR 118 recomenda cobrir o cálice na credência com um véu, que pode ser da cor do dia ou branco. Sobre o cálice se trazia e se colocava também a *bolsa dos corporais*.

Véu umeral: na missa estacional os ministros do *báculo* e da *mitra* traziam uma faixa de pano branco sobre os ombros para sustentar estas insígnias sem tocá-las diretamente com as mãos.

Via crucis (caminho da cruz ou via-sacra): exercício piedoso inspirado na liturgia, que vai percorrendo o caminho para a cruz, com um deslocamento para as diferentes *estações*, a fim de meditar sobre os momentos da Paixão do Senhor seguindo sobretudo os relatos evangélicos.

Vias Lucis (caminho da luz): exercício análogo que percorre e medita os momentos da Ressurreição e das aparições do Senhor.

Viático (provisão para a viagem): última comunhão sacramental do cristão em perigo de morte (cf. RUE 26; CDC c. 921).

Vigília (ato de velar/vigiar): preparação que antecede uma solenidade (cf. IGLH 70-72) com elementos litúrgicos próprios, entre os quais se destaca a missa da vigília; a *vigília pascal* é a mais relevante de todas: cf. cap. XX; o *ofício das leituras* pode transformar-se numa *vigília* na véspera de solenidades e festas (cf. IGLH 73): cf. cap. XXVI.

Viril: suporte de cristal que contém a hóstia consagrada na custódia para a exposição do Santíssimo. Cf. *luneta*.

Visita pastoral: presença do bispo nas paróquias ou comunidades locais de sua diocese como ministro do evangelho, pastor e sumo sacerdote de sua grei (cf. CB 1177-1184)

Zeon, **rito do**: água fervendo que se despeja no cálice na liturgia bizantina, após a *commixtio*.

Anexo
Elenco de obras pós-conciliares de liturgia publicadas originalmente no Brasil

O objetivo deste elenco bibliográfico é ajudar o leitor a aproximar os temas da liturgia tratados neste livro com a abordagem litúrgica realizada no Brasil pós-Concílio. O presente elenco não é exaustivo; constitui um primeiro intento e, portanto, paulatinamente deverá ir se completando.

1 Obras em geral e manuais

Baraúna, G. (ed.). *A sagrada liturgia renovada pelo concílio*. Petrópolis: Vozes, 1964.

Beckhäuser, A. *Celebrar a vida cristã* – Formação Litúrgica para Agentes de Pastoral, Equipes de Liturgia e Grupos de Reflexão. Petrópolis: Vozes, 2000.

_____. *O martírio, luta vitoriosa com Cristo* – Contribuição ao estudo da linguagem militar no Sacramentário Veronense. Petrópolis: Vozes, 2002.

_____. *Os fundamentos da Sagrada Liturgia*. Petrópolis: Vozes, 2004 (Coleção Iniciação à Teologia).

_____. *Celebrar bem*. Petrópolis: Vozes, 2008.

_____. *Sacrosanctum Concilium* – Texto e comentário. São Paulo: Paulinas, 2012.

_____. *Orientações litúrgicas para bem celebrar*. Petrópolis: Vozes, 2018.

_____. *O jeito franciscano de celebrar* – Guia da celebração litúrgica franciscana. Petrópolis: Vozes, 2018.

Buyst, I. & João Francisco, M. *O mistério celebrado: memória e compromisso II*. Valencia (Espanha)/São Paulo: Siquem/Paulinas, 2004 (Coleção LBT – Livros Básicos de Teologia 10).

Buyst, I. & Silva, J.A. *O mistério celebrado*: memória e compromisso I. 4. ed. Valencia (Espanha)/São Paulo: Siquem/Paulinas, 2014 (Coleção LBT – Livros Básicos de Teologia 9).

Celam. *Manual de liturgia* – A celebração do mistério pascal. 4 vol. São Paulo: Paulus, 2004-2005 [Com contribuições de autores brasileiros].

Centro de Liturgia. *Liturgia em tempo de opressão à luz do Apocalipse*. São Paulo: Paulinas, 1990 (Cadernos de Liturgia, 1).

_____. *Liturgia e subjetividade*. São Paulo: Paulus, 1998 (Cadernos de Liturgia, 9.

_____. *Liturgia e política*. São Paulo: Paulus, 1999 (Cadernos de Liturgia, 8).

CNBB. *Animação da vida litúrgica no Brasil*. São Paulo: Paulinas 1989 (Documentos da CNBB, 43).

_____. *Guia litúrgico-pastoral*. 2. ed. rev. e ampl. Brasília: CNBB, s.d.

2 Introduções à liturgia, iniciação litúrgica

Beckhäuser, A. *Liturgia* – Iniciação à teologia. Petrópolis: Vozes, 2019.

Buyst, I. & Cardoso, E.B. Liturgia cristã. In: Beozzo, J.O. (org.). *Curso de Verão*. Ano IV. São Paulo: Paulinas, 1990 (Coleção Teologia Popular Ano IV).

CNBB. *Liturgia em mutirão I* – Subsídios para a formação. Brasília: CNBB, 2007.

_____. *Liturgia em mutirão II* – Subsídios para a formação. Brasília: CNBB, 2009.

Lutz, G. *Liturgia* – A família de Deus em festa. São Paulo: Paulus 1978.

_____. *O que é liturgia*. São Paulo: Paulus, 2006.

Paludo, F. *Liturgia: ação de Deus na comunidade de fé* – Formação litúrgica. Petrópolis: Vozes, 2002.

Santos Costa, V. (org.). *Liturgia: peregrinação ao coração do Mistério* – Livro comemorativo dos vinte anos da Associação dos Liturgistas do Brasil (ASLI). São Paulo: Paulinas, 2009.

Silva, J.A. & Sivinski, M. (orgs.). *Liturgia*: um direito do povo. Petrópolis: Vozes, 2001.

_____. *Liturgia no coração da vida* – Comemorando a vida e ministério litúrgico de Ione Buyst. São Paulo: Paulus, 2006.

VV.AA. *Liturgia*: momento histórico da Salvação. Brasília: CNBB, 2014 (50 anos da *Sacrosanctum Concilium*, vol. 2).

_____. *Liturgia*: exercício do sacerdócio de Jesus Cristo, cabeça e membros. Brasília: 2014 (50 anos da *Sacrosanctum Concilium*, vol. 3).

3 Ciência litúrgica e formação litúrgica

Baronto, L.E. *Laboratório litúrgico* – Pela inteireza do ser na vivência ritual. São Paulo: Salesiana, 2000.

_____. *Laboratório litúrgico*. São Paulo: Paulinas, 2006.

Buyst, I. *Pesquisa em liturgia* – Relato e análise de uma experiência. São Paulo: Paulus, 1994.

_____. *Cristo ressuscitou* – Meditação litúrgica com um hino pascal. São Paulo: Paulus 1995.

_____. *Como estudar liturgia* – Princípios de ciência litúrgica. São Paulo: Paulus, 2000.

Centro de Liturgia. *Formação litúrgica* – Como fazer? São Paulo: Paulus, 1994 (Cadernos de Liturgia, 3).

_____. *Curso de especialização em liturgia*. São Paulo: Paulus, 1995 (Cadernos de liturgia, 4).

Frade, G. (org.). *Liturgia* – Vida e obra do Pe. Gregório Lutz, CSSp (1931-2019). São Paulo: Loyola, 2019.

Lutz, G. *Uma vida para a liturgia* – Autobiografia do Pe. Gregório Lutz, CSSp (1931-2019). São Paulo: Loyola, 2019.

Paludo, F. Vida litúrgica no seminário. In: Celam. *Manual de liturgia* – Vol. I. A celebração do mistério pascal: introdução à celebração litúrgica. São Paulo: Paulus, 2004, p. 13-62.

4 A liturgia na economia da salvação

Buyst, I. Em minha memória. In: Buyst, I. & Silva, J.A. *O mistério celebrado*: memória e compromisso I. 4. ed. Valência (Espanha)/São Paulo: Siquem/Paulinas, 2014, p. 77-91 (Coleção LBT – Livros Básicos de Teologia, 9).

Lutz, G. *Celebrar em espírito e verdade* – Elementos de uma teologia litúrgica. 2. ed. São Paulo: Paulus, 1997 (Celebrar a Fé e a Vida, 4).

_____. *O que é liturgia.* São Paulo: Paulus, 2003 (Celebrar a Fé e a Vida, 6).

VV.AA. *Liturgia, momento histórico da salvação.* Brasília: CNBB, 2014.

5 A liturgia na história

Adão, A.J. *História do Centro de Liturgia e suas contribuições para a Igreja no Brasil.* São Paulo: Paulus, 2008 (Cadernos de Liturgia, 14).

Bargellini, E. & Silva, J.A. *Raízes históricas e teológicas da Sacrosanctum Concilium.* Brasília: CNBB, 2013.

Beckhäuser, A. *Liturgia 25 anos depois.* Petrópolis: Vozes, 1989.

Centro de Liturgia. *A implantação da reforma litúrgica do Concílio Vaticano II no Brasil.* São Paulo: Paulus, 2003 (Cadernos de Liturgia, 10).

CNBB. *Liturgia:* 20 anos de caminhada pós-conciliar. São Paulo: Paulus, 1986 (Estudos da CNBB, 42).

_____. *A sagrada liturgia 40 anos depois.* São Paulo: Paulus, 2003. (Estudos da CNBB, 87).

Lutz, G. *História geral da liturgia*: das origens até o Concílio Vaticano II. São Paulo: Paulus, 2020.

Silva, J.A. *O movimento litúrgico no Brasil* – Estudo histórico. Petrópolis: Vozes, 1983.

_____. A celebração do mistério de Cristo ao longo da história: panorama histórico geral da liturgia. In: Celam. *Manual de liturgia* – Vol. IV: A celebração do mistério pascal; outras expressões celebrativas do Mistério Pascal e a liturgia na vida da Igreja. São Paulo: Paulus, 2007, p. 445-518.

_____. O mistério celebrado no primeiro milênio da era cristã: panorama histórico geral; o mistério celebrado no segundo milênio da era cristã: panorama histórico geral; a reforma litúrgica do Concílio Vaticano II. In: Buyst, I. & Silva, J.A. *O mistério celebrado*: memória e compromisso I. 4. ed. Valência (Espanha)/São Paulo: Siquem/Paulinas, 2014, p. 25-75 (Coleção LBT – Livros Básicos de Teologia, 9).

6 Ritos e famílias litúrgicas

Arbex, P. *A divina liturgia explicada e meditada* – Introdução à liturgia bizantina, Aparecida: Santuário, 1998.

_____. *Teologia orante na liturgia do Oriente*. São Paulo: Ave-Maria, 1998.

7 A celebração

Bogaz, A.S. *Celebrar sem fé é possível?* São Paulo: Paulus, 2003 (Questões fundamentais).

Buyst, I. Celebrar é preciso. In: Buyst, I. & Silva, J.A. *O mistério celebrado*: memória e compromisso I. 4. ed. Valência (Espanha)/São Paulo: Siquem/Paulinas, 2014, p. 1-24 (Coleção LBT – Livros Básicos de Teologia, 9).

8 A palavra de Deus na celebração

Bortolini, J. *Roteiros homiléticos* – Anos A, B, C, Festas e Solenidades. São Paulo: Paulus, 2006.

Buyst, I. *A Palavra de Deus na liturgia; O ministério de leitores e salmistas; Homilia, partilha da Palavra; Presidir a celebração do dia do Senhor.* São Paulo: Paulinas, 2001 (Rede Celebra, 1-3.6).

_____. *Celebração do domingo ao redor da Palavra de Deus.* São Paulo: Paulinas, 2002.

_____. A Palavra de Deus. In: Buyst, I. & Silva, J.A. *O mistério celebrado*: memória e compromisso I. 4. ed. Valência (Espanha)/São Paulo: Siquem/Paulinas, 2014, p. 125-135 (Coleção LBT – Livros Básicos de Teologia, 9).

Celam. *A homilia.* São Paulo: Paulus, 1983.

CNBB. *Orientações para a celebração da Palavra de Deus.* São Paulo: Paulinas, 1994 (Documentos da CNBB 52).

Konings, J. *Liturgia dominical* – Mistério de Cristo e formação dos fiéis (anos A – B – C). 2. ed. Petrópolis: Vozes, 2003.

Pacheco de F. Neto, M. *A relação entre a escritura e a celebração litúrgica* – A liturgia como princípio teológico. Rio de Janeiro: Letra Capital, 2021.

Paludo, F. & D'annibale, M.A. A Palavra de Deus na celebração. In: Celam. *Manual de liturgia* – A celebração do mistério pascal. Vol. 2. São Paulo: Paulus, 2005, p. 143-192.

Paludo, F. A celebração da Palavra de Deus. In: Celam. *Manual de liturgia* – Vol. IV: A celebração do mistério pascal; outras expressões celebrativas do Mistério Pascal e a liturgia na vida da Igreja. São Paulo: Paulus, 2007, p. 155-186.

VV.AA. *A mesa da Palavra – Comentário Bíblico-Litúrgico* (3 vol., Ano A, B, C). Petrópolis: Vozes, 1983-1984.

9 A assembleia celebrante

Buyst, I. Um povo que celebra. In: Buyst, I. & Silva, J.A. *O mistério celebrado*: memória e compromisso I. 4. ed. Valência (Espanha)/São Paulo: Siquem/Paulinas, 2014, p. 93-110 (Coleção LBT – Livros Básicos de Teologia, 9).

Centro de Liturgia. *Ministérios litúrgicos leigos nas comunidades*. São Paulo: Paulus, 1999 (Cadernos de Liturgia, 5).

Costa, V.S. *Viver a ritualidade litúrgica como momento histórico da salvação* – Participação litúrgica segundo a *Sacrosanctum Concilium*. São Paulo: Paulinas, 2005.

Silva, J.A. & Sivinski, M. (orgs.). *Liturgia*: um direito do povo. Petrópolis: Vozes, 2001.

10 O canto e a música na celebração

Beckhäuser, A. *Cantar a liturgia*. Petrópolis: Vozes, 2004.

Buyst, I. Oração da Igreja – Eucologia. In: Buyst, I. & Silva, J.A. *O mistério celebrado*: memória e compromisso I. 4. ed. Valência (Espanha)/São Paulo: Siquem/Paulinas, 2014, p. 137-154 (Coleção LBT – Livros Básicos de Teologia 9).

CNBB. *Estudos sobre os cantos na missa*. São Paulo: Paulus, 1971 (Estudos da CNBB, 12).

_____. *Pastoral de música litúrgica no Brasil*. São Paulo: Paulus, 1976 (Documentos da CNBB, 7).

_____. *Estudo sobre os cantos da missa*. São Paulo: Paulus, 1976 (Estudos da CNBB, 12).

_____. *Hinário litúrgico* – 1º fascículo: Advento, Natal, Ordinário da Missa. São Paulo: Paulinas, 1985.

_____. *Hinário litúrgico* – 2º fascículo: Quaresma, Semana Santa, Páscoa, Pentecostes. São Paulo: Paulinas, 1987.

_____. *A música litúrgica no Brasil*. São Paulo: Paulus, 1999 (Estudos da CNBB, 79).

_____. *Hinário litúrgico* – 3º fascículo: Domingos do Tempo Comum, Anos A, B e C. 6. ed. São Paulo: Paulus, 2005.

_____. *Cantando a missa e o ofício divino*. São Paulo: Paulus, 2005 (Liturgia e Música, 1).

_____ (Comissão Episcopal Pastoral para a Liturgia). *Documentos sobre a música litúrgica (1903-2003)*. São Paulo: Paulus, 2005.

Fonseca, J. *O canto novo na nação do divino* – Música ritual inculturada na experiência do Padre Geraldo Leite Bastos e sua comunidade. São Paulo: Paulinas, 2000.

_____. *Cantando a missa e o ofício divino*. São Paulo: Paulus, 2004.

_____. *Quem canta?* – O que cantar na Liturgia? São Paulo: Paulus, 2008.

_____. *Assembleia*: povo convocado pelo Senhor. São Paulo: Paulus, 2014.

Fonseca, J. (org.). *Liturgia das Horas: Música* – Laudes, Vésperas, Completas. São Paulo: Paulus, 2007.

Fonseca, J. (org.). *Liturgia das Horas: Música II* – Ofício das Leituras, Hora Média, Antífonas de Laudes e Vésperas dos domingos do Tempo Comum A-B-C e Memória dos Santos. São Paulo: Paulus, 2011.

Fonseca, J. & Buyst, I. *Música ritual e mistagogia*. São Paulo: Paulus, 2021.

Fonseca, J. & Weber, J. *A música litúrgica no Brasil*: 50 anos depois do Concílio Vaticano II. São Paulo: Paulus, 2019.

MOLINARI, P. *Técnica vocal* – Princípios para o cantor litúrgico. São Paulo: Paulus, 2007.

Ofício Divino das Comunidades I. Salmos e cânticos bíblicos. São Paulo: Paulus, 2001.

Ofício Divino das Comunidades II. Aberturas, hinos, refrãos meditativos, aclamações, respostas às preces. São Paulo: Paulus, 2005.

VELOSO, R. *Ofício de Romaria* – Proposta de "Ofício Divino" para romeiros de todos os santuários e caminhadas. São Paulo: Paulus, 2013.

VV.AA. Por que cantar na Liturgia – 1, 2 e 3. In: *Revista de Liturgia*, São Paulo, n. 137, 138, 139, 1996.

Weber, J. *Cantos do Evangelho* – Anos A, B e C. São Paulo: Paulus, 2018.

11 A comunicação e a linguagem litúrgica

Beckhäuser, A. *Comunicação litúrgica* – Presidência, homilia, meios eletrônicos. Petrópolis: Vozes, 2003.

Celam-Delc. *Meios eletrônicos e celebração*. São Paulo: Paulus, 1985.

Centro de Liturgia. *Liturgia e subjetividade*. São Paulo: Paulus, 1998 (Cadernos de Liturgia, 9).

CNBB. *Liturgia de rádio e televisão*. São Paulo: Paulus, 1982 (Estudos da CNBB 33).

_____. *Assembleia eletrônica*. São Paulo: Paulus, 1987 (Estudos da CNBB 48).

_____. *Missa de televisão*. São Paulo: Paulus, 1994 (Estudos da CNBB 70).

Corazza, H. *Comunicação e liturgia na comunidade e na mídia*. São Paulo: Paulinas, 2005.

Teixeira, N.C. *Comunicação na liturgia*. São Paulo: Paulinas, 2003.

12 O simbolismo litúrgico

Beckhäuser, A. *Símbolos litúrgicos*. Petrópolis: Vozes, 1995.

_____. *Símbolos de Natal*. Petrópolis: Vozes, 2000.

_____. *Vida pascal cristã e seus símbolos*. Petrópolis: Vozes, 2006.

Bogaz, A.S.; Vieira, T.G. *Sinais mistagógicos* – Instrumentos de evangelização litúrgica. São Paulo: Paulus 2001.

Buyst, I. *Símbolos na liturgia*. 3. ed. São Paulo: Paulinas 2000.

_____. *Celebrar com símbolos*. São Paulo: Paulinas, 2001.

_____. Sinais e símbolos. In: Celam. *Manual de liturgia* – Vol. III: A celebração do mistério pascal: fundamentos teológicos e elementos constitutivos. São Paulo: Paulus, 2005, p. 233-274.

_____. *O segredo dos ritos* – Ritualidade e sacramentalidade da liturgia cristã. São Paulo: Paulinas, 2011.

_____. Façam isto... Sacramentalidade da liturgia. In: Buyst, I. & Silva, J.A. *O mistério celebrado*: memória e compromisso I. 4. ed. Valência (Espanha)/São Paulo: Siquem/Paulinas, 2014, p. 111-123 (Coleção LBT – Livros Básicos de Teologia, 9).

Lutz, G. *Vamos celebrar*. 3. ed. São Paulo: Paulus, 1996 (Celebrar a Fé e a Vida).

Poully, A. & Trudel, J. Expressão da corporeidade na celebração. In: Celam. *Manual de liturgia* – Vol. III: A celebração do mistério pascal: fundamentos teológicos e elementos constitutivos. São Paulo: Paulus, 2005, p. 309-328.

13 O lugar da celebração

Buyst, I. Um espaço para as celebrações da comunidade. In: Buyst, I. & Silva, J.A. *O mistério celebrado*: memória e compromisso II. Valência (Espanha)/São Paulo: Siquem/Paulinas, 2004, p. 149-158.

Frade, G.S. *Arquitetura sagrada no Brasil* – Sua evolução até as vésperas do Concílio Vaticano II. São Paulo: Loyola, 2007.

Machado, R.C.A. *O local da celebração* – Arquitetura e liturgia. São Paulo: Paulinas 2001.

_____. *O espaço da celebração* – Mesa, ambão e outras peças. São Paulo: Paulinas, 2003 (Rede Celebra 4).

Pastro, C. *Arte sacra* – O espaço sagrado hoje. São Paulo: Loyola 1993.

_____. *Guia do espaço sagrado*. 3. ed. São Paulo, Loyola, 2001.

_____. *Arte sacra*. São Paulo: Paulinas, 2001.

Silva, J.A. *Os elementos fundamentais do espaço litúrgico para celebração da missa* – Sentido teológico; orientações pastorais. São Paulo: Paulus, 2017.

14 A eucaristia

Beckhäuser, A. *Novas mudanças na missa*. 5. ed. Petrópolis: Vozes, 2003.

_____. *A liturgia da missa* – Teologia e espiritualidade da Eucaristia. 12. ed. rev. e atual. Petrópolis: Vozes, 2012.

Buyst, I. O sacramento da eucaristia, raiz e centro da comunidade cristã. In. Buyst, I. & João Francisco, M. *Mistério celebrado*: memória e compromisso II. Valência (Espanha)/São Paulo: Siquem/Paulinas, 2004, p. 31-46 (Coleção LBT: Livros Básicos de Teologia, 10).

_____. *A missa* – Memória de Jesus no coração da vida. São Paulo: Paulinas, 2004.

_____. *Pão e vinho para nossa ceia com o Senhor.* São Paulo: Paulinas, 2005 (Rede Celebra 7).

Carvalho, H.R. *Missa, celebração do mistério pascal de Jesus*. 3. ed. São Paulo: Salesiana, 2010.

CNBB. *Diretório para missas com grupos populares*. São Paulo: Paulinas, 1977 (Documentos da CNBB 11).

_____. Orientações pastorais sobre a celebração eucarística. In: *Animação da vida litúrgica no Brasil*. São Paulo: Paulinas, 1989, p. 61-101 (Documentos da CNBB, 43).

_____. *A Eucaristia na vida da Igreja* – Subsídios para o ano da Eucaristia. São Paulo: Paulus, 2005 (Estudos da CNBB, 89).

Haddad, A. *Eucaristia e compromisso social* – Como Paulo VI entendeu a Eucaristia na Igreja e na sociedade. São Paulo: Loyola 1985.

Lima Junior, J. *A Eucaristia que celebramos*. São Paulo: Paulus, 1983.

LUTZ, G. *Eucaristia*: a família de Deus em festa. São Paulo: Paulus, 2009.

Mazzarolo, I. *A Eucaristia: memorial da Nova Aliança* – Continuidade e rupturas. São Paulo: Paulus 1999.

Santos Costa, V. *Eucaristia*: o repouso de Deus. São Paulo: Paulinas, 2006.

Taborda, F. *O memorial da Páscoa do Senhor*. São Paulo: Loyola, 2021.

15 Os sacramentos

Beckhäuser, A. *Os sacramentos na vida diária*. Petrópolis: Vozes, 1998.

Boff, L. *Os sacramentos da vida e a vida dos sacramentos:* minima sacramentalia – Ensaio de teologia narrativa. 12. ed. Petrópolis: Vozes, 1988.

Bortolini, J. *Os sacramentos em sua vida.* São Paulo: Paulus, 1981 (Celebração da fé).

Buyst, I. *O segredo dos ritos* – Ritualidade e sacramentalidade da liturgia cristã. São Paulo: Paulinas, 2011.

_____. Façam isto... Sacramentalidade da liturgia. In: Buyst, I. & Silva, J.A. *O mistério celebrado*: memória e compromisso I. 4. ed. Valência (Espanha)/São Paulo: Siquem/Paulinas, 2014, p. 111-123 (Coleção LBT – Livros Básicos de Teologia, 9).

Costa, P.C. (org.). *Sacramentos e evangelização.* São Paulo: Loyola, 2004.

Guimarães, P.B. *Os sacramentos como atos eclesiais e proféticos* – Um contributo ao conceito dogmático de sacramento à luz da exegese contemporânea. Roma: Pontificia Università Gregoriana, 1998.

Goedert, V.M. *Sacramentos*: maravilhas da salvação. São Paulo: Paulinas, 2004 (Catequistas de adultos).

Hortal, J. *Os sacramentos da Igreja na sua dimensão canônico-pastoral.* São Paulo: Loyola 1987.

João Francisco, M. Os demais sacramentos da vida cristã. In: Buyst, I. & João Francisco, M. *Mistério celebrado*: memória e compromisso II. Valência (Espanha)/São Paulo: Siquem/Paulinas, 2004, p. 47-76 (Coleção LBT: Livros Básicos de Teologia, 10).

Taborda, F. *Sacramentos, práxis e festa* – Para uma teologia latino-americana dos sacramentos. Petrópolis: Vozes, 1987 (Teologia e Libertação, série IV/5).

Batismo e crisma

Busch, J.A.M. *Iniciação cristã de adultos hoje* – Processo vivenciado na pastoral urbana. 2. ed. São Paulo: Paulus, 1992.

Buyst, I. *Festa do batismo* – Da vivência de rua à vida em comunidade. São Paulo: Paulinas, 1999.

Camargo, G. A iniciação cristã de adultos. In: Celam. *Manual de liturgia* – Vol. III: A celebração do mistério pascal; os sacramentos: sinais do mistério pascal. São Paulo: Paulus, 2005, p. 39-46.

Faccini Paro, T. *Catequese e liturgia na iniciação cristã*. Petrópolis: Vozes, 2017.

Fernandes da Costa, R. *Mistagogia hoje* – O resgate da experiência mistagógica dos primeiros séculos da Igreja para a evangelização e catequese atuais. São Paulo: Paulus, 2014.

_____. *A mistagogia em Cirilo de Jerusalém*. São Paulo: Paulus, 2015.

Goedert, V.M. *Teologia do batismo* – Considerações teológico-pastorais sobre o batismo. São Paulo: Paulinas, 1988.

João Francisco, M. Iniciação cristã e seus sacramentos. In: Buyst, I. & João Francisco M. *Mistério celebrado*: memória e compromisso II. Valência (Espanha)/São Paulo: Siquem/Paulinas, 2004, p. 11-29 (Coleção LBT: Livros Básicos de Teologia, 10).

LELO, A.F. *A iniciação cristã*: catecumenato, dinâmica sacramental e testemunho. São Paulo: Paulinas, 2005.

Reinert, J.F. *Paróquia e iniciação cristã* – A interdependência entre renovação paroquial e mistagogia catecumenal. São Paulo: Paulus, 2015.

_____. *Paróquia:* casa da iniciação e comunidade de sujeitos eclesiais. Petrópolis: Vozes, 2020.

SANTOS COSTA, V. *A liturgia na iniciação cristã*. São Paulo: LTr, 1969.

TABORDA, F. *Nas fontes da vida cristã* – Uma teologia do batismo-crisma. São Paulo: Loyola, 2001.

Penitência

CNBB. *Pastoral da penitência*. São Paulo: Paulinas, 1976 (Documentos da CNBB, 6).

França Miranda, M. *Sacramento da Penitência* – O perdão de Deus na comunidade eclesial. 3. ed. São Paulo: Loyola, 1980.

João Francisco, M. O Sacramento da Reconciliação. In: Buyst, I. & João Francisco, M. *Mistério celebrado*: memória e compromisso II. Valência (Espanha)/São Paulo: Siquem/Paulinas, 2004, p. 47-61 (Coleção LBT: Livros Básicos de Teologia, 10).

PALUDO, F. *O Sacramento da Penitência* – Deus ama e perdoa. São Paulo: Paulus, 1999 (Celebração da fé).

Ordem

ALMEIDA, A.J. *Teologia dos ministérios não-ordenados na América Latina.* São Paulo: Loyola, 1989 (Fé e Realidade, 25).

CNBB. *Missão e ministérios dos cristãos leigos e leigas.* São Paulo: Paulinas, 1998 (Documentos da CNBB, 62; Estudos da CNBB, 77).

_____. *Missão e ministérios dos cristãos leigos e leigas.* São Paulo: Paulinas, 1999 (Documentos da CNBB, 62).

Dalla Costa, A.A. *Os ministérios leigos* – Contribuição histórico-teológica na formação e acompanhamento dos ministros leigos. Santa Maria: Biblos, 2003.

Goedert, V.M. *O diaconato permanente* – Perspectivas teológico-pastorais. São Paulo: Paulus, 1995.

João Francisco, M. Sacramento da Ordem. In: Buyst, I. & João Francisco, M. *Mistério celebrado*: memória e compromisso II. Valência (Espanha)/São Paulo: Siquem/Paulinas, 2004, p. 62-69 (Coleção LBT: Livros Básicos de Teologia, 10).

Taborda, F. *A Igreja e seus ministros* – Uma teologia do ministério ordenado. São Paulo: Paulus, 2011.

Matrimônio

CNBB. *Orientações pastorais sobre o matrimônio.* São Paulo: Paulinas, 1979 (Documentos da CNBB, 1995).

João Francisco, M. Sacramento do Matrimônio. In: Buyst, I. & João Francisco, M. *O mistério celebrado*: memória e compromisso II. Valência (Espanha)/São Paulo: Siquem/Paulinas, 2004, p. 70-76 (Coleção LBT – Livros Básicos de Teologia, 10).

Paludo, F. *A festa do amor* – Reflexões sobre o ritual do Sacramento do Matrimônio. Petrópolis: Vozes, 1993.

Taborda, F. *Matrimônio – Aliança – Reino*: para uma teologia do matrimônio como sacramento. São Paulo: Loyola, 2001.

16 Os sacramentais

João Francisco, M. Os sacramentais. In: Buyst, I. & João Francisco, M. *Mistério celebrado*: memória e compromisso II. Valência (Espanha)/São Paulo: Siquem/Paulinas, 2004, p. 77-104 (Coleção LBT: Livros Básicos de Teologia, 10).

17 Exéquias

CNBB (Dimensão Litúrgica). *Exéquias: nossa páscoa* – Subsídios para a celebração da esperança. São Paulo: Paulus, 2003.

João Francisco, M. Exéquias. In: Buyst, I. & João Francisco, M. *Mistério celebrado*: memória e compromisso II. Valência (Espanha)/São Paulo: Siquem/Paulinas, 2004, p. 93-103 (Coleção LBT: Livros Básicos de Teologia, 10).

18 O ano litúrgico

Barros Souza, M. de & Carpanedo, P. *Tempo para amar* – Mística para viver o ano litúrgico. São Paulo: Paulus, 1997.

Beckhäuser, A. *Viver em Cristo* – Espiritualidade do ano litúrgico. Petrópolis: Vozes, 1992.

_____. *Viver o ano litúrgico* – Reflexões para os domingos e solenidades. Petrópolis: Vozes 2003.

_____. *Coroa de Advento*: história, simbolismo e celebrações. Petrópolis: Vozes, 2006.

_____. *O ano litúrgico*: com reflexões homiléticas para cada solenidade. Petrópolis: Vozes, 2016.

Buyst, I. O mistério celebrado ao longo do tempo. In: Buyst, I. & João Francisco, M. *Mistério celebrado*: memória e compromisso II. Valência (Espanha)/São Paulo: Siquem/Paulinas, 2004, p. 105-122 (Coleção LBT: Livros Básicos de Teologia, 10).

Centro de Liturgia. *Ano litúrgico como realidade simbólico-sacramental*. São Paulo: Paulus, 2002 (Cadernos de Liturgia, 11).

Wilmsen, K.C. *Campanha da Fraternidade, para onde vais?* – Algumas considerações para uma melhor integração da Campanha da Fraternidade na Quaresma. São Paulo: Paulus, 2004 (Cadernos de Liturgia, 13).

19 O domingo

Buyst, I. (org.). *Domingo, dia do Senhor*. São Paulo: Paulinas, 2004 (Rede Celebra 5).

_____. Celebração dominical da Palavra. In: Buyst, I. & João Francisco, M. *Mistério celebrado*: memória e compromisso II. Valência (Espanha)/São Paulo: Siquem/Paulinas, 2004, p. 123-136 (Coleção LBT: Livros Básicos de Teologia, 10).

Guimarães, M.; Carpanedo, P. *Dia do Senhor* – Guia para as celebrações das comunidades. 7 vol. São Paulo: Paulinas, 2003-2006.

Silva, J.A. *O domingo* – Páscoa semanal dos cristãos. São Paulo: Paulus, 2005 (Celebrar a Fé e a Vida, 5).

20 O tríduo pascal e o tempo pascal

Bogaz A.S. *Páscoa: da tristeza à felicidade* – Para animação litúrgico-pastoral. São Paulo: Paulus 1997.

Buyst, I. *Preparando a Páscoa* – Quaresma, tríduo pascal, tempo pascal. São Paulo: Paulinas 2002.

Lutz, G. *Páscoa ontem e hoje.* São Paulo: Paulus, 1995.

Nodari, P. (org.). *Vigília pascal.* São Paulo: Paulus, 1999 (Celebrar a Fé e a Vida, 6).

21 Advento, Natal e Epifania

Bogaz, A.S. *Natal*: festa de luz e de alegria. São Paulo: Paulus 1996.

Buyst, I. *Preparando o Advento e Natal.* São Paulo: Paulinas, 2002.

22 Tempo durante o ano; solenidades e festas do Senhor

Beckhäuser, A. *Viver em Cristo* – Espiritualidade do ano litúrgico. Petrópolis: Vozes, 1992.

_____. *O ano litúrgico* – Com reflexões homiléticas para cada solenidade. Petrópolis: Vozes, 2016.

Bogaz, A.S. *Tempo comum e festas dos santos.* São Paulo: Paulus 1997.

23 História e teologia do Ofício Divino

Beckhäuser, A. *Rezar em comunidade.* Petrópolis: Vozes, 1985.

_____. A celebração do mistério de Cristo nas horas do dia – A liturgia das horas. In: Celam. *Manual de liturgia* – Vol. IV: A celebração do mistério pascal; outras expressões celebrativas do Mistério Pascal e a liturgia na vida da Igreja. São Paulo: Paulus, 2007, p. 111-153.

_____. *Liturgia das horas* – Teologia e espiritualidade. Petrópolis: Vozes, 2010.

Buyst, I. Liturgia das horas (Ofício divino). In. Buyst, I. & João Francisco, M. *Mistério celebrado*: memória e compromisso II. Valência (Espanha)/São Paulo: Siquem/Paulinas, 2004, p. 137-147 (Coleção LBT: Livros Básicos de Teologia, 10).

_____. *Ofício divino de adolescentes e crianças*. São Paulo: Paulus, 2005.

Centro de Liturgia. *Espiritualidade litúrgica a partir do ofício divino das comunidades*. São Paulo: Paulus, 2003 (Cadernos de Liturgia, 12).

Costa, V.S. *Liturgia das horas* – Celebrar a luz pascal sob o signo da luz do dia. São Paulo: Paulinas, 2005.

OFÍCIO DIVINO DAS COMUNIDADES. São Paulo: Paulus, 2012.

24 Evangelização, catequese e expressão litúrgica da fé

CNBB. *Diretório Nacional de Catequese*. São Paulo: Paulinas, 2006 (Documentos da CNBB, 84).

Lima Junior, J. *Evangelização, catequese e liturgia*. São Paulo: Paulinas, 1992 (Celebração da Fé).

Lutz, G. *Liturgia ontem e hoje*. São Paulo: Paulus 1995, p. 71-104.

25 Espiritualidade litúrgica, oração e exercício piedosos

Barros Souza, M.; Peregrino A. *A festa dos pequenos* – Romarias da terra no Brasil. São Paulo: Paulus 1996.

Beckhäuser, A. *Santo Antônio através de suas imagens*. Petrópolis: Vozes, 1995.

_____. *Rezar a vida e viver a oração* – Pequeno tratado sobre a oração. Petrópolis: Vozes, 1997.

_____. *Livro de orações do cristão católico*. Petrópolis: Vozes, 2004.

_____. Expressões significativas da religiosidade popular. In: Celam. *Manual de liturgia* – Vol. IV: A celebração do mistério pascal; outras expressões celebrativas do Mistério Pascal e a liturgia na vida da Igreja. São Paulo: Paulus, 2007, p. 221-262.

_____. *Religiosidade e piedade popular, santuários e romarias* – Desafios litúrgicos e pastorais. Petrópolis: Vozes, 2007.

_____. *Devocionário Franciscano*. Petrópolis: Vozes, 2009.

_____. *Os santos na liturgia*: testemunhas de Cristo. Petrópolis: Vozes, 2013.

Buyst, I. *Liturgia de coração* – Espiritualidade da celebração. São Paulo: Zahar, 2003.

_____. *Mística e liturgia* – Beba da fonte! São Paulo: Paulinas, 2006 (Rede celebra, 8).

_____. Oração da Igreja – Eucologia. In: Buyst, I. & Silva, J.A. *O mistério celebrado*: memória e compromisso I. 4. ed. Valência (Espanha)/São Paulo: Siquem/Paulinas, 2014, p. 137-154 (Coleção LBT – Livros Básicos de Teologia 9).

Centro de Liturgia. *Celebração de bênção* – Quando católicos "de massa" procuram a Igreja. São Paulo: Paulus, 1996 (Cadernos de Liturgia, 7).

_____. *Quando católicos "de massa" procuram a Igreja*. São Paulo: Paulus, 1998 (Cadernos de Liturgia, 6).

Van der Poel, F. *Com Deus me deito, com Deus me levanto* – Orações da religiosidade popular católica. São Paulo: Paulus, 1979 (Estudos da CNBB, 17).

26 A pastoral litúrgica

Baronto, L.E. *Preparando passo a passo a celebração*. São Paulo: Paulus, 2003.

Beckhäuser, A. *Celebrar a vida cristã* – Formação litúrgica para agentes de pastoral, equipes de liturgia e grupos de reflexão. Petrópolis: Vozes, 1984.

Buyst, I. *Equipe de liturgia*. São Paulo: Paulinas, 2006.

CNBB. *Animação da vida litúrgica no Brasil* (Elementos de Pastoral Litúrgica). São Paulo: Paulinas, 1989 (Documentos da CNBB, 43).

Trudel, J. Pastoral litúrgica. In: Celam. *Manual de liturgia – Vol. IV:* A celebração do mistério pascal; outras expressões celebrativas do Mistério Pascal e a liturgia na vida da Igreja. São Paulo: Paulus, 2007, p. 301-331.

VV.AA. *Deixe a flor desabrochar* – Elementos de Pastoral Litúrgica. São Paulo/Brasília: Verbo Filmes/CNBB, 2013.

27 Inculturação litúrgica

Barros Souza, M. *Celebrar o Deus da vida* – Tradição litúrgica e inculturação. São Paulo: Loyola, 1992.

Bina, G.G. *O atabaque na Igreja* – A caminho da inculturação litúrgica em meios afro-brasileiros. São Paulo: Brasil, 2002.

Celam/Departamento de Liturgia. *Liturgia para a América Latina* – Documentos e estudos. São Paulo: Paulus, 1977.

Centro de Liturgia. *Liturgia e cultura dos oprimidos no meio urbano*. São Paulo: Paulinas, 1993 (Cadernos de Liturgia, 2).

CNBB. *Adaptar a liturgia* – Tarefa da Igreja. São Paulo, 1984.

Fonseca, J. *O canto novo da nação do divino* – Música ritual inculturada na experiência do Padre Geraldo Leite Bastos e sua comunidade. São Paulo: Paulinas, 2000 (Liturgia e Participação).

_____. *Música ritual de exéquias*: uma proposta de inculturação. Belo Horizonte: O Lutador, 2010.

França Miranda, M. *Inculturação da fé* – Uma abordagem teológica. São Paulo: Loyola, 2001.

_____. A inculturação da fé. In: Celam. *Manual de liturgia – Vol. IV*: A celebração do mistério pascal; outras expressões celebrativas do Mistério Pascal e a liturgia na vida da Igreja. São Paulo: Paulus, 2007, p. 263-273.

Lachnitt, G. *Ritos de passagem do povo xavante* – Um estudo sistemático. Campo Grande: Missão Salesiana de Mato Grosso/Universidade Católica Dom Bosco, 2002 [Ed. provisória].

Tsi'rui'a, A.T. *Ihöiba prédu 'rãti'i na'ratadzé (iniciação cristã de adultos)*. Campo Grande: Missão Salesiana de Mato Grosso/Universidade Católica Dom Bosco, 2004 [2. ed. experimental modificada].

Zavarez, M.L. *Romeiro de Trindade a caminho da Trindade*. São Paulo: Paulinas, 2002 (Liturgia e Participação).

Conecte-se conosco:

f facebook.com/editoravozes

◉ @editoravozes

🐦 @editora_vozes

▶ youtube.com/editoravozes

🟢 +55 24 99267-9864

www.vozes.com.br

Conheça nossas lojas:
www.livrariavozes.com.br

Belo Horizonte – Brasília – Campinas – Cuiabá – Curitiba
Fortaleza – Juiz de Fora – Petrópolis – Recife – São Paulo

    Vozes de Bolso

EDITORA VOZES LTDA.
Rua Frei Luís, 100 – Centro – Cep 25689-900 – Petrópolis, RJ
Tel.: (24) 2233-9000 – E-mail: vendas@vozes.com.br